国家社会科学基金后期资助项目：

公共空间与民主想象——哈贝马斯公共领域理论研究（项目批准号：18FZX009）结项成果

———————————————

浙江省哲学社会科学规划课题：

公共空间与民主想象——哈贝马斯公共领域理论研究（课题编号：18HQZZ18）结项成果

重返
公共生活世界

哈贝马斯公共领域理论研究

曾特清　著

上海三联书店

目 录

导　论

哲学家们只是用不同的方式**解释**世界,问题在于**改变**世界。——[德]卡尔·马克思(Karl Heinrich Marx):《关于费尔巴哈的提纲》

一、公共领域的困境

根据韦伯(Max Weber)的描述,"我们这个时代,因为它所独有的理性化和理智化,最主要的是因为世界已被除魅,它的命运便是,那些终极的、最高贵的价值,已从公共生活中销声匿迹,它们或者遁入神秘生活的超验领域,或者走进了个人之间直接的私人交往的友爱之中"。① 由此看来,近代社会以来的"世界之除魅"已成为现代性的一种品质。但在人类历史的进程中,现代性却充满着矛盾,不仅因为它体现了韦伯式经济理性和工具理性的形式,还因为它看起来总是为自己创造明显的障碍——技术的单方面优势和媒体景观、生态危机、力量意识的丧失,如此等等。这就是说,现代性产生了许多众所周知的进步性因素,这些因素的确使人联想到一个相对民主的、开放的,且能体现自由主义传统精髓的公民性文化。然而,现代性同时亦产生了甚或更加强大的对立力量,如国家、市场(公司)与军事力量的扩张,居民区和社区的逐渐瓦解,社会生活官僚化的不断强化,以及随之而来的社会的分裂及其诸多因素背后的经济全球化的增强。② 用沃林(Richard Wolin)的话来说就是:现代性既包含着许诺又隐藏着杀机。③ 这样一来,社会生活中就出现了现代性的公共领域问题,这一问题呈现为公共领域的商品化、技术化和边缘化,不同群体间的可沟通性消减以及出现非理性的暴力,最终导致公共

---

① [德]马克斯·韦伯:《学术与政治》.冯克利译,北京:生活·读书·新知三联书店,1998,第48页。
② [美]卡尔·博格斯:《政治的终结》.陈家刚译,北京:社会科学文献出版社,2001,第82页。
③ [美]理查德·沃林:《文化批评的观念:法兰克福学派、存在主义和后结构主义》.张国清译,北京:商务印书馆,2001,"中文版序言"第6页。

领域的异化、衰落甚至崩溃。

公共性是现代性最基本的特征之一。现代性中的公共理性、契约精神、主体性精神及其民主诉求等都是公共领域发展的必然产物。只是"'现代性'原本就有一种公共扩张与私有取向的内在紧张或悖论"。① 对此,许多思想家提出了各自的看法。如在盖尔斯敦(William A. Galston)看来,当今西方民主国家就存在不少共有的公众问题,如社会对福利国家的承诺和政府能动员实现这些承诺的资源之间的不平衡逐渐显现;民族整体的要求与那些建基于族群、区域及宗教等基础上的次(亚)民族身份群体的离心力之间的张力不断增加;公民对政府和建立起来的机构普遍越来越不信任;公民社会的志愿团体不断削弱;以及人们逐渐倾向于以对未来需要的投资为代价进行当下的消费;等等。② 由此说来,虽然现代性孕育了解放的条件,但它同时亦产生了阻止争取解放的具体斗争的巨大障碍。鲍曼(Zygmunt Bauman)认为,如今的政治竞技场已经萎缩,民众对民主的公民权利机会的兴趣正在消退。私人问题和公众问题在对话中得以相遇和交战的场所进入了一种恶性循环,即越是无理由相信社会能改变个体的困境,越是无证据来复兴公共领域;公共领域越是不合时宜,越是毫无进取心,从公共领域的兴盛中能获益的信息就越不可信。在鲍曼看来,世界向我们呈现出来的,是一种异常庞大的国际互联网的巨型版:到处一样,人人都争先恐后地攀附于这个世界,但没有人去想象一下后果,更谈不上去控制了。到处一样,游戏没有裁判员,没有明确的规则,故无法对结果作出公断。到处一样,每个游戏者独自一人玩着自己的游戏,但没有人知道他们的游戏是怎么回事,即便知道,也不晓得他们的行动有何价值。……世界就像网络一样,不仅失控,而且无法控制。③ 于是鲍曼追问道:我们是否有可能返回一个自信的、充满活力的公共领域,或迈向一个新型的公共领域,以容纳在全球范围内的"社团"中产生的大量的任务和责任?④⑤ 加塞特(José Ortega Y Gasset)甚至将我们所生活的时代描述为这样一个时代:"人们确信自己拥有巨大无比的创造力,却又不知道应该创造些什么;他可以主宰一切事物,却又掌握不了自己的命运;他在自己的充盈富足中茫然不知所措。同过去相比,它掌

---

① 万俊人:《现代性的伦理话语》.哈尔滨:黑龙江人民出版社,2002,第419页。
② [美]威廉·A·盖尔斯敦:《自由多元主义的实践》.佟德志、庞金友、苏宝俊译,南京:江苏人民出版社,2010,第137页。
③ [英]齐格蒙特·鲍曼:《寻找政治》.洪涛、周顺、郭台辉译,上海:上海人民出版社,2006,第135—136页。
④ [英]齐格蒙特·鲍曼:《被围困的社会》.郇建立译,南京:江苏人民出版社,2005,第33页。
⑤ [英]齐格蒙特·鲍曼:《寻找政治》.洪涛等译,上海:上海人民出版社,2006,第45页。

握了更多的手段、更多的知识、更多的技术,但结果却是重蹈以往最不幸的时代之覆辙:今天的世界依然缺乏根基,漂泊不定。"①由此看来,现代社会的公共生活的确出现了危机,即整个社会正形塑为一个经由各种野心勃勃、相互竞争的学说及代表其拥护者们组成的竞技场,维系整个社会并使之成为一个"统一体"的"公共理性"和"社会共识"随之消失,于是社会被分裂成一个现实的威胁,而社会的"稳定性"则面临严峻的挑战。②

　　哈贝马斯(Jürgen Habermas)在其早期著作中亦曾指出,现代社会存在着如下几种历史趋势:①公共领域的不断缩小;②国家干预经济的不断强化;以及③专家统治地位的不断加强。③ 在哈贝马斯看来,如今在我们的社会关系当中存在着两个不应该忽视的事实。"一方面,我们日常生活中的实践建立在一个由各种共同的背景性的信念,自明的文化真理和相互之间的期待构成的坚实基础之上。在这里,在或多或少是善好的理性的公共空间当中,行为的辅助作用贯穿在日常的语言游戏当中,贯穿在共同提出来并且至少其有效性已经得到默认了的主张之中。另一方面,正是由于这一点,从交往中存在的歪曲当中,从误解和不能充分理解当中,从不真诚和欺骗当中,产生了各种冲突。"④哈贝马斯还从联邦德国的视角,分析了两种相反的倾向,即:①自 20 世纪 50 年代后期以来,自由形态的公共领域崩溃解散的倾向日益加剧;②对于公共政治环境被抽空的反应正变得日益强烈。这两种倾向预示着公共领域中的两极分化,一极为官方的、干瘪枯涩的部分,另一极则为地方亚文化群(用社会结构术语很难对它作出界定,它部分地与过去的中产阶级联在一起,又部分地与"后物质主义"结盟,它已经成为单一的反公共领域的核心——老年人与青年人、女权主义者与同性恋者、残疾人或积极失业者、偏激的职业人员、城市中的家庭主妇等等均包括在其中)。⑤ 事实上,在晚期资本主义中,个人越来越依据在一个经济或行政系统内部的一个位置而被理解。在这一社会制度的大众民主制中,资产阶级的自由和自我决断的观念受到了损害,并且让位于"现实主义的"解释。因此,政治对话在公共领域中、在政党和社会团体中、在议会中纯粹是假象,并且在一切可以想象的情况中也将始终是假象。利益

① [西班牙]奥尔特加·加塞特:《大众的反叛》.刘训练、佟德志译,长春:吉林人民出版社,2004,第 37 页。
② 贺来:《边界意识和人的解放》.上海:上海人民出版社,2007,第 206 页。
③ 乔纳森·H·特纳:《社会学理论的结构》.吴曲辉等译,杭州:浙江人民出版社,1987,第 232 页。
④ [美]博拉朵若:《恐怖时代的哲学》.王志宏译,北京:华夏出版社,2005,第 39 页。
⑤ 哈贝马斯、佩里·安德森、彼得·杜瓦斯:《一种哲学-政治的侧面描述》,载包亚明主编:《现代性的地平线》.李安东、段怀清译,上海:上海人民出版社,1997,第 172—174 页。

的妥协服从于权力和权力平衡的逻辑,因此,它不接受理性化。① 如今,正如一个工人发现他生产的产品异化成为商品、从而和他相分离一样,晚期资本主义公民也发现其自身异化的根源正在于他所从事的生产活动,只不过这次他所生产的不是商品而是社区。②

公共领域是理解现代资本主义生活的重要视角,也是理解现代性的重要窗口。然而,在复杂多元的现代社会中,出现了令思想家们忧虑的景象:一方面,社会生活中的政党与具有社会权力的大型组织试图操纵公众舆论、灌输相应的社会意识形态,而就正常公共交往中反映的重要议题,大众传媒则总是将之简单化、片段化、娱乐化;另一方面,功能子系统中的经济系统日益膨胀、不断入侵生活世界,这迫使民众卷入其自主逻辑,造成公民生活的非政治化。当然,民众对政治系统、民主机制丧失信心、缺乏信任的原因是复杂的。不过,在博格斯(Carl Boggs)看来,美国社会愈来愈缺乏公民参与及公共责任的精神,低投票率、政治效能意识的减弱、民众信任和责任的逐渐消失、关于政治问题的知识和兴趣的降低、政党或立法功能的衰退等现象,归其原因乃源于公司权力(corporate power)的扩张以及日益经济全球化的影响,当公共领域的空间被压缩,反政治的现象就处处可见。用博格斯的话来说,"公共领域的衰落可以理解成发达资本主义发展过程的普遍现象",且"没有什么比公司扩张的过程更能削弱公共领域的基础、抽取政治话语的精华了"。③ 而"实际上,美国政治已经蜕变成一个市场,代表们把更多的时间花在向捐款大头献殷勤上,而不是跟平民大众交流上。更糟糕的是,市场精神渗透到公民概念的构思方式上。公民被界定为消费者,他们在一个仅仅对物质需求的既有菜单中选择自己的偏好,而不是以自己心目中理想的世界为标准来积极参与到社会中去。通常,对待这个政治市场,人们像对待其他恼人的商品一样——扭头就走"。④ 早在《公众及其问题》一书中,杜威(John Dewey)就描述了在现代性条件下正在消失的公共领域景象:"联合和互动行为所造成的间接的、深远的、持续的、严重的后果,呼吁一种具有共同利益以控制这些后果的公共领域的存在。但机器时代已经如此大规模地扩展、增值、强化、恶化了间接后果的范围,已经形成如此强大且稳固的基于非个人的而不是共同体的联合行动,以至于作为其结果

---

① [德]哈贝马斯:《理论与实践》(第2版).郭官义、李黎译,北京:社会科学文献出版社,2010,第21页。

② [美]艾伦·沃尔夫:《合法性的限度——当代资本主义的政治矛盾》.沈汉等译,北京:商务印书馆,2005,第446页。

③ [美]卡尔·博格斯:《政治的终结》.陈家刚译,北京:社会科学文献出版社,2001,第12页。

④ Jo Ellen Green Kaiser, A Politics of Time and Space, *Tikkun*, Vol.18, No.6, N/D 2003.

的公众再也无法认同和辨别自身了。……泛滥的公众、过度的公共事务,我们既有的资源无法应付。"①在杜威看来,公共领域之所以日渐消失,那是由于人们似乎未能或不愿组织起来,没能参与到以维护公共利益为目标的政治共同体之中。

在《理论与实践》的"新版导论"中,哈贝马斯曾宣称,"今天,越来越严密的电子大众媒体网络(尽管它从技术上讲显示着一种潜在的解放力量)的组织形式,与其说是让国家和社会的监督服从于一种分散的、便于交流的和排除了任何限制的对话方式的形成,不如说是监督非政治化的人民大众[对统治者的]忠诚"。② 也就是说,由于国家日益干预经济,致使政治问题转变为"技术问题"。政治问题不再是公共辩论的论题,而是转变成由科层组织中的专家使用技术来解决的技术问题。通过将这类问题重新规定为技术问题,结果导致实际问题"非政治化"。为了实现这一目标,国家竭力宣传一种"技术统治的意识"。在哈贝马斯看来,这代表了一种新的意识形态。可是,与过去意识形态不同的是,它并不许诺一个美好未来,而只是和其他意识形态一样通过掩饰问题、简化各种选择以及为某种组织社会生活的特定方式辩护来诱惑公众,其引发的问题就是:"由于排斥了实践问题,所以公共领域失去了其政治功能。同时,社会的制度结构仍然有别于目的-合理的活动本身的系统。对它的组织一如既往,是一个同交往联系在一起的实践问题,而不是一个技术问题,不管在进行具体组织时是怎样地以科学为指导。所以,这种新型的政治排斥实践并不是不言而喻的。应急原则它使得当今的权力合理化——留下了一个至关重要的合理性需求问题需要解决:怎样使群众的非政治化能为群众所接受?"③针对此问题,马尔库塞(Herbert Marcuse)给出了回答,那就是通过使科学技术也具有意识形态的作用。但马尔库塞(第一个系统地从理论上对发达工业社会非政治化状况做出说明的人)并没有屈于于浅薄的(和最终是目光短浅的)"意识形态的终结"思想。马尔库塞相信,在一个由工具理性和消费主义塑造的世界中,当大量的人们开始寻求私人化的逃避模式时,政治领域就逐渐地走向衰竭——很可能像现代性破坏了更大的公共生活领域、地方社会、居民区,以及其他独立社会空间那样的结局。④ 不过,在针砭关于政治问题的技术统治论

① John Dewey, *The Public and Its Problem* (Denver: Alan Swallow, 1954), p.126.
② [德]哈贝马斯:《理论与实践》(第2版).郭官义、李黎译,北京:社会科学文献出版社,2010,"新版导论"第3页。
③ 哈贝马斯:《走向一个合理的社会》.波士顿,1970,第104页;转引陈学明:《哈贝马斯的"晚期资本主义"论述评》.重庆:重庆出版社,1993,第245—246页。
④ [美]卡尔·博格斯:《政治的终结》.陈家刚译,北京:社会科学文献出版社,2001,第318页。

观点时,哈贝马斯指出,科学主义的政治研究方式和技术统治论不可能回答"关于'价值系统'的问题,即关于社会需要和客观意识状况的问题,关于解放和倒退的方向问题"。[①]

关于哈贝马斯所论及的"公共领域的非政治化"问题,博格斯指出,非政治化的这种逻辑越是根深蒂固,那种民主参与、公开辩论和社会治理的基本理想就越受侵蚀。[②] 对此,博格斯进一步分析了"公共领域的商品化"现象。他认为,从政治视角来看,日渐增强的公司权力一直在竭力掏空公共领域。因为庞大的工业系统、技术部门以及金融机构不断获取到更多自由去动员巨大的资源,进而可以决定公共话语和社会存在的发展方向。通过使各种人类活动商品化,对大众传媒进行操控,控制选举和立法活动过程,以及在经济全球化中发挥关键作用,公司助长了一种反政治情结。而由现代技术民主机器所塑造和再界定的市场原则,则使得整个公共话语以及实际上发生在政治体制中的一切都商品化和工具化。这样,"独裁权力的两种主要形式——大公司和中央集权的大政府——构成了通往民主道路上的障碍"。[③] 那么,"随着公共领域越来越分裂,越来越令人不满,个人变得更有可能退入其私人化空间,以追求自我确证、满足,以及甚至明确的反霸权活动和争论……但这种逃避使社会秩序拥有更大的权力,从而使私人化自我更软弱,更不可能去讨论主要社会问题"。[④] 其实,在对社会主义国家公民社会的发展情况进行分析时,白夏(Jean-Philippe Béja)亦提醒我们,如今普通民众在公共场合的自由言论不仅已让位于学术专家们就如何制定最佳公共政策而进行的讨论,而且业已让位于国际组织的新闻宣传语言,19世纪末特有的科学主义在20世纪末又重新回归到政治和社会管理的舞台中心。"集权主义的终结却扩展了公共领域的非政治化,持不同政见的激进知识分子被学术型技术型的官僚所取代,是颇具讽刺意味的。"[⑤]在白夏看来,这些学术技术专家型官僚在社会活动中的合法性以"科学"知识为基础,对于现代国家所面临的日益复杂的问题,大多数国家领导人都试图缩小公共言论发表的空间,并且力图限制公民参与到争论之中,在所谓的西方民主国家中,公众的政治参与已经被减少到只有每隔四五年投一次票,普通

① [德]哈贝马斯:《作为"意识形态"的技术与科学》.李黎、郭官义译,上海:学林出版社,1999,第100页.
② [美]卡尔·博格斯:《政治的终结》.陈家刚译,北京:社会科学文献出版社,2001,第328页.
③ [英]尚塔尔·墨菲:《政治的回归》.王恒、臧佩洪译,南京:江苏人民出版社,2008,第114页.
④ Lauren Langman, Neon Cages: Shoping for Subjectivity, in Rob Shields, *Lifestyles of Consumption* (London: Sage, 1992), p.67.
⑤ 让·菲利浦·贝亚:《社会主义国家改革与公民社会的发展》,杨大群译,载刘明珍选编:《公民社会与治理转型——发展中国家的视角》.北京:中央编译出版社,2008,第31页.

公民感觉到国家的政治生活越来越疏离于自己。^①正如评论家所断言的："科层化和全面管制仍然是当代社会的重要趋势。"^②

一般而言，人们在公共领域中，能够利用公共设施和技术手段，解决诸多社会问题。但随着民主、法治的福利国家"非政治化"危机的出现，大多数公众似乎对在既有公共领域内寻求解决社会问题的办法已失去了信心。特别是随着公共领域功能的消解，出现了公民角色向"唯私主义"（privatistisch）退缩的现象，即哈贝马斯所谓的公共领域的"公民唯私主义综合症"。^③在哈贝马斯看来，"公民唯私主义"原本是一种公民权利的建构，但随着围绕这些权利而建制化的经济和国家越来越具有一种系统的自身逻辑，也越来越将公民角色压缩为单纯的组织成员的边缘性角色，最终形成、出现"公民唯私主义综合症"。其实，早在《莱茵报》当编辑期间，马克思（Karl Heinrich Marx）曾对当时的《科伦日报》进行评论时就生动地描述过类似情形："该报大部分'政治社论'都是用来引起读者厌恶政治的一种绝妙的工具，目的是使读者更狂热地醉心于兜揽生意的、充满生活趣闻的、巧妙动人的广告栏；使读者在这里也遵守下述规则：per aspera ad astra（经过千辛万苦，达到高山之巅），经过政治达到牡蛎（durch die Politik zu den Austern）。"^④就此而言，恰如沃尔夫（Alan Wolfe）所冷峻地指出的，"晚期资本主义的公民患上了一种政治精神分裂症。其性格的一方面为非政治化过程所害，变得保守、沉闷，而且乏味。而性格的另一方面则充满愤怒之情，一有机会就要通过政治狂飙运动来表达，比如激烈论战甚至是集体暴力行为的爆发"。^⑤甘布尔（Andrew Gamble）亦曾感叹道："公共领域正处于无处不在的收缩中，取而代之的或是呆板的技术官僚管理，或是毫无意义的媒体景观。结果便是人们撤出公众参与，越来越多的人专注于他们的个人生活和个人享乐。"^⑥基恩（John Keane）甚至提醒我们，黑格尔等人认为的现代市民社会之根本的私人空间正在消失。政治化进程暗中破坏了人

---

① 让·菲利浦·贝亚：《社会主义国家改革与公民社会的发展》，杨大群译，载刘明珍选编：《公民社会与治理转型——发展中国家的视角》，北京：中央编译出版社，2008，第31页。

② ［美］道格拉斯·凯尔纳、［美］斯蒂文·贝斯特：《后现代理论：批判性的质疑》，张志斌译，北京：中央编译出版社，1999，第288页。

③ ［德］哈贝马斯：《在事实与规范之间：关于法律和民主法治国的商谈理论》，童世骏译，北京：生活·读书·新知三联书店，2003，第670页。

④ 马克思：《第179号"科伦日报"社论》，《马克思恩格斯全集》（第1卷），北京：人民出版社，1956，第107页。

⑤ ［美］艾伦·沃尔夫：《合法性的限度——当代资本主义的政治矛盾》，沈汉等译，北京：商务印书馆，2005，第422页。

⑥ ［英］安德鲁·甘布尔：《政治和命运》，胡晓进等译，南京：江苏人民出版社，2003，第92页。

们以往接受的"公共的"(权力纠纷被视为别人的、正常的事情)与"私人的"(在君主、个人选择、天赐的或生理的"本能"面前,权力纠纷不具有合法职能)之间的区分。①

关于公共领域的私人化现象,鲍曼曾做出了客观描述。在鲍曼看来,随着"公共话题"的降格,"公共空间"被"私人"占领,"公共关注"被贬低为对公众人物私生活的好奇心,公共生活的艺术则被局限于私人事务以及公众对私人感情(越隐秘越好)承认的公开展示。若要对此趋势进行抵制,几乎已经变成不可理喻的了。② 正是因为公共空间的消失,尤其是因为"辩论场所"(agora)③这一作为媒介物的公共和私人场所的丧失,才让这一值得怀疑的鸿沟已经出现并正在增大。④ 现在有关"公共"一词的定义亦颠倒了。"公共"成了展示私事及独有财产的地带,而且,无人能合理声称这会影响到其自身的私人利益或个人幸福。凡要成为"公共"的,就得以一种足以激发人之好奇心且具吸引力的方式来展示,这业已成为衡量可否"很好地服务于公共利益"的主要标准。随之而来的是许多人为的公众参与形式(广播谈话节目、消费场所、电脑空间等等)的兴起。尤其是在作为公共论坛之替代品的、治疗性取向的"脱口秀"或"真人秀"节目这一形式中,客观性只服务于单一目标:替置身于单子式主体性之中的个体做背书。最终导致人们"对于公共领域的问题敬而远之,对于公共制度的安排心存疑虑,对于公共权力的私人化运作习以为常,对于公共舆论的私人化见惯不惊,对于公共言述的状况掉以轻心,对于公共福利的私人化享有不以为怪,对于公共环境的恶化熟视无睹。终于,私密化占据了个人生活的所有空间,公共被完全排除在人们的生活范围之外了"。⑤

综上所述,我们发现,尽管思想家们对现代性的公共领域问题的理解所采取的视角不一定相同,但他(她)们所作出的论断却具有很大程度的一致性,即都认为现代公共领域衰落了、式微了、异化了,甚至崩溃了。现代社会的公共生活出现了公共领域的困境。事实上,当今时代的公共领域一直在经历着显著的、根本性的变化。一方面,随着商业化的发展,"公共"的边界超出了资产阶级的范围,公共

---

① 〔英〕约翰·基恩:《市民社会:旧形象,新观察》.王令愉、魏国琳译,上海:上海远东出版社,2006,第165页。
② 〔英〕齐格蒙特·鲍曼:《流动的现代性》.欧阳景根译,上海:上海三联书店,2002,第56页。
③ 即雅典时期公民(妇女和奴隶除外)参与公共生活的"阿哥拉",它是一个集市,公民可以到此交换物品,观看戏剧,最重要的是——讨论政治,长久以来它被看作是所有民主社会期望的模范理想。
④ 〔英〕齐格蒙特·鲍曼:《流动的现代性》.欧阳景根译,上海:上海三联书店,2002,第59—60页。
⑤ 任剑涛:《私密化与公共关怀——以当代中国为例的讨论》,载任剑涛、彭玉平主编:《论衡》(第四辑).广州:中山大学出版社,2006,第317页。

领域因之失去其排他性。曾经被推入到私人领域的冲突现在进入了公共领域,公共领域则逐渐成为一个进行利益调节的场所。这样,群体需求难以指望从自我调节的市场中获取满足,只好转向于国家调节。也就是说,公共领域得以形成的"公/私二元"分界模糊了。另一方面,法律几乎难以被理解成是通过公共讨论而达成的私人意见的一致,而是明显地被认同为利益群体的集体斗争,其结果是它们或多或少地以不加伪装的形式在私人利益之间达成妥协。① 如今,公共场所俨然是最不受欢迎的地方了。② "公共性"已然退却,求庇于政治所无法企及之处,"私人性"亦将重新描画自身的形象。同时,越来越多的成年人已选择摆脱公共领域,并倾向于极其私人化的生活方式,这种生活方式可能包括到商业区购物,沉溺于电视和互联网。③ 正是在此背景下,鲍曼大声呼吁,"要使 agora 适合于自律之个体与自律之社会,需要同时阻止其私有化与非政治化的趋势,需要重建从私人性到公共性的转化过程,需要重新开始中断了的有关公共之善的讨论(不只在哲学讨论课上,而且是在 agora 之中)"。④ 面对公共领域(公共性)的困境,万俊人教授在《公共性的政治伦理理解》一文中激情追问:"在这些迅速变幻着的现代公共性镜像中,我们是否知道,我们究竟可以'公共'或实际'公共了'什么? 更确切点说,一方面我们真切感受到现代社会的公共生活经验并分享着现代人的'公共性'的理解。……可是,另一方面,我们不禁要问,联合国的议事有多少达成了公共一致? 又是如何达成公共一致的? 其公共性程度究竟如何? ……"⑤为什么公共领域在我们的社会中变得如此贫瘠? 为什么生活世界被经济、政治的管理系统"殖民化"(colonized)? 诸如此类的问题确实值得我们从学理上、实践中去努力探讨。

二、时代的批判者:于尔根·哈贝马斯

　　哲学的意义是由哲学家的思想行动及其历史际遇共同界定的,而哲学家的思想行动方式在很大程度上又往往取决于他(她)自身的思想性格。因此,要真正读懂哲学家的作品,首先需要读懂哲学家本身。或者说,对哲学文本的阅读与对哲

---

① 汪晖:《导论》,载汪晖、陈燕谷主编:《文化与公共性》。北京:生活·读书·新知三联书店,1998,第40页。
② 〔法〕塞奇·莫斯科维奇:《群氓的时代》。许列民等译,南京:江苏人民出版社,2003,第247页。
③ 〔美〕卡尔·博格斯:《政治的终结》。陈家刚译,北京:社会科学文献出版社,2001,第14页。
④ 〔英〕齐格蒙特·鲍曼:《寻找政治》。洪涛等译,上海:上海人民出版社,2006,第98页。
⑤ 万俊人:《公共性的政治伦理理解》,载《读书》2009年第12期,第62—63页。

学家思想性格的解读常常难以分开。① 因此,在我们介绍哈贝马斯的思想之前,照例应先了解一下哈贝马斯的生平和学术发展。正如霍尔斯特(Detlef Horster)所给予我们的提示:哈贝马斯的理论观点"一方面可从他的生平中得到解释,另一方面可从他隶属的理论传统中得到解释"。② 但考虑到本文的重点是对哈贝马斯的公共领域理论展开研究,且目前学界有关哈贝马斯生平著作的介绍书籍已较为丰富③等因素,因此,此处只作简略性的介绍。

哈贝马斯(1929—)成长于德国小城古默斯巴赫(Gummersbach)的氛围与顺应政治环境的家庭中。与法兰克福学派的前辈相比,哈贝马斯不只是年轻的一代,而且背景也迥异。正如哈贝马斯自己所说的:"我是该学派中第一个非犹太人,成长于纳粹帝国年代,躬逢法西斯主义的灭亡,这一背景明显与其他人不同。"④与伽达默尔(Hans-Georg Gadamer)那具有历史延续性的主要经历相比,哈贝马斯的主要经历是不连贯的——几乎遭受到传统方面完全中断的创伤。但许多批评哈贝马斯的人却往往忽视或低估了具体的历史条件。其实,20世纪40年代到60年代的事件对哈贝马斯有着决定性的影响:纳粹德国的垮台,唯在战争结束之后德国人才发现的这个时代的巨大恐怖,以及进行新的开端的希望。然而,"如果这一背景被忽视,我们甚至对哈贝马斯最富理论性的著作也无法给予恰当的理解"。⑤ 事实上,经济的萧条、世界大战的灾难、法西斯统治的残暴等一幕幕,在哈贝马斯心灵上留下了深深的烙印,这恰促成了他后来学术生

---

① 万俊人:《编译导言:进退之间——读罗尔斯及其〈政治自由主义〉》,载[美]罗尔斯等:《政治自由主义:批评与辩护》.万俊人等译,广州:广东人民出版社,2003,第1页。
② [德]德特勒夫·霍斯特:《哈贝马斯》.鲁路译,北京:中国人民大学出版社,2010,第3—4页。
③ 目前汉语学界有关以哈贝马斯生平和思想发展为主题的翻译或研究著作,粗略统计就有:(1)[英]威廉姆·奥斯维特(William Outhwaite):《哈贝马斯》(1999年版);(2)[德]得特勒夫·霍尔斯特(Detlef Horster):《哈贝马斯传》(2000年版)或[德]德特勒夫·霍斯特(Detlef Horster):《哈贝马斯》(2010年版);(3)[美]莱斯利·A.豪(Leslie A. Howe):《哈贝马斯》(2002年版);(4)[英]安德鲁·埃德加(Andrew Edgar):《哈贝马斯:关键概念》(2009年版);(5)[英]詹姆斯·戈登·芬利森(James Gordon Finlayson):《哈贝马斯》(2010年版);(6)[美]芭芭拉·福尔特纳(Barbara Fultner)编:《哈贝马斯:关键概念》(2016年版);(7)[德]斯蒂芬·穆勒-多姆(Stefan Müller-Doohm):《于尔根·哈贝马斯》(2019年版);(8)普塞(Michael Pusey):《哈柏玛斯》(台北桂冠圖書股份有限公司1989年版);(9)[日]中冈成文:《哈贝马斯:交往行为》(2001年版);(10)曾庆豹:《哈伯玛斯》(台湾生智文化事业有限公司1999年版);(11)李英明:《哈伯玛斯》(台北东大图书股份有限公司1992年版);(12)余灵灵:《哈贝马斯传》(1998年版);(13)艾四林:《哈贝马斯》(1999年版);(14)陈勋武:《哈贝马斯评传》(2008年版);等等。
④ 哈贝马斯、阿列克斯·荷内思、埃伯哈特·诺德勒-本特、阿诺·魏德曼:《理性辩证法》,载包亚明主编:《现代性的地平线》.李安东、段怀清译,上海:上海人民出版社,1997,第42页。
⑤ [美]理查德·J.伯恩斯坦:《超越客观主义与相对主义》.郭小平等译,北京:光明日报出版社,1992,第222页。

涯中倾心于探讨公共领域、探究国家合法性以及追求民主正义研究的理论原动力。

　　哈贝马斯先后在哥根廷大学(1949—1950)、苏黎世大学(1950—1951)和波恩大学分别攻读哲学、历史学、心理学、德国文学及经济学。1954 年,哈贝马斯在波恩大学以《绝对性与历史性:论谢林思想的二重性矛盾》("Das Absolute und die Geschichte. Von der Zwiespältigkeit in Schellings Denken")的论文获得哲学博士学位。从 1956 年起,他在法兰克福大学社会研究所跟从霍克海默(Max Horkheimer)和阿多诺(Theodor Wiesengrund Adorno)学习哲学和社会学。接着,他在马堡大学政治学系阿本德洛德(Wolfgang Abendroth)教授的指导下,于 1961 年以题为《公共领域的结构转型:论资产阶级社会的一个范畴》("Strukturwandel der Öffenlichkeit. Untersuchungen zu einer Kategorie der Bürgerlichen Gesellschaft",在后面的行文中笔者将之统一简称为《结构转型》)的博士后论文,获得大学教职资格文凭,并于 1962 年将该论文加以出版发表。在此书中,哈贝马斯把研究目标更直接地瞄向政治和社会状况的转变,并且大量借鉴和吸收了有关文化史、法律史、大众传媒理论以及经验社会科学等方面的学术资源,以便多学科地探讨公共领域问题。①

　　这样,哈贝马斯开始了他的学术生涯,他试图重构自康德(Immanuel Kant)、费希特(Johann Gottlieb Fichte)、谢林(Friedrich Wilhelm Joseph Schelling)、黑格尔(Georg Wilhelm Friedrich Hege)至马克思的德国思想传统。在他一直批评马克思的各种各样的正统观念和致力清除马克思本身的正统观念的根源时,哈贝马斯认为他本人在一种黑格尔主义——马克思主义的传统下工作。但在哈贝马斯那里尤其可以注意到的是:不仅黑格尔、马克思的传统思想在他的哲学中发挥着作用,而且胡塞尔(Edmund Gustav Albrecht Husserl)、海德格尔(Martin Heidegger)以及维特根斯坦(Ludwig Josef Johann Wittgenstein)的影响也规定着他的思维内容。因此,可以这么说,哈贝马斯"既可被称作批判的社会哲学家,又可被称作现象学的解释学家,甚至也可以将他称之为政治哲学家或语言哲学家或哲学人类学家等等。"②当然,除了从康德到马克思的思想传统,哈贝马斯还力图重新评价包括韦伯、涂尔干(Emile Durkheim)和帕森斯(Talcott Parsons)等在内

---

① 参阅 Peter Hohendahl, Patricia Russian, Jürgen Habermas: "The Public Sphere" (1964), New German Critique, No.3(Autumn, 1974), p.45.

② 倪梁康:《现象学及其效应:胡塞尔与当代德国哲学》.北京:生活・读书・新知三联书店,1994,第 340 页。

的社会学传统，同时又深受以皮尔斯（Charles Sanders Peirce）、杜威和米德（George Herbert Mead）为代表的美国实用主义的影响。① 这说明，哈贝马斯不但精通德国古典哲学，而且对现代社会学、语言学、人类学、美国实用主义、弗洛伊德主义等等都很熟悉。他的这种跨学科研究特征最为引人注目。他在谈到自己的学术成长历程时，曾强调道："从学术观点上讲，我是在一种偏狭的德国语境，在德国哲学世界中，在一种处于分崩离析之中的新康德主义、德国历史学派、现象学以及哲学人类学的混合语境中成长起来的。"② 至于他的理论兴趣则不断受制于哲学和社会理论问题，这些问题产生于从康德直到马克思之间的思想运动。这使得哈贝马斯的理论意图和基本信念在 20 世纪 50 年代中期打上了西方马克思主义的印记，经历了卢卡奇（Ceorg Lukacs）、柯尔施（Karl Korsch）和布洛赫（Ernst Bloch）、萨特（Jean Paul Sartre）和庞蒂（Merleau-Ponty）。③ 在哈贝马斯的亲炙弟子维尔默（Albrecht Wellmer）看来，哈贝马斯的理论综合了三大领域，这就是康德道德哲学的普遍主义、黑格尔社会理论的实在论以及韦伯后形而上学的经验论。④ 曾庆豹先生则把哈贝马斯的思想背景归结为如下几方面：一是德国观念论[康德、黑格尔]；二是马克思主义哲学[包括卢卡奇、柯尔施、早期法兰克福学派]；三是弗洛伊德精神分析[包括皮亚杰（Jean Piaget）、柯尔伯（Lawrence Kohlberg）的发展心理学]；四是语言分析学派[奥斯汀（John Langshaw Austin）、希尔勒（John Rogers Searle）、阿佩尔（Karl-Otto Apel）]；五是诠释现象学[胡塞尔、伽达默尔]。⑤ 由此说来，哈贝马斯确实称得上是一位百科

① 可以这么说，哈贝马斯是为数不多的严肃对待美国实用主义思潮的思想家之一。在题为《一种哲学-政治的侧面描述》的访谈中，哈贝马斯将美国的实用主义看成"是继马克思和克尔凯廓尔（Kierkegaard）之后对黑格尔思想作出的第三次最有创建性的回答"，是青年黑格尔主义的激进-民主的分支，并且指出，"一旦涉及到马克思主义在民主理论上的缺陷时，我就依傍于美国的实用主义哲学以作为对此不足的补充"。参见 Habermas, Interview: A philosophico-political profile, *New Left Review*, 151,1985(3), p. 77.；或参见哈贝马斯、佩里·安德森、彼得·杜瓦斯：《一种哲学-政治的侧面描述》，载包亚明主编：《现代性的地平线》。李安东、段怀清译，上海：上海人民出版社，1997，第 143 页。对于这种与实用主义传统的亲和性和对其作出的独特诠释，哈贝马斯承认："我很久以来一直认为，自己与存在于美国最优秀传统中并通过美国实用主义明确表达出来的那种激进民主精神是一致的"，这使得在与所谓青年保守主义的论战中，哈贝马斯把罗蒂引为同道，以至于有学者把哈贝马斯称为"当代社会理论家中最有杜威色彩的一位"。参见 Alan Ryan, *John Dewey and the High Tide of American Liberalism* (New York/London: W. W. Norton&Company, 1995), p.357.
② 哈贝马斯、佩里·安德森、彼得·杜瓦斯：《一种哲学-政治的侧面描述》，载包亚明主编：《现代性的地平线》。李安东、段怀清译，上海：上海人民出版社，1997，第 142 页。
③ 同上书，第 144 页。
④ 转引曹卫东：《权力的他者》。上海：上海教育出版社，2004，第 17 页。
⑤ 曾庆豹：《论哈贝马斯》，载《国外社会学》1994 年第 5 期，第 54 页。

全书式的学者。

　　自其职业生涯的最初时刻起,哈贝马斯就把他的全部注意力投入到合法性问题上,在他看来,合法性问题与他有关公共领域的著作不可分解地纠结在一起。早在《大学生与政治》的导论和《结构转型》一书中,哈贝马斯就对资本主义发展同自由的公共领域之产生及其消亡的历史关系进行了探究。一方面,促使统治解体的对话的意志形成的构想,首次在资产阶级统治国家的政治制度中被有效地制度化;另一方面,资本主义经济制度的绝对令律同民主化的意志形成进程的要求的不相容状况也表现了出来。① 接着,哈贝马斯进一步分析了公共领域在民主制度中的政治决定的形成过程中的关键作用。在他看来,公共领域"既能帮助政治建立起自我理解,又能帮助特殊意义上的资产阶级公共领域在法律上得以制度化"②。在这里,康德构成了哈贝马斯的出发点。哈贝马斯从康德那里获得了一个公共领域的观点(或者说公共性的观念)③,把它当成制度性的民主制度,倘若没有这种制度的话,宪政共和主义的理论就不可能存在。只有一种积极参与的公共领域才能为一条真正的民主交流开创道路。为此,一方面,哈贝马斯推崇康德提出的公共领域及公共的理性运用,把它看作是以理性论证为中心而建构起来的,而不是以论证者的身份为中心建构起来的;另一方面,他又批评康德对公共领域的机制的理解当中的精英主义倾向和某种程度上的资产阶级倾向。在哈贝马斯看来,康德关于公共领域的描述表现了资产阶级的意识形态,它把参与看成是上流社会,主要是受过教育的、富有的男性独有的权利。④ 在后来的《在事实与规范之间》一书中,哈贝马斯仍然强调公共领域和市民社会,因为对通过交往行动形成真正的公众舆论而言,公共领域与市民社会都为这种行动提供了空间。现在,这种可行的话语被扩展了,它不仅包括了事实和道德问题,而且也包括将共识转变成必须遵守且能执行的决定,以及将共识转变成价值和利益不断发生冲突时采

---

① [德]哈贝马斯:《理论与实践》(第2版).郭官义、李黎译,北京:社会科学文献出版社,2010,"新版导论"第3页。

② [德]哈贝马斯:《公共领域的结构转型:论资产阶级社会的一个范畴》.曹卫东等译,上海:学林出版社,1999,第4页。

③ 同上书,第120—134页。

④ 这种精英主义的本质倾向在康德关于公共领域的思想中到处闪耀着,这与他信赖作为所有政治交易的理想模型的学术设定是一脉相承的。康德在《回答一个问题:"什么是启蒙?"》一文中写道:"我所理解的对自己理性的公开运用,则是指任何人作为学者在全部听众面前所能做的那种运用。一个人在其所受任的一定公职岗位或者职务上所能运用的自己的理性,我就称之为私下的运用"。参见卡尔西(Ernst Cassierer, ed.)编:《康德全集》(*I. Kants Werk*. Berlin, Bd.Ⅳ, S.171.),转引[德]哈贝马斯:《公共领域的结构转型》.曹卫东等译,上海:学林出版社,1999,第123页。

取的行动商谈等实用主义话语。因此,哈贝马斯认为,由于当代社会的复杂多元性,致使观念的形成发生在大量互动的公共生活中。这样,一个自主的公共领域是必不可少的,因为一个繁荣的市民社会或公民社会不仅可为未来的国家民主化提供资源,且可对国家的民主承诺之逆转进行控制。挽救资本主义的政治危机,必须重建资本主义公共领域。

学界普遍认为,哈贝马斯隶属于法兰克福学派的批判理论,是其第二代领军人物。① 不过,哈贝马斯有关社会、政治与文化形态的历史分析却与霍克海姆和阿多诺截然不同。霍耐特(Axel Honneth)就指出,从哈贝马斯的"理论起源和取向上看,他最初与批判理论的哲学传统很少有共同之处。在他的学术发展过程中,诸如哲学人类学、解释学、语用学以及语言分析等理论思潮发挥了作用。"② 在哈贝马斯自己看来,霍克海姆和阿多诺关于合理化问题的阐述过于消极、片面,且其启蒙辩证法概念缺乏历史的、经验的正当性与内在的一致性。与之相反,哈贝马斯却总是将对个人自由的深度关切与民主制度的命运和民主政治的前景联系在一起。这样,哈贝马斯比霍克海姆和阿多诺二人都更加关注民主社会的具体制度结构。哈贝马斯认为,社会批判理论必须言及社会制度的选择,即哪样的制度才能使个人既不会受到政治极端主义的吸引,又不会遭受迅速成长的资本主义经济之戕害。不过,尽管哈贝马斯与霍克海姆和阿多诺有诸多不同之处,并且没有像他们那般悲观,可在哈贝马斯的理论中还是可以听到霍克海姆和阿多诺二者社会批判理论中的悲观主义回声。

哈贝马斯③认为,霍克海姆和阿多诺在批判现代性方面走得太远,未能适当地说明现代性仍然是一项很有前途的未竟事业(an unfinished project)。就哈贝马斯而言,他相信,尽管苏东的社会主义已经崩溃了,尽管"乌托邦的思想"受到在"历史的思想"中更加带有怀疑色彩的观点的审视,但是,这个时代的精神继续由"乌托邦的思想"所赋予。哈贝马斯认为"乌托邦的思想"具有为行动和可能性的

---

① 学界普遍认为哈贝马斯是批判理论的代表人物,而且可说是霍克海姆和阿多诺的正统继承人。但亦有学者对此持质疑态度。如约阿斯(Hans Joas)和克诺伯(Wolfgang Knöbl)就怀疑这种对于哈氏的定位是否真的正确,哈氏是否实际上如此深受批判理论的影响。参见[德]汉斯·约阿斯(Hans Joas)、[德]沃尔夫冈·克诺伯(Wolfgang Knöbl):《社会理论二十讲》.郑作彧译,上海:上海人民出版社,2021,第189页。

② [德]阿克塞尔·霍耐特:《分裂的社会世界:社会哲学文集》.王晓升译,北京:社会科学文献出版社,2011,第47页。

③ 对霍克海姆和阿多诺的《启蒙辩证法》的批判性论述,参见哈贝马斯的《现代性的哲学话语》一书中的第五章内容。

边际开辟可供选择的方法的功能。① 正因如是,哈贝马斯借助于他对解释学哲学与维特根斯坦的话语分析的把握而得其理论的中心前提。他从中认识到,人类主体已经并始终是通过话语上的理解媒介而被相互结合在一起的。人类生活形式通过镶嵌在话语结构中的互主体性而凸显出来。话语上的交往是许多个人用来保证他们之间的行动导向和价值观念的公共性的媒介,而这种公共性是社会用来完成物质再生产的任务所必需的。只要人们愿意对有争议的话题开展理性的讨论,愿意让所有参与者都有权利自由平等地参与讨论,愿意尽自己最大的努力去理解问题和论据,愿意对更好的论据做出让步并接受理性的共识,社会的进步就可以通过"未遭扭曲的交往"②而得以实现。

　　这样,哈贝马斯企图在带有"解放旨趣"的科学和马克思主义的传统当中,将实证主义对可靠的知识的执著同对社会生活阐释学性质的认可结合起来。他以下述三组中心问题作为其理论的出发点:①为什么发达资本主义社会中合法性的建立成了最重要的体制问题? 通过国家计划勉强受到控制的情况下可以产生的诸种冲突会被转移到政治体系中吗? 政治的危机理论一定能取代经济的危机理论吗? ②难道新的、以丧失主动性和意在采取抗议行动为特征的、受到亚文化支持的潜在冲突和冷漠,能够导致达到危及制度规模的拒绝工作吗? 可能以消极的态度对完成重要的制度功能提出怀疑的那些集团与那些在危机状态中自觉采取政治行动的集团是一样的吗? 能够导致功能上必要的统治的合法性和工作的主动性逐渐消失的潜移默化过程同时就是创造行为潜能的政治化过程吗? 以及③迫使工人阶级组织起来和迫使工人阶级形成自身的阶级意识,今天还是从以不断的政治为中介的雇佣劳动关系中得出的结论吗? 在产业工人内部会出现基于结构的原因,可以接受政治启蒙并为了非经济的目标而被争取过来的派别吗? 形成政治意识的动因已经从生产劳动的领域转入其他的就业系

① [英]丹尼斯·史密斯:《后现代性的预言家:齐格蒙特·鲍曼传》.萧韶译,南京:江苏人民出版社,2002,第 210 页。
② 关于"未遭扭曲的交往"的特征,哈贝马斯曾在《系统干扰下的交往》(《调查》,1970 年第 13 期第 205—218 页)一文中,列出了五个方面:①表述、行动和姿态都是无矛盾的;②交流是公共的并符合适当的文化标准;③行为者能够区分语言描述的各种言词、本质、事件和过程的不同特性;④交往导致而产生互主体性即行为者相互理解他人主观状态的能力,并且发展一种共享的集体意义感;⑤当从外部观察时与在互动过程中主观体验时,时间和空间的概念化被行为者理解为意味着不同的事物。转引乔纳森·H·特纳:《社会学理论的结构》.吴曲辉等译,杭州:浙江人民出版社,1987,第 235 页。

统的领域中了吗？① 概言之，在此，哈贝马斯的理论出发点是，晚期资本主义和后工业社会的大众民主"只有当它认真对待具有政治功能的公共领域的要求时，才可以说它延续了自由主义法治国家的原则。"②但问题是，公共领域又如何能够通过操纵和控制它的大众交往手段来使这个批判性过程得以进行呢？为了避免像阿多诺那样从他的理论的社会和政治的方面逃离出来而隐遁入艺术的乌托邦维度之中，似乎只有两个答案可供选择：要么在马克思主义的意义上期望着颠覆资本主义的倾向；要么在一个新的基础之上重新系统阐述公共领域的概念。后者正是哈贝马斯的策略，特别是随着他的《交往行为理论》的出版，标志着这一策略的成熟与完善，标志着他转向了一种新的探究框架，这种新的框架把来自各个不同阵营里的思想资源——既有分析哲学，他尤其把目光聚焦于奥斯汀和瑟尔的日常语言学派，又有各种社会科学——编织在一起。其中，对这一新框架产生强烈影响的还有乔姆斯基（Noam Chomsky）的语言学的生成性路径、皮亚杰和柯尔伯的心理和道德发展理论以及由帕森斯和米德精心论述的社会模型。

自从其两卷本巨著《交往行为理论》问世以来，哈贝马斯就设定，我们是在从与他者的基本关系中认识到我们作为具有自律性的行动者（agents）的。在这些关系中最基本的一种是借助语言进行的交往行动。基于此，哈贝马斯的立场是：交往的实质就是相互理解；不过，交往不可能发生在一个完全没有规范来调节的语境当中，换言之，一个在其中存在着神秘以及操纵占据主导地位的语境。就一个成功的交往而言，无论是对于言说者还是听众来说，都必须在某种程度上承诺自己是在说真话，而且确实在意指正在说出的东西。这就把交往设立为一种理性的实践，它允许在听众之间形成一种自由地获得的普遍同意。在交往行为中，个体通过与其他参与者的对话而形成各种判断，反过来，这些参与者又受到这些判断的影响。在参与者之间的这种动态过程使得交往行动从根本上是解放性质的，因为它肯定了通过论证而消解不一致状态的需要。而哈贝马斯所理解的"解放"就是对共同体的向往。但是，共同体的基础却存在于"享有权利之权"的公民身份的要求之中。"既然以公民身份为参照系，便规定了不仅要求法治，而且要求一个由公民来组成的共同体。……这便是公民身份的最重大的意义所在。但还有另

---

① ［德］哈贝马斯：《理论与实践》（第2版）. 郭官义、李黎译，北京：社会科学文献出版社，2010，"新版导论"第5页。

② J. Habermas, Further Reflection on the Public Sphere, in Craig Calhoun (ed.), *Habermas and the Public Sphere* (Cambridge, Mass.: MIT Press, 1992), p.441；［德］哈贝马斯：《公共领域的结构转型》. 曹卫东等译，学林出版社，1999，"1990年版序言"第19页。

一个参照系,就是公众领域。……它乃是交互承认的领域,意思是说公众领域必须是公共的领域。……每当我们保卫公众领域使之免遭市场侵犯时,我们便要求承认:管理公众生活的法律是公众关心的问题。"①在哈贝马斯看来,人类的理性在于基于普遍沟通能力的主体间相互协调行动的能力,这是一种通过话语实践创造一个共享的生活世界的能力。因而,理性是一种"沟通力量",它体现了人类理性的启蒙概念所持有的平等和自由的规范性理想。这种理性最主要的特点是,它具有给出和接受理由作为协调行动的模式的能力。它不强调单个主体,而是沟通性互动形式的最主要特征。这样一种理性与策略性的或工具-手段理性形成了鲜明的对比。

在深刻反思的基础上,哈贝马斯对现代性的"病症"作出了自己的时代诊断,认为"生活世界的殖民化"导致"社会病理的表现形式越来越多样化",其中,最典型的社会病理表现为工具理性支配下的"意义丧失、失范状态以及精神病症等,而不是单一类型的症状"。②不过,尽管现代性处于"问题百出"的境地,且受到后现代主义的猛烈批判,但哈贝马斯仍然坚持维护这一"未竟事业"。他为继续现代性事业所作出的哲学方面的努力,总的说来,是让合理性不再依附主体,而是依附"互主体性",让思想进入针对"去自我中心"的逻辑,并试图转换它的规范基础,即将启蒙运动以降被作为主导思潮的、以个体理性为核心的主体性哲学或意识哲学,经由批判转换为他的交往(行为)理论。而"这一理论的核心概念,一是交往理性,二是公共领域。通过**交往理性**,各主体之间在生活世界里通过沟通,达到相互理解、知识共享、彼此信任,取得认同的目标,并进而在公共领域中依据所达成的具有**公共性**的共识,来实现对国家的**民主**控制"。③在此,哈贝马斯坚信其"交往行动"概念提供了一种概念图式,可使人们借此来诊断"生活世界"的病症(比如金钱和权力系统对生活世界的入侵与殖民)并提供治疗措施(比如通过增进交往、促进社会参与及强化价值规范的商讨以重建社会)。他还相信其"交往行动"概念可允许保留理性、共识、团结、解放等现代价值,故亦可同时为社会批判、社会重建提供理论基础。④针对这一哈贝马斯现代性诊断,马尔图切利(Danilo Martuccelli)

① 〔智利〕诺伯托·莱希纳:《寻找失去的共同体:民主在拉美遇到的挑战》,陈思译,载《国际社会科学杂志》(中文版)1992年第3期,第129页。
② 〔德〕哈贝马斯:《现代性的哲学话语》.曹卫东等译,南京:译林出版社,2004,第391页;详情参阅哈贝马斯:《交往行为理论》,第2卷,第215页,图22。
③ 陈嘉明:《现代性与后现代性十五讲》.北京:北京大学出版社,2006,第305页,黑体字为引者加,表示强调。
④ 〔美〕道格拉斯·凯尔纳、〔美〕斯蒂文·贝斯特:《后现代理论:批判性的质疑》.张志斌译,北京:中央编译出版社,1999,第309页。

曾指出其具有双重性:一方面,在其社会理论的框架中,哈贝马斯的批判总结只不过是系统整合机制优先于经验世界的资源,对于这个总结,他提出了公共领域和法律的作用。另一方面,哈贝马斯的公共领域理论导致他用认知和反省能力和行动的实际边界之间一致的最后动摇来描述现代性,因为现代社会不能以整体的方式自我生产。①

哈贝马斯研究方法十分独特,善于运用概念史的方法来阐述概念形成中的转换、变形和创新。在哈贝马斯的理论中包含了大量的范畴区分。他的思路通常是这样的:"首先,在两个方面(或两个层次)之间作一个概念区分,对有些基本的范畴区分还从语用学、心理学和社会学等经验科学的角度来进行论证,并且批评在概念上混淆这两个方面的种种谬误;然后,他设法确定这两个在**概念**上不同的方面在**历史**上或**经验**上却是以这种或那种方式并存着或混合着的;在这种**事实性**的确认之后,他常常作一个**规范性**的建议:找到某种东西可以在这两个方面之间起中介作用,以便克服这两者之间的冲突,或其中一方接管和吞并另一方的趋势。"②就此,安德森(Perry Anderson)曾指认,哈贝马斯曾经"发生了三次概念的'滑动'"。③ 概言之,首先是"社会相互作用"概念不断地为"交往"概念让路,仿佛两者是完全等同的,只不过后者更加确切罢了。其次,"交往"逐渐被等同于"语言",好像这两者也可以互相交换似的。从交往到语言这一"滑动"一旦发生,下一步就是把生产本身归入源于交往的共同成规之下。第三步因而就是在定义人类和历史的发展时,同样维护交往对生产功能的公开优先地位:用哈贝马斯的话来说就是,"语言"的地位高于"劳动"。④ 而且,哈贝马斯十分善于先从梳理西方的学术传统(特别是欧洲思想传统)入手,然后在解读传统的过程中提出自己的分析概念、建构自己的分析框架,接着再用这种的框架来分析当代西方社会生活,进而逐步涉足社会科学的其他领域,最终使自己的理论成为被这些领域承认、利用及拓展的一种广义社会理论。哈贝马斯所惯用的一种手法就是重建交往过程中一些违反事实的预设或假定。其中,最明显的例子就是他的"纯粹交往行为"模型和"理想言说情境"假定。他的这种方法乃是黑格尔、马克思,乃至霍克海默、阿多诺

---

① [法]达尼洛·马尔图切利:《现代性社会学:二十世纪的历程》.姜志辉译,南京:译林出版社,2007,第285页。
② 童世骏:《批判与实践——论哈贝马斯的批判理论》.北京:生活·读书·新知三联书店,2007,第98页。
③ [英]佩里·安德森:《当代西方马克思主义》.余文烈译,北京:东方出版社,1989,第82页。
④ 同上书,第82—83页。

一脉相承的"内在批判法"的一种运用。① 这样,哈贝马斯从"实然"之中找寻(重建)"应然",从现实之中发现(重建)可能性,然后将实然与应然、现实性与可能性关联起来,以预测并促进"实然"或"现实"的转变。因此,"凡是具有认识论、结构主义和解释学因素的一切,凡是能使人们从内部来揭示客观事物的一切"②,都成了哈贝马斯的思想资源。所以说,"方法论上的解释学和内在批判,认识论上对马克思主义和精神分析的综合,以及把实用主义引入语言哲学,构成了哈贝马斯社会理论的三大支柱"。③ 正如特纳(Jonathan H. Turner)所形象地描述的,哈贝马斯的著作是以一种批判的眼光梳理了各派思想家的作品,同时又自由地在各派思想家的摘选中漫步。而当漫游结束时,其最终结果却是一种富有创造性的、综合了各种思想的批判理论。④ 这么说来,哈贝马斯的确是一位集成型学术大师,而且"人们大概可以说,在哈贝马斯的思想中,理论和实践是有机地统一起来的"。⑤

哈贝马斯的研究视阈非常广阔,硕果累累,其心血凝结成如下一系列学术著作:①《大学生与政治:法兰克福大学生政治意识的社会学研究》(*Student und Politik*, 1961;此书与福利德堡[L. V. Friedeburg]、厄勒[Ch. Oehler]、韦尔茨[F. Weltz]合著);②《公共领域的结构转型:论资产阶级社会的类型》(*Strukturwandel der Öffentlichkeit. Untersuchungen zu einer Kategorie der Bürgerlichen Gesellschaft*, 1962);③《理论与实践:社会哲学研究》(*Theorie und Praxis. Soziaphilosophische Studien*, 1963);④《社会科学的逻辑》(*Zur Logik der Sozialwissnschaften*, 1967);⑤《认识与兴趣》(*Erkenntnisn und Interesse*, 1968);⑥《作为"意识形态"的技术与科学》(*Technik und Wissenschaft als "Ideologie"*, 1968);⑦《抗议运动与高校改革》(*Protestbewegung und Hochschulreform*, 1969);⑧《哲学—政治侧面》(*Philosophisch-politische Profile*, 1971);⑨《政治哲学理论或者社会技术? 系统研究意味着什么》(*Theorie der Gesellschaft oder Sozialtechnologie-Was leistet die Systemforschung?*, 1972);⑩《合法化危机》(*Legitimationsprobleme im Spätkapitalismus*, 1973);⑪《交往与

---

① Seyla Benhabib, Review on The Critical Theory of Jürgen Habermas, *Telos*, No. 40, 1979, p. 183.
② 曹卫东:《曹卫东讲哈贝马斯》. 北京:北京大学出版社,2005,第 49 页。
③ 同上书,第 49 页。
④ 乔纳森·H·特纳:《社会学理论的结构》. 吴曲辉等译,杭州:浙江人民出版社,1987,第 241 页。
⑤ [加]查尔斯·泰勒:《坚定不移的激情:为什么说哈贝马斯的声誉和影响是名至实归的》,郁喆隽译,载于俞吾金主编:《当代国外马克思主义评论》. 北京:人民出版社,2009,第 8 页。

社会进化》(*Kommunication und Sozialevolution*，1976)；⑫《文化与批判》(*Kultur und Kritik*，1976)；⑬《重建历史唯物主义》(*Zur Rekonstruktion des Historischen Materialsmus*，1976)；⑭《关于时代精神状况的提纲》(*Stichworte zur Geistigen Situationen der Zeit*，1980)；⑮《政治评论集》(10卷本)[《政治评论集》(*Kleine politische Schriften*，1981，第1—4卷)、《新的非了然性》(*Die neue Unübersichtlichkeit*，1985，第5卷)、《一种清理弊病的方法》(*Eine Art Schadensabwicklung*，1987，第6卷)、《追补的革命》(*Die nachholende Revolution*，1989，第7卷)、《柏林共和国的规范性》(*Die Normalität einer Berliner Republik*，1995，第8卷)、《过渡时代》(*Zeit der Uebergänge*，2001，第9卷)、《分裂的西方》(*Der gespaltete Westen*，2004，第10卷)]；⑯《交往行为理论》(两卷)(*Theorie des kommunikativen Handelns*，*Band* Ⅰ，*Handlungsrationalität und gesellschaftliche Rationalisierung*；*und Band* Ⅱ，*Zur Kritik der funktionalistischen Vernunft*，1981)；⑰《道德意识与交往行为》(*MoralbewuBtsein und kommunikatives Handeln*，1983)；⑱《社会互动与社会理解》(*Soziale Interaktion und soziales Verstehen*，1984)；⑲《关于交往行为理论的预备性研究及其补充材料》(*Vorstudien und Ergänzungen zur Theorie des kommunikativen Handelns*，1984)；⑳《现代性的哲学话语》(*Der philosophische Diskurs der Moderne*，1985)；㉑《后形而上学思想》(*Nachmetaphysisches Denken*，1988)；㉒《作为未来的过去》(*Vergangenheit als Zukunft*，1990)；㉓《文本与语境》(*Texte und Kontexte*，1991)；㉔《论话语伦理学》(*Erläuterungen zur Diskursethik*，1991)；㉕《在事实与规范之间》(*Faktizität und Geltung*，1992)；㉖《包容他者：政治理论研究》(*Die Einbeziehung des Anderen. Studien zur politischen Theorie*，1996)；㉗《后民族结构》(*Die Postnationale Konstellation*：*politische essays*，1998)；㉘《真理与辩护》(*Wahrheit und Rechtfertigung*，1999)；㉙《人性的未来》(*Zukunft der menschlichen Natur*，2001)；㉚《符号的解放力》(*The Liberating Power of Symbols*：*Philosophical Essays*，2001)；㉛《宗教与合理性》(*Religion and Rationality*：*Essayson Reason*，*God*，*and Modernity*，2002)；㉜《在自然主义与宗教之间》(*Zwischen Naturalismus und Religion*：*Philosophische Aufsaetze*，2005)；㉝《与教皇的对话：世俗化的辩证法，论理性与宗教》(Joseph Ratzinger, *Dialektik der Säkularisierung: über Vernunft und Religion*，2005)；㉞《一种我们缺少的意识：与哈贝马斯讨论》(*Ein BewuBtsein von dem, was fehlt：eine Diskussion mit Jürgen Habermas. Hrsg.*

von Michael Reder und Josef Schmidt，2008）；㉟《啊！欧洲》(*Ach，Europa*，2008）；㊱《哲学文集》(五卷)(*Philosophische Texte*，2009）；㊲《关于欧洲宪法的思考》(*Zur Verfassung Europas*，2010）；㊳《后形而上学 2》(*Nachmetaphysisches Denken II*，2012）；㊴《技术官僚统治的漩涡》(*Im Sog der Technokratie*，2013)以及㊵《另一种哲学史》(*Auch eine Geschichte der Philosophie. Band 1 Die okzidentale Konstellation von Glauben und Wissen；Band 2 Vernünftige Freiheit Spuren des Diskurses über Glauben und Wissen*，2019）；等等。所有这些涉及广泛领域的作品在基本的规范性和理论性诉求上保持了惊人的一致性，它形成了哈贝马斯作品的基础：理性和同意之间的内在联系，以及试图在关于民主社会、道德和法律的批判性理论中描述的这种联系的规范性意义。其中，公共领域理论却是他一生学术研究中最重要的理论基础之一。有关公共领域(公共性)的研究，构成为哈贝马斯交往行为理论和完整的社会批判理论的一个至关重要的组成部分。

　　总的来说，20 世纪 80 年代以来，哈贝马斯已成为当代西方最活跃、最多产的理论家之一，被誉称为是自"马克思、尼采和海德格尔以来最具影响力的德国哲学家"[舒勒(Florian Schuller)语]，是"对社会最为有用的当代哲学家——最符合民主政治需要的哲学家"与"当代哲学家中最明智、最温和并且最实际的社会民主的发言人"[罗蒂(Richard Rorty)语]，"是后现代主义者在当今时代确定自己思想位置、校正自己理论方向的永恒坐标"[姚大志语]，"是启蒙思想在当代西方真正的继承人和代言人"[博拉朵莉(Giovanna Borradori)语]，是二战后的欧美学术圈中"最有攻击性、创造性和体系性的哲学与社会理论的介入型思想家"[曾庆豹语]，"还是当今欧洲首屈一指的公共知识分子"①[芬利森(James Gordon Finlayson)语]，其甚至享有着"德国的良心"及"世界性力量哈贝马斯(Weltmacht Habermas)"[德国《时代周报》标题词]之美誉，其思想引起了国内外学界的广泛关注。在理论上，哈贝马斯的思想不仅启发了哲学与科学理论中的种种讨论，而且引发了社会学与政治哲学中的纷争；其百科全书式的知识令历史学家、教育学

---

① 除了 J. G. 芬利森对哈贝马斯有此称誉外，波斯纳曾将阿隆、阿伦特、福柯、列奥·施特劳斯、哈耶克、阿马蒂亚·森和哈贝马斯同列为最典型的"公共知识分子"。参见 Richard A. Posner，*Public Intellectuals: A Study of Decline* (Cambridge, Mass: Harvard University Press, 2001)，p.5；布鲁斯·罗宾斯也认为，"于尔根·哈贝马斯极力支持并努力解释合法这一词语的含义，他是一个不折不扣的'公共'知识分子活生生的典范。"参见[美]布鲁斯·罗宾斯编著：《知识分子——美学、政治与学术》. 王文斌等译，南京：江苏人民出版社，2002，第 17 页。许纪霖、曹卫东、陈勋武等学者亦持此观点。

家、心理学家对他的理论众说纷纭。在实践上,哈贝马斯的思想也深刻地影响着当代西方社会在政治、法律、道德、文化和教育领域的改革。正如哈贝马斯的门生霍耐特教授在哈贝马斯70寿辰盛宴上所说的,哈贝马斯几十年实际上一直都是一位"时代的批判者",而他的批判特点主要表现为以下几个方面:一是在坚持哲学理论与政治取向的不可分割的关系的基础上推崇知识分子的政治进取意识。二是倡议理论概念的意义在于调节社会实践。三是在调节理论与实践的基础上强调建立一种规范的社会理论。一句话,强调用哲学去把握我们的时代,进而批判时代的不合理性。① 所以说,哈贝马斯既是"现代性的进步方面的坚定捍卫者,同时也是现代性的压迫性和破坏性方面的批判者。他呼吁修正启蒙理性的计划,建议从某些方面对理性概念进行重建,并对以主体为中心的理性主义传统展开批判。另一方面,他批判了所有的反启蒙理论,认为它们无论是在理论上还是在政治上都具有潜在的危险"。② 总之,在当前的哲学中间,哈贝马斯的工作最接近于去发扬光大一种民主公共哲学的理想。③

三、本文的研究意义、论文框架及其研究方法

(一) 研究意义

公共领域是一个从"市民(公民)社会"(civil society)话语中孕育发展出来并逐渐获得学术独立性的政治哲学概念与问题。它的提出既是当代西方社会实践的现实要求,又是市民(公民)社会理论发展的历史必然。加强公共领域理论的研究,具有重要的理论意义和现实意义。

1. 理论意义

首先,加强对公共领域问题的研究体现了哲学由理性向生活世界的回归之趋势。当然,我们强调哲学回归生活世界,并不是要人们沉醉于现实生活的琐碎之中,而是尝试以一种哲学态度或观念来关照现实生活。人类的现实生活涵括公共领域和私人领域两个方面。在这里,假若哲学回归生活世界只是意味着关注私人

---

① 曹卫东:《他者的话语》.北京:北京大学出版社,2010,第123—124页。
② 〔美〕道格拉斯·凯尔纳、〔美〕斯蒂文·贝斯特:《后现代理论:批判性的质疑》.张志斌译,北京:中央编译出版社,1999,第306页。
③ 〔美〕理查德·沃林:《文化批评的观念:法兰克福学派、存在主义和后结构主义》.张国清译,北京:商务印书馆,2001,"中文版序言"第10—11页。

领域,而不再关心公共领域,那么,这样的回归实际上也就只是对生活世界的一种更严重的疏离。如是的哲学不但不能对以往哲学的产生、形成及发展作出合理的历史性解释,还会丧失哲学本义,导致哲学真正被生活所遗忘。事实上,作为"时代精神之精华"的哲学,并非私人性的,而是公共性的。它是对人类生活及其转型的自觉反思,是对人类存在的现实的和终极的意义或价值的探索。哲学理应具备追求公共性的本性,其真正本性就在于关注公共性,亦即关注公众、关注公域、关注整个社会、整个国家乃至整个人类。[①] 所以说,关注公共领域,加强公共领域理论与实践研究,这是当代(公共)哲学的一个不可或缺的面向或必要的维度。未来的哲学应该更多地关注公共领域。

其次,加强对公共领域理论的研究有助于深化、拓展对马克思市民社会理论的研究。"市民社会"一词乃马克思于其早期著作中频繁使用的一大范畴。马克思唯物主义历史观的形成首先亦是从批判黑格尔的国家理论、剖析政治国家与市民社会的相互关系开始的。如今若要推进对马克思市民社会理论的当代发展,肯定离不开对公共领域理论的探究。作为市民社会中超越于"需要的体系"之上的一个次生层级,公共领域将私人的交往关系从"形式的普遍性"提升到了"实质的普遍性",恰恰是这样一种为公共价值而进行自主讨论并达成共识的自觉理性活动的存在物使人之自由、平等乃至解放成为了可能。所以说,加强对公共领域理论的研究既是对马克思市民社会理论的一种深入解读,又是对马克思市民社会理论的纵深发展。

再次,哈贝马斯是公共领域理论的集大成者,加强对哈贝马斯公共领域理论的系统性研究具有重要的理论借鉴意义。一方面,传统的哲学教科书常常忽视对公共领域或生活世界的关照与探究,只是从生产方式出发,把社会简单理解为经济基础和上层建筑的二元结构,即哈贝马斯所谓的经济子系统和政治子系统,好像马克思就只是离开人、人的生活世界、人的全面生产去展开人类历史的。这种片面性的解读必然造成实践上的偏颇和失误,进而造成对马克思历史理论的误解。事实上,"现实的人"的概念、"人的生活世界"的观念以及"人的全面生产"理论,始终是马克思历史唯物主义的基本理论前提。另一方面,传统马克思主义哲学在研究空间问题时,更多的是从空间的客观性、结构性、历时性以及条件性等方面进行研究,忽视了空间所具有的社会性和公共性。就此而言,加强对公共领域理论的研究,有利于理解与阐释公共领域作为空间的社会性和公共性,以及公共

---

① 参阅郭湛主编:《社会公共性研究》.北京:人民出版社,2009,第21页。

领域作为社会意识形态和文化的规范性和阶级性。进而言之,加强对哈贝马斯的公共领域理论研究,可以弥补传统马克思主义哲学在公共领域理论研究方面的不足,推进对马克思历史唯物主义的进一步研究。

2. 现实意义

首先,诸如时代主题的变化、全球化进程的加快、现代科技的日新月异、公民社会在当代中国的茁壮生长、公共领域与私人领域的合理划界、公共生活和公共美德的日益彰显、和谐理念的不断普及、和谐社会建设的全面铺开等一系列的社会变迁,使得公共性问题在多维度中得以展开,并成为当今社会科学研究中的焦点论题。其中,公共领域作为国家权力与市场经济之间的缓冲地带,"它能敦促公共权力意识到自己的边界,以各种形式唤起不同民族和地域的认同感,甚至为弱势群体反映自己的呼声提供渠道,成为社会的良心和智囊"。[①] 目前国内学界主要围绕当今时代给马克思主义哲学提出的公共性问题域,着眼于对马克思主义哲学的传统理解中尚存的"公共性"缺失展开批判性反思,以使马克思主义哲学的"公共性"维度得以彰显,而且如今确已显现出不少新成果。尽管如此,针对公共领域或公共性的哲学思考与探究,尤其是对当代人类社会实践中提出的一系列公共性问题(例如,如何应对"新冠"危机? 如何应对气候变化? 如何构建人类命运共同体?),我们到底该如何给出马克思主义哲学的当代阐释与应答,这仍然是一个有待深入探究和拓展的重要现实课题。

其次,就当前我国具体情形而言,公共领域理论对中国特色社会主义社会建设蕴含着特殊的意义。我国社会主义社会是以公有制为建构原则的社会组织形式,公有制在本质上就是对公共性价值的认同和落实,按照公有制原则组织的社会本身就应该是开放的、不断接受各界检验的"公共领域"。社会主义的本质特点就是与公共性和公共精神保持内在的一致性。其实,在马克思和恩格斯的著作中,"共产主义"(communism)和"社会主义"(socialism)二词一般是作为同义词而常被混用。从词源学维度来看,"共产主义"一词源自于拉丁语 communist,其本意就指"公共的",由此可以部分地说明社会主义原初的公共性内涵。至于社会主义的自我完善与发展,其实质就是如何建构社会主义社会的公共性问题。就与资本主义制度相比较而言,社会主义制度优越性的最深层原因就在于社会主义从性质上与公共性的自洽和一致。[②] 因此,为顺应我国社会主义(和谐)社会发展及新

---

① 彭立群:《哈贝马斯公共领域理论探析》,载《安徽大学学报》2008 年第 2 期,第 140 页。
② 曹鹏飞:《公共性理论的兴起及其意义》,载《北京联合大学学报(社科版)》2008 年第 3 期,第 65 页。

时代"共同富裕社会"建设的迫切需要,对公共领域问题展开深入研究也就成为理论研究的应有之义。

再次,公共领域的研究范式对如何认识、界定和处理国家、社会、个人的关系[①],能提供一个新的视角。它能使国家、社会和个人三者在互动中实现社会的良性发展,进而推进中国式民主政治的实现与完善。为此,科学厘定国家、社会和个人之间的关系,给予这三方各自合理的角色定位,促使三者之间形成良性互动,从而推动我国民主政治的不断完善,这一现实问题也就成了学界普遍关注的重要议题。与此同时,政治精英的专业化趋势、与西方学界日益扩大的交往以及全球性机构的融合,促使人们必须对国外有关民主政治、市民(公民)社会和法治国家的理论进行深入剖析。《诗经》有曰:"他山之石,可以攻玉。"在此,我们强调对哈贝马斯的公共领域理论展开系统性研究的缘由也就不难理解了。况且事实上,在当下的学术动态中所呈现出的景象就是,有关公共领域的研究已成为国内外学界密切关注的一个理论焦点与轴心问题。

然而,国内学界目前有关哈贝马斯的公共领域理论研究却还存在诸多不足之处,比如,有一些研究成果缺乏系统性和哲学通约性;还有一些研究成果偏重介绍性和描述性而缺失分析性和原创性;另有一些研究成果的深度性不够且研究团队相对单薄。[②] 而且,已有研究(成果)多受制于一时之物质环境与理论风潮,在批判与拓展哈贝马斯公共领域理论的同时亦存有曲解之意,特别是学界在运用历史唯物主义新维度对哈贝马斯的公共领域思想的合理性及局限性进行深度剖析的研究还十分欠缺,这种状况亟待改变。基于以上缘由,本文试图对哈贝马斯公共领域理论的基本内涵、主要特征、构成要素、发生机制等方面进行阐述,在此基础上运用马克思主义哲学的立场、观点和方法对哈贝马斯公共领域理论的多面性特征进行深层次的分析,并借助于哈贝马斯的理论发掘马克思在公共领域的问题上的看法,分析马克思在不同的社会历史时期对于公共领域的认识,说明公共领域区别于私人领域和政治权力领域的特点,强调在现代社会中公共领域的相对独立的特点,进而深化对哈贝马斯的公共领域理论的客观理解,推进对哈贝马斯公共

---

① 就国家、社会以及个人之间的关系问题而言,威廉·乌思怀特(William Outhwaite)认为,或许我们可以跨越国家与社会、个人与社会等之间非此即彼的二分法,将它们进行更加灵活的再概念化。"这才是新世纪新千年的真正社会想像,一个无可非议吸引我们去幻想的社会想像。"参见威廉·乌思怀特:《社会的未来》,沈晖、田蓉译,杭州:浙江大学出版社,2011,第12页。
② 敬海新:《在理想与现实之间——当前我国公共领域理论基本问题研究》,载《重庆社会科学》2007年第2期,第106页。

领域理论的纵深研究。

当然,一方面,公共领域作为一种肇端于西方的理论框架和分析范式,体现了人类一些共同的基本价值理念,具有一定的普世性价值;另一方面,我们在利用它来分析和解决各国现实问题时,必然涉及文化的"嫁接"问题。所以,利用公共领域理论来分析中国社会现实时,也必须对公共领域概念在我国的适用性进行考察,也只有这样的理论研究才会更具现实性。事实上,在 2000～2004 年的中国改革讨论中,学界对哈贝马斯的《交往行为理论》以及《结构转型》等作品就曾给予过越来越多的重视。只是对哈贝马斯"资产阶级公共领域"以及以此为基础的"公民社会"、协商民主和参与理论等理念的探讨,仍受中国知识分子严重派系分化的影响。[①] 但不管怎样,公共领域理论表明,我国的许多事业单位都属于公共领域。公共领域建设是国家建设的重中之重。故从公共领域的视角来对事业单位进行重新定位,无疑有利于我们当前正在进行的文化体制改革工作。因此,深入研究哈贝马斯的公共领域理论对我国公共领域的建构有着十分重要的现实意义。总之,就中国学界而言,尤显重要的不仅是要厘清哈贝马斯这一复杂的公共领域理论观点及其论证,而且是要分清其中的内容哪些是局限于西方语境或欧洲语境的、哪些是超越西方语境或欧洲语境的,以及哈贝马斯的公共领域理论对思考中国语境中的公共领域问题有怎样的启示。而这些问题正是笔者在本文中所试图努力去探究的。

(二) 论文框架

本文试图从马克思主义政治(社会)哲学视域,运用历史唯物主义新维度,通过系统梳理学界关于公共领域问题的研究成果,着力围绕下述问题展开讨论:①哈贝马斯研究公共领域问题的主旨是什么?②哈贝马斯构建公共领域理论的致思理路与理论逻辑是如何铺展的?其公共领域思想在前期与后期有何变化?③哈贝马斯对他的公共领域理论进行了哪些修正与完善?④哈贝马斯的公共领域理论的价值何在?存在哪些方面的理论限度?⑤哈贝马斯的公共领域理论模式是否具有普适性?在中国语境中具有怎样的理论效用?等等。针对这些问题,笔者试图通过对我们所生活于其中的社会秩序的正当性问题及其研究状况进行反思,进一步发掘和阐扬公共领域理论的学术价值和实践意义。为此,本文以历

---

① [德]苏娜:《本土化视角下的哈贝马斯——从中国政治改革论争看法兰克福学派的影响》,载[德]阿梅龙、[德]狄安涅、刘森林主编:《法兰克福学派在中国》.北京:社会科学文献出版社,2011,第155页。

史唯物主义为指导,在学界同仁已有研究成果的基础上,聚焦于哈贝马斯的公共领域理论,对其展开专门性、系统性的探究,并力图通过"外部视角"来把握哈贝马斯的公共领域理论的"知识增量"和理论限度。具体而言,本文的逻辑思路和叙述结构包括:导论、正文(六章)和结语三个部分,外加两个附录。

导论部分,粗略性地探究公共领域的困境及现代性的公共领域问题,简略性地介绍哈贝马斯公共领域理论的思想传承及其演变,概略性地阐明本文的选题缘由(研究意义)、研究框架以及研究方法。

第一章,考察公共领域概念的历史流变。第一节运用词源学、概念辨析的方法从社会史、观念史和学术史等视角对中西文化史上的公/私观念进行历史考察,概略性地探究现代西方三种公共政治哲学(即自由主义、共和主义、新左理论)在公/私观念上各自的理论立场和观点。第二节以阿伦特(Hannah Arendt)、哈贝马斯、泰勒(Charles Taylor)以及塞耐特(Richard Sennett)为个案对公共领域概念进行梳理,厘清公共领域观念及其发展。第三节探讨哈贝马斯视阈中公共领域之"公共性、普遍性、多元性、中立性"等基本特质,把握公共领域的十个面向,从而深刻理解其基本特征。基于此,笔者力图在整体上构成一个比较的视野——既是古今之比较,亦是中西之比较,进而全面把握公共领域概念在不同语境中的意蕴。

第二章,分析哈贝马斯公共领域理论的致思理路,探究公共领域的类型、公共领域的运行机制、公共领域"再封建化"以及公共领域的"去封建化",客观而全面地再现哈贝马斯公共领域理论的真实面貌和思想演变。第一节运用社会史与观念史相结合的研究方法,从政治哲学视角来分析西方公共领域的历史生成和公共领域的类型学("城邦"公共领域、"代表型公共领域"和"资产阶级公共领域")。第二节从外在结构上考察公共领域的运行机制,即公众机制、批判机制和新社会运动。第三节追随哈贝马斯的理论思路,深入分析公共领域的"再封建化"与公共领域的"去封建化"的历史背景与社会图景。

第三章,解析公共领域的民主政治功效。第一节分析哈贝马斯视野中的民主概念的意蕴、理性与民主之间的关系及其和解。第二节探讨公共领域与商议民主的关系,阐释哈贝马斯如何提出一种以"理想言说情境"为原则的民主商议的方法,如何通过这种方法使制度性的权利体系及其自我解释与公共领域的公共意愿真正达成一致来论证其程序主义的商议民主。第三节考察哈贝马斯在强调交往理性的讨论过程时,如何提出一条介于自由主义和共和(及社群)主义之间的第三条道路——"商议性政治"。第四节考究哈贝马斯在综合阿伦特的交往权力概念和帕森斯的制度论权力概念的基础上提出的公共领域的权力结构——"政治权力""社会权力""经济权力"和"传媒权力"。

第四章,探究马克思和哈贝马斯视阈中公共领域的批判功能和解放潜能。第一节简述市民社会理论的历史演进。第二节探析马克思的公共领域(公共性)思想,发掘其当代意义。第三节阐述哈贝马斯公共领域理论的发展脉络和公共领域的批判功能,解析哈贝马斯从市民社会问题转向公共领域问题(将市民社会视为公共领域的核心和组织载体),再转向生活世界问题的致思理路(公共领域的结构转型设定了共同的生活世界)。另外,对马克思与哈贝马斯关于公共领域的解放潜能之思想做一概略性比较分析。

第五章,探讨哈贝马斯的公共领域理论所遭致的批判以及与其他理论家的论争,分析哈贝马斯公共领域理论的历史效应、理论回应与理论修正,并对哈贝马斯公共领域理论进行反思性评价。第一节探讨以弗雷泽(Nancy Fraser)、杨(Iris Marion Young)和本哈比(Seyla Benhabib)为代表的女性主义者们对哈贝马斯的公共领域理论进行的"家族内部的批判",阐明哈贝马斯对他(她)们的批判的回应。第二节探讨后马克思主义者墨菲(Chantal Mouffe)和左翼学者基恩对哈贝马斯的公共领域理论发起的挑战,分析哈贝马斯对这些批判者的回应。第三节探讨以费奥伦查(Francis Schüssler Fiorenza)、特雷西(David Tracy)以及扎莱特(David Zaret,美国历史社会学家)为代表的宗教神学家们对哈贝马斯的公共领域理论展开的论争,解析后期哈贝马斯公共领域理论的宗教神学式转向。第四节探讨哈贝马斯自己对其公共领域所作出的理论修正,评析其公共领域理论价值及其限度。

第六章,探析哈贝马斯公共领域理论的拓展及延用。第一节探讨民族国家与全球化问题以及公共领域的全球化拓展是否可能的问题。第二节从经验性视角对中国语境中公共领域理论的延用问题进行探析。

结语部分,一方面,基于哈贝马斯对数字化公共领域的最新论述,力图对数字时代的公共领域的新一轮结构转型进行描述,对当代西方民主面临的新挑战展开探讨,对民主政治的未来图景及智能文明背景下中国特色社会主义全过程人民民主新形态进行前瞻性探析。另一方面,基于前文的系统阐述,试图对哈贝马斯经典公共领域理论的未来路径进行探究,尝试性地提出三条互补性路径,阐释公共领域的新辩证法。

附录部分,包括附录一(对公共领域中的"理性""公共性"这两个核心概念之间的内在关联进行分析)和附录二(对哈贝马斯的公共领域理论研究的现状做出概述)。

（三）研究方法

当年阿多诺教导哈贝马斯进行学术研究时曾强调指出："在研究一种理论的历史效果之前,必须首先吃透原著,而且要系统地进行研究。所谓系统地进行研究,实际上就是一种解释学的方法。"①后来,哈贝马斯也谆谆教导和提醒理论工作者"不要固执于一个学科的眼光,而要持开放的态度,不同的方法论立场(参与者与观察者),不同的理论目标(意义诠释、概念分析和描述、经验说明),不同的角色视域(法官、政治家、立法者、当事人和公民),以及不同的语用研究态度(诠释学的,批判的,分析的,等等),对这些都要持开放态度"。②

有了哲学先贤们的这些教学,笔者就有了前进的指路标。基于笔者所掌握的国内相关主题的已有文献③,在此重点提及两项成果,一是李佃来教授于2006年出版的《公共领域与生活世界》一书,二是王江涛博士于2009年度撰写的题目为《哈贝马斯公共领域思想研究》的毕业论文(此文已于2015年由中国社会科学出版社出版)。在《公共领域与生活世界》一书中,李佃来教授也采取了文本解读法和比较分析法,但他主要侧重于哈贝马斯早期的公共领域思想分析,其比较视角所选取的是以利奥塔为代表的后现代主义者和以罗尔斯为代表的政治自由主义者对哈贝马斯理论的批判,其分析也就存有某种程度上的局限性。而王江涛博士在其论文中则从思想史的角度将哈贝马斯的公共领域思想区分为三个阶段(即早期的公共领域思想、道德理论中的公共领域思想以及政治哲学中的公共领域思想,这一阶段式区分本身就有待商榷。),只选取了以麦卡锡(Thomas McCarthy)、弗雷泽以及本哈比为代表的"家族内部"成员对哈贝马斯思想的挑战,其比较分析的视角也就略显单一了。

与这些论者的研究方法不同的是,在已有研究成果的基础上,笔者在研究方法上试图着力于:①运用历史唯物主义新视角。所谓历史唯物主义新维度,就是从传统历史唯物主义的"经济基础(市民社会)与上层建筑(政治国家)"二元社会结构观转向历史唯物主义的"经济基础(市民社会)、公共领域与上层建筑(政治国家)"三元社会结构观的研究视角。马克思关于经济基础和上层建筑关系的分析是在资产阶级政治经济学关于国家和市民社会关系的分析的基础上产生的。但

---

① 曹卫东:《曹卫东讲哈贝马斯》.北京:北京大学出版社,2005,第49页。
② [德]哈贝马斯:《在事实与规范之间》.童世骏译,北京:生活·读书·新知三联书店,2003,第8—9页。
③ 关于公共领域问题的已有研究成果的总结,详情参见本文最后面的附录二:"哈贝马斯的公共领域理论研究现状概述。"

是,我们却不能仅仅按照国家和市民社会之间关系的模式来理解经济基础和上层建筑。如果这样,那么我们实际上就把适合于资本主义社会中的社会结构简单地套用到前资本主义社会以及社会主义社会中了。社会结构不是固定的,在不同的社会,社会结构也会不同。在现代社会,公共领域从经济基础和上层建筑之间分离出来,并成为经济基础和上层建筑之间的中介。马克思在19世纪50年代之后越来越清楚地意识到公共领域的特殊地位,把公共领域看作是不同于经济基础和上层建筑的一个特殊领域。① ②采用文本解读法。众所周知,做人物思想研究,文本解读法是最基本的研究方法。为了落实这一研究方法,只要是哈贝马斯自己所表述的与"公共领域"主题相关的文本,笔者都尽最大努力去将它们加以阅读(虽然主要是借助于中文版和英语版,而非德文原版)与理解,尽可能全面地、真实地反映哈贝马斯的公共领域理论。③采取比较分析法。我们知道,作为介入型学者,哈贝马斯一生中与许多思想家在理论上进行过论战。据此而言,如何真实地反映哈贝马斯公共领域理论的全貌,确实值得深思。与已有研究成果不同的是,笔者在此选取了三个具有代表性的论争学派,即女性主义者、后马克思主义者及左翼学者、宗教学家及神学家,从三维视角将他(她)们与哈贝马斯之间的理论论战的场景呈现出来。(交往)理性、公共性和(商议)民主是哈贝马斯公共领域思想的关键词,本文的主旨就是试图用这三个关键词将哈贝马斯公共领域理论的核心思想逻辑地串联起来,进而对哈贝马斯公共领域理论中所包含的诸如普遍性与特殊性、单一性与多元性、中立性与非中立性、排他性与包容性、理性与非理性、理想性与现实性、超验性与经验性、事实性与规范性等之间的内在张力和复杂性展开学理分析,理解在中国语境下哈贝马斯的公共领域理论可能对我们的启迪及其局限性。

当然,由于笔者才疏学浅,文章中还存有这样或那样的缺陷。比如,对有些文献没来得及完全消化吸收而出现文献堆砌的现象;通过研究发现哈贝马斯的理论模式还存有理论缺陷但未能提出更好的理论模式来对它进行修正。诸如此类的问题,只能有待于以后进一步的学术探索了。

---

① 参阅王晓升:《历史唯物主义的当代重构》.北京:社会科学文献出版社,2013,序言第8页。

第一章

公共领域：
一个概念史考察

顾名思义，私人和公众之间的界限，是基于那些很重要的、需要控制的行为后果的程度和范围作出来的，无论这种行为是抑制还是促成。——［美］约翰·杜威（John Dewey）：《公众及其问题》

台湾学者江宜桦先生在对"政治"概念进行探讨时说："如果我们的目的是要建立一个探索的起点，则'概念史途径'应该是一个相对有用的研究方法。'概念史'的分析也许不能穷尽我们对政治的想象，却能提供我们想象之旅的起点。"①受惠于江先生如上观点的启发，在接下来的行文中，笔者也尝试初步探究下"公共领域"这一概念的历史用法。当然，此考察无意提供一个思想史，其目的仅在于阐明这个短语用法的多样性，尤其试图探明公共领域概念在哈贝马斯视阈中的意蕴。然而，欲想对公共领域概念有一较为全面的、正确的把握，还得先对古今历史上有关"公"与"私"两个观念做一粗略梳理。

第一节　"公"与"私"的概念及其历史

公共与私人的关系在当代多个学科中都是热烈争论的话题。而公共领域与私人领域的划界则是人类历史上自古以来就存在的现象。这二者之间的划界与区分既是现代生活所呈现出来的一个基本状态，也是现代政治哲学所欲关注的一个理论焦点和轴心问题。换句话来说，公共领域的性质、私人领域的范围以及公私领域彼此之间的分际，始终是中外历史上重大思想家所探讨的课题。近几十年来，西方学界对于公共领域（或所谓公共空间）问题的探讨，有了新的发展。但各种学派的各种观点依然众说纷纭。因此，当前我们重新探讨公私领域的相关问

---

① 江宜桦：《自由民主的理路》.北京：新星出版社，2006，第251页。

题,确实是一件很有意义的事情。①

一、中国文化传统下的"公"与"私"

作为一种思想范畴,"公"与"私"的辩证关系在中国思想史上有着重要的地位。刘泽华教授认为,"公、私问题是中国历史过程全局性的问题之一,它关系着社会关系和结构的整合,关系着国家、君主、社会、个人之间的价值取向和行为准则,关系着社会意识形态的规范和社会道德与价值体系的核心,……关系着政治乃至国家的兴衰和命运。"②黄克武先生指出,"公与私的区分不但在中西历史上是一个重要的课题,也是现实生活中让人寻思、论辩,而往往不得其解的一个难题。"③换言之,"公"和"私"的概念作为一个集思想内涵、社会意义和政治功效于一体的综合性概念,仅仅从某个角度实难以把它们阐释清楚。根据黄克武先生的理解,在中文语汇之中,"公"与"私"这一对概念至少蕴含着"实然"与"应然"这样两层意思:"在实然方面,它们为社会范畴的区分,一般而言,'公'指国家部门(state sector),有时也包括地方公产与公众事务,而'私'则指非国家部门(non-state sector),又可再进一步细分为个人与社会群体,如家族、党社等。在应然方面,两者为道德价值的判断,'公'指利他主义(altruism),'私'指追求自我利益,亦即强调一己的独占性,也包含自私自利(selfishness)。"④杨念群教授认为,西方汉学界研究者比较关注"公论""公务"等所谓的"政治词汇"的出现频度,"认定中国政治词汇中包含着一个术语'公'(gong),其含义与它的西方对应词'公共'(public)十分相似"。⑤ 在杨念群教授看来,"如何辨析中国公私概念的边界以消

---

① 吴静雄:《"公私领域新探"研讨会开幕致辞(一)》,载黄俊杰、江宜桦主编:《公私领域新探:东亚与西方观点之比较》.台北:台湾大学出版中心,2005,第ⅹⅹⅶ~ⅹⅹⅷ。
② 刘泽华:《春秋战国的"立公灭私"观念与社会整合》(上),载刘泽华、张荣明等:《公私观念与中国社会》.北京:中国人民大学出版社,2003,第1页。
③ 黄克武:《从追求正道到认同国族——明末至清末中国公私观念的重整》,载许纪霖主编:《公共性与公民观》.南京:江苏人民出版社,2006,第40页。
④ 就社会范畴而言,有时会将公部门再细分为公与官,因而形成了官、公、私的三分法。如马敏指出,在明清以降的中国传统社会之中,官领域是指"高度科层化的专制国家机器",私领域是指"由无数个分散的小农家庭所构成的经济实体和社会细胞",公领域则"一是指属地方所有的'公产',如公田、公屋、社仓、义仓、书院、义学、各类善堂等。二是指官方不直接插手,但私人又无力完成的地方公事和公差,诸如保甲、团练、防火、防盗、修桥、铺路、水利、民间赈济以及育婴、恤孤、养老、掩骸等慈善事业"。参见马敏:《官商之间:社会剧变中的近代绅商》.武汉:华中师范大学出版社,2003,第225—226页。
⑤ 杨念群:《近代中国研究中的'市民社会'——方法及限度》,原载《二十一世纪》1995年12月号;参见杨念群:《杨念群自选集》.桂林:广西师范大学出版社,2000,第99页。

解其理论阐释层面的紧张与歧义，应是了解'公域'是否存在的关键。"①不过，值得一提的是，在马西尼(Federico Masini)所揭示的 19 世纪汉语外来新词里，并未列出"公"与"公共"，与此多少有些关联的则有"公法"(public law)、"公会"(parliament)、"公司"(company)、"公园"(public park)等外来词。②

其实，关于传统中国"公/私"的观念，已经存有若干研究，特别是在先秦和明清时期。但贯通性和权威性的分析成果则是日本学者沟口雄三的论著《中国的公与私·公私》。沟口雄三对传统中国"公/私"观念进行了词源学考究。他指认"厶(＝私)，在《韩非子》中，为'自环'，即'自围'之意；在《说文解字》中解为'奸邪'之意。与之相对，'公'分为两组：第一组是《韩非子》的所谓'背厶'，即'解开围圈'的意思，由此产生与众人共同的共，与众人相通的通，在《说文解字》中，是作为'私，自环'的反义——'公，平分也'；而第二组，是从《诗经》的例子推出的：'公'是对于'共'所表示的众人共同的劳动、祭祀场所——公宫、公堂，以及支配这些场所的族长的称谓，进而在统一国家成立后，'公'成为与君主、官府等统治机构相关的概念。"③李明伍先生则从文化传统的视角，指出中国传统文化中的"公"观念，随着历史的展开，至今已派生出 20 多项语义。他从中概括出了三大语义项，即：其一，它可表示作为伦理道德的平分-平等的"公"；其二，它可表示权威实体的"公"；其三，它可表示共同体乃至共同空间的"公"。④

有论者指出，就中国的政治传统而言，其实并没有将公共领域与私人领域明确区分开来的实践和观念。尽管在中国的传统思想中也有"公"与"私"对应，可它们却并非是社会学和法学上的指定，而更多的是一种道德化的概念。⑤ 之所以出现如是情形，原因就在于"公"与"私"关系中的两个特点而变得更加复杂：其一，是指在中国古代占支配地位的价值系统中，"公"对于"私"总是具有道德上的优越性和优先性。其二，是指"公"与"私"之间的界线是相对的和可变的：相对于国家，家族为"私"，但是相对于其中的每一个成员，家族又为"公"。⑥ 鲍曼曾认为，"公共"与"私人"以一种不平等关系在 agora(辩论场所)中相遇——分别为：引导者与被引导者，教师与

① 杨念群：《近代中国研究中的'市民社会'——方法及限度》，原载《二十一世纪》1995 年 12 月号；参见杨念群：《杨念群自选集》.桂林：广西师范大学出版社，2000，第 106 页。
② [意]马西尼：《现代汉语词汇的形成——十九世纪汉语外来词研究》.黄河清译，上海：汉语大词典出版社，1997，第 209—212 页。
③ [日]沟口雄三：《中国的公与私·公私》.郑静译，北京：生活·读书·新知三联书店，2011，第 5—6 页。
④ 李明伍：《公共性的一般类型及其若干传统模型》，载《社会学研究》1997 年第 4 期，第 113 页。
⑤ 参见陈弱水：《公共意识与中国文化》.北京：新星出版社，2006，第 103—104 页。
⑥ [日]沟口雄三：《中国与日本"公私"观念之比较》，《二十一世纪》1994 年 2 月号。

学生,父母与孩子。"公共"乃是首要之行动主体,"私人"则是行动之客体。①

　　另有论者指出,"中国传统所说的'公私'与'公共领域'和'私人领域'的用法,具有相互理解和解释的可能。因此,中国传统社会中公与私的紧张,也可以说是公共领域与私人领域的紧张"。② 然而,"我们过去过分强调整体主义的'公'。这种从'公'出发的文化现象看似公正,其实它最不利于公共领域的保护。在忽视、损害私人领域的同时,也是对公共领域的一种间接摧残"。③ 所以,如将公域与私域调制到一个有机的、良性的互动位置,将是一个迫在眉睫的问题。此处所谓的良性互动,其意指公域能实现对私域(如个人拥有的东西、家庭、财产、私人关系、价值等)的保障,与此同时,私域也不侵害公域。据此逻辑,如若我们一味地强调"一切为公、一切归公",就将形成一种恶性循环的结局。历史的事实业已表明,无论是"以公为本位"还是"以私为本位",结果都是两损两伤。这就要求我们建立一种有机的、良性的互动。通过这一良性互动,我们一方面可以拥有一个健全的私域,同时又能保证公域体系。正如任剑涛教授所言:"我们对于现代主流的公私分化的文化形态加以排斥,一致怀抱一种道德理想主义的传统文化心理,试图将公共领域与私人领域的事务熔冶为一炉,对于公私领域的现代分化有一种痛彻心扉的感觉。因此,长期以来中国的现代转轨是在一种极端矛盾的情形中展开的。"④

二、西方文化传统下的"公"与"私"

　　在西方传统中,公共和私人的观念明确地成为了政治理论的基础之一。陈弱水先生曾对西方"公"的词源作过考察。根据陈弱水先生的分析,在西方词汇中,用来指称"公"的字词比中国复杂,但有一个十分明显的现象是,其中拉丁文、法语、英语一系构成主流。单纯就语言而论,"公"字的先祖是拉丁文的"publicus",在法语和英语中却是同一个字"public",但在德语中也有关于"公"的用语,亦即"publikum"。首先,从语源上看,拉丁文"publicus"是从"populus"即"人民"变化

① [英]齐格蒙特·鲍曼:《寻找政治》.洪涛等译,上海:上海人民出版社,2006,第87页。
② 王中江:《明清之际"私"的彰显及其社会史关联》,载刘泽华、张荣明主编:《公私观念与中国社会》.北京:中国人民大学出版社,2003,第168页。
③ 王中江:《化解"公共领域"与"私人领域"的矛盾》,载《中国国情国力》1999年第4期,第39页。
④ 任剑涛:《从社会抗议、社会理论到社会批判理论——社会思想的三种类型及其递进关系》,载《南京大学学报(哲学·人文科学·社会科学)》2009年第1期,第116页。

而来,或许还受到"pubes"(成年男子)的影响,其意指"属于人民全体的""与人民有关的"。然后,从词义上看,"public"一直带有人民的意味,有别于汉字中的"公"以国君为语源,但与"人民"的关系相当稀薄。① 弗雷德里克森(H. George Frederickson)也曾对"公共"一词的词源做了详细考察,认为"公共"一词的古典含义有着两个来源。第一个词源来自希腊语中的"pubes"或者"maturity"(成熟)。这两个词语在希腊语中意指"成年男子"以及"身心智力的成熟",蕴含着一个人业已进入成年,能理解自我与他人之间的关系,且能明白二者之间的联系。第二个词源是希腊语"koinon",而"koinon"一词却来源于希腊语中的另外一个词语"kom-ois",其意指"关心"。至于英语中的"common"(共同)一词也源自于"koinon"。不过,无论是"关心"还是"共同",都暗含着相互关系的重要性。② 弗雷泽对"公共"观念进行了探讨。在弗雷泽看来,"公共"(public)可能是指:①与国家相关;②每个人都能进入;③关系到每个人;④与共同利益或共享利益相关。这其中的每一项都与相应的"私人"(private)形成对照。在此,"私人"有着两个深层意涵:①与市场经济中的私人财产有关;②与私下的家庭或个人生活(包括性生活)相关。③ 但古希腊人则把私人领域视为"贫乏"["private"(私人的)一词的希腊词根就是"privation"(贫乏)],不认为其中有什么价值(如果他们真有与公共领域相比较而言的"私人"概念的话)。只是我们"现代人"却能够在亲密关系、爱恋、闲暇、消费和工作中得到很大的欢乐。④ 根据阿伦特的理解,对于希腊人来说,私人生活的主要特征就在于它不过是一种公共领域不能提供空间或领域的生活。但是,在那个公共领域共同的世界中,人才能够被发现并显示自己,因此人能够成为具有潜在能力的自我。⑤ 马修斯(David Mathews)则提醒我们,在希腊语中,有两个词语表示"私人"的意思,一个词语所描述的是一种只能理解自己的观点的人。

---

① 陈弱水:《公共意识与中国文化》.北京:新星出版社,2006,第101页。
② [美]乔治·弗雷德里克森:《公共行政的精神》.张成福等译,北京:中国人民大学出版社,2003,第18页。
③ Nancy Fraser, *Rethinking the Public Sphere: A Contribution to the Critique of Actually Existing Democracy*, in Craig Calhoun (ed.), *Habermas and the Public Sphere* (Cambridge, Mass.: MIT Press, 1992), p.128.
④ [加]威尔·金里卡:《当代政治哲学》(下卷).刘莘译,北京:生活·读书·新知三联书店2004年版,第537页。根据金里卡的理解,自由主义者跟古希腊人一样对家庭领域持轻视态度。古希腊人认为,只有超越了家庭生活,男人才能自由地参与政治生活;类似的,自由主义者认为,只有控制好家庭生活,才能自由地参与社会生活。自由主义并未把家庭当作私人(社会)领域的一部分。这似乎可以部分地解释,为什么密尔和马克思认为,生育不属于自由和正义的范围。他们都认为传统的妇女角色只是一种"自然"角色,不可能随着文化的发展而改变。
⑤ [美]汉娜·阿伦特:《马克思与西方政治思想传统》.孙传钊译,南京:江苏人民出版社,2007,第147页。

希腊语中的这种人和我们今天英语中所说的"白痴"差不多。与之相反,关于"私人"的另外一个词语的含义却并不完全是贬义的。它源于希腊文"oikos",指为了家庭的利益或持家。①

在《关键词》一书中,威廉斯(Raymond Williams)通过对"私"概念的考证指出,与"private"概念最接近的词源为拉丁词"privatus"——意指离开公众生活。其最早词源可追溯为"privare"——其意为丧失(bereave)或剥夺(deprive)(英文词 deprive 至今仍明显地保有早期的意涵)。在 14 世纪,private 概念可以被用于指涉放弃神职(这种行为是出于自愿的)。从 15 世纪起,它被用来指涉一个不具公职或官职的人,如"private member"(未入阁的国会议员)。不论是在政治或在"private parts"(阴部)的性意涵里,它都具有"私密的"或"隐蔽的"之意。而且,在传统意义上,"private"概念与"public"概念是相对立的,如"private house"(私人住宅)、"private property"(私有财产)等。实际上,在这些用法中,其主要的正面意涵就是"言行自由权、特权"(privilege);特定对象的使用或参与,不被视为剥夺而被看成优势或好处。这类意涵及其用法始于 16 世纪,直到 19 世纪仍被广泛使用。不过,"private"概念的词义演变(与"privilege"意涵相似的词义演变)与另一个重要的演变关系紧密,在这个演变里,"withdrawal"(撤退、退出)与"seclusion"(隐遁、隔离)之间被"independency"(独立、自主)与"intimacy"(亲密、交情)所取代,只是如今难以追溯这个演变的确切时间。而"private life"(私人生活)仍然保有其旧意涵,与"public life"(公共生活)相当不同,但是"private"与"personal"这两个词息息相关;且二者常带有褒义,如今普遍被使用。但"private"概念在某些意义脉络中,也带有贬义,如"private profit"(私人利益)。不过,它与个人的独立自主之意密不可分,可用于描述大型的联合股份公司,如"私有企业"(private enterprise)——此处"private"不是与"public"(公众的)而是与"State"(国营的)相对立。这就是说,带有正面意涵的"private"概念蕴含了一种合法化的中产阶级人生观:具有"基本的、普遍的特权"(尽管此意实际上很抽象)。其意思是说:可以受到保护,过着宁静休闲的生活,以避开其他人(大众),免于受到干扰;可以不需要对"他们(大众)"负责;可以获得各式各样的私密性(privacy)与舒适的生活。总之,从"private"概念所包含的意涵,我们能知晓这一词汇已经广泛被使用,并逐渐

---

① David Mathews, The Public in Thoery and Practice, *Public Administration Review* (Special issue on citizenship and public administration, H. G. Frederickson and R. C. Chandler, eds.), Mar. 1984, 44, pp. 122 – 123.

超出了严格的中产阶级观点。①

　　塞耐特对"公共"和"私人"这两个词进行了历史考察。根据塞耐特的考证，在英文中，"公共"这个词最早有记录可寻的用法是将"公共"和社会的共同利益联系起来。例如，在 1470 年，英国作家马洛礼（Thomas Malory，1405—1471）曾说过"卢奇乌斯皇帝……罗马公共福利的独裁者或者获利者"。70 余年之后，"公共"这个词多了一层意义，而且这层意义已经非常明显，一般人也能察觉得到。在《1542 年纪事》中，英国历史学家和律师霍尔（Edward Hall，1495—1547）写道："他们无法约束内心的恶毒念头，而是在公共场合，也在私人场合发泄出来。"在此处，"私人"的意涵是特权，意味着在政府中拥有很高的地位。到了 17 世纪末期，"公共"和"私人"的对立慢慢变得接近于我们现在对这两个词的用法了。"公共"一词意味着向任何人的审视开放，而"私人"概念则意指一个由家人和朋友构成的、受到遮蔽的生活区域。所以，英国作家、政治家斯蒂尔（Richard Steele，1672—1729）在 1709 年的一期《塔特勒》杂志中写道："人们的公共行动和私人行动……都受到了影响。"在 1726 年的《传道书》中，英国神学家、哲学家巴特勒（Joseph Butler，1692—1752）写道："每个人都应该具备两种能力，私人的能力和公共的能力。""到公共场合去"（斯威夫特［Jonathan Swift，1667—1745，爱尔兰作家和新闻记者，《格列佛游记》的作者］语）这个短语意味着社会已经认可了"公共"这个词的地理学含义。在今天的英文中，这些较为古老的含义并没有彻底消失，但这种 18 世纪的用法给这两个词在当代的含义提供了参照。法语中，"公共"这个词的各种书面意义也大同小异。文艺复兴时期，这个词主要用于指称公共利益和政治群体，慢慢地，"公共"也变成了一个特殊的社会交际领域。事实上，有关"公共"观念更加现代的定义最初出现在 17 世纪中叶的法国，它最初是指那些观赏戏剧的公共人物。德国文字学家、文学批评家奥尔巴赫（Erich Auerbach，1892—1957）曾对此做了详尽研究。路易十四时代的流行语 la cour et la ville（宫廷与城市）指的就是这种剧院中的公共人物。根据奥尔巴赫的发现，这类剧院中的公共人物实际上是由一群社会精英组成的——其中宫廷中人比较多，而城市人比较少。在 17 世纪的巴黎，"城市人"是一个非常小的群体，这些人并非贵族出身，而是靠做生意起家，但他们的言谈举止却掩盖了这个事实。他们这么做倒不是觉得自己的出身不光彩，而是为了更好地和宫廷中人进

---

① 参见［英］雷蒙德·威廉斯：《关键词——文化与社会的词汇》.刘建基译，北京：生活·读书·新知三联书店，2005，第 364—366 页。

行交流。①

　　陈弱水先生进一步指出，从更根本的层面上来说，西方的"公/私"观念代表的是人世间的两个基本领域，它们是一种描述性的观念。"公/私"的领域义最早明确出现在罗马法中，或者说，公法与私法的区分乃罗马法的一个特色。例如，在罗马法的 Justinian 法典（编纂于公元 530 年代）中就有如下经典表述："公法为有关罗马国家情状的法律，私法则为关系个人利益者。"罗马法中的这一公私法观念致使欧洲人认定这样的观点，即国家权力行使的范围与私人或家庭之间的关系，几乎就是两个自然性的大分野。② 通过简单的历史性梳理，我们获知，自亚里斯多德以来，西方古典哲学就对"公"与"私"的概念进行了深入的讨论，"公/私"观念逐渐进入当代政治（哲）学的理论范畴，并成为诸多社会思潮的一个核心论题。就其表层意义而言，"公"与"私"分别代表国家（政府）权力空间或活动与家庭（个人）隐秘空间或活动，前者具有某种程度的开放性，而后者具有明显的封闭性。实际上，"公"与"私"之间存在着更为复杂的关系。"公"与"私"代表着更为复杂、深厚和广阔的人类社会关系的建构与发展，这对术语本身的使用就是一种对人类关系的意义总结，其中掩藏着复杂的、多重的规范与制度。在人文社会科学研究中，"公"与"私"是一对多面向的概念。有关"公/私"观念的理论探讨，几乎涵盖了所有人文社会科学领域。特别是在不同的专业话语体系中，"公/私"观念一方面被表征为各自的内涵与象征边界，另一方面又被当作分析工具使用而具有不同的批判张力。譬如，在经济学领域，有关产权制度的研究曾涉及"公/私"的关系（政府与企业关系理论），其中有关公共物品的理论与实践研究在今天已广为人知。在政治学领域，有关公共领域的讨论经常同国家权力与市民（公民）社会演变紧密联系在一起，它也涉及政治行动与社会正义的关系这一重要主题。在社会学领域，强调对个体生活（自我与独立性）、私密空间（亲密关系）和主观意义（意识）的探讨。在哲学、心理学和伦理学等领域，着力于对人类生活世界中有关道德、善和认知等的讨论。而就尊重私领域观念而言，我们可以在西方自由主义的思想家，如洛克（John Locke）、潘恩（Thomas Paine）、伯克（Edmund Burke）、杰斐逊（Thomas Jefferson）、阿克顿（Lord Acton）等人的思想中都可找到，尤其在密尔（John

---

① ［美］理查德·桑内特：《公共人的衰落》. 李继宏译，上海：上海译文出版社，2008，第 18—19 页。
② 参见陈弱水：《中国历史上"公"的观念及其现代变形——一个类型的与整体的考察》，载许纪霖主编：《公共性与公民观》. 南京：江苏人民出版社，2006，第 27 页。

Stuart Mill)的著作中有非常清楚的阐述。[1]　总的来说,正如汤普逊(John Thompson)所指出的,凡是公共的就应当是可见的(visible)和可以察看的(observable)。公共的言行展现在大众面前,是一切人,至少是大多数人,可见可闻的。与之相反,私人的则是隐秘的,要么是个人私底下的言行,要么是在有限的小圈子内进行。[2]　在此意义上,公共/私人之分,与公共性对隐私、开放性对秘密,以及可见性对不可见性有着关联。

三、公/私二分观念

事实上,公与私的关联与对立在西方的政治和社会思想史上源远流长。有关公共领域与私人领域之间的关联、彼此的依赖及其交往,则成为许多政治哲学思想家关注的问题。在《民主与独裁》一书中,波比奥(Norberto Bobbio)就将公/私的区分(public/private distinction)概括为西方思想的"大二分法"(the grand dichotomies),这一概括从某种程度上将社会科学中不同学科有关"公""私"的意义指涉带入了一个新的理论境地。在波比奥看来,公/私二分法的两个术语既有描述性意义也有评价性意义。他认为,"在描述性运用中,功能上相互矛盾的两个术语是在这一意义上运用的,即:没有一个要素可以是公的同时也可以是私的,也没有一个要素既不是公的也不是私的。同样如此,一个术语的评价性意义必然与另一个术语的评价性意义相悖。"[3]随后,波比奥进一步分析了关于"公"与"私"关系的两种不同理念:第一种可以被界定为"私"优先于"公"(即"私域优先"),第二种可被界定为"公"优先于"私"(即"公共优先")。[4]　根据鲍曼的分析,有关私域与公域的区分起源于古代,可上溯至希腊的"oikos"(家庭)与"ecclesia"(政治场所)之区分,涉及城邦(polis)成员的事务在政治场所中予以处理与解决。但在"oikos"与"ecclesia"之间,希腊人还设置了一个领域,即二者之间进行**交往**的领域;这一领域的主要作用不是将"私"与"公"相区分,也非严守各自领域的完整性,

① 黄克武:《近代中国私领域观念的崛起与限制》,载黄俊杰、江宜桦主编:《公私领域新探:东亚与西方观点之比较》.台北:台湾大学出版中心,2005,第189页。

② John Thompson, Social Theory, Mass Communication and Public Life, in *The Polity Reader in Cultural Theory* (Cambridge: UK: Polity Press, 1994), p.30.

③ [意大利]诺伯特·波比奥:《民主与独裁:国家权力的性质和限度》.梁晓君译,长春:吉林人民出版社,2011,第23页。

④ 同上书,第23—28页。

而是确保在这二者之间通畅与频繁的交往。这第三个领域,亦即一个中介领域,就是"agora"(阿哥拉集市),它将"公"与"私"两端连接,使之结合。这一"agora"的作用对维持一个建立在其成员的真正自律基础之上的真正自律的城邦而言,是至关重要的。假若没有这一领域,无论城邦,还是其成员,都不可能获得(更不用说保持)决定公共之善的意义以及如何来获得它的自由。①

其实,现代西方三种公共政治哲学(自由主义、共和主义、新左理论)②都承认有公与私的两个领域。不过,这三种公共政治哲学在对待公私分界的具体立场上是很不一样的。接下来,我们概略性地对这三个派别的各自理论立场和观点进行一番探究。

(一) 公私分明:自由主义传统

在政治思想史上,从宽泛意义上而言,自由主义描述的是涵盖了从洛克、康德、密尔到罗尔斯等人主张尊重个人权利和强调宽容的思想传统。③ 概览现代政治思想史我们便可知晓,现代意义上的公域与私域的划分,乃是自由主义思想家的一项重大贡献。④ 自洛克首次完整表述自由主义主张,到密尔首次系统论证自由主义理论,再到罗尔斯⑤对自由平等的对等性论证,自由主义始终将国家公权的公共性问题置于其公共(政治)哲学的首要位置。金里卡(Will Kymlicka)分析指出,自由主义关于公域与私域的二元区分有着两种相异的观念,即一种观念源于洛克,是指政治领域与社会领域的区分;另一种观念源于受浪漫主义影响的自由主义,是指社会领域与个人领域的区分。⑥ 从第一种观念来看,公与私的二分首先涉及政治国家与市民(公民)社会的关系,或者说涉及政治领域与社会领域的关系。洛克曾在其著名的《政府论》上篇中指出君权与父权绝对没有直接的关联;在下篇则着力讨论公共权力的分割和限制问题。特别是从契约论维度阐述了个

① [英]齐格蒙特·鲍曼:《寻找政治》.洪涛等译,上海:上海人民出版社,2006,第 77 页。
② 本文对当代公共政治哲学派别的三分法,借鉴了任剑涛教授的观点。详情参阅他近年来的一系列作品:《"公共"的政治哲学:理论导向与实践品格》,载《哲学研究》2010 年第 7 期;《当代西方关于"公共"的三种政治哲学的辩难与共识》,载《中国人民大学学报》2011 年第 1 期;以及《公共与公共性:一个概念辨析》,载《马克思主义与现实》2011 年第 6 期;等等。
③ [美]迈克尔·桑德尔:《民主的不满》.曾纪茂译,南京:江苏人民出版社,2008,第 5 页。
④ [美]艾伦·沃尔夫:《合法性的限度——当代资本主义的政治矛盾》.沈汉等译,北京:商务印书馆,2005,第 447 页。
⑤ 简言之,罗尔斯主要从建构主义视角对公与私的关系进行探讨,旨在划清公私界限,明确国家公共权力在什么样的制度下如何才能干预私人领域。
⑥ [加]威尔·金里卡:《当代政治哲学》(下卷).刘莘译,上海:三联书店,2004,第 691 页。

人天赋权利如何转让给"公共机关"的问题。其中，有关转让权利前后的个人处境的分析尤其值得重视——个人转让权利给公共机关只是为了更好地保护自己的自由和财产。这乃有关公域与私域最明确的区分之例证。① 另外，洛克还在《论宗教宽容》②一书中进一步强调公与私的区分，否认"人类灵魂的关怀"需要效忠于公民权威。而在《教育漫话》③中，洛克更是强调教育具有的私人性，统治者是无权干预的，从而将政治（公）权力与家长（私）权力分割开来。由此看来，洛克从两个方向上限定了"公"与"私"的界限：一方面，政治（公）权力不能伸展到家庭范围里。统治者的责任是保护人民的生命、财产、自由以及各种权利；另一方面，家长（私）权力不能扩展为统治权力，人民应当让理性健康地成长，以便享受自由。④ 到了 19 世纪，密尔亦沿循这一思路，对公与私进行了区分。他将其《论自由》全书的思想旨趣概括为一句话："这里所讨论的乃是公民自由或称社会自由，也就是要探讨社会所能合法施用于个人的权力的性质和限度。"⑤这就是古典自由主义关于公私二分的第一种形式："国家与社会"的区分。它把公域等同于国家，而把私域等同于社会。这些自由主义思想家偏重于从国家与社会、权力与权利、个人与社会的角度来讨论公域与私域的划分问题。这些古典自由主义者常常倾向于贬低公域而看重私域，换言之，自由主义就意味着"对社会的赞美"，因为在古典自由主义者看来，由个人自由地形成和维持的（非国家）私人联合体要比政治团体的强制性团结更有意义和更令人满意。⑥ 自由主义传统上强调自主性及个人主义，比较忽略社会团结的问题。帕特曼（Carole Pateman）曾正确地指出，自由主义者在解释国家与社会的区分时，把这种区分当作"男人世界之内的区分"，以为妇女就应该待在她们"自然"所属的家庭领域。而且，"除了私域与公域，还有不同的方式来称呼这种分离，譬如，'社会'与'国家'、'经济'与'政治'、'自由'与'强制'、'社会的'与'政治的'"——所有这些都是在"男人世界之内"的划分。⑦ 据此她断定，公共和私人之间的分离乃是现代父（男）权制的奠基性因素，

① 参见[英]洛克：《政府论》(下篇).. 叶启芳、瞿菊农译，北京：商务印书馆，1964，第 3 节、第 99 节。
② [英]洛克：《论宗教宽容：致友人的一封信》. 吴云贵译，北京：商务印书馆 1982 年版。
③ [英]洛克：《教育漫话》. 傅任敢译，北京：人民教育出版社 1957 年版。
④ 参见[美]纳坦·塔科夫：《为了自由：洛克的教育思想》. 邓文正译，北京：生活·读书·新知三联书店 2001 年版，译者序。
⑤ [英]约翰·密尔：《论自由》. 许宝骙译，北京：商务印书馆，2009，第一章"引论"，第 1 页。
⑥ Sheldon S. Wolin, *Politics and vision: continuity and innovation in Western political though* (Boston: Little Brown, 1960), p.363.
⑦ Carole Pateman, Feminist Critiques of the Public/Private Dichotomy, in Anne Philips (ed.), *Feminism and Equality* (Oxford: Blackwell, 1987), p.107.

因为"公私领域之分离即与自然禁属世界之分离:妇女从传统关系的世界中和从个人,亦即男人中分离出来。天性、特质、差异、不平、感情、爱心、血缘纽带这些女性化的私密的世界从习俗、公民平权、自由、理性、认可和契约的公共、普世性及男性化的领域中分离开来"。① 在这里,帕特曼意在通过维护母权在政治上的价值,克服掉公私隔离,为解构父(男)权制下的公民权和公私两个领域的生活有所贡献。不过,正如墨菲所认为的,作为她的本质主义的后果,帕特曼怎么也不能解构男女之间的对立。

第二种区分就是隐私(privacy)与公域的分离,这里的"公共"既包括国家又包括市民(公民)社会。"自由主义对公域和私域的最初划分,在过去 100 年间受到了第二种区分的补充。"②根据金里卡的理解,这第二种区分首先源于浪漫主义者而不是自由主义者,其部分起因甚至是为了反对自由主义"对社会的赞美"。从上述可知,古典自由主义者强调社会是个人自由的基本场所,不过,浪漫主义者却强调社会规范会影响个性。不仅政治强制会威胁个性,而且似乎无所不在的社会期望的压力也会对个性造成威胁。这样一来,浪漫主义者把社会生活当作公共领域,因为市民(公民)社会的各种纽带尽管是非政治的,但它们却要将个人置于他者的判断和可能的审查之下。在传统上,妇女一直没有个人隐私或私密性,甚至在家庭中也是如此。而"对于'私密性'(Privatheit)的宪法保护有助于维护私人生活领域的完整性;人身自由,思想和信仰自由,迁徙自由,通信、通邮和远程通讯自由,个人住宅的不可侵犯,以及对家庭的保护,这些都划出了一个维护个人的人格完整和独立判断的不可侵犯领域。"③其实,汤普逊在分析现代传媒对社会公共性的影响时,对公域与私域亦作出了类似于金里卡式的两种类型的区分。根据汤普逊的分析,第一类区分指的是制度化政治权力领域与私人经济活动或私人关系之间的区分,前者主要集中于主权国家的掌握之中,后者则不受国家的直接掌握。但这二者之间的区别并非是绝对的。譬如,早期资本主义私人经济行为的发展乃是国家权力设置和改良法制体系的结果,然而国家行为本身则又是资本主义经济影响和制约的结果。况且自从 19 世纪后期以降,许多原属私人利益的经济行为由于社会福利制度的建立而进入公共领域,这乃国家权力干预的结果。据此而言,现在公共领域与私人领域之间的关系确已十分复杂。而所谓的第二类区分指

---

① 卡罗雷·帕特曼:《女性主义与参与民主》,密苏里,圣路易斯,1986,第 7—8 页;参见[英]尚塔尔·墨菲:《政治的回归》.王恒、臧佩洪译,南京:江苏人民出版社,2008,第 93—94 页。

② [加]威尔·金里卡:《当代政治哲学》(下卷).刘莘译,上海:三联书店,2004,第 702 页。

③ [德]哈贝马斯:《在事实与规范之间》.童世骏译,北京:生活·读书·新知三联书店,2003,第 456 页。

的则是"公开"和"隐私"的区分。在这里，"公共的"就是公开的，而"私人的"则是隐秘的。第二类区分对于民主制度的建立和健全有比第一类区分更为直接的意义。①

由是可知，自由主义着力论述的是"公"与"私"之间的界限（线），强调公共权力绝对不能侵入私人领域。此类论述力图区分"公"与"私"的绝对差异性。它强调的乃是国家不能加予个人任何的价值偏向，必须坚持国家的中立性原则才能确保个人自由，确保在私人领域活动时个人不受公共权力的随意干预与入侵。当然，自由主义同时也对"公"与"私"的相互性进行了界定，从而把"公"与"私"之间相对显现的政治规定性摆上了政治生活的平台。这一论述的效应是："一方面强调了不可化约的个人价值，另一方面将宗教、社会与市场领域中存在的公众性私人活动纳入非政治公共领域讨论，将信仰、私趣作为私人问题对待。"②但自由主义视阈中的公/私二分观念遭到了许多批评。霍诺汉（Iseult Honohan）曾将这些批评概述如下：第一，这一区别内在地是**压制的**，它强化了不平等和权力的行使，同时又以公共领域的形式平等来掩饰这一点；被界定为私人的事情被拿掉了公共监视、争论和管理的议程，即使它们影响许多人的利益。特别是女性主义者曾抨击公共-私人区别是压迫妇女的工具，认为家庭和妇女问题处在阻碍争论和管理的错误一边。第二，即使前面提到的不平等被清除了，私人被修正后以保护所有人的个人自主权，仍断言这一区别的作用是从公共中**排除**或**边缘化**那些并不适合一种特殊的男性、合理的模式的人——压制差异。第三，这一区别**使价值私有化**。它既把对人民价值的承认限制在私人领域，又缩减了他们的生活中公共的意义，放弃"人类相互依赖性所提出的那种更丰富的公共生活的希望也许是可能的"。③

总之，自由主义在公域与私域之间划定一个真正的、清晰的界限，其目的就是想限制前者而保护后者。可是公域与私域之间实难找到一个清晰的界限，事实上两者之间是相互作用、相互渗透的。试图对公域与私域做出明确的划界，势必会陷入一种循环论证的理论困境：先说应该受到保护的是私人权利，而要保护私人权利却又需有社会和政治制度或机构。可吊诡的是：自由主义试图防止私人权利受到社会和政治制度的侵犯，但私人权利又必须由公共权威机构来保护。这正是

---

① John Thompson, Social Theory, Mass Communication and Public Life, in *The Polity Reader in Cultural Theory* (Cambridge: UK: Polity Press, 1994), p.30.

② 任剑涛：《公共与公共性：一个概念辨析》，载《马克思主义与现实》2011年第6期，第58页。

③ Elizabeth Frazer and Nicola Lacey, *The politics of community: a feminist critique of the liberal-communitarian debate* (Toronto; Buffalo: University of Toronto Press, 1993), p.205.

自由主义的所谓"公/私泾渭分明"而将国家视为一个纯粹的工具性的必要之恶的观点所必然导致的一个悖论。对此,墨菲曾提议,自由主义对公私区分的建构不能通过将它抛弃得以解决,而只能以一种充分的方式重塑这一区分。公私区分不是迥异、隔离的场域;每一种场景都是"公""私"之间的一场遭遇,因为每一种事业是私人的,但却难免会受到由公民权原则所规定的公共条件的影响。需求、选择和决定,因其是每个个体的责任,所以属于私人空间。但是,表演却是公共的,因为它们不得不顺从由对当局的伦理-政治原则的具体理解而设定的条件。① 自由主义将公共领域定义为政府行为的领域,与私人领域相对,这在梯曼(Ronald F. Thiemann)看来,如此区分会造成以下后果:一是把公共和政府等同起来,将决定性地限制在公共领域发挥作用的行动者的数目;二是把许多非政府组织和团体的行为规定为私人或个体利益的表达,将遮蔽这类团体为公共福利和公共善服务的意向。② 因此,在国家控制的东西和不被国家控制的东西之间,公共-私人的自由主义区别是不能维持的。家庭和密切的个人关系本身是由公共的政治决策塑造的,国家与公民社会不能系统分离开来,更根本地说,正义原则上的公共一致不能明确地同善的更实质的观点上的一致分离开来。③

(二) 大公无私:共和主义传统

公/私二分观念对于共和主义思想来说也具有根本性的意义,只是它在范式上不同于自由主义的区别,并不仅仅是重划界线或倒置优先权。共和主义(republicanism)可以追溯到亚里士多德以及文艺复兴时期的政治人文主义那里。④ 换言之,历史地看,共和主义传统是指从古希腊的亚里士多德共和思想出发,到近代以后为卢梭(Jean-Jacques Rousseau)以及阿伦特所复活,在当代社会则以公民共和主义(civic republicanism)和社群主义(communitarianism)为代表。在古希腊城邦中,"人天生是政治动物"的经典表述凸显了政治生活之于人类社会的意义,强调了人对政治共同体的依赖。基于这种认识,当时的共和思想家一般

---

① [英]尚塔尔·墨菲:《女权主义、公民权及激进民主政治》,赵伶伶译,载[美]佩吉·麦克拉肯主编:《女权主义理论读本》.桂林:广西师范大学出版社,2007,第 625 页。

② Ronald F. Thiemann, *Religion in Public Life: A Dilemma for Democracy* (Washington D. C. : Georgetown University Press, 1996), pp.96 - 97.

③ [爱尔兰]伊休尔特·霍诺汉:《处理差异:共和主义的公共与私人的区别》,载[爱尔兰]玛丽亚·巴格拉米安、[爱尔兰]埃克拉克塔·英格拉姆编:《多元论:差异性哲学和政治学》.张峰译,重庆:重庆出版社,2010,第 172—174 页。

④ [德]哈贝马斯:《后民族结构》.曹卫东译,上海:上海人民出版社,2002,第 136 页。

认为政治事务隶属于公共领域，私人领域不应纳入公共事务的范围。不过，与古典共和主义者不同，马基雅维利第一个预见了公共领域与私人领域的现代分野，亦即国家或政治共同体的公共利益和私人利益的区分。他对"公共"和"私人"进行了相当频繁的言说，这些阐述大体分为两类：一类是指公民所从事的活动或采取的行动，即公共事务和私人事务的区别。在马基雅维利看来，"公民取得名望和权势的办法有两种：一种是通过从事公共事务，一种是通过私人事务"。① 在《论李维》中，他作了进一步的区分，"公民把他们的私人利益置于公共领域之下，并以最大的审慎来保卫私人和公共事务"。② 另一类指的则是行动或活动所蕴涵的欲求和产生的效果，即公共利益和个人利益的区分。如他在总结两位将军的行为时说道：他们"完全是为了公共利益，并不涉及个人的私利"。③ 正是通过对公共事务和私人事务、公共利益和个人利益之间关系的反复论争，马基雅维利完成了对公共领域与私人领域之间的界分。经由公共领域与私人领域的界分，马基雅维利强调了公共利益对于国家的重要性。他写道："是对公共利益，而不是对个人利益的追求，使城市变得伟大"，"毫无疑问，只是在共和政体下，公共利益才被认为是重要的"。④ 此外，马基雅维利还论证了个人与国家之间的关系，并认为国家的公共利益高于个人利益，公共事务优先于个人事务。正是在这种公/私二元区分框架中，"共和"的意义得以体现，"公共性"的价值得以彰显。当然，由于时代的局限和认识上的缺陷，马基雅维利并未阐述公共领域与私人领域相区分的具体的界限，但他对公共领域与私人领域之间关系的探析对后人的理论建构却产生深远的影响，这点应毋庸置疑。

作为 20 世纪最重要的现代共和主义者，阿伦特在《人的条件》一书中，对公与私二者关系进行了深入的、新的阐述。一方面，阿伦特参照古代雅典，从古雅典城邦的政治实践（现实）以及亚里士多德的实践哲学（理论）中，发掘实践行动的"演示性"与"彰显性"，给予实践行动一种"空间性"；另一方面，阿伦特经由理论重建过程，将公共领域/公共空间表述为形式分类的概念，借此分辨人之"积极生活"（vita activa）的三项形态——劳动（labor）、工作（work）和行动（action）——的方

---

① ［意］尼科洛·马基雅维利：《佛罗伦萨史：从最早时期到豪华者洛伦佐逝世》. 李活译，北京：商务印书馆，1996，第 348 页。

② Niccolò Machiavelli, *Discourses On Livy* (Translated by Harvey Claflin Mansfield and Nathan Tarcov, Chicago and London: The University of Chicago Press, 1996), p.29.

③ Ibid., p.328.

④ Ibid., pp.165-166.

位与描述各自的本质。阿伦特主张，"公域"（public realms）必须跟"私域"（private realms）与西方近代出现的"社会领域"（the realm of the social）或"市民社会"（civil society）区分开来；不但如此，它也跟现代国家的支配机制有别。"私人生活领域与公共生活领域的区别相应于家族领域与政治领域的区别（这些家族和政治领域作为一些明确的、分离的实体至少从古代城邦国家的成立起就已经存在；但社会领域——它既非私人领域，也非公共领域——的出现严格地说是一种比较新的现象）。①"随着家庭或私人财产的增加，私人利益逐步卷入社会公共空间，私人财产有可能演变为共同（公共）财产，而国家政府的功能就是要协调公共利益与私人利益之间的矛盾和冲突。正如阿伦特所指出的，一旦个体的公域与私域生活的界限消失，公域就成为了私域的某种功能，而私域的本质则是因为它成为唯一的公共关注对象。后来，强势共和主义者桑德尔（Michael J. Sandel）自然也就沿循了共和主义的这一基本主张。

"正是公共领域的公共性，才能在绵绵几百年的时间里，将人类想从时间的自然流逝中保全的任何东西都融入其中，并使其熠熠生辉。"②根据共和主义传统，"公共性"乃本源性的终极价值，其构成了评判所有制度安排和政治行为的终极合法性理据。因此，就价值诉求而言，一方面，共和国的政权必须运行于"公共"的轨道，追求"公共"的幸福，达成"公共"的善业；另一方面，共和国的人民必须将公共利益置于私人利益之上，通过审议、行动来增进共同善，通过积极参与公共生活来实现个人的善业。但问题是，如何防止"天下为私"，真正实现"天下为公"？对此，古典共和主义围绕"公共性"这一中轴，提出了两种基本方案。一个方案的进路是：为免于"天下为私"，借助混合与均衡，防范公权蜕变成操控在个别人或个别集团手中的私器。另一个方案的进路则是：为确保"天下为公"，通过教化和培养，引领公民对维护和促进公共利益作出优先选择。第一个方案主张通过设计并实施混合、均衡、法治的制度框架，针对私利对公益的侵蚀实施外部的防御，防止"天下为私"，偏重"消极"的防御，这一进路可称之为"宪政共和主义"或"制度共和主义"（constitutional republicanism）。第二个方案主张公民的美德、责任和参与，通过公民精神的内在激发，推进"天下为公"，崇尚"积极"的进取，这一进路可称之为"公民共和主义"或"民主共和主义"（civil republicanism）。总之，可以这么说，"正

---

① ［美］汉娜·阿伦特：《人的条件》. 竺乾威等译，上海：上海人民出版社，1999，第22页。
② 同上书，第42页。

是这两个方案的互补性复合,构成了共和主义传统完整的弹性框架"①。综上所述,在共和主义关于公共与私人之间关系的阐释中,很少顾及私人领域的积极价值。在共和主义者看来,公共的东西符合所有人的利益;私人的东西符合一个人、一些人或特定的个人或社会部分的利益。在共和主义的思想中,在某种意义上公共是优先的,关心公共领域至少是享有私人好处的先决条件。特别是在阿伦特版式的共和主义阐述中,私域是受到轻蔑而难以显示人的政治本性的领域,因此以高昂的热情参与公共生活成为阿伦特最认可的唯一显示人性尊严的路径。总而言之,共和主义在公私两端之间,太偏向公共一端,因此潜含着轻视私人生活,甚而忽略独立的个人价值的危险。

(三) 在"公私分明"与"大公无私"之间:哈贝马斯的第三个向度

"公"与"私"的界限以及关联,事实上就是民主论题的根源所在。在一个"公"与"私"模糊不清的社会中,民主论题的讨论显然是没有意义的。因此,哈贝马斯也必须对"公"与"私"的问题作出自己的理解与回答。如上所述,关于公域与私域关系的不同理解,表征着自由主义和共和主义之间的一个重大分野。自由主义强调"公私分明",反对政治(公共)权力介入或入侵私人领域,而共和主义则主张人都是社会性的人(即政治动物),其一切行动都可以且应该成为政治共同体共同调节的范围。但哈贝马斯并不认同这两种观点,并分别对其做出批判性分析,进而主张将公/私的差别放在公共领域中加以讨论。我们知道,哈贝马斯所要追求的学术目标是试图坚持公共领域的独立性和自主性。而他的自主性概念是在康德哲学的主体间转向语境中对卢梭的公意概念的重建,所要回答的是现代性条件下一切政治合法性(正当性)的终极标准问题,它是一个偏于"公"的概念。实际上,哈贝马斯对公域与私域之间的关系的讨论完全不是形式化的、静态的,而是富有历史内涵的、动态的,且"公私领域的界限不是模糊不清,而是彼此互补"。② 只是"公和私之间的这种互补关系没有任何规定性。它是法律媒介结构的抽象物。因此,民主过程的使命在于,不断重新明确公与私之间的复杂关系,以便保障所有同时表现出私人自主和公共自主的公民都能享受到同等的自由"。③ 基于此,哈贝马斯一方面反对自由主义把公域和私域截然对立起来,并把这种对立固定化;另

---

① 张凤阳:《共和传统的历史叙事》,载《中国社会科学》2008 年第 4 期,第 82 页。
② 哈贝马斯:《公共空间与政治公共领域——我的两个思想主题的生活历史根源》,符佳佳译,载《哲学动态》2009 年第 6 期,第 5 页。
③ [德]哈贝马斯:《包容他者》. 曹卫东译,上海:上海人民出版社,2002,第 118 页。

一方面他又反对共和主义的那种"大公无私"的主张,强调公域和私域之间的差别。在哈贝马斯看来,公域与私域不是可以明确地区分开来的,哪些东西属于公共领域,哪些东西属于私人领域,这是无法在商谈过程之前预先从逻辑上被确定下来的。如果从德语词"Öffentlichkeit"的社会层面来理解的话,该词指的就是"一个话语空间,它介于国家和社会之间,充当二者的调节器和修正仪。在这个空间内部,个体的地位比较独特,他既属'私'(个人),也属'公'(公民);在这里,'公'与'私'不是截然分离,而是高度统一的,也就是说,大公不是无私,而是有私"。①

哈贝马斯强调私域与公域的互动,反对二者之间的隔阂或混淆。在他看来,"划定私人领域和公共领域之间界限的,并不是一套固定的议题或关系,而是**不同的交往条件**"。② 这就是说,人们之间交往条件不同,私域与公域之间的界限就不同。当然,这些条件造成了两者之进入可能性的不同——既要确保私域的亲密性,也要确保公域的公共性,但同时又并未将私域与公域绝对分裂开来,而是将议题之流从一个领域传输到另一个领域。这样,人们在生活史中感受其共鸣的那些社会问题,经过私人处理之后,将会成为公域中新鲜而有活力的成分。因此,哈贝马斯认为,"政治公共领域要能够履行其察觉全社会问题并把它作为议题提出来的功能,它就必须是在**潜在的相关者**(potentiell Betroffenen)的交往情境之中形成的"。③ 这就是说,对公共领域概念的进一步澄清要求我们把目光转向公共领域背后的"私人生活史",后者处于生活世界的情境之中。在哈贝马斯看来,私人生活领域所拥有的生存论语言反映了生活世界触角的灵敏性,它为公共领域中的问题提供了社会性来源。换言之,公共领域是通过私人领域而进入生活世界的。所以说,私人领域总是与公共领域密切联系在一起的。不过,在此值得追问的一个问题是:为何私人领域的东西可以被转化为公共领域的东西呢? 原来,在社会生活中,人既是私人,同时又是国家的公民。正如哈贝马斯所指出的,"成熟的资产阶级公共领域永远都是建立在组成公众的私人所具有的双重角色,即作为物主和人的虚构的统一性基础之上"。④

至此,哈贝马斯将目光投向了17、18世纪的欧洲社会。他认为,资产阶级公共领域是作为"在公众面前聚集起来的私人领域"而发展起来的。如果"从历史的角度来看,公共领域与私人领域之间的联系,表现为各种社团,以及各种由资产阶

---

① 曹卫东:《权力的他者》.上海:上海教育出版社,2004,第44页。
② [德]哈贝马斯:《在事实与规范之间》.童世骏译,北京:生活·读书·新知三联书店,2003,第453页。
③ 同上书,第451页。
④ [德]哈贝马斯:《公共领域的结构转型》.曹卫东等译,上海:学林出版社,1999,第59页。

级私人们所组成的、围绕报纸和杂志而形成的读者公众的组织形式"。① 根据哈贝马斯的观点，只有在政治交往中，公/私领域的界限和关系是怎样的，妇女/男子与公/私领域的关系是怎样的，男女应该在哪些方面实现平等等一系列问题才能得到澄清。而且，哈贝马斯坚持认为："私密领域必须受到保护，使其免受外人的强行干预和指手画脚。"②他认识到，他的公共领域理论为公共领域践踏私人生活留下了可能性，因此在他的理论蓝图中，需要一个能够保护自身生活的世界免受外来侵犯的空间。③ 通过对资产阶级公共领域的分析，哈贝马斯一方面强调其中应当"公私分明"，公共领域不允许被私人化和专制化。"对于我们的讨论来讲，国家和社会的分离是一条基本路线，它同样也使公共领域和私人领域区别了开来。"④不过，这种情形只存在于早期自由资本主义时期，因为只有在这个时期内，私人才能以作为独立于公共权力机关的身份从事商品交换以及社会劳动领域内的其他事务（这是"社会与国家相分离"的根本表现）。另一方面哈贝马斯又明显感到公与私的二元紧张模式有悖于其交往动机，于是他又提倡"大公无私"，想使公共领域成为一个中介机制，用以调节他者与自我、团体与个体、国家与社会之间的关系："资产阶级公共领域首先可以理解为一个由私人集合而成的公众的领域；但私人随即就要求这一受上层控制的公共领域反对公共权力机关自身，以便就基本上已经属于私人，但仍然具有公共性质的商品交换和社会劳动领域中的一般交换规则等问题同公共权力机关展开讨论。"⑤

在《在事实与规范之间》中，我们可以发现，哈贝马斯在坚持其原初立场的基础上向政治理论更加地靠拢，进而由突出"公私分明"转向强调"大公无私"的彻底民主立场。在这里，哈贝马斯具体地讨论了"公事与私事之间的区别"问题，即如果私人领域的问题进入了公共领域，那么私人生活的自主性如何能够得到保障？对此，哈贝马斯的回答是，对于一个问题的讨论并不意味着就是对一个领域的干预。假若将私人领域的问题纳入公共讨论的范围，以便确定私人领域的范围，这将犯下一个逻辑性错误。可一旦私人领域的问题被纳入公共领域里来讨论，我们在此又如何将公域与私域区分开来？哈贝马斯强调，在这里，我们必须区分两个问题：一是讨论问题的范围（即公共商谈的**议题范围**的限制），一是干预的范围（即

① ［德］哈贝马斯：《在事实与规范之间》.童世骏译，北京：生活·读书·新知三联书店，2003，第453页。
② 同上书，第388页。
③ 市民社会恰恰提供了这种保护。有关哈贝马斯的市民社会思想将在本文第四章展开论述，此处暂不赘述。
④ ［德］哈贝马斯：《公共领域的结构转型》.曹卫东等译，上海：学林出版社，1999，第35页。
⑤ 同上书，第32页。

公共商谈的**程序**限制）。商议民主理论没有设定讨论问题的范围,但是讨论是有程序和法律限制的。把一个私人问题纳入公共领域来讨论并不意味着就是对于私人领域的侵入。"就某事进行谈论,不等于干预他人的私事。"①在公共领域中讨论公共领域和私人领域的界限是讨论政府干预的界限,而不是讨论问题的界限。在这里,人们自然会提出一个问题,即把私人领域的问题纳入公共领域来讨论,是不是也侵害了私人权利? 对此问题,哈贝马斯还是回到了人权和人民主权的关系上来加以说明。在他看来,人权和人民主权是"同源的、互为前提的",人民主权是在商谈中表现出来的权利。私人权利的范围、责任的划分都是与人民主权联系在一起的。这需要在一定的历史条件下,通过商谈来确定,而"不是**一劳永逸**的事情"。② 因此,在公共领域中,对于私人领域的范围加以讨论是符合人权和人民主权同源共生的基本原理的,这并不构成对于人权的侵犯。③

对此,威廉斯(Bernard Williams)有着与哈贝马斯类似的观点。他认为,公私之间既存在区别,又存有联系。他说:"不管是对个人来说还是对社会来说,都有这样一种重要的需要:私人情感和公共秩序不应该很遥远地相互观望。如果具有特定道德含义的职能(例如医疗职能)需要在一个非个人的公共领域中得到履行,如果把重要的价值激励和表现出来的很多活动需要公开地加以引导,那么我们就必须在两个东西之间发现新的一致:一个东西是能够与大量的'直观'和没有解决的冲突相共存的私人理解;另一个东西是那种只能与少量这样的东西相共存(除非我们想要放弃那种)的公共秩序。与此同时,如果公共秩序一方面需要包含某些信仰,另一方面又不使人类经验失去光泽,那么,它就必须发现某些方式,以便能够通过那些方式与私人情感恰当地联系起来。"④但雷(Larry Ray)则指责哈贝马斯式的"公共与私人"的区分,认为哈贝马斯将家庭视为一个黑箱,在这个黑箱中家长的权力是看不见的。⑤

综上所述,是否可能对公/私做一个明确的界说呢? 针对这个问题,戈斯(Raymond Geuss)给出了一个不置可否式的回答:"(在思考公/私的区分上)我们并没有必要去发现何为公与私的区分,然后决定我们应该以什么价值态度去面

① [德]哈贝马斯:《在事实与规范之间》. 童世骏译,北京:生活·读书·新知三联书店,2003,第 389 页。
② 同上书,第 389 页。
③ 参阅王晓升:《在"公私分明"与"大公无私"之间——评哈贝马斯关于公共领域的理论》,载《中共浙江省委党校学报》2009 年第 3 期,第 41 页。
④ [英]伯纳德·威廉斯:《道德运气》. 徐向东译,上海:上海译文出版社,2007,第 117 页。
⑤ 拉里·雷:《公民社会与公共领域》,载[英]凯特·纳什、阿兰·斯科特主编:《布莱克维尔政治社会学指南》. 李雪等译,杭州:浙江人民出版社,2007,第 237 页。

对。相反地，在我们既定的价值与知识下，决定何种事物为我们认为需要规约的或者必须关照的——然后在它们身上印上'公共性'的标识。"①高尔斯顿（William Galston）则指出，由于"公与私在一种相互影响和相互依赖的复杂结构中联结在一起。因此，在它们之间建一种恰当的关系是一件永无止境的任务，怎么调校都不完美"。② 霍伦巴赫（David Hollenbach）甚至认为，在某种意义上并没有严格意义上的私人领域，"因为人是关系性的存在，其身份、价值和尊严需要通过与其他人的互动而获得，人类的繁荣通常是公共的或社会性的"。③ 其实，在人类社会生活实践中，要想区分"公"与"私"并在二者之间找到清晰的边界十分困难。很多时候，人们发现在这个二分法背后其实隐藏了很多的灰色地带，特别是在国家权力实践中表现得尤为明显,譬如说，私人问题如何同官僚政治结合而被问题化？公民的社会福利或社会保障的议题如何被政府认同？事实上，公与私界限的模糊或清晰，在一定程度上同国家干预的程度紧密联系在一起。所以说，由于社会的纷繁复杂和变动不居，决定试图给出一条"公"与"私"的清晰界限是不可能的。综上所述，笔者认同如下观点：公域与私域之间还是应有一个合理的划界，且这二者之间的合理划分应着力"在四个边界上划出自己的界域：一方面反对私人领域的过密化，另一方面反对公共领域的过密化；再一方面反对公共对于私人的吞没，最后一方面则要反对私人对于公共的独占。前两个方面属于公私分界必须避免的两个极端，后两个方面属于公私互动关系必须保证的各自限度"。④

第二节　公共领域观念及其发展

"公共领域"（德语词"Öffentlichkeit"，英语词"public sphere、public realm、public domain"⑤，法语词"l'espace publique"）一词并非哈贝马斯所独创。其实，

---

① Raymond Geuss, *Public Goods, Private Goods* (Princeton, N. J. : Princeton University Press, 2001), p. 86.

② ［美］威廉·高尔斯顿：《自由主义与中立国家》，陈丽微译，载应奇主编：《自由主义中立性及其批评者》．南京：江苏人民出版社，2007，第 142 页。

③ David Hollenbach, *The Global Face of Public Faith* (Washington D.C. : Georgetown University Press, 2003), p.153.

④ 任剑涛：《私密化与公共关怀——以当代中国为例的讨论》，载任剑涛、彭玉平主编：《论衡》（第四辑）．广州：中山大学出版社，2006，第 322 页。

⑤ Public Sphere(公共领域)与 Public Space(公共空间)是两个有所区别的概念。后者要比前者宽泛（转下页）

在他之前,德语世界的众多学者如熊彼特(Joseph A. Schumpeter)和布鲁纳(Emil Brunner)都研究过这一主题。在英语世界,美国实用主义大师杜威①也从公共哲学的视角探讨过相关问题。哈贝马斯就曾说道:在康德之后,尤其是密尔(John Stuart Mill)和杜威分析了公共领域的原则和开明舆论对监督议会应起的作用。② 在此,由于篇幅所限,笔者只选取阿伦特、哈贝马斯、泰勒和塞耐特这四位学人各自视阈中的公共领域观念做一番探究。

一、汉娜·阿伦特的规范性界定

阿伦特是政治哲学史上最早明确对公共领域进行系统性思考的哲学家。她的"公共领域"概念经常被称为"古典型的公共领域"或"城邦型的公共领域",因为她的理论资源主要来自古希腊的政治经验,而最早的公/私二元对立就体现在古希腊的城邦生活中。通过对"人的境况""极权主义的起源"以及现代宪政困境等问题的剖析,阿伦特形成了一个独具特色的公共领域理论。她认为,人类活动的场域基本上可以划分为二,即公共领域与私人领域。其中,公共领域指涉两个关系密切但并非全然一致的现象。一方面,出现在公共空间的所有事物都可以被每个人看见、听见,因此它们都具有一定程度的"公共性"(publicity)。"在公共领域中展现的任何东西都可为人所见、所闻,具有可能最广泛的公共性。"③同时,由于阿伦特采取现象学派对存在的界定方式,认为"展现……构成了存在",因此在公共空间出现的事物不只具有"公共性",也具有"现实性"(reality)。④ 另一方面,"公共"一词又指涉世界本身。"就对我们所有人都一样而言,就不同于我们在其中拥有的个人空间而言,'公共'一词表明了世界本身。"⑤而这个"世界"并不等于地球或自然环境,它是指人类制成品与人际事务所构成的集合。在此,阿伦特的

(接上页)得多,主要是指在社会与国家之间人们实现社会交往和文化互动的场所;而前者则是哈贝马斯提出的一个带有理想类型(ideal type)性质的概念,指的是从市民社会中产生的、在国家与社会之间的公共空间,这一公共空间具有鲜明的政治批判功能,所产生的是社会公共舆论,并以此成为政治系统合法性的渊源。关于"公共领域"概念的详细阐释参见下文。

① 由于经哈贝马斯发挥的公众观念与杜威认定的公众概念十分相似,在此我们可以将杜威视为哈贝马斯的美国同道。

② [德]哈贝马斯:《在事实与规范之间》.童世骏译,北京:生活·读书·新知三联书店,2003,第209页。

③ [美]汉娜·阿伦特:《人的条件》.竺乾威等译,上海:上海人民出版社,1999,第38页。

④ 同上书,第38、44页。

⑤ 同上书,第40页。

比喻恰当地表达了"公共的"含义："共同生活在这个世界，这在本质上意味着一个物质世界处于共同拥有它的人群之中，就像一张桌子放在那些坐在它周围的人群之中一样。这一世界就像一件中间物品一样，在把人类联系起来的同时，又将其分隔开来。"①

相对于公共领域，人类活动的另一个场域是私人领域。如果公共领域以公共性（显露性）、现实性和人为性为其特色，那么，在私人领域里这些条件都暂付阙如。对阿伦特来讲，私人（private）一词乃是表示某种"欠缺"或"剥夺"（privation）。阿伦特通过对比的阐述显示出公共领域与私人领域之间的差异："公共领域和私人领域之间的区别如同要暴露的东西和要隐藏的东西之间的区别。"②具体言之，二者之间的差异体现在两个方面，一方面，"比起公共领域的任何部分"，私人领域显得"更为我们迫切所需"，因为我们每天都要使用和消费私人占有物，"如果失去了财产，'公共的东西就毫无用处了'"。这也许正是人类创造性的源头之一。另一方面，"私有财产的四面壁垒，为避开共有的公共世界提供了唯一可靠的隐蔽场所，不仅避开公共领域中所发生的一切，而且也避开了公众的注意，避免了被他人所见所闻"。③ 从而避免了完全将私人生活暴露在他人面前的那种浅薄，这显示了私人领域对于人类生活的不可或缺性。

在阿伦特那里，公共领域既有别于"社会"，也有别于"社群"。它不是一个人们协商一己私利或展现血浓于水之情的地方，而是一个人们显露独特自我的场域。凡能够透过言行表彰的，以及运用语言的表白、说服、论辩的事物或关系，都是公共领域。至于公共领域的"公共性"则意指彰显、表现、显露，而彰显、表现都发生于并依赖于"有他人在场"的领域或空间，有人在场目睹、耳闻、见证、辨认、解释、判断所出现与发生的行为、言论、现象与事件。"行为和语言……的本意就是呈现，它们的存在也依赖于呈现。"④据此可知，公共领域指的是一"开展的空间"，在其中，言论、行为以及政治事物和现象均能得其方位。每位公民在公共领域中的言论、行为皆在其他公民面前显现着"我是谁"。"是谁"是相对于"是什么"而言的，"我是什么"说的就是一些我可与他人共有的社会属性或职能（宗教、职业、性别、好恶等等）。阿伦特认为，公域比私域更能充分显示自我。公域是一种"外观"，一种"井然有序的戏景"。公域可为每位公民的参与行动提供一个舞台和一

① ［美］汉娜·阿伦特：《人的条件》. 竺乾威等译，上海：上海人民出版社，1999，第 40 页。
② 同上书，第 54 页。
③ 同上书，第 53—54 页。
④ ［美］汉娜·阿伦特：《论革命》. 陈周旺译，南京：译林出版社，2007，第 81 页。

个以公共成就延长个人有限生命的机会。人们因参与而能体验到一种"公共自由"(public freedom)或"公共幸福"(public happiness)。"这种自由就在于公民进入公共领域的权利,在于他对公共权力的分享。"①在这里,阿伦特将人的幸福、自由与(权力的)公共性联系起来。她说道:"不享有公共幸福就不能说是幸福的;不体验公共自由就不能说是自由的;不参与和分享公共权力就不能说是幸福或自由的。"②

根据阿伦特的理解,由于"公共领域是由平等者之间的意见交流所构建的,一旦所有平等者都正好持相同的意见,从而使意见交流变得多余,公共领域就将彻底消失"。③ 在这里,阿伦特将公共空间比作"自由的岛屿""沙漠中的绿洲"。阿伦特深感于近代以降西方政治哲学太过于强调保护私权,以致危及公共空间的存续,于是她大声疾呼要恢复公共领域。阿伦特甚至将公共生活比喻为一个打满灯光的舞台。就公共生活的意义而言,它不仅是一个可见的领域,而且是一个焦点关注的领域,发生在那里的事情都会被"昭显在亮处",成为公共关心的问题。④ 在此意义上,阿伦特断言,人类生活在本质上就是政治的。换言之,人类生活在公共的世界中。因为行动着的人不可能是孑然独立的个体,其只能是群体(中)的人。同时,追求有限生命之永恒价值的活动,也只能是在群体中显示的与众不同而得到的承认。只有在公共领域的生活之中,才会显现人的自由。"只有公共领域的存在以及随之而来的世界向一个世俗共同体(它使人相聚又彼此相连)的转变,才完全依赖于一种永恒性。"⑤这样,在当今自由主义思潮主导人们政治想法的情况下,阿伦特独排众议地指出:政治行动基本上不是促进社会福利的工具,而是人类显现自我本真性的活动;政治参与不是民主社会中公民的消极负担,而是人们创造历史的积极权利。⑥ 政治生活的可贵,恰恰在于行为者彼此愿意给对方说话、表达的权利或地位。政治人进行对话沟通,不只因为大家相信政治场景是一个充满意见的世界,不能任意以真理为名阻遏意见的表达;而且也因为表述意见本身就是一种政治性的行为,不论意见的内容如何,表述沟通会使得公共领域维持不坠。一旦人们不再意识到言谈的这层深意,转而深居简出,不问

---

① [美]汉娜·阿伦特:《论革命》.陈周旺译,南京:译林出版社,2007,第110页。
② 同上书,第238页。
③ 同上书,第79页。
④ Hannah Arendt, *Men in Dark Times* (London: Johnathan Cape, 1970), p. viii.
⑤ [美]汉娜·阿伦特:《人的条件》.竺乾威等译,上海:上海人民出版社,1999,第42页。
⑥ 江宜桦:《自由民主的理路》.北京:新星出版社,2006,第183页。

世事，那么政治生活就真的一去不可复得了。[1]

阿伦特认为，私人领域和公共领域两者都需要再制度化，以便使人类能够实现其潜能。不过，科恩和阿拉托发现，阿伦特的理论存有不足，即欠缺在私人领域和公共领域之间需要诸种中介的观点。譬如，阿伦特并没有正确地看待社会运动，而只将之看作是利益群体的一种形式。与之类似，阿伦特也不支持被她看成使积极的政治自由从属于在现代"社会"崛起中的消极的、私人的公民自由权的东西。不过，科恩和阿拉托又指出，阿伦特的确承认了有关保护私人的领域不受国家侵犯的公民权的必要性，因而也就承认了区分市民社会与国家的此种权利的必要性的自由主义要求。其实，阿伦特将其公共领域理论追溯至古希腊"城邦/家庭"二分的假定，而非导自近代自由主义关于公/私问题的看法，这事实上蕴含了一个重大的意义。[2] 我们知道，现代自由主义者（如约翰·密尔）也认为公私领域必须区分。凡是行为举止牵涉到他人的，就构成公众的关怀，政府或社会有权利在必要的时候加以干涉。反之，只要行为举止只与个人利害有关，那么政府或社会舆论是没有置喙的余地的。[3] 自由主义这个区分很显然是为了保障私人权利免于国家的侵犯，但这不是阿伦特区分公私领域的用意。阿伦特想要保护的不是私人权利，而是只有在公众领域中才能被实现的政治自由。阿伦特的关切跟自由主义是刚好相反的。[4] 不过，阿伦特借用古希腊人"城邦/家庭"的二分法来分析现代社会，结果使其对近代市民社会的兴起很难被给予正面的评价。所以，许多学者批评阿伦特不可能清楚地把公共领域与私人领域、政治与社会划分开来，或是批评她政治对话空洞化。哈贝马斯就认为，阿伦特窄化了政治的概念。阿伦特将公共领域与私人领域、国家政治与经济家政、自由与解放、政治实践与制造生产进行僵硬式的区分，以此对抗现代资本主义社会与现代国家。[5] 尤其值得指出的是，尽管阿伦特深刻批判了现代政治中的"大众社会"，但她并未对公共空间、社会与私人空间之间的转化做出解释，这就使她的概念对现代政治中的

---

[1] 江宜桦：《自由民主的理路》，北京：新星出版社，2006，第192—193页。

[2] 同上书，第186页。

[3] 参见 John Stuart Mill, *On Liberty* (Indianapolis: Hackett, 1978), pp.73-81。

[4] 江宜桦认为，戴维·斯皮茨（David Spitz, 1959:57-58）却忽视了这层含意，误以为阿伦特只是延续密尔的理论。公私领域是否可以明确划分固然是一个问题，但是说阿伦特只是在"发扬光大密尔错误及人为的区划，徒然将二分法增加为政治/私人/社会的三分法"则是错误的理解。参见江宜桦：《自由民主的理路》，北京：新星出版社，2006，第187页。

[5] 哈贝马斯：《汉娜·阿伦特交往的权力概念》，朱亮译，载江天骥主编：《法兰克福学派——批判的社会理论》，上海：上海人民出版社，1981，第166页。

问题缺乏进一步的解释力。同时,由于阿伦特的公共领域理论没能深入反省古典城邦公私划分本身的不足,从而缺失了对私人领域的重要性及其具体内容的探究。

综上可知,阿伦特探讨公共领域的着重点在于公共领域的本质而非公共领域的结构。因此,她的公共领域概念及其理论表现出话语系统的模糊性、思想力量的薄弱性以及理论体系的非完整性。不过,阿伦特强调,在民主化过程中,公共领域具有赋予民众反对个人或政府的集权斗争以力量的推动作用,即"对公权谋私惟一的补救办法,就在于公共领域本身,在于公共领域范围内的每一个行为的光明,在于那种使进入公共领域的一切都暴露无遗的可见性"。[①] 另外,阿伦特注意到劳动的社会性与政治的公共性有着本质的区别:"只要动物化劳动者占据公共领域,就无真正的公共领域可言,最多只是进行一些公开的私人活动而已。其结果便是被委婉地称之为'大众文化'。"[②]从这个意义上说,阿伦特为哈贝马斯提供了一条由工具理性批判通向话语民主理论的中介。阿伦特对公共领域理论的阐释触发了哈贝马斯对公共领域中的"交往理性"的思考。同时,阿伦特的公共领域概念及其理论系统中所遗留的问题——如历史经验和社会构成的分析以及理论构成的逻辑建构,也只有留待哈贝马斯来解决了。

二、于尔根·哈贝马斯的商谈式重建

哈贝马斯深受阿伦特思想的影响[③],在不同时期对"公共领域"概念进行了不同的理解与界定。在《结构转型》一书中,哈贝马斯最初对"公共领域"的理解被表述为:"(公共领域)是一个公共论坛,在这里,私人会合成一个公众,并随时准备迫

[①] [美]汉娜·阿伦特:《论革命》.陈周旺译,南京:译林出版社,2007,第236页。

[②] [美]汉娜·阿伦特:《人的条件》.竺乾威等译,上海:上海人民出版社,1999,第114页。

[③] 譬如,哈贝马斯在《公共领域的结构转型》中基本上继承了阿伦特对古希腊时代公私领域区分的研究,以及她对近代"社会"领域兴起的了解,不过,哈贝马斯又跳出了阿伦特的思想史框架,而试图给予资产阶级公共领域一个历史社会学式的分析。参见 J. Habermas, *The structural transformation of the public sphere: an inquiry into a category of bourgeois society* (Translated by Thomas Burger. Cambridge Mass: MIT Press, 1989);[德]哈贝马斯:《公共领域的结构转型》.曹卫东等译,上海:学林出版社1999年版。又如,在哈贝马斯评论阿伦特"权力"概念的文章中,他一方面推崇阿伦特开展了一种以交往为取向的权力概念(communications concept of power),比韦伯(M. Weber)和帕森斯(T. Parsons)的定义可取;另一方面又批评阿伦特的权力观念只关注于政治权力产生的问题,而忽略权力的行使、争夺与保持,从而窄化了权力的内涵。参见 J. Habermas, "Hannah Arendt's Communications Concept of Power", *Social Research* 44:1(Spring, 1977), pp.3 - 24. 参阅江宜桦:《公共领域中理性沟通的可能性》,载许纪霖主编:《公共性与公共知识分子》.南京:江苏人民出版社,2003,第179页。

使公共权威在舆论的合法性基础上运作。"①根据哈贝马斯的这一定义的核心内涵,李丁讚先生在《市民社会与公共领域》一文中曾归纳出公共领域的六个构成要素:①公共论坛(forum);②私人(private people);③会合(come together);④公共意见或舆论(public opinion);⑤公共权威(public authority);⑥合法性(legitimation)。对于公共领域而言,私人和公众是主体,公共论坛是一套建制化的社会空间,比如咖啡馆等,公共舆论是表现形态,而合法性与公共权威是达成的结果。②

　　在《公共领域》一文中,哈贝马斯对"公共领域"作了一个简明扼要的界定:所谓"公共领域",我们首先意指我们的社会生活的一个领域,在这个领域中,像公共意见这样的事物能够形成。公共领域原则上向所有公民开放,公共领域的一部分由各种对话构成,在这些对话中,作为私人的人们来到一起,形成了公众。……当这个公众达到较大规模时,这种交往需要一定的传播和影响的手段;今天,报纸和期刊、广播和电视就是这种公共领域的媒介。③

　　在《现代性的哲学话语》一书中,哈贝马斯对"自主的公共领域"(autonomous public sphere)作了如此解释:"按照我的理解,只有那些不是政治系统为了提供合法化而创造和维持的公共领域才是自主的。从日常实践的微观领域中自发形成的交往中心可以发展成为自主的公共领域,并成为更高层次的主体间性,但前提在于,生活世界潜能要用于自我组织,用于通过自我组织来使用交往手段。自我组织的形式加强了集体行动的力量。"④

　　在《结构转型》"1990年(德语)版序言"中,哈贝马斯对"公共领域"概念进行了限定:做了精细的修正之后,我们现在终于可以回头对政治公共领域加以描述。其中,至少有两个过程相互交织在一起——其一为通过交往产生的合理权力,其二为操纵性的传媒力量,它创造大众忠诚、需求和"顺从"用来对抗体制命令。⑤

　　在《在事实与规范之间》一书中,哈贝马斯对"(政治)公共领域"概念进行了新的阐释:"公共领域最好被描述为一个关于内容、观点、也就是**意见**的交往网络;在

①　J. Habermas, *The structural transformation of the public sphere: an inquiry into a category of bourgeois society* (Translated by Thomas Burger, Cambridge Mass: MIT Press, 1989[1962]), pp. 25 - 26.
②　参见李丁讚、吴乃德、吴介民、陈弱水、夏春祥、钱永祥、顾忠华:《公共领域在台湾:困境与契机》.台北:台湾桂冠图书股份有限公司,2004,第3—16页。
③　哈贝马斯:《公共领域》,汪晖译,载汪晖、陈燕谷编:《文化与公共性》.北京:生活·读书·新知三联书店,1998,第125页。
④　[德]哈贝马斯:《现代性的哲学话语》.曹卫东等译,南京:译林出版社,2004,第408页。
⑤　[德]哈贝马斯:《公共领域的结构转型》.曹卫东等译,上海:学林出版社,1999,"1990年版序言"第28页。

那里,交往之流被以一种特定方式加以过滤和综合,从而成为根据特定议题集束而成的**公共**意见或舆论。"①在这里,哈贝马斯使用空间甚至戏剧做比喻——论坛、舞台、剧场——突出了公共领域的一个关键特征:它既包括了潜在的行动者,也包括了观众。而且,在此语境中,公共领域所代表的是一个高度复杂的网络。从这一定义来看,哈贝马斯指明公共领域迥异于建制、组织、规范结构以及系统,而强调公共领域的特征在于所谓的"交往结构"(它是一种在交往行动中产生的"社会空间")及其多元性。它既非日常交往的"功能",亦非日常交往的"内容"。

1998 年 8 月 16 日,哈贝马斯在回答中国社会科学院社会学研究所景天魁研究员提出的问题时,又对"资产阶级公共领域"作了相应的概括:"资产阶级公共领域是一种特殊的历史形态,它尽管与其在意大利文艺复兴时期城市中的前身具有某些相似之处,但它最先是在 17、18 世纪的英格兰和法国出现的,随后与现代民族国家一起传遍 19 世纪的欧洲和美国。其最突出的特征,是在阅读日报或周报、月刊评论的私人当中,形成一个松散但开放和弹性的交往网络。通过私人社团和常常是学术协会、阅读小组(Lesegesellschaften)、共济会、宗教社团这种机构的核心,他们自发聚集在一起。剧院、博物馆、音乐厅,以及咖啡馆、茶室、沙龙等等给娱乐和对话提供了一种公共空间。这些早期的公共领域逐渐沿着社会的维度延伸,并且在话题方面也越来越无所不包:聚焦点由艺术和文学转到了政治。"②

在《公共空间与政治公共领域——我的两个思想主题的生活历史根源》一文中,哈贝马斯区分了两种不同类型的公共领域:一是指为成功人士提供自我展示舞台的公共领域。在此类公共领域中,公开表演的目的无非是为了吸引眼球和追求知名度。为了在大众传媒中引人注目,明星们付出了混淆私人生活和公共生活的代价。二是指参与政治讨论、学术讨论或文学争论的公共领域。这里的公众不是由观众和听众构成的空间,而是由相互问答的发言人和受众所构成的空间。他们关心的是交换彼此的理由,而不是吸引目光。参与讨论的人关注的是同一件事情,他们对私生活似乎漠不关心。③

在《传媒社会中的政治交往:民主仍然具有认知维度吗?规范理论对经验研

① [德]哈贝马斯:《在事实与规范之间》.童世骏译,北京:生活·读书·新知三联书店,2003,第 446 页。
② 哈贝马斯:《关于公共领域问题的答问》,梁光严译,载《社会学研究》1999 年第 3 期,第 35 页。
③ 哈贝马斯:《公共空间与政治公共领域——我的两个思想主题的生活历史根源》,符佳佳译,载《哲学动态》2009 年第 6 期,第 5 页。原文是哈贝马斯在 2004 年 11 月 11 日荣膺日本"京都奖"的答谢词,原载《在自然主义与宗教之间》(Zwischen Naturalismus und Religion, Surkamp Verlag, Frankfurt am Main, 2005,第 15—26 页);Between naturalism and religion: philosophical essays (translated by Ciaran Cronin, Cambridge, UK, Malden, MA: Polity Press, 2008)。

究的影响》一文中,哈贝马斯从公共领域的"认识维度"(epistemic dimension)论述了他对公共领域以及市民社会的理解。他将(政治)公共领域定义为:"一种处于政治系统的上层与下层的舞台之中,在正式组织化的与非正式的、面对面的商谈之间进行交往的调节系统。"①哈贝马斯用描述性的和规范性的术语详细阐述公共领域的功能以及它与市民社会之间的关系。在他看来,来自于政治中心、功能系统或市民社会的所有政治交往参与者,都对公众舆论的形成产生影响。即使当这些政治交往参与者以策略方式(有悖于寻求相互理解的精神)行动时,只是为了使其影响有效,他们不得不遵循一定的规则。

通过对哈贝马斯有关"公共领域"概念阐释的简单梳理,我们发现,哈贝马斯的公共领域概念与阿伦特的公共领域概念是有差别的。首先,阿伦特的"公共领域"(public realm)概念,是一个纯粹的政治领域的概念,与经济领域完全割裂。在她看来,这种割裂是政治的必要条件。希腊政治的衰亡和 public realm 的丧失,主要原因是由于近代以来政治(公共)与经济(私人)领域出现了融合,导致了所谓"社会的来临"(the rise of the social)。② 而哈贝马斯的"公共领域"(public sphere)概念,是建立在经济(私人)的市民社会和国家之间的,换言之,是以市民社会为前提的。③ 其次,阿伦特认为公共领域最早源于古希腊城邦公民参与公共事务的场所。哈贝马斯则认为公共领域形成于 18 世纪,其历史前提是国家与社会的分化。再次,根据本哈比的分析,二者之间还有以下两点不同:一方面,公共的形态从"视觉的"转变为"听觉的"。"公众"不再以城邦式的、参与者彼此面对面接触的方式呈现,而是日益通过出版品、报纸、小说、文艺与科学杂志等沟通方式来呈现;另一方面,阿伦特的"公共领域"概念所强调的是一种面对面的人际互动,而这进一步预设了一定程度的同质性和共享的社会伦理;而哈贝马斯的焦点则在于出版品和媒体对公众所造成的转变,公共领域不再只是一种行动的舞台,而更是沟通、信息与意见形成的媒介,而公众则是由读者、作者与诠释者所形成的虚拟

① J. Habermas, Political Communication in Media Society: Does Democracy Still Enjoy an Epistemic Dimension? The Impact of Normative Theory on Empirical Research, *Communication Theory*, 16(4)(2006)[哈贝马斯将这篇文章献给了其已故弟子兼同事彼得斯(Bernhard Peters),因为后者启发了哈氏在《在事实与规范之间》一书中对传媒的思考。此文后来收编入 J. Habermas, *Europe: The faltering project*, Cambridge: Polity, 2009b:138－183.]; Plenary address for the 2006 International Communication Association Conference, Dresden, Germany; See Jostein Gripsrud, Hallvard Moe, Anders Molander and Graham Murdock (eds). *The Public Phere(Vol. Ⅱ)*, (Los Angeles/London/New Delhi/Singapore/Washington DC: SAGE, 2011), p.313。
② 参见[美]汉娜·阿伦特:《人的条件》.竺乾威等译,上海:上海人民出版社,1999,第二章。
③ 参见[德]哈贝马斯:《公共领域的结构转型》.曹卫东等译,上海:学林出版社,1999,第二章。

社群(virtual community)。^① 最后,阿伦特认为国家或者共同体就是公共领域,公共领域归属于政治领域,它同追求私利的社会领域是相对立的。而哈贝马斯则将公共领域看成介于国家与社会之间进行调节的一个领域,其实质上是一种公共交往的媒介。从归属上说,公共领域处于社会领域这一端,国家与政治公共领域是对立的,"国家的强制性权力恰好是政治的公共领域的对手,而不是它的一部分"。^②

三、查尔斯·泰勒的现代诠释

承袭阿伦特和哈贝马斯的公共领域理论,泰勒(堪与罗尔斯和哈贝马斯比肩的当代政治哲学家)对公共领域进行了现代诠释,并提出了自己对公共领域的看法。他认为,"'公共领域'一词指的是一种公共空间(public space),在其中社会成员可以通过不同的媒体沟通:印刷物、电子读物或者面对面的交流,在其中他们可以讨论共同关心的问题,因此也能够对这些问题形成共同的意见"。^③ 而且,"公共领域是透过非直接隶属于政治系统的媒体,或政治立场中立的媒体,进行分散讨论的公共空间"。^④ 在这里,泰勒分析了"公共"(public)这一概念。他认为,"该术语不仅仅客观地或从一个外在者的视角指出了什么是共同关心的事情,而且还指明了什么被一致认为是共同关心的事情。所以'公共'就是与整个社会有重要关系的,或属于这整个社会的,或附属于社会借之作为一个实体聚集起来并进行行动的那些工具、机构或场所的东西"。^⑤ 在泰勒看来,"公共"这个词有两个语义学维度。第一个维度指的是对整个共同体的影响力,如"公共事务"或对这些事务进行管理的"公共权威"。第二个维度将公共性定义为一种准入,如"这个公园对公众开放";或将公共性定义为一种可见性,如"这条新闻已经公开了"。这

① Seyla Benhabib, Models of Public Space: Hannah Arendt, the Liberal Tradition, and Jürgen Habermas, in Craig Calhoun (ed.), *Habermas and the Public Sphere* (Cambridge, Mass.: MIT Press, 1992), pp. 73-98; Seyla Benhabib, *The Reluctant Modernism of Hannah Arendt* (Sage Pub., 1996);参阅谈火生:《民主审议与政治合法性》.北京:法律出版社,2007,第 226 页脚注说明。
② 哈贝马斯:《公共领域》,载汪晖、陈燕谷编:《文化与公共性》.北京:生活·读书·新知三联书店,1998,第125页。
③ 查尔斯·泰勒:《现代社会想象》,王利译,载许纪霖主编:《公共空间中的知识分子》.南京:江苏人民出版社,2007,第 56 页。
④ 查尔斯·泰勒:《公民与国家之间的距离》,李保宗译,载汪晖、陈燕谷编:《文化与公共性》.北京:生活·读书·新知三联书店,1998,第 207 页。
⑤ 查尔斯·泰勒:《吁求市民社会》,宋伟杰译,载汪晖、陈燕谷编:《文化与公共性》.北京:生活·读书·新知三联书店,1998,第 187—188 页。

样,由经济行为者构成的私人领域在第一层意义上与公共领域不同。但这些行为者在第二层意义上构成了公共领域,因为这个领域是"元主题性的公共空间"(metatopical public space),在这个空间中人们聚到一起交换意见。这样,泰勒区分了公共领域的两种形态,一是"主题性的公共空间"(topical public space);另一则是刚才谈到的"元主题性的公共空间"。前者是指区域性的集会,公众们以共同关心的主题聚集在一起,它们是一个有形的空间(比如沙龙、酒吧、广场、街道、学校、社团等等)。而后者则是指包括报纸、杂志、书籍和电子传媒在内的公共传媒,它们是一个无形的、想象性的舆论共同体,以共同的话题将分散在各地乃至全世界的陌生人,结合为一个现代的公众。泰勒所阐述的公共领域主要指的就是元主题性的公共空间。

在吸收哈贝马斯的《结构转型》和沃纳(Michael Warner)的《共和国的学问》[1]两部著作中的思想基础上,泰勒指认道:公共领域的形成源自 18 世纪,公共领域的理念是西方"现代社会的核心特征"[2];同时,公共领域是"社会想象"[3]的构成要素。进而言之,公共领域就是一种社会想象。[4] 它"是社会想象的一种转变,是现代社会发展的关键因素,也是(现代社会)长征过程中的重要步骤"。[5] 在泰勒看来,市场经济、公共领域以及政治体制(或人民主权)是近代西方市民社会最重要的三个标志性要素,或者更准确地说,三种社会想象的形式。当然这三者之间是相互依存的。他将公共领域看作"长征"(the long march)故事的一个重大步骤的原因在于,这种社会想象的突变受到了现代秩序观念的激发。有三个特征可以说明这一点。第一个特征是它独立于政治领域的身份。第二个特征是它成为了合法性的外在依据。第三个特征是其根本的世俗性。泰勒认为,18 世纪的公

---

① 沃纳:《共和国的学问:18 世纪美国的出版与公共领域》[Michael Warner, *The Letters of the Republic: Publication and the Public Sphere in Eighteenth-Century America* (Cambridge: Harvard University Press, 1990)]。

② 查尔斯·泰勒:《现代社会想象》,王利译,载许纪霖主编:《公共空间中的知识分子》.南京:江苏人民出版社,2007,第 56 页。

③ 泰勒在卡斯特里亚迪斯、巴奇科(Bronislaw Baczko)和其他法国作家之后使用了"社会想象"这个词,其用法界于具体形象和拉康(Jacques Lacan)的较抽象的弗洛伊德观念之间。他说道:"所谓社会想象,系指当人们遐想社会现实时,无论深度还是广度都超过他们理性框架的事物。我在思考人类如何想象他们的社会存在,如何与别人融洽相处,与同伴之间的情况怎么样,想象着他们被正常满足的期望以及隐藏在期望背后更深层次的规范观念和形象。"参见 Charles Taylor, *Modern Social Imaginaries* (Durham and London: Duke University Press, 2004), p.23。

④ Charles Taylor, *Modern Social Imaginaries* (Durham and London: Duke University Press, 2004), p.138.

⑤ 查尔斯·泰勒:《现代社会想象》,王利译,载许纪霖主编:《公共空间中的知识分子》.南京:江苏人民出版社,2007,第 57 页。

共领域代表着一种新的世俗性：一个元主题性的公共空间和一种公共行为能力。它无需外在的证明，是一种完全建立在自身共同行为之上的行动能力。"公共领域是每个人都可以参与讨论的一个聚点，在此社会就重要议题形成公共意志。这个公共意志是一种反思性的观点，它产生于具有批判性的辩论，而不仅仅是对人们偶然持有的观点的一个总结。"①因此，在泰勒看来，"以印刷品为传播媒介而形成的公众或公共意见这一新的空间，能够成为进行更为激进挑战活动的一个渊源，亦即根据社会自身的立场对政治结构的首要地位提出质疑"。② 而且，"在任何有所作为的市民社会中，都存在着两种机制。自从18世纪以来，相关议题的著作便对这两种机制赋予十分崇高的地位。其中一种是公共领域。在公共领域中，整个社会透过公共媒体交换意见，从而对问题产生质疑或形成共识。另一种则是市场经济，主要功能在于经由谈判达成互惠的协定"。③ 也就是说，自我调整的市场经济机制和公众舆论机制，构成了促使社会得以逐渐在政治结构之外达致统一或协调的两种路向。④ 显而易见，泰勒的如上论述正构成了对哈贝马斯观点的积极回应，在某种意义上亦是对哈贝马斯公共领域观念的学理沿承。

另外，在《公民与国家之间的距离》一文中，泰勒还提出了所谓"寄宿式公共领域"（nested public sphere）模式，即将较小的公共领域寄宿在较大的公共领域中。⑤ 它指的也就是（新）社会运动。基于此，他强调指出自己在此所讨论的公共领域模式，显然与18世纪原本的模式不同。其不同之处主要表现在两个方面：一方面，"原本的模式似乎是设定一个单一的空间"，而在此泰勒所倡导的则是"一种彼此依存的多元化公共空间"。另一方面，"必须缓解政治系统与公共领域间的鲜明界限。事实上，某些最有效的寄宿式公共空间是政党和鼓吹运动，它们是存在于政治与公共领域间的灰色地带。在现代民主政治中，政治系统与公共领域间的界限必须尽可能开放"⑥。泰勒强调，公共领域不能只被视为限制政治力量的社

---

① Charles Taylor, *Modern Social Imaginaries* (Durham and London: Duke University Press, 2004), p.88.

② 查尔斯·泰勒：《市民社会的模式》，冯青虎译，载邓正来、[英]J. C. 亚历山大编：《国家与市民社会》. 北京：中央编译出版社，1999，第21页。

③ 查尔斯·泰勒：《公民与国家之间的距离》，李保宗译，载汪晖、陈燕谷编：《文化与公共性》. 北京：生活·读书·新知三联书店，1998，第200页。

④ 查尔斯·泰勒：《市民社会的模式》，冯青虎译，载邓正来、[英]J. C. 亚历山大编：《国家与市民社会》. 北京：中央编译出版社，1999，第21页。

⑤ 查尔斯·泰勒：《公民与国家之间的距离》，李保宗译，载汪晖、陈燕谷编：《文化与公共性》. 北京：生活·读书·新知三联书店，1998，第209—210页。

⑥ 同上书，第210—211页。

会形式,而应该是作为民主政治本身的媒介。① 至于公共领域的建构指涉的则是一个政治参与问题和权力制约问题。由此看来,泰勒的这一分析,提供了一个有异于哈贝马斯等人的理解,特别是泰勒的分析更多地关涉到公共领域的现实困境与隐忧,这更进一步彰显了作为理想范型的公共领域与现实形态的公共领域之间的深层差距。不过,正如查特吉(Partha Chatterjee)所指出的,我们必须记住欧洲公共领域的兴起在联结重建的民族文化特征和国家的法律管辖范围上是至关重要的。在查特奇看来,泰勒将公共领域指作政治权力监督之外的空间,"在那里可以像在社区里一样发表意见"。在这样的公共空间里,通过安德森(Benedict Richard O'Gorman Anderson)所谓的"印刷资本主义"媒介,使民族文化的和谐形式通过语言的标准化,美学标准和消费嗜好的趋同得以塑造。所以说,这一公共的领域不仅是一个标志着国家和市民(公民)社会差别的领域,通过设立文化标准,民意还可以代表国家说话,因此公共领域还将国家和市民(公民)社会联系到一块。这样,市民(公民)社会成了民族中个人各种生活的空间;国家则成了民族单一代表的化身,社区惟一的合法形式。②

四、理查德·塞耐特的人类学解析

在《公共人的衰落》③一书中,塞耐特对过去200年中公共性如何没落、私密性如何走向专制统治等社会现象进行了深入考察,对诸如此类的问题——公共领域的个人化如何创造了一个新的话语与沉默的领域? 公共空间的个体化过程通过怎样的方式为公共秩序的现代之死铺平了道路? 人格如何变成了一个社会范畴,以及如何闯入了公共领域? 等等——展开了探讨。在塞耐特看来,孤独是现代性不可避免的后果,致使个人向私人生活靠拢,而这就是所谓的"公共人的衰落"。现代社会普遍存在的自我迷恋或自恋文化乃公共生活衰落的结果,而公共生活的衰落则是入侵公共领域的人格引起的。在此,塞耐特甚至大胆地断言,公认的公共领域是不存在的。

塞耐特通过采用人类学和历史学的研究方法,对西方社会中的个人主义和公

---

① 查尔斯·泰勒:《公民与国家之间的距离》,李保宗译,载汪晖、陈燕谷编:《文化与公共性》,北京:生活·读书·新知三联书店,1998,第219页。
② [美]帕特·查特奇:《关于泰勒的"公民社会模式"理论的一些看法》,曾东译,载《国外社会学》1994年第2期,第30页。
③ [美]理查德·塞耐特:《公共人的衰落》,李继宏译,上海:上海译文出版社2008年版。

共空间进行论述,分析人们在公共领域中的外表和话语、公共与私人的差异。具体而言,他所采用的研究方法就是对戏院中正式的表达模式和城市街头常见的表达模式进行比较。这一方法被当时学术界称为公共生活的"戏剧学模式",最近则被称为"述行性"。在塞耐特看来,公共与私人,过去曾是平衡的,但随着公共空间的消蚀、家庭功能的变化,以及工业资本主义的发展,平衡渐渐失衡。在当代社会,公域与私域之间的界线渐次混淆与模糊,私人意象凌驾于公共意象之上。大多数的人选择以"旁观者"自居,公共事务遂沦为少数"公众人物"的玩物,观众随之起舞,形同吊丝的傀儡,你我可以自由参与的公共空间,因激情而断丧。

塞耐特探讨了哈贝马斯关于"公共"和"私人"的意义变化。他指出,为了得知人们对社会生活的公共维度有什么看法,哈贝马斯进行了一些观点调查工作,"并抛开了阿多诺和霍克海默的一些心理学深度,转而更加强调'经济的'因素——在这里,经济是广义的,指生活方式的生产。如此一来,他们(指哈贝马斯和赫尔穆特·普莱斯纳[Helmut Plessner, 1892-1985,德国哲学家,和马克斯·舍勒共同创建了哲学人类学]——引者注)便得依靠马克思提出的关于布尔乔亚意识形态'私有化'的各种观念"。[①] 而"所谓布尔乔亚意识形态的私有化,指的是现代资本主义的一种补偿机制,使得在非人格的市场环境里工作的人能够将他无法倾注在工作本身上的情感投入到家庭领域和孩子的抚养中"。[②] 在此分析的基础上,塞耐特对哈贝马斯早期关于公共领域问题探讨的观点进行了批判性评价,认为哈贝马斯观点的优点是,尽管局限于马克思的私有化理论,依然比较准确地讲清了这些现象的产生过程;但同时也存在着理论缺陷,即用诸如异化、去人格化之类的陈词滥调掩盖了现代社会的各种疾病。[③]

塞耐特认为,"如果共同的观众问题(即人们在陌生的环境中如何看待彼此的外表的问题——引者注)通过一套相同的信念系统得到解决,那么一个公共领域便告形成,而且具备了公共性的两个特征:周边环境和个人关系之外的世界得到人们有意识的界定;在这套共同的系统的帮助下,人们能够自如地出入于各种不同的社会场合和陌生人群体"。"如果公共领域已然存在,那么在人们看来,社会表达将不再是自我情感向他人的真实呈现(representation),而是自我情感向他人的表述(presentation)。"[④]在这个日益变得亲密的社会之中,人们在公共场所的行

① [美]理查德·桑内特:《公共人的衰落》.李继宏译,上海:上海译文出版社,2008,第37—38页。
② 同上书,第38页。
③ 同上书,第38页。
④ 同上书,第46—47页。

为从本质上得到了改变。人们若想参与到公共生活之中去,而又不被这种公共生活所淹没,惟一的方式便是在公共场所中保持沉默。①

　　塞耐特论证指出,启蒙时代确实有一种公共领域与私人领域之间的平衡,支撑这种平衡的,则显然是有关公共与私人的观念的基本变化。这一变化是 18 世纪末期的大革命和 18 世纪之后国家工业资本主义的兴起所带来的。其中有三种力量推动了这一变化:其一,指的是 19 世纪工业资本主义和大城市中的公共生活之间的双重关系的变动;其二,指的是始于 19 世纪的世俗主义变革,这种变革影响到人们如何看待陌生人和未曾见过的人;其三,指的是古代政制(Ancient Regime)时期公共生活的结构本身所具有的一种力量,这种力量后来遭到了削弱。但是由于这种力量的存在,公共生活在 18 世纪末的政治和社会狂飙中没有立即死去。公共领域自身得以伸延至 19 世纪,表面上看来依然完整,尽管实际上内里正在发生变化。这种延续性对世俗主义和资本主义的新力量的左右,并不亚于它们对它的影响。② 事实上,资本主义和公共领域的相互影响体现在两个方面:其中一个方面是人们从公共领域向家庭撤退;另外一个方面是人们对公共形象的物体产生了一种新的迷惑。③ 具体而言,资本主义对公共生活产生了两大影响:一是它将公共现象神秘化;二是它改变了隐私的本质,即它影响到和公共领域相抗衡的私人领域。简言之,资本主义使得公共生活神秘化与私人化。④

　　塞耐特进一步指出,公共领域和私人领域之间不是一种完全对立的关系,而是一种互相补充、互相平衡的关系。公共领域中那些传统的、强制性的表达规则不能完全控制人们对现实的感知。就此意义而言,私人领域是对公共领域的补充。在公共领域之外,人们拥有自己的生活和一些没有任何传统能够强行剥夺的权利。而公共领域则是对私人领域的一种修正。自然人是动物,单纯依据家庭之爱的规则而度过的生活将会产生一种自然的缺陷,即不文明;而公共领域却能修正这种自然的缺陷。如果文化的缺点是不公平,那么自然的缺点就是它的野蛮。⑤ 因此,在我们谈论公域与私域这两个领域时,必须把它们当作一个分子来理解,因为"它们是同时存在的人类表达模式,处于不同的社会背景之中,彼此相

① [美]理查德·桑内特:《公共人的衰落》,李继宏译,上海:上海译文出版社,2008,第 31 页。
② 同上书,第 22 页。
③ 同上书,第 24 页。
④ 同上书,第 187—189 页。
⑤ 同上书,第 113—114 页。

互补充"①。

我们知道，塞耐特对公共性转型的历史考察时段是始于 18 世纪中叶，这与哈贝马斯考察的历史时期是相同的，可却得出与哈贝马斯不同的结论。对此，哈贝马斯批判了塞耐特在《公共人的衰落》一书中所论述的观点，认为塞耐特"错误地分析资产阶级公共领域的瓦解过程。因为塞耐特将代表型公共领域的特征加到了古典资产阶级公共领域头上，没有正确认识到内在性与公共性之间独特的资产阶级辩证关系"②。由于没有清晰地将这两类公共领域区分开来，致使塞耐特认为，理应具有美学作用的非个人的、仪式性的自我描述逐渐瓦解了，试图由此去确证他所提出的"公共文化终结论"。其实，隐藏私人情感与主观成分而粉墨登场，依旧属于高度成熟的代表型公共领域。不过，在彼得斯（John Durham Peters）看来，塞耐特所悲叹的公共生活的"衰落"——私人在服饰、话语和行为中所展示出来的或多或少具有炫耀性形式，以及审慎的自我表述的"亲密性"形式的替代品——对于哈贝马斯来说，正是一个通往更加民主的市民社会模式的阶梯。③

第三节　哈贝马斯"公共领域"概念论

有论者认为，从社会层面来理解，可以将德语词"Öffentlichkeit"译为"公共领域"，而从思想层面来理解，则可以将其译为"公共性"。④ 换言之，"公共领域"概念与"公共性"（Publicity/Publizität）概念虽有差别却内在关联。其实，公共领域的核心问题就是公共性的问题。因此，如果我们要全面把握哈贝马斯的"公共领域"概念的意蕴，就有必要对"公共性"概念有一个基本了解。"公共性"是西方哲学和政治思想中的一个重要概念，其使用越来越频繁。但从各类西方辞典以及百科全书来看，针对这一概念的处理，要么是付之阙如，要么是寥寥数语，迄今并无确切的概念界定。纵览整个西方哲学思想史，确实已有不少思想家在各自不同语境中探讨了"公共性"概念。但在当代哲学视阈中，对"公共性"的寻求则主要表现

---

① ［美］理查德·桑内特:《公共人的衰落》. 李继宏译，上海:上海译文出版社，2008，第 114 页。
② ［德］哈贝马斯:《公共领域的结构转型》. 曹卫东等译，上海:学林出版社，1999，"1990 年版序言"第 6 页。
③ John Durham Peters, Distrust of representation: Habermas on the public sphere, *Media Culture Society*, Vol.15(1993)，p.546.
④ 参见曹卫东:《权力的他者》. 上海:上海教育出版社，2004，第 44 页。

在对"共同体"价值的追求、对差异的承认以及对良善社会秩序的建构。正是在这样的目标引导下,"公共性"也就摆脱了以往那种以"逻各斯中心主义"(Logocentrism)为标识的强制性统一,而是在一种"对话""交往"中实现"差异性"的联合。

一、公共领域的公共性

公共领域的基本品质就是公共性。根据哈贝马斯的研究,在德语中用"Öffentlich"表示"公"或"公共",用"Öffentlichkeit"表示"公共性"。他特别说明在德国"公"和"公共"与"公共性"区分开来的具体历史时期:在 18 世纪,德语中开始出现一个名词"Öffentlichkeit",即"公共性",这个词是从较早的形容词"Öffentlich"演变而来的,意思和法语中的"publicite"和英语中的"publicity"大体相当,直到 18 世纪末期,"公共性"这个词语还不通用。① 哈贝马斯认为,"所谓'公共性',是指共同的视角,由此出发,公民相互用更好的论证说服对方究竟什么是正义,什么是非正义"。② 且公共性与公共领域有着密切的联系。"公共性本身表现为一个独立的领域,即公共领域。"③ 而"本来意义上的公共性是一种民主原则"④,在现代资本主义社会,"公共性成为国家机构本身的组织原则"。⑤ 从理论上来说,每个人一般都应有平等的机会表达其个人倾向、愿望和信念——即意见,但"只有当这些个人意见通过公众批判而变成公众舆论时,公共性才能实现。因为这种普遍开放的保障只能说是一种保障话语和反话语符合逻辑法则的真值条件"。⑥

粗略地来看,哈贝马斯的"公共性"观念至少包含如下几层意蕴:"①所有人都可以进入;②与所有人有关的;③与共同的善或者共享利益有关";⑦④它是"生活语境的主体间性(Intersubjektivität)"之共同的合理信念与"客观世界的同一性"

---

① 〔德〕哈贝马斯:《公共领域的结构转型》.曹卫东等译,上海:学林出版社,1999,第 3 页。
② 〔德〕哈贝马斯:《包容他者》.曹卫东译,上海:上海人民出版社,2002,第 76 页。
③ 〔德〕哈贝马斯:《公共领域的结构转型》.曹卫东等译,上海:学林出版社,1999,第 2 页。
④ 同上书,第 252 页。
⑤ 同上书,第 93 页。
⑥ 同上书,第 252 页。
⑦ Nancy Fraser, Rethinking the public sphere: a contribution to the critique of actually existing democracy, in Craig Calhoun (ed.), *Habermas and the Public Sphere* (Cambridge, Mass.: MIT Press, 1992), p.128.

的表征①;⑤具有理性启蒙与反思性;⑥具有促成建构规范化制度和法律框架的动力功能;等等。不过,公共性在不同时期、不同语境中的含义和功能是不一样的。譬如,"名誉或荣誉的公共性和'上层社会'的公共性不是发生在同一个历史时期";而"公共性——如法庭审判时的公开性——所发挥的主要是评判功能。到了大众传媒领域,公共性的意思无疑又有所变化。它从公众舆论所发挥的一种功能变成了公众舆论自身的一种属性:公共关系和共同努力——新近被称作'公共劳动'——就是想建立这样一种公共性"。② 在资本主义初级阶段,公共性原则在有教养、有理智和有艺术鉴赏力的平民百姓组成的公众(Publikum)的基础上和在资产阶级的新闻媒体中得到了贯彻,并且在统治国家机关处理事务的方法中被确立下来。最初,这一原则的明显功能是对专制国家中那种见不得人的活动进行批评。只是到了 19 世纪下半叶,这一原则的功能发生了变化,它要达到的目的是显示政党的力量并被政党所操纵。但如今的情形则是,越来越严密的电子大众媒体网络的组织形式并未让国家和社会监督形成一种分散的、交流的、不受限制的对话形式,反而是监督去政治化的人民大众对统治者的忠诚。③

哈贝马斯在建构自己的公共性观念的过程中,不断地引介、评判和汲取前辈们的思想。概言之,先是在康德那里,哈贝马斯发现了公共性的本体论意义的向善本质。后来,黑格尔和马克思的阐述给予了哈贝马斯透视的动力,使其敏锐地觉察到如下问题,即由于公共领域地位的降低致使公共性自身面临生存危机甚或公共权力领域的过度伸张吞噬了公共领域并凌驾于道德律之上。接着,哈贝马斯在自由主义者那里找寻到了一些共同话语,即对于国家的垄断与专制并趋向"帝国化"而同感忧虑。最后,在"综合批判了这些观点之后,哈贝马斯终于建构出自己的公共性观念——使其背负解释性功能和批判性功能双重使命,开创了自己独特的公共领域理论体系,在这一过程中,他透视到公共性转化为现实的公共领域,将会使其陷于公共性危机这一境地——即公共领域的异化"。④ 哈贝马斯将公共性划分为古希腊"城邦型"公共性、欧洲中世纪"代表型"公共性、近代西欧"市民

---

① 参阅[德]哈贝马斯:《交往行为理论:行为合理性与社会合理性》.曹卫东译,上海:世纪出版集团,上海人民出版社,2004,第 10 页。

② 同上书,第 2 页。

③ 参见[德]哈贝马斯:《理论与实践》(第 2 版).郭官义、李黎译,北京:社会科学文献出版社,2010,"新版导论"第 3 页。

④ 张晓溪:《公共领域的异化:哈贝马斯视域中的"公共性"危机》,载《学术交流》2006 年第 12 期,第 10 页。

型"公共性等若干类型。古希腊"城邦型"公共性指的是所谓的"自由民"共同体的性质。在这样的共同体中，"自由民"们通过平等的"对话"来决定共同关心的事项。而欧洲中世纪"代表型"公共性则指"绝对君主"具体体现其支配领域所有成员利害关系整体的一种局面。在此，"绝对君主"象征着公共性。至于近代西欧"市民型"公共性，它指的是所谓的"市民"(实际上是具有一定教养和财产的人)依自由意志通过相互论辩的场所，如沙龙、咖啡馆、报刊等形成的文学艺术性共同体乃至政治性共同体的性格。而哈贝马斯的公共性理论正是基于这一"市民型"公共性论之上展开的。具体言之，哈贝马斯从"市民型"公共性中抽象出"一般公开"之原理，并以此作为"市民公共性"之理想范型，进而探索以此原理为机制的社会的存在可能性(1962—1973年)。所以，学界一般将哈贝马斯的公共性理论称之为"市民公共性"理论。

后来，哈贝马斯的这一理论又以"正当性"(legitimacy、legitimität)①理论(1973—1979年)、"交往行为"(Communicative Action、kommunikativen handelns)理论(1981—1985—1987年)的形式进一步得到发展。而且，哈贝马斯强调，他对公共性的基本观点并未改变(1990—1991年)。② 不过，在《在事实与规范之间》一书③中，哈贝马斯关于公共性的论述还是有一个明显的变化，即他吸收了弗雷泽的思想④，将公共性区分为"强公共性"(strong public)与"弱公共性"(weak public)，并对其作了系统化的发挥。当然，值得一提的是，哈贝马斯哲学的一个重要的魅力就是保持了概念本身的流动性，所以，强公共性和弱公共性之间的区分并不具有绝对性。

---

① 关于对 legitimacy 或 legitimität 的中译，比较详尽的论述参见肖小芳：《道德与法律——哈特、德沃金与哈贝马斯对法律正当性的三种论证模式》.北京：光明日报出版社，2011，第 26—32 页；以及傅永军：《"legitimacy"之诠证》，载傅永军：《启蒙、批判诠释与宗教伦理》.济南：山东大学出版社，2009，第 84—94 页。

② 此处对哈贝马斯关于"公共性的类型学"的阐释，借鉴了李明伍先生的研究成果。在对公共性的传统模型进行论述、对公共性概念进行厘定之后，李先生区分了四种"公共性类型"，它们指的是：(1)多元型公共性；(2)权威主义型公共性；(3)权力主义型公共性；(4)权限主义型公共性。详情参见李明伍：《公共性的一般类型及其若干传统模型》，载《社会学研究》1997 年第 4 期，第 110 页、第 111—113 页。

③ 参见[德]哈贝马斯：《在事实与规范之间》.童世骏译，北京：生活·读书·新知三联书店，2003，第 381—382 页。

④ 南茜·弗雷泽在《公共领域反思：一项对现存民主批判的贡献》一文中，将公共性区分为"强公共性"与"弱公共性"。弱公共性存在于国家之外，其任务是对国家进行批判性审查，其商谈实践只是存在于舆论形成过程之中，而并不包括决策的制定；与之相反，强公共性则存在于国家之中，其话语既包括在舆论的形成之中，亦包括在决策的制定当中。

强公共领域/强公共性	弱公共领域/弱公共性
规范性	合理性
规范实践、指导实践	促进理解、产生洞见
道德-实践领域	生活世界领域
规范主义	客观主义
强制	商谈
对社会再生产的限制和强制	自觉的生活过程的观念
思想	表象
表达超越个别经验意识	说话者和听话者能够相互理解
个人能进入的经验构成的主观世界	可感可操纵之对象和事件构成的客观世界
真理	实在
权威、神灵	内在于语言的理想化
外部制裁的强制	合理的内在的推动力
威严建制	自由协商
理性主体或者国家主体	主体是互动的连成一体的个体
政治公共领域	市民公共领域

强公共性与弱公共性的比较[资料来源:苏蕾:《从强公共性到弱公共性——我国媒体评论公共性话语建构》(未刊稿,指导教师:赵振宇教授),华中科技大学 2010 年 5 月博士学位论文,第 21 页。]

博曼(James Bohman)则对公共性的区分进行了比较明确的概念指认。在博曼看来,"公共性构成和主导民主协商所必需的社会空间:公共领域。公共性在三个层面上发挥作用:它创造了协商的社会空间;它主导协商过程和产生协商中的理性;以及它提供了判断共识的标准"。[①] "公共性适用于进行协商的社会空间,也适用于公民在其中所提出的理性类型。我们可以区分出公共性的较弱意义和较强意义。"[②]在吸收弗雷泽思想的基础上,博曼进一步指出,在任何情况下,公共性都是有程度的;任何民主机制都需要"强公共性",以使决策具有合法性。而"弱公共性"却只出现在那些能满足最低限度条件的讨论中。秩序良好的协商结构是"强公共性"的保障,而言论自由则是"弱公共性"的保障。概言之,在相对的立场下,"强公共性"意味着限制性的民主参与,而"弱公共性"意味着非限制性的民主参与。

山协直司对哈贝马斯的公共性理论进行了评述,认为哈贝马斯虽然将市民的公共性作为国家政治与法律获得其正当性、合法性的根据,却在一定程度上忽略

---

① [美]詹姆斯·博曼:《公共协商:多元主义、复杂性与民主》.黄相怀译,北京:中央编译出版社,2006,第34页。
② 同上书,第33页。

了对"经济领域的公共性"研究,没有能够形成完整的理论。① "公共性"的确是哈贝马斯的公共领域学说中的一个核心概念。可他的公共性论是在"市民"型公共性论的基础上展开的。另有论者则对哈贝马斯的公共性思想做了褒扬性评价,认为这一思想一是"展现了民主社会的宏伟蓝图",二是"包含有正义之特质,从而保证了民主不被误用"。更具体地来说,这主要表现在两个层面:"一方面,以公共性为准则的公共领域鼓励人们发出自己的声音,倡导人们去追寻自己认为的好的生活,由此保证了共和主义所倡导的人民主权原则;另一方面,哈贝马斯所描绘的公共领域又为每个个体的参与提供了充足的可能性和可行性,从而实现了自由主义所强调的自由精神,展现了基本的人权原则。"正是有了这样一种公共性的保证,哈贝马斯所要建构的新的、充满民主精神的西方社会才有可能从口号变成现实。② 在哈贝马斯看来,只有在据以批判理性进行"对话"过程中形成的"生活世界"里才能实现不排除任何成员的社会整合机制,即真正的公共性。总之,"以康德的启蒙理性(自由观)和阿伦特的共和主义(政治自由观)为理论基础建立的'公共性'理念,不仅成了哈贝马斯公共领域概念的核心理念并使之彻底概念化和理论化,而且还成了贯穿哈贝马斯思想发展的一条潜在主线"。③

其实,自20世纪90年代中期起,日本研究者们也不约而同地将公共性问题重新作为考察对象,掀起一场"公共性复兴运动"。④ 20世纪90年代初,以佐佐木毅(时任东京大学校长)、金泰昌(公共哲学共动研究所所长)以及山胁直司(东京大学教授)等人为代表的公共哲学家曾召集不同学科领域的知名学者发起了一场"公共哲学运动",试图构建契合日本乃至东亚社会文化的"新公共性"理论。这一理论的核心内涵指涉:①与欧美"公共性"理论强调"舆论"和"言说"的"言说系公共性"不同,日本"新公共性"理论更强调将公共性实践建立在个体志愿的基础上⑤,实现由"灭私奉公""灭公奉私"到"活私开公"的转变;②通过挖掘东亚的思想文化资源,超越西方社会传统的"国家—社会"二元模式论,在批判公私一元论、

① [日]山协直司:《试论东亚地区的"世界——地域"性:公共哲学的构想》,载于黄俊杰、江宜桦主编:《公私领域新探:东亚与西方观点之比较》.台北:国立台湾大学出版中心,2005,第24—25页。
② 杨东东:《公共性观念的价值——哈贝马斯公共性思想的功能分析》,载《山东社会科学》2007年第1期,第13页。
③ 杨仁忠:《公共领域论》.北京:人民出版社,2009,第16页。
④ [日]山口定等编著:《新公共性》,有斐阁,2003年版,第2页;转引田毅鹏:《东亚"新公共性"的构建及其限制——以中日两国为中心》,载《吉林大学社会科学学报》2005年第6期,第65页。
⑤ 田毅鹏:《东亚"新公共性"的构建及其限制——以中日两国为中心》,载《吉林大学社会科学学报》2005年第6期,第69页。

克服公私二元论的基础上,提出相关性三元论,即在相互关联中把握"政府的公(制度世界)—民的公共(公共世界)—私人领域(生活世界)"这三个层面;③通过公私对话、公私协动①、公私开新这三个层面的互动,倡导全面贯彻"活私开公"理念②,以此构建出全新的公共性。③

彼得金(Hanna Fenichel Pitkin)从三维视角对"公"与"私"进行了区分,并探讨了公共性问题。这里的三维视角指的是:①接近或注意的维度(the dimension of access or attention),即某事物具有公共性是指它向所有人敞开,为所有人所接近,接受任何人对它的检验,作为注意的中心是可见的。此维度与公众舆论、公共知识、公共领域等术语相关,与保留的、关闭的、隐藏的相对。②影响或后果的维度(the dimension of impact or effect),在此意义上来说,某事物具有公共性指的是它影响了所有的人或我们中的大多数人,在结果和重要性上具有公共性。这种公共性的对立面不是隐藏的、抽身而去,而是指个人的、有限的影响,它只影响挑选出来的个人或群体,如私人企业就可以从这一点来加以说明。③治理或控制的维度(the dimension of governance or control),这主要是针对政府、公共行政和集体行为的公共性,但也并非任何政府、公共行政和集体行为的公共导向和公共控制都具有公共性,如果一个国家的官方政府更多地受"私人"权力或利益集团的控制,其结果将是国家更像是私人机构而非公共机构,那么它也就未必具有真正的、实质性的公共性了。④

公共性是现代性最基本的特征之一。它是与私人性、私密性、个人性等概念相对而言的,强调的是某种事物与公众、共同体(集体)相关联的一些性质。正是基于这一视角,我们具体可从以下几个维度来把握"公共性"这一观念:"①空间:一种特定的领域,公共生活在其中得以展开,这种领域可以是动态的,也可以是相对静态的。②实体:一种实体化的、静态的共同体,由此可以引申至国家乃至全球的层面。③主体:与公共性相关的行为主体包括两个方面,一是作为集合体的公众;二是与私人相对应的公民。④情操:公共性对公共领域中的行为主体提出了

---

① 1990 年熊本县立大学教授荒木昭次郎发表题为《参加と協働》的学术论文后,"协动"一词开始在日本被广泛接受与使用。"協働(きょうどう)"原意为"为实现相同目标而共同合作",现主要被用来表述日本公共行政服务供给的一种新手段,旨在强调政府与 NPO、企业等民间力量进行对等合作并共同提供公共服务的新理念,内涵基本等同于"パートナーシップ(Partnership)"。

② [日]山胁直司:《何为公共哲学》,筑摩书房,2004,第 36 页。

③ 转引俞祖成:《战后日本公共性的结构转型研究》,载《太平洋学报》2011 年第 12 期,第 70 页。

④ Hanna Fenichel Pitkin, Justice: On Relating Private and Public, *Political Theory*, Vol.9(Aug.1981), pp.329 - 330.

特定的德性上的要求，即公民美德或公共精神，包括对国家的情感与态度。⑤过程：公共性意味着与私密性相对应的公共参与、公开讨论的行动过程与言说方式。"①不难看出，这一分析模式意图从结构与主体、态度与行动相结合的视角来构设一种公共性的观念框架，这自有其参考价值。另外，艾维特（William J. Everett）归纳出了"公共性"的四个关键特征，它们是：参与、多元性、说服、共同性。概言之，所谓**参与**是指在追求公共利益的过程中，在其他人面前表达其意见和信念的个人能力。因此它意味着参与者之间强烈的平等，以免在论证的过程中一些人强迫另一些人。所谓**多元性**不仅仅意味着存在不同的个人观点，而且意味着不同团体将在公共领域出现。因为团体的多元性不仅对于追求更大的真理是必需的，而且对于追求自由也是如此。所谓**说服**是这样的过程，借助它，参与者在共享信念、利益和关于手头事件的结论的基础上来获得**共同**行动。说服不仅仅需要权力的基本平等，也需要进行论证的共同语言和参照框架。因此它需要文化的某种基本的共性。② 由此说来，公共性具有一种民主的好处。③ 因为它是民主问责制的一个良友。公共性能督促公务员尽到他们的职责；也能鼓励公民就公共政策进行商议，且能使官员从公众意见中学习。不过，公共性的主要贡献并非使政治变得具有公益精神，而只是将政治公开以便公民能够一起决定他们所需的政治类型。④ 据此，威尔逊（Woodrow Wilson）曾断言："公共性是政治的一种净化素"。⑤ 而在马克思主义者看来，公共性可被设想为在消除阶级对立、国家乃至私有制的基础上建立"真实的共同体"，让每一个人都得到自由的发展。正是在此意义上，我们可以将这一观点理解为建立真正的、最具普遍意义的公共性。至于马克思本人的公共性（公共领域）思想，笔者将在本文的第三章进行专门讨论，此处暂不赘述。

二、公共领域的多样性

　　关于公共领域的多样性特征，我们可以从其普遍性、多元性以及中立性三个

① 谭安奎主编：《公共性二十讲》，天津：天津人民出版社，2008，"编者序"，第1—2页。
② William Johnson Everett, *Religion, Federalism, and the Struggle for Public Life* (New York: Oxford University Press, 1997), p.13.
③ ［美］阿米·古特曼、丹尼斯·汤普森：《民主与分歧》，杨立峰等译，北京：东方出版社，2007，第112页。
④ 同上书，第137页。
⑤ Arthur S. Link (ed.), *The Papers of Woodrow Wilson* (Vol.21)(Princeton: Princeton University Press, 1976), p.232.

层面铺陈开来,在此基础上围绕公共领域的"十个面向"做一番较为细致的阐述。

(一) 公共领域的普遍性

公共领域具有普遍性还是特殊性? 根据哈贝马斯的观点,公共领域的参与者应该是具有普遍性的所有公众,即凡是通过自由地集合而形成的公众都可以自由地参与公共领域的讨论。哈贝马斯明确指出,公共领域具有普遍性的特征。他写道:"公共领域的成败始终都离不开普遍开放的原则。把某个特殊集团完全排除在外的公共领域不仅是不完善的,而且根本就不算是公共领域。"[①]在哈贝马斯看来,"像整个生活世界一样,公共领域也是通过交往行动——对于这种行动来说,掌握自然语言就足够了——而得到再生产的;它是适合于日常交往语言所具有的**普遍可理解性**的"。[②] 这里的公共领域的普遍性原则,既意指公共领域参与者非排他性,也指涉公共领域中所用语言的普遍可理解性。况且,"公共领域无论多么专业化,都建立在异议和相互渗透的基础上,而且,在公共领域当中,意见和意志的形成过程获得了制度化。边界是虚设的。每一个公共领域都对其他公共领域保持开放状态。它们的话语结构源于一种不加任何掩饰的普遍主义倾向"。[③] 在哈贝马斯看来,要把握公共领域的普遍性的意蕴,可从其包容性和排他性维度来理解,具有包含如下五方面意蕴:其一,它意味着人们相对化自己的生活方式,同时承认其他生活方式是合理的需求。其二,它意味着容让一切陌生者和他者,包括他们的性情和不可理解的行为,且将其视作与自己相同的权利。其三,它意味着人们不会故意和固执地将自己的特性普遍化。其四,它意味着包容的范围必然比今天更为广泛。其五,它意味着不可简单地将异己者排斥在外。[④] 至此,哈贝马斯指出,"在最严格的意义上,'普遍主义'等同于呼唤相互承认的道德性中包含的平等主义的个体主义,这是在每个人都具有同等的尊严和相互为对方考虑的意义上说的"。[⑤] 这就是说,在这种涵括型的道德共同体当中,成员资格对每个人都敞开着,不仅承诺团结一致和一视同仁的包容,而且同时承诺在保护每个人的个体性和他者性方面的同等权利。不过,哈贝马斯承认自己所坚持的是

---

① [德]哈贝马斯:《公共领域的结构转型》.曹卫东等译,上海:学林出版社,1999,第94页。
② [德]哈贝马斯:《在事实与规范之间》.童世骏译,北京:生活·读书·新知三联书店,2003,第446页。
③ [德]哈贝马斯:《现代性的哲学话语》.曹卫东等译,南京:译林出版社,2004,第404页。
④ 哈贝马斯、法耶:《新历史主义的局限》,载包亚明主编:《现代性的地平线》.李安东、段怀清译,上海:上海人民出版社,1997,第137页。
⑤ [美]博拉朵莉:《恐怖时代的哲学》.王志宏译,北京:华夏出版社,2005,第46页。

"一种谨慎的普遍主义"①。针对哈贝马斯的观点,博曼认为,公共领域中交往的普遍化产生了两个实际效果。一方面,这种普遍化降低了交往的"私人性"特征——如发言者个人的权威——的影响。另一方面,它增加了对经常性解释和说明的需要,产生了较少的文化独特性词汇和广泛散布的共享性的专门词汇。当商谈发生在公共领域的时候,初级交往中的普通合作的情境预设常常被悬置起来,这就能为公共商谈所要求的交往的反思形式创造一个空间。②

有论者就指出,受上述观念激励的话语与其他话语是截然有别的,且具有两个本质特征:一方面,普遍主义的法律和道德话语可能会被滥用为某种特殊的隐伏着祸患的合法化形式,因为在合情合理的普遍性的耀人耳目的一面的背后可能隐藏着特殊的利益(青年马克思曾经揭露过这种意识形态的功能);另一方面,这种话语使它自己成为自我订正的学习过程的工具,正如针对选择性的或有偏见的对于普遍主义运用的目标的应用而提出来的异议必定以同样的方式预设了相同的标准,任何对于通过意识形态而起着掩盖作用的普遍主义的使用的解构式的去伪装化,实际上都预设了由这同样的话语提出来的批判性标准。③ 这样,道德的和法律的普遍主义通过自我反映就在以下意义上被关闭了,即它的不完满的实践只能在它自己的标准的基础上被批评。当公民在政治上保持一体化时,他们就会接受并拥护一种合理的信念,即政治公共领域中的交往自由、解决冲突的民主程序和政治权力的法律途径为非法权力提供健全的基础,并确保行政权力代表所有人的利益。普遍主义的合法性原则体现在程序主义的共识之中,而这种共识必须从宪政爱国主义的角度植根于各种特定政治文化的历史语境中去。④

总的来说,哈贝马斯对伦理理论(道德的)和政治理论(法律的)中的"普遍主义"的捍卫来源于这种可能性,即理性有可能为个体的信仰以及普遍同意提供正当性证明。他试图在捍卫普遍主义(形式的普遍性)和理性主义(交往的合理性)的同时把立宪民主的普遍原则与成为这种原则的动源并赋予其活力的自由的政治文化联系起来。库克(Maeve Cooke)就认为,在解释"合理的多元主义事实"方面,哈贝马斯的理论模式优越于罗尔斯的模式,因为它允许相对立的伦理观点之

---

① 哈贝马斯、佩里·安德森、彼得·杜瓦斯:《一种哲学-政治的侧面描述》,载包亚明主编:《现代性的地平线》.李安东、段怀清译,上海:上海人民出版社,1997,第163页。
② [美]詹姆斯·博曼:《公共协商:多元主义、复杂性与民主》.黄相怀译,北京:中央编译出版社,2006,第39页。
③ [美]博拉朵莉:《恐怖时代的哲学》.王志宏译,北京:华夏出版社,2005,第46页。
④ [德]哈贝马斯:《包容他者》.曹卫东译,上海:上海人民出版社,2002,第260—261页。

间的有效交流。同样,它也非常适合主体间的伦理自治,这种自治使普遍原则接受基于恰当理由的挑战。① 其实,哈贝马斯自己也承认,公共领域的参与者是有条件的,比如对参与者一定的教育与财产的要求。他说道:"成熟的资产阶级公共领域永远都是建立在组成公众的私人所具有的双重角色,即作为物主和人的虚构统一性基础之上",即财产和教育双重基础之上。② 这样的话,就只有一小部分人才能成为公众,才可进入公共领域,而大部分人则被排除在外了。而且,在复杂多元的现代社会,试图追求普适的普遍性难之又难,即便在一个国家中,人们也常常持有不可通约的信仰、利益、情趣和爱好,一些差异和冲突经过沟通和协商也无法消除。针对哈贝马斯的普遍主义模式,中冈成文就表示质疑,认为哈贝马斯的"普遍主义还是过于单线式,它把以西方近代为基准的社会进化学说作为前提。……假如这样的'进化'是一种趋势,并且代表未来的普遍倾向,那它终究还是不能证明正当的人类旅程。哈贝马斯的理论模式在历史现实面前究竟有多大的说服力,它能否'适用'于现实?"③而依罗蒂之见,"我们必须放弃普遍主义"④。凯尔纳和贝斯特则既反对哈贝马斯的普遍主义式的准基础主义(试图在语言的潜能中寻找交往理性的基础),同时又反对大多数后现代理论对一切普遍命题的厌弃。⑤ 在他俩看来,"普遍性是历史斗争的结果,而不是像某些人权理论家所宣称的那样,是一种超验的、本质主义的普遍性。"⑥倘若要想建立一个公正的社会,就必须确立某种普遍的价值,诸如平等、法治、自由、民主参与等。至于那些批评这类观念的后现代理论也就势必助长保守势力,因为保守势力的梦想是把民主权力、自由和价值抛置在一边。⑦

(二) 公共领域的多元性

公共领域是单一的还是多元的? 根据哈贝马斯对公共领域的理想范型的思考,在一个民族国家,公共领域具有单一性。不过,哈贝马斯也曾指出,民主的、经

---

① 梅维·库克:《协商民主的五种观点》,载[南非]毛里西奥·帕瑟林·登特里维斯主编:《作为公共协商的民主:新的视角》. 王英津等译,北京:中央编译出版社,2006,第34页。
② 哈贝马斯:《公共领域》,载汪晖、陈燕谷编:《文化与公共性》. 北京:生活·读书·新知三联书店,1998,第161—162页。
③ [日]中冈成文:《哈贝马斯:交往行为》. 王屏译,石家庄:河北教育出版社,2001,第64页。
④ [美]理查德·罗蒂:《偶然性、反讽与团结》. 徐文瑞译,北京:商务印书馆,2003,第96—97页。
⑤ [美]道格拉斯·凯尔纳、[美]斯蒂文·贝斯特:《后现代理论:批判性的质疑》. 张志斌译,北京:中央编译出版社,1999,第312页。
⑥ 同上书,第312页。
⑦ 同上书,第313页。

过启蒙的常识(Commensense)绝对不是单数的,而要体现出公共领域是多元的。[①] 他写道:"将文化和政治方面业已动员起来的下层阶级排除在外,这本身即已表明,公共领域一开始就是多元的。"[②]而且,一旦过分强调公共领域的单一性,就会有将复杂社会的多元性边缘化与压制之危险。在许多有关公共领域的争论中,这部分正是最常为人所提及的。

后来,哈贝马斯在《在事实与规范之间》一书(第八章)中,修正了他早期关于"单一性、综合性公共领域"概念的观点。他认为公共领域是多元的,这从他所使用的"公共领域"一词的形式就可看出。此时,他在表述"公共领域"一词时用了"public spheres"(此词常使用于交往的具体和实践语境之中),而并非仅仅使用"the public sphere"。同时,在此语境中的公共领域,其意指的是一种在观点、意见得以交流的网络和沟通活动中形成的社会空间,它所代表的是一个高度复杂的网络。用哈贝马斯的话来说:"从空间上说,这个网络区分为这样一些多样的、相互重叠的领域:国际的、全国的、地区的、社区的、亚文化的。在内容上,它根据不同功能视角、议题重点、政治领域等等而分成一些或多或少专业化的、但一般公众仍然可以进入的公共领域(比方说这样一些方面的公共领域:通俗科学的、文学的、教会的、艺术的、女性主义的、'另类'的、健康的、社会的或科学政策的)。根据交往密度、组织复杂性和所涉及范围,它又可分成不同层次——从啤酒屋、咖啡馆和街头的**插曲性**(episodischen)公共领域,经过剧场演出、家长晚会、摇滚音乐会、政党大会或宗教集会之类**有部署的**(veranstaltete)呈示性公共领域,一直到由分散的、散布全球的读者、听众和观众所构成的、由大众传媒建立起来的**抽象的**公共领域。"[③]其实,早在他的《作为"意识形态"的技术与科学》一书中,哈贝马斯就已分析了诸如"商讨式公共领域"(eine diskutierende Öffentlichkeit)、"隶属于科学内容的公共领域"(eine wissenschaftsinterne Öffentlichkeit)、"科学外部的公共领域"(eine wissenschaftsexterne Öffentlichkeit)、文学公共领域以及政治公共领域等不同的公共领域类型。[④] 而且,通讯传播技术(诸如印刷术、出版、广播以及电

---

① J. Habermas, Glauben und Wissen, in Jürgen Habermas, *Die Zukunft der menschlichen Natur: auf dem Weg zu einer liberalen Eugenik?* Frankfurt am Main: Suhrkamp2001, S. 22.;或参见 *The future of human nature* (Cambridge, UK: Polity, 2003)。

② [德]哈贝马斯:《公共领域的结构转型》.曹卫东等译,上海:学林出版社,1999,"1990 年版序言",第 6 页。

③ [德]哈贝马斯:《在事实与规范之间》.童世骏译,北京:生活·读书·新知三联书店,2003,第 461—462 页。

④ [德]哈贝马斯:《作为"意识形态"的技术与科学》.李黎、郭官义译,上海:学林出版社,1999,第 112—113 页。

视等)可以捕获任何语境下的表达,并可创建一个高度差异化的公共领域网络。在"其中既有本地的公共领域,也有跨地区的公共领域,既有文学公共领域、科学公共领域和政治公共领域,也有党派公共领域或组织公共领域,更有依附于媒体的公共领域和亚文化公共领域"。①

博曼分析指出,如果社会是多样的、分裂的,就不存在"公共领域"。事实上,根本就不存在单一的公众,存在的只是一种多元的公众:它们分属于不同团体、文化和行业。② 另外,随着直接影响传播与交往结构的新的政治权威形式的出现,新的公开性形式和新型公共领域也出现了③。譬如,利用"赋权协商"(empowered deliberation)和决策的"微观公共领域"(mini-publics)的出现就是一个很好的例说。根据博曼的界定:"微观公共领域是由所有那些受某项政策影响的更广泛参与和授权过程构成的,并因此开启了一个直接的、不经过现存和内在权力关系调节的协商过程,而不仅仅是将先前存在的社会伙伴集合在一起。因此,微观公共领域就是一种在人民意志形成过程中从制度上建构的中介,虽然它可能变成创造具有规范权力的更大公共领域的行为者,这些权力包括缩短协商学习与实施之间反馈循环的议程设定权力。"④微观公共领域的功能与作用主要体现为专注于合作解决问题、创新和创造力、公民教育和参与、政策评估、为弱势群体提供表达机会,等等。霍诺汉(Iseult Honohan)也对公共领域的多元性进行了探讨,并提出了一种多元化的公共领域观。她指出,"存在着两种关键的公共'领域':一是多样的言论空间,它们不一定边界明确,其中许多是非正式的(例如,正如我们说的,阅读的公共的空间),在其中以目的比较开放的方式交换意见;二是存在着直接倾向于决策和权威性国家的协商的空间。这些是被更广泛的公共协商告知的和受到批判的。这些空间已经在某种程度上存在。但这一方式认为,它们应该大大扩大"。⑤ 在这种扩大的公共领域中,大量的道德的和文化的价值,没有像它们在自由主义的中立性公共领域里那样被排除掉。通过作为不同观点和身份的载体彼此交战,公民得以促进,以便达到在其差异中更好地彼此理解,欣赏关于价值的理

---

① [德]哈贝马斯:《现代性的哲学话语》.曹卫东等译,南京:译林出版社,2004,第404页。

② [美]詹姆斯·博曼:《公共协商:多元主义、复杂性与民主》.黄相怀译,北京:中央编译出版社,2006,第71页。

③ 同上书,"中文版序"第3页。

④ 同上书,"中文版序"第7页。

⑤ [爱尔兰]伊休尔特·霍诺汉:《处理差异:共和主义的公共与私人的区别》,载[爱尔兰]玛丽亚·巴格拉米安、[爱尔兰]埃克拉克塔·英格拉姆编:《多元论:差异性哲学和政治学》.张峰译,重庆:重庆出版社,2010,第180页。

性争论的过渡性特点，在某种意义上说，是对公共福祉的共同理解。由此看来，"霍诺汉的多元化的公共领域产生了一种解放政治学的可能，在这种政治学中有大量的社会包容和参与"。[①]

（三）公共领域的中立性

公共领域是中立的还是非中立的？依照哈贝马斯的观点，公共领域是或者至少应当是中立的。但是，在存在各种偏见的公共领域中，一种价值中立的商谈是可能的吗？关于此问题，传统自由主义认为，如果将个人生活的偏好和利益纳入商谈的范围，那么这些有私人偏好的个人就无法进行公平、公正的商谈。只有商谈是价值中立的，才可以说这种商谈是正义的，且这种正义的商谈必须把个人的利益和偏好排除在商谈的范围之外。换句话说，一个正义的、价值中立的商谈应该将私人生活领域的问题排除在商谈范围之外。针对传统自由主义阐述的中立性原则，哈贝马斯指出，如果中立性原则"要求把伦理问题整个地从政治商谈中**加上括号排除出去**，政治商谈就会失去其对前政治态度、对有关需要的诠释、对价值取向作合理改变的力量"。[②] 也就是说，如果强调中立性原则就意味着要把关于价值问题和善的问题排除在商谈的范围之外，那么这无异于坚持了一种自由主义的观点，把私人领域和公共领域截然区分，并在此前提下来讨论问题。

哈贝马斯认为，这样的前提条件本身是值得商讨的。根据哈贝马斯的理解，所谓"价值中立"的含义只是表明正义高于善，或者说，正义应该高于价值上的善，但它并不意味着价值中立的商谈必须把个人的偏好问题、价值问题排除在商谈领域的范围之外。在哈贝马斯看来，只要善的问题服从于正义的问题，商谈就具有价值中立性和正义性。换言之，只要人们之间关于利益的商谈（善的问题）服从于正义的问题，那么这种商谈就是价值中立的。所以，将私人领域的问题纳入公共商谈的领域并不会影响商谈的价值中立性。[③] 值得追问的是，谈论有关价值观和美德问题怎么可能是中立的呢？对此，哈贝马斯解释道："一旦出现伦理分歧，'中立对话'要求过渡到较高抽象层次的正义商谈，在这种商谈中将考察：在承认这些

[①] ［爱尔兰］玛丽亚·巴格拉米安、［爱尔兰］埃克拉克塔·英格拉姆编：《多元论：差异性哲学和政治学》. 张峰译，重庆：重庆出版社，2010，导论第 11 页。

[②] ［德］哈贝马斯：《在事实与规范之间》. 童世骏译，北京：生活·读书·新知三联书店，2003，第 383 页。

[③] 参阅王晓升：《商谈道德与商议民主——哈贝马斯政治伦理思想研究》. 北京：社会科学文献出版社，2009，第 334 页。

分歧的同时,什么是平等地有利于所有参与者的。"①这就是说,假若两个人都站在各自的立场上捍卫各自的利益而无法调停时,他们应该超越各自的立场,进而转移到一个中立性地带,并过渡到更高层次的正义商谈上。

其实,公共领域是否具有中立性的问题还涉及到公共领域和政治权力领域、私人领域是不是能够真正分离开来的问题。公共领域只有和政治权力领域、私人领域真正相分离开来,公共领域才真正具有中立性。早在《结构转型》一书中,哈贝马斯曾强调指出,私人问题或者个人利益问题不应进入公共领域,成为公共领域中商讨的问题。也就是说,公共领域的存在不是为了保护私人利益,而是为了讨论公共善——一个政治共同体中的人们所期待的美好生活是什么样的。可是参与公共领域的人又都是私人。于是,哈贝马斯宣称,私人在公共领域所讨论的问题一定是公共问题。因为只要人们在公共领域一起商讨问题,那么所讨论的问题就一定是人们共同感兴趣的问题,就一定是公共问题。在此,哈贝马斯把公共性和商谈逻辑地联系起来了。

当然,哈贝马斯也坦承,人们不可能事先知晓哪些问题是公共的,哪些问题又是私人的。既然我们不能事先知道什么是公共问题、什么是私人问题,我们又如何确保公共领域中所讨论的就一定是公共问题呢?这一提问让我们想到了另一个与之紧密相关的问题,即在公共领域中人们能否以中立的方式来讨论私人问题与公共问题的区别呢?在哈贝马斯看来,这种中立性是能够保证的。为此,他提出了一个所谓的"中立性原则的宽容版本"②。按照这个宽容版本,人们可以讨论私人问题,只是讨论问题并不等于干预私人问题。假若公共领域直接干预私人领域,那么公共领域的中立性就无法保证。可问题又来了:私人问题能否在公共领域中中立地讨论呢?王晓升教授对此问题做出了回答。他援引弗雷泽的观点指出,"显然,把一个问题究竟看作私人问题还是看作公共问题,是具有重要的政治、经济和文化上的考量的。在这里不同的利益集团会有不同的区分标准,因此,关于公共问题和私人问题的区分的讨论不可能是中立的"。③ 总之,诚如王晓升教授所认为的那样:"公共领域内部其实是非常复杂的,其中既包含了中立性的要素,又不是完全中立的。"④

---

① [德]哈贝马斯:《在事实与规范之间》. 童世骏译,北京:生活·读书·新知三联书店,2003,第 385 页。
② 同上书,第 388 页。
③ 王晓升:《"公共领域"概念辨析》,载《吉林大学社会科学学报》2011 年第 4 期,第 26 页。
④ 同上书,第 26 页。

（四）公共领域的十个面向

19 世纪大史学家基佐（Francois P. G. Guizot）提醒我们，"在考查一个重要的社会概念时，应当研究的绝不是少数学者可以给它下一个多么精确的'科学定义'，而恰恰应该抓住这个词的最一般的、凡人皆知的、通俗的含义（the general，human，popular meaning of this word），因为正是在这后者中（而非在'科学定义'中），更能见出整个社会之真实的历史文化的脉动"①。基佐的这一观点对我们把握哈贝马斯的"公共领域"概念具有重要的指导意义。在此，笔者根据哈贝马斯的实际语境，援引科密斯（Stephen Kemmis）和麦克塔戈特（Robin McTaggart）关于公共领域概念的讨论，将公共领域的特性概括为如下十个方面：

① 公共领域是一种**被建构为真实参与者之间的真实交往网络**。我们不应把公共领域看成是完全抽象的，即好像只存在惟一公共领域。实际上，存在**许多公共领域**。

② 公共领域是**自我建构的**（self-constituted）。公共领域由**自愿聚集起来的**人所构成。而且，公共领域是**相对自治的**，即公共领域既处于国家行政体系的正式系统之外，也处于受对市民社会与国家进行调停影响的表达特殊利益的组织之外。公共领域由一些想探寻特殊问题——即围绕一些特殊主题进行讨论——的人所构成。而作为政府或商业的经济或行政亚系统的沟通部门的交往空间或交往网络，通常不适于认定为公共领域。

③ 通常，公共领域的存在在于应对**"合法化赤字"**（legitimation deficits）问题，即公共领域的存在，常常是因为潜在的参与者未能感觉到现存的法律、政策、实践或处境是合法的。在此情况下，参与者没能感觉到他们必须按照其所做事的方式来进行决策。他们的交往目标在于，通过找到吸引他们的知情同意和承诺的可供选择的方法来探寻一些克服合法化赤字的途径。

④ 公共领域是为**交往行为**和**公共商谈**而建构的。通常，公共领域涉及面对面的交往，不过，也能以其他方式被建构（如，通过电子邮件或万维网）。公共领域中的公共商谈与交往行为有着相似的定位，因为公共商谈的定位是朝向主体间的一致、相互理解和非强制性共识。因此，从本质意义上来说，出于工具性或功能性目的而构建的交往空间——对事物进行命令、影响、操控——一般不适于认定为公共领域。

---

① 甘阳：《"民间社会"概念批判》，载张静主编：《国家与社会》。杭州：浙江人民出版社，1998，第 25 页。

⑤ 公共领域以**包容性**为目标。从某种意义上来说，参与者之间的交往具有**排他性**，关于一个领域事实上是否是一个"公共的"领域，可能会引起质疑。公共领域试图创建一种交往空间，这种交往空间不仅包括那些最明显受到利益和决策影响的政党，而且包括那些处在相关讨论主题的外围（或者通常被排除在外）的人们和群体。因此，从本质意义上来说，私人的或者享有特权的群体、组织和交往网络，不适于认定为公共领域。

⑥ 由于其包容性的特质，公共领域趋向于以**日常语言**的方式来卷入交往。在公共领域中，人们谨慎地寻求突破因使用专家商谈而形成的区隔与阶层分化，因假定言说者的职位重要性而表现出来的科层制特性的言说模式，以及因根据地位权威而表达出来的内容。公共领域趋向于仅在内在者与外在者（他们有着相对的渗透性界限和可变换的"成员身份"）之间，以及那些相对冷漠的人与那些受讨论中的主题很大程度影响的私利者之间作出最弱的区分。因此，从一般意义上来说，许多政府的、商业组织的、那些依赖于参与运营的专家意见的组织的沟通部门，不适于认定为公共领域。

⑦ 公共领域预设**交往自由**。在公共领域中，参与者自由地担当着（或未担当着）言说者、受听者和观察者的角色，且可自由地从讨论的交往空间退离出来。参与者与非参与者都是自愿的。因此，从一般意义上来说，那些导向、遵循、指向和服从于义务与责任，保持沉默或者处于群体之外的交往空间与交往网络，不具有公共领域的特质。

⑧ 公共领域的交往网络产生**交往权力**，即经由讨论而形成的立场与观点将要求尊重参与者，这种尊重并非出自义务，而是源自相互理解与共识的权力。因此，从最强意义上来说，公共领域中的交往产生合法性，即一种参与者之间的共享信念，该信念是由参与者自由而真实地同意他们所作出的决定而创生的。因此，从一般意义上来说，控制或影响系统（在这类系统中，决定是基于服从或私利而作出的）不适于认定为公共领域。

⑨ 公共领域不会**直接**影响社会系统（如政府和行政部门），对系统所产生的影响只是**间接性的**。在公共领域中，参与者目标在于改变论辩氛围、思考问题的方式以及被理解的情境；在于生成一种行事方式是可供和易于选择的意识；在于展示某些实际运行的可供选择的行事方式，或者那些确实解决问题、克服不满或表述论题的新方式。从一般意义上来说，那些通过政府或行政系统的直接干预、为特殊群体追求特殊利益而建构成的群体，不适于认定为公共领域。同样，那些用为特殊群体的特殊利益服务的方式而建构成的群体，通常来说也不适于认定为公共领

域,纵然这种情形可能以隐匿的或者"偶然的"方式(常常与新闻媒体一起)出现。

⑩ 在实践中,公共领域的出现常常跟与**社会运动**联系在一起的交往网络有关,也就是说,参与者的志愿性团体的出现,是出于对合法化赤字的响应,或者共享一种社会问题已经出现且需要表述出来的信念。不过,由一些组织(如国际特赦组织)所创生的公共领域能够长久地、很好地组建起来,并且能够涉及到(付费式)成员身份和共享目标。另外,从一般意义上来说,许多组织(如政党、私人利益集团)则不适于认定为公共领域,因为这些组织只是社会秩序的一部分,而并非是社会运动。①

小结

总的来说,通过对公共领域概念的上述探究,我们发现,哈贝马斯在使用"公共领域"概念时往往语出多意。但归结而言,在哈贝马斯的视阈中,"公共领域"概念指的是:

① 一个历史性、分析性概念。它首先是一个历史概念,指发轫于英国17世纪末和法国18世纪的独特历史现象。它又可以用于分析历史上曾经存在过的公共领域诸类型。譬如,从纵向上来看,公共领域在不同的历史时期表现为古典型公共领域、代表型公共领域、文化型公共领域以及市民型公共领域;从横向上来看,有公共权力领域和"正宗的公共领域"②;等等。从分析性规定来看,公共领域用以指称的是一个向所有人开放,由交往和对话组成的旨在形成公共伦理、公共精神和公共理性的相关性关系范畴。

② 一个描述性概念。它可以用来指称一种现实存在的社会机制,这一社会机制允许公民就公共事务进行公开和理性的商讨,并最终形成公众舆论。它保证了"文化和政治上已经动员起来的大众"由市民变成政治社会中的公民,可以"有效地使用自己的交往和参与权利"③,进入"大众民主自身的合法化过程"。④ 尤其是从描述性规定来看,公共领域所描述的是一个介于市民(公民)社会的私人领域

---

① Stephen Kemmis, Robin McTaggart, Participatory Action Research: Communicative Action and the Public Sphere, pp, 305 - 316; See Norman K. Denzin, Yvonna S. Lincoln (eds.)*The Sage handbook of qualitative research* (3rd ed.)(Thousand Oaks, CA: Sage Publications Ltd., 2005), pp.559 - 603.

② 参阅邓正来、[英]J. C. 亚历山大编:《国家与市民社会》.北京:中央编译出版社,1999,第55页。

③ [德]哈贝马斯:《公共领域的结构转型》.曹卫东等译,上海:学林出版社,1999,"1990年版序言",第13页。

④ 同上书,"1990年版序言",第12页。

与政治（公共）权力领域之间的中间地带，它是一个以大众传媒和社团活动为主要运行工具的社会交往和文化批判空间。

③ 一个规范性、价值性概念。它可以作为一种批判标准来理性分析民主政治，传达特定的价值期望，表达一种应然的形态，为理性分析民主政治奠定政治哲学基础。它既是一个理念也是一种意识形态。作为理念，个人自愿参与、任何人都能加入，参与者在其中作为平等的成员展开不受拘束的论辩以探求真理、追求共同善。从价值性规定来看，公共领域追求的是一种通过言说来限制政治公共权力以保护个体私人权利的宪政理想。总之，哈贝马斯的公共领域概念的内涵是相当丰富的，而其外延则是比较宽泛的。

哈贝马斯所阐释的"公共领域"概念引发了学界的广泛讨论。譬如，彼得斯就认为"公共领域"概念是哈贝马斯归还给英美思想传统的一个礼物，但如果我们把这一概念看成是来自于批判理论的一个异乎寻常而又难以理解的新概念的话，可能是一个很大的误解。在彼得斯看来，"Öffentlichkeit"一词其实与英美传统中的两个最普通而又最基本的政治术语有关：①意指公开的、可接近的**"公共性"**（publicity）；②作为独立自治的公民团体的**"公众"**（the public）。在《结构转型》中，哈贝马斯试图认真地思考启蒙时代的一个核心的政治概念，但他不是创新而只是恢复了这一概念。① 德雷泽克（John S. Dryzek）则认为，"公共领域是举行大规模话语竞争的场所。这些话语中的有些内容是直接对立的，而有些则只是较松散的联系"。② 此处的"话语"概念是"福柯而不是哈贝马斯定义的'话语'（discourse）：话语是指一系列共享的假设，这些假设能将大量分散的感知信息聚合为前后一致的整体"。③ 在德雷泽克看来，如果我们从话语竞争角度来考虑公共领域的运行，这确实比哈贝马斯自己对易变的"无主题交往"（subjectless communication）的阐释更有意义也更切中要点，后者适用于大规模的复杂团体。④ 公共领域能够施加于国家的交往权力具有扩散性和渗透性的特征。它通过定义术语、确定问题来影响国家，但并不直接规范国家。⑤ 达尔格伦（Peter Dahlgren）在论述公共领域时特别强调结构的、空间的与传播的三种不同相互关

---

① John Durham Peters, Distrust of representation: Habermas on the public sphere, *Media Culture Society*, Vol.15(1993), p.543.

② ［澳大利亚］约翰·S·德雷泽克：《协商民主及其超越：自由与批判的视角》. 丁开杰等译，北京：中央编译出版社，2006，第43页。

③ 同上书，第43页。

④ 同上书，第44页。

⑤ 同上书，第93页。

联的面向。同时,他又指出:一个兴盛的公共领域本身并不能保证民主,它是充分却非必要的条件。① 还有的学者提出中介公共领域的说法。② 在他们看来,现代社会中大群又分散的人们要想处理细致的政府机构及繁杂的政策问题,无法像古希腊时的公共论辩,任何形式的公共讨论或辩论在今天都有实际执行上的困难,所以人们所谈论的古希腊集会,巴黎式的沙龙或新英格兰的城镇聚会都被一种新的中介公共领域形式取代,这种新的中介公共领域并非面对面,却是透过中介的方式或是大众传播媒介方式如透过代议式政治一般。博曼宣称,"民主性的公共领域不是一个结构,而是一个过程:这是一个涌现出的集体行动者以符合平等、非专制和公共性要求的方式诉诸其他的公民的过程"。③ 通过挪用和混合阿伦特和哈贝马斯的公共领域概念,后现代公共行政学家福克斯(Charles J. Fox)和米勒(Hugh T. Miller)甚至将"公共领域"理解为"公共能量场",并"用话语的形成来阐明公共能量场"。④ 国内学者曹卫东教授指出,"'公共领域'概念在哈贝马斯那里是其现代性批判的入口,内含着深刻的历史前提和政治动机"。⑤ 傅永军教授与汪迎东博士则从厘清"公共领域"概念的历史性及规范性维度、公共领域与市民社会的关系、公共领域的政治功能等三方面,对哈贝马斯的公共领域概念进行了宏观性分析。⑥

综上所述,我们发现,"公共领域"概念是一个流动性的观念:它在不同时期、不同语境、不同学科、不同研究者中的含义是不一样的;它的内涵具有扩展性,外延具有多样性。总之,就哈贝马斯的公共领域概念而言,其意蕴深刻、意味悠长。"这个公共领域既不属于政治国家中的权力领域,也不属于私人生活领域,而是人们从他者的角度甚至从全社会的角度就他们共同关心的问题进行商讨和交往的

① Peter Dahlgren, The Public Sphere and the Net: Structure, Space, and Communication, in Bennett, W. Lance&Robert M. Entman (eds.) Mediated Politics: Communication in the Future of Democracy (Cambridge University Press, 2001), p.37.
② Benjamin I. Page&Jason Tannenbaum, Populistic Deliberation and Talk Radio, Journal of Communication, Vol.46, No.2, 1996, pp.33-54.
③ [美]詹姆斯·博曼:《公共协商:多元主义、复杂性与民主》.黄相怀译,北京:中央编译出版社,2006,第197页。
④ 查尔斯·J·福克斯、休·T·米勒:《后现代公共行政——话语指向》.楚艳红等译,北京:中国人民大学出版社,2002,第102页。
⑤ 曹卫东:《哈贝马斯在汉语世界的历史效果——以〈公共领域的结构转型〉为例》,载《现代哲学》2005年第1期,第56页。
⑥ 傅永军、汪迎东:《哈贝马斯"公共领域"思想三论》,载傅永军:《启蒙、批判诠释与宗教伦理》.济南:山东大学出版社,2009,第107页。

领域。"①亦如杨仁忠教授所概括的："所谓公共领域,就是指在市场经济和现代民主政治条件下,依托市民社会又独立于政治国家、介于国家政治权力和市民社会之间并联结沟通二者的社会中间地带;是由享有独立人格和自由平等权利的私人组成并向所有社会公众自由开放,通过对话商谈、公众舆论、社会压力的形式对国家政治权力和其他社会势力进行监约,并能够推进国家与社会实现良性互动的民间自治领域;它是以参与者、沟通媒介和(达成)社会共识为内在结构,以能够形成公共伦理和公共理性的公共场所、公共传媒、社团组织和社会运动等公共空间为外在形式的社会交往和文化批判领域。"②

① 王晓升:《商谈道德与商议民主》.北京:社会科学文献出版社,2009,第327页。
② 杨仁忠:《公共领域论》.北京:人民出版社,2009,第243页。

第二章

衰微与重建:公共领域的历史演变

如果世界不能为活动的开展提供一个恰当的空间,就没有什么活动能够成为卓越的,教育、独创性或天赋都不能代替公共领域的构成因素,而正是后者,使公共领域成为实现人的卓越之所在。——[美]汉娜·阿伦特(Hannah Arendt):《人的条件》

概览哈贝马斯的著作,我们发现,在《大学生与政治》的导论和《结构转型》一书中,他曾对资本主义发展同自由的公共领域的产生及消亡的历史关系进行了分析;在《作为"意识形态"的技术与科学》和《技术进步和社会的生活世界》《科技进步的实践后果》以及《晚期资本主义社会制度革命化的条件》等文本中,则着眼于公共领域的非政治化现象,对晚期资本主义的两种发展趋势——即国家的经济化与经济的国家化以及科学技术意识形态化——进行了探究。而后来的《交往行为理论》和《在事实与规范之间》等文本,则充分体现了他的公共领域学说的进一步深化和完善。其中,在《结构转型》一书中,哈贝马斯对公共领域的历史演变作出了系统的、历史的分析。在接下来的篇章中,笔者就遵循哈贝马斯的致思理路,对公共领域的历史变迁、结构转型、功能转换等问题做一番探究。

第一节　公共领域的历史形构

如果说马克思在划分社会历史时倚重的是"生产关系"范畴,那么"公共领域"一词则成为哈贝马斯理解社会历史变迁的主导概念。[①] 也就是说,哈贝马斯是通过公共领域这个概念来透视社会历史发展过程的。这么说来,公共领域的类型学就成为社会历史分化的前提。因为,依照哈贝马斯的理解,公共领域的类型决定着交往的程度和形式,也决定着社会的革命和进步。这样,哈贝马斯将公共领域论述的历史演化分为古希腊时期、封建时期、自由主义宪政国家和社会福利国家

---

① 曹卫东:《交往理性与诗学话语》.天津:天津社会科学院出版社,2001,第115页。

四个阶段,只是自由主义宪政国家和社会福利国家基本上都是在资本主义的基础上发展而来的,所以四大类可以再并归为古希腊的"城邦"公共领域(the public sphere of the Polis)、封建社会的"代表型公共领域"(the representative publicity)和资本主义社会的"资产阶级公共领域"(the bourgeois public sphere)三大类型。[①] 其中,由"代表型公共领域"向"资产阶级公共领域"的转变,不仅标志着现代社会的出现,更标志着现代性的萌芽和发展。难怪有学者认为,正是从这个意义上讲,对公共领域概念的分析,实际上成为了现代性研究的一个入口。[②] 这样,哈贝马斯在研究"资产阶级公共领域"范畴时,把范畴的起源追溯到雅典的民主实践。

一、古希腊时期的"城邦"公共领域

哈贝马斯认为,公共领域最早可以追溯到古希腊。自古希腊至今,公共领域、公众参与公共生活作为美德而受到赞誉。而政治塑造了一个独特的公共领域,其中人们可以共同集会,相互影响,加强联系,形成决策,进而实行必要的社会变革,最终追求一种德性之社会。对古希腊人来说,正是在公共领域之中,最完善的人类经验——社会的、知识的和政治的——才可能得到充分的认识,共同的意义和目标才可能优越于家庭、个人生活。由此说来,古希腊人不仅将特定理想和观点的认知理解为个人选择的问题,而且还将其理解为一种独特的社会事务、利益以及责任之外的活动。马克思描述道:"在希腊,res publica(共和国)是市民的真正的私人事务,是他们的活动的真正内容,而私人则是奴隶,在这里,政治国家本身是市民的生活和意志的真正的唯一的内容。"[③]其实,西塞罗早就将"共和国"看成是一个特殊的公共领域,其中,政治参与和责任的生活将一种根源于公正、平等、民主以及权利理想的共同体意识扩展到居住在国家统治范围之内的所有成年男性。亚里士多德则认为,就其本性而言,人是政治动物(Zoon Politikon),政治参与领域必然包含更高的价值——公共参与的生活、奉献和无私的观念、追求知识发展和理性的激情。[④] 在亚里士多德看来,"一切社会团体的建立,其目的总是为了完成某些善业……也可说社会团体中最高且包含最广的一种,它所求的善业也

① 参阅魏宏晋:《民意与舆论:解构与反思》.台北:台湾商务印书馆,2008,第42页。
② 曹卫东:《交往理性与诗学话语》.天津:天津社会科学院出版社,2001,第116页。
③ 《马克思恩格斯全集》(第1卷).北京:人民出版社,1956,第284页。
④ 参见[古希腊]亚里士多德:《政治学》.吴寿彭译,北京:商务印书馆,2009[1965],第3—42页。

一定是最高而最广的:这种至高而广涵的社会团体就是所谓'城邦',即政治社团(城市社团)。"①柏拉图曾建议我们必须认真讨论"在国家中正义指的是什么",并且认为像正义这样的价值最终将属于公共领域而不是个人领域。② 在柏拉图看来,如果没有明确地诉诸政治干预,人们就不可能有发现解决人类根本问题办法的希望。基于此种逻辑,柏拉图渴求政治权力和哲学在同一领域的历史性融合。③ 但正如阿伦特所言:"诚然,城邦以及整个政治领域,是一个人造的表象空间,在此,人的行为和言谈都公之于众,以检验它们的现实性,判断它们的价值。在这一领域中,阴谋、欺骗和撒谎都是可能的。"④

在古希腊人看来,公共领域是自由王国和永恒世界,因而和必然王国、瞬间世界形成鲜明对比。⑤ 不过,根据哈贝马斯的理解,雅典时期"城邦"公共领域具有如下几方面的特点:其一,在高度发达的希腊城邦里,自由民所共有的"公共领域"(koine)和每个人所特有的"私人领域"(idia)之间是泾渭分明的。其二,公共领域既建立于对谈(lexis)之上——对谈可以分别采取讨论和诉讼的形式,又建立于共同活动(实践)之上——这种实践可能是战争,还可能就是竞技活动。其三,公共领域中的地位取决于领主(Oikodespoten)的地位。在领主权威这把保护伞下,生命不断繁衍,奴隶从事劳动,妇女料理家务,生生死死,循环往复;必然王国和瞬间世界一直都隐藏在私人领域当中。由此可见,从总体上看,古希腊时期的公共领域只是个雏形,并没有得到完全的发展。由此可以这么说,公共领域的出现就是一个历史事件。换言之,作为一种历史现象,公共领域并非古而有之。不过,古希腊人关于公共领域与私人领域之间的初步划分,对后来这两个领域的分离以及公共领域的产生却有着规范性的文化意义。正是由于古希腊"城邦"公共领域的不完全成熟性,使得这一古典公共领域形态存有几方面的局限性。首先,它是一种有限民主。其次,对话不充分。再次,城邦的公共利益凝结于永恒世界的"善",希腊民主追求的公益性成为脱离了私人利益的抽象的公益性。而且,由于古典公共领域的狭小和介入这一领域的限度,它只是极少数政治精英可以游戏的地方。它对于高层政治精英之外的社会大众具有显见的排斥性。因此它的公共性是微弱的。

---

① [古希腊]亚里士多德:《政治学》.吴寿彭译,北京:商务印书馆,2009[1965],第3页。
② Francis Macdonald Cornford, *The Republic of Plato* (New York: Oxford University Press, 1963), p.55.
③ Ibid., p.17.
④ [美]汉娜·阿伦特:《论革命》.陈周旺译,南京:译林出版社,2007,第87页。
⑤ [德]哈贝马斯:《公共领域的结构转型》.曹卫东等译,上海:学林出版社,1999,第3页。

但不管怎说,古希腊人依然坚持认为,公共领域(城邦)为社会的发展提供了空间,这种发展是归属一个更大的公共领域或实体政体意识的一部分,它们主要存在于家庭、亲属关系等地方性、父权制领域之外。事实上,在一个运作良好的共和国中,对理想公民来说,主动参与政治是义务,而非只是权利。公民既不该只关心自身利益,也不该对他人的判断置若罔闻。而且,即使公民关心公共利益,他们仍有可能在事实认定和价值观上犯错。不过,通过意见的交换,这样的错误可以减少或改进。身为公民,他们的责任是"与人见面"和"商量",有时通过面对面的讨论,如果无法这么做,那也要考虑一下不同想法的人的观点。

二、封建时期的"代表型公共领域"

马克思曾指出,"在中世纪,财产、商业、社会团体和每一个人都有**政治**性质;在这里,国家的物质内容是由国家的形式规定的。在这里,一切私人领域都有政治性质,或者都是政治领域;换句话说,政治也是私人领域的特性。在中世纪,政治制度是私有财产的制度,但这只是因为私有财产的制度就是政治制度。在中世纪,人民的生活和国家的生活是同一的"。① 这就是说,在中世纪,整个社会生活与国家生活融为一体,国家通过高度集中的权力中心垄断社会资源的分配,人们的一切社会活动都要受到国家的严格控制。所以说,中世纪是以封建社会和统治的公共代表为特征的,即一种"代表型公共领域"。

早期哈贝马斯对"代表型公共领域"持质疑态度。一开始,他认为"代表型公共领域"先于发展成熟的市民社会。按照哈贝马斯的理解,这"不是一个社会领域,作为一个公共领域,它毋宁说是一种地位的标志"②,即权力拥有者体现着"更高的"强力。对此,埃德加(Andrew Edgar)也曾指出,在早期封建社会中,占统治地位的贵族或多或少地直接控制了社会生活的所有方面,包括经济在内。虽然封建君主可能出现在公众之中,但是这种亲自现身在很大程度上是君主权力浮夸的表演秀。其实,它并不鼓励任何的质疑或论辩。③ 封建君主成了公共领域的代表,这一时期的公共领域是"代表型公共领域"。它的"出现和发展与个人的一些特殊标志是密切相关的:如权力象征物(徽章、武器)、生活习性(衣着、发型)、行为

---

① 《马克思恩格斯全集》(第1卷).北京:人民出版社,1956,第284页。

② [德]哈贝马斯:《公共领域的结构转型》.曹卫东等译,上海:学林出版社,1999,第6—7页。

③ [英]安德鲁·埃德加:《哈贝马斯:关键概念》.杨礼银、朱松峰译,南京:江苏人民出版社,2009,第143页。

举止(问候形式、手势)以及修辞方式(称呼形式、整个正规用语),一言以蔽之,一整套关于'高贵'行为的繁文缛节"。① 而民众则"构成了衬托统治阶级、贵族、教会显贵以及国王等展示自身及其地位的背景"。所以说,"民众属于建构这一代表型公共领域的前提条件之一"。② 在代表型公共领域里:"大众不得不在**他者**空间中行动,并表达自身。因此,在那个空间内,文化和反文化(Gegenkultur)唇齿相依,一个文化的毁灭必然导致另一个的毁灭。"③而且,代表型公共领域没有专有的地点(教团的宗教力量是例外),不是交流性的。它"最早出现在佛罗伦萨,接着又出现在巴黎和伦敦。它源自意大利北部早期资本主义萌芽时期的贵族文化"。④ 它吸收了人文主义,形成了一种以宫廷为地点的文化:"封建君主的宫廷成了代表型公共领域的核心。其中的所有环节最终披着巴洛克节日的盛装,又一次汇集到一起,流光熠采,十分醒目。"⑤

接着,哈贝马斯转向了早期资本主义、民族国家和领地国家,指出"最终集中在封建君主宫廷当中的代表型公共领域同时也具有典型意义,它已是正在从国家当中分离出来的社会内部的一个禁区。严格来讲,只是从这个时候开始,才有现代意义上的公共领域与私人领域之分"。⑥ 那些"劳动阶层一旦在城市企业和某些乡村阶层中扎下根来,就会发展成为'市民社会';作为真正的私人自律领域,'市民社会'和国家是对立的"。⑦ 在哈贝马斯看来,代表型公共领域的经济社会实体,存在于始自 13 世纪的金融与商业资本主义中,16 世纪起开始了一个新的阶段,即在扩大了的资本基础上"出现了一批贸易公司"⑧,这些贸易公司不满足于有限的市场,而是大力扩展贸易领域,开拓新的远距离市场:"到了这个时候,外贸市场才真正称得上是'制度的产物';也就是说,它们是政治努力和军事干预的结果。"⑨这样,"随着等级特权为封建领主特权所取代,代表型公共领域萎缩了,这就为另一个领域腾出了空间,这就是现代意义上的公共领域,即公共权力领

---

① 〔德〕哈贝马斯:《公共领域的结构转型》,曹卫东等译,上海:学林出版社,1999,第 7 页。
② 同上书,"1990 年版序言",第 6 页。
③ 同上书,"1990 年版序言",第 9 页。
④ 同上书,第 8 页。
⑤ 同上书,第 9 页。
⑥ 同上书,第 10 页。
⑦ 同上书,第 11 页。
⑧ 同上书,第 16 页。
⑨ 同上书,第 16 页。

域"。①

    不过,关于哈贝马斯所论述的"代表型公共领域"观念,诺依贝尔(Wolfgang Neuber)则认为,哈贝马斯的论述过于简化,且有失偏颇。其实有关这样的论点,科尔贝尔(Esther-Beate Körper)在 1998 年的研究文章《近代早期的公共领域: 1525 年—1618 年普鲁士大公国的公共交流的参与者、形式、机构和决定》中业已指出过。科尔贝尔主张将"公共领域"复数化,而且以普鲁士公国为例,区分了三种不同的但都包含了人际互动的公共领域,即"权力的公共领域""教育的公共领域"和"信息的公共领域"。② 此处提及的所谓"权力的公共领域"就是哈贝马斯所阐述的"代表型公共领域"。按照科尔贝尔的观点,参入这一领域的是公爵、政府官员、各等级和城市,不过也包括农民、波兰的国王作为最高的领主。③ 而据诺依贝尔之见,近代早期的公共领域,不论是单数的还是复数的,都不仅仅是代表性的。另外,针对代表型公共领域中民众的从属地位,基恩曾对此进行过批判,认为哈贝马斯的论点在很大程度上低估了这个时期各民众阶级所实行的持久的权力转换。哈贝马斯把注意力过分集中在**一种**历史形式的公共领域,结果使其他(平民的)形式仅仅是资产阶级公共领域受到压制或不重要的变形。正像福柯曾经指出的(至少就 18 世纪的法国来说),这是非常使人误解的。

三、民主宪政国家及社会福利国家时期的"资产阶级公共领域"

    在《结构转型》中,哈贝马斯论证了自由资本主义的一种极其重要的(尽管是自相矛盾的)关系,即"资产阶级公共领域"在晚期资本主义条件下容易受到合理化过程的影响。哈贝马斯认为现代公共生活系统及其相应原则(言论和集会自由,法庭公开审讯,国家的公众舆论的合法性,等等)的出现是和 17~18 世纪资产阶级攻击封建专制主义制度的神秘统治联系在一起的。而资产阶级公共领域形成的社会基础则是市民社会,直接历史推动力就是资本主义市场经济。他写道:

---

① [德]哈贝马斯:《公共领域的结构转型》.曹卫东等译,上海:学林出版社,1999,"1990 年版序言",第 17 页。

② [德]沃尔夫冈·诺依贝尔:《"代表性的公共领域"? ——论哈贝马斯的〈公共领域的结构转型〉中近代早期的市民与文学交流的问题》,载韩水法、黄璇宇主编:《从市民社会到公民社会:理解"市民-公民"概念的维度》.北京:北京大学出版社,2011,第 246—247 页。

③ Esther-Beate Körper: Öffentlichkeiten der frühen Neuzeit. Teilnehmer, Formen, Institutionen und Entscheidungen öffentlicher Kommunikation im Herzogtum PreuBen von 1525 bis 1618. Berlin, 1998, S. 14;参见上书,第 247 页。

"形成……资产阶级公共领域，其前提是市民社会对私人领域的公共兴趣不仅要受到政府当局的关注，而且要引起民众的注意，把它当作是自己的事情。"①这样，随着资本主义生产方式的出现，以及伴随的个人主义理念、自由主义的宪政制度、市民（公民）社会的勃兴、公众舆论或公共传媒的发展，资产阶级公共领域作为一个历史事件（也是一个现代事件）出现了。

　　哈贝马斯认为，真正现代意义上的公共领域就是资产阶级公共领域。资产阶级公共领域按其功能和人们谈论的话题可区分为两种类型，即：一是文学公共领域，二是政治公共领域。公共领域最早形成于文学界，因为资产阶级公共领域是围绕着阅读共同体而形成的，所以一开始就表现为文学公共领域。在文学公共领域中，每个人都扮演着读者、听众和观众等多重角色。他们遵循一系列共同的规范，在平等沟通的氛围中讨论文化市场的一般性问题。只是在文学公共领域中讨论的问题，还不是严格意义上的政治问题，或者只是些通常需要通过立法和政治决策来最终解决的问题。但与政治公共领域一样，文学公共领域的特点也是"一种由私人组成的公众"。哈贝马斯生动地描述道："卧室和沙龙同在一个屋檐下……一边的私人性与另一边的公共性相互依赖，私人个体的主体性和公共性一开始就密切相关。"②小说阅读也培养了一种长期存在于早期咖啡馆、沙龙和宴会中的公众。此时，经由报刊杂志及其职业批评等中介机制，公众紧密地团结在一起。这样，公众组成了以文学讨论为主的公共领域，在这个公共领域中，源自私人领域的主体性获得了清楚的自我理解。③　正是在文学公共领域中培育起来的这种主体性和公共性，成为批判性的政治交往的基础。哈贝马斯写道："它是公开批判的练习场所，这种公开批判基本上还集中在自己内部——这是一个私人对新的私人性的天生经验的自我启蒙过程。"④这种批判的演习主要是对具有批判力的公众舆论或公众观念的提升。当然，文学公共领域的参与者的人数还不那么"众多"，其中的话题亦还不那么具有"公共相关性"，但其中培育的"私人"，恰恰是最具有"公共性"的——这种"公共性"的核心是"理性"，确切点说是"交往理性"。而文学公共领域的最重要作用就在于培育人们的交往理性能力。正因如是，哈贝马斯强调文学在政治公共领域的最终形成中发挥了重要的历史作用。不过，根据科尔克拉舒尔（David L. Colclasure）的分析，从整体上来看，哈贝马斯

---

① ［德］哈贝马斯：《公共领域的结构转型》，曹卫东等译，上海：学林出版社，1999，第 22 页。
② 同上书，第 58 页、第 54 页。
③ 同上书，第 55 页。
④ 同上书，第 34 页。

当年在《结构转型》中对待文学问题时所展示出的是一种矛盾特征。① 科尔克拉舒尔认同哈贝马斯的基本观点，但科尔克拉舒尔同时指出，文学与公共领域之间的关系不能仅仅是一种历史的优先性（哈贝马斯亦不会认同这一观点的）。在科尔克拉舒尔看来，毫无疑义的是，文学一直在公共领域中起到一种**偶发性**作用，也正是在此意义上来说，文学团体自身具有替代性。但是，文学理性（literary rationality）在公共领域中所应起的（传统上已发挥的）作用（或功能）却并非是偶发性的。② **从实践层面来说**，文学在公共领域中能起的作用正是一个功能良好的公共领域的必要组成部分。③ 文学公共领域是政治公共领域与文化公共领域之间的部分重叠之处，它是以一种独特的审美理性（即文学理性）的预设条件来起作用的。

哈贝马斯指认："犹在公共权力机关的公共性引起私人政治批判的争议，最终完全被取消之前，在它的保护之下，一种非政治形式的公共领域——作为具有政治功能的公共领域前身的文学公共领域（Literarische Öffentlichkeit）已经形成。"④这说明文学公共领域是政治公共领域的先导。进而言之，"政治公共领域是从文学公共领域中产生出来的；它以公众舆论为媒介对国家和社会的需求加以调节"。⑤ 这么说来，文学公共领域与政治公共领域之间确实具有差异，但这并不表明二者是截然对立的，毋宁说，前者是作为后者之前身而存在的，有时甚至融合在一起，而且它们的主体都是同样的人，即资产阶级公众。但由于文学公共领域主要体现在由报刊、杂志等出版物延伸而来的咖啡馆、沙龙以及宴会中，所以，就资产阶级公共领域的批判力量而言，文学公共领域是远远不够的，为了有效地对抗公共权力领域，它必须上升为政治公共领域。那么，何谓"政治公共领域"？根据哈贝马斯的论述，"当公共讨论涉及与国家活动相关的问题时，我们称之为政治的公共领域（以之区别于例如文学的公共领域）。国家的强制性权力恰好是政治的公共领域的对手，而不是它的一个部分"。⑥ 政治公共领域有别于文学公共领域。政治公共领域实质上就是以政治问题为讨论的主题，并对公共权力领域构成

① David L. Colclasure, *Habermas and Literary Rationality* (New York: Routledge, Taylor&Francis Group, 2010), p.1.

② Ibid., p.5.

③ Ibid., p.93.

④ ［德］哈贝马斯：《公共领域的结构转型》.曹卫东等译，上海：学林出版社，1999，第34页。

⑤ 同上书，第35页。

⑥ 哈贝马斯：《公共领域》，载汪晖、陈燕谷编：《文化与公共性》.北京：生活·读书·新知三联书店，1998，第125页。

批判的对立力量。它的目的不是夺取政权，而是要使得政权产生和发挥作用的原则更加合理与合法。我们知道，在公共领域理论的建构中，其实哈贝马斯试图重点探讨的就是资产阶级的政治公共领域。但早期他更多的是从历史的角度来进行探究，且敏锐地意识到了政治公共领域与中世纪的市民社会的发展之间的密切联系。[1] 不过，30余年之后，在政治哲学和法哲学的研究中，哈贝马斯则主要从功能结构方面对政治公共领域进行研究。在哈贝马斯看来，作为一种交往结构，政治公共领域是人们讨论其共同关心的政治问题的场所，它通过其市民（公民）社会基础而根植于生活世界之中。它可以把那些在私人领域无法解决的公共问题带至公共领域，并在公共领域中加以放大和处理。

事实上，作为社会文化领域的资产阶级公共领域，它有着双重作用：一方面，它能以一种崭新的方式，即理性的商谈方式，建构起一种属于现代资产阶级的生活方式；另一方面，它又可以使得现代的科学研究、艺术创作及各种社会科学（如伦理学、法学、政治学等）的探讨从传统的、服务于少数特权阶层、服务于神学家或统治者的自身需要的禁锢中解放出来。[2] 在哈贝马斯看来，"资产阶级公共领域的政治使命在于调节市民社会（和国家事务不同）；凭着关于内在私人领域的经验，资产阶级公共领域敢于反抗现有的君主权威"。[3] 这就是说，随着资本主义市场经济的进一步发展，以及公众自由探讨的论题的扩展，话语主题逐渐超出文学领域，开始关注经济生活中的交换原则和时事政治等问题，并对这些问题作出自由评论，其结果是，具备公众和论坛的公共领域的话语主题就由文学转向经济和政治，公共领域的功能就转向调节市民社会和维护商品交换等。实际上，公共领域此时承担着市民社会从重商主义乃至专制主义控制下而获得的政治解放的功能，从而使私人物主的旨趣与个人自由的旨趣一致起来，进而达到政治解放与个人解放的统一。就此而言，公共领域承担起了解放人的政治功能。从这个意义上说，资产阶级公共领域"一开始就既有私人特征，同时又有挑衅色彩。而这两种特征都是希腊模式的公共领域所没有的"。[4] 而这种特点的公共领域的出现正意味着资产阶级公共领域的产生。

① ［德］哈贝马斯：《公共领域的结构转型》. 曹卫东等译，上海：学林出版社，1999，"初版序言"第1页。

② 参阅曹卫东：《交往理性与诗学话语》. 天津：天津社会科学出版社，2001，第96页。

③ ［德］哈贝马斯：《公共领域的结构转型》. 曹卫东等译，上海：学林出版社，1999，第55页。

④ 同上书，第55—56页。

第二节　公共领域的诸种机制

通过第一章对哈贝马斯视阈中"公共领域"概念的内在本质的把握,以及本章第一节对公共领域的历史类型的分析之后,接着对公共领域的外部结构与运行机制做一番细致探究也就成为逻辑的必然。我们知道,哈贝马斯的公共领域概念是抽象的,但它所指向的公共领域实践却是具体的。在各种适当场所中,拥有财产和平等人格的私人,就一般性公共问题展开批评性讨论,从而构成公共领域的话语实践。为这些讨论提供适当空间的场所以及在这些空间中形成的交往方式,则共同构成公共领域的诸种机制。其中,诸如沙龙、咖啡馆、社团组织、大众传媒等,被哈贝马斯看成是资产阶级公共领域的重要传统机制。这些机制不仅提供私人参与社交讨论的场所,而且发展出公开讨论的社会交往方式。

一、公众机制

(一) 沙龙

人们通常将沙龙、咖啡馆和(语言)文学团体称为资产阶级公共领域的三种文化机制。我们今天对作为展览制度与艺术作品展示方式的巴黎沙龙展览(Salon de Paris)的了解,一部分原因得益于波德莱尔(Charles Baudelaire, 1821—1867)[1]在19世纪中期对沙龙的评论。在此,就沙龙对现代生活的表现、现代公众与摄影术的关系,波德莱尔用他诗人的语言对它表达出了激赏。可另一部分(或许是更大的部分)原由则来自库尔贝(Gustave Courbet, 1819—1877)和以莫奈(Oscar-Claude Monet, 1840—1926)为代表的印象派画家所受到的这种展览制度的拒绝,包括他们的失败与反抗。前者体现出对沙龙的一种正向赞赏,后者反映出对沙龙的一种反向抗拒。但不管怎样,这两股力量都真实地反映出沙龙的历史

---

[1] 查尔斯·波德莱尔:《一八四六年的沙龙:关于现代生活的英雄主义》(载弗兰西斯·弗兰契娜、查尔斯·哈里森编:《现代艺术和现代主义》.张坚、王晓文译,上海:上海人民美术出版社,1988,第21—24页。)和《一八五九年的沙龙:现代公众与摄影术》(载弗兰西斯·弗兰契娜、查尔斯·哈里森编:《现代艺术和现代主义》.张坚、王晓文译,上海:上海人民美术出版社,1988,第25—29页。)。

出场。其实,沙龙(salon)素有"女人的天下"之称,因为"参与沙龙的一般都是女人"。① 沙龙的本义指的是资产阶级的文艺沙龙(literary salon)。在汉语中,沙龙一词有两种指称:文艺沙龙和沙龙展览。在17世纪,法国沙龙像它的意大利原型一样,受着上层贵族女士的左右,假如有平民进入,也是因为得到了特别许可。这种沙龙在形式上不像当时正式的宫廷社交那样正规,但它仍是一种典型的贵族的生活方式。在这样一种贵族式的社交领域中,一种现代因素,即公开批判开始萌芽;而且,由于朗布依埃(Rambouillet)饭店的建立,它取代了供王公贵族用于庆典和罗致艺术家的宫廷宴会厅。当时的人们认为这种豪华的大厅既不是内阁(cabinet),又不是圈子(circle),而是一种新式的聚会场合与方式,即后来所说的沙龙。模仿这种形式,出现了许多华丽的(17世纪贵妇的)室内沙龙(ruelles)。这种沙龙原本是贵族阶级的一个发明,但通过中产阶级使它变得大众化,即使是在最小的公寓里,创办沙龙也是中产阶级谈论话题的焦点。而且,与宫廷不同的是,沙龙拥有独立的经济地位,因此要求一定程度的独立性。② 这种沙龙自路易十四(Louis XIV)时代以来在巴黎一直很盛行,而在奥尔良的菲利普(Philips von Orleans)摄政(1715—1723)到1789年法国大革命之间达到了它的繁荣时期。在巴黎,当时人们对艺术作品进行展览、展示的制度也被称为沙龙。其原因在于,1737年艺术作品的展出地点是在the Salon of carré of the Louvre(卢浮宫方形大厅),因而被称为"the Salon exhibition",简称为"the Salon"。现在人们所称的"沙龙"就是法文"大厅"的译音,而关于展览的报道也沿用"沙龙"这个名称。③ 对于前-沙龙展的起始年代,克劳(Thomas E. Crow)在《18世纪巴黎:画家与公共生活》中根据当时的文献记载将其确定为1663年,并详细地转述了当时展览推迟的窘况④;而哈贝马斯则认为是1670年。⑤ 但有一点是确定的:展览的地点不在卢浮宫。展览是学院(Académie)成员作品的展览,它的举行是在科尔贝尔(H. B.

---

① ［德］哈贝马斯:《公共领域的结构转型》.曹卫东等译,上海:学林出版社,1999,第38页。

② 参见［德］哈贝马斯:《公共领域的结构转型》.曹卫东等译,上海:学林出版社,1999,第32、35、36、61页。

③ 从1759年起,德尼斯·狄德罗(Denis Diderot,1713~1784)就为格里姆主编的《文学通讯》(它是一个供欧洲少数王宫贵人阅读的手抄刊物)撰写两年一度在巴黎卢浮宫四方大厅举行的画展的报道。他给《文学通讯》写了九篇《沙龙》和作为《沙龙》附录的《绘画论》和《论画断想》。

④ Thomas E. Crow, *Painters and Public Life in Eighteenth-Century Paris* (New Haven: Yale University Press, 1985), p.33.

⑤ 哈贝马斯曾写道:"1667年,科尔贝尔(H. B. Colbert)使之具有和法兰西学院同等的地位,三年之后,它首次面向公众举办'沙龙'。"［德］哈贝马斯:《公共领域的结构转型》.曹卫东等译,上海:学林出版社,1999,第44页。不过,另有学者则将1667年视为沙龙的发端。

Colbert)、勒布伦(M. V. LeBrun)等人推动下的直接结果,同时也是当时各种权力集团斗争的产物。①

哈贝马斯分析了18世纪沙龙的特点。他认为,这一时期沙龙的典型特征是,毫无经济生产力和政治影响力的城市贵族与一般皆为市民出身却又有着举足轻重地位的作家、艺术家和科学家联起手来,从而在资产阶级的物质优势面前获得平衡与平等。不过,在这样一种十分体面的室内(妇女社交)沙龙的氛围里,文人无法摆脱贵族主人的控制,无法获得自律,无法将谈话变为批评,把美言变为精辟论证。② 在这里,沙龙"所扮演的角色在一定程度上与现代的报刊毫无二致,只不过更多的是通过口耳相传罢了。它们顺应时代的趋势,主导社会精神,并反映出社会的普遍心态"。③ 自诞生之日起,沙龙就因其自由的、面向公众开放的公共性品格而成为公共领域。譬如,在对1673年沙龙展的记载中,有生动描述由于允许公众自由地前往而导致的民众拥挤而不得不使所有日常的学院活动加以暂停的情形。而且由于观者的踊跃,展期不得不随之延长。④ 而在1737年沙龙的纪录中同样可以感受到展览时的拥挤:观众络绎不绝,不时堵住大门,人群几乎无法移动。⑤ 沙龙不仅是作为一项展览制度,更是作为一项文化制度存在于文化、政治结构之中。而它的公共性也体现在观者对批评的期待上。而且,18世纪的沙龙不单单是一种社交聚会、一个调情之地、一个偷情之所、一个文学和政治八卦的地方,尽管所有这些东西都存在。它的目的是在文化世界中发挥创造性影响。它主要关心的不是已完成的文学作品,而是想左右文学界和公众舆论以及促使新观念的诞生。⑥ 诚如廷克尔(Tinker)所指出的,"沙龙是作者和公众之间的媒介,它的目标就像个真正的批评家,是纠正作者的自命不凡和对世间漠不关心的态度"。⑦ 通过对法国的洛可可沙龙的详细分析之后,科塞(Lewis Coser)曾指出,沙龙"有助于消除贵族对文化的垄断,赞助和允许出身低微的文化人在平等的地位上与贵族出身的人交流。它发展出一种评估才能和智力的通行标准,由此为打破

① 初枢昊:《沙龙的起源与公共性问题》,载《美术研究》2004年第1期,第94页。
② [德]哈贝马斯:《公共领域的结构转型》.曹卫东等译,上海:学林出版社,1999,第36页。
③ [美]艾米丽亚·基·梅森:《法国沙龙女人》.郭小言译,北京:中国社会科学出版社,2003,第268页。
④ Thomas E. Crow, *Painters and Public Life in Eighteenth-Century Paris* (New Haven: Yale University Press, 1985), p.35.
⑤ Ibid., pp.1-3.
⑥ [美]刘易斯·科塞:《理念人:一项社会学的考察》.郭方等译,北京:中央编译出版社,2001,第15页。
⑦ Kurt H. Wolff (ed.), *The Sociology of Georg Simmel* (New York: The Free Press, 1950), p.31.

世袭特权建立的壁垒并代之以知识成就的普遍性标准作出了贡献"。① 这样，"在
洛可可沙龙的亲密氛围中，在才女们的鼓励引导下，18 世纪的法国发展出一种文
人和业余艺术爱好者共同的聚会场所，通过批评、支持和鼓励，它变成了一个培养
'哲学精神'的主要地方。它摆脱了阶级偏见、矫揉造作的习惯和宫廷礼节，既起
着评判品味的作用，也是个获得承认的渠道"。②

　　由此可见，沙龙最初是起着过滤器的作用，把值得进入这个世界的高贵男女
之列的高雅之士筛选出来，后来则变成了一个促进身份平等的地方。在资产阶级
崛起的时代，沙龙是伟大的平等主义团体之一。而且，沙龙不仅仅是一个文学性
和艺术性的公共场所，事实上，"许多旧沙龙曾经是许多政治密谋中心，投石党运
动就在很大程度上由沙龙发源；……尽管旧沙龙一般都会采取某种特定的文学或
艺术立场，但在整体上仍然保持着一定的开放性和包容性。在这里人们可以表达
各种不同观点，因为沙龙的目标是社交，而不是特定观点的胜利"。③ 这些（文学）
沙龙对即将到来的法国大革命起到了积极作用。"正是在这些知识分子的'实验
室'里，大量有关法国革命的思想得以更为广泛地传播，进行法国革命的实践得以
形成、检验和发动。"④而且，它们长久地承担着启蒙运动的主题，孟德斯鸠、伏尔
泰和卢梭的民主理论在这里得到讨论，哲学家、艺术家、名媛贵妇等等都参与进
来，沙龙中的高谈阔论如涓涓细流传播到了千家万户，自由、平等和民主成了把人
们从苦难中解放出来的希望。总之，最具代表性和历史意义的沙龙并不单纯只是
精神娱乐中心，在 18 世纪，反叛 17 世纪的道德和文学成为一股重要的社会政治
潮流。沙龙日渐成为一个巨大的发动机，成为占据统治地位的公众舆论表达机
构，其作用一如现代的报纸。

（二）咖啡馆

　　咖啡馆是一个同时集融入和排斥于一身的场所，能让作家在一种社会平等的
基础上接触到不同的公众群体和公民同胞。而且咖啡馆（与沙龙一样）能让文人
在一种摆脱了正式约束的气氛中交流思想。譬如，约翰逊（Samuel Johnson，
1709—1784）和鲍斯韦尔（James Boswell，1740—1795）时代的咖啡馆，或达朗贝
尔（Jean-Baptiste le Rond d'Alembert，1717—1783）和狄德罗（Denis Diderot，

① ［美］刘易斯·科塞：《理念人：一项社会学的考察》. 郭方等译，北京：中央编译出版社，2001，第 17 页。
② 同上书，第 12 页。
③ ［美］艾米丽亚·基尔·梅森：《法国沙龙女人》. 郭小言译，北京：中国社会科学出版社，2003，第 283 页。
④ ［法］塞奇·莫斯科维奇：《群氓的时代》. 许列民等译，南京：江苏人民出版社，2003，第 242 页。

1713—1784)时代的沙龙,都成为思想的自由市场,"自由放任"(Laissez-faire)和"自由进入"(Laissez-passer)的准则,甚至在它们能被应用于经济秩序之前,就已在这里流行了。①

哈贝马斯明确提到咖啡馆这一公共空间的社会参与机制。19世纪到20世纪初的欧洲咖啡馆是一种代表公共领域结构与形态的地方。在咖啡馆的公共空间中,人们可以谈论文学、艺术,以及后来关注的政治、政治斗争等话题,并形成一系列哈贝马斯所说的"咖啡馆圈子"。它们"围绕着文学和艺术作品所展开的批评很快就扩大为关于经济和政治的争论,和沙龙中诸如此类问题的讨论一样,起码不能立刻就断定他们毫无意义"。② 所谓的"圈子"则是基于咖啡馆场所而形成的具有丰富社会关系与社会意义的空间社会场域,也是一种如列斐伏尔所认为的"空间性实践"之后形成的社会关系物。诸如伦敦街头那3000多家咖啡馆以及形成的不同"圈子",从德莱顿(John Dryden,1631—1700)在威尔(Will)咖啡馆的年轻一代作家圈子里争论"古典与现代"问题,到艾迪生(Joseph Addison,1672—1719)和斯梯尔(Richard Steele,1672—1729)在布顿(Button)咖啡馆作他们的小评论,再到在罗塔(Rota)俱乐部中弥尔顿(John Milton,1608—1674)、马维尔(Andrew Marvell,1621—1678)和佩皮斯(Samuel Pepys,1633—1703)以及哈林顿(Sir John Harington,1561—1612)轮流主持聚会,这一切表明欧洲的咖啡馆在扮演公共领域发源地的空间功能中成为一个非常典型的代表。③ 根据科塞对18世纪英国伦敦的咖啡馆所进行的详细研究与分析,真正自由的聚会场所首先是由咖啡馆提供的,这是一种与沙龙大体上属于同一时代的制度。④ 由于应邀进入沙龙得靠人引荐,因而至少要事先得到一些社交圈守门人的赞同。但参与咖啡馆的社交却不需要这些。咖啡馆不受女性的礼仪维护者的控制,它向所有人开放,不管其信仰、宗派或地位。而且进去后,只要在柜台付上一便士,同意遵守一些最起码的行为规范,就可以以平等的身份,自由参与争论、讨论和社会交往。所以,咖啡馆夷平了等级制度,带来了一种新的融合形式。它有助于以基于共同观点的团结取代基于共同生活方式或相同出身的团结。正如科塞所言:"如果人们没有机会互相讨论,没有从独立思考的孤立状态走进公共世界,在与他人的讨论中磨砺

---

① [美]刘易斯·科塞:《理念人:一项社会学的考察》.郭方等译,北京:中央编译出版社,2001,第4页。
② [德]哈贝马斯:《公共领域的结构转型》.曹卫东等译,上海:学林出版社,1999,第38页。
③ 参见[德]哈贝马斯:《公共领域的结构转型》.曹卫东等译,上海:学林出版社,1999,第38页。
④ [美]刘易斯·科塞:《理念人:一项社会学的考察》.郭方等译,北京:中央编译出版社,2001,第21页。

和检验自己的观点，共同的观点是不可能得到发展的。"①也就是说，在咖啡馆中，个人可以对自己的观点进行测试、抛弃、改变和传播，一旦这个过滤过程结束时，就会出现某些具有凝聚力的群体性观点。同时，咖啡馆社交还能培育一种尊重和包容他人想法的新态度。它培养出一种合群和宽容的精神，消除了分歧。过去，那些顽固地拒绝服从传统标准的人会受到人们的轻视和回避；今天，他们被尊重、关注和倾听，被亲切地视为共同愿景的潜在贡献者。

由此可见，咖啡馆适合于促进合群和宽容的精神。不过，在18世纪伦敦的咖啡馆里，人们确实直接参与，但也许并未深入其中。正如赫兹里特（William Hazlitt）在《席间文谈》一书中所生动地指出的那样，咖啡馆中的政客，"像退潮时的牡蛎，张口寻找新的浪潮"②，在他们中间，"在某个关键时刻，急躁地等着晚报：早上的新闻在晚饭时间就变得陈旧乏味了。……人们对于很快就会遗忘的事情表现出如此强烈的兴趣是一件奇怪的事：——事实上，他们从未对这些感兴趣，只是为了有些谈资。每天，这为他们提供服务，就像这一天的菜单一样"。③在咖啡馆，"人们似乎不是为了表达他们的观点而谈话，而是为了谈话才持一种观点。……这不是对话，而是复述"。④那些"受教育的人和饱经世故者……知道对于一个话题应该说些什么，并立刻进入主题。咖啡馆政客们在他最后听到的话和接下来他要说的话之间保持平衡；却看不清楚他的路径，用详细的讲述支吾其词，并且尽量拖延时间，唯恐走错一步"。⑤而且，在17世纪时，英国的咖啡馆曾经有一条在今天看来很不可思议的规定，即"禁止妇女入内"。当初这项禁令曾引起了轩然大波，女性们组织了大规模的请愿游行，要求伦敦市长下令撤销这条歧视性的规定，这在咖啡馆历史上留下了一个重要的"公共事件"和一个有趣的"空间歧视"问题。⑥这也是由咖啡馆本身作为一个空间区隔的地方而引发的公共问题和社会化行动的一个历史花絮，反映了空间本身所带来的公共领域的矛盾，说明了咖啡馆在塑造公共领域的意义与事件方面、在社会价值建构体系方面发挥着独特的空间场所角色与作用。

① ［美］刘易斯·科塞：《理念人：一项社会学的考察》，郭方等译，北京：中央编译出版社，2001，第22页。
② William Hazlitt, On coffee-house politicians, in William Hazlitt, *Table Talk, or Original Essays* (New York: Chelsea House, 1983; originally published 1869), p.263.
③ Ibid., p.262.
④ Ibid., pp.268-269.
⑤ Ibid., p.269.
⑥ 李卫：《咖啡的故事》，天津：百花文艺出版社，2004，第51页。

随着时间的流逝,到了约翰逊时代,由朋友和同行们组成的志同道合小团体的非正式聚会,即"俱乐部",开始取代了爱狄生和斯蒂尔时代对所有人开放的咖啡馆。作家和他的受众再度逐步分离。这种分化的特点是一种逐渐形成的生态学划分:公众聚集在一家酒店或咖啡馆的主厅,作家们则聚集在内室不公开的俱乐部里,象征性地对外界关上门。从那时起,作者与公众之间不再有直接的个人接触或交往,月刊和季刊逐渐成了这种交往的媒介,它们蓬勃兴起之时,大体上也就是咖啡馆的衰落之日。尽管咖啡馆的时代在英国是短暂的(在欧洲大陆延续得较长),但它标志着文学开始接近日常生活的现实。它使知识分子能够履行他们最重要的职责之一,即为形成公众舆论作出贡献。① 有论者指出,咖啡馆的现代性最为明显,其具体表现为:其一,咖啡馆最有利于形成理性的公众舆论。其二,知识人通过咖啡馆能与普通民众形成有机互动。其三,咖啡馆能为报刊的发展提供有力的支持。其四,咖啡馆还对政治权力形成较大的制约作用。②

(三) 社团组织

社团(association)组织是由具有共同志趣的社群所组建的团体。它们所运作的工程和项目的范围非常广泛,包括住房工程、残疾者帮扶项目、社区健康项目、自助项目、环境项目、妇女服务,等等;参与方则包括工会、邻里团体和家庭、家长教师联合会、环境组织、妇女社团,等等。③ 这样的社团组织既不同于以血缘关系组成的家族,也区别于以政治目的组成的政党。它既不以营利为目的,也不以行政命令为手段,只是为公民提供参与公共事务的机会和手段,并在团体成员的互动中提高公民参与公共生活的能力和水平。不少学者都将社团看作是政治民主化的一个潜在场所,积极的公民意识能得到强化,公共领域可以重新激活,符合多元需求的福利计划可得以制订和实施。阿伦特就认为,只有在俱乐部和社团中,自由才能真正得到自我展示,并被公民付诸行动。她将这些组织称之为"民间社团"(sociétés populaires)——如公社、委员会、Räte、苏维埃,并援引罗伯斯庇尔(Maximilien Robespierre)的话指出这些组织的唯一目的就是:"根据真正的宪法原则,指导、启蒙它们的公民同胞,传播光明,没有它宪法将无法存活。"因为,宪法

---

① [美]刘易斯·科塞:《理念人:一项社会学的考察》.郭方等译,北京:中央编译出版社,2001,第27页。
② 彭立群:《公共领域与宽容》.北京:社会科学文献出版社,2008,第146—147页。
③ [澳]柯文·M·布朗、苏珊·珂尼、布雷恩·特纳、约翰·K·普林斯:《福利的措辞:不确定性、选择和志愿结社》.王小章、范晓光译,杭州:浙江大学出版社,2010,第52页。

的存活依赖"公共精神"，而公共精神也只有在"公民（可以）共同投身于这些（公共）问题，投身于祖国最可贵利益的集会"中才得以存在。① 阿伦特甚至认为，巴黎公社及其各区以及大革命期间遍布法国的民间社团，构成了强大的穷人压力集团，它们是迫切的必然性"锐不可当"的一把"金刚钻"（阿克顿勋爵）。尽管这只是最初的开端，还处于软弱无力的状态，但它们已蕴含了一种新型政治组织的雏形和一种让人民成为杰斐逊的"政府参与者"制度的雏形。② 达尔也指出，社团组织的出现不仅仅是民族国家政府民主化的直接结果，它们对民主程序本身的运作也是必需的，其功能在于最大限度地减少政府强制、保障政治自由、维护人类福祉。③

　　哈贝马斯分析了诸如语言教团（Sprachorden）、宴会、共济会等所谓的"秘密团体"，并把它们与咖啡馆和沙龙作出了简单比较。在哈贝马斯看来，相对于咖啡馆和沙龙而言，这些团体、协会（Vereinswesen）和学会的影响要小得多。它们比沙龙更加远离政治实践，但其听众的构成却跟咖啡馆一样，除了从事创造性劳动的王公贵族中的私人成员外，大多数都是受过良好教育的公民。④ "与高度国家化的政治党派不同，协会并不属于管理体系，而是通过传媒影响发挥政治作用，因为，协会不是直接参与公共交往。"⑤哈贝马斯进一步分析了自愿社团（freiwilliger Assoziationen）的特点及其功能。他认为，自愿社团"只显示了最低程度的建制化"。⑥ 而简单互动层面上的横向接触应该浓缩为一种主体间协商实践和决策实践，它的力量足以把所有其他建制保持在它们初创时期的流动状态而避免僵化。这种反建制主义与古典自由主义的下述观点产生了共鸣：一种以自愿社团为基础的公共领域，在这种公共领域中可以进行一种由论辩引导的意见形成和意志形成过程的交往实践。其实，"自愿社团的组织形式是一个**社会学**概念，它允许人们用一种非契约主义方式来理解自发形成的、摆脱统治的人际关系。"⑦这样，摆脱统治的社会就不再需要被理解为工具性的、因而是前政治的秩序，也就是从契约当中、从取向于成功而行动的私人之间利益导向之协议当中产生的秩序。所以说，

---

① ［美］汉娜·阿伦特：《论革命》.陈周旺译，南京：译林出版社，2007，第224—225页。
② 同上书，第229页。
③ ［美］罗伯特·A·达尔：《多元主义民主的困境——自治与控制》.周军华译，长春：吉林人民出版社，2011，第1页。
④ ［德］哈贝马斯：《公共领域的结构转型》.曹卫东等译，上海：学林出版社，1999，第39—41页。
⑤ 同上书，"1990年版序言"，第30页。
⑥ ［德］哈贝马斯：《在事实与规范之间》.童世骏译，北京：生活·读书·新知三联书店，2003，第639页。
⑦ 同上书，第640页。

"一个通过社团而不是通过市场而整合起来的社会,将既是一个政治性秩序,也是一个无统治秩序"。① 关于自愿社团的功能,哈贝马斯认为,它能构成一个由各个自主性公共领域之交织而形成的交往网络的纽结。它的专门作用在于实践信念的产生与传播,也就是发现具有全社会意义的议题,贡献有可能解决问题的建议,诠释价值观,提出好的理由,摒弃坏的理由。总的来说,自愿社团"只能间接地发挥作用,也就是说,通过广泛地转变态度和价值来改变建制化的意志形成过程的参数"。② 这说明"自愿社团区别于正式组织之处在于,联合体的目的还没有独立于联合起来的成员的价值和目的而自成一体"。③ 基于此,哈贝马斯归纳道:"社团这种形式的复杂性程度太低,无法为整个社会共同生活提供结构。"④可公共领域的民主潜能真正"得到实现的程度,取决于形成意见的社团——自主的公共领域是围绕它们才可能凝聚而成的——在多大程度上存在着"。⑤

正如托克维尔(Alexis de Tocqueville)所言:"在民主国家,结社的学问是一门主要学问。其余一切学问的进展,都取决于这门学问的进展。"⑥所以说,假若没有社团组织愿意并且能够为我们所珍视的观念和价值大声疾呼,除非我们正好十分富有或非常有名,否则我们是很难让其他人听到我们的主张,也很难影响政治决策。⑦ 而且,如果结社生活下降,将会威胁到如下诸多价值目标:经济发展、公民的人身安全、政府工作的效率和影响、在不涉及不必要的政府支持时的公民自助、公民帮助那些需要帮助的人的愿望、公民支持能够帮助弱者的政府的愿望,以及自由民主社会的稳定性本身。⑧ 其实,"一个民主政府在进行决策之前与各社团进行商讨,具有重要意义;这不只是为了选定最受欢迎的政策,也是为了缓和与那些受损失者之间的摩擦,因为这些受损者至少会认为,他们的意见曾被且将来会再被政府听取"。⑨ 而如今美国的社团生活,也就是曾经让托克维尔激动的那种,已经远远超出了保龄球联合会和缝纫之友这样的规模,并且出现了具有大

① [德]哈贝马斯:《在事实与规范之间》.童世骏译,北京:生活·读书·新知三联书店,2003,第640页。
② 同上书,第645页。
③ 同上书,第640页。
④ 同上书,第641页。
⑤ 同上书,第648页。
⑥ [法]托克维尔:《论美国的民主》(下卷).董果良译,北京:商务印书馆,2009,第697页。
⑦ [英]阿米·古特曼等:《结社:理论与实践》.吴玉章等译,北京:生活·读书·新知三联书店,2006,第1页。
⑧ 同上书,第15页。
⑨ 查尔斯·泰勒:《市民社会的模式》,冯青虎译,载邓正来、[英]J. C. 亚历山大编:《国家与市民社会》.北京:中央编译出版社,1999,第5页。

量成员的非正式社会组织,它们聚集在一切它们认为安全的地方,比如家庭、公园、运动场所、小酒馆和书店、咖啡馆和社区活动中心。① 由此我们可以发现,结社有着多方面的积极机能。一是归属意识的满足;二是个人自由的强化和扩大;三是社会控制。其中,第二项可以缓冲公权力,第三项则可避免公权力对私人生活的过度干预,通过重复的忠诚助力政治体系的稳定。② 而且,社会的联系和那些愿意接纳的自愿社团的会员资格可以成为个人对抗不尊重和无礼的公共表现的缓冲器。③ 正如哈贝马斯所陈述的,"社团组织之所以具有进步意义,与其说是因为其组织形式,不如说是由于其显著的功能"。④ 而且,在社团组织的内部,"人们平等交往,自由讨论,决策依照多数原则"⑤。不过,值得注意的是,结社的巨大化、官僚化也会使其成为个人不自由的源泉(修正主义结社观的必然),过度重视社会控制机能的倾向往往容易引发无视其第一项和第二项机能的公权力监督与干涉之强化。⑥

总之,根据哈贝马斯的观点,尽管派对、沙龙以及咖啡馆的公众构成、交往方式、批判氛围以及主题风格各不相同,但是,它们之间也有其共同点,那就是"在机制上,它们拥有一系列共同的范畴"⑦。第一,交往主体无身份限制。应具备一种社会交往方式,不过这种社会交往的前提并非社会地位平等,或者说,它根本就不考虑社会地位问题。第二,讨论主题有一定限制。公众的讨论应当限制在一般的问题上。第三,实现文化的商品化。应使文化彻底成为一种可供讨论的文化,这样一个相似的过程导致公众根本不会处于封闭状态。⑧

---

① [英]阿米·古特曼等:《结社:理论与实践》. 吴玉章等译,北京:生活·读书·新知三联书店,2006,第22页。
② 佐藤幸治:《结社的法律性质及其制约》,载[英]阿米·古特曼等:《结社:理论与实践》. 吴玉章等译,北京:生活·读书·新知三联书店,2006,第76—77页。
③ 南茜·L·罗森布拉姆:《强制性社团:公共准则、自尊和排除的动力》,载[英]阿米·古特曼等:《结社:理论与实践》. 吴玉章等译,北京:生活·读书·新知三联书店,2006,第188页。
④ [德]哈贝马斯:《公共领域的结构转型》. 曹卫东等译,上海:学林出版社,1999,"1990年版序言",第3页。
⑤ 同上书,"1990年版序言",第3页。
⑥ 佐藤幸治:《结社的法律性质及其制约》,载[英]阿米·古特曼等:《结社:理论与实践》. 吴玉章等译,北京:生活·读书·新知三联书店,2006,第76—77页。
⑦ [德]哈贝马斯:《公共领域的结构转型》. 曹卫东等译,上海:学林出版社,1999,第40—41页。
⑧ 同上书,第41—42页。

二、批判机制[①]

(一) 公众舆论

公众舆论是公共领域的主要存在空间和核心理论载体,承载着批判性功能。在分析"公众舆论"概念时,哈贝马斯运用了其早期在政治参与理论[②]中提出的观点。他写道:"'公众舆论'作为批判力量或作为展示和操纵力量,其含义是不同的;前者使政治权力和社会权力的实施得以公开,而后者则公开了个人与机构、消费品与供货单。"[③]在此,哈贝马斯所用的方法是对公众舆论这个概念追溯到(资产阶级)公共领域的观念中来考察其历史根源,从其核心范畴出发来获得对社会系统的思考。[④]

首先,哈贝马斯对"舆论"与"公众舆论"进行了区分。根据他的观点,在西方历史上,先有"舆论",然后才有"公众舆论"。"舆论"自古有之,而"公众舆论"范畴直到18世纪末才有了明确的意义。英语和法语中的"舆论"一词源于拉丁语中的"opinio",意指"没有得到充分论证的不确定的判断"。从柏拉图的"doxa"和黑格尔的"Meinen"来看,其含义在哲学著作和日常用语中是完全一致的。此外,如果舆论尚未得到证实,就是一种不确定的意见,而"不确定的意见"又常常与"一个人在他人舆论中的'名声'"联系在一起。所以,哈贝马斯认为舆论本身就具有"集体意义",也就是经常运用于个人与他人、或人群关系方面。既然这个概念本身就包含了"集体意义",那么,在"舆论"之前的"所有用来指涉其社会性质的定语都可以作为冗词省去不用。像common opinion、general opinion、vulgar opinion这样的复合词在莎士比亚笔下根本就没有,至于public opinion、public spirit也就更谈不上了"。[⑤] 因此,法语把风俗和习惯、流行观念和一般惯例等统称为"舆论"。在英

---

① 把公共领域的运行机制区分为公众机制和批判机制等类型,确实是有失逻辑之嫌。正如王晓升教授所提示的,为什么沙龙就不是批判机制呢? 假如人们也在其中对社会问题进行讨论和批判,那么这就不是批判机制了吗? 诸如此类的问题确实值得后续研究去探究。而笔者目前暂未想到一个有说服力的分析模式,只好勉强将公共领域的运行机制区分为公众机制和批判机制等类型,以求教于方家。

② 参见[德]哈贝马斯、福利德堡(L. V. Friedeburg)、厄勒(Christoph. Oehler)、韦尔茨(Friedrich. Weltz):《大学生与政治:法兰克福大学生政治意识的社会学研究》(*Student und Politi*, Luchterhand, 1961)。

③ [德]哈贝马斯:《公共领域的结构转型》. 曹卫东等译,上海:学林出版社,1999,第283页。

④ 参见上书,第107—120页。

⑤ [德]哈贝马斯:《公共领域的结构转型》. 曹卫东等译,上海:学林出版社,1999,第108页。

国，从 17 世纪中叶开始使用 public（公众、公共）一词，但常被用来代替 public 一词的一般是"世界"或"人类"。同样，在法语中的 le public 一词最早也是用来指"公众"。17 世纪末，法语中的"publicite"一词被借用到英语中，成了"publicity"；德国直到 18 世纪才有"公众舆论"（Öffentlichen Meinung）一词，它是模仿法语"opinion publique"，在 18 世纪下半叶创造出来的。英语中的"public opinion"大概也是在这个时候出现的。① 这样，在哈贝马斯看来，从"舆论"发展成为"公众舆论"经历了一个曲折的演变过程。"公众舆论"一词是 18 世纪末期出现的，即资产阶级登上政治舞台的时候，指的是"有判断能力的公众所从事的批判活动。"这与"舆论"所指的两个原始意义，即"纯粹的意见"以及"意见当中所表现出来的声誉"是相冲突的。此外，哈贝马斯还详细考察了霍布斯、洛克、福斯特、伯克、卢梭、边沁、康德、黑格尔、马克思、密尔、托克维尔等人在此演变过程的论述，并从中揭示从舆论到公共舆论的转换过程。

　　哈贝马斯指出，公众舆论出现的前提之一是资产阶级公共领域的形成。在普鲁士改革时期，德国的公众舆论生成具有一种不同于其他国家的特点。如在英国和法国，公众舆论作为独立的支配工具是被资产阶级或第三等级所掌握的。但在此却是由国家来规范的，公众舆论的发起者和运用人主要是政府行政部门的官员。他们相信，通过发展教育可以沟通政府与社会，彼此之间达成和解乃至形成共识；通过培育舆论，可以促进民众积极参与国家事务。泰勒就指出，"公众舆论完全是在政府机构的渠道与公共空间之外得以形成的。更激进地说，它在任何属于权威的渠道与公共空间之外发展着，因为它同样独立地外在于欧洲社会的第二个中心，（即）教会"。② 在泰勒看来，"公众舆论正如最初被理解的，即使在我们自发地表示同意的地方，也并非仅仅是我们私下的个人观点的总和。它是在争辩与讨论之中得以详尽阐述的，并被我们诸多人等作为共同执掌之物加以承认的。这一共同承认的要素便是在较强的意义上使公众舆论成为公众的"。③ 这就是说，公共领域所产生的公众舆论是经由公共讨论而来的，即使参与者从未在同一时间、地点聚会。但在那些面对面的小团体中，印刷资料相互流传，而散布其间的交流也会形成讨论，进而形成共识。只是要产生这种分散式公众舆论，必须具备一

---

① 参阅程世寿：《公共舆论学》，武汉：华中科技大学出版社，2003，第 8 页。

② 查尔斯·泰勒：《呼求市民社会》，宋伟杰译，载汪晖、陈燕谷编：《文化与公共性》，北京：生活·读书·新知三联书店，1998，第 188 页。

③ 同上书，第 188 页。

项基本条件,那就是参与者必须了解自己的所作所为的意义。①

哈贝马斯认为,重农主义者对公众舆论的概念作了精确的规定。在重农主义者看来,一种能够解释自明性的公众舆论,随着强行贯彻绝对的自然法则的统治,将能保障社会状况的合法性。②"公众舆论是在哲学家们——现代科学的代表——指导下对社会秩序的基础进行共同的和公开的反思所得出的启蒙的结果,它把社会秩序的自然法则概括为公民的实践活动的可靠形式;公众舆论没有统治权,但是,明智的统治者必须按照公众舆论的认识行事。"③西耶斯(Emmanuel Joseph Sieyès)神甫曾直接从重农主义者那里获得对公众舆论的认识。在西耶斯看来,公众舆论具有解释自然法则的最高权力,他把公众舆论视为最终裁判;这种最终裁判终有一天会命令立法者制定法律。"公众舆论最终甚至能给法律制定者口授法律。"④随着个人独立的商品交流和市场自然法则的贯彻,政治公众舆论日益活跃起来。而政治公众舆论的活跃则导致社会地位平等化和资产阶级平等权的扩大。据此而言,公众舆论就是实现公共领域之公共性原则的最佳中介。一方面,"受到了大量的诱惑"的政治权力需要公众舆论不断加以控制,另一方面,公众舆论本身也需要议会审议公开化,以便自己能够为人们所知晓。⑤ 特别是在法国,公众舆论成就了政治革命。在法国,大革命首先是政治范畴的,因为一切本该体现国家深层改革的实质职能已由领导阶层和享受特权者们所承担,书籍和印刷刊物就是它们主要的媒介。正是这种改革的决心凭借诱惑的冲动和传媒的推动力量,最终达成真正意义上的革命行动。因此,公众舆论有两大特点:一是形成了小范围内的私人聚居地,以讨论或发表对社会事务包括国家、教会的看法。二是在一个超越地域限制的广阔范围内迅速传播了信息,国家也无法再对社会言论进行完全有效的控制;同时,启蒙思想得到了广泛传播。这样看来,公众舆论不仅是一个由各种俱乐部、公共场所、新闻界和有批判意识的个人结成的"文学公共领域",而且是一个因其对政治事务和社会事务所具有的批判作用而形成的"政治公共领域"。

哈贝马斯分析指出,公众舆论并不是统计上具有代表性的东西,也不是被单

---

① 查尔斯·泰勒:《公民与国家之间的距离》,李保宗译,载汪晖、陈燕谷编:《文化与公共性》.北京:生活·读书·新知三联书店,1998,第 203 页。

② 参见[德]哈贝马斯:《理论与实践》(第 2 版).郭官义、李黎译,北京:社会科学文献出版社,2010,第 69 页。

③ 同上书,第 60 页。

④ [法]E. J. 西耶斯:《何谓第三等级?》.柏林,1924,第 122 页;参见[德]哈贝马斯:《理论与实践》(第 2 版).郭官义、李黎译,北京:社会科学文献出版社,2010,第 69 页。

⑤ 参见[德]哈贝马斯:《公共领域的结构转型》.曹卫东等译,上海:学林出版社,1999,第 117 页。

独询问和回答而得来的个人意见的总和，更不是由民意测验（public opinion poll）研究所得来的结果。当然，政治民意测验如若能提供"公众舆论"的某种反映的话，则必须在其测验之前，先有一个在被动员起来的公共领域中就特定议题进行广泛讨论的意见形成过程。事实上，就公众舆论的形成而言，一种共同进行的交往实践的规则具有更重要意义。我们知道，在哈贝马斯的理论体系中，"公众舆论"一词是一个有着特殊内涵的概念。那么，如何界定"公众舆论"？何种程度的"意见"可称谓为"公众舆论"？在此，我们先从第二个问题开始。针对这个问题，哈贝马斯的做法是直接援引米尔斯（C. W. Mills）的四条"经验标准"，那就是：第一，事实上确实有很多人在表达意见和接受意见。第二，公众交往有严密的组织，公众表达的任何意见都能及时得到有效回应。第三，这种讨论形成的意见总能在有效的行动中找到出口，即使是在反对（必要时）占主导地位的权威体制中。第四，权威机构没有渗透到公众之中，所以公众的行为或多或少是自主的。① 在此基础上，哈贝马斯对第一个问题作出了自己的回答。他认为，关于"公众舆论"的概念，我们"只能给出一个相对的定义。一种意见在何种程度上可以说是公众舆论，取决于如下的标准：该意见是否从公众组织内部公共领域中产生；以及组织内部的公共领域与组织外部的公共领域的交往程度，而组织外部的公共领域是在传播过程中，通过大众传播在社会组织和国家之间形成的"。② 从这里可以看出，公共交往成功本身的衡量标准乃合格的公众舆论之形成的形式标准。至于公众舆论的"质量"则是由它的产生过程的程序属性来衡量的，就此而言，它是一种经验变量。从规范角度来看，它提供了衡量公众舆论对政治系统所施加之影响的合法性的标准。③

遵循哈贝马斯的分析逻辑，公共交往的主体是从市场经济和私有领域（指家庭）里"出走"到公共领域的个体，这些个体并非一般意义上的普罗大众，而主要是指资产阶级文人群体，通过合私为公的过程，私人会合成公众，④私人的利益诉求（其利益并非完全私利性质，而具有普遍意义）凝结成公共利益。咖啡馆、沙龙等社会空间的公共讨论，形成了一种批评意识（也就是一种理性思考和不断质疑的

---

① ［德］哈贝马斯：《公共领域的结构转型》．曹卫东等译，上海：学林出版社，1999，第 295 页。
② 同上书，第 295 页。
③ ［德］哈贝马斯：《在事实与规范之间》．童世骏译，北京：生活·读书·新知三联书店，2003，第 449 页。
④ 安东尼·德·巴克与弗朗索瓦丝·梅洛尼奥认为这个时期的公众"实际上是指文人们的群体，哲学家们的群体，也就是按照卢梭的说法，以教导人为己任替代了以取悦人为乐的'有道德的作家们的群体'。"参见安东尼·德·巴克、弗朗索瓦丝·梅洛尼奥：《法国文化史启蒙与自由十八世纪和十九世纪》．朱静等译，上海：华东师范大学出版社，2006 年版，第 20 页。

能力),这种批评意识在不断地消解原有的权威,而形成新的权威。这种权威不是服从于神意或君主意志,而是服从不断自我论证的理性。公共空间里的公共讨论形成了公共论坛,各种公共事务都可以在其中得以充分的争论,形成一种互相倾听、论证的意识。因此,这个公众是有着独特的历史内涵的,它指的是在资本主义发展过程中形成的理性主体和利益主体,而且这个公众具有充分的自主性,并能反对主导性的权威体制。不过,哈贝马斯对于公众舆论到底在多大程度上能够代表公共利益却也持一种疑虑的态度,他询问道:"应该如何理解这种'公众舆论'呢? 它究竟是传达了大众自身无法表述出来的倾向,还是将完全有能力表达自己,却被强行加以整合的意见降低成一种公民表决中的随声附和?"①在此语境下,哈贝马斯断言,"公众舆论可以操纵,但不可以公开收买,也不可以公开勒索。这是因为,公共领域是不能随意'制造'的"。② 不过,阿伦特曾经提醒过我们,在所有意见都一致之处,是不可能形成意见的。既然没有人能在不考虑他人意见的情况下形成自己的意见,那么少数有力量但又不同流合污者的意见,在公众舆论的统治下,将会受到极大的威胁。因为在多数人的压倒性的力量之下,少数(人)的声音必将丧失所有的力量和一切说服力。③ 但哈贝马斯却认为,少数在一定时候也是可以成为多数的。因为"多数所达成的决定仅仅构成了一场持续讨论中的一个停顿,也可以说是记录了一场商谈性意见形成过程的暂时结果。就此而言,多数裁定原则保持了同真理寻求过程的一种内在联系"。④ 至于那些处于劣势的少数之所以对多数的优势表示同意,那是因为他们自己也有机会在将来用更好的论据来赢得多数,从而修改已做出的决定。

总之,公众舆论是市民社会的理论范畴,也是全民意愿和社会进步的标尺,还是理性行为方式的前提。通过公众舆论的形成与传播可以达到双重目标,一方面,可以整合和表达民间要求与关怀;另一方面,可以使公共权力接受来自民间的约束。尽管哈贝马斯承认公众舆论在资本主义社会受到来自社会权力和行政权力的影响,但是它也包含着"解放潜能的对应物"。其实,把人类解放的潜能寄望于公共领域与公众舆论,恰恰是哈贝马斯商议民主理论之关键。

---

① 〔德〕哈贝马斯:《公共领域的结构转型》. 曹卫东等译,上海:学林出版社,1999,第 287 页。
② 〔德〕哈贝马斯:《在事实与规范之间》. 童世骏译,北京:生活·读书·新知三联书店,2003,第 451 页。译文略有改动。
③ 〔美〕汉娜·阿伦特:《论革命》. 陈周旺译,南京:译林出版社,2007,第 211 页。
④ 〔德〕哈贝马斯:《在事实与规范之间》. 童世骏译,北京:生活·读书·新知三联书店,2003,第 218 页。

（二）大众传媒

在《媒体与政治》一文中，汤普逊（John B. Thompson）曾精辟地概括了传媒的发展历程。根据他的观点，从19世纪以来，媒体已经在许多方面发生了变化。其中，有三个变化是尤其重要的。首先，传媒机构的日益赢利化致使大规模的商业公司的出现。这种变化的发生部分地源于印刷工业中一系列的革新，部分地源于传媒工业经济基础和其产生收益的方式的逐渐变化。通过发展和联合的过程，出现了大规模的传媒集团，比如时代华纳、迪斯尼和默克多的新闻集团等，它们如今已在信息和传播的生产和流通中成为主要的跨国玩家。其次，信息传递的全球化和全球传媒网络的出现。在前几个世纪，印刷材料通常穿越很长的距离并跨越王国和国家的边界进行传播。但在19世纪，信息和传播的国际流动采取了更为广阔和组织化的形式。建立在欧洲主要商业城市的国际新闻机构的发展，连同信息传递网络的扩张，把帝国的边缘地区与其在欧洲的中心连接起来，并建立了信息传递与信息加工的全球体系；在20世纪，它们则变得日益分化和复杂化。最后，以电子为介质的信息传递的出现。电报和电话系统在19世纪被引入，到20世纪20年代，无线电广播的可操作系统也得到了发展。二战以后，电视广播开始出现，并在50年代得到了迅速扩展。近来，许多传媒系统已被建基于数字编码系统的信息加工的新形式的发展所改变——即所谓的"信息革命"。数字化导致了信息和传播技术的不断耦合，这些技术建立在共同的传播、加工和存储的数字系统上。如今，信息和符号性内容可以被迅速和相当容易地转化为不同的传媒方式。这一发展已经将传统的存在于传媒工业不同部门间的边界变得模糊不清，且很有可能将继续如此。[①] 而在贝克（C. Edwin Baker）看来，各个真正的或植根于生活世界的群体，会以三种方式运用传媒：①建构自己，并提供一种场域为内部辩论、价值选择及价值澄清（这点是复合民主派[②]所强调的重点）之用；②作为一种攸关

[①] 约翰·汤普逊：《媒体与政治》，载[英]凯特·纳什、阿兰·斯科特主编：《布莱克维尔政治社会学指南》．李雪、吴玉鑫、赵蔚译，杭州：浙江人民出版社，2007，第181页。

[②] 根据查尔斯·埃德温·贝克的观点，所谓"复合民主论"，既取自由多元论，也兼取民主共和论。它是一种"更为务实、真实的"理论，它的假设是，参与民主将可、也必须涵盖合适的领域，其间，个人与群体均能寻求与营造共同的基础（也就是共同之善）；与此同时，这些人与群体也会想方设法提升个人的或他们所属群体的价值与利益。而且，复合民主论还认为，纯就规范角度来说，凡是相同，也就真实；具有伦理意识的人，很难论称自由多元论或共和民主论的政治奋进有何不妥当之处，而只要是可以合理证实的政治秩序，多元论或共和论都很难说有什么不恰当。参见[美]查尔斯·埃德温·贝克：《媒体、市场与民主》．冯建三译，上海：上海人民出版社，2008，第188—189页。

本社群之信息来源；③作为一种工具，借以动员、呼吁与征召。①

　　哈贝马斯批评了他的前任导师霍克海默和阿多诺关于大众文化和文化工业的理论②，而将传媒区分为操纵性媒体（steering media）和普遍化的交往模式（generalized forms of communication）的媒体。前者是通过生活世界分化出"次系统"（subsystems）而被加以区分的；后者则并未取代在语言中可达成的相互理解，而仅是将它加以凝缩，因而也就继续保持同生活世界脉络的联结。在哈贝马斯看来，操纵性的传媒将行为的协调同语言中的共识和谅解的形式加以割裂，并使之无法达成一致。但是，交往的普遍化却使"同意"或"相互理解"的语言形成过程进一步具体化，并始终与生活世界的背景性脉络相联结。大众传媒正是属于这种被普遍化的交往形式。③ 根据哈贝马斯的观点，作为公共领域载体的大众传媒有两种基本功能，除了批判功能之外，更有一种操纵功能："在操纵的公共领域里，随时准备欢呼的情绪，一种舆论氛围取代了公众舆论。受到操纵的主要是社会心理学上计算好的提议，这些提议诉诸潜意识倾向，唤起预定的反应，同时又没有以某种方式使赢得民众赞同的人承担任何义务。"④于是，"喝彩"自然也就代替了"批判"，"人为的公共性"则代替了"合理的公共性"。⑤ 这样的话，原本最具有反映公共意愿的公共传媒，也就异化为某种政治制度运作的传声筒，或者花前月下调剂日常生活的休闲、风月媒体。巴尔比耶（Frédéric Barbier）和拉维尼尔（Catherine Bertho Lavenir）曾指出，19 世纪的人们就体会到了信息网络运用中的一种失真，即公众舆论的操纵。新闻电讯与能引起广大读者立时反响的新闻刊物共同

① ［美］查尔斯·埃德温·贝克：《媒体、市场与民主》. 冯建三译，上海：上海人民出版社，2008，第 233—234 页。根据查尔斯·埃德温·贝克自己所做的脚注，第一种主张仅适用于复合民主论（即他自己归纳与主张的观点），至于自由多元与复合民主论，都强调第二与第三种可能的用途。自由多元论的理论弱点，在于它还得乞灵于"堕落的区隔"这个概念。由于它得承认既有的利益、偏好或价值之正当，而且它也仅将政治当作是各群体的协商，彼此仅只是为推进这些利益或价值而从事，因此自由多元论也就欠缺理论资源，无法解释群体认同之"堕落"这个概念。而关于自由多元论或利益团体民主论、共和民主论与复合民主论这三种民主论观点的阐述，参见他该书的第六章。
② 霍克海默和阿多诺等人把现代传媒，尤其是影视传媒看成是对传统公众社会的主要威胁。大众传媒不仅彻底破坏了人与人直接交往和理性对话的传统机制，而且还把大众变成千人一面、相互隔绝的原子聚合大众。大众传媒帮助制造的"文化傻瓜"，成为现代统治必不可缺的"群众"基础。当然，针对这种相当悲观的大众传媒描述，引发了学界的广泛讨论。但由于他俩的思想不是本文重点，故此处暂不赘述。
③ J. Habermas, *The Theory of Communicative Action, Volume 2: System and Lifeworld: A Critique of Functionalist Reason* (Translated by Thomas McCarthy. Boston: Beacon Press, 1987.), pp.389-391.
④ ［德］哈贝马斯：《公共领域的结构转型》. 曹卫东等译，上海：学林出版社，1999，第 251 页。
⑤ 哈贝马斯当年对这种"操纵的公共性"是持彻底的批判态度的。只是后来在对待科索沃战争问题上却刚好掉到了舆论的操纵圈套中，成为了一个公共性的操纵者。由此来看，这也正是哈贝马斯思想中的矛盾性的表现之所在。参见曹卫东：《曹卫东讲哈贝马斯》. 北京：北京大学出版社 2005，第 102—103 页。

协作，"成就了舆论"，而且，因为与绝对君主政体时代相比，议会民主制下的政权者更多地依赖公众舆论，所以，通过新闻电讯来控制大众信息成为主要的政治赌注。①

其实，在资本主义文化中，民主话语的散播可能会遇到各种各样难以克服的问题，如批判理论所提到的意识形态问题，德勒兹（Gilles Deleuze）与加塔利（Felix Guattri）所讨论的欲望受操纵的问题，或者德波（Guy-Ernest Debord）和早期鲍德里亚（Jean Baudrillard）所论述的消费文化蛊惑大众的问题等等。其中，德波就对大众传媒持否定态度。他对大众媒介影像在传播中所体现出的单向性和影像替代性做出了很多深刻的分析。在德波看来，正是大众传媒的单向性在一定程度上压制了主体的积极性。他论述道："大众传媒最终实现了纯粹的单向传播。通过这种方式，已有的结论被呈现出来，获得了大众毫无异议的称赞。所传播的就是一些指令；而发出指令者就是对这些指令评头论足的人，这两者之间形成了完美的和谐。"②大众传媒作为景观的显性表现使其民众远离景观的制造过程及其方式，人们处于一种无意识的麻木状态，被动地接受大众传媒带给他们的一切，包括娱乐消遣，甚至是思想、观念和认知。后来，鲍德里亚继承德波的景观理论，对大众传媒作了进一步的批判性分析。在鲍德里亚看来，大众传媒的出现导致了真实与再现的融合。他认为，随着传媒的延伸及其原有指涉对象的逐渐消退，原来与舞台、戏剧以及幻象相关的景观正逐渐被与透明感、色情描写以及可视性相关的"淫秽"所取代。在德波看来，个体被景观所疏离；而鲍德里亚则进一步指出，个体已经深深地沉浸于短暂的迷狂与自恋之中。③ 鲍德里亚认为，在德波对景观社会的描述中，客体仍然是存在的；而在当前的文化中，随着客体的消失，景观也已经消失了。因为，承认景观的存在就是对他者存在的承认。在鲍德里亚的描述中，客体与主体之间所存在的距离已经随着电子媒介对空间结构的打破而被取消了。④ 其实，早在《媒介安魂曲》中，鲍德里亚就曾指出，"大众传媒是没有回应的演说"。⑤ 在他看来，大众传媒并不意味着信息之间的交流。对此，鲍德里亚用民意测验的例子来说明他的观点。在鲍德里亚看来，民意测验只是表现了虚拟的公众意见，毫无精确可言，只是在模拟政治中产生效用。他认为，事实上，大众根本不关

---

① ［法］弗雷德里克・巴尔比耶（Frederic Barbier）、卡特琳娜・贝尔托・拉维尼尔（Catherine Bertho Lavenir）:《从狄德罗到因特网：法国传媒史》.施婉丽等译，上海：上海人民出版社，2009，第 129 页。

② ［法］居伊・德波:《景观社会评论》.梁虹译，桂林：广西师范大学出版社，2007，第 4 页。

③ Jean Baudrillard, The Ecstasy of Communication, in Hal Foster (ed.), *The Anti-Aesthetic: Essays on Postmodern Culture* (Washington: Bay Press, 1983), p.132.

④ Ibid., pp.130 - 131.

⑤ Ibid., p.128.

心这一问题的实质,"大众没有形成什么看法,他们也没有被告知任何信息"。①

　　然而,菲什金(James S. Fishkin)则对媒体提高其协商性民意测验的政治重要性寄予厚望——这让人想起哈贝马斯把媒体称谓为"第四种权力"。② 哈贝马斯把大众传媒在民主政治体系中所发挥的作用概括为以下几个方面:其一,大众传媒拥有一种代理人的身份,它将公众集体的学习愿望和批判能力既看成为一种假设,又当作是一种要求且需强化的东西。其二,大众传媒具有独立性,它与司法机构一样,需保持对政治行动者和社会行动者的独立。其三,大众传媒具有批判功能,它公平地接受公众的关切和倡议,并使其政治过程受基于议题和建议的合法化强制的批判。当然,哈贝马斯在强调大众传媒冲破时间和空间的界限而进行超地区性的交往功能以及肯定大众传媒有助于保持信息的多重性脉络的同时,也注意到大众传媒的二重性:一方面,它有助于超时空的交往,可以同时实现各地的相互理解的背景性脉络的相互联结和相互理解的集中化;另一方面,它也可以通过受控制的自上而下或从中心向外围扩散的单播渠道,在大范围上加强社会控制的功效。在《结构转型》一书中,哈贝马斯将舆论看成是科学技术与统治政治相勾结的中间环节。在哈贝马斯看来,现代高科技成果如果要成为政治统治的有效工具和手段,就必须诉诸"公众舆论"这一实现"公共性"的重要渠道。也就是说,要借助于那些能够动员、灌输、诱导和疏通公众舆论的大众传媒手段,即电台、电视、报纸、讨论会以及互联网等种种社会交往形式,使原来远离或不关心科技成果的公众,可以逐渐地消化科技成果的知识,也可以认清这些科技成果对于他们的日常生活的"利益";同时,更为重要的是,被统治阶级所控制的大众传媒手段,可以在"普及"新科技成果的同时,巧妙地掩饰利用这些科技成果过程中所包含的"巩固统治利益"的因素,使公众只看到这些科技成果有利于公众福利的方面,并有意地使公众陶醉于其中。正如哈贝马斯所论说的:"由大众传媒控制和扭曲的公共领域的交往结构,在很大程度上受制于私人对信息的被动使用,以至于再也无法形成具有凝聚力的解释模式。休闲者那支离破碎的日常意识阻碍了阶级意识形态的形成——这种支离破碎的日常意识本身已经成了意识形态的主导形式。"③ 因

────────────

① Mark Poster (ed.), *Jean Baudrillard: Selected Writings* (Cambridge: Polity Press, 1988), p.211.

② [美]伊森·里布:《美国民主的未来:一个设立公众部门的方案》.朱昔群、李定文、余艳红译,北京:中央编译出版社,2009,第46页。有关哈贝马斯的"传媒权力"的观点,笔者将在本文第三章第三节中展开讨论。

③ 哈贝马斯:《生产力与交往——答克吕格问》,载[德]哈贝马斯:《哈贝马斯精粹》.曹卫东选译,南京:南京大学出版社,2004,第513页。

此,哈贝马斯强调,中立化的传媒与商谈政治的概念一致,共同表达了一个规范性观念。根据这个观念,政治行动者和社会行动者必须经受公众舆论的监督,对公众所觉察的问题或在公众同意下已经被提上公共议程的问题,做出令人信服的贡献。同样,政党也必须从公众的视角出发参与政治意志的形成过程,而不是从维护其政治权力的视角出发,为了从公共领域中提取大众效忠而对公众施加影响。不过,哈贝马斯对印刷、广播、电视三大媒介在当下对社会的作用持有悲观态度。这三大媒介都是"播放模式",随着商业的侵入,这种单向的播放被加上了大喇叭。这种功率巨大而且无处不在的大喇叭,使得哈贝马斯特别珍视的公共领域——由公民组成,具有自由对话、形成公众舆论、表达公众意愿、监督公共权力机关等功能的重要领地——"已化身为作秀的舞台"。也正是在此意义上,有论者指出,哈贝马斯在处理不同时期的公共领域形态时并不具有系统性。比如,在论述资产阶级公共领域时,哈贝马斯给予知识分子以相当多的关注,但在论述 20 世纪公共领域时却对他们关注甚少,反而更重视"典型的电视收看者"(即普通受众)。同时,在论述资产阶级公共领域时,他没有考虑到当时出版界也存在理性批评的缺失,这导致他对当时的媒体持有比较乐观的态度,甚至将早期资本主义时期媒体所扮演的角色理想化了。

　　其实,我们知道,传媒的作用在于传递信息、宣示集体价值与行动准则,它既可以在专门从属于信息的范畴内实现,也可以在专门从属于娱乐的范畴内实现。所以,19 世纪的小说,20 世纪 30 年代的电影以及今天的电视连续剧,都可以被定义为对集体联系不断进行调整的公共空间。[①] 亦如汤普逊所分析指出的,传播媒体的发展以一种根本性的方式改变了行动或事件的公共性或可见性。在传媒发展之前,行动或事件的公共性是与对共同场所的共享联系在一起的:一个事件成为一起公共事件,是通过当着多数人的面发生而实现的,这些人在事件发生的时间和地点,其身体是在场的。"这一'共同在场的传统的公共性'依赖于面对面的互动。"[②]但传播媒体的发展——始于印刷术,包含较近的电子媒体——创造了公共性的新形式,它不再与对共同场所的共享联系在一起。一个行动或事件可以通过录音,并传播给其他不在场的人这种方式,变得可见和可以观察。"'经由介质的公共性'并没有完全取代共同在场的传统公共性的角色,但是随着信息传递的

---

① [法]弗雷德里克·巴尔比耶、卡特琳娜·贝尔托·拉维尼尔:《从狄德罗到因特网:法国传媒史》.施婉丽、徐艳、俞佳乐译,上海:上海人民出版社,第 335 页。
② 约翰·汤普逊:《媒体与政治》,载[英]凯特·纳什、阿兰·斯科特主编:《布莱克维尔政治社会学指南》.李雪、吴玉鑫、赵蔚译,杭州:浙江人民出版社,2007,第 185 页。

新的媒介变得更加普遍,经由介质的公共性开始补充并逐渐扩展和改变公共性的传统形式。"①

针对上述情形,学界曾提出各种观点。概言之,这些观点可表述如下:其一,大众传媒的单向发送和接受会摧毁公共协商的对话机制,使传媒受众成为被体制传媒意识形态控制的"文化傻子"。其二,信息接受的私人化和隔离状态会造成公共生活的实质死亡。其三,传媒机器受商业和政治势力操纵,体现的是某些集团或组织的局部利益,不是广大的公共利益,传媒机器所传播的信息因此不具有真正的公共性。同时,受技术和消费主义的霸权影响所强化,媒体消除了公域和私域、内在现实与外在现实、真理与幻想之间的所有差异。民众意识则逐渐通过景观的作用,通过娱乐、消遣和想像的中介而形成。因为缺乏获得意识的基本途径,普通个人沦落为消极无力的客体,且没有改变世界的希望;在景观控制并消解人的主体性的地方,布迪厄所谓的体系、公共领域也就失去了全部意义。因为商品化媒体和文化产业仍保持着意识形态优势,政治最终只是成为了精英的制度性策略,而且在很大程度上远离了竞争的经济利益和关于未来的对立观点。那么,由现代技术民主文化的支配地位(及宏大要求)所提出的关键问题就是:在公共参与面对如此多的结构和意识形态障碍,公共领域被如此贬损,巨大的社会挑战被忽略或淡化,实际上整个技术议事日程变得如此商品化的背景中,民主价值最终意味着什么?

在大众传媒的批评家看来,传媒滋生政治冷漠,鼓励人们逃避政治和现实生活。用经济学中"葛氏定律"来说,传媒用大众娱乐这一"纸币"(在此不能将其说成"劣币")驱逐了政治这一"硬币"(在此不能将其说成"良币")。② 其实,在大众传媒的历史变迁中,大众传媒作为一个公共领域,其中的私人话语在西方社会的蓬勃发展早已是一个显而易见的事实。在此,仅以脱口秀节目(Talk Show)为例,做一番分析。"脱口秀节目是一场使用尚未形成但就要形成(as-yet-unborn-but-about-to-be-born)的语言来讲授的公共课。它们提供了可以用来给这一问题——即用公众易于理解的方式来表达,就是到目前为止还是无法表达,但如果没有这一语言的提供,将永远无法表达的问题——命名的语言。"③在鲍曼看来,脱口秀节目使有关私人生活的公共话题合法化。在很大程度上,它们成了驱妖除

---

① 约翰·汤普逊:《媒体与政治》,载[英]凯特·纳什、阿兰·斯科特主编:《布莱克维尔政治社会学指南》.李雪、吴玉鑫、赵蔚译,杭州:浙江人民出版社,2007,第185页。
② [美]大卫·理斯曼等:《孤独的人群》.王崑、朱虹译,南京:南京大学出版社,2002,第200页。
③ [英]齐格蒙特·鲍曼:《流动的现代性》.欧阳景根译,上海:上海三联书店,2002,第105页。

魔的仪式——而且是非常有效的仪式。因为有了脱口秀节目,人们可以公开性地谈论过去被认为是可耻的、使人丢脸的和注定要保密的、只有默默地承受的东西了。① 鲍曼论述道:"私人问题因为在公共空间的表达而没有转换成公共问题,甚至在公众的注视下,它们也没有结束属于私人的状态,而且看来,它们通过被搬上公共舞台而将要实现的东西,正将所有其他的'非个人'(non-private)的问题从公共的议事日程中撵走。"② 这就是说,私人问题公开化,并非是它们实际上变成了公共问题,也不是私人问题的能力让它进入公共的讨论中。恰恰相反,是它们被再度确定为私人问题,是它们因强化了它们的隐私性的公开暴露而显现出来。其实,"普遍地并且常常总是更易于被看成是'公共问题'的问题,是**公众人物的私人问题**"。③ 这样,民主政治的传统问题——即公共人物履行他们对他们的选民(主人)的福利和安康的公共责任的方法,是如何有用或有害? ——已经被人们抛之脑后。哈贝马斯曾经忧虑私域被公域侵犯、征服和占领的可能性,现在正出现了一种与其相反的倾向——即公共领域正在被以前划归为不适合于公开表达的私人问题的殖民化的倾向。基于此,鲍曼感叹"政治的死亡",并呼吁对"公域的重新界定"。④

如今,人们通常对由日报、电视广播和新闻周刊以及互联网等所构成的大众传媒持不信任的态度。桑斯坦(Cass Sunstein)主张采用双重视角来理解这种充满矛盾的现象。根据桑斯坦分析,一方面,有些公民认为主流媒体被一个自私自利的公司精英所控制,它们主要试图销售自己的产品和维持社会的现状,而不愿去推动对一系列社会问题(诸如公司的权力、环境的恶化、贫困和种族等级制度等)的解决。另一方面,一些公民认为大众传媒代表的是一个自我标榜的自由党精英,他们对保持自己的权力特别感兴趣,在每个问题上都明确反映出左派自由党的偏见,并试图将这些偏见强加给国家。⑤ 贝斯特(Steven Best)和凯尔纳(Douglas Kellner)则追溯了关于媒体与公众舆论关系的论述,这些论述从 19 世纪中期的丹麦哲学家克尔凯郭尔(Søren Aabye Kierkegaard)开端,直达德波的"景观社会"和鲍德里亚的后现代"超真实"中的"类象王国"概念。人们或许会从

① [英]齐格蒙特·鲍曼:《流动的现代性》.欧阳景根译,上海:上海三联书店,2002,第 106 页。
② 同上书,第 107 页。
③ 同上书,第 107 页。
④ 同上书,第 106—107 页。
⑤ [美]凯斯·桑斯坦:《网络共和国:网络社会中的民主问题》.黄维明译,上海:上海人民出版社,2003,第143 页。

这些材料中析取出如下观念:人们在景观"麻木社会主体"①的大量想象中是被动的和墨守成规的。它使得公众从"剥削和不公的愤怒"上转移开,以致人们受到"新文化成果、社会服务和增长的工资"安抚,而这种转变正是"一种获取超前利润和取得超越于个体之上意识形态控制的方法"。② 在鲍德里亚的著作中,甚至类象背后的真实也消失了,只剩下自我咨询的模拟和社会反抗的少许可能。就贝斯特和凯尔纳而言,他们拒绝这一关于"客体占优势的虚无主义"承诺,认为把当代社会"解释成(资本主义)现代性的激烈形式比解释成一个全新的'后现代性'更准确",且最好将这一后现代性"理解成是资本主义的普遍延伸"。③ 不过,在泰勒看来,公共领域的媒体品质与功能,可以深深决定公共辩论的品质与范围。而揭发内幕的重要功能更是赋予媒体一种气质,这是其他任何功能都无法比拟的。尽管"水门事件"的传奇已成为年轻记者们的梦想。但毫无止境的挖掘内幕却有可能阻碍对重要议题进行健全的辩论。④ 李普曼(Walter Lippmann)曾指出,虽然研究民主的理论家并不在意大多数人是在何种条件下形成了公众舆论,但政治领袖却对此问题了如指掌。对此问题的了解构成了"制造认同"的基础,而正是"制造认同"使貌似民主的社会得以合法化、稳定化和鼓舞调动。认同并不是从下面形成的,而是从上面制造出来的。所以李普曼说道:"在一种共同意志的形成过程中,总会有一位亚历山大·汉密尔顿在发挥作用。"⑤

其实,在复杂多元的社会中,作为一种政治现象的公众舆论既是"匿名的"——它是交往网络自身的"去中心化",又是分散的,不具有控制的权力。这样,基于布鲁穆勒(Jay G. Blumler)的理论分析,哈贝马斯指出:"大众传媒应该把自己理解为一个开明公众集体所委托的代理人;这个公众集体的学习愿望和批评能力,是大众传媒同时既当作预设、也提出要求、并予以强化的东西;像司法部门一样,它们也应该保持对于政治行动者和社会行动者的独立;它们应该公平地接受公众的关切和提议,并根据这些议题和建议把政治过程置于合法化强制和被强化了的批判之下。这样,传媒权力就被中立化了。"⑥这就是说,只有大众传媒始

---

① 〔美〕斯蒂文·贝斯特、〔美〕道格拉斯·凯尔纳:《后现代转向》.陈刚等译,南京:南京大学出版社,2002,第107页。

② 同上书,第108页。

③ 同上书,第132—133页。

④ 查尔斯·泰勒:《公民与国家之间的距离》,李保宗译,载汪晖、陈燕谷编:《文化与公共性》.北京:生活·读书·新知三联书店,1998,第208页。

⑤ 〔美〕沃尔特·李普曼:《公众舆论》.阎克文、江红译,上海:上海人民出版社,2006,第162页。

⑥ 〔德〕哈贝马斯:《在事实与规范之间》.童世骏译,北京:生活·读书·新知三联书店,2003,第467页。

终保持其批判性、中立性、独立性和公平性，方能使公共领域真正成为民主的实践平台。正如贝克所指出的，"任何共和政体都需要存在主流的、占据优势与支配位置的、不作区隔的传媒，以此才能提供必要的基础，使公共领域能够有效运作，也让真正的共同言说能够栖身。社会应该避免在传媒催逼之下，成了共和国的'巴尔干化'"。①

三、新社会运动

如果说上面所论述的各种实体性空间、社团性组织以及大众传媒作为公共领域的诸种机制及其外在结构性要素主要是以静态的、和缓的方式为民众表达公共性诉求提供参与平台的话，那么（新）社会运动则是以动态的、激进的方式形成社会舆论、达致社会共识、产生社会压力的一种公共领域的结构性要素。② 它有其独特的公共性功能，并对公共理性和社会伦理的形成亦有着其独特作用。

1981 年，哈贝马斯在《目标》（Telos）杂志第 49 期上发表了题为"新社会运动"③的文章。在此文中，他提出并论述了"新社会运动理论"（Theory of 'New Social Movements'）。在同年出版的《交往行为理论》（第二卷："系统与生活世界"）中又对这一理论进行了提炼。在 1994 年出版的《在事实与规范之间》中对它作了进一步的阐述。根据哈贝马斯的理解，新社会运动（NSMs）是人的需要受到忽视的结果，是"文化现代性的载体"。④ 他认为，新社会运动一方面代表着重建一个处于危机边缘的生活世界的防御性努力，它是一场从社会、内政、经济和军事安全的旧政治（old politics）转向生命、权利平等、个人价值实现、参与和人权的新政治（new politics）的"无声革命"（silent revolution）；另一方面，随着现代资本主义社会的发展，政治系统的边界不仅扩大到经济系统，也扩大到文化系统。这种扩大导致了以前属于私人领域的生活领域的政治化，并将过去公开的阶级斗争隐藏在其他形式的斗争背后。然而，这并不意味着阶级对抗已经被废除，而是意味着阶级对抗已经潜伏起来了。⑤ 至于那些不再呈现出阶级斗争形式的社会运动，除非它们与来自社会其他部门的潜在抗议联系在一起——这种相对贫困的冲突

---

① 查尔斯·埃德温·贝克：《媒体、市场与民主》.冯建三译，上海：上海人民出版社，2008，第 223 页。

② 参阅杨仁忠：《公共领域论》.北京：人民出版社，2009，第 264 页。

③ J. Habermas, New Social Movements, *Telos*, 49(1981), pp.33–37.

④ J.L. Cohen&A. Arato, *Civil Society and Political Theory* (Cambridge: MIT Press, 1994), p.531.

⑤ ［美］托马斯·麦卡锡：《哈贝马斯的批判理论》.王江涛译，上海：华东师范大学出版社，2010，第 480 页。

才会真正推翻这种制度——否则它们只会激励这种制度强化与形式民主不相容的反应。因为相对贫困的群体不是社会阶层，他们甚至不可能代表劳苦大众。只要不与优势群体结盟，这样的内战就缺乏阶级斗争所具有的革命成功的机会。①

新社会运动最重要的特征之一就是参与者往往把日常生活的经验，特别是私人领域（如学校、街区等）的经验，转化为政治干预的规范性愿景。哈贝马斯认为，新社会运动已不再是 19 世纪和 20 世纪革命理论家所梦想的那种类型，也不再是占领街道的大规模群众运动。原来"那种传统的模式有两张面孔。一方面是声势浩大的罢工游行，另一方面则是不穿制服的法西斯暴民。大众文明愈是进步，这种群众行动的罗曼蒂克便愈是苍白无力——尽管发生了莱比锡和温策尔斯广场的示威游行"。② 这就是说，传统的社会运动主要采取激进式甚至暴力式的活动方式。而如今的新社会运动则已成为多元化和个性化的动力，它标志着一个抽象化过程。其实，就新社会运动而言，最核心的问题或者说"一个事关其生存的问题是：它们能不能找到一些组织形式来产生出团结和公共领域，并允许它们在追求其特殊目标的同时充分利用现行的交往权利和交往结构，并使它们更加彻底"。③

针对上述关键问题，哈贝马斯首先坦承，虽然这些新社会运动与自己并无内在关系，可对其还是比较了解的，并将它们称谓为一种新"抗议潜力"（potentials for protest）。④ 但哈贝马斯在此放弃了马克思主义的社会冲突理论，反对从资本主义国家经济垄断、政治操控的单纯视角和马克思异化理论角度来观察和分析现代社会的各种矛盾和社会趋势，而试图使"资本-劳动"冲突型范式转向"系统-生活世界"冲突型范式，主张策略行为与交往行为之间是相对立的论断，进而采用"系统与生活世界"相区分的分析框架来阐释新社会运动。哈贝马斯认为，如果从系统和生活世界的角度来考察社会发展动力，就既可以避免一元论的错误论断

---

① ［美］托马斯·麦卡锡：《哈贝马斯的批判理论》.王江涛译，上海：华东师范大学出版社，2010，第 481 页。译文略有改动。

② ［德］尤尔根·哈贝马斯、米夏埃尔·哈勒：《作为未来的过去》.章国锋译，杭州：浙江人民出版社，2001，第 92 页。

③ ［德］哈贝马斯：《在事实与规范之间》.童世骏译，北京：生活·读书·新知三联书店，2003，第 464 页。

④ 哈贝马斯：《我和法兰克福学派——哈贝马斯同联邦德国〈美学和交往〉杂志编辑的谈话》，载.哈贝马斯：《哈贝马斯精粹》.曹卫东选译，南京：南京大学出版社，2004，第 495 页；哈贝马斯、阿列克斯·荷内思、埃伯哈特·诺德勒-本特、阿诺·魏德曼：《理性辩证法》，载包亚明主编：《现代性的地平线》.李安东、段怀清译，上海：上海人民出版社，1997，第 54 页。哈贝马斯所谓的新的"抗议潜力"是指：反核和环保运动、和平运动（包括北南冲突的论题）、公民首创运动、选择运动（包括大城市场所，与房屋占有，选择计划和土地公社会等）、承认和维护少数人群（老年人、同性恋者、残障人士等）权益的运动、对心理上与生活上进行援助的活动、家长联合会对学校的抗议活动、反抗"现代化改革"的运动、妇女运动以及所有为争取地区、语言、文化和宗教的独立自主而斗争的自治运动等。

（比如说，在官僚化和货币化的公共生活世界和私人生活世界中都存在着物化现象），又可以避免整体论的错误论断（比如说，现代经济在一切生产关系中都具有一种"系统"特征）。① 因此，"系统"与"生活世界"相区分的法则成了哈贝马斯总体理论的标示（hallmark），它对我们理解他的新社会运动理论以及使运动行动者有形成公共领域的能力将有着重要的意义。

哈贝马斯进一步解释了他为何运用"系统"与"生活世界"相区分的法则来研究新社会运动，以及为何要对大众传媒和大众文化的矛盾潜在性做出观察与分析。原来，哈贝马斯是想从一个合理化的生活世界的观点来表现私人领域和公共领域。哈贝马斯指出，系统的强制性规则与独立的沟通结构是冲突的，在福利国家的大众民主制中，阶级矛盾被制度化并得到平息。② 但在哈贝马斯看来，虽然新社会运动带来的结果是一种"平静化的事实"，但这并不意味着这一运动所具有的"抗议潜力的完全止息"。如今这种无声革命并非关注分配问题，而是与生活方式的规则相关。它们不再在物质再生产的领域中被激起，不再通过党派和团体渠道流通，也不再通过符合系统的补偿形式得以缓和。归根结底，这种新社会运动是在"'后物质'价值取向的标志下发挥作用"和"在文化再生产、社会统一和社会化领域中形成的"。③ 也就是说，行动者的关注点从"拥有"（having）转向"存在"（being），反映出对"如何生活"的重视程度超过了对"拥有"的重视程度。用哈贝马斯的话来说："所有这些运动都是新近发生的历史事件，因为它们并不是围绕着个体所经受的苦难而联合在一起的，个体所经受的苦难应该归入策略性实践的视域，这些运动毋宁应该以自由话语和交往行为的各种原则为基础而形成。这一点已经得到证明，因为这些运动缺乏获得任何国家权力分配的兴起，而且，无休无止的各种争论都关系到他们的自我同一性。"④

事实上，许多社会运动不再像过去那样通过政党或工会来解决问题，而是通过个人的自发联合和公民的团结来解决问题。当代西方国家的社会问题已非物质生产力不够发达和不够繁荣，也并非简单地通过政党和其他次级政府组织或社会组织的运行便可解决，更不能通过纯粹的协调式的国家"补偿"来解决。毋宁

---

① ［德］哈贝马斯：《生产力与交往——答克吕格问》，载哈贝马斯：《哈贝马斯精粹》，曹卫东选译，南京：南京大学出版社，2004，第512页。

② J. Habermas, *The Theory of Communicative Action, Band* **2** : *System and Lifeworld: A Critique of Functionalist Reason* (Translated by Thomas McCarthy, Boston: Beacon Press, 1987[1981]), pp.391 - 392.

③ Ibid., p.392.

④ J. Habermas, New Social Movements, *Telos*, 49(1981), pp.33 - 37.

说,当代西方社会是一个拥有非常丰富的物质财富和高度完善的制度的体系。因此,许多冲突发生在文化的再生产、社会整合和社会化的过程中。这就是哈贝马斯所说的那种招致"生活世界殖民化"的"经济的和行政管理的复合体"的增长问题。在晚期资本主义国家中,出现了一个特殊的社会阶层,这个阶层直接参与生产过程,其利益在于维持现有的资本主义增长,并以此作为福利国家制度的基础。相比之下,由这一阶层的各个组成部分形成的周边力量,普遍远离晚期资本主义的"唯生产力效能核心"的阶层,对晚期资本主义高度发达的生产力效能的自毁效应有着非常敏感的体会。诸如女权运动、环境运动等所谓的"新社会运动"就是这种社会矛盾的复杂表现。[1] 由于这些抗议运动是制度外的或议会外的,是由交往世界的物化而形成的缺陷,因而只能通过福利国家在需要时给予的新补贴来解决。但这些运动影响政治进程的方式与游说团体通常使用的方式大不相同。游说团体以某种大家认可的立场来动员力量,但其内部讨论是保密的。相反,社会运动的内部辩论对所有人开放。正是因为如此开放和全球化,他们才能够重塑公共规划。[2]

哈贝马斯认为,这些新社会运动,如第二波女权运动,推动了新的生活方式和存在方式(即常常形成一种身份政治),这不仅改变了生活世界,而且开辟了新的改变方式,而不仅仅是抵御系统。[3] 不过,面对当代的政治实验,哈贝马斯拒绝将新社会运动看作是一种新的后自由主义的民主-解放政治(democratic-emancipatory politics)。相反,他认为:第一,就新社会运动所运用民主-解放政治的技巧而言,它并非具有新颖性;第二,就新社会运动调动身份政治的技巧而言,它具有新颖性但又带有纯粹的防御性,因此,至少从它对更大系统所具有的影响角度来说,新社会运动没能具有解放力。[4] 在哈贝马斯看来,新社会运动"都带有文化革命的特征","暴露出了现代生活世界所固有的结构缺陷"。[5] 从这个角度看,新社会运动有两个主要特征:首先,新社会运动可以防止生活世界的殖民化,通过交往理性维护规范性共识。第二,这些运动的目标或要求的性质较少涉及物质再生产,而更

① [法]高宣扬:《当代政治哲学》.北京:人民出版社,2010,第254页。
② 查尔斯·泰勒:《公民与国家之间的距离》,李保宗译,载汪晖、陈燕谷编:《文化与公共性》.北京:生活·读书·新知三联书店,1998,第210页。
③ J. Habermas, *The Theory of Communicative Action, Band2: System and Lifeworld: A Critique of Functionalist Reason* (Translated by Thomas McCarthy, Boston: Beacon Press, 1987), p.392; J. Cohen and A. Arato, *Civil Society and Political Theory* (Cambridge, MIT Press, 1994), p.199.
④ J. L. Cohen & A. Arato, *Civil Society and Political Theory* (Cambridge, Mass.: MIT Press, 1994), pp.529–530.
⑤ [德]哈贝马斯:《现代性的哲学话语》.曹卫东等译,南京:译林出版社,2004,第409页。

多地涉及文化再生产、社会融合和社会化①以及生活质量、自我实现、参与目标以及自我认同(即所谓的"象征性再生产")。由于这些运动不同于传统的分配斗争(即马克思主义工人运动),哈贝马斯认为它们不能被政党制度化,也不能被物质补偿所缓和。在这种情况下,正如哈贝马斯认为晚期资本主义会产生合法化危机一样,这些新的社会运动所引发的冲突会导致更大的合法化危机。

参考科恩(Jean Cohen)和阿拉托(Andrew Arato)的研究②,哈贝马斯进一步指出,这些寻求"身份政治"(identity politics)的新社会运动具有双重政治功能:一方面是具有进攻性,它们试图提出同整个社会有关的议题,定义各种有关问题的态度,提出解决问题的建议,提供新的信息,重新诠释价值,陈述好的理由,驳斥坏的理由,以便造成广泛的舆论转向,改变有组织的公共意志形成过程的参数,进而影响议会、法院和政府支持一个特定政策;另一方面是具有防守性,它们的目标是维持现有的社团结构和公共影响力结构,形成一种次反公众和反向建制,巩固一种新的集体认同,并以一种具有更广泛权利、经过改制形式而赢得新的领地。③ 在奥菲(Claus Offe)看来,新社会运动是自治公民社会重建的具体表现。它将集体行动的空间扩展到政府管制和国家干预之外,旨在建立"非制度化政治"(noninstitutional politics)④,重建免于资本主义支配的自主性生活。哈贝马斯对这些来自公民社会/公共领域的非建制化政治运动的解放潜能持保留态度。因为它们仍然存在着一些与交往理性预设相冲突的反普遍主义成分。于是,哈贝马斯重新诠释了新社会运动:新社会运动被概念化为一种交往行为的集体形式,但从目的论的观点来看,新社会运动只能被认为是一种不充分的社会力量。其原因如下:其一、公民社会的活力必须在一个理性化的生活世界中迸发,否则,它将成为

---

① Steven M. Buechler, New Social Movement Theories, *The Sociological Quarterly*, Vol. 36, No. 3, 1995, p.445.

② 科恩和阿拉托所提出的新社会运动思想试图以现代思想来阐释市民社会在当代的种种悖论现象以及解决这些现象的可能性。新社会运动以哈贝马斯的"交往互动"思想和商谈伦理学作为现代市民社会指导原则,试图将对(种族、性别)认同感、(个人)自主、(对少数民族文化的)承认等新的社会诉求体制化。他们认为,新社会运动是以捍卫私人领域和公共领域自主发展的合法权利不受经济系统和国家的侵犯为目标的。在市民社会中,新社会运动将起到"重塑身份、重新解读规则、促进平等以及发展出新的民主联合形式"的作用。详情参见 Jean L. Cohen and Andrew Arato, *Civil Society and Political Theory* (Cambridge, Mass.: MIT Press, 1992)。

③ [德]哈贝马斯:《在事实与规范之间》. 童世骏译,北京:生活·读书·新知三联书店,2003,第457—458页。

④ Claus Offe, New Social Movements: Challenging the Boundaries of Institutional Politics, *Social Research*, Vol.52, No.4,1985, p.826.

一场盲目的反民主的群众运动。其二、在一个自由的公共领域中，行动者只能获得影响力（influence），而不是政治权力（political power）。行动者通过影响力，将舆论的形成转化为立法过程，最终成为合法性信念。其三，在一个功能分化的社会中，法律和行政权力发挥作用的能力是有限的。因此，从公民社会中产生的民主运动必须放弃其对一个总体上自我组织的社会的渴望（即马克思主义所设想的国家的灭亡）①。虽然哈贝马斯同意这种多元文化认同，但他也强调，这种认同必须在民主法治的框架下进行。

对于新社会运动的内在动因，哈贝马斯认为它来自于对完美集体认同的威胁。② 也就是说，这些抗议背后的原因是对行政管理过程和方法的抗议表达，而它们的共同点是，它们越来越对资本主义的副产品——机能失调（即政府失灵）——表现出敏感性和快速反应。③ 哈贝马斯根据潜在抗议的特征，将解放潜能（emancipatory potentials）跟抵抗运动（resistance movements）和撤退运动（withdrawal movements）进行区分，并进一步区分了抵抗运动内部的两种抗议类型：一种是努力捍卫传统中所有社会形态的"撤退"元素，反对传统和社会等级（基于财产），就像在大多数自治运动中一样；另一种则是探索新的合作和共同生活的"解放"元素，在合理化的生活世界基础上发挥作用，尝试新的合作和共同生活方式，如青年运动和另类运动（alternative movements）。这些运动的共同关注点是对增长的批判，其灵感来自生态与和平的主题。哈贝马斯对这样的运动怀抱希望，因为有可能，至少以某种粗糙的方式，将这些冲突视为对生活世界殖民化的抵抗。主导青年抗议群体的目标、态度和行动模式就可以被理解为是对人们非常敏感的某些问题和情况的一种回应④，如生态危机、毁灭性军备竞赛、核威胁、核废料的环境风险、基因工程的伦理冲突、公民个人数据存储和集中使用的隐私安全等。所有这些风险或危险都入侵了生活世界。

对于新社会运动带来的实际结果，哈贝马斯认为新社会运动的本质是对"生活世界殖民化"的抵抗，其道德基础是寻求解放，反对操纵和专制。这些运动对分享国家权力不感兴趣，而是对打造一个更合理、更自由的新集体认同感兴趣。至

---

① ［德］哈贝马斯：《在事实与规范之间》. 童世骏译，北京：生活・读书・新知三联书店，2003，第458—460页。

② ［德］哈贝马斯：《现代性的哲学话语》. 曹卫东等译，南京：译林出版社，2004，第409页。

③ 哈贝马斯、安吉罗・波拉斐：《保守主义和资本主义危机》，载包亚明主编：《现代性的地平线》. 李安东、段怀清译，上海：上海人民出版社，1997，第27页。

④ J. Habermas, *The Theory of Communicative Action, Band2: System and Lifeworld: A Critique of Functionalist Reason* (Translated by Thomas McCarthy, Boston: Beacon Press, 1987), p.394.

于这样的构想是否现实可行,哈贝马斯表示,他不确定,因为如今具有抗议潜力的,既不是旧的阶级对抗,也不是新型的、没有特权的社会团体。因此,根据其形成,抗议潜力往往会使干巴巴的公共领域重新政治化(Repolitisierung)。① 但同时,哈贝马斯又认为,这些运动"对于回应生活世界殖民化的新的抵制和退出运动具有重要的论战意义"。② 其实,就其为公共领域带来一系列广泛的新思想,并且为讨论曾经拒绝或保持沉默的问题开辟新空间的程度而言,新社会运动的扩展重塑了政治图景。它们有助于使解释世界的新方法合法化;也确实侵蚀了政治文化,提出了新的问题,激发了新的讨论,但它们的分裂特征及其深层的反政治倾向则限制了它们的发展,使它们无法协调一致地、有组织地抨击现状。正如奥菲所指出的,新社会运动天生无法应对计划和时代的长期要求,因为它们是脆弱的、分散的,并受制于当前的环境。奥菲说道:"在新社会运动的要求中,它们不期望一个长期变革、渐进改良或逐步改善的过程,而是期望一个即时的突变。"③但另一些人则认为,作为扩大授权和重塑公共领域的历史性斗争的一部分,新社会运动的扩散体现出特殊意义、认同和团结,为理解先进工业社会的变革过程开辟了新的理路。④

哈贝马斯对新社会运动的关注,就是试图对传统的马克思主义社会运动理论进行调整,使马克思主义的社会运动理论能够解释新的社会现实。不过,哈贝马斯虽然对传统的马克思主义工人运动在改造现实社会中的作用表示怀疑,但在一定程度上仍然坚持马克思唯物史观的分析框架来分析现代社会运动的形成。在他看来,晚期资本主义社会的问题是系统(即经济系统和行政系统)入侵生活世界。经济系统实际上就是马克思主义所说的经济基础,而这个经济基础干扰或影响着人们交换意见的生活世界,即马克思早期所说的公共领域。换句话说,对于哈贝马斯来说,作为公共领域一部分的新社会运动是在经济基础的影响下发生的。从这个意义上说,他在一定程度上接受了马克思主义的观点。⑤ 但爱德华兹

---

① [德]哈贝马斯:《作为"意识形态"的技术与科学》.李黎、郭官义译,上海:学林出版社,1999,第78页。

② J. Habermas, *The Theory of Communicative Action, Band2: System and Lifeworld: A Critique of Functionalist Reason* (Translated by Thomas McCarthy, Boston: Beacon Press, 1987), p.396.

③ Claus Offe, Reflection on the Institutional Self-Transformation of Movement Politics: A Tentative Model, in Russell J. Dalton&Manfred Kuechler, *Challenging the Political Order: New Social and Political Movements in Western Democracies* (New York: Oxford University Press, 1990), p.238.

④ [美]卡尔·博格斯:《政治的终结》.陈家刚译,北京:社会科学文献出版社,2001,第286—287页。

⑤ 王晓升:《新社会运动"新"在何处——对20世纪70年代以来西方社会运动理论的思考》,载《学术月刊》2011年第2期,第18页。

(Gemma Edwards)认为,哈贝马斯的"新社会运动理论"的一个弱点在于,它没有指出社会运动过程中由于系统与生活世界的分裂而产生的冲突。究其原因,哈贝马斯在分析社会运动的过程中,未能突破自身的历史局限而拓宽其理论的应用性,也未能根据国家-经济-生活世界的动态学原理而强调其分析的本质性。在爱德华兹看来,哈贝马斯关于新社会运动的理论并没有什么新意。相反,具有讽刺意味的是,我们发现了一种被哈贝马斯忽略的新颖性:一个由于资本主义民主化对日常生活产生消极(和殖民化)影响而用于分析当代抗议行动很有效的框架。① 不过,阿杰(Ben Agger)则认为,哈贝马斯的新社会运动理论对传统的马克思主义来说是一个在经验上和政治上都富有成果的贡献,因为这种僵化的马克思主义没有把白种男人左派所特别忽视的"支配"的各个方面考虑在内,尤其是没有把基于性别和种族的"支配"考虑在内。因此,对社会学来说,它也是一种潜在的具有重大意义的实质性贡献,且不用说法兰克福学派在国家理论和文化分析领域所作出的其他贡献了。②

可以这么说,哈贝马斯的新社会运动理论为学者研究社会运动提供了深刻的理论洞察,因为一些学者仍然缺乏一个广阔的理论视角来解释这些社会运动的起源,以及这些社会运动产生了什么样的结构性影响。哈贝马斯发现了传统马克思主义的阶级斗争理论与非马克思主义的社会运动观点之间的相通之处。他在坚持马克思主义社会政治变革行动的同时,在很大程度上改变了左翼传统,这一点可以从社会运动中看得出来。传统的马克思主义者认为这些社会运动是没有意义的,尤其是女权运动、黑人运动、反殖民运动、环境运动、反核运动等等。就像哈贝马斯对国家合法化危机的分析一样,他通过与历史悠久的社会学问题联系起来,并将其置于更大的历史唯物主义框架内,弥补了社会学中那些最激进的见解(如他在《交往行为理论》中对帕森斯的理解)。哈贝马斯并没有像大多数社会运动的社会学研究者(比如福柯)那样竭力抵抗"系统的支配"(systemic domination),这使他整个社会批判理论具有了某种实践的意向。③ 因此,就新社会运动而言,哈贝马斯的一些论述还是值得我们注意的。

---

① Gemma Edwards, Habermas and social movements: what's "new"? in Nick Crossley and John Michael Roberts (eds.), *After Habermas: New Perspectives on the Public Sphere* (Blackwell Publishing Ltd, 2004), pp. 121－122.
② [美]本·阿杰:《批判理论、后结构主义和后现代主义:社会学的关联》,谢菡生译,载苏国勋主编:《社会理论》(第2辑).北京:社会科学文献出版社,2006,第143页。
③ [美]本·阿杰:《批判理论、后结构主义和后现代主义:社会学的关联》,谢菡生译,载苏国勋主编:《社会理论》(第2辑).北京:社会科学文献出版社,2006,第158页。

　　回到哈贝马斯的立场，哈贝马斯声称，新的社会冲突和矛盾将不再由物质生产领域引起，不再主要以阶级斗争的形式出现，它将转向文化生产、社会整合与社会化等领域，转向对生活质量、个人自我实现、规范与价值、参与与人权等方面的关注。在这里，我们可以借鉴凯尔纳的观点来理解。凯尔纳站在晚期资本主义的立场上，坚决反对博格斯等后马克思主义者以后马克思主义来指导新社会运动的观点，与之相反，他认为批判理论与新社会运动之间具有天然的亲和力，且批判理论与激进政治（新社会运动）之间存在某种双向的联系：一方面，新社会运动在很多方面弥补了以前社会主义政治的不足。我们知道，在传统社会主义政治框架内，性别、种族、生态、文化等问题常常是被忽略的，在那里唯一合法的只有阶级政治，这显然是不全面的。另一方面，对社会主义政治某些进步因素的反思也可以纠正新社会运动的不足。在凯尔纳看来，未来的新激进政治必须克服先前所有政治学的缺陷，综合社会主义政治与新社会运动的优点，既强调共同的利益、价值和目标，又尊重不同群体及政治议程之间的差异，在这个意义上说，阶级政治学与新社会运动是同等重要的，哪一个都不能忽视。这样，一种重新政治化的批判理论完全可以为新社会运动和其他激进政治形式提供理论框架。当然，凯尔纳上述对新社会运动大加赞赏的言论，可能过于乐观了。正如吉登斯（Anthony Giddens）所反问的："'普遍的无产阶级'无法承担左翼的历史抱负，难道其他力量会承担吗？"[①]

　　有人认为新社会运动有助于我们理解国家与公民社会之间的疑难关系。它们作为一种政治力量的出现本身可以被视为对国家以民主和包容的方式治理公民社会的能力的不信任。[②] 新社会运动有助于我们看到国家的问题，但它们并不能真正地削弱其权力。从这个意义上讲，诸如图海纳（Alan Touraine）和梅鲁西（Alberto Melucci）等新社会运动斗士都存在着忽视国家权力而不是主动直接与之作战的危险。因为新社会运动的非正式的、零星的行动本身并不能像图海纳和梅鲁西所提出的那样改变国家与公民社会的关系。在现实中，国家仍然是权力的中心。各种各样的社会运动，如果不想在政治上被永久边缘化，就需要与国家直接互动。也有人认为，新社会运动的政治维度虽然不总是明确的，但当政治运动处理一些具有决定性的社会问题时，它就会根深蒂固。第一，社会运动产生了一种揭露效应，它使社会可以清醒地认识其现状、分裂和命运。社会运动促使带有

① ［英］安东尼·吉登斯：《超越左与右——积极政治的未来》，李惠斌等译，北京：社会科学文献出版社，2003，第 2 页。
② ［英］基思·福克斯：《政治社会学》，陈崎、狄喜梅、肖咏梅译，北京：华夏出版社，2008，第 81 页。

一系列核心问题(医疗、教育、公共服务、就业等)的政治内容显露出来,这些核心问题是合法政治所遮掩的,因为合法政治认为这些问题从技术上说是可明确提出和可解决的。第二,社会运动使得人们可以了解公共政策的时间性与公民要求和愿望的时间性之间的脱节。第三,社会运动代表一种历史要求,反对逾越被认可从社会角度看是可接受的东西的界限。第四,社会运动成为了民主试验场,在此,一些集体协商实践自由发展:对受托人行为的限制,个人承诺和集体构建之间、直接表达和共同责任之间的新结合。① 所以说,新社会运动作为一种动态而激进地形成社会舆论、达成社会共识、产生社会压力的公共领域的外部结构性要素,作为公民社会参与政治生活的一种形式,具有其独特的公共性功能②:第一,新社会运动在对国家权力机构的批判和监督中,以激进的方式动员社会力量,推动民主政治的发展。第二,新社会运动是培育公民自由精神、民主意识和政治参与能力的基地。第三,新社会运动作为一种集体性的社会行为,它与公共领域结构性要素的其他媒介形式——公共空间、社团组织、公共传媒相比,具有更为激进的特点,因而它所形成的社会舆论和产生的社会影响更直接、更强大也更为有效。新社会运动是要建设"新社会"的运动。仔细观察这些新社会运动的背景和目标会发现,其内在地包含着非常强烈的理想的激进性。换言之,各种新社会运动所设立的乌托邦,虽然在其发展过程中有时会出现对立的情况,但是从其长期、整体的发展过程来看,朝着某种共同的价值指向性——即向着反国家主义和反资本主义的乌托邦前进。新社会运动的乌托邦,不是在各自的领域像一个个孤立的岛屿一样挥舞着各自的旗帜,而是在运动的过程中,相互之间消除界限,自由地出入以达到社会的团结或建立共同的斗争阵线。

因此,从理论研究的角度来看,发生在公共领域中的新社会运动既不能简单地被看作是由经济问题引起的阶级斗争,也不能简单地被看作是为了获得文化认同的文化运动。我们有必要用发展着的马克思主义的观点来认识现代社会运动,即必须把新社会运动置于公共领域,分析出现在公共领域中的新社会运动。③ 当代公共领域就存在于追求和平、生态、女权主义和社会正义的新社会运动中,这些新社会运动往往寻求或者被迫与资本主义国家发生冲突,而不是适应资本主义国家。

---

① [希腊]米歇尔·瓦卡卢利斯:《后现代资本主义:社会学批判纲要》.贺慧玲、马胜利译,北京:社会科学文献出版社,2012,第175页。

② 参见杨仁忠:《公共领域论》.北京:人民出版社,2009,第265—266页。

③ 王晓升:《新社会运动"新"在何处——对20世纪70年代以来西方社会运动理论的思考》,载《学术月刊》2011年第2期,第21页。

从实践层面来看，一些西方学者之所以将西方社会描述为"社会运动社会"，是因为西方社会的大多数社会运动已经体制化。这样，西方虽然社会运动很多，但革命的可能性则趋近于零。其实，在公民社会中，社会运动将起到"重塑身份、重新解读规则、促进平等以及发展出新的民主联合形式"的作用。[1] 西方新社会运动的主要功能是通过运动参与者的积极行动，在一定程度上弥补"政府失灵"和"市场失灵"，表现出人们对民主和政治的新的理解与挑战，进一步促进社会的多元化和多样化。不过，在公共理性缺乏和法治规范不健全的国家，新社会运动常常采取一种革命激进式的方法，进而可能演化为群体性或集体性的事件。总之，新社会运动斗争既扩展了公共领域的参与，也扩展了公共领域中的对话范围。塔克（Jr. Kenneth H. Tucker）就把新社会运动称之为"行动的公共领域"（the performative public sphere）[2]，只是哈贝马斯的公共领域理论中恰恰忽视了这个意义上的公共领域。其实，法国大革命以来的大多数社会和政治运动的一个典型特征就是：它们要求被排斥的团体进入公共领域，要求重新确定公域与私域之间的边界。这样，迄今为止被认为是私人领域的问题变成了公共正义问题。譬如，反殖民运动和民权运动不但要求把公民和政治权利普遍地扩展到非白种人，也要求公众对以种族主义的、贬低性的和蔑视性的条款和范畴表达这些团体成员的利益保持敏感。类似地，二战后的第二轮妇女运动不但要求创造工作条件，从而允许和保护妇女作为公民和工资劳动者在公共领域中的地位，也希望重新划定公域与私域之间的界限，从而使家庭暴力、虐待孩子和家务性的性别分工问题成为公众关心的问题。因此，我们不能再按照立法行动或国家行动的模式来设想公共领域。

第三节　公共领域的式微与重建

　　公共领域的理想范型要求作为公共领域机制的媒介只能是一个属于社会公

---

[1] ［澳大利亚］约翰·S·德雷泽克：《协商民主及其超越：自由与批判的视角》.丁开杰等译，北京：中央编译出版社，2006，第 101 页。

[2] 塔克认为，"行动的公共领域是一个流动的、脆弱的领域，关于想象的新政治学、僭越、本真或者游戏般的集体行动是其核心要素"。就这一意义上而言，公共领域不一定是人们进行话语交流而达成共识的领域。在社会生活中人们除了进行着理性的交流之外，还进行着各种想象的创造。人们就是要通过这种想象的创造而凸显自己的个性和特征。在其中，人们与既定的文化秩序进行抗争，从而实现本真的自我。因此在这种公共领域中，人们不是要达成共识，而是要重新实现本真的自我，产生新的生活体验。Jr. Kenneth H. Tucker, From the imaginary to subjectivation: Castoriadis and Touraine on the performative public sphere, *Thesis Eleven*, No.83, November 2005, p.56.

众并形成公众舆论的平台,它必须独立于权力、货币以及其他势力的控制之外。只有这样,才能保障它的公共性,才能给公共领域提供充分的生存空间,进而促进其健康发展。然而,在大众传媒时代,权力和货币侵入媒体,"原来作为公共领域机制的公共传媒消解了自身的公共性原则:大众传媒与国家势力的合作使它背离了非政府原则,从而使公共领域丧失了对权力的批判精神;大众传媒与商业的合谋则使它又背离了非商业化原则,从而使公共领域受制于市场逻辑"。① 这样,曾经是向所有人开放的公共性原则和独立于外界力量支配的机制被扼杀了,民主、自治的公共领域开始走向衰落。哈贝马斯将此称之为公共领域"再封建化"(Refeudalization)。

一、公共领域的"再封建化"

在《论革命》一书中,阿伦特曾分析了"社会对公共领域的侵犯"。在阿伦特看来,超越性之光照耀着公共领域,而穷人始终被排除在公共领域的光明之外。② 不过,自从革命向穷人打开了政治领域的大门,这个领域实际上就变成"社会的"了。它被实际上属于家政管理领域的操心和烦恼淹没了,即便这些问题被允许进入公共领域,也不能通过政治手段加以解决,因为它们是交托给专家来处理的行政问题,而不是以决定和劝说这种双重进程来解决的争端。其实,在18世纪末期革命爆发之前,社会和经济问题就已入侵公共领域,政府转化为行政部门,官僚规制取代个人统治,甚至法律也蜕变成政令。而"已经打败了公民的个人,在轮到'将个人打败'的社会的进逼之下,将会据守这一领地,仿佛据守一个岌岌可危的堡垒,保护自己不受社会侵犯"。③ 其结果就是,"人民要么就陷入'冷漠,这是公共自由死亡的前兆',要么人民对他们选举的任何政府都'保持反抗精神'",最终导致"公共领域消失了"。④ 阿伦特将这些现象称之为"绝对主义的显著特征之一"。⑤

哈贝马斯从社会福利国家转型和大众传媒对交往结构的改变这样两个角度,对公共领域的结构转型展开了讨论。⑥ 而公共领域的结构转型的特征就是"大众

---

① 杨仁忠:《公共领域论》.北京:人民出版社,2009,第267页。
② [美]汉娜·阿伦特:《论革命》.陈周旺译,南京:译林出版社,2007,第56页。
③ 同上书,第123页。
④ 同上书,第222—223页。
⑤ 同上书,第77页。
⑥ [德]哈贝马斯:《公共领域的结构转型》.曹卫东等译,上海:学林出版社,1999,"1990年版序言",第2页。

通过电子传媒相互交往遇到了越来越大的选择强制"。[1] 在晚期资本主义社会里,由于代议制度逐渐演变为等级制的权力关系,公共领域(市民社会)受到了日益扩张的市场社会和福利国家政治权力的双重控制。从私人领域中发展出来的公司以及从公共领域中成长起来的政党,与国家机器一起推动着权力的实施。自一战以来,随着自由资本主义的终结,国家干预主义(或凯恩斯主义)的兴起,市民社会的结构发生了根本性的变化,国家不再能够在市民社会中找到它的合法性基础。在哈贝马斯看来,造成这一结果的主要原因在于如下几方面现象的突现:一是政治子系统和经济子系统从分离走向结合而导致"系统的再政治化";二是公共领域日益商品化,从而失去了原有的在政治整合和政治参与方面的积极意义而导致的"文化的贫困化";三是国家对市民社会的公共文化生活的强有力的渗透而导致"生活世界的殖民化"。

哈贝马斯认为,有三个决定性的事件导致公共领域的转型[2]:第一,市场对遥远事件信息的需求导致了信息交换系统的发明。从 14 世纪中叶开始,商人组织了定期的邮政服务来传送消息,城镇成为重要的信息交换中心。对在同一时间产生的股票市场组织来说,邮电业和新闻界同时建构了一个系统化的通讯体系。[3] 第二,工业革命引起家庭性质的变化。许多曾经归属于家庭经济的活动开始出现在公共领域,"私有化的经济活动必须以依靠公众指导和监督而不断扩大的商品交换为准绳;其经济基础在自己的家庭范围之外;它们是第一次带有公共目的。"[4]例如,最初是私人的、与简单生存相关的活动(如食物原料的生产),现在成为公共领域的因素。第三,商业新闻领域出现新的发展。杂志源于简单的经济学原理,即新闻本身就是商品。而印刷杂志则是私人通信交流的产物。[5] 正是这三个历史性事件的综合作用导致了阅读公众的产生。至此,哈贝马斯将公共领域的结构转型的进程概述如下:首先,随着书籍出版的专业化和扩大发展(为满足新读者),报刊杂志的内容发生了变化。然后,随着书籍和报刊杂志生产的组织、销售和消费形式的变化,公共领域的基本结构发生了变化。接着,随着电子传媒的兴起,广告获得了新的意义,娱乐和信息不断交融,所有领域趋于集中化,以及自

---

[1] 〔德〕哈贝马斯:《公共领域的结构转型》.曹卫东等译,上海:学林出版社,1999,"1990 年版序言",第 32 页。
[2] 〔加拿大〕K·W·格瑞:《拯救 1968 的哈贝马斯批判观》,贺翠香译,载《世界哲学》2008 年第 5 期,第 28 页。
[3] 〔德〕哈贝马斯:《公共领域的结构转型》.曹卫东等译,上海:学林出版社,1999,第 15 页。
[4] 同上书,第 18 页。
[5] 同上书,第 20 页。

由主义协会和明确的区域性公共领域逐渐瓦解,公共领域的基本结构再次发生了转变。最后,随着商业化和交往网络的密集以及资本的不断投入和宣传机构组织程度的不断提高,交往渠道增强了,但进入公共交往的机会则面临着越来越大的选择压力。这样,一种新的影响范畴——传媒力量——产生了。最终,传媒促使公共领域发展成为一个失去了权力的竞技场。① 在此情境下,公众也就从"文化批判的公众"转变成了"文化消费的公众"。②

在哈贝马斯写就《结构转型》之时,其实当时社会生活中就出现了两种不同的倾向。一方面,政治体制从立法所需的公共领域中产生出来;另一方面,对于公共政治环境被抽空的反应正在变得日益强烈。对于这两种相反的倾向,哈贝马斯承认当时对此"毫无预见",且只作过"很少的说明"。但在他看来,这两种倾向宣告了公共领域中的两极分化,一极为官方的、干瘪枯涩的部分,另一极为地方亚文化群,用社会结构术语很难对它作出界定,它部分地与过去的中产阶级联在一起,又部分地与"后物质主义"结盟,它已经成为单一的反公共领域的核心——老年人与青年人、女权主义者和同性恋者、残疾人或积极失业者、偏激的职业人员、城市中的家庭主妇等等均包括在其中。③ 哈贝马斯指出,在自由资本主义时期,存在一种处于国家与市场之间的公共领域。这是一个围绕着公共权力的商业政策进行讨论的批判空间。在很长时期内,资产阶级公共领域在政治讨论方面集中表现为对政治原则和法治观念的探讨。公共领域的政治和法治要求,是力图把公共领域中表现为公众舆论的理性精神贯注到政策和法治中去。然而,批判性公共领域的瓦解是与干预主义政策所导致的福利国家兴起相伴的。

哈贝马斯分析指出,随着凯恩斯主义干预政策的推动与福利国家的兴起,批判性公共领域发生了多方面的重大变化。首先,文化消费对文学批判的替代,使文学公共领域的批判性日益丧失。其次,公共领域与私人领域的重叠,使公众日益远离公共权力的实施和监督过程。再次,公共讨论与立法规则之间关系的倒置,使操纵的公共性日益成为强势机制。因此,哈贝马斯警告说,晚期资本主义公共领域的权力批判职能遭到了严重的侵蚀。国家和公司的计划者通过制定自己的政策来自由地废除已经形成的政策。因为这些寡头政治的利益自称是官方的利益,所以这种公共领域开始经受某种形式的"再封建化"。公共领域变成由独裁

---

① [德]哈贝马斯:《公共领域的结构转型》.曹卫东等译,上海:学林出版社,1999,"1990 年版序言",第 15 页。
② 同上书,第五章第 18 节。
③ 哈贝马斯、佩里·安德森、彼得·杜瓦斯:《一种哲学-政治的侧面描述》,载包亚明主编:《现代性的地平线》.李安东、段怀清译,上海:上海人民出版社,1997,第 173—174 页。

主义的国家和公司机构建立和管理的空间或领域的同义词。这种公共领域的存在应该符合官方规定的公共标准、公共秩序和礼仪的原则。按照这些标准和规则,晚期资本主义倾向于变成一种非政治化的制度。这种制度中的选举人受到有意识的鼓励,变成奉公守法的臣民,只有为负有责任的政府和政客喝彩的权利。最终的结果是,"真正的公共领域遭到侵蚀",且"交往的行动地带正在干涸"。理应成为公众真正关心的一系列问题和需要却遭受官僚机构的控制,被个人化或贴上"越轨行为"的标签,甚至被专业人员当作疾病、犯罪或精神病来对待。在来自晚期资产阶级公共性及其玩世不恭的现实主义的压力下,自由资本主义关于民主的玫瑰梦破灭了。①

这就是说,到了晚期资本主义时期,国家同经济融为一体,在管理经验和防止危机方面发挥着重要职能。与此同时,国家取代了公共领域的教育、调解社会冲突、提供社会福利等功能,并且攫取了对广播等新闻媒体的占有权和控制权(至少在某些资本主义国家中是这样的)。为此,哈贝马斯追溯了新闻媒体、广告、公共关系、公司对文化的控制等现象的兴起过程,认为正是通过这些途径,私人企业逐渐攫取了原本属于公共领域的大量权力,并取代了理性个体、公民及政党等重要政治力量的地位。在回应安德森(Peny Anderson)和杜瓦斯(Peter Dews)的质疑与诘问时,哈贝马斯还曾指认,自由形态的公共领域崩溃解散的倾向——这种公共领域是指通过阅读、推理,用一种具有讨论风格的信息中介来构成的——自20世纪50年代后期以来得以加剧。电子媒介的功能模式证实了这一点,首先是传递二三手信息的组织机构趋向于垂直的、单向流动的中心化过程。我们正在经历着意象对于语词的替代的增量,而且还有广告、政治、娱乐、信息这些曾遭到阿多诺批判的范畴的混合。② 而以西方市民社会的发展及其结构来说,市民社会的构成及在其间的人际关系和活动应在平等的基础上进行,不考虑个人的身份和地位,且不受市场价值制约。市民社会团体原本可以作为抗衡人类活动商品化的根据地,尤其是学术团体、宗教团体、社会服务性团体、甚而是专业团体。这些团体有着自己的规范准则或专业守则,不取决于或至少不完全取决于市场机制,有些更是以市场价值以外的价值理念做指导。因此,从理论上说,这些非市场导向的市民团体,在一定程度上保护着个人自主空间不受商品价值理念完全控制。然

---

① [英]约翰·基恩:《公共生活与晚期资本主义》,马音、刘利圭、丁耀琳译,北京:社会科学文献出版社,1999,第112页。

② 哈贝马斯、佩里·安德森、彼得·杜瓦斯:《一种哲学-政治的侧面描述》,载包亚明主编:《现代性的地平线》,李安东、段怀清译,上海:上海人民出版社,1997,第172—173页。

而,摆在眼前的事实是,市场机制无处不在、无孔不入。市民社会商品化的趋势愈来愈严重。事实上,资产阶级公共领域的结构转型为形式民主的制度和程序创造了应用条件,在这些条件下,公民在一个客观的政治社会中享有的是一种消极公民的地位,只有给予喝彩的权利。私人自主的投资决策在公众的公民私人性中获得了必要的补充。在失去政治结构的公共领域里,合法性被压缩成了剩余的两个需求。第一,公民私人性(即对政治冷漠,趋向于关注事业、休闲和消费)助长了在系统内获得适当回报的期望(主要表现为金钱、休闲时间以及安全感)。第二,结构本身失去政治意义,需要通过精英统治论或技术专家治国论来证明。前者可追溯到熊彼特和韦伯那里,后者则可追溯到 20 世纪 20 年代的制度主义学派。①

这样,随着晚期资本主义的技术进步,随着现代国家的发展(其首要行政功能是形成资本并规避危机),随着现代科学和实证论的出现以及解释学和认识论的没落,批判性反思的公共领域消失了——与此同时消失的还有理解、协商和判断的真正可能性。② 对此,博格斯曾在《政治的终结》一书中详细阐述过美国社会中普遍的政治冷漠、公共领域以及公民权的衰落,以及这种衰落对民主的威胁。此现象被德国人称之为"政治的厌烦"(Politikverdrossenheit)。在这里,博格斯着力批判了公司权力的扩张对公共领域所造成的严重消极影响,这其实从《政治的终结》一书的副标题:"公司权力与公共领域的衰退"就可明了其研究的旨趣。博格斯在书的结论处指陈,"回归启蒙运动"③是终结思维的归宿,但启蒙运动要解决的问题不再是 17、18 世纪时代的王权专制,而是现代性社会的非政治化的公共领域。博格斯分析指出,公共领域的"非政治化"具有五个显著特征:一是明确地逃避政治领域;二是公民权和民主参与价值的衰落;三是公共话语的萎缩和独立思想的腐蚀;四是通过权术或社会治理实现社会变革的能力的削弱;五是社会缺乏对公共领域的独特之处的理解,缺乏对个人与地方性需求之间相互作用所形成的普遍利益的理解。④ 在此基础上,博格斯将"公共领域的衰落"⑤理解成发达资本

---

① [德]哈贝马斯:《合法化危机》.刘北成、曹卫东译,上海:上海人民出版社,2000,第 50—51 页。
② [美]G.E.麦肯锡:《马克思与古人:古典伦理学、社会正义和 19 世纪政治经济学》.王文扬译,上海:华东师范大学出版社,2011,第 369 页。
③ [美]卡尔·博格斯:《政治的终结》.陈家刚译,北京:社会科学文献出版社,2001,第 342 页。
④ [美]卡尔·博格斯:《政治的终结》.陈家刚译,北京:社会科学文献出版社,2001,第 29 页。
⑤ 博格斯对"衰落"概念进行了明确的界定,他说:"我使用'衰落'一词,指的是深层的非政治化历史过程、公民参与和社会治理的缺失、日益狭隘的公共话语,以及对古希腊人、卢梭、潘恩和杰弗逊等人来说极具价值的政治社会的消逝。"参见[美]卡尔·博格斯:《政治的终结》.陈家刚译,北京:社会科学文献出版社,2001,第 11 页。

主义发展过程的普遍现象。[①] 而公共领域的衰落对公民授权和社会变革具有潜在的毁灭性影响，并将由此导致"危机中的危机"。[②] 传统上对公民事务的关心已被公司权力及经济全球化日益增强的影响所颠覆。尤其是公司大型化倾向强化了公共领域的衰落趋势，随之而来的是普遍的反政治情结。大公司进入公共领域，把个人由一位公民、一位政治与文化事件的讨论者转变成了文化消费者、政治与媒体景观的旁观者。在公司扩张日益强化的世界里，意识形态霸权渗透到生活的方方面面；选举政治失去了意义，政党之间的界限不断缩小；公众话语热衷于生活琐碎；在大众眼中，政治与媒体景观、政治丑闻、选举舞弊、官僚主义、公司权力和腐败联系在一起。

博格斯进一步指出，如果现代自由资本主义崇尚与个人竞争和社会自治等古典洛克式理想相联系的自由和开放的公共领域等美德，那么公司扩张的现实或多或少产生了自身的对立面：混乱和分裂的世界，其中，民主参与变成了一种幻想。公共领域完全变成了非政治化的。[③] 这样，作为一个人们可以和其他人进行对话，交换看法，交流思想，进行辩论和影响集体决策——实际上，共同关心的重要问题都能得以讨论——的地方，公共领域的衰落甚至大大超过了自由资本主义的那些最低原则。可是，一个完全非政治化的公共领域有助于公司的统治。在这种公共领域中，华丽的奇观和声色犬马已经取代严肃的政治讨论和真正的民众参与。"因此，这种新自由主义秩序，与其说适应民主或自由市场的价值，倒不如说更适于满足主要的跨国公司攫取利润的欲望。这种秩序已经开始依赖一个原子化的社会，其中，冷漠的个人感觉到软弱无力和异化。"[④]这就是说，原子化的和道德堕落的人几乎不可能抵制公司的扩张，更不可能对工作场所、技术、社会投资和公共工程这样的领域实现甚至是有限的监督。至此，博格斯不无遗憾地指出，"一个世纪以来决定公共领域发展方向的宏观历史话语已经留下了一个巨大的真空，还没有一种替代性意识形态或社会力量能够填补这一真空"。[⑤] 而且，由于缺乏一个可以表达各种选择的、充满活力的、民主的公共领域，因此在各种各样的全球性危机赫然显现的时代，对抗性政治充其量只是一种明显的边缘活动，而统治精

---

① ［美］卡尔·博格斯：《政治的终结》．陈家刚译，北京：社会科学文献出版社，2001，第12页。
② 同上书，"前言"，第1页。
③ Mike Davis, *Ecology of fear* (New York: Henry Holt, 1998), pp.363 - 364.；转引［美］卡尔·博格斯：《政治的终结》．陈家刚译，北京：社会科学文献出版社，2001，第15页。
④ ［美］卡尔·博格斯：《政治的终结》．陈家刚译，北京：社会科学文献出版社，2001，第15—16页。
⑤ ［美］卡尔·博格斯：《政治的终结》．陈家刚译，北京：社会科学文献出版社，2001，第30页。

英则能够比较自由地使其霸权永久化。

科恩和阿拉托对哈贝马斯的"公共领域衰落论"进行了评述。根据科恩与阿拉托的理解,哈氏的这一思想具有六个层面的意涵:一是国家干预资本主义经济使得该经济失去了自由特性;二是私人社团调适于公共权力;三是家庭亲密领域所具有的教育和照料功能的丧失使得该领域衰落了;四是文学公共领域业已衰落并被大众文化所取代;五是政治呈现出回避公众审查的协作主义特征,新的"包治百病"的政党降低了政治辩论的质量;六是政治广告将"公共的"民意调查引向实际上反映原子化个人的观点。① 由此看来,对公共领域衰落的详述也就是关于"公民社会和国家之间的分化模式通过诸层面的混同而解构",以及在该领域运作中位于中心地位的"自由、公共的沟通原则的变形和变质"的观点。事实上,在《结构转型》的结论部分,哈贝马斯曾论证说,主要由于资本主义内部的政治和经济力量,自由公共领域正在分裂,因为自由言论当时正变成商品,自由公众生活的可能性正在消失,文化辩论正在被文化消费所代替。在后期作品中,哈贝马斯则承认,自由公众生活还有许多其他不那么完整的障碍,公众的转换不仅仅是衰退的转换。②

因此,我们应与哈贝马斯一样,必须意识到,在现代经济的社会秩序里,教育、法律、媒体和其他社会机构既能支持也能破坏自由言论的可能性。同时,更应清楚地认识到,资本主义自己并没能使人获得自由,并非能保证一个自由和开放的公共领域。商品的自由流通不能自动保证思想的自由流通。德波在《景观社会评论》一书中就指出,文化中持续不断的形象流实际上毁灭了一切,只留下一个"公正而绝对的逻辑之永恒的"世界,个人在其中感到完全无能为力。因为"景观话语没有给回应留下任何余地,而逻辑只能通过对话才能够进行社会性的建构",公共领域必然会衰落;景观因此使全部社会和政治生活更加贫瘠。③ 哈贝马斯通过对资产阶级公共领域兴衰的论述,表明自己对公共领域在批判理论传统内部消亡的关注,即霍克海默和阿多诺的观点消亡的关注。不过,正如本雅明(Walter Benjamin)所说的,哈贝马斯和他们的许多消极的、悲观的判断似乎是为了"机器再生产年代"的艺术(和哲学),即传播技术,而保留的。他们的判断是反对电子媒体、摄影、电台、电视和电影。其实,从批判诠释的政治理论来看,晚期西方社会公

---

① [美]高夏薇:《评〈公民社会与政治理论〉》,《国外社会学》1996 年第 3 期,第 54—55 页。

② 参见 J. Habermas, Further Reflections on the Public Sphere(1992),载 Craig Calhoun (ed.), *Habermas and the the Public Sphere* (Cambridge, Massachusetts and London: MIT Press, 1992), pp. 421 - 461.

③ [法]居伊·德波:《景观社会评论》.梁虹译,桂林:广西师范大学出版社,2007,第 16—17 页。

共领域的"再封建化"导致的是被操纵的公共生活,官僚体制的排挤使得民主商议成为多余,因而全球化带来的民族国家形态的改变及多元文化交流的紧密,都使得必须重建现代性政治,必须使公共领域"去封建化"(Defeudalization)。

二、公共领域的"去封建化"

当从其实际历史现实中进行观察时,哈贝马斯的确注意到,他的公共领域理想范型即使在其制度化的鼎盛时期也有其缺点,譬如把某些个人排除于公共领域之外。而且,我们业已看到哈贝马斯是如何描述这种公共领域的衰落的。不过,哈贝马斯仍然认为这样一个领域是有可能复活的,据此扭转公共领域的"封建化",也就是实现公共领域的"去封建化"。与哈贝马斯的这一主张类似,科恩和阿拉托也很支持重构这一个公共领域模型,不过科恩和阿拉托的想法还是有异于哈贝马斯的。他俩主张将国家和市民(公民)社会相区分,而哈贝马斯却发现无需此种分化,复活也是可能的。当然,我们需要从国家出发来保护公共领域的权力,也需要从公共领域和国家这两者出发来保护私人领域的权力。然而,如若没有这两种权力而又主张市民(公民)社会与国家相分离,那么要想保护多元主义和批判主义就将是不可能的。[1]

如何实现公共领域的"去封建化"? 如何重建富有批判精神的非政治化公共领域? 针对这样的问题,哈贝马斯认为,我们可以从两个方面着手:一是重建批判的公共性;二是重新理解公众舆论概念。哈贝马斯写道:"被社会组织强占的,而且在集体性私人利益的压力下被权力化的公共领域,只有在它本身完全满足公共性要求的情况下,即在它重新变成严格意义上的公共领域的情况下,才能发挥超出纯粹参与政治妥协之外的政治批判功能和监督功能。"[2]这就是说,我们首先需要重新找回公共领域的严格意义,重新释放公共领域的政治批判功能和监督功能,进而重建批判的公共性。为此,哈贝马斯主张通过政党、志愿者协会组织以及其中媒介的民主化来复兴公共领域。只是如今在公私领域的界线逐渐趋向模糊混沌之际,如何鼓励人群的参与,理性地沟通,慎思明辨地把个人利益与群体利益做到平衡的调处,就成为刻不容缓的重要事项。尤其是公众舆论能否形成、公共领域能否发挥它的规范性作用还面临着两个主要考验。一个考验来自经济领域

---

[1] [美]高夏薇:《评〈公民社会与政治理论〉》,载《国外社会学》1996 年第 3 期,第 55 页。
[2] [德]哈贝马斯:《公共领域的结构转型》.曹卫东等译,上海:学林出版社,1999,第 243 页。

的变迁。哈贝马斯通过对公共领域在 19 世纪晚期发展的考证指出，随着福利国家和大众社会的到来，公共领域经历了一个结构转型，其中比较突出的有两个变化：一个是个人的理性讨论让位于大众社会中的利益集团；另一个是自由宪政国家让位于福利国家。前者代表着"国家的社会化"；后者代表着"社会的国家化"。这两个过程导致"国家与社会分离"的失败，而这种分离原本是资产阶级公共领域的基础。另一个考验与之相关，即理性沟通的可能性问题。至于如何把握这后一个考验，此处我们借鉴江宜桦先生在《自由民主的理路》一书中所作的阐释。

根据江宜桦先生的分析，从理论上来说，现代公共领域的特色是以价值多元主义为基础，那么，在一个多元价值的公共领域中，抱持不同价值理念的人能否进行理性沟通，这是存疑的。从经验上来看，社会中持有不同价值理念的人往往坚持己见、不屑与相反意见者进行沟通。在实际生活中，他们甚至还会以极不宽容、极不友善的态度攻击、诬蔑对方，使任何理性讨论的空间都压缩殆尽。这些现象似乎可以说明公共领域中的理性沟通并非能轻易达成。分析至此，江宜桦先生主张，我们必须就如下几个问题进行深入反省："①理性沟通与公共领域是否有必然联系？公共领域在本质上是否为一个支撑理性互动或预设理性行为的领域？②如果前一个问题的答案是肯定的，为什么公共领域的互动者经常出现不理性或拒绝沟通的情形？为什么即使进行理性沟通，人们也不一定获得共识？③我们究竟应该如何看待公共领域中意见分歧的现象？如果分歧的意见始终无法整合或达成共识，那么公共领域所以存在、所以称为'公共'的基础是什么？"①在这里，江宜桦先生以阿伦特与哈贝马斯的公共领域理论为根据，结合伯林（Isaiah Berlin）与格雷（John Gray）的价值多元主义思想，通过缜密的论证，对上述问题作出了自己的解答。通过仔细论证，江宜桦先生最后得出的结论是："公共领域的产生需要四个条件：存在共同关心的议题、愿意了解他人的想法、以语言进行互动、接受较佳论证的效力。如果这四个条件存在，公共领域的成员就可以进行有意义的沟通。"②江宜桦先生将他的这一论断称之为"有限理性沟通"模式的替代方案。但我们对江先生的这种替代方案又该如何理解呢？在此由于主题的相关性缘由，我们不能做过多的具体讨论，只能简短地来陈述一下江先生的观点。诚如江先生所自证的那样，或许不像哈贝马斯所期待的那样，是"理想言说情境"下的"理性沟

---

① 江宜桦：《自由民主的理路》.北京:新星出版社,2006,第 305 页。
② 江宜桦：《自由民主的理路》.北京:新星出版社,2006,第 319 页。

通"，但是这一"有限理性沟通"模式基本上还是理性的。它的有限理性虽然在理论上不特别吸引人，但是在实践上却可以适用于更多的对谈情境。在这个意义上来说，它应该是一个关于哈贝马斯"理想言说情境"模式的不错的修正方案。

公共领域的"去封建化"问题还关涉到公共领域的成功性问题。那么，标识公共领域成功的是什么呢？有论者指出，公共领域的成功主要取决于以下几方面要素：①易接近性（尽可能的普遍性）；②自治度（公民必须免于强制）；③排斥等级制（以便每个人基于平等地位来参与活动）；④法治（特别是国家的次级地位）；⑤参与的品质（出于逻辑方法的共同义务）。[1] 但就哈贝马斯而言，公共领域的成功则建基于理性的批判话语。他主张在"交往理性"的基础上重建公共领域。要重建公共领域首先必须重构交往理性。而重构交往理性的唯一途径，是在生活世界和公共生活中实现符合交往理性的"话语意志"的平等和自由。用哈贝马斯的话来说："语言所讨论的是公众的事，任何一项决定都必须为多数人赞同才能有效，反之，得到公众一致支持的决定又必须为所有人视为对自己有约束力的而遵守之。唯有如此，话语意志的民主和自由才能实现，一种社会制度也才能获得稳固的基础。"[2]这就是说，不论话语活动参与者的社会政治经济地位如何，在不允许使用权力和暴力的前提下，每个人都应享有平等的发言权。在此，哈贝马斯所论述的不仅是对其交往理性普遍性的关切，而且也是对合理有效的公共领域功能的探讨。

博格斯曾断言，"如果非政治化阻止了人们对社会变革的期望，那么，唯一的希望就是公共领域的根本复兴。任何未来的政治复兴都会要求抛弃长期以来将公共话语限制在狭小的体制模式界限之内的霸权模式"。[3] 公共领域的"去封建化"及其根本复兴，需要抛弃以往的霸权模式，需要推进公共领域的历史性再开放。公共领域的历史性再开放将使那种更具流动性、批判性，以及最终更具颠覆性的交往模式成为必要，这一模式可以在更文明、积极（即政治化的）公民中发现。用博格斯的话来说："公共领域的复兴必将建立在开放的、批判性的、有吸引力的话语基础之上。'危机中的危机'不可能通过重温浪漫的过去而克服，不管那种过去是由家庭价值和自由企业来界定的（右派），还是由阶级斗争和巩固的政治先锋

---

① P. Rutherford, *Endless Propaganda: The Advertising of Public Goods* (Toronto: University of Toronto Press, 2000), p.18.

② 哈贝马斯：《话语伦理学解释》，转引章国锋：《关于一个公正世界的"乌托邦"设想：解读哈贝马斯〈交往行为理论〉》.济南：山东人民出版社，2001，第 136 页。

③ ［美］卡尔·博格斯：《政治的终结》.陈家刚译，北京：社会科学文献出版社，2001，第 138 页。

队来规范的(左派)。"①如若随便地将"市民社会"誉为直接反抗官僚主义国家权力的解放领域,不仅回避了公司扩张的问题,而且还使国家和市民社会的本质过于简单化,因为,现在假定存在于二者之间的界限越来越模糊了。因此,"只有通过公共领域内普遍的民众参与,市民社会和国家内的民主变革,我们才能够想像那种需要维持'普遍的公民权'和面对主要社会问题的政治复兴"②,进而使开放的、参与的、多元的、动态的公共领域得到不断拓展。因为,扩大的公共领域意味着对市民社会与国家、地方与中央、社会与政治,实际上是国家与世界这种二分法的超越——在某种程度上,在所有领域的所有层面为彻底的民主化话语留下了空间。从这个角度来看,关键不是信奉某些盲目崇拜的市民社会反对国家的观点,而是期望一个容纳二者的长期社会变革过程。③

鲍曼也宣称:"在今天,任何真正的解放,它需要的是更多而不是更少的'公共领域'(public sphere)和'公共权力'。为了增强而不是削弱个体的自由,现在正是公共领域非常需要得到保护,以免受到私人的入侵。"④不过,遗憾的是,当今时代出现了四种"公共的但不文明的"(public but not civil)空间类型,一是"禁止进入的空间",譬如巴黎保卫广场(La Défense),它是禁绝(emic)策略在建筑艺术上的再现。二是"消费空间",譬如雷特泽(George Ritzer)的"购物天堂"(Temples of Consumption),它体现的是一个吞噬(phagic)策略。充斥于这一空间的人群是人的聚合(gatherings)而不是人的整合(congregations);是人的群集(clusters)而不是人的集体(squards);是人的集中(aggregates)而不是人的总体(totalities)。三是由本柯(George Benko)与奥奇(Marc Augé)所取名的"乌有之乡"(non-places),它是一个毫无身份、关系和历史的象征性体现物和表达物的空间,譬如机场、高速公路、无个性特征的旅馆房间以及公共交通工具等等。四是凯西基维茨(Jerzy Kociatkiewicz)和科斯特拉(Monika Kostera)所谓的"虚幻空间"(empty spaces),它是人们没有进入的、人们感觉到消失了的、敏感的地方,是一个没有意义的空间。⑤ 这些"公共的但不文明的"地方(在鲍曼看来)是互动的多余物(the redundancy of interaction)。⑥ 难怪连美国参议员布拉德利(Senator Bill Bradley)

① [美]卡尔·博格斯:《政治的终结》.陈家刚译,北京:社会科学文献出版社,2001,第326—327页。
② 同上书,第327页。
③ 同上书,第355—356页。
④ [英]齐格蒙特·鲍曼:《流动的现代性》.欧阳景根译,上海:上海三联书店,2002,第78页。
⑤ 同上书,第150—163页。
⑥ 同上书,第164页。

都曾敦促说,政治应该去关注如何恢复作为"公共空间"、商议公共事务的场所的"教会、学校、联谊会、社区中心、工会、犹太教会、体育协会、家庭教师协会、图书馆与理发店"。"公民社会特有的道德语言"——社区、家庭、公民身份以及相互义务的语言——"在我们的公共交流中"应该起到更为重要的作用。①

---

① Senator Bill Bradley, National Press Club, Washington, D.C., February 9,1995. 转引[美]迈克尔·桑德尔:《民主的不满:美国在寻求一种公共哲学》. 曾纪茂译,南京:江苏人民出版社,2008,第 383 页。

第三章

第三种民主：公共领域的政治功效

当民主成为一副空架子,不再成为一个通过参与公共事务而获得自我发展和人类繁荣的空间,民主也就成为愤世嫉俗、自我服务的技术精英循环掌权的工具。——[英]安德鲁·甘布尔(Andrew Gamble):《政治和命运》

　　在西方学界,从公共领域的角度来审视民主实践和政治实践,已引起不少思想家的关注。他们大多主张,民主的活力有赖于分布广泛的公共领域中的公民的积极参与。因为"蓬勃发展的公共领域是民主的基本条件"[泰勒],所以只有通过公共空间媒介,完善"人的境遇"[阿伦特],沟通"生活世界与系统",构成一个分布广泛的"传感器系统"[哈贝马斯],创造一个"社会客厅"[弗雷斯沙克(S. Fleischacker)],才能拉近"公民与国家的距离"[泰勒],解决"公众及其问题"[杜威],进而"使民主运转起来"[普特南(Robert D. Putnam)]。哈贝马斯保持着对现实政治和哲学的浓厚兴趣,用批判的眼光分析、揭示和抨击他所看到的西方资本主义社会中的各种不良现象和事物。他坚决捍卫现代性的民主遗产,并声称他的交往行为理论为捍卫民主、批判统治和等级制提供了哲学立场,他的理想言说情境提供了参与民主决策的途径,而他的共识概念则为人们达成一致意见进而推进民主实践提供了民主规范。[①]

　　就哈贝马斯而言,由于深受德国古典哲学和理性主义之传统的熏陶,一种合理的社会制度只能建立在合理商谈而取得正当化共识的基础上。因此,在 1961年完成的《结构转型》论文(当时为取得大学教职资格文凭)中,哈贝马斯集中研究了近现代市民社会与公共领域基本架构的变迁以及使之得以重建的理性标准。但是,在社会福利国家的大众民主背景下,如何通过话语和沟通来形成意见和意志,进而克服个人利益与公共利益、私人自主与公共自主、人权与人民主权之间的鸿沟呢? 哈贝马斯又是如何解答这些问题的呢? 根据第二章的论述,我们知道,

---

① [美]道格拉斯·凯尔纳、[美]斯蒂文·贝斯特:《后现代理论:批判性的质疑》.北京:中央编译出版社,1999,第 311 页。

通过在《结构转型》一书中的论证,哈贝马斯指出资产阶级公共领域的衰落必然导致政治合法性危机,而要重建政治合法性则有赖于公共领域及其政治功能的重构。这就是说,激活公共领域是"商议性政治"必不可少的条件。那么,在接下来的篇章中,我们就来对公共领域的政治功效进行一番探究。

第一节　民主与理性

一、民主观念概览

关于民主(democracy)概念,众多学者都曾论及过。马克思和恩格斯就指出:"民主是什么呢? 它必须具备一定的意义,否则它就不能存在。因此全部问题就在于确定民主的真正意义。如果这一点我们做到了,我们就能对付民主,否则我们就会失败。"[①]在对黑格尔的批判中,马克思曾表达了对民主的赞成立场。他说道:"民主制是国家制度一切形式的猜破了的**哑谜**。在这里,国家制度不仅就其本质说来是**自在**的,而且就其**存在**、就其现实性说来也日益趋向于自己的现实基础、**现实的人**、**现实的人民**,并确定为人民**自己**的事情。国家制度在这里表现出它的本来面目,即人的自由产物。"[②]不久之后,在继续赞扬民主是国家制度的最高形式的同时,马克思开始发现民主在其潜能中需要一种"人类解放"的政治。其中,"政治解放"能够允诺人以平等的公民身份与平等的权利,因而其"当然是一大进步;尽管它不是普遍的人的解放的最后形式,但**在**迄今为止的世界制**度内**,它是人的解放的最后形式。不言而喻,我们这里指的是现实的、实际的解放"。[③] 不过,在肯定民主对促进人类社会发展的积极意义的同时,马克思却指出,资本主义与民主之间通常存在一种不可避免的冲突。

阿伦特分析指出,"民主"一词的出现相对较晚,它"直到 1794 年才在法国使用,甚至处决国王时仍然伴随着这样的叫嚷:Vive la république(共和万岁)",因为它"强调的是人民的统治和地位,与坚决强调客观制度的'共和'一词是截然对

---

① 《马克思恩格斯全集》(第 7 卷). 北京:人民出版社,1959,第 304 页。
② 《马克思恩格斯全集》(第 1 卷). 北京:人民出版社,1956,第 281 页。
③ 《马克思恩格斯文集》(第 1 卷). 北京:人民出版社,2009,第 32 页。

立的"。① 基于此,阿伦特把民主解释为:人民在相互交往的实践基础上,通过公共领域的争辩、讨论和交流等舆论形式抵制危及政治自由的暴力,使民主制度成为真正人民主权的实现。戴蒙德(Larry Diamond)则感叹道:"不幸的是,在突然膨胀的有关'民主'的经验研究和理论文献中,突出的是概念的混乱,这种混乱是如此严重,以至于科利尔(David Collier)和斯迪芬·莱维茨基(Steven Levitsky)找出了约有 550 多种'分支类型'的民主。"② 其实,"和所有其他词汇一样,民主也是一个'漂浮不定的能指',可以在无数的方向上得到阐发",③ 因而必须把它放在不同的背景中来定义。不过,许多民主思想家都不同程度地相信,可以从某种实质性的原则来证明民主的合理。譬如,福斯特(Georg Forster)和潘恩都主张,民主政治的基础在于人和公民的自然权利;马志尼相信,民主的扩展是一种历史法则;边沁假定民主是功利原则隐含的一项条件;帕克(Theodor Parker)相信,民主是一种统治形式。④ 但不管怎么样,在当今的政治话语中,民主"铁定"是我们的流行口号。这是人民为自由和更美好的生活而斗争时,回荡在他们心间并从嘴边迸发出来的一个词。⑤ 根据戴蒙德的观点,对民主的底线定义来自熊彼特。熊彼特把民主定义为一种达成"政治决定"的制度,在这种制度中,"人民通过选举选出一些人,让他们集合在一起来执行它的意志,决定重大问题"。⑥ 亨廷顿(Samuel P. Huntington)公开地赞同熊彼特对竞争性的选举作为民主的本质这一点的强调。⑦ 但最有影响的诠释却是达尔(Robert A. Dahl)的"多头政体"(polyarchy)的概念,这一概念不仅要求有广泛的政治竞争和政治参与,而且也要求有实质性的自由(包括言论自由、新闻出版自由等)和多元主义,从而使人们能够形成并有效地表达其政治偏好。⑧ 通过如上阐述,戴蒙德提出了自己对"当代民主的底线定义",即所谓的"选举民主",它与自由民主相对应。这种最低限度的民主概念承认

---

① [美]汉娜·阿伦特:《论革命》.陈周旺译,南京:译林出版社,2007,第 104 页。
② 拉里·戴蒙德:《第三波过去了吗?》,刘大正译,载刘军宁编:《民主与民主化》.北京:商务印书馆,1999,第 392 页。
③ [美]道格拉斯·凯尔纳、[美]斯蒂文·贝斯特:《后现代理论:批判性的质疑》.张志斌译,北京:中央编译出版社,1999,第 258—259 页。
④ [英]约翰·基恩:《费城模式》,载[日]猪口孝、[英]爱德华·纽曼、[英]约翰·基恩编:《变动中的民主》.林猛等译,长春:吉林人民出版社,1999,第 273 页。
⑤ 菲利普·施米特、特丽·林恩·卡尔:《民主是什么,不是什么?》,载刘军宁编:《民主与民主化》.北京:商务印书馆,1999,第 21 页。
⑥ [美]约瑟夫·熊彼特:《资本主义、社会主义与民主》.吴良健译,北京:商务印书馆,1999,第 370 页。
⑦ 参见[美]亨廷顿:《第三波:20 世纪后期民主化浪潮》.刘军宁译,上海:上海三联书店,1998,第 4—11 页。
⑧ [美]罗伯特·达尔:《多头政体:参与和反对》.谭君久、刘惠荣译,北京:商务印书馆,2003,第 12—14 页。

确保最低限度的公民自由必要性,这样,竞争和参与才可能是有意义的。[①]

基恩主张,我们不能再把民主理解为一种自明的、可欲的规范。民主目前正经历一场深刻的(如果还不是有形的)权威危机,这一危机,无法通过造出一些假想的基础,如国家的论证,自治原则,或者是一种"我们能够共同获知的善"的知识[桑德尔(Michael J. Sandel)]来加以克服。因此,基恩对民主进行"修正性的解释"。他主张,我们最好把民主看作哲学与政治多元主义一个隐含的前提和实际的结果,这种多元主义本身并不是哲学上的第一原则,它只有按照一种场合的逻辑,像前苏格拉底时期发生的那样,才可以为人理解。基于此,基恩得出了一个尝试性的结论:"要促成个人与团体真正丰富的多元性,使他们能够公开表达对他人的理想和生活方式的支持或者异议,那么,市民社会和国家机构分离,由公众对各个领域的权力进行监督,是必不可少的两个条件。"[②]而且,任何时候任何场合都只有通过这些民主程序,我们所称的民主才能成为严格意义上的民主。基恩在此并未对"民主是什么"做出明确的界定,只给出了一个民主构成条件的描述性阐释。本哈比更是提醒我们,最好将民主理解为一种组织模式,它针对的是社会的主要公共机构中权力的集体运用和公共运用,它建立在这样的原则之上:事关集体福祉的决策可以看作是由自由而理智的审议程序产生的,而审议是在道德和政治上平等的公民之间进行。[③]她对民主的理解赋予了审议模式以特权,使其凌驾于其他的规范性因素之上。当然,"民主要想长期地良性运行,经济福利和集体认同都是必需的。但民主作为我们集体生活的一种组织形式,其规范性基础既非经济福利的实现,亦非稳定的集体认同感的达成"。[④]

蒂利(Charles Tilly)给我们归纳出了"民主"概念的四种主要的定义方式:宪法的、实质性的、程序的和过程取向的。[⑤]在蒂利的论述中,一方面,他强调指出,

---

① 拉里·戴蒙德:《第三波过去了吗?》,刘大正译,载刘军宁编:《民主与民主化》.北京:商务印书馆,1999,第392—393页。

② [英]约翰·基恩:《费城模式》,载[日]猪口孝、[英]爱德华·纽曼、[英]约翰·基恩编:《变动中的民主》.林猛等译,长春:吉林人民出版社,1999,第274页。

③ 塞拉·本哈毕布:《走向审议式的民主合法性模式》,谈火生译,载谈火生编:《审议民主》.南京:江苏人民出版社,2007,第191页。

④ 同上书,第191页。

⑤ [美]查尔斯·蒂利:《民主》.魏洪钟译,上海:上海人民出版社,2009,第6页。根据蒂利的观点,宪法的方式集中在一个体制所颁布的有关政治活动的法律上,因此我们能够通过对比法律体系,透过历史来认识寡头制、君主制、共和制以及许多其他政权的差异。而且,在民主制内,我们可以区分君主立宪制、总统制和议会中心制,还可以区分联邦制和单一制。实质性的方式集中于某一政权创造的(promote)(转下页)

"宪法的方式"和"实质性的方式"这两个定义会带来两方面的棘手问题:第一,我们如何处理那些值得尊重的原则间的折衷、妥协? 如果一个政权非常贫困但其公民却享有基本平等的权利,我们是否应该认为它比一个富裕却非常不平等的政权更为民主? 第二,如果我们确实想知道政权是在什么条件下以及如何促进人类福祉、个人自由、人身安全、公平正义、公众商议以及和平解决冲突,那该怎么办?[①] 另一方面,他详细地对达尔的经典的"民主"定义进行分析,并指出达尔界定民主的标准在涉及具体问题时也存有两方面的缺陷:第一,它们共同描述了最小化的民主制度,而不是一系列连续性变量。第二,它们中的每一项都在较大范围内起作用,如果超出这个范围,其中有些标准可能会发生冲突。[②] 基于此,蒂利给出了自己对"民主"概念的理解:"当一个国家和它公民之间的关系呈现出广泛的、平等的、有保护的和相互制约的商议这些特点,我们就说其政权在这个程度上是民主的。"[③]一个政权的净运动(net movement)如果朝着这四个维度——广泛的、平等的、保护的、相互制约的商议——的更高端发展,就是民主化,如果净运动朝着更低端发展就是去民主化。[④]

半个多世纪以来,哈贝马斯的思想一直围绕着"民主"这一观念而展开,以其最佳形式通过公众斗争来解决看似无法解决的各种问题。早在《结构转型》中,哈贝马斯就对民主概念、民主过程、商谈理论及其与公共领域之间的关系进行了初步的探讨。他论述道,在涉及到公共交往中话语形式的价值与规范的形成过程时,民主概念的规范内涵不仅仅是指民主法治国家的恰当机制安排。它超越了**成文的**交往和决策过程。只有当意志形成过程——此过程围绕着政治交往的自由价值、观点、贡献与辩论,采取团体组织的形式,最终导向决策——是**开放的**,它才能实现其共同寻求真理的目标。话语理论所期待的理性结论是建立在制度化政治意愿的形成与畅通无阻的自发交往流动密切相关的基础上的。后者的目的不

（接上页）生活条件及政治:这个政权是否促进人类福祉、个人自由、安全、公正、社会平等、公众商议(public deliberation)与和平解决冲突? 如果做到了这些,我们也许可以称之为民主政权而不管其宪法是怎么写的。程序的定义(procedural definitions)的倡导者们挑选出小范围的政府实践来确定一个政权是否是民主的。大多数的程序考察者把他们的注意力集中在选举上,看大量公民参与的真正竞争的选举是否在政府的人员和政策上经常产生变化。过程取向(process-oriented)定义民主的方式和宪法的、实质性的、程序的方式大不相同。这种方式确定某些少量的处于不断变化的过程作为判定某一情形是否民主的标准。参见[美]查尔斯·蒂利:《民主》.魏洪钟译,上海:上海人民出版社,2009,第6—7页。

① [美]查尔斯·蒂利:《民主》.魏洪钟译,上海:上海人民出版社,2009,第6页。
② 同上书,第9页。
③ 同上书,第12页。
④ 同上书,第13页。

是达成结论,而是发现和解决问题,从这个意义上来说,它是一个**无组织的**公共领域。① 在这里,哈贝马斯强调指出,民主概念的规范内涵不仅仅指向法治国家的机制安排,更为重要的是一种无组织的公共领域。

到底如何理解"民主"的概念呢? 哈贝马斯试图"从合法化(Legitimation)的角度来讨论民主理论",②主张将"民主"理解为一种具有制度保障的普遍和公开的交往形式,这一交往涉及到一个实践问题:在人类支配(自然的)力量不断扩大的客观条件下,如何能够并愿意彼此生活在一起。③ 由此看来,哈贝马斯构想的民主是:将个人权威转化为民主话语,即所有成年公民在形成政治公众舆论的条件下,通过有意表达自己的审慎意志,并有效监督这一意志的实现,将社会生活的发展完全掌握在自己手中。④ 这一规范理想曾在早期资产阶级公共领域中得到体现,只是由于资本主义社会结构的转变和政治公共领域的衰落而被堵塞了。其实,民主既是个体和社会解放的手段,又是其目的。从思想渊源上来看,哈贝马斯对现代民主的理解深受康德的影响。康德的哲学是哈贝马斯的重要思想资源。霍尔斯特就说,哈贝马斯"虽没有写出一本专门论述康德的书,但却遵循康德的道路"。⑤

早期的哈贝马斯确实很接近康德的一个思想,即:哲学具体地体现了人类理性的自我实现的目的(teleologia rationis humanae)。⑥ 对哈贝马斯来说,正如对康德来说,问题不是(就像在马克思和马克思主义那里那样)如何表述一个将会改变世界的理论,因为理论本身就是自我实现的;问题是(就像在德国观念论那里那样,但用的是一种不同的方式)要提出一个适当的人类理性概念,那个概念最终将会成功地实现原来把康德的批判哲学激发起来的那个意图。⑦ 批判理论的女旗手钱伯斯(Simone Chambers)曾认为,在从法兰克福学派到哈贝马斯的路途中有两个重要的转折点:一个是语言学转向,另一个是康德转向。后一转向使得哈贝马斯能

① [德]哈贝马斯:《公共领域的结构转型》.曹卫东等译,上海:学林出版社,1999,"1990年版序言",第27页。

② [德]哈贝马斯:《在事实与规范之间》.童世骏译,北京:生活·读书·新知三联书店,2003,"前言",第3页。

③ [德]哈贝马斯:《作为"意识形态"的技术与科学》.李黎、郭官义译,上海:学林出版社,1999,第91—92页。

④ 哈贝马斯:《文化与批判》,参见[德]得特勒夫·霍尔斯特:《哈贝马斯传》.章国锋译,上海:东方出版中心,2000,第13页。

⑤ [德]得特勒夫·霍尔斯特:《哈贝马斯传》.章国锋译,上海:东方出版中心,2000,第11页。

⑥ 参阅[德]康德:《纯粹理性批判》.邓晓芒,北京:人民出版社,2004,第633页。译文略有改动。

⑦ [美]汤姆·洛克摩尔:《在康德的唤醒下》.徐向东译,北京:北京大学出版社,2010,第86页。

够在保持批判向度的同时,捍卫市民社会自由主义的核心价值。① 康德早在 18 世纪就将解放定义为公民走向成熟的过程,一个为个体提供使用自己理性和知性的自信的过程。这种成熟是自由而平等地参与到一个被从政治上构建为宪政民主的共同体当中去的前提条件。哈贝马斯是在第二次世界大战之后的德国成长起来的,在那里,民主不仅仅是现实,而且是人们满怀激情地拥抱的现实。这一立场使他极其重视解放,对哈贝马斯来说,解放"只能通过民主和公共领域的复兴来实现"。②

哈贝马斯的民主思想主要集中在如何解决资本主义晚期的合法性危机,容纳不同民族、种族和文化亚群体的多元意志,从而扩大民主社会的认同基础。哈贝马斯曾说道:"对我而言,'民主'——不是英美的自由主义——是一个神奇的词。"③在哈贝马斯看来,民主应该是一个更为基本而普遍的原则及实践,主要是借交往行动、交往理性,以及对话关系,可普及于生活世界,让说话及行动的主体能朝向互相了解及共识,不但可减低暴力、冲突以及紧张,而且可以加强生活世界对于政治-行政体系(以及其他体系)的控驭能力,从而对于政治权力及决策加以理性化。④ 换言之,民主问题是一个道德实践问题。它涉及的是人与人,即主体与主体间的关系问题。而哈贝马斯所倡导的民主制度就是一种权力(包括政治权力和社会权力)由社会(由公共协商形成的公民/公民社会、政治公共领域)控制的民主制度。⑤

哈贝马斯认为,民主是公共领域对国家施加影响的主要渠道。民主成为永远开放的一个公共领域,其交往的基础持续地得到各种不同的和或多或少自发的社会力量的充实。⑥ 而蓬勃发展的公共领域是民主的基本条件。⑦ 公共领域是一种潜在的民主方式。通过这种方式,共同体的观点,即"普遍化的他者",得以形成并确定下来。⑧ 同时,公共领域也是沟通生活世界与系统的媒介。它使官僚政治控

① Simone Chambers, The Politics of Critical Theory, in Fred Rush, (ed.), *The Cambridge Companion to Critical Theory* (Cambridge: Cambridge University Press, 2004), p.229.
② Michael Pusey, *Jürgen Habermas* (London: Routledge, 1987), p.120.
③ 哈贝马斯:《公共空间与政治公共领域——我的两个思想主题的生活历史根源》,郁喆隽译,载张庆熊、林子淳编:《哈贝马斯的宗教观及其反思》.上海:上海三联书店,2011,第 14 页。
④ 黄瑞琪:《社会理论与社会世界》.北京:北京大学出版社,2005,第 206 页。
⑤ 王晓升:《用交往权力制衡社会权力》,载《中山大学学报》2007 年第 4 期,第 52 页。
⑥ [法]达尼洛·马尔图切利:《现代性社会学:二十世纪的历程》.姜志辉译,南京:译林出版社,2007,第 279 页。
⑦ 查尔斯·泰勒:《公民与国家之间的距离》,李保宗译,载汪晖、陈燕谷编:《文化与公共性》.北京:生活·读书·新知三联书店,1998,第 207 页。
⑧ 尼克·克罗利:《公民身份、主体间性与生活世界》,载[英]尼克·史蒂文森编:《文化公民身份》.陈志杰译,长春:吉林出版集团有限责任公司,2007,第 62 页。

制的自动合法化过程发生"短路",并回过头来把这个过程与生活世界的争论和讨论联系起来。如果民主生活只牵涉到周期选举,那么,人们的活动将是市民社会中的"私域",他们的活动范围将很大程度上取决于他们能控制的资源。公民们将很少有机会作为"公民"、作为公共生活的参与者而行动。① 由此看来,民主依然是一项"真正的'未竟的现代性工程'(unfinished project of modernity)(诚如哈贝马斯所认为的)。"②的确,如今民主面临着许多超级复杂的问题,比如"生态失衡、核灾难、人口压力、食品供应问题、废物处理、恐怖主义、全球毒品走私等等"。③ 在佐罗(Danilo Zolo)和卢曼(Niklas Luhmann)看来,这些问题太过于复杂,以至于意图性的从而也就是"线性"的民主机制无法处理。哈贝马斯也认为,社会复杂性的事实制约着民主原则的实现,不可避免的社会复杂性使得民主合法性原则不可能以无差别的方式加以应用。当今世界中所出现的诸如多元主义、复杂性、全球化、劳动的社会分化和认知上的分化、协调沟通的必要性等等社会事实,都对纯粹民主联合的实践性和可行性构成了限制。

二、民主与理性的和解

民主与理性之间的关系又是怎样的呢? 二者是相容还是相悖? 通过理论分析,我们会发现哈贝马斯对民主理论贡献不在于其推进了民主观念的激进化,而在于强调商谈与政治意志形成之间的联系,从而凸显了民主与理性之间的内在联系。从规范立场来看,理性问题,归根结底是政治问题,是现代性的人类解放理想是否可能的问题。有学者指出,如果联想起康德《道德形而上学》中的"理性建筑术"④,那么哈贝马斯的商议政治观则可以说是这种建筑术的最新版本。在哈贝马斯看来,理性的实现同资产阶级民主的发展密不可分。⑤ 他说道:"理性越多,

① 戴维·赫尔德:《民主的模式》.燕继荣等译,北京:中央编译出版社,2004,第 405—406 页。
② [美]詹姆斯·博曼:《公共协商》.黄相怀译,北京:中央编译出版社,2006,第 19 页。
③ Danilo Zolo, *Democracy and complexity: a realist approach* (University Park, Pa.: Pennsylvania State University Press, 1992), pp.64-65.
④ 康德在《纯粹理性批判》一书的"先验方法论"部分中还专辟一节"纯粹理性的建筑术"。参见[德]康德:《纯粹理性批判》.邓晓芒译,北京:人民出版社,2004 年版;[德]哈贝马斯:《后形而上学思想》.曹卫东、付德根译,南京:译林出版社,2001,第 34 页。
⑤ H.鲍克纳指出,A.维尔默(哈贝马斯的门生兼同事)在其文章中曾详细地表达了这种对待资产阶级民主的态度。参阅 A.维尔默:《专制与社会批判》,载哈贝马斯主编:《"时代的精神状况"提纲》(上卷),法兰克福(美茵),1979 年版。参见[德]H.鲍克纳:《论哈贝马斯对进步、理性和民主的选择》,李黎摘译,原载《德国哲学杂志》1991 年第 3 期;后载《哲学译丛》1992 年第 4 期,第 60 页。

民主就越多,和平的共同生活就越多,自我实现的自由就越多。"①但同时哈贝马斯也在理性的统一中看到了一种反压迫的力量。他论证道:只是话语越多,矛盾和差异就越多。共识越是抽象,分歧也就越多样。但有了这样的分歧,我们可以过上**非暴力**的生活。然而,在公众的意识中,身份认同的观念是与多样性强制结合起来的后果联系在一起的。理性认同仍然是一种压抑,而非多元声音的根源。②

哈贝马斯认为,理性不仅对民主至关重要,而且对"民主的民主化"也至关重要。民主的民主化指的就是将民主政治推广到政治领域以外的生活世界,如家庭关系、两性关系、学校、社会运动、族群关系等等。在生活世界中推广交往理性及对话关系,以减低暴力、冲突,以及紧张的关系。这与杜威提倡的"民主为一种生活方式"——杜威认为,民主能从理性那里得到支持、维护。——是一致的。③ 吉登斯(Anthony Giddens)也提出过类似于哈贝马斯的概念,只是其内涵有别。吉登斯认为,民主的民主化意味着权力的有效传递方式。但他更强调的是另一个概念——"民主化的民主"(democratising democracy),在吉登斯看来,民主化的民主意味着在所有的层次上都有避免官僚的办法,意味着体制的改革。它不仅适用于成熟的民主社会,而且有助于在民主不发达和不完善的地方建立民主制度。民主化的民主还取决于公民意识的大力培养。吉登斯将完善的民主比喻为"三条腿的凳子",其中政府、经济和公民社会三者应保持平衡。如果其中一点高于其他两点,就会产生不良的后果。④ 哈贝马斯则认为,增加民主化程度是使得制度更加理性化的一个途径,以平衡和对抗秩序的系统机制的扩张。哈贝马斯指出,我们不能将民主化看成是对某个特定组织类型——如直接民主——的先验的偏好。事实上,民主化重建了社会互动在现代条件下的解释性构造。譬如,新社会运动的涌现,其明确的目标就在于增加民主的广度和深度,这些运动抵抗着系统对生活世界的入侵,并试图通过诉诸集体行动来创造出一些能够丰富生活世界及其行动的文化空间的新制度。⑤ 其实,德雷泽克(John S. Dryzek)也曾分析指出,人们

① [德]H.鲍克纳:《论哈贝马斯对进步、理性和民主的选择》,李黎摘译,原载《德国哲学杂志》1991年第3期;后载《哲学译丛》1992年第4期,第60页。
② [德]哈贝马斯:《后形而上学思想》.曹卫东、付德根译,南京:译林出版社,2001,第163—164页。
③ 参阅黄瑞琪:《社会理论与社会世界》.北京:北京大学出版社,2005,第206页。
④ 参见[英]安东尼·吉登斯:《失控的世界——全球化如何重塑我们的生活》.周红云译,南昌:江西人民出版社,2001,第70—73页。
⑤ [美]詹姆斯·博曼:《社会科学的新哲学》.李霞、肖瑛等译,上海:上海人民出版社,2006,第240页。

关注民主化进程的一个根本性原因就在于民主本身:一个民主社会将在许多重大方面做出长期的努力以使民主更加完善,而不会固守任何既定的旧模式。根据他的观点,民主化可能发生在如下三方面:公民权、范围和真实性。其中,所谓公民权是指能有效参与政治生活的公民在总人口中所占的比重。而范围则是指民主控制所涉及事务的广度。至于真实性所意指的就是相对于象征性的意义而言,民主参与和控制的真实程度。① 由于民主化的关键在于使更多的团体和阶层有效地包容政治生活。这样,德雷泽克又对公民权予以强调,并将其理解为一种"有效的包容",这种包容超出了正式的公民权利的范围。这种包容的潜在主体包括少数民族、特殊宗教团体、土著居民、同性恋者、女性、老人、青年、失业者、社会下层、新近移民、环境危机的受害者以及子孙后代(假如可以代表他们的话),等等。②

在哈贝马斯的作品中,对资本主义与民主的关系及其和解的思考是贯穿始终的核心问题。哈贝马斯认为,就严格意义上而言,资本主义和民主之间存在着不可调和的紧张关系。在那里,两种相互冲突的社会整合原则争夺主导地位。③ 我们知道,民主与资本主义是两种不同层次的制度,它们依从着两种不同甚至是相对立的法则,相互竞争着去协调和整合人类的行为。民主的主要目标是尊重每一个个人的独立存在,鼓励个人的独立发展和表达自己的意愿。从生活世界的角度来看,民主要使得生活世界的形成和发展尽量不受社会系统的影响和制约。但从另一方面来看,资本主义的制度却以有效生产和财富累积为依归,要达致这样的目标是要令其运作不受个人或其他价值理念的影响,甚至是反过来牺牲生活世界的独立性,把生活世界殖民化。而且,即使社会民主在晚期资本主义社会的福利国家中发展起来,那也只是一种"形式民主"(formale Demokratie),而非"公民参与意志形成过程"的"实质民主"(materiale Demokratie)。这是因为实质民主会使人们意识到社会化管理的生产与私人剩余价值的继续占有和使用之间的矛盾。为了不暴露这一矛盾,行政关系系统必须完全独立于具有合法性功能的意志形成过程。④

然而,根据经验,哈贝马斯也认为,在西方资本主义国家,民主和个人自由的

---

① [澳大利亚]约翰·S·德雷泽克:《协商民主及其超越:自由与批判的视角》.丁开杰等译,北京:中央编译出版社,2006,第77页。

② 同上书,第77页。

③ J. Habermas, *The Theory of Communicative Action, Volume2: System and Lifeworld: A Critique of Functionalist Reason* (Translated by Thomas McCarthy. Boston: Beacon Press, 1987), p.345.

④ [德]哈贝马斯:《合法化危机》.刘北成、曹卫东译,上海:上海人民出版社,2000,第50页。

要求已经写入资产阶级宪法,并在现代自由民主制度中得到体现(尽管并不完善)。因此,他坚信,除非国家机构拥有无限的权力,否则资本主义制度的性质不会阻碍社会的民主化。民主的命运最终取决于宪法保障的政治公共领域和个人私人领域是否强大到足以控制不断扩大的市场和国家。因此,在哈贝马斯看来,民主不是人民的统治,而是公民的政治参与。只要在政治公共领域中形成的公众舆论和集体意志对政治系统具有约束力,即使是在资本主义制度中,真正的民主也是可能的。民主的根基是政治公共领域的独立性和完整性,它的任务不是取代市场和国家,而是维护摆在它们面前的生活世界的要求。所以说,把民主定位于(政治)公共领域具有积极意义,它是生活世界的一部分,而不是国家行政系统的一部分。政治公共领域既不是熊彼特所理解的类似于商品市场的选票市场,也不是直接行使经济和社会管理职能的行政组织。公共领域是公共事务的辩论场所。① 这样的话,民主进程的使命就在于不断地重新界定"公共"与"私人"之间的复杂关系,以便保障所有同时表现出私人自主和公共自主的公民都能享受到同等的自由。②

哈贝马斯的民主观念遭到了众多的批判与指责。例如,马什(James L. Marsh)在《非正义的合法律性》一书中从激进左派的立场对哈贝马斯的民主理论进行了批判,并指出我们的确需要民主,但"我们生活在一个种族主义、性别主义、异性恋主义(heterosexist)的资本主义社会,这一社会性质不仅与民主、而且同正义和人类的福祉在结构上相抵牾"。"在诠释层面,就哈贝马斯持续低估、掩饰并忽视资本主义民主的深重病态和非理性而言,他是不确切的。"③在马什看来,哈贝马斯的表述完全无视民主与资本主义之间在根本上的不兼容性。在哈贝马斯对民主与资本主义的关系的表述中存有矛盾,"这种矛盾存在于哈贝马斯之表述的每个部分之中:权利的水平起源与垂直起源、宪政国家的立法;司法与行政机关的运行;公共领域以及程序主义范式的表述"。④ 而且,资本主义的公共领域与民主的命令在根本上也是矛盾的:在公共领域,"成问题的不是系统复杂性本身,而是公共领域内外充斥着资本主义的阶级偏见和阶级权力。由于它是如此运行的,它必然会呈现出一种我们在有利面向上予以支持的非正义的即资本主义的体制,

① 汪行福:《通向话语民主之路:与哈贝马斯对话》.成都:四川人民出版社,2002,第155页。
② [德]哈贝马斯:《包容他者》.曹卫东译,上海:上海人民出版社,2002,第118页。
③ James L. Marsh, *Unjust Legality: a Critique of Habermas's Philosophy of Law* (New York: Rowman&Littlefield Publishers, Inc.,2001), p.2.
④ Ibid., p.179.

并呈现出我们在不利面向上予以支持的正义的即民主的体制"。① 因此,马什认为,哈贝马斯根本就无视资产阶级公共领域所存在的诸如此类的问题,而在不改变社会结构的条件下将民主的前途寄望于本身就成问题的公共领域是没有出路的。其实,马克思和恩格斯早已为我们揭露了资本主义形式民主的虚假性:"现代民主的秘密不过就是伪装高贵的人(sham-noble)提高了地位,由于传统和重新制造的幻想而受到了崇拜"。② 马克思强调指出,资本主义与民主之间通常存在一种不可避免的冲突。在列宁看来,普选制不过是"每隔几年决定一次究竟由统治阶级中的什么人在议会里镇压人民,压迫人民——这就是资产阶级议会制的真正本质"。③ "资产阶级社会里的民主是一种残缺不全的、贫乏的和虚伪的民主,是只供富人,只供少数人享受的民主。"④

卢曼则以社会系统论和控制论为基础,直接否定了民主的可能性。卢曼不仅批判了哈贝马斯民主理论的哲学基础,而且否定了民主决策的可行性。在他看来,社会的复杂化意味着决策所面临的选择数量的增加。为了有效地做出决策,民主不仅不是促进力量,而且是理性(合理)决策的障碍。卢曼说道:"决策过程是……消除其他可能性的过程。它们所产生的否定多于肯定,而且它们越是理性地运作,对其可能性的检验越广泛,它们的否定几率就越高。要求所有人都积极参与它们,就意味着制造挫折原则。凡是以这种方式理解民主的人,实际上都会得出这样的结论:即民主与理性是不相容的。"⑤在卢曼看来,解决世界复杂性问题需要系统概念得到根本性的全面应用。他认为,复杂多元社会的认同不是通过社会化个体的主体间性建立起来的,规范结构失去了整合意义,从控制的角度进行的系统整合独立于从生活世界的角度所能实现的社会整合。复杂多元社会的再生产依赖于分化的控制系统,即依赖于政治子系统。"政治再也无法预先设定其决策基础,它必须为自己创造这种基础。它必须在一个具体的情境下为自己创

---

① James L. Marsh, *Unjust Legality: a Critique of Habermas's Philosophy of Law* (New York: Rowman&Littlefield Publishers, Inc., 2001), p.148.

② 《马克思恩格斯全集》(第7卷).北京:人民出版社,1959,第306页。

③ 《列宁选集》(第3卷).北京:人民出版社,1972,第209页。

④ 同上书,第248页。

⑤ 卢曼:《复杂性与民主》,载[德]哈贝马斯、[德]卢曼:《社会理论还是社会技术学?》(Jürgen Habermas & Niklas Luhmann, *Theorie der Gesellschaft oder Sozialtechnologie*, Frankfurt am Main, 1971, S.319);参见哈贝马斯:《复杂性与民主》,载[德]哈贝马斯:《合法化危机》.刘北成、曹卫东译,上海:上海人民出版社,2000,第175页。

造合法性。"①即在回避政党和公众的行政系统中,而不是在民主的公共领域中,对社会进行必要的反思。从某种意义上说,行政系统已经被"政治化"了,其结果是对认知与决策、真理与权力之间的传统区别提出了质疑。

因此,卢曼认为,哈贝马斯的理性概念的缺陷在于他未能洞察社会集团理性(卢曼的用语是系统的复杂性)的特殊之处,把个人或少数人对话理性的美好结果直接投映到复杂的系统之中。假若我们全体都在应该遵循的范围内沟通,并做出了至高无上的理性化决定,进而(刚才欠缺的条件)我们在社会生活的运营中,每个人都是非常理性的,那时,果真就能实现至高无上的理性化的社会秩序吗? 卢曼做出了否定的回答。理性的人们聚集在一起所达成的协议,并不一定就成为原样的理性协议——这正是复杂性问题的可怕之处。② 于是,卢曼在一篇题为《社会复杂性和公众舆论》的文章中总结性地论证道:"现代社会的政治系统不能再被视为这样的例证:其善德和邪恶均可为人民所了解。相反,它是这样一个系统,在其中,我们从不间断地对观察者进行观察,因此,它是一种自我关涉的闭合系统。据此,权力的规则不再依赖于当权者和权力的受众之间的两分,相反,它通过执政党/反对党的配置将重心放在了权力的一边。我们应该将民主概念还原到这样的关键之点上。"③由此看来,卢曼的政治观就是:"迫使我们痛苦地放弃重振公民共和主义生活的希望,我们不能指望理性能帮上什么忙。"④

与卢曼的"民主与理性相悖"论不同,米勒(David Miller)则认为,理想的民主至少应满足三个核心条件,即包容性、理性、合法性。⑤ 按照米勒的理解,所谓包容性意指所有相关政治共同体成员平等参与决策。而理性则是指达成的协议是由协商过程中提出的理由决定的,如若没有协商一致意见则由解决争端的程序来决定,而不是由选民的利益、偏好或要求的简单聚合所决定。合法性指的是尽管他(她)本人并不信服那些支持论点的观点,但每个参与者都能理解最终结果是如何以及为什么会达成。泰勒也曾指出,要表达对民主的需求很简单,那就是:左右我们的规范与决定,应该交由人民来订定。这就意味着:首先,人民大众对于自己

---

① [德]哈贝马斯:《合法化危机》.刘北成、曹卫东译,上海:上海人民出版社,2000,第317页。

② [日]中冈成文:《哈贝马斯:交往行为》.王屏译,石家庄:河北教育出版社,2001,第95—96页。

③ Niklas Luhmann, Gesellschaftliche Komplexität und Öffentlichen Meinung, in *Soziologische Aufklärung*, Vol.5(Opladen: Westdeutscher Verlag, 1990), p.182.

④ Ibid., p.182.

⑤ 戴维·米勒:《协商民主不利于弱势群体?》,载[南非]毛里西奥·帕瑟林·登特里维斯主编:《作为公共协商的民主:新的视角》.王英津等译,北京:中央编译出版社,2006,140页。

何去何从应该表示意见，而不是一味听命于人。其次，这些意见必须真正出自他们的心声，而不是经由宣传、误导、非理性的恐惧产生。第三，这些意见所反映的，应该是他们经过一定的思考所产生的想法和愿望，而不是在资讯不足和本能反应下的偏见。① 因此，构成真正民主决策的条件，不能由自我理解的抽象方式界定，其具体条件应包括如下几方面：一是相关的人民要了解自己是共同体的一份子，这个共同体拥有某些共同目的，并且认定其他成员也分享这些目的；二是公民的各种团体、形态与阶级的心声能够真正被倾听，并在辩论中也能发挥他们的影响力；三是由此所产生的决定，是真正为大多数人民所喜好的。②

其实，早在古代就有很多人反对民主，法国大革命和美国革命时期的贵族们甚至认为民主是非理性的，因为民主意味着由无知的大众来统治，它们既不知道他们的利益所在，也无力控制他们的情感冲动，完全没有节制。哈贝马斯也冷静地指出过，今天，统治的非理性已经成了集体生存的一种危险。统治的非理性似乎只能通过政治意志的形成才能被克服，而政治意志的形成则受制于普遍的和自由的讨论原则。我们只能期望从政治力量的状态中获得统治的合理化，这些政治力量保护受对话影响的想法。③ 正如基恩所认为的，"在民主存在的地方，人们能说的种种言论无非是：民主是一个与'创立了思想制度的、特殊的、历史性的、社会中的思想意识形态'相适应的体系"。④ 在基恩看来，"民主不是一个我们选择它可以做任何解释的词。民主，最好被理解成由许多拥有标准含义的程序规则构成的一套系统。这些规则指定谁可以被授予做集体决策的权限，并且指定这样的决定通过哪种程序做出来，而不考虑民主是在哪种生活领域被实行"。⑤ 所以说，"民主最有价值的部分和非常卓越的优势，不在于它能保证和平、安静与好的决策，而在于它能为公民提供判断这些决策质量的权利。民主是由对公开的事情做出判断的公众所支配的"。⑥

哈贝马斯指出，民主程序应将其产生合法化论证的力量归功于两种成分——一方面是公民稳定的政治参与，这种参与保障了法律的受众，同时也能将自身理

---

① 查尔斯·泰勒：《公民与国家之间的距离》，李保宗译，载汪晖、陈燕谷编：《文化与公共性》. 北京：生活·读书·新知三联书店，1998，第 202 页。

② 同上书，第 205 页。

③ ［德］哈贝马斯：《作为"意识形态"的技术与科学》. 李黎、郭官义译，上海：学林出版社，1999，第 96 页。

④ ［英］约翰·基恩：《市民社会：旧形象，新观察》. 王令愉、魏国琳译，上海：上海远东出版社，2006，第 51 页。

⑤ ［英］约翰·基恩：《媒体与民主》. 邵继红、刘士军译，北京：社会科学文献出版社，2003，第 150 页。

⑥ 同上书，2003，第 168—169 页。

解为其作者,另一方面是一种以商谈的方式得到调节的讨论之种种形式所具有的认识纬度,这些形式使得猜想(Vermutung)立足于理性可接受的种种成果之上。① 换言之,民主的程序除了应将其产生合法性的力量归功于包纳所有参与者之外,还应归功于它的磋商特征;因为从长远的观点来看,种种合理成果的猜想之得到奠基,都依赖于这一点。因此,一般而言,现代民主的制度设计包含有三个元素:一是公民个体自治,即每个公民可以追求自己的生活;二是民主公民资格,即在政治共同体中包容每个自由而平等的公民;三是公共领域(作为国家与社会之间的调节系统)的对立性。由此构成的民主制度设计具有三项功能:一是通过法治,使市民社会中的个体得到独立法庭的平等保护;二是通过平等的交往和参与权、选举权以及公民表决权的行使,使尽可能多的利益相关者参与政治;三是通过(赋税)国家与(市场)社会的分离,使"慎思性公众舆论"(considered public opinions)在政治公共领域中得以形成,通过行使交往权利、结社权利以及公共领域权力结构的监管来确保独立的大众传媒的多样性,使包容的普通观众易于进入公共领域。②

纵观哈贝马斯的民主思想历程,我们可以发现,其思想的形成其实是一个长期的过程。概言之,哈贝马斯民主思想的形成主要得益于实践与理论双重维度变迁的影响。就实践变迁层面而言,晚期资本主义(哈贝马斯理论研究的对象)在经济方面,经历了从二战前期的经济危机到二战结束之后的经济发展不断恢复,再到 20 世纪 70 年代以来进入后工业社会经济发展快车道。在政治方面,经历了二战到战后的冷战,再到 20 世纪 90 年代以来的冷战结束、苏东剧变以及代议制民主的现实困境。在社会方面,经历了法西斯独裁统治、市民社会的发展与成熟以及 20 世纪 70 年代以来的社会价值多元化现实。不同时期的经济、政治和社会状况是哈贝马斯理论研究的起点,也是他理论旨趣发生转化的实践逻辑缘由。就理论变迁层面而言,哈贝马斯所处的复杂多元的社会情势,决定了这一时期也是社会理论的不断变迁发展期、一个社会理论争论的多发时代。概言之,在社会科学理论界,主要存在着意识哲学与行动哲学、一元论与多元论、现代与后现代、道德

① 哈贝马斯:《公共领域里的宗教:宗教公民与世俗公民的"公共理性运用"的诸认知预设》,吴勇立译,载张庆熊、林子淳编:《哈贝马斯的宗教观及其反思》.上海:上海三联书店,2011,第 25 页。
② J. Habermas, Political Communication in Media Society: Does Democracy Still Enjoy an Epistemic Dimension? The Impact of Normative Theory on Empirical Research, *Communication Theory*, 16(4)(2006):411–426; Jostein Gripsrud, Hallvard Moe, Anders Molander and Graham Murdock (eds), *The Public Sphere(Vol. II)*(Los Angeles/London/New Delhi/Singapore/Washington DC: SAGE, 2011), p.310.

与法律、自由主义与共和主义以及理性等方面理论的激烈对抗与论争。作为一位论战型学者，哈贝马斯积极投入到各种理论的激辩之中。正是这些理论论辩，促使哈贝马斯在继承相关理论的基础上对包括民主理论在内的系列社科课题展开认真思索和研讨。也正是这些理论论辩事实构成哈贝马斯民主思想形成的"理论资源库"。[1]

　　事实上，哈贝马斯在早期也提出了经济、公共行政和政党的民主化，但在后来却转而寻求权力、金钱和团结之间的适当平衡。哈贝马斯的批判理论逐渐放弃了对资本主义自由民主的批判，放弃了马克思理论的革命性，相反采取了越来越认同的态度。这样，哈贝马斯接受了下述前提，即理性化过程已经产生了对民主过程非常有害的系统后果：现代系统复杂得难以控制；消费经济制造虚假的需要；大众传播媒介操纵公众舆论；专家文化把公众对技术问题的看法弄得模糊不清；无情的官僚化剥夺人们的自主、尊严和团结一致[2]；在"受金钱束缚""受传播媒介导向"、使公众话语无法实现其全部批判潜力的社会中，各种交往仍然是"被系统地曲解着"。[3] 这些后果都是晚期资本主义的通病。不过，这些弊端虽然难以克服，但它们并不意味着民主即将灭亡。因此，哈贝马斯主张一种程序主义的民主观，"这样一种民主观的关键在于：民主程序通过运用各种交往形式而在商谈和谈判过程中被建制化，而那些交往形式则许诺所有按照该程序而得到的结果是合理的"。[4] 其中，"'政治公共领域'作为交往条件（在这些条件下，公民公众能够以话语方式形成意见和意愿）的总体性，成为规范民主理论的基本概念"。[5] 而"理想言说情境"（the ideal speech situation）则是"商议民主"（deliberative democracy）[6]的方

---

[1] 参阅张扬金：《权利观与权力观重塑：哈贝马斯协商民主思想研究》. 北京：中国社会科学出版社，2012，第43—44页。

[2] 参见[德]哈贝马斯：《公共领域的结构转型》. 曹卫东等译，上海：学林出版社，1999，第170—255页。

[3] J. Habermas, *The Theory of Communicative Action, Volume 2: System and Lifeworld: A Critique of Functionalist Reason* (Translated by Thomas McCarthy, Boston: Beacon Press, 1987), pp.256-282.

[4] [德]哈贝马斯：《在事实与规范之间》. 童世骏译，北京：生活·读书·新知三联书店，2003，第377页。

[5] [德]哈贝马斯：《公共领域的结构转型》. 曹卫东等译，上海：学林出版社，1999，"1990年版序言"，第23页。

[6] 目前，在国内学界，"Deliberative democracy"一词尚无统一的译名。概言之，它在中文文献中主要有如下几种不同的译法："审议民主"（或"审议式民主""审议性民主"）（如江宜桦、何修明、陈东升、林国明、陈俊宏、谢宗学、霍伟岸等）；"商议民主"（或"商议性民主""商议民主制"）（如许国贤、许纪霖、李惠斌等）；"协商民主"（如陈家刚）；"慎议民主"（如刘莘）；"商谈民主"（如童世骏）；"审慎的民主"（如钱永祥）；"慎辩熟虑的民主"（如刘静怡）等等。笔者基于哈贝马斯思想的文本语境和中文惯习而采用了"商议民主"或"协商民主"。至于"Deliberative democracy"的翻译的较为详细的说明可参阅陈家刚主编：《协商民主与政治发展》. 北京：社会科学文献出版社，2011，第5—8页；陈剩勇、何包钢主编：《协商民主的发展》.（转下页）

法论。

第二节　理想言说情境：商议政治方法论

哈贝马斯一直在思考理性的类型，尤其是工具理性和交往理性之间的区别，认为这些理性自从启蒙时期以来就在社会中发挥着作用。哈贝马斯在谈论自己的思想成长时说："我是在'西方马克思主义'传统中成长起来的——梅洛·庞蒂曾经认为，这是一个可以追溯到葛兰西、卢卡奇、科尔施、霍克海默以及其他人那里的黑格尔-马克思主义思潮。……我信奉的不是生产力理性——所谓生产力理性，说到底就是自然科学和技术的理性；我信奉的是集中表现在社会解放斗争中的交往生产力。交往理性在资产阶级解放运动中为争取人民主权和人权曾发挥过巨大的作用，最终积淀在了民主法治国家的结构和资产阶级公共领域机制之中。"[①]在哈贝马斯看来，"现代社会的核心问题是，工具理性已经入侵并且征服了并不属于自己的领地，导致社会生活和政治的彻底科学化、官僚化和商业化。因此，交往理性的全部潜力从来就没有实现过"。[②]

一、"理想言说情境"假定

哈贝马斯主张以交往理性为支柱来重建民主社会的公共领域，认为公共领

（接上页）北京：中国社会科学出版社，2006，第 123 页。在此，值得强调的是，根据杰弗里·托马斯（Geoffrey Thomas）的分析，"审议民主"或"商议民主"有一个重要特征，即它在公共理性的制约下运行。其意思是说，当人们提议、选择和深究选项之时，对选项的辩护采取一种特殊的形式。这些特殊的形式可能有：普遍性（提议应当是每个人可以接受的）、独立性（辩护不能以诉诸自身利益的形式出现）、透明性（辩护应当以所有人能够理解的方式阐明）、自反性（对辩护的方式本身就可以予以评论）、显著性（人们必须能够看出以此种方式进行公开辩护的意义）以及稳定性（公民态度的突然转变不会导致公共政策的前后明显不一）。前四项可称为道德标准；后两项可称之为实践标准。参见杰弗里·托马斯（Geoffrey Thomas）：《政治哲学导论》.顾肃、刘雪梅译，北京：中国人民大学出版社，2006，第 257 页。

① 哈贝马斯：《生产力与交往——答克吕格问》，载［德］哈贝马斯：《哈贝马斯精粹》.曹卫东选译，南京：南京大学出版社，2004，第 507—508 页；本文原题为"Produktivkraft und Kommunikation：Interviews mit Hans-Peter Krüger"，原载民主德国杂志《内容与形式》（Sinn und Form），1989 年第 6 期，后收入哈贝马斯政论集《追补中的革命》（Die nachholende Revolution, Suhrkamp, 1990.）。

② ［澳大利亚］约翰·S·德雷泽克：《协商民主及其超越：自由与批判的视角》.丁开杰等译，中央编译出版社，2006，第 14—15 页。

域不是"国家机器"或"经济领域"，而是民主社会的"参与"，是一种"商谈领域"（discoursive field）。他从交往理性的角度，将公共领域视为权力斗争的场域，倡导以商谈为基础的"参与式民主"，为20世纪90年代西方以多元文化为中心的激进政治奠定了理论基础。哈贝马斯把民主视为现代法治国家的现实之本和活水之源。他所倡导的民主既不是雅典式的大众民主，也不是英国式的代议制民主，而是二者的结合，却又不是它们的简单相加。哈贝马斯将自己的商谈政治理论称为"第三种模式"，继承韦伯的"理想型"（ideal type）的分析方式，论证了这种所谓的"第三种民主"——程序主义的商议民主（deliberative democracy of proceduralism）。他将程序主义的商议民主理解为公民个人的自主性意愿得到合理表达的方法的同时，提出一种以"理想言说情境"为原则的民主商议的方法，并希望通过这种方法使制度性的权利体系及其自我解释与公共领域的公共意愿真正达成一致。而"第三种民主"的立意主旨则在于使传统的政治哲学理论通过商谈理论的重建，实现对两种政治——自由主义的与共和主义的民主政治理论——运思模式的超越，以期使现实世界获得一个更加有效的理性基础。这一理性基础就是哈贝马斯所主张的交往理性，它要求的是一种平等的、非强迫的"理想言说情境"。

公共领域观念与语言现象及论据交流方面理性辩论的可能性都是相关联的。所以哈贝马斯对于语言的神奇能力充满热忱。基于维特根斯坦对于语言游戏的理解、奥斯汀与瑟尔对于言说行为（speech act）的分析以及乔姆斯基对于语言能力的探讨，哈贝马斯注意到：在我们这个主体间共同拥有并相互关联的生活世界中，所有的语言沟通都预设了一个背景共识（background consensus），"没有这种共识，我们的日常实践将陷入混乱而不可能成功。霍布斯所说的自然状态——在这种状态中，每一个孤立的资产阶级主体都与别人相隔绝，彼此的关系像狼一样（虽然狼总是生活在群体之中）——不过是虚假的，人为制造出来的"。[1] 这一背景共识可根据四种不同的不可化约的"有效性要求"（validity claim）[2]来加以分析："一个功能平稳的语言游戏是建立在多数人的共识基础上的，这种共识是由至少四种不同种类的有效性要求的相互确认而形成的……这些有效性要求就存在于言语的交互活动中，比如说这样的要求：言语是可理解的，它的内容是真实的，

---

[1]　［德］尤尔根·哈贝马斯、米夏埃尔·哈勒：《作为未来的过去》. 章国锋译，杭州：浙江人民出版社，2001，第112页。
[2]　在学界，"validity claim"（德文词为Geltungsansprüche）这个概念一般被译为"有效性要求"、"有效性主张""有效性声称"或"有效断言"。

言说者在言说的时候是真诚的,还有对言说者而言加入言说行为是正确的或恰当的。"①换言之,这四项有效性要求的意涵指的就是:第一,说话者的语言能够被他人理解[即"可理解性"(comprehensibility)];第二,说话者试图表达的知识和观点是"真实的"[即"真实性"(truth)];第三,说话者一致同意他们确立的并在其界限内说话和行动的有关规范性的规则["正当性"(rightness)];第四,说话者是"可信的",即说话时"表里一致",因而是"值得信赖的"[即"真诚性"(truthfulness)]。② 它们③是交往行为成为可能的先决条件;它们是默许的或者说是潜在的、背景性的假设。如果我们从一个比较概括的层面来观察,亦可发现这四项有效性要求其实是对于言说行为四个普遍层面的理性主张。它主张自己的行为是理性的,主张自己是一个理性的行为主体。同时,它亦假定交往的对方也是一个理性的行为主体,而且,当我们在进入理性商谈之际,必然要假定理性的共识是可能达到的,真的共识与假的共识是可以区辨的。这样,我们也就可以说言说的有效基础即理性基础。

　　要获得相互理解的共识,言说除了要合乎普遍语用学的这四个有效性要求的条件外,哈贝马斯还指出交往行为要在一个"理想言说情境"之下进行。用哈贝马斯的话来说:"在接受实践话语的时候,我们必然会设想一个**理想的言说情境**。这种理想的言说情境凭借自己的形式特点只容纳一种能够代表普遍利益的共识。"④由此看来,哈贝马斯的"以上观点是以另一种方式重述公共领域的思想;这种公共领域通常由于诉诸权力威望来裁决有效断言而遭侵占。但是如果是通过在个人之间相互平等地'讲道理'和'据理力争'来调解断言的话,哈贝马斯则将其

---

① Thomas McCarthy, Translator's Preface, In J. Habermas, *Legitimation crisis*（pp. i－ⅩⅩⅳ）, (Boston: Beacon Press, 1975), pp. Ⅹⅲ－Ⅹⅳ.;亦可参见麦卡锡(1979年)在哈氏的《交往与社会进化》的"英译本序"中对此的概述。[德]哈贝马斯:《交往与社会进化》. 张博树译,重庆:重庆出版社,1989, "英译本序"第13页。

② [英]约翰·基恩:《公共生活与晚期资本主义》. 马音、刘利圭、丁耀琳译,北京:社会科学文献出版社, 1999,第196页。

③ 哈贝马斯在《交往行为理论(第一卷)》中把四项有效性主张减为三项,只保留了"真实性""真诚性"和"正当性"。其原因可能是"可理解性"已是最基本而且必须是其余三项有效性主张的前提,亦或者是只有后三种有效性主张有相应的"指涉的世界"(即"真实性"——"客观世界""真诚性"——"主观世界""正当性"——"社会世界"),而"可理解性"只关涉到语言本身的结构和文法规则。参见 J. Habermas, *The Theory of Communicative Action, Volume1: Reason and Rationalization of Societ*（Translated by Thomas McCarthy, Boston: Beacon Press, 1984）, pp. 305－311。

④ [德]哈贝马斯:《合法化危机》. 刘北成、曹卫东译,上海:上海人民出版社,2000,第143页。这个所谓的"理想话语情境"(the ideal speech situation)概念,是哈贝马斯在1972年的一篇德语论文《真实性理论》(1984a:174—83)中所使用的一个短语,只是此概念自1972年提出后,哈氏本人几乎再无具体论及。

视为'理性的对话'。因而,真正的互动过程所固有的是其理性对话的潜力,这可以用以创造一个更公正、更开明和更自由的社会"。①

"理想言说情境"要求一个理想的共同体生活形式(即理想言说的物质条件)存在。程序主义的商议民主则正是建立在理想交往共同体之上的。而民主在哈贝马斯那里不过是理想对话环境的制度化。为了诠释"理想言说情境"这一理论假定,哈贝马斯从韦伯那里借用了有关价值领域分化的洞见,从涂尔干那里沿用了规范性强制的概念,从帕森斯和卢曼那里延用了系统理论的一套说法,从奥斯汀、维特根斯坦和希尔勒那里挪用了言语活动理论,从柯尔伯和皮亚杰那里擅用了道德增长的发生理论,并把这些思想与米德的符号互动论结合起来,系统地表述了他的交往行为理论及其概念内核——"普遍语用学"(universal pragmatics)。② 而普遍语用学阐释了"合理性的程序概念""论证的实用逻辑",并许诺要证明"达到理解的过程的合理性"。它的理想前提是:任何以达到理解为目的的交往行动都包含潜在的、不受语境制约的,以及要求迫切的社会标准,要想使它的结果被判定为合理的,就必须达到这些标准。完全达到这些标准的情境,被称为"理想言说情境"。③

交往行动已经而且总是以解放和政治的目的为前提,这个目的就是生活在一起并通过互相理解、分享知识、共同协调和互相信任而达成一致。用哈贝马斯的话来说,所有不间断或者未受到干扰的交往都以一个"理想言说情境"为前提和预兆,在那里,交往不仅不受外部的偶然影响的妨碍,而且也不受因交往本身结构造成的力量的妨碍。交往的理想前提"要求一切可能的当事人都应当完全包括在内,各党派之间保持平等,互动应当自由运作,应当公开观点,结论可以加以修正,等等"。④ 关于"理想言说情境"这一概念的阐释,哈贝马斯主要集中于《交往行为理论》一书。书中把"理想言说情境"解释为自由和无强制交往的形式条件和规则集。从论证过程来看,理想言说情境涉及到语用学前提;从论证程序来看,它涉及不同话语的证明规则;从论证的目的来看,它涉及到公众舆论如何通过反思转变为知识。⑤

---

① [美]乔纳森·H·特纳:《社会学理论的结构》.吴曲辉等译,杭州:浙江人民出版社,1987,第237—238页。
② [美]德米特里·N·沙林:《批判理论与实用主义的挑战》,刘晓明译,载《国外社会学》1993年第5期,第9页。
③ 同上文,第9页。
④ [德]哈贝马斯:《公共领域的结构转型》.曹卫东等译,学林出版社,1999,"1990年版序言",第26页。
⑤ 汪行福:《通向话语民主之路:与哈贝马斯对话》.成都:四川人民出版社,2002,第87页。

理想言说情境是商议民主的先导。在哈贝马斯看来,只有社会和国家都置身于这种话语环境中,才能真正形成民主的合理性意愿,才能使国家摆脱政治实践中工具主义的策略性状态。哈贝马斯认为作为一种理性讨论,本身已预设了"理想言说情境",即参与(交往)者在互为主体性的关系之中,在一个有公平的机会去表达和说话的情境中,双方都以开放的态度讨论,并且任何一方都可以对对方的意见作批判,以及蕴含着一个没有任何外在的或内在的权力制约的话语情境。① 换言之,参与者都有均等机会,以理据证成自己的宣称、质疑他人的看法和固有观念,并提出新的分析架构和标准。除了能不受限制地讨论任何议题之外,参与者不应受制于任何威迫、压力或意识形态的蒙蔽,以致不能理性地讨论问题。

为此,哈贝马斯聚焦于言说,将其视为达成社会、政治共识的关键。对于人类而言,言说行为表明了我们想彼此沟通的愿望。沟通的目的是相互理解,而言说的结构则预示着一种可能蕴藏着真理、自由、正义的生活方式。他论述道:"……言说行为取向于真理的观念。其次,分析真理的观念导致反复的理性商谈所获致的共识的观念。而分析共识则显示此一概念有一个规范性的维度。分析理性的共识则获得完全排除内外限制的言说情境,此共识乃纯粹是较佳之论证的结果。最后,分析理想的交往情境显示此一概念对它所在的互动脉络有所假定。这一系列论证的最后结论是:言说行为的结构即预期一种生活形式,这种生活形式使自主与负责成为可能。"②而且,"人类对自主与负责的兴趣并不只是一种幻想而已,因为这种兴趣可以先验地加以掌握,将我们提升于自然之上,而其性质我们能够理解的是:语言。透过语言的结构,自主与负责即呈现在我们面前"。③

但哈贝马斯的这套理论要面对一个重大的问题,即在复杂多元社会中由于种种限制的缘故,争取理想的言说情境面临着巨大的困难。④ 换言之,面对现实社会人际间存在的欺诈和扭曲的交往,哈贝马斯该如何证明他的"理想言说情境"其实已经存在或潜藏在现实的人际交往中呢? 它是否真的只是一个空想? 一个乌托邦呢? 对此,哈贝马斯反复强调,理想的言说情境是对条件的描述,在此条件之

① Thomas McCarthy, *The Critical Theory of Jürgen Habermas* (Cambridge: MIT Press, 1978), pp. 305 - 308.

② Thomas McCarthy, A Theory of Communicative Competence, in Paul Connerton (ed.), *Critical Sociology* (London: Penguin Books, 1976), p.495.

③ J. Habermas, *Knowledge and Human Interests* (Boston: Beacon Press, 1971), p.314.

④ Lisa. A. Zanetti, Advancing praxis: Connecting critical theory with practice in public administration, *American Review of Public Administration*, 27,1997(6), pp.153 - 154.

下,真理和正义可以通过推论获得救赎。交往行为中,这些有效性要求大部分既是隐含的,又是确定无疑的,因为主体间分享的生活世界坚持文化上不辩自明的真理和不言而喻的假设。达到理解的过程通过对有效性要求的批判得以继续进行,因而也不会与生活和利益的多元论发生冲突。① 就此而言,哈贝马斯甚至直截了当地承认,"理想的言说情境既不是一种经验现象,也不完全是一种观念建构,而是我们在参与理性讨论之际不可或缺的相互假定。此一假定可能违背事实,但不必然违背事实。不过即使违背事实,它在沟通过程的运作上,仍然是一个有作用的幻构。因此我认为理想的言说情境代表一种人类的期望、一种预示,此预示本身就保证我们能够将实际上所达成的共识和合理的共识关联在一起;同时理想的言说情境可以当作实际上所达成之共识的一个判准……(理想之言说情境的假定)因而是双重性质的:既是一种期待,但同时又实际发生作用"。② 这就是说,"理想言说情境"的假定一方面是既存的生活形式的构成要素,另一方面又预示了一种理想的生活形式。因此它既是内存于一切现实的生活实在,同时它的实现又意味着超越一切现实的社会秩序。

可问题是,哈贝马斯在这里对"理想言说情境"概念的性质并未澄清,而是始终摇摆于"调节性概念"与"构成性概念"之间。③ 不过,根据哈贝马斯的理解,当人们已接近理想的言说情境,那么就可通过"较佳的论辩力"(the force of better argument)来达成意见的一致和理性的共识,有效性主张的商谈的实现必须达到和谐,必须是没有争议的、非控制的普遍同意。只要"当对真理或正义的要求真正地成为难以克服的问题时,就再也不存在纯粹的演绎或者证据的决定性的东西了,而后者足以强化一个赞同或否定的决定。进行一场论辩就是必要的。"④ 至此,哈贝马斯进一步指出,"理想言说情境"需具备四个制约性条件,即:"首先,每

① 哈贝马斯、佩里·安德森、彼得·杜瓦斯:《一种哲学-政治的侧面描述》,载包亚明主编:《现代性的地平线》.李安东、段怀清译,上海:上海人民出版社,1997,第168页。
② J. Habermas, Wahrheitstheorien, in *Wirklichkeit und Reflexion* (Pfullingen, 1973), S. 258; 参见 Thomas McCarthy, *The Critical Theory of Jürgen Habermas* (Cambridge: MIT Press, 1978), p.310; 参阅黄瑞琪:《社会理论与社会世界》.北京:北京大学出版社,2005,第132页。
③ 国内学者汪行福教授在分析哈贝马斯的"理想言说情境"概念时,进行了"调节性概念"与"构成性概念"之区分。在他看来,所谓调节性观念(regulative idea)是指一种逻辑和理论上必须的,但实践中未必会产生影响的观念,换言之,它是一个有用的假设。所谓构成性观念(constructive idea)则指的是人们自我设定的指导自己行为的观念,它具有道德伦理学的义务论特征,是人有义务遵循的行为规则。在汪行福看来,理想言说情境更多的是一种构成性观念,是交往行为规范要求的形象化表达。详情参见汪行福:《通向话语民主之路:与哈贝马斯对话》.成都:四川人民出版社,2002,第86—87页。
④ 哈贝马斯、佩里·安德森、彼得·杜瓦斯:《一种哲学-政治的侧面描述》,载包亚明主编:《现代性的地平线》.李安东、段怀清译,上海:上海人民出版社,1997,第155页。

个参与者都必须有同等的机会倡议或者继续交往；其次，每个人都有平等的机会作出断言、建议和解释，并且挑战各种正当性证明，第三，所有的人都必须有同等的机会作为演员表达他们的愿望、情感和意图；第四，言说者必须这样行为，仿佛在行为的语境中，'命令或者抵制命令，承诺与拒绝，对某人自己的行为作出解释和要求他们的可解释性'的机会都是均等的。"①

这四个条件在哈贝马斯的交往行为理论中是形成公共领域中的信念和意志的指导性参数。也就是说，隐含在最初的理想言说情境里的有效性主张，必须借适当的理性讨论的论辩来加以判定。论辩本身才是判定一种共识是理性或非理性的基础。当然，这并不否认在任何既定事例中，我们可能会犯错：我们也许判定一种共识为理性共识，然而进一步的反思和论辩却显示它并不是理性共识。因此，我们会进一步追问，判定已达到的共识是否为一种理性共识，其标准是什么呢？论辩本身的标准又是什么呢？对此，哈贝马斯宣称，没有固定的决定程序或明确标准可以毫无疑义地区辨理性的共识与非理性的共识；我们只能仰赖论辩本身。当然，这一说法可能会遭受批驳，即这只是把问题再往后推了一步而已。其实，从哈贝马斯的角度来看，理想言说情境是人类理性化过程的最高表现，也是一个引领着人类道德情操发展的"理想型"。这种"理想型"并不是与现实无关的"超验存在"，而是"实际交往的理想化"和"现实交往的规范化"。② 这种"理想型"是与日常的经验理解过程联系在一起的。当然，哈贝马斯亦承认，"理想言说情境"原本就是比较少见的，它也很难由参与者的主观努力而达成，特别是在政治领域的激烈论战中。

于是，有论者为哈贝马斯的这一假定提出了一个替代模式。比如，麦卡锡表示他宁愿说"理想言说情境之预期"（an anticipation of an ideal speech situation）。在麦卡锡看来，"理想言说情境之预期"乃是一个假设的生活形式的实现，是能够实践地被带来的，因此他认为这是一个"实践假设的批判理论"（practical

---

① 哈贝马斯：《真理学说》，载 Walter Schulz、Helmut Fahrenbach 编：《现实性与反思：祝贺瓦尔特·舒尔茨60 寿辰》(*Wirklichkeit und Reflexion: Walter Schulz zum 60. Geburtstag,* Pfullingen: Neske, 1973.)，第 256 页；亦可参见 Seyla Benhabib：《交往伦理的乌托邦维度》，载《新德意志批评》35 期（1985 年春夏号），第 83—96 页，后来收入 Seyla Benhabib：《批判、规范和乌托邦：批判理论的基础研究》[Seyla Benhabib, *Critique, norm, and utopia: a study of the foundations of critical theory* (New York: Columbia University Press, 1986).]。

② E. Arens, *The Logic of Pragmatic Thinking* (translated by David Smith, New Jersey: Humanities Press, 1994), p.105.

hypothesis critical theory)。① 另有论者则对哈氏的理论进行了批判性分析。如戈斯(Raymond Geuss)就指出，"理想言说情境"概念在社会批评的机械论中是一个没有任何作用的工具，他建议我们再引入一个更接近于阿多诺的历史主义的立场。他说道："如果理性争论导致这样一个结论，即批判理论(被阐释为一个解放和启蒙的成功过程中的'自我意识')代表在特定历史情景中我们能够获得的最高级的意识，那么，为什么我们还要被是否是'真实的'问题所困扰？"② 博曼也认为，"理想言说情境"模型并不足以有效地分析政治不平等：哈贝马斯的理想情境太过具体，太局限于商谈机会。似乎有了交往平等，公共领域便可以完成剩下的一切任务。③ 在博曼看来，政治平等不仅仅是在商谈中运用同等自由(equal liberty)之事，还是个有能力运用同等自由之事。商谈理论者必须在纯形式的商谈"机会"与公民"同等运用"公共理性的能力之间做出区分。④

二、"理想言说情境"模式的理论效应

针对哈贝马斯的"理想言说情境"模式，前面已有几位论者对它做出了不同的评述。而阿克曼(Bruce Ackerman)⑤更是对之进行了批判。他认为，哈贝马斯的"这种模式是一种无望的乌托邦，而且可能甚至是政治上有害的"。⑥ 在阿克曼看来，"理想言说情境"是如此反事实，以至于可以说它既是最后手段，也是一种转译，又是超然的。或者说，它是如此缺乏事实，无助于解决公共问题。⑦ 基于此，阿克曼提出了他所谓的"对话约束原则"(the principle of conversational constraints)模式，即在自由公民于公共对话中陈述理由之前，仅要求其理由具有

---

① Thomas McCarthy, *The Critical Theory of Jürgen Habermas* (Cambridge: MIT Press, 1978), p.310.
② Raymond Geuss, *The Idea of a Critical Theory: Habermas and the Frankfurt School* (Cambridge; New York: Cambridge University Press, 1981), p.94.
③ ［美］詹姆斯·博曼：《公共协商》. 黄相怀译. 北京：中央编译出版社，2006，第103页。
④ 同上书，第105页。
⑤ 布鲁斯·阿克曼被布莱恩·巴里誉为"与中立性原则相联系的最著名的一些人"之一，除布鲁斯·阿克曼之外，还有罗纳德·德沃金和约翰·罗尔斯。参见布莱恩·巴里(Brian Barry)：《怎样捍卫自由主义制度》，陈丽微、郑明译，载应奇编：《自由主义中立性及其批评者》. 南京：江苏人民出版社，2007，第324页。
⑥ 参见［美］塞拉·本哈毕布：《自由主义的对话对推论合法性的批判理论》，应奇译，载应奇编：《自由主义中立性及其批评者》. 南京：江苏人民出版社，2007，第312页。
⑦ 关于这些批评，参见［美］布鲁斯·阿克曼：《为何要对话？》，毛小林译，载应奇编：《自由主义中立性及其批评者》. 南京：江苏人民出版社，2007，第53—68页。

说服力是不够的。尽管有些公民在生活的终极意义问题上持不同意见,依然要同时确保其他公民承认这些人的理由的合理性。否则,它就必须接受对话约束的必要性,同时控制自己将有争议的合理性观念强加给其他公民。① 但阿克曼的这一"对话约束"模式立刻遭到了本哈比的批评。

本哈比认为,尽管阿克曼的自由主义对话理想详尽阐述了正当性的一种程序性的公共商谈,把它与"正当性的商谈模式"相比较是有启发的。但是,他的"对话约束"模式为公共对话的内容和范围强加了与合理的和可辩护的限制相对立的任意的限制,而哈贝马斯的"理想言说情境"模式的优越性恰恰在于它允许我们把阿克曼的模式所私人化的东西当作公共论题加以讨论。这是因为,和基于对话约束的公共对话模式形成对照,"理想言说情境"模式或"正当性的商谈模式"是自反的(reflexive),即它允许彻底的自我质疑;它亦是批判的,即它允许我们挑战妨碍对话的公平、公正和真正的公开的权力关系的现存形式。② 基于此,本哈比采取一种"'弱'辩护策略"来为哈贝马斯的"理想言说情境"模式"提供一种道德辩护"。③ 我们知道,阿佩尔把那些在对话情境中得到尊重的程序约束称为"理想的交往共同体",哈贝马斯则把它们称为"理想言说情境"模式。两者都可以看作回到了康德所谓"公共性的先验条件",即"凡是关系到别人权利的行为而其准则与公共性不能一致,都是不正义的"。④ 在本哈比看来,"理想言说情境"模式所强调的并不是那些最能够与"外部自由条件下的一个人的意志与所有人的意志的共存"相容的制度,而是这样的问题:哪一种规范和制度安排是从事受到理想言说情境的程序约束的实践商谈的个人承认为正当的? 其实,这种模式既是程序性的又是对话的。⑤ 简言之,"理想言说情境"的程序约束是指每个参与者都必须有发起并继续交往的平等机会。每个人都有做出断言、劝告和解释的平等机会。在对话的情境中,说话者必须可以自由地把平常语境中有可能约束舆论和立场的完全自由表达的权力关系主题化。这些条件加在一起具体说明了一种可以被称作平等

---

① [美]布鲁斯·艾克曼:"政治自由主义种种",原载美国《哲学杂志》第 91 卷第 7 期[1994 年 7 月号],彭国华译,参见[美]罗尔斯等:《政治自由主义:批评与辩护》.万俊人等译,广州:广东人民出版社,2003,第127 页。
② [美]塞拉·本哈毕布:《自由主义的对话对推论合法性的批判理论》,应奇译,载应奇编:《自由主义中立性及其批评者》.南京:江苏人民出版社,2007,第 308—309 页。
③ 同上书,第 312 页。有关本哈毕布的"弱辩护纲领"此处不再赘述,详情参见她文章的第 312—315 页。
④ [德]伊曼努尔·康德:《永久和平论》.何兆武译,上海:上海世纪出版集团,2005,第 58 页。
⑤ 塞拉·本哈毕布:《自由主义的对话对推论合法性的批判理论》,应奇译,载应奇编:《自由主义中立性及其批评者》.南京:江苏人民出版社,2007,第 308 页。

的互惠性(egalitarian reciprocity)的交往规范。[①]

墨菲甚至质疑"理想言说情境"——这一概念被设想为无限接近主体间无拘无束地自由沟通、并通过理性讨论达成共识的理想——的可能性。[②] 她援引齐泽克(Slavoj Žižek)的观点[③]论证指出，实现理想言说情境的阻碍"远不仅仅是经验的或认识论的，而是本体论的"，因为"使审议成为可能的那些条件同时也就是使理想的话语环境成为不可能的条件"。[④] 而在罗蒂看来，"理想言说情境"其实只是哈贝马斯的虚构，就像传统哲学虚构了共通的人性和普遍的理性一样。罗蒂认为，哈贝马斯的理想言说情境纯属多余，而且业已丧失其知识论上的意义。从时间上看，理想的言说情境及其结果存在矛盾；从逻辑上看，它亦是不可能的。其原因在于：一方面，由于它是理想的言说情境，显然就不在我们现有的语境中，而是超出了任何当下的理想语境，这种没有时间性的理想语境当然就没有了认知意义；另一方面，由于我们都是在我们的历史和现实语境中建构我们现有的言说前提和资源的，没有任何一个共同体或者个体能够越出自己的现实约束，站在理想的位置上，因此，任何理想的言说情境只能是我们心理上的投射而已。倘若有人认为确实存在这种理想状态，那就意味着他既承认了自己的有限性，同时又认为自己是无限的，这显然是矛盾的。据此来看，罗蒂似乎抓住了哈贝马斯的严重漏洞，即以知识和理性自居的哈贝马斯原来也陷入了非认知主义。不过，此处的罗蒂其实误解了哈贝马斯。

笔者以为，哈贝马斯只是不希望得出罗蒂那样的把理性自然化的非认知主义结论。哈贝马斯所理解的理性已经不是柏拉图意义上的理性，从某种意义上说，它类似人类常识或者一种基本直觉，这种直觉帮助我们承认世界和他者的存在。此种哈贝马斯意义上的理性观实质上类似罗蒂意义上的美德理性观；只是与后者不同的是，前者确实是人所固有的，但又绝非一种发现理念知识的超级能力。令人遗憾的是，罗蒂却没有看到这一点，而是一个劲地把哈贝马斯的理性想象为康德意义上的作为为普遍有效的行为辩护的理性。当然，亦确如瓦卡卢利斯

---

① 塞拉·本哈毕布：《自由主义的对话对推论合法性的批判理论》，应奇译，载应奇编：《自由主义中立性及其批评者》.南京：江苏人民出版社，2007，第312页。

② ［英］尚塔尔·墨菲：《审议民主抑或竞争式的多元主义?》，霍伟岸译，载谈火生编：《审议民主》.南京：江苏人民出版社，2007，第357页。

③ Slavoy Zizek, *Enjoy Your Symptom* (London: Routledge, 1992), Chapter3.

④ ［英］尚塔尔·墨菲：《审议民主抑或竞争式的多元主义?》，霍伟岸译，载谈火生编：《审议民主》.南京：江苏人民出版社，2007，第357页。

(Michel Vakaloulis)所指出的，"理想言说情境"的超话语条件仍是哈贝马斯贡献中的盲点。瓦卡卢利斯曾诘问道："在一种结构性不平等的语境中如何达成'自由的协定'和'双方同意的协定'呢？如何设想在一个社会性分崩离析的封闭世界中所有社会能动者参与制定普遍化规范目标呢？……哈贝马斯的范式从某种程度上说难道未预设既定目标吗？"[①]沃林也曾提醒我们，"理想言说情境"的创造性形成恐怕有忽视社会生活过程中交往行为的客观—历史基础的危险。[②] 而在麦肯锡(George E. McCarthy)看来，哈贝马斯关于"理想言说情境"的理论是对康德主题的一种社会学和语言学的变更。虽然哈贝马斯毫无疑问地拒绝以实证论来解释符号交往和民主共识，但他却在无意之间重新产生了一些与实证论者的民主理论相关联的现实问题。麦肯锡写道："因为没有发展出一套包括了伦理、政治和经济理论的善的生活理论，哈贝马斯没有能力去断定理想言说情境本身的实质。"[③]

综上所述，多数论者普遍对哈贝马斯的"理想言说情境"假定持批判态度，认为它是一种乌托邦，它是根本不可能存在的。在此，我们需要指出的是，这可能只是一种误解。从这一误解出发，论者们指责哈贝马斯的观点太过理想化，以至于不可能在实践中实现。更糟的是，他们声称哈贝马斯因此而忽视了在现实的政治中，实际中的不平等和不同的权力形式导致了某些人处在不利位置。[④] 然而，实际上，"理想言说情境"只是交往理性的一个基本要求，它只是与言说行为相对应的"反事实的假设"(kontrafaktischen Voraussetzungen)。换言之，它只要求在社会各层面进行的对话性交往中，人们能保持一种开放性的、不拘囿于某种特定生活形式或教条的态度，从而使人们意识到在判定他们对事物的看法上，可能还有超出他们的生活形式或理论观点的判准（所谓与事实相反的观念），并最终使人们相信，那种由特定意识形态所构成的、事实上存在的理论观点，并不是判定与政治和价值生活相关的论题以及行为之合理性的唯一标准。

关于学界普遍认为其"理想言说情境"理论是一种美好的愿望或"乌托邦"的

---

① ［希腊］米歇尔·瓦卡卢利斯：《后现代资本主义：社会学批判纲要》. 贺慧玲、马胜利译，北京：社会科学文献出版社，2012，第 54 页。

② ［美］理查德·沃林：《文化批评的观念：法兰克福学派、存在主义和后结构主义》. 张国清译，北京：商务印书馆，2001，第 87 页。

③ ［美］麦肯锡：《马克思与古人：古典伦理学、社会正义和 19 世纪政治经济学》. 王文扬译，上海：华东师范大学出版社，2011，第 375 页。

④ 凯文·奥尔森：《协商民主》，［美］芭芭拉·福尔特纳(Barbara Fultner)编：《哈贝马斯：关键概念》. 赵超译，重庆：重庆大学出版社，2016，第 172 页。

观点,哈贝马斯自己曾进行了辩驳。他说道:"决不能把乌托邦(Utopie)与幻想(Illusion)等同起来。幻想建立在无根据的想象之上,是永远无法实现的,而乌托邦则蕴含着希望,体现了对一个与现实完全不同的未来的向往,为开辟未来提供了精神动力。乌托邦的核心精神是批判,批判经验现实中不合理、反理性的东西,并提出一种可供选择的方案。……许多曾经被认为是乌托邦的东西,通过人们的努力,或迟或早是会实现的,这已经被历史所证实。"①在这里,哈贝马斯明确主张不能将乌托邦与幻想等同起来,倡导一种乌托邦的精神。通过理论分析我们知道,以生活世界为基础的商谈模式的确是一种理想状态下的行为,实现商谈理性的资源又总是匮乏的,但这并不能证明哈贝马斯的这一理性的、道德的重建是一种无希望的幻想。不过,在复杂多元的社会中,确实难以达致意见沟通和相互理解的理想条件。尽管如此,这种方法论虚构却有助于反思现实世界中意见沟通的诸种障碍。对此,哈贝马斯在其《在事实与规范之间》中作出了回应,而这一工作的实质进展就是程序主义民主观的确立。当然,即使我们承认有"理想言说情境"存在,这种情境也只能在完全开放和真正自由的社会中才能出现,也只是表明人类理性总是倾向于追求一种重视自主、自由的生活状态。在此,我们倒是可以进一步思考由布朗纳(Stephen Eric Bronner)提出的如下问题:"理想的言说情境是否仅仅是社会行动在方法上的起点,还是具有自身规则的固定的哲学范畴? 是就社会批判理论来理解未失真的沟通,还是将其理解为拥有自身规则的语言哲学新变体的基础?"②

第三节 商议政治观

哈贝马斯曾被尊称为"商议民主理论的哲学之父"。③ 在强调交往理性的讨论过程时,哈贝马斯提出了"商议政治"(deliberative politics),这是介于自由主义与共和(或社群)主义之间的第三条道路。他所倡导的商议性(程序性)政治观及其强民主(激进民主)概念不但是批判理论传统而且是自由民主政治哲学发展中

---

① [德]尤尔根·哈贝马斯、米夏埃尔·哈勒:《作为未来的过去》.章国锋译,杭州:浙江人民出版社,2001,第122—123页。
② Stephen Eric Bronner, *Critical Theory* (Oxford: Oxford University Press, 2011), p.47.
③ Frank Cunningham, *Theories of Democracy: A Critical Introduction* (New York: Routledge, 2002), p.163.

的一个特别值得引起注意的动向。① 这一动向用德雷泽克的恰切话语来说就是，在 20 世纪末，西方民主理论出现了一个强的"商议转向"（deliberative turn），这为民主开启了另一种新的定义与想象。② 这一商议政治观是由其对民主的公共领域在 18、19 世纪的历史起源的反思所驱动的。这一点可根据哈贝马斯的著作史得到明确的印证。③ 由于用主体间性哲学代替意识哲学作为基础，商议政治观既避免了把社会当作一个能进行公民自决的宏大主体这种过于理想的民主观点，又避免了将民主理解为把法律运用于许多孤立的、私人的主体这种过于现实的民主观点。

一、公共领域的政治功效：商议民主

哈贝马斯在《在事实与规范之间》一书的第七章"商议性政治：一种程序的民主概念"和《包容他者》一书的第九节"民主的三种规范模式"④等文本中，借用米

① 应奇：《从自由主义到后自由主义》．北京：生活·读书·新知三联书店，2003，第 7 页。在此处的脚注中，应奇教授对"程序主义"政治观、"商议性政治观""强民主"概念做了如下说明："程序主义"这个术语似乎意味着制度化了的程序的自主操作。但哈贝马斯却在相反的意义上使用这个词：它是要表明相互作用的过程，例如要表明在政治结构中，在形式化了的制度和"基于生活世界的以个人为中心的公共领域中的相互交往之间的那种作用"。在这里，他强调的与其说是行为者的能力和制度的性质，还不如说是交往的形式。参见 William Outhwaite, *Habermas: A Critical Introduction*, Polity press1994, p.144。正是在这个意义上，商议性政治观可能是一个比程序主义政治观更为恰当的术语。另外，强民主概念是由本杰明·巴柏（Benjamin Barber）首次使用的，参见其 *Strong Democracy: Participatory Politics for a New Age* (University of Califoria Press1984)。哈贝马斯的门生伯恩哈德·彼特斯（Bernhard Peters）在其 On Reconstructive Legal and Political Theory(in *Philosophy and Social Criticism*, Vol. 20, No. 4, 1994)一文中用这一概念来形容哈贝马斯的民主观。但是，与巴柏等"强民主派"直接诉诸公民资格的前自由主义倾向不同，哈贝马斯对人民主权论实施了重大的理论转型。在他看来，想像现实的人民主权的主体是为政治投上"神圣的虚幻表象"，实际上，商议性民主的合法性是建立在民主地建制化的意志形成和非正式的舆论形成的相互作用而非一种集体行动的公民总体的基础上的。对人民主权的无主体的但却是互主体的（subjectless but intersubjective）还原为社会实践保存了反事实理想（counterfactual idea）的线索。毋庸置疑，程序化的人民主权是一种理想状态，是对于自由民主政府的最深层理想的理性重建。应奇教授的相关作品和这一注解，使笔者深受启发。另外，伊森·里布（Ethan J. Leib）曾将哈贝马斯称之为"协商民主的程序主义者之父"。参见［美］伊森·里布：《美国民主的未来：一个设立公众部门的方案》．朱昔群、李定文、余艳红译，北京：中央编译出版社，2009，第 55 页。

② John S. Dryzek, *Deliberative Democracy and Beyond: Liberals, Critics, Contestations* (Oxford: Oxford University Press, 2002), p.1.

③ 参见 David M. Rasmussen, How is Valid Law Possible: A Review of Faktizität und Geltung by J. Habermas, in *Philosophy and Social Criticism*, Vol.20, No.4,1994。

④ 此文是在《在事实与规范之间》出版两年后发表的，文中将其关注的焦点集中于自由主义和共和主义的对立，由于文中处处以这种对立为背景而展开，致使哈贝马斯本人的论ં呈现出在他的几乎所有著述中都十分罕见的明晰和显豁，同时亦由于其广泛和深刻的内涵性，此文堪称《在事实与规范之间》的中心论旨的速写。

歇尔曼(Frank I. Michelman)①的观点，对自由主义民主和共和主义民主，从民主进程、公民概念、主体权利、对法律的理解等方面的差异，做出了详细的规范性论证。② 在《在事实与规范之间》一书的《附录二：作为程序的人民主权》(1988年)一文中，哈贝马斯则试图为那些在历史和社会学意义上似是而非的问题提出一个规范性框架。尤其让哈贝马斯感兴趣的是与法国大革命相联系的激进民主理想是否依然能够在当代得到证明，在回答这个问题时，他力图将西方两种主导性民主模式——自由主义和共和主义——的最好特征结合起来。他说道："商谈论赋予民主过程的规范性涵义，比自由主义模式中看到的要强，比共和主义模式中看到的要弱。在这方面它也是从两边各采纳一些成分，并以新的方式把它们结合起来。"③在哈贝马斯看来，自由主义民主在政治实践中赋予民主的规范意义太弱，强调"民主进程的作用在于根据社会的不同利益来安排国家，其中，国家是公共管理机器，社会是私人及其社会劳动按照市场经济规律进行交换的系统"。而共和主义民主则赋予民主的规范意义太强，强调"政治的功能不仅仅在于管理；相反，政治是整个社会化进程的构成因素……除了国家主权及自上而下的管理机制之外，也就是说，除了行政权力和私人利益之外，还有第三种社会一体化的源泉，这就是团结"。④ 于是，哈贝马斯主张融合自由主义民主的现实性品格和共和主义民主的理想型要求，通过确立语言交往的规范化，创立第三种民主模式——商议政治。

哈贝马斯将他所提出的替代性方案——从商议性的视角来观察民主政治——与自由主义和共和主义关于法律、民主和人民主权的观点进行了对比。自由主义认为，民主制度的目的是保障个人自由不受政府的限制，从而保障个人在私人生活领域中的自由。它不要求积极参与政府决策而引导政府行为，只是要求政府行动的输出是平等地对待所有的公民。个人民主地参与普遍平等的选举权利是以个人自由权利和确保私人生活的自由为基础的。因此，这是一种消极民主

① 哈贝马斯自己承认，"当代学者中，米歇尔曼是我经常引证的三四位学者中的一个，这并不是偶然的。在话语政治方面，我从米歇尔曼的著作中获益最多。"参见哈贝马斯：《附录一：关于〈事实与价值〉——对卡多佐法学院会议文集的回应》，载[德]哈贝马斯：《后民族结构》。曹卫东译，上海：上海人民出版社，2002，第236页。
② 参见[德]哈贝马斯：《在事实与规范之间》。童世骏译，北京：生活·读书·新知三联书店，2003，第358—409页；以及[德]哈贝马斯：《包容他者》。曹卫东译，上海：上海人民出版社，2002，第279—293页。
③ [德]哈贝马斯：《在事实与规范之间》。童世骏译，北京：生活·读书·新知三联书店，2003，第370页。
④ [德]哈贝马斯：《包容他者》。曹卫东译，上海：上海人民出版社，2002，第279页。

和免于政府强制的民主。对于自由主义来说,民主制度有两个方面的重要作用。[①] 一方面,民主制度使所有的人平等参与公共领域的活动成为可能。公民通过民主过程来监督政府,防止政府行动干预个人的自主领域,防止政府侵害人的基本权利。另一方面,政府是社会的监护人,必须平等地保护所有人的利益,平等地为所有人的利益服务。而民主制度正是要保证所有人的平等参与,防止有人运用政治权力为个人私利服务。平等参与可以用来均衡各方面的不同利益。民主制度就是一场博弈,就是不同权力和利益间相互妥协的过程。自由主义者就是按照市场竞争原则来理解民主制度的。共和(或社群)主义则认为,民主制度的目的不仅仅是保护个人权利,而且要通过公民们的共同参与来实现共同利益。公民们共同参与民主选举和民主商谈的目的是要引导政府采取积极措施来维护共同利益,实现政治共同体的目标。如果说对于自由主义而言,民主制度是要保护个人权利的话,那么对于共和主义来说,民主制度则是要积极推动政府采取行动来实现集体目标、维护共同利益。这么说来,共和主义是一种积极的民主制度。与自由主义的弱民主概念相比,共和主义是一种强民主概念,即所有公民始终作为政治共同体的成员参与政治决策过程。如果说自由主义把民主制度理解为私人利益之间的妥协的话,那么共和主义则把民主制度理解为共同利益之间的一致理解。

哈贝马斯指出,商议民主可以超越自由主义与共和主义这一对相互排除的方案。民主的本质就在于,理性的商议可以产生政策,并对之负责。民主不仅只是采取合适的公平原则,极大化和分配私有财产,尽管这正是多元利益群体所主张(自由主义者的观点)的。民主也不只是找出、构成或追求社会所认可的共同之善(共和主义者的说法)。综合上面自由派与共和派的主张,哈贝马斯写道:"根据商谈论,商议性政治的成功并不取决于一个有集体行动能力的全体公民,而取决于相应的交往程序和交往预设的建制化,以及建制化商议过程与非正式地形成的公共舆论之间的共同作用。"[②]在哈贝马斯看来,所谓政治,实际上就是意见和意志的民主形成过程,这一形成过程不仅表现为议会中利益的妥协,而且涉及到公民在政治公共领域的自由商谈。这样,商议民主理论在更高的层次上提出了一种关于交往过程的主体间性,它以涉及正义问题的商谈规则和辩论形式为民主政治的核心。根据哈贝马斯的论证,首先,公众舆论的非正式化造成影响;接着,影响通

① 参阅王晓升:《商谈道德与商议民主》.北京:社会科学文献出版社,2009,第 314 页。
② 〔德〕哈贝马斯:《在事实与规范之间》.童世骏译,北京:生活·读书·新知三联书店,2003,第 371 页。

过政治选举渠道转换成交往权力(communicative power);而交往权力则再次通过立法转换成行政权力(administrative power)。这就是说,通过非正式的意见形成转化为制度化的选举抉择和决策,交往权力就转换成了行政权力。这样,公共权威也就获得了坚实的合法性基础。[①] 当然,哈贝马斯所提出的这一新模型,并非只是商谈不同层次、不同形式的制度化而已,而是在沟通言说制度化之下,可以让合理的舆论和意志形成在"双层轨道"(zweigleisig/two track)上奔驰,即合理的商议民主是需要通过两种渠道来完成的:它需要通过议会(一种公共性较强的制度性组织)和公共领域(一种公共性较弱的非正式的交往形式)二者一起来完成。具体言之,第一个轨道为市民社会与政治国家的沟通;第二个轨道为市民社会中力量稍嫌不足的公共领域,包括私人组合(俱乐部、工会、商会、农渔会、合作社)和大众传媒为一方(即弱公共领域),而与政治体系中较为强势的政党、利益团体、国会等有组织的机构为另一方(即强公共领域),进行交往与沟通。在这种分工合作下,弱公共领域要负起责任,进行确认、解释和凸显具体的社会问题、民生问题。而强公共领域则负责挑选重大的民生议题,交由国会审议的程序,促成行政机关形成政策,大力推行。

哈贝马斯在阐释这一"双轨制"的商议民主政治概念时,对普通公共领域(the general public sphere)和议会团体的建制化公共领域(the institutionalized public sphere)的各自特点曾进行了详细的分析,并对它们之间的关系进行了阐述。根据哈贝马斯的理解,普通公共领域的特征有:第一,其时间边界、社会边界和内容边界具有流动性(即不确定性)。第二,意见形成过程是在一个由诸多重叠的亚文化公众集体所构成的开放的、包容的网络中进行的。第三,比议会团体公共领域更容易受到不平等分布的社会权力、结构性暴力和受系统扭曲的交往的压抑性与排外性的影响。第四,具有一种无限制交往之媒介的优点。第五,不受程序调节。第六,在理想情况下,公众舆论发生在一个未受颠覆的政治公共领域的结构之中,且该公共领域必须以一种能够使平等的公民权利具有社会效力的社会作为它的基础。与之对应,议会团体公共领域的特征则是:第一,具有社会边界和时间边界。第二,商议过程以论辩形式进行并根据所讨论问题形成分化。第三,主要是作为辩护性情境而构成,为问题的选择和彼此竞争的解决方案的确定进行辩护,该领域更多的是解决问题而不是发现和辨认问题。第四,依赖于行政部门的前期

---

① 哈贝马斯:《民主的三种规范模式》,载[德]哈贝马斯:《包容他者》.曹卫东译,上海:上海人民出版社,2002,第279—293页。

工作和事后加工。第五,受程序调节。第六,依赖于普通公共领域的发现性情境。① 与此同时,通过借鉴弗雷泽的"强公共领域"与"弱公共领域"之区分、彼得斯(Bernhard Peters)的"中心"与"边缘"之区分等观点,哈贝马斯进一步指出了处于边缘的公共领域中的弱公共性对处于"中心"的决策机构(即立法机关)中的"强公共性"所产生的"影响"与"包围",这一影响将转化为具有合法性的行政权力。哈贝马斯认为,(政治)公共领域不是仅被理解为议会机构的后院,而且可以被理解为包围政治中心并产生推动力的一个外围:它通过培育规范性理由影响着政治系统的各个部分,但并不想占领它。公众舆论通过大选和各种形式的参与渠道被转化为那种对立法机关进行授权并使行政导控机构得以合法化的交往权力。②

哈贝马斯的这一"商议政治模式"(Modell deliberativer Politik)将规范性期待的主要负担落在民主程序和政治公共领域的基本结构(其基础源自于自发性)之上。对于普通民众来说,政治参与权利只有在如下意义上才可能行使,即加入并影响一种非正式的、总体上无组织形态的、更大程度上以自由和平等政治文化为基础的公共交往过程。同时,决策机构中的商谈必须受到来自未遭强制的政治公共领域的主题、价值取向、建议和纲领的影响。③ 在哈贝马斯的商议民主的双轨模式中,立法和司法活动中正式决策领域的商谈程序与公共领域中形成意见的非正式程序相互补充。正式决策领域内的商谈程序,通过共同合作解决实际问题来塑造集体意志的形成,同时通过调整非正式意见的形成过程来使现实生活中出现的经验性问题得到确认、阐释和成为议题。因此,当议会团体公共领域被建构为"正当性背景"/"辩护性情境"时,在市民社会的联盟网络中的普通公共领域主要被建构为"发现的背景"/"发现性情境",而这一"发现的背景"只在程序不受限制的公共领域中才可能出现。④ 只要"民主地构成的意见形成和意志形成过程依赖于非正式的公众舆论的供给","受程序调节的正式商谈机制和决策"与"不受程序调节的非正式的意见形成过程"之间的分工就是有效的。这样的公众舆论在理想情况下是发生在一个未受颠覆的政治性公共领域的结构之中。这种公共领域

---

① 参见[德]哈贝马斯:《在事实与规范之间》.童世骏译,北京:生活·读书·新知三联书店,2003,第381—382页。Öffentlichen Meinung 这个词既可以译为"公共意见",也可译成"公众舆论"或"公共舆论"。出于术语上的统一,笔者在其他行文处一般将 Öffentlichen Meinung 译为"公众舆论"。

② [德]哈贝马斯:《在事实与规范之间》.童世骏译,北京:生活·读书·新知三联书店,2003,第546页。

③ 同上书,第670—671页。

④ 同上书,第381页。译文略有改动。

必须得到社会基层的支持,而在该社会中平等的公民权已得到有效的实现。① 由此可见,哈贝马斯提出的双轨模式依赖于"民主地制度化的意志形成(will-formation)"与"非正式的意见形成(opinion-formation)"之间的良性互动。② 后者以不受程序调节的方式运作,是对前者的重要补充。后者"围攻"(siege)或"包围"(surround)前者,形成一种激进民主理论。正如哈贝马斯在后来的补充证明中所指出的,只有在议会和法院的正式规范程序得到于公共领域内发生的非正式交流、讨论和商议的补充后,理想的商谈民主程序所主张的中立性才可以被证实。③ 用雷格(William Rehg)和博曼的话来说就是,哈贝马斯企图用他所谓的"双轨模式"把商谈、决策与公民联系起来,形成以公民商谈证成决策之正当性的合法化模式,进而在现代复杂多元社会中捍卫卢梭式激进民主传统。④ 总之,从"系统-生活世界"二元论的社会理论建构到"围攻论""双轨模式"的政治哲学建构,哈贝马斯通过将生活世界转化为更具政治性的公共领域、通过将交往行动转化为交往权力,以及将行政系统转化为视野更为宏大、包含着合法化系统的政治系统,不仅将他的社会理论建构推进到法哲学与政治哲学领域,而且进一步挖掘了公共领域所具有的民主潜能,最终为我们建构了一种程序主义的商议民主观。⑤

二、"双轨"模式的理论效应

商议民主模式把民主的核心从投票转向公共领域以及责任与正当理由的实践之中。以投票为中心的观点认为,民主就是一个竞技场,在其中固定的偏好和利益通过公平的聚合机制进行竞争。与之不同,商议民主强调意见及意志形成的

---

① [德]哈贝马斯:《在事实与规范之间》. 童世骏译,北京:生活·读书·新知三联书店,2003,第382页。译文略有改动。

② 同上书,第382页。译文略有改动。

③ See "Excursus on the neutrality of procedures", in J. Habermas, *Between Facts and Norms: Contributions to a Discourse Theory of Law and Democracy* (Translated by William Rehg, Cambridge, Mass.: MIT Press, 1996), pp.308 - 314.;参见毛里西奥·帕瑟林·登特里维斯:《政治合法性与民主协商》,载[南非]毛里西奥·帕瑟林·登特里维斯主编:《作为公共协商的民主:新的视角》. 王英津等译,北京:中央编译出版社,2006,第12页。

④ See William Rehg&James Bohman, Discourse and Democracy: The Formal and Informal Bases of Legitimacy, in *Between Facts and Norms*, in René von Schomberg&Kenneth Baynes (eds.)*Discourse and Democracy: Essays on Habermas's Between Facts and Norms* (State University of New York Press, 2002), pp.31,36 - 37.

⑤ 参阅孙国东:《合法律性与合道德性之间:哈贝马斯商谈合法化理论研究》. 上海:复旦大学出版社,2012,第219页。

交往过程而非投票。当然,民主国家仍需投票选举,商议民主并不能取代代议制民主。这导致民主政治的两个层次观。第一层包括作为正规代表机构(即"强公共领域"),第二层包括非正式公民商谈(即"弱公共领域")。但是,"由于对这二者之间的关系究竟如何含混不清,哈贝马斯受到了很多批评。尤其是,在市民社会与公共领域发生的非正式的意见和意志形成如何有权去影响正式机构,而不是简单地动员参与表决的多数人?"①随着诸如此类问题的出现,哈贝马斯提出的"双轨"模式引起了学界的密切关注,并引发了一些理论争鸣。

博曼在《协商民主:多元主义、复杂性与民主》一书的第四章第三节(《社会复杂性、制度中介和人民主权:"双轨"模型及其缺点》)中指出,哈贝马斯关于法治在现代宪政国家中的作用的思考虽然"提供了一个解决方法,不过,这个办法是不全面的"②;哈贝马斯在"这个模型中所讲到的制度性机制确实提供了一个解决许多复杂性问题的一般性办法。然而,哈贝马斯在把公共协商缩减为单纯非正式的合法性基础上走得太远,从而就掏空了人民主权这样一个激进民主理想的实质性内涵"。③ 博曼从社会事实(复杂性)和民主规范(人民主权)之间的张力这一层面,对哈贝马斯的双轨模式进行了评价。他承认,"哈贝马斯对复杂性和大规模问题所提出的解决办法,在把他的民主理想应用到复杂社会上,不失为一种说得过去的社会学框架"。但在对哈贝马斯的双轨模式"持共鸣的态度"的同时,博曼又指出,"哈贝马斯的民主共识模型有点理想化色彩,而他对复杂性'事实'的诊断又相当悲观,两者结合起来,后果当然不会太好。当哈贝马斯讨论恰当的民主理论,尤其是讨论多数统治或制度设计的时候,这个缺点就暴露得非常明显"。④ 博曼论证指出,民主理论要想站得住脚,必须同时做到在规范层面论证充分,在事实层面论据详尽。然而,结果表明,这两个对立性的立场是同一个困境的两面。一方面,哈贝马斯认为,纯粹规范立场,如罗尔斯的正义理论,是"社会学上的幼稚";另一方面,纯粹社会学描述性的理论,如卢曼的系统理论,又掉入了"法律实证主义"窠臼。其中,大多数的商议民主理论都陷入了困境的第一个方面,而"现实主义"民主理论则陷入了困境的第二个方面。问题的关键其实在于,一个好的商谈理论必

① [加]西蒙·钱伯斯:《协商民主理论》,童庆平译,载陈家刚主编:《协商民主与政治发展》.北京:社会科学文献出版社,2011,第 90 页。
② [美]詹姆斯·博曼:《公共协商:多元主义、复杂性与民主》.黄相怀译,北京:中央编译出版社,2006,第 144 页。
③ 同上书,第 145 页。
④ 同上书,第 154 页。

须避免陷入这两方面的困境,即商谈不能建立在不可实现的理想之上,同时又不能与大规模的制度不相协调。哈贝马斯曾认为,必须同时发展描述性的和社会学的民主理论。他所用的方法是"理性重建",它能把规范的和经验的对社会实践的分析结合起来。"复杂性事实"应该以"更为分化的方式"来应用商谈和民主合法性标准。① 然而,在博曼看来,哈贝马斯的解决方案是有问题的:"哈贝马斯的双轨解决办法的问题在于,为了在制度层面取得整合,太多地牺牲了民主自治的内涵。"②博曼认为,尽管哈贝马斯关注的是交往互动的制度中介,但他的民主观念依然是不完备的,因为他认为社会复杂性和人民主权之间的关系是单向性的。博曼主张,在为共识和不受限制的公共交往作辩护的时候,我们最好不要把正式的意志形成和非正式的舆论形成分开。根据双轨模式,如果制度化的程序在两个轨道上运行的话,复杂多元社会中的法律和政治决策能够在商议民主的意义上具有理性,从而也就具有合法性。它们必须对非正式的充满活力的公共领域保持开放性,并且保证被恰当地构造以支持相关商谈的理性,以及被有效地实施。也就是说,制度中的政治决策必须对非限制性的公共领域保持开放性并且以及时、有效和一致的方式被构造。这样一来,民主地参与复杂多元社会就是一个更为基本的问题。于是,博曼指出,一个好的商议民主理论要想充分解决复杂性问题,必须把"商谈"、"决策"以及"全体公民"这三个名词融合在一起。③ 博曼反对在"意见"形成(弱公共领域)和"意志"形成(强公共领域)之间进行"强区分",并强调正式的和非正式的公共领域之间互动的重要意义。在对哈贝马斯的双轨模式的"缺陷"进行"理论指控"——比如,没能解决在复杂的商谈中谁是政治主体(行动者)的问题;遗漏了公众和制度之间的宪政性的交流(constitutional interchange),等等——之后,博曼提出了自己的所谓"二元民主"(dualist democracy)模式。在博曼看来,在"二元民主"模式中,存在多种多样的关于"高级立法"(higher lawmaking)协商论坛,人们在这样的论坛中能够对"普通立法"(normal lawmaking)加以改变。④ "二元民主"模式可以为人民主权在大规模复杂的社会中的出现创造如下条件,即一个自由而开放的公共领域,加上一套能有效作决策

① 参见[德]哈贝马斯:《在事实与规范之间》.童世骏译,北京:生活·读书·新知三联书店,2003,第474页。
② [美]詹姆斯·博曼:《公共协商:多元主义、复杂性与民主》.黄相怀译,北京:中央编译出版社,2006,第144页。
③ 同上书,第150页。
④ Bruce Ackerman, *We the People*, Volume I (Harvard University Press, 1991), p.6ff.;[美]詹姆斯·博曼:《公共协商:多元主义、复杂性与民主》.黄相怀译,北京:中央编译出版社,2006,第131页。

并有资源作保障的正式的组织和制度。这两个方面都必须被这样地架构:既要解决过度复杂性和超理性问题,又不危及作为民主政治权力之来源的社会共同体的存在。① 其实,不管博曼对哈贝马斯所主张的合法性原则进行如何的修正,以及提出怎样的"二元民主"的替代模式,他的中心思想只有一个,那就是主张在"二元民主"模式中,执行决策不能与公共商谈相分离。确切地说,行政部门也可以变得或多或少地具有商议性,因为它们创造了在公共领域中成为论题的问题情境。②

斯夸尔斯(Judith Squires)在一定程度上吸收了博曼的上述观点。在《协商与决策:双轨模式中的非连续性》一文中,斯夸尔斯指出,以哈贝马斯为代表的双轨民主模式的优点是:既思考民主又思考立宪主义的问题,不仅考虑到偏好形成和非正式的团体协商,而且考虑到制度化决策和法制的实施。不过,这一模式未能"以连贯的论述真正阐明下面两种关系,即偏好形成和非正式团体协商的关系;制度化决策和法制实施的关系"。③ 而且,由于它主要属于理想的理论范畴,很少涉及到制度性设计,非正式的公共领域("发现的背景")与正式的公共领域("正当性的背景")之间的区分在怎样确立、监督和评估这两种公共领域关系上提供的实际指导作用不大。④ 其他很多商议民主理论也都认为在双轨民主模式中,商谈与决策分别位于两个不同的领域。其中,商谈大部分位于非正式公共领域("发现的背景"),而决策位于正式公共领域("正当性的背景")。这种双轨模式区分了旨在促进双边了解的交流以及工具性的行动和政治。它是一个基于非连续性之上的模式,会潜在地削弱商议民主产生的合法性效应。⑤ 基于此,斯夸尔斯援引理查德森(Henry Richardson)的观点,对双轨模式展开了讨论。在探讨商谈与决策之间的关系时,理查德森(在分析哈贝马斯的《在事实与规范之间》这一作品时)曾指出,商谈与终止辩论提交表决的步骤被视为是"概念上的非连续性"。⑥ 然而,斯夸尔斯则认为,哈贝马斯虽含蓄地接受了这一概念上的非连续性,但仍力图降低其重要性。哈贝马斯曾说过:"多数所达成的决定仅仅构成了一场持续讨论中的

---

① [美]詹姆斯·博曼:《公共协商》.黄相怀译,北京:中央编译出版社,2006,第163页。
② 同上书,第161—162页。
③ 朱迪斯·斯夸尔斯:《协商与决策:双轨模式中的非连续性》,载[南非]毛里西奥·帕瑟林·登特里维斯主编:《作为公共协商的民主:新的视角》.王英津等译,北京:中央编译出版社,2006,第80页。
④ 同上书,第85页。
⑤ 同上书,第88页。
⑥ Henry Richardson, Democratic intentions, in James Bohman and William Rehg (eds.), *Deliberative Democracy: essays on reason and politics* (Cambridge, Mass.: MIT Press, 1997), p.356.

一个停顿，也可以说是记录了一场商议性意见形成过程的暂时结果。就此而言，多数裁定原则保持了同真理寻求过程的一种内在联系。"①在这里，哈贝马斯明确提及商谈与决策间可能存在"一个停顿"的问题（即"非连续性"问题）。但无论如何，这一"非连续性"却让理查德森很不放心。他认为在众多商议民主论述的核心中，都存在商谈和决策非连续性所固有的动力和规范性问题。所谓动力问题是指，如果决策只是个人为了私人偏好而进行的投票，那么就不会存在循此最终达成理性妥协的动机；所谓规范性问题则是指，如果在这两个阶段之间没有正式的联系，那么就不存在使决策被承认为理性妥协产物的机制。② 斯夸尔斯强调，上述这些问题，对任何宣称提出了完整民主模式的商议民主理论者来说，都是严重的挑战。用斯夸尔斯的话来表述就是：为了对这些问题"进行更详细分析，须求助于哈贝马斯"。③ 其实，从笔者在前面对哈贝马斯关于议会团体公共领域/强公共领域/正式公共领域与普通公共领域/弱公共领域/非正式公共领域之间的异同比较的分析中，我们可以发现，哈贝马斯是主张商谈应该在两个领域都发生，也就是说，商谈应该在正式商谈及决策制度（议会和法院）和公民社会中非正式公共领域内发生。惟一的区别在于：在前者中它受到程序上的管制（调节），而在后者中它不被程序所管制（调节）。正如库克（Maeve Cooke）所说的："在他（哈贝马斯）看来，公共商谈在正式组织起来的政治决策和立法过程，以及公共领域中'无政府主义'的意志形成过程中都很重要。"④因此，根据斯夸尔斯的观点，我们不能因为哈贝马斯把商谈排除在代议制民主正式制度之外，并将其放入自治的公共领域内而谴责他。相反，正式制度应该成为对来自非正式公共领域"信息"合法化的过滤器。而且，正式制度也要提供一些机制设置，通过这些设置，政治代表可以进行商谈并就公众关心的问题达成暂时的结论。这其实就是说，与其他民主理论的双轨模式相比，哈贝马斯对商谈民主理论的阐述，在跨越非正式和正式领域的对话和独白模式中包含了比其他民主理论更多的连续性。⑤ 这么说来，尽管斯夸尔斯并

① ［德］哈贝马斯：《在事实与规范之间》，童世骏译，北京：生活·读书·新知三联书店，2003，第218页。
② Henry Richardson, Democratic intentions, in James Bohman and William Rehg (eds.), *Deliberative Democracy: essays on reason and politics* (Cambridge, Mass.: MIT Press, 1997), pp.356-357.
③ 朱迪斯·斯夸尔斯：《协商与决策：双轨模式中的非连续性》，载［南非］毛里西奥·帕瑟林·登特里维斯主编：《作为公共协商的民主：新的视角》，王英津等译，北京：中央编译出版社，2006，第91页。
④ 梅维·库克：《协商民主的五种观点》，载［南非］毛里西奥·帕瑟林·登特里维斯主编：《作为公共协商的民主：新的视角》，王英津等译，北京：中央编译出版社，2006，第30页。
⑤ 朱迪斯·斯夸尔斯：《协商与决策：双轨模式中的非连续性》，载［南非］毛里西奥·帕瑟林·登特里维斯主编：《作为公共协商的民主：新的视角》，王英津等译，北京：中央编译出版社，2006，第91页。

非特意地、专门地探讨哈贝马斯的双轨模式,且最后也没能给出自己解决问题的具体方案,但他对双轨模式的探讨与关注则有利于拓宽对哈贝马斯的理论模式进行研究的视界。至于下述诸多问题——比如,我们怎样保证非正式公共领域的"多元性"和正式公共领域的"渗透性"? 如何形成非正式和正式公共领域间的影响渠道? 如何来评估决策在多大程度上受这些领域中的协商的影响? 等等——则依然悬而未决,也就值得理论家们继续探讨。难怪斯夸尔斯大力疾呼:"商议民主理论家需要将注意力从理想的理论领域转移到制度性设计的任务上来。"①

另外,坎拉(Bora Kanra)指出,哈贝马斯的这种二元模式"留下了一个开放性的重要问题——在一个公民的努力和决策结果相互联系最终又与第三方的决定相关的情境中,如何保持公民的协商能力和他们的参与水平?""如果影响只是间接的,那为什么还要参与?"②坎拉对此问题的解决方案是:"需要发展出一个框架,这个框架旨在实现两个目标:第一,为社会学习创造一个正式的空间,为的是它可以发挥自己的角色;第二,把社会学习同政策制定相联系,为的是打造一个可持续的、更好的、合法的协商实践。"③而在里布(Ethan J. Leib)看来,哈贝马斯的商议政治可以视为一个恰当的纽带,它使公众部门里"民主地构成的意见形成和意志形成"与政治性公共领域(市民社会)中的"不具有正式形式的公共意见的供给"之间相互影响。在这种相互影响中,只有保持公共领域的公共性和私人领域的私人性,才有最大的机会获取成功。④ 雷尼(R. Randall Rainey)和雷格在阐述哈贝马斯式的民主概念时也指出,共和民主派的旨趣流于只专注兼容并蓄以营求共识,但是哈贝马斯拒斥这个倾向;此外,他们还指出,哈贝马斯的概念提供了多元协商的空间,体认了多元价值,并且对于市民社会中多元的结社及其他社团的重要性也深有体认。⑤

---

① 朱迪斯·斯夸尔斯:《协商与决策:双轨模式中的非连续性》,载[南非]毛里西奥·帕瑟林·登特里维斯主编:《作为公共协商的民主:新的视角》.王英津等译,北京:中央编译出版社,2006,第99页。

② [澳]博拉·坎拉:《分化社会中的社会学习》,徐佳君译,载陈家刚主编:《协商民主与政治发展》.北京:社会科学文献出版社,2011,第231页。

③ 同上书,第232页。

④ [美]伊森·里布:《美国民主的未来:一个设立公众部门的方案》.朱昔群、李定文、余艳红译,北京:中央编译出版社,2009,第160页。译文略有改动。其中引文部分参见[德]哈贝马斯:《在事实与规范之间》.童世骏译,北京:生活·读书·新知三联书店,2003,第382页。

⑤ R. Randall Rainey & William Rehg, The Marketplace of Ideas, the Public Interest, and Federal Regulation of the Electronic Media: Implications of Habermas' Theory of Democracy, *Southern California Law Review* 69(1996), p. 1923; pp. 1949 – 1972.

　　其实,哈贝马斯的商议民主政治理论是一种具有意识形态批判特征的社会理论,它能确定社会制度系统中所固有的规范权力。这一理论的独特作用就在于,它能够在一种模拟现实的集团话语中确定虽然受到压制但却具有普遍意义的利益。所以说,在复杂多元社会中,公民的总体性不再由某种实体性的价值共识来加以维持,而只能由有关合法的立法程序和行政程序的共识来加以保证。公民如果在政治上保持一体化,就会拥护这样一种合理的信念,即政治公共领域中交往自由的发挥、解决冲突的民主秩序以及法治国家对于统治的引导,都为约束非法权力和确保行政权力体现所有人的利益打下良好的基础。① 正如哈贝马斯自己所承认的,只要议会团体(即正式公共领域)内的意志形成过程对围绕它且来自于自主公共领域的非正式意见形成过程保持敏感,由法治国方式建立起来的民主程序就允许我们期待合理的结果。 只是它得以实现的程度,取决于形成意见的社团——自主的公共领域是围绕它们才可能凝聚而成的——在多大程度上存在着,且因为其本身的显示度,改变那些通过大众传媒、工会和政党而以依赖于权力的方式所传输的价值、议题和理由的范围,对它们既进行富有新意的释放,也进行批判性的过滤。"当然,归根结底,这样一种社团网络的存在、再生产和影响,都仍然依赖于一种特定的政治文化——一种倾向于自由的、平等的、对全社会问题状况敏感的,甚至高度灵敏的、始终处于震动状态,甚至有共振能力的政治文化。"② 总的来说,在哈贝马斯的商议民主理论中,既强调政治系统外社会中的非正式公共领域的民主成分,又重视国家内部的正式公共领域的民主成分,二者共同型构民主的实质内涵。就地位和作用而言,非正式公共领域的民主是民主的起点,是民主意见形成的发源地;而政治系统内部的正式公共领域的民主则是民主的终结,是民主意见上升为民主意志的惟一要地。

　　诚如金里卡所指出的,如果民主旨在帮助这些群体获得更公正的对待,而不是让它们屈从于"多数的暴政"(或多数的冷漠或忽略),民主就必须更具商议性。不过,金里卡同时强调,关于商议民主模式尚有许多有待解决的问题。譬如,我们如何保证所有的群体和观点在恰当的商议场所中都被充分代表或受到了充分的考虑? 商议民主的目标究竟是使现存的选举机制、全民投票、代议制和法律决策程序更具有商议性,还是创造出诸如"商议投票站""公共陪审团"、城市大会或选

① 哈贝马斯:《民主法治国家中的承认斗争》,载[德]哈贝马斯:《包容他者》.曹卫东译,上海:上海人民出版社,2002,第260—261页。
② [德]哈贝马斯:《在事实与规范之间》.童世骏译,北京:生活・读书・新知三联书店,2003,第648页。

民集会这样的新场所呢?[①] 这些问题已经引起学界的广泛关注。如许纪霖教授所指出的,哈贝马斯设想的超越自由主义民主和共和主义民主的"第三种民主","也依然无法给出一个圆满的答案"。[②] 世俗时代的人们,无法像上帝那样全智全能,发明一个万无一失的模式,一劳永逸地解决所有的问题,让所有美好的价值在其中获得和谐的安排。事实上,只有经过理性反思的民主,才是合理的、合法的和正义的。甚至有批评者指责,商议民主理论一直对边缘化群体视而不见,甚至没有满足起码的话语条件。他们争辩说,往好处讲,商议民主理论在现实世界之真实商谈障碍方面过于模糊和抽象;往坏处讲,商议民主理论用那种最低限度与消极的商谈(例如辩论言论自由和竞选资金管理)理解问题以至于人们无法痛苦地面对它。[③] 确实,在自由推理中平等发言的解放承诺是所有商议民主理论的核心。这是一种双重承诺:①它使弱势群体有机会表达意见;②它保证只要弱势群体能够提供恰当的理由,其意见就该影响决策。其中承诺②又可分为积极和消极两部分。在积极方面,它保证更好观点的力量应占上风。在消极方面,这暗示理由之外的力量不应影响商谈。但商谈如何实现这一承诺? 如何确保力量更小的群体表达意见、更好观点的力量将占上风、外来干涉将被排除?[④] 这才是问题的关键与紧迫之处。而根据本哈比的观点,商议民主模式最主要的制度特征是它是由众多公共领域和公共对话组成的一个多样化的、匿名的、异质的对话网络。和其他社会生活领域一样,以公共商谈为核心的商议民主模式可以激发、增生出不同的制度设计。[⑤] 实际上,哈贝马斯认为之所以需要政治商议,恰恰是因为没有这种商议,人们就容易把现存的实践当作给定的,并从而使伴随着那些历史实践的虚假的需要和虚假的意识永久化。[⑥] 政治必须具有道德的基础。[⑦] 正如高鸿钧所宣称的:"没有民主的法律'裸奔'是'通往奴役之路',丧失道德的政治'裸聊'是

① [加]威尔·金里卡:《当代政治哲学》(下卷).刘莘译,上海:三联书店,2004,第526—527页。

② 许纪霖:《当代中国的启蒙与反启蒙》.北京:社会科学文献出版社,2011,第128页。

③ [加]西蒙·钱伯斯:《协商民主理论》,童庆平译,载陈家刚主编:《协商民主与政治发展》.北京:社会科学文献出版社,2011,第107页。

④ [英]安德鲁·诺普斯:《释放协商的解放潜力》,童庆平译,载陈家刚主编:《协商民主与政治发展》.北京:社会科学文献出版社,2011,第284页。

⑤ 塞拉·本哈毕布:《走向审议式的民主合法性模式》,谈火生译,载谈火生编:《审议民主》.南京:江苏人民出版社,2007,第206页。

⑥ See J. Habermas, *Communication and the Evolution of Society* (Boston: Beacon Press, 1979), pp.198–199.

⑦ 哈贝马斯、德里达:《2月15日,欧洲人民的团结日:以核心欧洲为起点,缔结共同外交政策》,载[德]尤尔根·哈贝马斯、[法]雅克·德里达等人:《旧欧洲·新欧洲·核心欧洲》.丹尼尔·李维、马克斯·潘斯基、约翰·托尔佩编,邓伯宸译,北京:中央编译出版社,2010,第32页。

魔鬼的游戏。"①亦如钱永祥所言：如要"落实政治理性，不外乎就是让政治本身产生一个说理的动力，让权力承认说理的必要性。制度上，这要依赖公共领域。观念上，这需要将政治带向公共化的方向。"②其实，"民主的道德基础就存在于日常的沟通实践中……恢复民主必须从这些实践开始着手"。③

因此，"为实现有效的合法化而建立起来的公共领域，其首要功能在于把人们的注意力吸引到一定的主题上面，也就是说，把其他主题、问题和争论都排挤到一边，从而避免有关舆论的形成"。④ 换言之，（政治）公共领域能汇聚和放大公共议题，激发起民众的公共关切，一方面促使政治系统作出相应的调适；另一方面也进一步促进了生活世界个体的公共自主潜力。哈贝马斯说道："商议和决策过程必须以这样的方式进行：话语和商讨的作用犹如一个过滤装置，只有那些有助于形成决策的话语和意见才能够通过'筛选'。"⑤这就是说，被公共领域放大之后的民主的政治意见应当经过议会组织和程序的过滤⑥，以便形成具有普遍约束力的民主的政治意志，并运用法律的代码输送到各个系统和生活世界之中去。商议民主的规范性条件"不但使得一个话语公共空间成为可能，而且也指明了公共空间之中的内在成分：协商是如何通过辩论、商讨和说服的条件和方法得到最好的促进。辩论、商讨和说服的本质就是杜威所说的'公众的问题'（the problem of the public)"。⑦ 事实上，在商议民主中，公共领域发挥着一种"认知意义"（cognitive

---

① 参见高鸿钧等：《商谈法哲学与民主法治国——〈在事实与规范之间〉阅读》.北京：清华大学出版社，2007，"导言"第8—9页。
② 钱永祥：《为政治寻找理性——〈当代政治哲学〉中译本前言》，载［加］威尔·金里卡：《当代政治哲学》（上、下卷）.刘莘译,上海：三联书店,2004,"中译本前言"第13页。
③ S. Deetz, *Democracy in an Age of Corporate Colonization: Developments in Communication and the Politics of Everyday Life* (Albany, NY: State University of New York Press, 1992), pp.350-351.
④ ［德］哈贝马斯：《合法化危机》.刘北成、曹卫东译,上海：上海人民出版社,2000,第93页。
⑤ 哈贝马斯：《附录一：关于〈事实与价值〉——对卡多佐法学院会议文集的回应》,载［德］哈贝马斯：《后民族结构》.曹卫东译,上海：上海人民出版社,2002,第232页。
⑥ 关于议会民主应充当公共领域中形成的非正式意见（即非正式民主）之必不可少的"过滤器"，其原因有二：一方面在于（政治）公共领域本身并不是一片纯洁的，它比议会团体"更容易受到不平等分布的社会权力、结构性暴力和受系统扭曲的交往的压抑性与排外性之影响"；另一方面则在于在公共领域中规范性理由形成的公共意见有赖于议会民主的利益普遍化的检验。其结果是：防止不正当地发挥公共影响的强势力量制造舆论、混淆视听，进而向政治系统施以压力、加以误导。［德］哈贝马斯：《在事实与规范之间》.童世骏译,北京：生活·读书·新知三联书店,2003,第459页；另参阅陆宇峰："复杂社会与民主三题"，载高鸿钧等：《商谈法哲学与民主法治国——〈在事实与规范之间〉阅读》.北京：清华大学出版社,2007,第457页。
⑦ ［美］詹姆斯·博曼：《公共协商：多元主义、复杂性与民主》.黄相怀译,北京：中央编译出版社,2006,第16页。

sense),因为它为旨在找到解决社会与政治问题最佳办法的、以充分信息为基础的(informed)公共讨论过程提供了一个场所。[①] 这一意见形成过程假定了公民愿意根据看上去最有说服力的理由和论证来修改他们商谈之前对法律和政策的偏好。哈贝马斯强调,公共领域中的各种信息与意见应该变成公共话语,这些公共话语"揭示出具有整体社会意义的主题,分析其价值,并对问题的解决作出贡献,提供好的理由,同时淘汰坏的理由"。[②] 这样,哈贝马斯提倡一种从"边缘"开始激发公民民主热情的机制,它包括种种自愿性的社团、自发的民间组织、网络论坛,甚至是读书会和沙龙,也包括有理、有力、有节的公民集会和游行。根据哈贝马斯的设想,一方面,公民委托他们的代表参加立法机构的正式民主商谈;另一方面,公民也参加公共领域中的非正式民主商谈,且要在公共领域中非正式民主商谈和立法机构中的正式商谈之间建立畅通的、不受行政力量非法干预和利益集团扭曲的沟通渠道。这样,这一程序主义的商议民主,通过公共领域政治意见与议会政治意志的互动,形成民主的交往之流和交流之网,从而在生活世界与系统之间形成良性的民主循环。商议民主的这一双轨制特点,使得我们既要注重建制化的政治公共领域,又要重视非建制化的普通公共领域。不过,在哈贝马斯看来,与议会民主相比,非正式公共领域的民主尤为重要。它是民意的"蓄水池"、民权的"震荡棒"、民情的"传感器"以及民声的"共振板"。

总之,公共领域能够有助于人们共同追忆过去厄运降临的时代,可以提高市民和政府意识到现存不文明的性质和程度;公共领域也能以某些人的伦理判断来探究和传播某种暴力形式——如警察暴力——是否(在什么条件下)公正;公共领域还可以促进纠正不文明行为的灵活方式的形成,尤其是那些注意到了所有客体的复杂性,但仍旧决定把市民社会文明化的人,因为他们懂得,暴力并非民主制度的朋友。[③] 而且,公共领域有揭开权力关系神圣外衣的作用。它是一种重要的媒介,可以为难以定性的事物定性、揭露欺诈、拥护某方、引发争论、减少恐慌、震动世界、促其觉醒。[④] 公共领域最终将"使每个人都有社会空间来展示他的重要的生命表现"[⑤],并成为人类追求生命永恒的领域和人类自由自觉活动的

---

① [德]哈贝马斯:《在事实与规范之间》. 童世骏译,北京:生活·读书·新知三联书店,2003,第 185 页。

② [德]哈贝马斯:《公共领域的结构转型》. 曹卫东等译,上海:学林出版社,1999,"1990 年版序言",第 28 页。

③ [英]约翰·基恩:《市民社会:旧形象,新观察》. 王令愉、魏国琳译,上海:上海远东出版社,2006,第 143 页。

④ 同上书,第 155 页。

⑤ 马克思、恩格斯:《神圣家族》,《马克思恩格斯文集》(第 1 卷). 北京:人民出版社,2009,第 335 页。

领域。

第四节　公共领域的权力结构

根据曼(Michael Mann)的观点，"社会是由多重交叠和交错的社会空间的权力网络构成的"。[①]　在这里，"权力很容易表现为一个极富诱惑力或阴险的概念。基辛格说：'权力是魅力无穷的春药。'"[②]其实，从一般意义上而言，权力是一个关系的概念。通过对福柯、巴特勒(Judith Butler)以及阿伦特的著作进行论述，艾伦(Amy Allen)将权力看作"一种关系而不是一种占有"，且避免"将权力的一个方面误解"——比如控制或授权——为其整体的倾向。[③]

哈贝马斯也有自己的权力理论。在权力的理解上，哈贝马斯追随阿伦特。我们知道，"韦伯把基本的权力现象看作是社会关系中不顾反抗而贯彻自己意志的可能；与此相反，阿伦特则把权力看作是非强制交往中形成的一种**共同意志**的潜力"。[④]　按照这种权力概念，权力的基本表现不在于支配他人的意志，而在于为达成一致意见而形成共同的意志。阿伦特把"权力"(Macht)与"暴力"(或"强力")(Gewalt)相对立。暴力来自政治、经济的霸权，而权力则来自人民的支持。根据阿伦特的分析，"权力"意味着被集体目标而动员起来的被统治者的一致同意，即他们对政治领导的自愿支持。而"暴力"则意味着对强制手段和方法的支配，政治领导借助于这种支配来制订和贯彻硬性的有约束力的决定以实现集体的目标。在这里，阿伦特将由以达成理解为目的的交往而形成共识的力量，与为个人利益而对他人意志进行工具化操纵的能力对立起来："权力所对应的人类能力不仅是行动或做某事的能力，而且是与他人协调一致地行动的能力。"[⑤]这样的权力本质

① ［英］迈克尔·曼：《社会权力的来源》(第一卷). 刘北成、李少军译，上海：上海人民出版社，2007，第1页。
② ［英］杰弗里·托马斯：《政治哲学导论》. 顾肃、刘雪梅译，北京：中国人民大学出版社，2006，第77页。
③ Amy Allen, *The Power of Feminist Theory: Domination, Resistance, Solidarity* (Boulder, Colo: Westview Press, 1999), p.3.
④ 参阅哈贝马斯：《汉娜·阿伦特交往的权力概念》，朱亮译，载江天骥主编：《法兰克福学派——批判的社会理论》. 上海：上海人民出版社，1981，第155页。不过，哈贝马斯也批判阿伦特的交往权力理论有太多竞技性因素，坚持交往不是说服他人相信某事，而是与他人共同享有对某事的理解。他坚持话语在民主政治中的重要作用，但讨论话语的关键不在于话语本身，而是如何形成理性、民主的话语机制和行动共识。
⑤ H. Arendt, *Macht und Gewalt*, Muenchen, 1970, s.45；参见［德］哈贝马斯：《在事实与规范之间》. 童世骏译，北京：生活·读书·新知三联书店，2003，第181页。

上就是一种交往权力。而这种交往权力,只可能形成于未遭畸变的公共领域之中。它也只可能形成于未受扭曲的交往中的那种没受破坏的主体间性结构之中。在论述中,哈贝马斯曾间接地指出:"公共政治领域也曾被有些人看作即使不是权力的产生者至少也是权力的合法性的产生者。"①这就是说,公共领域既是人民意志的表达领域,也是权力产生的根本源泉。不过,阿伦特则强调指出,只有当没有被歪曲的交往组织存在于其中之时,公共领域才能产生出合法的权力。"合法的权力只有在那些自由交往中形成共同信念的人们中才能产生。"②也就是说,交往中产生的共同信念的权力起源于这样的事实,即这些人是为了达成协议,而并非是为了各自个人的成功。它立足于这样的事实上:那就是他们并不以"完全特殊表达方式地"(perlocutionarily)使用语言,即并不单纯地唆使别的主体去做合乎他们心意的行为,而是以"非特殊表达方式地"(illocutionarily)使用语言,以期非强制地建立起主体间的相互关系。③

与阿伦特不同,帕森斯将权力定义为"用于实现集体目标利益的社会系统的一般化能力"。④ 在帕森斯那里,权力是一种约束能力,这种能力的体现就在于当权力的实施遇到阻力时,它能够用消极制裁来使其得以继续实施下去。而且,帕森斯将阿伦特所区分的"权力"与"暴力"结合成一个统一的权力概念。这在哈贝马斯看来,是因为帕森斯把权力理解为一种制度的特性,这个制度对待它自己的成员来说是按照同样的方案行动的,而这个方案规定了对外部世界采取行动的有目的、有理性的行动者的行动特点。这样,帕森斯从制度论的视角重复韦伯从行动论的角度所探究的那个目的论的权力概念——即把权力当作是实现目标的潜能。⑤ 至于权力的产生,帕森斯说道:"权力在社会系统中产生和分配,它建立起在这一过程中必须遵守的主要规范。"⑥这就是说,权力的产生就是活动的增长,其具体情形则"可大致描述如下:为使国家机关的工作得以发展,行政的活动范围必须扩大;反过来,就需要一种比较强有力的输入,输入人们对它的

---

① 哈贝马斯:《汉娜·阿伦特交往的权力概念》,朱亮译,载江天骥主编:《法兰克福学派——批判的社会理论》。上海:上海人民出版社,1981,第161页。
② 同上书,第170—171页。
③ 同上书,第158页。
④ [美]T.帕森斯:《现代社会的结构与过程》。北京:光明日报出版社,1988,第148页。
⑤ 哈贝马斯:《汉娜·阿伦特交往的权力概念》,朱亮译,载江天骥主编:《法兰克福学派——批判的社会理论》。上海:上海人民出版社,1981,第157页。
⑥ [美]T.帕森斯:《现代社会的结构与过程》。北京:光明日报出版社,1988,第149页。

不是很清楚意识到的自发的支持,或者说就是群众的忠诚".[①] 由此说来,从制度论的视角来看,权力的产生就是一个通过政治领袖对群众的意志施加有力的影响就可解决的问题。不过,在哈贝马斯看来,帕森斯的上述制度论权力观依然存有不清楚之处。

于是,在综合阿伦特的交往权力概念和帕森斯的制度论权力概念的基础上,哈贝马斯提出了自己对权力的理解。他写道:"权力是政治集团为了它而争夺的一种好东西,也是政治领袖利用它来管理事务的一种好东西,但是,在确切意义上说,政治集团和政治领袖们所发现的这个好东西,已经是手边的东西了,他们自己是不能产生权力的。这是权力者的无能之处——他们必须从权力产生者那里借来权力。"[②]在这里,哈贝马斯首先对权力的属性做出了正面评价:权力是个好东西,这与阿克顿(John Emerich Edward Dalberg-Acton)勋爵的著名论断——"权力导致腐败,绝对的权力导致绝对腐败"——形成了鲜明的对比。接着,他又对权力的来源与权力的使用做了区分。行使权力者需从权力产生者那里借用权力。其实,权力不只是一种像面包或汽车一样有待分配的社会资源,它也是一种解释和交往的社会文化网络。[③] 在哈贝马斯看来,权力关系至少体现了交往的表现形式。[④] 如果说理性的空间是社会的空间,那么它也是权力的空间。事实上,进入理性的空间有赖于某种权力和权威结构的内在化。

其实,通过本章第三节的讨论我们知道,在哈贝马斯的双轨民主模式中,公共领域所形成的"意见"并不直接形成有约束力的"意志",而是形成一种"交往权力",并经由制度化地汲取大众忠诚的"合法化系统"的制度化中介对"行政权力"进行"围攻"或"包围"。在理论阐述中,哈贝马斯设计了一种较为复杂的权力传递机制。在该机制中,"社会权力"、"行政权力"以"交往权力"("沟通权力")为中心,并以"合法化系统"为中介构成了一个权力传递结构。如下图所示:

---

① 哈贝马斯:《汉娜·阿伦特交往的权力概念》,朱亮译,载江天骥主编:《法兰克福学派——批判的社会理论》.上海:上海人民出版社,1981,第 172 页。

② 同上书,第173—174 页。

③ 塞拉·本哈毕布:《自由主义的对话对推论合法性的批判理论》,应奇译,载应奇编:《自由主义中立性及其批评者》.南京:江苏人民出版社,2007,第 316 页。

④ 哈贝马斯、安吉罗·波拉斐:《保守主义和资本主义危机》,载包亚明主编:《现代性的地平线》.李安东、段怀清译,上海:上海人民出版社,1997,第 37 页。

指向经济系统的私人领域中的社会权力	→	指向行政系统的公共领域中的沟通权力	→	政治系统中与选举制和代议制等相联系的、汲取大众忠诚的"合法化系统"	→	作为政治系统组成部分的行政系统中的行政权力

资料来源：孙国东：《合法律性与合道德性之间：哈贝马斯商谈合法化理论研究》.复旦大学出版社,2012,第 217 页。

哈贝马斯的这一权力传导模型表明,在公共领域的现实舞台上行动的参与者可以按照其所拥有的权力或"资本"进行分层。通过受调节的交往平台,将权力转化成公共影响力的机会的层级化显现出一个权力结构。但是这种权力是受到公共领域的独特自反性(reflexivity)(这是公共领域的最重要的特性)的约束的,公共领域的所有参与者都可反思自己所理解的公众舆论。公众舆论的共同建构肯定吸引参与者在公共领域中相互进行策略性角逐。不过,公共领域中策略性角逐的途径的不平等分配并不必然扭曲"慎思性公众舆论"(considered public opinions)的形成。公共领域中各参与者的策略性角逐必须遵守游戏规则,除非是冒有低效的风险。一旦既定的规则建构成权利游戏——这一游戏模式催生"慎思性公众舆论"——拥有权力的参与者则只能发挥动员相关问题、事实和论据的积极作用。然而,为了使权利游戏规则得以存在,必须先具备两个条件:首先,在把公共领域中的政治交流与市民社会以及政治中心连接起来时,必须维持一个自我规范的媒介系统的独立性,使其免受环境的左右;其次,一个具有包容性的市民社会必须授予公民参与和回应公共对话的权力,且这一对话必须不能降级成殖民式的交流。①

值得提及的是,通讯革命创造了比以前更为积极和更具自反性的公民。但根据魏尔汉(Anthony G. Wilheim)的研究,在数字化时代,传播科技对民主却带来如下具有挑战性的系列问题。第一,进入数字公共领域的门槛高,因为参与需要一组资源与技巧。这包括接近、购买资金密集硬件的代价,操控、浏览新媒介环境所需的普遍识字率,以及为有效参与公共领域的讨论及辩论的高层次学习(如交往技巧及慎思明辨的思考)。第二、与前者有关的是个人在虚拟公共领域中普及

---

① J. Habermas, Political Communication in Media Society: Does Democracy Still Enjoy an Epistemic Dimension? The Impact of Normative Theory on Empirical Research, 原载 *Communication Theory*, 16 (4)(2006):411 - 426; in Jostein Gripsrud, Hallvard Moe, Anders Molander and Graham Murdock (eds). *The Public Phere (Vol. Ⅱ)*(Los Angeles/London/New Delhi/Singapore/Washington DC: SAGE, 2011), p.318.

分享的能力,社会上因此出现有所谓的"资讯鸿沟"或"数字鸿沟"。第三、是否在新的公共领域中有品质的讨论、辩论及论证会被目前"吓人的"电视及谈话广播所横扫? 这些活动即使遭受扭曲,还会继续为民主的结果服务? 第四、在市场的压力下,公众的准入权被扭曲、压缩甚至消除,使公共领域消失。[①] 鲍德里亚亦曾指出,我们生活在一个"过度沟通"的现代世界,过度的沟通使公民陷入编码信息的漩涡中。每一个生活领域都变成了媒体的一个潜在阵地。世界则被变成了一个巨大的监视屏。过度的信息沟通使公民都不知道自己想要的到底是什么。[②] 不过,在我们看来,铸造我们生活的大众沟通媒体的权力是有限度的。尽管它们有着根深蒂固的垄断特性,但它们毕竟只是沟通与论辩的载体。[③] 报纸的伟大成就是迅速抛弃旧舆论,传播新观点。[④] 今天,公民被包围在由符号与噪音所构成的混乱世界中。[⑤] 在当代高科技社会,媒体和电脑科技拓展了公共领域的内涵。广播、电视及电脑已为信息传播、民主论战和民主参与创造出一种新的公共领域,但在这一新空间里,既有使民主精神生气勃勃、使进步观念广为传播的潜力,又存在着社会操纵和社会控制的可能性。[⑥] 亦如吉登斯所指出的,媒体,尤其是电视,与民主有着双重的关系。一方面,全球信息社会的出现是民主的强大推进力量;另一方面,通过将政治观点民主化和个人化,电视和其他媒体几乎摧毁了由其所打开的公众对话空间。[⑦] 用吉登斯的话来说:"在一个充满沟通的世界里,单纯的从上至下的强权政治不再是有效的了。……基于所处政治体系的单向的信息沟通在本质为开放结构的全球沟通中是没有前途的。"[⑧]而且,信息社会的到来促使网上公共领域(即"电子公共领域")出现。电子公共领域超越了时间和空间的束缚,其重要的优点就在于使抵制垂直化支配的双方的交流更加活跃。它特别对市民运动产生深刻的影响。以网络为中心形成的电子论坛对现实的政治与社会产生

---

① 参阅 Anthony G.Wilheim, *Democracy in the Digital Age: Challenges to Political Life in Cyberspace* (New Youk: Routledge, 2000);转引彭芸:《新媒介与政治:理论与实证》.台北:五南图书出版股份有限公司,2001,第 20 页。
② 转引[英]约翰·基恩:《媒体与民主》.邸继红、刘士军译,北京:社会科学文献出版社,2003,第 163 页。
③ 同上书,第 164 页。
④ 同上书,第 164 页。
⑤ 同上书,第 166 页。
⑥ [美]道格拉斯·凯尔纳:《公共领域与批判性知识分子》,李卉译,载《上海行政学院学报》2007 年第 2 期,第 97 页。
⑦ [英]安东尼·吉登斯:《失控的世界——全球化如何重塑我们的生活》.周红云译,南昌:江西人民出版社,2001,第 73 页。
⑧ 同上书,第 68 页。

一定的影响力。如果市民运动的固有战略之一是牵制并监督国家与市场的"影响的政治"存在的话,电子公共领域就可以成为另一个形成舆论的空间。但博格斯曾提醒我们,诸如时代华纳电影公司、迪斯尼/ABC广播公司、默多克新闻公司这些媒体巨头的空前发展,主导着通讯全球化的新时代,他们在公共领域中维持意识形态霸权的能力从质量上讲已经达到了新的高度。不管是标榜"自由的"、"保守的",还是"独立的",这种公司政治话语霸权对民主参与来说具有毁灭性的影响。①

事物发展的另一面向是,大众传媒在供给侧和需求侧都受到一种越来越大的选择压力。这种选择过程变成一种新型权力的来源,导致出现了一种英美人所谓的"第四权力部门"的"传媒权力"②。这关涉到哈贝马斯对权力的分类(其实在哈贝马斯的"权力传导"模型中已有初略表述)。马克思曾将权力区分为两大类:"一种是财产权力,也就是所有者的权力,另一种是政治权力,即国家的权力";③其中,还将"传媒权力"称谓为"第三种权力"④。在吸收马克思思想养分的基础上,哈贝马斯⑤则将权力区分为四类,即"政治权力"(political power)、"社会权力"(social power)、"经济权力"(economic power)以及"传媒权力"(media power)。

第一类权力是"政治权力",它需由合法化来界定。根据商议民主模式,合法化过程必须通过一种有能力培育"慎思性公众舆论"的公共领域。对哈贝马斯而言,表现为事实的政治权力并非仅仅是一个自然长成的"事实",在更根本的层面上,权力是有规范来源的,即权力的事实性仍然是建立在权力的合法性基础之上的,这点在当代政治语境下应更为明显地表现出来。如果说在事实性层面上权力表现为具有执行力、效率性的行政权力的话,那么在规范性层面上权力则表现为阿伦特意义上的交往权力。离开交往行动、离开政治公共领域内的合理商谈,丧失合法性根基的权力必然沦为纯粹的暴力,可见,"交往权力的创造性与行政权力

① [美]卡尔·博格斯:《政治的终结》.陈家刚译,北京:社会科学文献出版社,2001,第12—13页。
② [德]哈贝马斯:《在事实与规范之间》.童世骏译,北京:生活·读书·新知三联书店,2003,第464—465页。
③ 马克思:《道德化的批判和批判化的道德》,《马克思恩格斯选集》(第1卷).北京:人民出版社,1972,第170页。
④ 《马克思恩格斯全集》(第46卷·下册).北京:人民出版社,1980,第218页。
⑤ J. Habermas, Political Communication in Media Society: Does Democracy Still Enjoy an Epistemic Dimension? The Impact of Normative Theory on Empirical Research,原载 Communication Theory, 16 (4)(2006):411 - 426; in Jostein Gripsrud, Hallvard Moe, Anders Molander and Graham Murdock (eds). The Public Phere (Vol. II)(Los Angeles/London/New Delhi/Singapore/Washington DC: SAGE, 2011), p.317.

的断言性和运用性遵循着两种不同的逻辑"。① 这样，哈贝马斯进一步将政治权力一分为二：行政权力和交往权力。他表述道："在民主法治国中，政治权力分化为交往权力和行政权力。"②在这里，政治权力的合法性源自交往权力，而交往权力在民主法治国中则具体表现在"无形的聚集"中，即人民主权被"卷入一种由论坛和议会团体所构成的可以说是无主体的交往循环之中。只有以这种匿名的方式，它的处于交往之流中的权力才能把国家机器的行政权力同公民的意志连接起来"。③ 这里的"无主体的交往循环"指的就是政治公共领域，作为政治权力的行政权力之根基就在于此。这样，哈贝马斯从阿伦特那里获得了理论的启示，他写道："按阿伦特的理解，政治权力既不是贯彻自己利益或实现集体目标的潜力，也不是达成有约束力之集体决定的行政权力，而是一种表现在合法之法的制定、建制的创立之中的授权力量。"④

　　第二类权力是"社会权力"，它依赖于一个人在阶层化社会中所处的地位或身份；这些身份源自功能系统中的位置。哈贝马斯说："我使用'社会权力'（soziale Macht）这个概念，是作为衡量一个行动者在种种社会关系中维护自己的利益——哪怕是抵抗对他的压制——的可能性的尺度。"⑤在此，他将"社会权力"定义为"阻止其他个体或团体追求其利益的能力。通常，这种能力并非被均衡地予以分配。在这种情形下，一方当事人可以干预其他人（策略上有效的）利益追求，或当事人之一可以针对他人强施自己的利益"。⑥ 在哈贝马斯看来，社会权力对交往权力的形成既有促进作用，也有限制作用，只是方式不同于行政权力。在一种情况下，社会权力的运用意味着形式上平等的行动自由和交流自由的自主实现。譬如，在政治谈判中，参与各方要能够通过社会权力为其威胁和保证创造可信性。在另一种情况下，社会权力的运用使某些群体或组织能够影响政治进程，并使其将自身利益置于公民平等权利之上。譬如，企业公司、社会组织及政治团

---

① J. Habermas, *Autonomy and Solidarity: Interviews with Jürgen Habermas* [Peter Dews (ed.), London; New York: Verso, 1992], p.264.

② ［德］哈贝马斯：《在事实与规范之间》，童世骏译，北京：生活・读书・新知三联书店，2003，第 168 页。

③ 同上书，第 168 页。

④ 同上书，第 182 页。

⑤ 同上书，第 213 页。

⑥ J. Habermas, Theorie der Gesellschaft oder Sozialtechnologie? in J. Habermas&N. Luhman, *Theorie der Gesellschaft oder Sozialtechnologie-Was Leistet die Systemforschung* (Frankfurt: Suhrkamp, 1971), p. 254. Cited in: Erik Oddvar Eriksen&Jarle Weigard, *Understanding Habermas: Communicative Action and Deliberative Democracy* (London: Continuum International Publishing, 2004), p.172.

体可能会直接(通过对行政部门的影响)或间接(通过他们在政治公共领域中的控制性干预)地将社会权力转变成政治权力。因此,从组织的角度来说,我们应当阻止社会权力对行政权力的直接干预。①

第三类权力是"经济权力",它是一种特别的、支配性的社会权力。在曼看来,经济权力源于人类提取、改造、分配和消费自然资源的需求。它是一种特别强大的权力,因为它把深入的日常劳动合作同广泛的物品分配、交换和消费环网结合在一起。这就提供了一种稳定混合体,兼有深入性和广泛性的权力,通常还兼有威权性和弥散性权力(前一种权力是以生产为中心,后一种是以交换为中心)。② 曼说道:"那些能够垄断生产、分配、交换和消费之人,即统治阶级,就能在社会中得到全面的集体性权力和个体性权力。"③而哈贝马斯则认为,经济权力是一种特别而又占主导地位的社会权力,它不是作为一种现成的社会权力,而是在转化对政治系统的压力的过程中需要合法化:以免僭越公共领域的通道。这也适用于处理来自于市民社会的参与者对政治的影响力,例如一般利益集团、宗教团体或社会运动。这些参与者并非是严格意义上的拥有"权力",但是会通过其曝光率、声望、名誉或道德地位积累"社会资本"和"文化资本"而获得公共影响力。④

第四类权力是"传媒权力",它立基于大众交往的技术之上。关于传媒权力的规范性理解,哈贝马斯援引古雷维奇(Michael Gurevitch)和布鲁穆勒(Jay G. Blumler)的观点,对传媒在民主政治体系中所应履行的任务作了如下概括⑤:任务一是监测社会环境,报告将对公民福利产生积极或消极影响的情况。任务二是设置具有意义的议程,确认当前的主要问题,包括形成问题和解决问题的影响因素。

① [德]哈贝马斯:《在事实与规范之间》. 童世骏译,北京:生活·读书·新知三联书店,2003,第 213—214 页;亦可参阅[德]哈贝马斯:《公共领域的结构转型》. 曹卫东等译,学林出版社,1999,"1990 年版序言"。
② [英]迈克尔·曼:《社会权力的来源》(第二卷·上). 陈海宏等译,上海:上海人民出版社,2007,第 8—9 页。
③ [英]迈克尔·曼:《社会权力的来源》(第一卷). 刘北成、李少军译,上海:上海人民出版社,2007,第 31 页。
④ J. Habermas, Political Communication in Media Society: Does Democracy Still Enjoy an Epistemic Dimension? The Impact of Normative Theory on Empirical Research, 原载 *Communication Theory*, 16 (4)(2006):411 - 426; in Jostein Gripsrud, Hallvard Moe, Anders Molander and Graham Murdock (eds). *The Public Phere(Vol. II)* (Los Angeles/London/New Delhi/Singapore/Washington DC: SAGE, 2011), p.317.
⑤ M. Gurevitch&J. G. Blumler, Political Communication Systems and Democratic Values, in J. Lichtenberg (ed.), *Democracy and the Mass Media* (Cambridge, Mass., 1990), p.270.;转引[德]哈贝马斯:《在事实与规范之间》. 童世骏译,北京:生活·读书·新知三联书店,2003,第466—467页。

任务三是举办发言论坛,让政治家及其他利益团体的发言人以明白易懂、富有启发的方式讲述他们的观点。任务四是实现不同观点之间以及掌权者(现在的掌权者和将来可能的掌权者)与广大公众之间的对话。任务五是建立官员权力行使的问责制。任务六是激励公民学习、选择和参与,避免其随波逐流,随意发表言论。任务七是当媒体之外的力量试图破坏媒体的独立性、品格完整性和受众服务时,进行有原则的抵抗。任务八是尊重那些关心和理解他们的政治环境的受众。

这些规范性期待或范导性观念与哈贝马斯的商议政治的概念是相一致的。"公共批评对政治权力保持沉默,通常是对沟通进行更长时间压制的先导。"①因此,从规范意义上来说,传媒权力必须保持相对于政治权力、社会权力和经济权力的独立性。如果传媒权力被政治权力、社会权力和经济权力所支配或传媒权力在法治国的正循环之中无法起到规范性的作用,那么传媒权力就有可能失去其本应具有的批判潜能。而根据公共领域的商谈结构,这种批判潜能乃是公共传媒自身合法性的基础。有意义的是,通过传媒权力本身的实施,有些东西在放大,有些东西在缩小,那么这种放大或缩小的过程就是重新构建社会关系、重新描述社会图景的过程。而且,传媒权力还可以通过这种方式给人的想象、人的心理、人的意愿带来一个新的支配性因素。如果我们基于规范性期待的背景,"传媒权力就被中立化了——行政权力或社会权力向政治舆论的转换就被阻止了"②,那么我们也就不能轻易否定掉市民社会和公共领域影响政治系统的机会。总之,哈贝马斯在承认权力的同时,坚持认为权力应当由一个能够在合法使用权力与非法使用权力之间作出规范性区分的批判理论来调适。为了作出这样的区分,哈贝马斯引进了交往行为理论。

总之,哈贝马斯有关权力的阐释,确实有其独到之处。只是"他的这种权力概念忽视了人际之间实际存在的差别以及人们对于差别的承认,忽视了权力机会分布上的不均衡"。③ 事实上,正如俞吾金教授所强调指出的,马克思在历史唯物主义的基础上阐述出来的权力理论至今仍然是无法超越的。因为,在马克思看来,无论是国家,还是权力,都不是第一性的东西,"那些决不依个人'意志'为转移的个人的物质生活,即他们的相互制约的生产方式和交往方式,是国家的现实基础,

---

① ［英］约翰·基恩:《媒体与民主》.邵继红、刘士军译,北京:社会科学文献出版社,2003,第 131 页。

② ［德］哈贝马斯:《在事实与规范之间》.童世骏译,北京:生活·读书·新知三联书店,2003,第 467 页。

③ 王晓升:《重新理解权力》,载《江苏社会科学》2010 年第 2 期,第 11 页。

而且在一切还必需有分工和私有制的阶段上，都是完全不依个人的**意志**为转移的。这些现实的关系绝不是国家政权创造出来的，相反地，它们本身就是创造国家政权的力量"。① 这段重要的论述从根本上消除了笼罩在政治权力上的灵光圈，把它化为日常生活中可以理解的一个问题，从而为关于政治权力问题的任何讨论澄明了前提。②

① 马克思、恩格斯：《德意志意识形态》，载《马克思恩格斯全集》(第 3 卷)．北京：人民出版社，1960，第 377—378 页。
② 俞吾金：《从康德到马克思——千年之交的哲学沉思》．桂林：广西师范大学出版社，2004，第 364—365 页。

第四章

批判的公共性与公共性的批判：公共领域与资本主义批判[①]

> 批判并不是一种在"上帝和魔鬼"之间进行斗争的行动，而是一种由道德-实践合理性和话语（discursive）政治制度——如民主公共领域——充当媒介的沟通行动。——［美］詹姆斯·博曼（James Bohman）:《社会科学的新哲学》

在当代历史唯物主义理论建构中，公共领域理论的兴起具有重要的意义和理论突破性。公共领域作为公共意识得以形成的领域，直接挑战了西方议会制民主。它在更深层次上提出了一种新的民主形式，对构建和谐社会和世界公正有着重大的理论和实践意义。[②] 正如王晓升教授所指出的，公共领域理论能够拓展我们的社会历史研究的视角，有助于我们避免历史唯物主义的传统理解中所存在的缺陷。但遗憾的是，这一理论长期以来并没有得到应有的重视。我们知道，马克思是最早关注并研究现代公共领域的主要思想家之一。马克思将现代公共领域的研究与实现人类的解放紧密联系起来。为了对抗公共生活边缘化与生活世界殖民化的双重异化，哈贝马斯则明确提出并系统阐述了公共领域理论。

在本章中，笔者试图先对"市民（公民）社会"观念做一番概览；然后对马克思的公共领域理论内蕴进行探究；最后对哈贝马斯公共领域的批判功能进行探析，

---

① "批判"一词在德国观念论中有两种内涵，一是指反省知识的先验条件，此乃康德意义的批判；二是指反省社会与历史中人为的束缚，这是黑格尔意义的批判，也是马克思、弗洛伊德学说的旨趣。法兰克福学派的社会批判理论的"批判"（尤其是在哈贝马斯的学说中）一词则兼及这两种涵义。参阅 Paul Connerton (ed.)，*Critical Sociology* (Penguin Books Ltd.，1976)，"编者导言"。而意识形态批判具有双重职能，即一方面批判在属于传统的东西中，通过讨论使无法证实（无充分理由）的适当要求解体；另一方面据此从传承中将有疑问的意义内容分离出来，重新确认传承。参见［日］中冈成文：《哈贝马斯：交往行为》. 王屏译，石家庄：河北教育出版社，2001，第 74 页。曹卫东从以下三个层面对"何谓批判?"进行了概括：思想层面，指的是理性批判和形而上学批判；社会层面，强调的是社会批判（大众文化批判）；最后是国家层面，侧重于意识形态批判（政党意识形态和科学主义意识形态）。当然，这三个层面并非各自独立，而是相互照应，构成了一个有机的整体。于是，我们又可以这样认为：法兰克福学派的批判实际上还是在卢卡奇的思想里打转转，强调的还是一个总体性。参见曹卫东：《法兰克福学派的掌门人》，载《读书》2002 年第 10 期，第 102 页。

② 孙承叔：《公共领域与权力的合法性基础——西方马克思主义基础理论研究》，载《学术月刊》2012 年第 6 期，第 45 页。

并对马克思与哈贝马斯各自关于公共领域的解放功能思想做一概略性比较分析。

第一节　市民(公民)社会概观

　　马克思在黑格尔对"法""市民社会"与"政治国家"的关系等问题的阐释基础上,批判性地分析了它们在现实政治制度与社会生活之间的异化关系,从而进入对资本主义经济关系的深刻把握,进而创立了唯物史观。因此,要探讨马克思与哈贝马斯的公共领域理论,首先有必要对"市民社会"这一核心观念做一番概述。Civil Society 概念在不同的政治理论家那里,在不同的语言中,有着不同的含义。它在不同的语境中可以被分别理解为"市民社会""公民社会""文明社会""资产阶级社会"以及"民间社会"。如在德语中,与 Civil Society(与之对应的法文是 La société cicile)对应的词有两个,一个是 Bürgergesellschaf,为德语本土词,可以看出"市民"这一词源,常被译为"市民社会";另一个是 Zivilgesellschaft,为外来词,是现在常用词汇,一般被译为"公民社会"。不过,近来不少学者常常是将"市民社会"和"公民社会"两种译法交叉使用,前者强调 Civil Society 的社会学意义,后者则侧重于其政治学意义。

　　其实,Civil Society 一直是一个具有争议且有时模糊的概念。[①] 但"'市民社会'一词如今比近代历史上任何时期都使用得更为广泛,包括从 1750 年它的诞生至 1850 年的成熟时期"。[②] 在基恩看来,"市民社会"一词从欧洲"移植"到世界各地,对其本身而言是影响深远的,尤其是当人们认为它已经渗入到公共话题中的时候。它不仅在学术界和新闻界变得众所周知,而且非政府组织和持不同政见者,如从伊朗伊斯兰共和国的总理到捷克共和国的总统,都喜欢谈"市民社会"。该词的普及如此超乎人们预料,以至于甚至可以说,"市民社会"一词目前正经历着纵向与横向的"全球化"。[③] 不过,基恩亦忧虑地指出,"越来越多有关市民社会的言论不免有些模糊、过激,甚至有迹象表明,'市民社会'一词的含义就像一条诱

① See Jean L. Cohen&A. Arato, *Civil Society and Political Theory* (Cambridge, Mass.: MIT Press, 1992).

② [英]约翰·基恩:《市民社会:旧形象,新观察》.王令愉、魏国琳译,上海:上海远东出版社,2006,第 26 页。

③ [英]约翰·基恩:《市民社会:旧形象,新观察》.王令愉、魏国琳译,上海:上海远东出版社,2006,第 26 页。基恩在其《Global Civil Society?》(2003 年)一书中系统地探讨了市民(公民)社会的全球化问题,详情参见[英]约翰·基恩:《全球公民社会?》.李勇刚译,北京:中国人民大学出版社,2012 年版。

人的广告标语,有因使用过度而破裂的危险"。① 当然,基恩是在国家与市民社会相分离原则下来探讨市民社会的。对此,赫尔德(David Held)持有不同的观点。在赫尔德看来,市民社会不能与国家分离,后者在很大程度上构成了前者,因为它提供了一个全面的社会-法律框架。基于此,他提出了自己对市民社会概念的理解:"市民社会是由家庭事务、经济领域、文化活动和政治互动等社会生活领域构成的,而社会生活则是由国家直接控制之外的个人和集团之间私下或自愿安排组织起来的,正是在这个意义上,市民社会保留了其基本特征。"② 施米特(Philippe Schmitter)和卡尔(Terry Lynn Karl)在谈到市民社会的作用时则指出,通过保持独立于国家(甚至可能独立于政党),市民社会不仅能够限制统治者的武断专横行为,还可以帮助造就更好的公民:这样的公民更能意识到他人的偏好,对自己的行为更具自信,在为公共福祉奉献的意愿上更具文明的心灵。在最好的情况下,市民社会提供了一个介于个人与国家间的中间管理阶层,它可以在没有公共强制力的情况下解决冲突并控制其成员的行为。③ 而在齐泽克看来,市民社会理论被完全地误解了。齐泽克主张,在国家与市民社会之间的冲突中,我们应站在国家这一边。市民社会意味着民主性的对立;但它也意味着暴力性的民族主义。④

乌思怀特(William Outhwaite)则认为,不管怎样,我们仍然需要某个"市民社会"概念,而且 20 世纪 70 年代以来东、西欧市民社会政治仍然是一个成功的政治经验与资源。不过,"我们所需要的是一个批判的而不是道德的市民社会模式"。⑤ 乌思怀特分析指出,"市民社会"概念可以分为广义和狭义。而狄亚斯(Victor Perez Dias)甚至把其分为"最广义"(generalist)和"最狭义"(minimalist)。从广义上看,如西登托普(Larry Siedentop)在《欧洲民主》中所述的,市民社会是一种以个人主义、法律规范和某种公共领域等为特征的社会形态:"市民社会理念最重要的是什么呢? 是国家赋予市民的平等地位,它创造出(至少潜在地)一个具有个体自由或选择的领域,一个私人的行为领域。"⑥ 从狭义上看,市民社会指的

---

① 〔英〕约翰·基恩:《市民社会:旧形象,新观察》.王令愉、魏国琳译,上海:上海远东出版社,2006,第 29—30 页。
② 〔英〕戴维·赫尔德:《民主的模式》.燕继荣等译,北京:中央编译出版社,2004,第 394 页。
③ 菲利普·施米特、特丽·林恩·卡尔:《民主是什么,不是什么?》,杨光明译,载刘军宁编:《民主与民主化》.北京:商务印书馆,1999,第 27 页。
④ 〔法〕阿兰·巴迪欧(Alanin Badiou)、〔斯洛文〕斯拉沃热·齐泽克(Slavoj Žižek):《当下的哲学》.蓝江、吴冠军译,北京:中央编译出版社 2017,第 44 页。
⑤ 〔英〕威廉·乌思怀特:《社会的未来》.沈晖、田蓉译,杭州:浙江大学出版社,2011,第 108 页。
⑥ Larry Siedentop, *Democracy in Europe* (London: Allen Lane, 2000), p.88.

则是一种独立于国家与经济的结社生活(associational life)。其中,国家与经济位于金字塔底部,而学者、评论家和社会活动家则位于塔顶。狄亚斯倾向于从广义角度理解该术语,而亚历山大(Jeff Alexander)则一直赞成该术语的狭义理解。乌思怀特更加倾向于较亚历山大更狭义的理解,认为市民社会是各个层面上的联合生活,趋向与公共领域观念混为一体。他说道:"我比亚历山大的限制要少,我将一些低水平经济交流纳入其中,特别是在后共产主义环境下(被共产主义政权排斥的自发市场关系成为建立社会联系的重要方面)。更重要的是,如果自发结社生活成为可能必然需要某种程度的多元主义,社会成员之间的关系对整个社会和国家产生影响,从这些意义上看,两种观念之间存在明显的内部联系。"①在乌思怀特看来,市民社会概念常见于下述两种主要用法:一个是以全球市民社会(global civil society)的形式出现,其主要表现为世界公众意见,国际人权组织及全球社会运动,当然也包括那些反对(特别形式)全球化的运动;另一个则是以欧洲市民社会的形式出现,即在有限却依然实质的地域内追随类似的全球市民社会议程。②

事实上,从马克思逝世后到前苏联解体、东欧剧变这一期间,"市民社会"经历了双重复兴:一次是在东方由反政府思想者和活动家发起,一次是在西方由新马克思主义者和其他激进分子发起,具体表现在"基地组织"(Easfern tyrannie)、西方"1968"事件以及不断高涨的新社会运动。如今我们所说的"公民社会",指的是一个需要政治体制、互相联系、自我组织的社会。动力应当来自社会本身而非政治力量。这一概念比"市民阶层"、"市民社会"以及"市民性"这些概念使用得更为广泛。在20世纪行将结束之际,市民(公民)社会再次在世界各地流行起来,就像200年前一样。③从20世纪80年代起,这个多义的概念就重新出现在政治讨论和科学论争中。这一概念的复兴是当代人文科学最重要的进展之一。这一起源于18世纪的观念在学术界内外都取得了一席之地。而且,现在看来,它很可能主导今后一些年的知识议程(intellectual agenda)。④

哈贝马斯简洁地回顾了市民(公民)社会概念在近代的演变历史。根据哈贝

---

① [英]威廉·乌思怀特:《社会的未来》.沈晖等译,杭州:浙江大学出版社,2011,第109页。

② 同上书,第110页。

③ [英]拉尔夫·达仁道夫:《现代社会冲突:自由政治随感》.林荣远译,北京:中国社会科学出版社,2000,第57页。

④ 阿恩德·鲍尔肯佩尔:《从市民社会到公民社会——对19、20世纪德国社会责任承担者的思考》,载韩水法、黄燎宇编:《从市民社会到公民社会:理解"市民-公民"概念的维度》.北京:北京大学出版社,2011,第180页。

马斯的理解,首先,斯密和李嘉图发展了一种政治经济学,它将市民社会理解为一个受匿名规则支配的商品交换和社会劳动的领域。其次,黑格尔把这一领域命名为"需要的体系",在这个体系中,个体被剥夺了一切实在的自由。最后,作为政治经济学批评家的马克思,在"市民社会的解剖"中仅仅看到这样一种结构:资本的自我增值过程在自我异化的个体的头上跨越而过,造成越来越激烈的社会不平等。这样,"市民社会的概念经历了一个重大的变化:起先是一切授予自由、使得自由成为可能的条件的总和,在这些条件下众个人有意地结成团体,并将社会过程置于其共同控制之下;后来,它则变成了一个实行匿名统治的系统,这个系统独立于无意识地结成社会的众个人的意向而自成一体,只服从它自己的逻辑,并使整个社会隶属于它那用经济学来解读的自我稳定迫令"。① 在哈贝马斯看来,"社会"对于国家和经济的地位正在发生变化:在政治公共领域,它在两方面,即不仅在福利和主体自由的范畴内,而且在正义和政治参与的范畴内拒绝使用价值。用规范性的语言来表述,这就是:在由激进政治交往自由构成的框架内,社会应该过渡为"市民社会"。在这种过渡中,金钱与行政权力之间的社会一体化的权力分配将向社会同情与相互支援倾斜。随着国家行政管理的"非政治化"——这种非政治化有利于经济对于外部代价的市民社会的敏感——产生了一种即使对西方来说也是非常必要的"改革的未来前景"。② 因此,哈贝马斯认为,"市民社会"概念在东欧的持不同政见者那里已经成为政治自主的核心概念;对于西方的激进民主派来说,同样成了一个关键词,因为,这个概念表达了一种特殊的"缺失体验",此外,也包含了自由化过程中获得的成功体验。③ 当然,此处问题的关键是:我们应该理解,为什么"市民社会"这个词今天变得时髦了,在东欧知识分子的辩论中,它的确已经成为一个威力巨大的术语。④ 对此,哈贝马斯援引汉基斯(Elemer Hankiss)关于市民社会的摧毁和重建的分析观点,指出"我们并没有真正认识到行政干预和行政命令所造成的道德基础结构破坏的严重程度,这种破坏的后果在日常生活中,在熟人和朋友关系,在家庭和学校,在邻居和社区环境,在工作场所等方面明显地表现出来"。⑤ 在此种语境下,哈贝马斯更关心的问题是:"自发产

① [德]哈贝马斯:《在事实与规范之间》.童世骏译,北京:生活·读书·新知三联书店,2003,第56—57页。
② [德]尤尔根·哈贝马斯、米夏埃尔·哈勒:《作为未来的过去》.章国锋译,杭州:浙江人民出版社,2001,第83—84页。
③ 同上书,第88页。
④ 同上书,第89页。
⑤ 同上书,第89页。

生的政治公众舆论连同市民运动和同盟的新结构是否能得到巩固,在体制性框架内能否存在下去——在极权统治解体后能维持多久?"①为此,哈贝马斯列举前民主德国的"新论坛"社会运动和联邦德国的"绿党"活动来说明问题。他高度评价了绿党的功绩:"绿党改变了政治交往的形式,扩大了政治参与的空间,以非正统的灵活性在公众领域倡导一种辩论文化";它"尽管有许多缺陷,但它过去是,现在仍然是一种大众化的力量"。②爱德华兹(Michael Edwards)亦认为,西方的市民社会理论得到了相当广泛的关注和发展,并在实践中得到了印证。在20世纪,"市民社会"成为了一个"大观念"(big idea)。③

其实,20世纪80年代以来,"市民(公民)社会"概念的流行是一个当代话语事件,不能简单地视为这是传统市民社会话语的复兴。④在16、17世纪的英国政治思想中,"市民社会"这个术语的早期用法绝不是用来建构市民社会与国家之间的对立,而是把这两者混为一体的。"市民社会"就是"共和国"(commonwealth)或"政治社会"(political society)的同义词,霍布斯和洛克都是在这个意义上使用了"市民社会"一词。在18世纪,市民社会开始表示为一个独立于国家的人类关系和活动领域,它既不完全是公域也不完全是私域,或者可以说它既是公域又是私域。市民社会中的社会关系主要是从经济角度来考虑的:一个历史地形成的经济关系网络,是市场、生产、分配和交换的领域。"市民社会"概念的完全分化要求一种自主的"经济"的出现,这就是自斯密以来英国古典政治经济学中的市民社会概念。这个概念的重心从政治转向经济有没有更深奥的涵义,还有待于进一步分析,但现代资本主义市场经济构成市民社会的基本条件,并成为市民社会话语的主要内容。到19世纪,黑格尔的《法哲学原理》将市民社会表述为"需要的体系"及其满足方式,是一个劳动和财富生产的私人领域。而黑格尔所阐述的"市民社会"学说,正是我们理解公/私二元关系的一个极为重要的依据。

康保锐(Berthold Kuhn)指出,"公民社会"概念已经越来越规范化地出现在公共领域以及学术领域的讨论中。不过,这些科学文献对这一定义的理解主要是

① [德]尤尔根·哈贝马斯、米夏埃尔·哈勒:《作为未来的过去》.章国锋译,杭州:浙江人民出版社,2001,第90页。

② 同上书,第91页、第92页。

③ Michael Edwards, *Civil Society* (published by Polity Press in association with Blackwell Publishing Ltd, 2004), p.1.

④ 陈燕谷:《文化研究与市民社会》,载饶芃子编:《思想文综》(第4辑).广州:暨南大学出版社,1999,第29页。

功能方面的,只是从政治实践的角度来看,迄今为止还没有一个令人满意的可操作性的概念。① 沃尔泽(Michael Walzer)则从社群主义视角阐述了"公民社会"概念。依据日益活跃于欧美的"激进民主"观点,沃尔泽认为,"公民社会指的是自愿的人类社团的空间,或充满该空间的一系列因家庭、信仰、利益和意识形态等缘故而构成的关系网络"。这一网络具体包含:工会、教会、政党、运动、合作社、聚居区、思想流派和这样那样的促进或阻碍性社团。② 在沃尔泽看来,美好的生活只有在既有破裂和斗争又有实在的真正的团结的公民社会里才能实现。他进一步宣称:"只有民主的国家才能建立一个民主的公民社会;也惟有一个民主的公民社会才能支撑起一个民主的国家。"③可是沃尔泽的这一观点却被弗利(Michael W. Foley)和爱德华(Bob Edwards)称之为"公民社会理论悖论",即一个民主的公民社会似乎需要一个民主国家,一个强大的公民社会似乎需要一个强大的和反应型的国家。④ 在他们看来,民主政治的力量和响应力可能取决于它的公民社会的性质,正如普特南⑤指出的那样,既要加强民主功能,又要增强国家力量。但是这样的效果必须基于民主政治和强大国家的预先存在。德雷泽克曾指出,在政治化的意义上(即公共领域),公民社会是由自限性的政治组织组成的,这些政治组织致力于与国家建立一定的联系,但不寻求任何国家权力。但公民社会可以通过如下几种方式对内对外发挥其影响力:其一,公民社会的政治活动可以改变政治话语,进而影响公共政策的内容。马丁·路德·金的演说所产生的效果就是一个很好的例子。其二,社会运动可以通过赋予特殊形式的集体行动(如静坐)以合法性,并通过创建对公共问题稳定的反映机制等方式,对政治文化产生持久性影响。其三,旨在影响政策的协商论坛可以在公民社会扎根。一个很好的例子就是全球论坛。其四,公民社会的抗议活动会引发当局对政治稳定的忧虑,并促使当局作出回应。其五,公民社会通过改变文化来影响权力关系。因此,公民社会可以成为

---

① 〔德〕康保锐:《市场与国家之间的发展政策:公民社会组织的可能性与界限》.隋学礼译,北京:中国人民大学出版社,2009,第 2 页。

② 〔美〕迈克尔·沃尔泽:《公民社会的思想——社会重建之路》,曾东译,载《国外社会学》1994 年第 2 期,第 1 页。

③ 同上文,第 10 页。

④ 〔美〕W·M·弗利、B·爱德华:《市民社会悖论》,孙晓莉译,载《哲学译丛》2000 年第 3 期,第 49 页。

⑤ See Robert D. Putnam, Bowling Alone: America's Declining Social Capital, *Journal of Democracy*, January 1995, pp. 65 - 78.; Robert D. Putnam, Robert Leonardi and Raffaella Nanetti, *Making democracy work: civic traditions in modern Italy* (Princeton, N. J.: Princeton University Press, 1993).

推进民主化进程的大本营。①

　　然而,在弗利和爱德华看来,"公民社会"这个概念"仿佛具有气体的特性,它可以随意扩张或者收缩,以便适合于由不同的历史或者社会政治背景提供的分析空间"。② 里夫(David Rieff)则批判性地指出,"公民社会"作为一个概念,"它缺乏特定的严肃性,它并不比一个'罗夏墨水渍'好多少"。③ 但不管怎么说,如今"公民社会"概念已深入到多个领域中:从政治要求发展成为科研课题,从现状的描述发展成为历史研究的对象,从反对专政的战斗口号发展成为全世界实现自由民主的要求。关于公民社会的讨论不断扩大,跨越国界。④ 而且,对于公民社会的发展和参与而言,一个重要的维度关系到全球化。与之呼应,20世纪90年代出现了一个所谓"全球公民社会"的新术语,它正在快速流行开来。根据基恩的观点⑤,"全球公民社会"这一术语诞生于七股思潮的汇合之中,它们指的是:其一,市民社会旧话语的复苏,尤其是在中东欧,在"布拉格之春"的军事镇压之后。其二,对于以卫星和计算机为媒体的新通信系统带来的革命性影响所作出的浓墨重彩的赞赏[以麦克卢汉(Marshall McLuhan)的著名术语最为传神:"地球村"]。其三,和平和生态运动导致了新的觉醒,我们认识到,我们是一个脆弱不堪且有自我毁灭隐患的世界系统的成员。其四,流布甚广的一个观念认为,苏联式共产主义体系的解体,预示着新的全球政治秩序。其五,新自由主义经济学和市场资本主义经济在世界范围内突飞猛进地成长(growth spurt)。其六,随着后殖民国家的衰退及其承诺未能兑现而产生的幻灭。其七,对充满危险又制造不幸的真空不断增长的关注,而正是帝国和国家的崩溃以及非文明战争的爆发,打开了这一充满危险又制造不幸的真空。基于此,基恩对"全球公民社会"概念进行了抽象性的界定,认为"全球公民社会既不是静态的客体,也不是既成的事实(fait accompli)。它是一项未完成的工程,包括时而扩展、时而收缩的社会经济机构网络、社会经济机构的金字塔结构、中心辐射型(hub-and-spoke)的社会经济机构群,还包括行动

① 参见[澳大利亚]约翰·S·德雷泽克:《协商民主及其超越:自由与批判的视角》.丁开杰等译,北京:中央编译出版社,2006,第92—96页。

② [美]W·M·弗利、B·爱德华:《市民社会悖论》,孙晓莉译,载《哲学译丛》2000年第3期,第46页。

③ [美]D·里夫:《市民社会的错误浮现》,孙晓莉译,载《哲学译丛》2000年第3期,第51页。

④ 阿恩德·鲍尔肯佩尔:《从市民社会到公民社会——对19、20世纪德国社会责任承担者的思考》,载韩水法、黄燎宇编:《从市民社会到公民社会:理解"市民-公民"概念的维度》.北京:北京大学出版社,2011,第181页。

⑤ [英]约翰·基恩:《全球公民社会?》.李勇刚译,北京:中国人民大学出版社,2012,第2页。

者"。① 这些行动者实行跨国界的自我组织，有着成熟的目标，即用新的方式将世界团结起来。至于全球公民社会的特征，贝克有一个恰当的简洁论断：新兴的全球公民社会的特征不仅仅是"非融合"(non-integration)，不仅仅是"没有统一的多样性"(multiplicity without unity)，在其行动者看来，它还是可知可感的(perceived)或反躬自身的(reflexive)。② 而根据基恩的理解，全球公民社会的特征则可归结为如下五个方面：其一，全球公民社会的术语指的是非政府的结构和活动。它包括个人、家庭、追求利润的商行、非营利的非政府机构、联盟(coalitions)、社会运动、语言共同体以及文化认同。其二，全球公民社会亦是社会的一种形式。它是社会过程所谱写的动态的合唱曲(ensemble)，这些社会过程或多或少是紧密联系的。其三，全球公民社会是一个由各种相互重叠的非暴力友好规则所形成的空间，这些规则包括间接含蓄、自我克制和给面子等方面。其四，全球公民社会既带有强烈的多元主义色彩，又有强烈的冲突潜力。其五，全球公民社会是全球性的。总之，在人类这一物种的历史上，全球公民社会是最为复杂的社会。③ 那么，全球公民社会究竟是海市蜃楼还是沙漠中的绿洲？ 有论者就质疑"全球公民社会"这一概念，认为人们不存在"共同的全球记忆聚汇；没有共同的全球思维方式；也没有可以把所有的人凝聚起来的'普遍历史'"。④

　　总的说来，霍布斯、卢梭、洛克、黑格尔、马克思、托克维尔、葛兰西等思想家都曾用过"市民（公民）社会"这一概念，只是每个人的理解不尽相同。简单地说，Civil Society 既不是家庭，也不是国家，更不是市场，而是介于家庭、国家、市场之间的一个空间。它与各种类型的机构有着千丝万缕的联系，它们是：①家庭内部非市场形式的生产，自愿的慈善组织以及其他"同经济并驾齐驱"的活动；②娱乐形式，在这种形式中，人们至少将他们的一些业余时间用于体育活动、旅游、观光、兴趣爱好，以及（通常是重合的）艺术和娱乐组织中，包括画廊、电影、音乐和舞蹈俱乐部，剧院、酒馆、饭店和咖啡馆；③对亲密关系的培育，这需要通过友谊和家庭合作空间、性经历、生儿育女以及对婴儿和成人的社会看护实现；④非政府的传播媒体，比如报纸、杂志、书店、网吧、电视和社区广播站；⑤对神圣事物进行解释和

---

① ［英］约翰·基恩：《全球公民社会？》，李勇刚译，北京：中国人民大学出版社，2012，第11页。
② Ulrich Beck, *What is Globalization?* (Cambridge, MA.: Polity Press, 2000), p.10.
③ 参见［英］约翰·基恩：《全球公民社会？》，李勇刚译，北京：中国人民大学出版社，2012，第11—25页。
④ ［英］戴维·赫尔德：《民主与全球秩序：从现代国家到世界主义治理》，胡伟等译，上海：上海人民出版社，2003，第132页。译文略有改动。

培育信仰的机构,包括公墓、宗教礼拜场所、纪念碑及历史大事遗址。① 这些所谓的"非政府组织"(NGOs)、"非营利组织"(NPOs)、"志愿组织"(Voluntary Organizations)、"草根组织"(Grassroots Organizations)以及"第三部门"(The Third Sectors)的正式或非正式的组织在家庭、国家、市场之外或之间所占据的空间就是 Civil Society。所以说,Civil Society 是一个"大杂烩"(mixtum compositum)空间,里面充满各种混合与联结、融合与分离。② 不过,现实中的 Civil Society 并非是一个同质的实体,也不是一个牧歌乐园。相反,在 Civil Society 中有贫民窟与花园别墅,有血与泪,有剑与火。倘若把它描绘成宁静、和平的去处,不是出于无知便是出于欺骗。当然,Civil Society 这一概念确实在一定程度上给我们提供了某种中西文化比较研究的视角。

第二节　公共性与自由资本主义批判

从近代西方社会的"现代性"转型来看,除了科学技术(自然科学)、文化(文艺复兴)、宗教信仰(宗教改革)等方面,如果从社会组织的角度来考察,正是现代市民社会为现代性提供了社会组织形式。然而,这种社会组织方式在建构现代社会的同时,也带来了负面影响,即在现代市民社会与市场经济体制中出现了人的异化。这正是马克思那个年代的时代课题。经过法国大革命、英国光荣革命以及近代工业革命,欧洲市民阶级的政治革命使人们从政治等级的压迫中解放出来,却又陷入了经济力量的奴役之中。马克思作为一个彻底的革命家,不仅不满足于资产阶级(市民阶级)革命的政治解放,而且要求把人从经济力量的奴役中解放出来(即人类解放)。而市民社会与政治国家之间的纠结关系及其解构,正成为马克思深刻、复杂的人类解放理论的逻辑基础与逻辑起点。这样,研究马克思人类解放理论除了探讨其思想源泉外,还必须对其市民社会理论进行全面阐释。正是在对市民社会的批判中,马克思提出了资本主义批判这一影响 20 世纪历史进程的重要社会政治理论。

当然,在马克思的社会政治理论中,他并没有明确使用过公共领域/公共性的概念,但在他的论著中却不乏关于公共领域/公共性的思想。比如,马克思在很多

① [英]约翰·基恩:《全球公民社会?》.李勇刚译,北京:中国人民大学出版社,2012,第99页。
② 同上书,第209页。

场合提到公共活动、公共利益、公共权力等概念，在对这些问题的阐发中表达对权力和利益的公共性问题的探讨；从"现实的人"出发，通过对自然、人、社会以及他们之间互动关系的总体性论述，在他的世界历史理论中突显其哲学所具有的公共性视野；在对平等、自由、民主等概念的批判性阐释中，对作为正义的公共性价值持有肯定态度；在对未来理想社会的描绘中，阐明他在公共性问题上的立场；等等。从这一系列深刻思想可以看出，马克思及恩格斯主要是通过揭示劳动在历史中的意义，特别是揭示劳动在异化状态下资本、国家、意识形态的虚假公共性，来主张对真实公共性的追求和奋斗。但遗憾的是，马克思有关公共领域/公共性的许多论述却并未得到足够的重视，它们也没有在公共领域的视野上被审视。① 因此，从现代公共领域的视野上重新审视马克思这些重要论述，理当是我们进行理论研究的应有之义和应有之题。

一、市民社会及其公共性

市民社会这一概念天然地包含了政治与经济、公共领域与私人领域、经济基础与上层建筑这些矛盾性的范畴。而马克思的批判思想正集中于"市民社会"概念。② 据此说来，市民社会批判是马克思政治哲学的重要内容。作为"顶天立地的 19 世纪知识巨匠"，马克思试图"寻求一种关于集体的力量和包罗万象的共同生活的理论构想"，并"强调生活的物质基础的综合性与系统性知识和公开革命的而非颠覆性的理论"。③ 根据马克思的理解，公共领域（公共性）问题是与人的生活实践联系在一起的。马克思的"市民社会"概念所要反省和解决的就是"个体"与"共同体""私人领域"与"公共领域"分裂这一重大的现代性课题。马克思通过"市民社会"概念揭示出资本主义私有制是导致这一分裂的根本原因，而市民社会

---

① 为什么会出现这种情况呢？笔者以为，从实践层面而言，在马克思的时代公共领域并没有像今天这样发达，也没有像今天这样发挥如此重要的作用；从理论层面而言，这也是因为马克思并没有形成一个全面系统的公共领域理论。

② 市民社会概念是"马克思著作中出现频率最高、最重要的术语之一"。在马克思看来，"市民社会"是"资产阶级社会"或"布尔乔亚社会"的典型状态，但他并未将这两个概念视为同一，在其亲自校订的英译本中，以"bourgeois society"来表述"资产阶级社会"，而用"civil society"来表述市民社会。此外，马克思在法文著作中也对这两个概念做出了类似区分。参见俞可平：《政治与政治学》. 北京：社会科学文献出版社，2003，第 73、93—94 页；以及韩立新：《〈德意志意识形态〉中的市民社会概念》（上），《马克思主义与现实》2006 年第 4 期，第 42—43 页。

③ ［美］谢尔登·S·沃林：《政治与构想：西方政治思想的延续和创新》. 辛亨复译，上海：上海人民出版社，2009，第 491 页。

中最根本的问题——经济问题,无论如何都不可能被市民社会的规范体系所解决。市民社会的公共性不过是虚幻的意识形态,其实质是阶级之间的斗争。在批判黑格尔法哲学时,马克思已发现制度化的现代国家无法改变权力斗争的本质,因此现代人只能在历史中不断寻求解放,消灭现代国家的恶,在现实生产发展的基础上找寻超越资本主义的道路,进而重建能够实现个人自由而全面发展的未来社会生活图景。

从历史的角度来看,最初出现在欧洲语言中的"市民社会",一般被认为是用来翻译亚里士多德所谓"公共政治"的,黑格尔从弗格森那里学到用它来指谓一些社会的、经济的和法律的关系,个体进入这种关系是为了满足其需要,基于此,"市民社会"被理解为"个人的生活和福利以及他的权利的定在,都同众人的生活、福利和权利交织在一起的"[1]"需要的体系"。[2] 这样,黑格尔阐述了"第一种市民社会的近代理论","他第一个在术语层面上提出了适用于现代社会的概念系统,把国家这一政治领域与'市民社会'区别了开来"。[3] "市民社会"是黑格尔理解现代性的关键。黑格尔高度重视市民社会及其对人类生活的意义,认为市民社会是介于家庭亲密感与国家理性和公共普遍性之间的私人自律领域。黑格尔指出,"在市民社会中,每个人都以自身为目的,其他一切在他看来都是虚无。但是,如果他不同别人发生关系,他就不能达到他的全部目的,因此,其他人便成为特殊的人达到目的的手段。但是特殊目的通过同他人的关系就取得了普遍性的形式,并且在满足他人福利的同时,满足自己"。[4] 在黑格尔看来,一方面,市民社会是个人私利的战场,是一切人反对一切人的战争(bellum omnium contra omnes)。市民社会缺乏普遍性与道德性,特殊性是其核心原则。因而,黑格尔将市民社会与国家区分开来,首先意味着从国家的角度揭示市民社会的抽象性和中介性。另一方面,市民社会中伦理生活内容的缺失,意味着直接的或原始的伦理精神的解体,但黑格尔并没有采取否定市民社会的浪漫态度。与之相反,他积极评价了市民社会作为近代产物的地位和作用。正如哈贝马斯所理解的,"在黑格尔的描述当中,市民社会一方面表现为'失去了极端性的伦理生活',是'毁灭的王国'。另一方面,市民社会——这个'现代世界的创造物',又在使个体达到形式自由中获得其合法性:把需求和劳动的专断意志释放出来,也是'塑造特殊主体性'必然要经历的一

---

① [德]黑格尔:《法哲学原理》. 范扬、张企泰译,北京:商务印书馆,2009,第225页。
② 同上书,第232页。
③ [德]哈贝马斯:《现代性的哲学话语》. 曹卫东等译,南京:译林出版社,2004,第44页。
④ [德]黑格尔:《法哲学原理》. 范扬、张企泰译,北京:商务印书馆,2009,第224—225页。

个环节"。① 由此看来,黑格尔对市民社会造成的人与人之间的关系及其普遍性的分析,应该说是相当深刻的,只是全部论述仍旧是建基于理论哲学之上。

在直承黑格尔关于市民社会与国家相区分,肯认市民社会是"一切人反对一切人的战争"或"个人私利的战场"等种种论述②的同时,马克思对黑格尔的市民社会理论进行了批判。初略性地来说,我们可以将马克思市民社会批判理论的逻辑演进过程概述如下:第一,在《黑格尔法哲学批判》中,对黑格尔的国家理想主义在伦理国家范围内扬弃市民社会的幻想进行了批判;第二,在《论犹太人问题》中,对政治革命和社会革命或政治解放和人类解放进行了区分;第三,在《1844 年经济学哲学手稿》中,对市民社会进行了政治经济学解剖;第四,在与恩格斯合著的《德意志意识形态》中,将"市民社会"表述为"在过去一切历史阶段上受生产力所制约、同时也制约生产力的交往形式";第五,在《〈政治经济学批判〉序言》中,把"市民社会"规定为"物质的生活关系的总和",而"这个'市民社会'思想,虽然与黑格尔作为需要的体系的'市民社会'思想相吻合,但却完全摈弃了它的法律、行政的方面,而且与马克思本人在 1844 年以前对市民社会的理解有很大的不同"。③ 在颠倒黑格尔政治哲学思辨逻辑的过程中,马克思不仅得出了不是国家决定市民社会,而是市民社会决定国家的结论,由此达致唯物史观的思想萌芽,而且在对市民社会进行初步研究的基础上,看到了政治革命、政治解放的限度,从中提出了进行不停顿的革命、实现人类解放的目标,并找到了无产阶级作为实现这一目标的担当者。

事实上,青年马克思跟所有青年黑格尔派一样,笃信思想、观念是历史发展过程中的决定性力量,他站在黑格尔客观唯心主义的立场上,曾把法律、国家、哲学,甚至自然界看成是"生动的思想世界的具体表现"。④ 可是在《莱茵报》做编辑工作期间,马克思迫于对现实问题表明态度,"第一次遇到要对所谓物质利益发表意见的难事"。⑤ 这引出了马克思所谓的"苦恼的疑问",即国家政治制度与物质利益领域的关系问题,也就是国家与市民社会的关系问题。于是,马克思离开《莱茵

---

① ［德］哈贝马斯:《现代性的哲学话语》.曹卫东等译,南京:译林出版社,2004,第 44—45 页。

② 《马克思恩格斯全集》(第 1 卷).北京:人民出版社,1956,第 295—296 页。

③ 参阅［日］城塚登:《青年马克思的思想:社会主义思想的创立》.肖晶晶等译,北京:求实出版社,1988,第 154 页。

④ 《马克思恩格斯全集》(第 40 卷).北京:人民出版社,1982,第 10 页。

⑤ 《马克思恩格斯文集》(第 2 卷).北京:人民出版社,2009,第 588 页。

报》,"从社会舞台退回书房"①,以便探讨他在办报期间所遇到的疑难问题。为此,他写作了《黑格尔法哲学批判》一书,"力图解决国家和市民社会的关系问题这个由黑格尔国家观同现实之间的矛盾所产生的'国家之谜'"。② 在这里,青年马克思从行为理论的角度出发,根据"公民"与"市民"、公民与私法主体的互补角色,分析了国家与(市民)社会的关系。表面上有自主权的民众过的是"双重"人生:"在政治国家真正形成的地方,人不仅在思想中,在意识中,而且在现实中,在生活中,都过着双重生活——天国的生活和尘世的生活。前一种是政治共同体中的生活,在这个共同体中,人把自己看成社会存在物;后一种是市民社会中的生活,在这个社会中,人作为私人进行活动,把他人看作工具,把自己也降为工具,并成为异己力量的玩物。"③这里,资产阶级国家的唯心主义遮蔽了市民社会唯物主义的完善过程,也就是说,遮蔽了其自我中心主义的实现过程。另外,资产阶级革命的意义亦具有双重性:它把市民社会从政治和一种具有普遍内涵的表象中解放了出来;同时又把在理想的独立性中建构起来的共同体工具化为"需要、劳动、私人利益和私人权利的世界"④,而所有这些构成了国家的自然基础。所以说,"对马克思而言,市民社会显然不是一个具有更优良风范(polished manners)的社会;它甚至不是一个由交换关系参与者的相互依存而凝聚在一起的社会。相反,它是这样一个社会,在那里,无产的大众被生产工具的所有者以镇压方式强制在一起。生产关系以及社会划分为有产阶级与无产阶级是市民社会的本质特征"。⑤

至此,恰如洛维特(Karl Löwith)所认为的,马克思和黑格尔都把市民社会当作一个需要体系来分析,这个体系的道德丧失在极端中,它的原则就是利己主义。但他俩的批判性分析是不一样的,具体区别就在于:黑格尔在扬弃中保留特殊利益与普遍利益之间的差异,而马克思却在清除的意义上扬弃这种差异,其目的是要建立一个拥有公有经济和公有财产的绝对共同体。"因此,他(马克思)对黑格尔的法哲学的批判就主要集中在国家与社会的关系上。"⑥而且,马克思意识到

---

① 《马克思恩格斯文集》(第2卷).北京:人民出版社,2009,第591页。
② 旷三平:《马克思"社会存在论"及其当代价值——一种存在论视阈下的哲学阐释》.南昌:江西人民出版社,2007,第116页。
③ 《马克思恩格斯文集》(第1卷).北京:人民出版社,2009,第30页。
④ 同上书,第46页。
⑤ 爱德华·希尔斯:《市民社会的美德》,李强译,载邓正来、[英]J·C·亚历山大编:《国家与市民社会》.北京:中央编译出版社,1999,第36页。
⑥ [德]卡尔·洛维特:《从黑格尔到尼采:19世纪思维中的革命性决裂》.李秋零译,北京:生活·读书·新知三联书店,2006,第332页。

"对市民社会的解剖应该到经济学中去寻求"。① 这样，自马克思在巴黎时期第一次开始研究政治经济学，直到逝世，从政治经济学角度分析市民社会（即资产阶级社会），一直是马克思的中心工作。马克思从双重视角来审视市民社会。一方面，就物质基础层面而言，市民社会是政治生活的前提。在中世纪，"市民社会就是政治社会，因为市民社会的有机原则就是国家的原则"，"市民等级和政治等级的同一就是市民社会和政治社会同一的表现"。② 在封建社会，"旧的市民社会直接具有政治性质，就是说，市民生活的要素，如财产、家庭、劳动方式，已经以领主权、等级和同业公会的形式上升为国家生活的要素"。③ 在现代社会，国家的"自然基础是市民社会以及市民社会中的人，即仅仅通过私人利益和无意识的自然的必要性这一纽带同别人发生关系的独立的人，即为挣钱而干活的奴隶，自己的利己需要和别人的利己需要的奴隶"。④ 另一方面，就价值诉求层面而言，马克思看到市民社会还不是使人的自由与全面发展成为可能的社会。因为它"以商品交换为核心"，使人们的社会交往采取了"异化和物象化"形式，甚至成为"以资本和雇佣劳动的对抗为核心"的资产阶级社会（Bourgeois Gesellschaft）⑤，这样的社会当然是要加以扬弃的。

因此，在深入钻研斯密、萨伊、詹姆斯·穆勒等国民经济学家的市民社会理论的基础上，马克思肯定市民社会的物质力量，同时戳穿市民社会的政治哲学的神话，并指出市民社会就是"受到迄今为止一切历史阶段的生产力制约同时又反过来制约生产力的交往形式"⑥。马克思将市民社会等同于资产阶级社会，认为它是一个冲突、阶级压迫和虚幻的解放的竞技场，把它理解为与各个历史时期的生产力和生产方式相联系的社会交往形式。而且，马克思把市民社会看成真实世界，一个布置着经济贸易、生计关系、物质生产及其组织的舞台。马克思认为，人是一切社会关系的总和，且"人是特殊的个体，并且正是人的特殊性使人成为个体，成为现实的、单个的社会存在物，同样，人也是总体，是观点的总体，是被思考和被感知的社会的自为的主体存在，正如人在现实中既作为对社会存在的直观和

---

① 《马克思恩格斯文集》（第2卷）.北京：人民出版社，2009，第591页。
② 《马克思恩格斯全集》（第1卷）.北京：人民出版社，1956，第334页。
③ 《马克思恩格斯文集》（第1卷）.北京：人民出版社，2009，第44页。
④ 同上书，第312—313页。
⑤ 参见韩立新：《〈德意志意识形态〉中的市民社会概念》（上），载《马克思主义与现实》2006年第4期，第43页。
⑥ 《马克思恩格斯文集》（第1卷）.北京：人民出版社，2009，第540页。

现实享受而存在,又作为人的生命表现的总体而存在一样"。① 马克思在这里阐述的是个人的二重性:作为生命自为存在物的存在和作为社会主体自为存在物的存在。基于此,个人进入社会生产已不可避免,而由此产生的关系最主要的便是生产关系——这是市民社会的主要关系。马克思对市民社会中的个人寄予了极大的厚望,认为在这种社会中,"不是身为 citoyen[公民]的人,而是身为 bourgeois[市民社会的成员]的人,被视为本来意义上的人,真正的人"。② 在此,公民让位于公众,成为市民社会(公共领域)的主体。基于此,哈贝马斯结论性地说道:"黑格尔与马克思之间的相似性相当显著。在他们早年,二人都主张将相互合作的交往共同体中非强制性的意志结构用于调和分裂的市民社会。但后来,又都由于同样的原因而放弃了这一想法。"③

我们知道,在西方资本主义社会的发展过程中,社会过程发生了一种分裂。这种分裂首先表现为政治和经济领域(政治国家和市民社会)的分裂,或者如马克思在《论犹太人问题》中所说的私人生活领域和公共政治领域的分裂。④ 确实,马克思正确地预见到私人事务(res privata)和公共事务(res publica)的区别、个体生存的领域和自由活动的领域之间的区别。对此,阿伦特⑤和沃林(Sheldon S. Wolin)⑥则认为,马克思在其自身的社会概念中已经化约并丧失了希腊的公共概念。但在麦维斯(Horst Mewes)⑦和施瓦泽(Nancy L. Schwartz)⑧看来,这是理论界对马克思关于私人与公共、社会与政治二分的一种误解。根据施瓦泽的观点,马克思通过重新考察财产观念而将公共概念拓展到了同时包含其客体性和主

---

① 《马克思恩格斯文集》(第1卷).北京:人民出版社,2009,第188页。

② 同上书,第43页。

③ [德]哈贝马斯:《现代性的哲学话语》.曹卫东等译,南京:译林出版社,2004,第72页。

④ 王晓升:《商谈道德与商议民主》.北京:社会科学文献出版社,2009,"序言"第4页。

⑤ 参见 Hannah Arendt, *The human condition* (Chicago: University of Chicago Press, 1958)。有论者指责马克思对于经济过程及其改革的着迷导致他忽视作为社会变革的自发原动力的政治,或者说仅把它当作"政治就其本身而论是经济学的简化"。参见 Raymond Aron, *Main Currents in Sociological Thought*, trans. Richard Howard and Helen Weaver, (Garden City, N. Y. : Doubleday, 1968), p.216。阿伦特认同这一观点,并认为马克思已招致西方政治理论传统的终结。参见 Hannah Arendt, *The human condition* (Chicago: University of Chicago Press, 1958), p.12。

⑥ [美]谢尔登·S·沃林:《政治与构想:西方政治思想的延续和创新》.辛亨复译,上海:上海人民出版社,2009。谢尔登·S·沃林对马克思思想的分析,参见此书的第十二章。

⑦ Horst Mewes, On the Concept of Politics in Early Work of Karl Marx, *Social Research*, Vol.43, No.2, On Marx (SUMMER 1976), pp.276 – 294.

⑧ Nancy L. Schwartz, Distinction between Public and Private Life: Marx on Zōon Politikon, *POLITICAL THEORY*, Vol.7, No.2, May1979, pp.245 – 266.

体性的两个方面。财产不单单是一物质对象，而且也是一需要维护、保障与合法化的社会关系，因此它是一阶级关系。根据马克思的观点，这就是将财产的运用和掌握问题转变成了公共审议的问题，而在此过程中，实践也转变成了一种伦理模式的社会行动。[①]　因而实践并不仅仅局限于劳动，不论是体力的还是智力的劳动，而且也开始被理解为社会行动，即一种革命力量，在此行动中，民主制度将社会关系和救赎政治转变成人类创造性的表达和解放社会关系的表达。

其实，公共领域与私人领域相区分是资本主义社会阶级分化的特点。恩格斯在分析妇女问题的时候预先假设，家庭内外的区别正是公共领域和私人领域的分野。恩格斯写道："随着家长制家庭，尤其是随着专偶制个体家庭的产生，情况就改变了。料理家务失去了它的公共的性质。它与社会不再相干了。它变成了一种私人的服务；妻子成为主要的家庭女仆，被排斥在社会生产之外。只有现代的大工业，才又给妇女——只是给无产阶级的妇女——开辟了参加社会生产的途径。"[②]私人领域是"家庭内部"，公共领域则是家庭外面的世界。恩格斯还注意到，妇女家庭职责与公共生产之间的紧张状态超过了其阶级地位。"如果她们仍然履行自己对家庭中的私人的服务的义务，那么她们就仍然被排除于公共的生产之外，而不能有什么收入了；如果她们愿意参加公共的事业而有独立的收入，那么就不能履行家庭中的义务。"[③]恩格斯通过对妇女的阶级地位与阶级分化之间的相互关系而探讨了公与私的关系。他的公私二分的方法，呼应了马克思关于自然/历史的二分法。对马克思而言，妇女的自然角色是作为工人反映出来，对恩格斯而言，则是以她的家庭角色反映出来。针对马克思的公私观，施瓦泽认为，"马克思对公共和私人领域分裂的批判由两部分组成：一方面，它造成了个体公民生活的分裂和分离，使得他们的生活无法成为一个整体；另一方面，它反映了社会被不公正地分割为各种社会阶级，被划分为政治的和非政治的等级"。[④]　金里卡也指出，马克思在评论共产主义的社会性质时，批判"资本主义把'公域的'与'私域的'人、市民社会的'资产阶级'与国家的'公民'分离开来，相互脱离"[⑤]。国家被

① Nancy L. Schwartz, Distinction between Public and Private Life: Marx on Zoon Politikon, *POLITICAL THEORY*, Vol.7, No.2, May1979, p.261.
② 《马克思恩格斯文集》(第4卷).北京：人民出版社，2009，第87页。
③ 同上书，第87页。
④ Nancy L. Schwartz, Distinction between Public and Private Life: Marx on Zoon Politikon, *POLITICAL THEORY*, Vol.7, No.2, May1979, p.247.
⑤ ［加拿大］威尔·金里卡：《自由主义、社群与文化》.应奇、葛水林译，上海：上海译文出版社，2005，第111页。

当作个人考虑和追求普遍利益、共同善的领域,而市民社会则是在与他人的竞争中追求个人利益的领域。然而,"这种分离不但是在社会学上不可能的(国家作为上层建筑,成了阶级统治的一种工具),而且在心理学上是错乱的(我们不可能把我们的社会关切从我们的日常生活中分离出来而又不歪曲和减少它)"。①

马克思进一步揭示了现代性条件下"公共领域"与"私人领域"相分离的根源。在马克思看来,公共领域与私人领域相分离的原因在于资产阶级的社会分工和生产力的发展。随着现代市民社会中"分工的发展也产生了单个人的利益或单个家庭的利益与所有互相交往的个人的共同利益之间的矛盾;而且这种共同利益不是仅仅作为一种'普遍的东西'存在于观念之中,而首先是作为彼此有了分工的个人之间的相互依存关系存在于现实之中"。② 分工"说明只要人们还处在自然形成的社会中,就是说,只要特殊利益和共同利益之间还有分裂,也就是说,只要分工还不是出于自愿,而是自然形成的,那么人本身的活动对人来说就成为一种异己的、同他对立的力量,这种力量压迫着人,而不是人驾驭着这种力量"。③ 这样,在现代社会,私人(特殊)利益与公共(共同)利益之间的分离产生了国家这一虚幻的共同体的形式。"正是由于特殊利益和共同利益之间的这种矛盾,共同利益才采取国家这种与实际的单个利益和全体利益相脱离的独立形式,"即采取一种"虚幻的共同体的形式。"④因此,国家内部的一切斗争不过是一种虚幻的形式,在这些形式下进行着各个不同阶级间的真正斗争。在这里,马克思对私人(特殊)利益与公共(共同)利益进行了区分,并试图通过建立一种真正的共同体(相当于黑格尔的伦理国家)来解决私人(特殊)利益与公共(共同)利益之间的矛盾。在这种真正的共同体中生产资料不再是私人所有,而是由共同体共同占有。这个时候私人(特殊)利益与公共(共同)利益之间的对立就消失了。在这种真正的共同体中,自由的个人被联合起来了。⑤ 同时,马克思坚持认为,自由主义关于私有和公有、市民社会和政治领域之间存在明显区别的主张是值得怀疑的。只有在资本主义时代,市民社会才摆脱了政治束缚,作为私人利益的王国同作为公共领域的政治国家分离开来,成为后者的基础。在市民社会与国家的关系上,市民社会支配着国

---

① [加拿大]威尔·金里卡:《自由主义、社群与文化》.应奇、葛水林译,上海:上海译文出版社,2005,第111页。
② 《马克思恩格斯文集》(第1卷).北京:人民出版社,2009,第536页。
③ 同上书,第537页。
④ 同上书,第536页。
⑤ 同上书,第571页。

家,设定了国家的组织和目标。因此,"从这里已经可以看出,……市民社会是全部历史的真正发源地和舞台"。①

　　哈贝马斯对马克思的市民社会理论进行了再思考。根据哈贝马斯的理解,马克思深入研究黑格尔的《法哲学原理》,其目的是"想由此阐明,如果正确处理了黑格尔的伦理总体性思想,对市民社会的扬弃看起来会是什么样子"。② 哈贝马斯认为,马克思批判黑格尔的观点虽然如今已不再令人惊奇,但其要点却在于,"国家在西方议会制而不是在普鲁士君主制中真正获得了实现,它绝不会把对抗的社会放到伦理生活领域。国家仅仅是满足了社会的绝对功能,它自身则是四分五裂的社会伦理的表现"。③ 在哈贝马斯看来,这种批判形成了一种视角,通过它来考察社会自我组织的方式。这种社会自我组织消灭了公众与私人之间的分裂,打破了公民主权的幻想和"处于野蛮统治下的"人的异化存在。根据哈贝马斯的理解,与黑格尔一样,马克思也同样是基于国家与社会的关系来认识、考察公共领域和公共性问题。不过,哈贝马斯同时又指出,马克思的市民社会理论是"去政治化"的,并援引马克思的长段话语,对其进行分析、论证,进而认为"马克思探讨具有政治功能的公共领域带有反讽意义——自认为是独立个体的私人物主,其批判性的公众舆论的'独立性具有观念性质'"。④ 这就是说,公众舆论本身的实体公共性(即它的协调功能、中介功能和批判功能)是要受到质疑的,因而具有政治功能的公共领域的自我理解的前提不是自明的而是不足的(因为批判的公众与政治国家是一体的)。市民社会(或契约自由形式)的自然发展不会构造出资产阶级社会,而是构造出一个阶级分化的社会,即居于统治地位的阶级(变相继承政治统治的市民社会与国家政治权力体系)和居于被统治地位的私人。这样,资产阶级法治国家以及作为其核心组织原则的公共性,不过就是"一种意识形态"。而在这样一种水平的资本主义中,正是私人领域与公共领域的分离阻碍了资产阶级公共领域观念允诺的实现。⑤ 其实,市民社会的公共性体现在维护合法私人产权、公开自由表达个人意愿、批判公众世界、参与管理公共事务以及合法行使公共权利等方面。

　　就马克思对市民社会的批判而言,在雷看来,一部分是针对黑格尔的宪政-法治国家的局限进行的,在宪政-法治国家的概念中,正式的法律上的平等仅仅是对

---

① 《马克思恩格斯文集》(第 1 卷).北京:人民出版社,2009,第 540 页。
② [德]哈贝马斯:《现代性的哲学话语》.曹卫东等译,南京:译林出版社,2004,第 70—71 页。
③ 同上书,第 71 页。
④ [德]哈贝马斯:《公共领域的结构转型》.曹卫东等译,上海:学林出版社,1999,第 141 页。
⑤ 同上书,第 143 页。

阶级、等级和宗教差异的虚假的解决方式,掩饰了它们在市民社会中永恒存在的现实;另一部分则涉及到对将社会分化转化为制度化的秩序(诸如私人生活、经济以及公民和政治社团)这一过程的根本拒绝,而这是黑格尔和绝大多数18世纪的理论视为理所当然的。① 在马克思看来,无产阶级的胜利将使一个无阶级的联合代替原先的市民社会,在这个联合中,既不存在政治权力,也不存在对市民社会的抵抗。基恩亦对马克思的市民社会理论进行了评述。在基恩看来,马克思对市民社会理论有两个主要贡献:一是指出了现存市民社会是历史的产物;二是主张社会平等,而不仅仅是政治平等。不过,基恩也指出,马克思市民社会理论还存在三方面的"缺陷":一是只把市民社会规定为经济关系,忽视了家庭、自由团体、职业集团等其他社会形式也是市民社会的重要因素;二是否认了国家的中立性;三是主张国家消亡,而不是对国家的民主改造。② 总之,上述这些理论家们对马克思市民社会理论的理解仍有待商榷,但他们对马克思市民社会理论的重视却值得我们学习和借鉴。

二、国家及其公共性

有论者指出,马克思的民主和国家观点属于卢梭和黑格尔这一传统,不属于洛克和孟德斯鸠传统——因为后者将投票看成是个体论的一种表现,以及是处于政治权力分化背景中的权利。③ 事实上,早在《莱茵报》当编辑期间,马克思就发表了许多激烈的文章和社论。其中,在一篇题为《第179号"科伦日报"社论》的文章中,马克思宣称,国家(标志着社会的全部公共领域)作为"道德的联合体"(moral association),拥有其自己的庄严与独立。国家并不是"基督教"国家,而是自由人类精神的普遍表达。如同哲学一样,国家也是人类自由和普遍性的体现。马克思以一种极易让人联想到黑格尔原文的口吻,号召国家应该教育其国民来实现其任务。马克思写道:"实际上,国家的真正的'公共教育'就在于国家的合乎理性的公共的存在。国家本身教育自己成员的办法是:使他们成为国家的成员;把

---

① 拉里·雷:《公民社会与公共领域》,载[英]凯特·纳什、阿兰·斯科特主编:《布莱克维尔政治社会学指南》.李雪、吴玉鑫、赵蔚译,杭州:浙江人民出版社,2007,第232—233页。

② See John Keane, *Democracy and civil society: On the predicaments of European socialism, the prospects for democracy, and the problem of controlling social and political power* (London: Verso, 1988).

③ [美]麦肯锡:《马克思与古人:古典伦理学、社会正义和19世纪政治经济学》.王文扬译,上海:华东师范大学出版社,2011,第254页。

个人的目的变成普遍的目的,把粗野的本能变成合乎道德的意向,把天然的独立性变成精神的自由;使个人以整体的生活为乐事,整体则以个人的信念为乐事。"①此时,马克思将国家看作道德和教育联合体。但同时让马克思自己深思的一个问题是:为什么"理性的自由"在实际的人类生活中以及在政府与社会的关系中不能获得? 为什么只有"精神"是自由的? 为了寻找合适的答案,马克思开始去观察社会分化和冲突,并宣称它们是在现代国家实现自由的首要障碍。这样,在《黑格尔法哲学批判》中,马克思批评黑格尔在他关于国家的哲学中,犯了将"主语"和"谓语"互换的"唯心主义"错误。

黑格尔的出发点是"观念",而不是事实。他从国家、意志、主权这些"抽象物"推出现实的人、国家和社会的本质。这在伯尔基(Robert N. Berki)看来,在本质功能和特征上,黑格尔的"国家"范畴是自由的国家,而自由的国家实际上意味着它是自由"市民社会"斗争关系的完成和伟大的调解者。不过,这一黑格尔式的国家同时向两个相反方向蔓延。粗略地来说,一方面,与其同时代的主流自由主义思想相比,黑格尔的"国家"之具体元素即使不是过时的,也绝对是保守的。例如,他希望在立法中保留财产世袭;他的"立宪君主"更像是一个傀儡;等等。另一方面,人们还会在黑格尔那里洞察到一条潜在的国家抽象原则,这一原则就是强力的平等主义和整体主义,它神奇地召唤出古希腊城邦的精神、早期现代主权理论的"最高权威",甚至包括在卢梭那里已预示着的激进民主主义思想。这就是国家作为"道德共同体"的纯粹原则,它们表达了在德性和良善中联合起来的绝对高级的人类意志,并超越了它们在现实生存中的特殊差异和冲突。② 因此,在伯尔基看来,黑格尔的"国家"概念是"为调和自由主义两大基本原则(自由和平等)所作努力中最闪光的绝活(tour de force),但这一国家概念本身还是变动的、不稳定的;当其处于最糟状态时,它仅仅提供了一种'学理上'的解答,而当其处于最佳时,它作为一种'丰富的'影响力,在从自由主义到社会主义的长远发展中显示出了自身的最高价值"。③ 在这里,伯尔基对黑格尔的国家观念作出了客观评论。至此,从之前把国家颂扬为"真实的道德联合体",马克思现在已经根本上转向宣称国家——各种形式的国家——是人类自我疏远的表现形式。生活在国家中,在各种法律之下,接受抽象公民的身份,意味着与真实生活脱离。在现代国家里"原

---

① 《马克思恩格斯全集》(第1卷).北京:人民出版社,1956,第118页。
② 参见[英]罗伯特·伯尔基:《马克思主义的起源》.伍庆、王文扬译,上海:华东师范大学出版社,2007,第92—93页。
③ 同上书,第94页。

子化的"个人表面上是"代表",实际上是人们疏远真正的人自身。国家意味着把一种无生命的和歪曲的"形式"强加给活人,他们(在马克思看来,黑格尔认为)被说成是由国家"建构"起来的。因此,马克思激烈地争辩,宪政源自真实的、鲜活的个体,而不是本质先于形式。

通过对黑格尔国家学说的批判,马克思详细阐释了他关于国家的观点。在黑格尔看来,国家在逻辑上是先于、在伦理上是优越于它的两个构成因素,即家庭和市民社会。马克思着手表明,设想国家具有一种普遍的特性,能够协调市民社会中不和谐的因素,并在更高层次上将它们统一起来,这只是一种幻想。马克思认为,"国家没有家庭的天然基础和市民社会的人为基础就不可能存在。它们是国家的 conditio sine qua non(必要条件)"①。"实际上,家庭和市民社会是国家的前提,它们才是真正的活动者"②;且"国家是从作为家庭和市民社会的成员而存在的这种群体中产生出来的,思辨的思维却把这一事实说成理念活动的结果,不说成这一群体的理念,而说成不同于事实本身的主观的理念活动的结果"。③ 马克思进一步揭示,现代国家的本质是保护"私有财产"。"由于私有制摆脱了共同体,国家获得了和市民社会并列并且在市民社会之外的独立存在;实际上国家不外是资产者为了在国内外相互保障各自的财产和利益所必然要采取的一种组织形式。"④据此,莫里森(Ken Morrison)指出,在黑格尔看到市民社会与政治国家分离的地方,马克思却把它们看成是一个整体或同一个事物。⑤ 在《共产党宣言》中,马克思(和恩格斯)就曾指出,资产阶级"在现代的代议制国家里夺得了独占的政治统治。现代的国家政权不过是管理整个资产阶级的共同事务的委员会罢了"。⑥ 这一语段展示了马克思对现代国家的实质的披露,它表述了现代国家的阶级统治本质,从一定意义上说明现代国家总是能够使资产阶级扮演支配性的政治角色。它亦充分显示出马克思的政治哲学所蕴含的深刻的批判维度,还表明马克思在国家理论方面的卓越的洞察力。

但在托马斯(Geoffrey Thomas)看来,上述语段所表述出来的是一个国家依附性的论点,它具有两部分。从反面来说,国家作为上层建筑的一部分,不能(除

---

① 《马克思恩格斯全集》(第 1 卷). 北京:人民出版社,1956,第 252 页。
② 同上书,第 250—251 页。
③ 同上书,第 252—253 页。
④ 《马克思恩格斯文集》(第 1 卷). 北京:人民出版社,2009,第 584 页。
⑤ Ken Morrison, *Marx, Durkheim, Weber: formations of modern social thought* (London; Thousand Oaks, Calif.: Sage, 1995), p.107.
⑥ 《马克思恩格斯文集》(第 2 卷). 北京:人民出版社,2009,第 33 页。

非出于意外和错误而偶然为之)与统治阶级的利益相违背(对这个统治阶级是从生产力的所有制来界定的)；从正面来看，国家是维护统治阶级利益的工具。^①密里本德(Ralph Miliband)则认为，马克思(和恩格斯)关于"现代的国家政权不过是管理整个资产阶级的共同事务的委员会罢了"这一表述，不够完善，但比其他任何看法都更接近资本主义社会的政治现实。因为政府总是对拥有财产的公民怀有特殊偏爱，并以各种可能的方式帮助实业家。而且，在统治阶级之中，除资本家阶级之外，政党领袖、高级文官、国营企业经理、法官和军警高级首脑、律师、会计师、教会领袖等等，所有这些人都因思想意识和政治上的一致性，自觉或不自觉地共同维护资产阶级的利益。^②埃尔斯特(Jon Elster)^③对马克思理论中的这一内容也进行了仔细的探讨，他认为大约在 1850 年以后，马克思开始看到国家更为自主的角色。国家作为一套独特的机构和人事制度，拥有真正的独立行动能力。最明确承认这种能力的是在《路易·波拿巴的雾月十八日》中的表述："在专制君主时代，在第一次革命时期，在拿破仑统治时期，官僚不过是为资产阶级的阶级统治进行准备的手段。在复辟时期，在路易-菲力浦统治时期，在议会制共和国时期，官僚虽力求达到个人专制，但它终究是统治阶级的工具。""只是在第二个波拿巴统治时期，国家才似乎成了完全独立的东西。和市民社会相比，国家机器已经大大地巩固了自己的地位，它现在竟能以十二月十日会的头目，一个从外国来的、被喝醉了的兵痞拥为领袖的冒险家做首脑，而这些兵痞是他用烧酒和腊肠收买过来的。"^④不过，如果说"从国家依附性到国家自主的观点转变(这是一种大致的转变，因为它并不适用于每一个国家及其历史上的每一个阶段)"这一论点成立的话，按托马斯的说法，这将"使得马克思和马克思主义者们对待代议民主制的态度暧昧"。^⑤托马斯论证指出，在国家依附性的图景中，代议民主制(其各种因素在19 世纪的英国和其他资本主义国家缓慢地扩大)是一个幌子。它赋予了政治权利和自由，却无实施的恰当手段；它肯定了人民主权的神话，却让私人资本的统治毫发无损；如此等等。然而，在肯定国家自主的论点之后，事情开始有所不同。如果无产阶级通过其代表能够掌握国家机器，那么国家对统治阶级采取独立行动

---

① ［英］杰弗里·托马斯：《政治哲学导论》，顾肃、刘雪梅译，北京：中国人民大学出版社，2006，第 327 页。

② 参见［英］拉尔夫·密里本德：《资本主义社会的国家》，沈汉、陈祖洲、蔡玲译，北京：商务印书馆，1997 年版。

③ 参见乔恩·埃尔斯特：《理解马克思》，何怀远等译，北京：中国人民大学出版社，2008，第七章。

④《马克思恩格斯文集》(第 2 卷)，北京：人民出版社，2009，第 565 页。

⑤ ［英］杰弗里·托马斯：《政治哲学导论》，顾肃、刘雪梅译，北京：中国人民大学出版社，2006，第 348 页。

的能力就成了对社会实行社会主义改造的工具。其实,国家应被认为有责任维持整个结构的整合,并维系一个"阶级分化的社会"的团结——没有这种结构性的整合和社会团结,资本主义矛盾将引发革命性的危机,甚至导致《共产党宣言》中的生动句子所描述的状态,"对立阶级间的互相毁灭"。① 概言之,在赫尔德看来,马克思的国家观至少有两层含义。第一层含义,强调在一般意义上,国家,特别是官僚机构,可以有不同形式,并且在短时期内其权力基础无需与统治阶级直接联系,也不必受到统治阶级的严密控制。根据这种观点,国家对统治阶级保持一定程度的权力独立性;它的组织形式和运转动力可以不直接来源于阶级权力的结构:它们拥有"相对自治性"。第二层含义,在马克思著作中无疑是主要的:国家及其官僚机构是阶级工具,它们协调分裂的社会,使之符合统治阶级的利益。②

　　一般而言,国家是"公共权力机关",具有公共性,因为它担负着为全体公民谋幸福的使命。③ 但就马克思而言,他更多的是从阶级立场,从维护资产阶级利益的角度来看待资本主义的国家职能。这与他所处的历史时代有关,当时的资本主义处于自由竞争阶段,阶级矛盾尖锐,资产阶级国家为了巩固国家政权,更多的是从资产阶级的阶级利益角度来施行国家职能,因此在公共职能方面亦带有其阶级特性。不过,马克思早已洞见到作为资产阶级法治国家核心组织原则的公共性的意识形态化。与黑格尔不同的是,马克思并未降低公共性的作用,而是站在阶级立场上,将对公共性的诉求从市民社会转向"政治社会"。哈贝马斯就认为,马克思的公共性不是自由主义模式的而是社会主义模式的。"马克思从资产阶级公共领域的内在辩证法当中归纳出了其社会主义的对应模式。"④但在社会主义模式的公共领域中,公与私的经典关系彻底颠倒了过来。"对公共领域的批判和控制扩展到了私人通过占有生产工具而获得的资产阶级私人领域——亦即扩展到了

---

① 鲍勃·杰索普:《马克思主义的发展》,载[英]凯特·纳什、阿兰·斯科特主编:《布莱克维尔政治社会学指南》.李雪、吴玉鑫、赵蔚译,杭州:浙江人民出版社,2007,第9页。
② [英]戴维·赫尔德:《民主的模式》.燕继荣等译,北京:中央编译出版社,2004,第167页。
③ [德]哈贝马斯:《公共领域的结构转型》.曹卫东等译,上海:学林出版社,1999,第2页。附带提及的是,在现当代政治思想中曾对国家(或政府)的公共性问题进行过探究的代表性理论主要有:沃尔特·韦尔的"新民主"理论、罗尔斯的"新契约"理论、诺齐克的"最弱意义上的国家"理论、布坎南的"保护性国家"理论、马里旦的"工具主义国家"理论、莫斯卡的"统治阶级"理论、斯宾塞的"社会有机体"理论、韦伯的"官僚制民主"理论、熊彼特的"竞争的精英民主"理论、尼采的"权力意志"理论、特莱齐克的"强权政治"理论、拉斯基的"多元国家"理论、达尔的"多元民主"理论、洛厄尔的"公共意见"理论、柯尔的"职能民主"理论、波普尔的"开放社会"理论、萨维托的"被统治的民主"理论以及哈贝马斯的"公共领域"理论等等。
④ [德]哈贝马斯:《公共领域的结构转型》.曹卫东等译,上海:学林出版社,1999,第146页。

社会必要劳动领域。"①这样,公共性所调节的不再是资产者的社会与国家之间的关系,而是有计划地把社会中出现的国家塑造成个人自由领域,从而保障公众的自律。在此,哈贝马斯因其固有的保守立场而与马克思分道扬镳。②

马克思认为,资本主义国家"完全同在专制国家中一样,在那里,政府的监督劳动和全面干涉包括两方面:既包括由一切社会的性质产生的各种公共事务的执行,又包括由政府同人民大众相对立而产生的各种特有的职能"。③ 由此看来,国家的公共性主要表现在两方面:一是执行"由一切社会的性质产生的各种公共事务",即马克思所谓的"合理职能"。国家正是通过这种公共职能的行使,而使其获得政治统治的合理性证明。二是承担"由政府同人民大众相对立而产生的各种特有职能",即马克思所谓的"政治职能"。在此,马克思从"监督劳动"和"指挥劳动"二重性的角度来看待国家的公共性。他说道:"凡是直接生产过程具有社会结合过程的形态,而不是表现为独立生产者的孤立劳动的地方,都必然会产生监督和指挥劳动。不过它具有二重性。"④根据马克思的说法,所谓"监督劳动",指的是由劳动者和生产资料所有者之间的对立决定的对社会经济过程的监督和调节,其对应的就是国家的公共职能。马克思写道:"凡是建立在作为直接生产者的劳动者和生产资料所有者之间的对立上的生产方式中,都必然会产生这种监督劳动。这种对立越严重,这种监督劳动所起的作用也就越大。"⑤而所谓"指挥劳动",指的则是由社会化大生产决定的一种"生产劳动",它表现为对协作劳动过程的联系性和统一性的指挥与调节,其对应的就是国家的经济职能。马克思写道:"凡是有许多个人进行协作的劳动,过程的联系和统一都必然要表现在一个指挥的意志上,表现在各种与局部劳动无关而与工场全部活动有关的职能上,就像一个乐队要一个指挥一样。这是一种生产劳动,是每一种结合的生产方式中必须进行的劳动。"⑥不过,马克思在这里把国家执行各种公共事务视为"监督劳动",似乎有点欠妥当。其实,国家执行各种公共事务充其量只是创造劳动条件;况且在一些公

---

① [德]哈贝马斯:《公共领域的结构转型》.曹卫东等译,上海:学林出版社,1999,第 146 页。黑体字为引者加注,表示强调。

② 值得指出的是,在这里,我们不能就此而否定哈贝马斯在公共性方面所做出的富有积极意义的理论建树。其实,哈贝马斯所蕴藏于商议民主理论中的公共性原则,依然可以为我们研究当代民主法治国家中各种现象与特征提供独特视角。

③ 《马克思恩格斯文集》(第 7 卷).北京:人民出版社,2009,第 431—432 页。

④ 同上书,第 431 页。

⑤ 同上书,第 431 页。

⑥ 同上书,第 431 页。

共事务(诸如环境、生态、维持治安、国防安全等)中,有的关切整个人类的存续,有的关涉地方与国家的发展以及民族的生存,而不能认为只是简单地与劳动相关。

上面已经提及,马克思还常把国家的公共性职能与阶级特性联系在一起。在阶级社会中,国家公共权力具有公共性和阶级性的双重属性。其中,公共性意味着公共权力来自于社会公众,应该为社会公共利益服务;而阶级性则意味着来自社会公众的权力被统治阶级所掌握,成为统治阶级进行统治的工具。此外,国家也独立于统治阶级。现代国家的相对独立性主要是指现代国家与统治阶级之间有一种相对的分离。这种独立性或自主性内含公共性,它主要表现在三个方面:一是维护社会公共利益,从事社会公共管理;二是维护社会公共秩序,调节阶级冲突;三是维护统治阶级的整体利益,调节阶级内部矛盾。国家履行这三方面的职能不但具有必要性更具有必然性。在马克思看来,在阶级社会,国家在执行公共职能的时候,总是包含着阶级的内容,而且阶级性往往会带来公共性的变质或异化。当然,资本主义国家有时还具有超阶级的特性,但只是相对的。尤其是在资产阶级国家只是作为统治阶级实现其利益的工具之时,它是不存在独立性的。马克思写道:"现代国家由于税收而逐渐被私有者所操纵,由于国债而完全归他们掌握;现代国家的存在既然受到交易所内国家证券行市涨落的调节,所以它完全依赖于私有者即资产者提供给它的商业信贷。"[1]进一步来看,"资产阶级国家不过是资产阶级用来对付它的个别成员和被剥削阶级的相互保险的公司"。[2] 恩格斯在《法兰西内战》的 1891 年版导言中也指出,"实际上,国家无非是一个阶级镇压另一个阶级的机器"。[3] 所以说,国家总是具有公共性和阶级性的二重性质。在现实的政治生活中,国家在行使国家职能时,其公共性和阶级性总是同时存在,只是二者之中何者为主,则取决于当时的社会阶级矛盾状况。如果是阶级矛盾相对缓和之时,国家往往会更多地表现为公共性,阶级性只会隐性地存在;如果是阶级矛盾尖锐之时,为维护阶级统治,国家的阶级性显然会是占主导性的国家职能,甚至公共职能也将带有明显的阶级性特征。因此,一旦错误地在社会矛盾缓和的时候过分强调国家的阶级性,可能会导致阶级斗争扩大化而带来灾难性后果。

马克思通过廓清国家与社会的关系,进一步揭露了现代国家的局限性和历史性。"从政治的观点来看,国家和社会结构并不是两个不同的东西。国家就是社

---

① 《马克思恩格斯文集》(第 1 卷).北京:人民出版社,2009,第 583 页。
② 《马克思恩格斯全集》(第 7 卷).北京:人民出版社,1959,第 338 页。
③ 《马克思恩格斯文集》(第 3 卷).北京:人民出版社,2009,第 111 页。

会结构。"①从性质上来看，"行政是国家的组织活动"。不过，在现实生活中，国家行政机关的活动与其主观意愿之间始终存在着矛盾，而"要消除在行政机关的任务、它的善良意愿和它所能够采取的手段、办法之间的矛盾，国家就必须消灭自己，因为国家本身就是以这个矛盾为基础的。国家是建筑在社会生活和私人生活之间的矛盾上，建筑在公共利益和私人利益之间的矛盾上的"。②市民社会中的残酷竞争和对私人利益追逐的本性，使得任何国家的"行政机关"都处于"无能"状态。而现代国家的缺陷在于，"一个国家越是强盛，因而政治性越强，那么这个国家就越不会理解社会疾苦的普遍性，就越不会在国家的原理中，也就是不会在现存的社会结构（它的行动和意识的表现、它的正式表现就是国家）中去寻找社会疾苦的根源"。③而且，"国家政权在性质上也越来越变成了资本借以压迫劳动的全国政权，变成了为进行社会奴役而组织起来的社会力量，变成了阶级压制的机器。每经过一场标志着阶级斗争前进一步的革命以后，国家政权的纯粹压迫性质就暴露得更加突出"。④现代国家"是新兴资产阶级社会当作自己争取摆脱封建制度的解放手段而开始缔造的；而成熟了的资产阶级社会最后却把它变成了资本奴役劳动的工具"。⑤马克思由此得出结论：要消灭国家政权这个社会躯体上的"寄生赘瘤"⑥，社会应"把国家政权重新收回，把它从统治社会、压制社会的力量变成社会本身的充满生气的力量"⑦，去实现社会解放，即人类解放。所以说，"现代国家要消灭自己的行政机关的无能，就必须消灭现在的私人生活。而要消灭私人生活，国家就必须消灭自己，因为国家纯粹是作为私人生活的对立物而存在的"。⑧这样，马克思通过对黑格尔所建构的国家神话的除魅，得出国家必须被消灭的结论。也就是说，要克服公共利益与私人利益的矛盾，"国家就必须消灭自己"。

马克思对报刊、公众舆论等公共领域的要素的性质进行了分析。在《第179号"科伦日报"社论》的开篇，马克思就批判了那种"把广告变成社论，把社论变成

① 《马克思恩格斯全集》（第 1 卷）. 北京：人民出版社，1956，第 478 页。
② 同上书，第 479 页。
③ 《马克思恩格斯全集》（第 1 卷）. 北京：人民出版社，1956，第 480 页。
④ 《马克思恩格斯文集》（第 3 卷）. 北京：人民出版社，2009，第 152 页。
⑤ 同上书，第 154 页。
⑥ 同上书，第 157 页。
⑦ 同上书，第 195 页。
⑧ 《马克思恩格斯全集》（第 1 卷）. 北京：人民出版社，1956，第 480 页。

广告"①的观点。接着,在题为《摩泽尔记者的辩护》的文章中,马克思对"自由报刊"的现状、性质以及作用做了精彩阐述。马克思指出,当时的"书报检查机关由于过分猜疑,就成了出版自由的外部的桎梏;与此同时,报刊内部的束缚也在加强,它已经丧失了勇气,甚至放弃了力求超出专登耸人听闻的消息这个水平的企图;最后,人民本身已失去了对祖国的事情的兴趣和民族感,也就是不仅失去了一种坦率而公开地发表意见的报刊的创造力,而且还失去了使这种报刊能够开展工作从而取得人民信任的唯一先决条件。而人民的信任是报刊赖以生存的条件,没有这种条件,报刊就会完全萎靡不振"。② 况且,"在报刊普遍没有自由的情况下,当局也无力保证尽量坦率而公开地讨论一些专门问题了。在这种情况下,即使有人通过某种方式在报纸上就某些个别事情自由发表了意见,这种意见也不可能引起普遍的反应,因而也就不能说是真正地发表了"③,这种言论也就不可能具有真正的公共性。所以说,"在过去,公开的讨论没有做到坦率,而坦率的讨论也没有做到公开"。④ 我们知道,马克思所生活的时代是书报检查制度盛行的时代。但马克思发现,德国的书报检查令使报刊不能监督政府,这些书报中的言论不过是用来维护统治权力的。事实上,"'自由报刊'是社会舆论的产物,同样,它也制造社会舆论,惟有它才能使一种特殊利益成为普遍利益"。虽然"报刊从理性上,同样也从感情上来看人民的生活状况。因此,报刊上所说的不仅是用来进行批评(这种批评从自己的角度来观察现存的关系)的理性的语言,而且还是生活本身的热情的语言,是官方的发言中所不能有而且也不应当有的语言"。所以说,自由报刊不需要通过任何"官僚中介"。⑤ 至此,马克思揭露了公众舆论是一种虚假的意识:它掩盖了自己的真实本性,即只是资产阶级利益的面具。马克思的政治经济学批判针对的实际上就是具有政治功能的公共领域的自我理解的前提。根据马克思的批判,如果放任自流,资本主义制度不可能没有危机,也不可能作为一种"自然秩序"不断再生。⑥ 在《第六届莱茵省议会的辩论(第一篇论文)》中,马克思从一开始就对普鲁士《国家报》进行了辛辣讽刺⑦。这些讽刺表明,在那个时期的

① 《马克思恩格斯全集》(第1卷).北京:人民出版社,1956,第107页。

② 同上书,第234页。

③ 同上书,第234页。

④ 同上书,第234页。

⑤ 同上书,第231页。

⑥ [德]哈贝马斯:《公共领域的结构转型》.曹卫东等译,上海:学林出版社,1999,第141页。

⑦ 《马克思恩格斯全集》(第1卷).北京:人民出版社,1956,第35—40页。

马克思看来,普鲁士的许多报纸不过是普鲁士等级统治的辩护士。这些看法也使马克思越来越清楚地意识到,公共领域在当时的德国具有上层建筑特征。不过,马克思虽然把报刊看作是属于上层建筑的领域,看作是公共领域的要素,但是这一公共领域要素从属于国家,是国家的一个部分。当然,尽管马克思把报刊看作是国家的一个部分,但是早期马克思还是看到了报刊的公共性,强调报刊是人民精神的体现。对此,正如麦肯锡所正确评述的:"和平集会、自由的新闻出版和自由理性的话语是马克思自由社会观的组成部分——从他最早论新闻出版自由的文章,从他对农民权利的辩护,从他在黑格尔《法哲学》批判中对自由民主制的明确维护,以及他在为犹太人公民权辩护中对政治解放的赞扬,直到他后期对一切形式的阴谋社会批判,以及对 1871 年巴黎公社的经济民主的维护。马克思对个体自由和权利的看法要远比 18、19 世纪的社会理论家们广阔。"①

　　马克思十分重视人们在公共领域的呼喊和控诉,因为这会"让受现实压迫的人意识到压迫,从而使现实的压迫更加沉重;应当公开耻辱,从而使耻辱更加耻辱"。② 在《路易·波拿巴的雾月十八日》中,马克思意识到早期自由主义是绝不希望公共讨论为议会团体所独有的,他写道:"靠辩论生存的议会制度怎能禁止辩论呢? 既然这里每种利益、每种社会措施都被变成一般的思想,并被当做一种思想来讨论,那么在这种条件下怎么能把某种利益、某种措施当做一种高出思维的东西而强使人们把它当做信条来接受呢? 发言人在讲坛上的斗争,引起了报界低级作家的斗争;议会中的辩论俱乐部必然要由沙龙和酒馆中的辩论俱乐部来补充;议员们经常诉诸民意,就使民意有理由在请愿书中表示自己的真正意见。既然议会制度将一切事情交给大多数决定,那么议会以外的大多数又怎能不想作决定呢? 既然你们站在国家的顶峰上拉提琴,那么站在下面的人跟着跳舞不正是意料之中的事吗?"③在这里,马克思意识到公共商谈的规范有效性基础。不过,按哈贝马斯的看法,这一段话中所蕴涵的思想,只有在交往模式中才能得以展开,其具体情形是:"一方面是建制化的意见形成和意志形成过程,另一方面是通过文化而动员起来的公共领域中非正式意见形成过程,这两方面之间的联系,交往模式是从结构的角度加以理解的。"④这样,哈贝马斯就在其理论上完成了对现代法治

---

① [美]麦肯锡:《马克思与古人:古典伦理学、社会正义和 19 世纪政治经济学》.王文扬译,上海:华东师范大学出版社,2011,第 239 页。
② 《马克思恩格斯文集》(第 1 卷).北京:人民出版社,2009,第 6—7 页。
③ 《马克思恩格斯文集》(第 2 卷).北京:人民出版社,2009,第 515—516 页。
④ [德]哈贝马斯:《在事实与规范之间》.童世骏译,北京:生活·读书·新知三联书店,2003,第 225 页。

国家和民主规范理解的整合,完成了商谈政治批判理论的后革命改造,既不用抛弃民主理论,又洗刷掉"马克思主义乌托邦"的革命痕迹。

虽然马克思的公共领域思想随着时间不断演变,并且结合了自由主义中所包含的私域和公域;虽然马克思批判自由主义及其自然权利理论,但他坚持民主参政和公民自我决定的首要性,其观点特别是在分析巴黎公社时表现得更为具体。马克思将巴黎公社看成为一种公共领域,取代服务资产阶级的阶级利益,以公社取代阶级统治。根据马克思的观点,巴黎公社具有如下五方面的特点:一是在普选、代表制和短任期的基础上直接选举议会成员;二是议会直接选举所有公职人员;三是立法与行政权力合一;四是没有独立的警察或军队,只有公共的民兵;五是解散教会。换言之,公社的特征表现为普遍选举权、直接召回、人民主权、工人合作、平等主义以及消除社会压迫制度(教会、官僚机构和军队)。在这些特征中,大概第一项和第二项特征最打动马克思,他反对那种认为能将自身提升为凌驾于社会之上的国家机器的观念。① 通过政治判断和审慎协商,通过在公共领域(公社)形成社会共识,通过一个解放了的社会中的人的理性发展和人际交往行动,关于那些引导人类生活的基本规范问题将发展出民主来——而不是发展出纯粹的理论。由此看来,公社代表了这样一种结构框架,即在合作生产的大众民主中,政治决定和经济决定将得以公开地表达并进行讨论和投票。通过公共协商,价值变得更为清晰,目标变得更加现实。就此而言,马克思对巴黎公社的看法预示了一个新的公共领域的出现,以填补政治市场瓦解之后所留下的空白。在《法兰西内战》的1891年版导言的最后,恩格斯也指出,巴黎公社展现了"无产阶级专政"的真实图景。② 不过,关于这一概念,真正重要的是,尽管它展现了"国家的幻灭",但在马克思那里,这并不意味着公共领域于此相应也瓦解了。其实,随着官僚制国家的退场,迎来的将是公共参政和民主的精神的重生。③ 实际上,马克思所说的"自由人的联合体"就是扩大了的公共领域。而且,如哈贝马斯所述的,马克思从资产阶级公共领域的内在辩证法当中归纳出了其社会主义的对应模式。这种模式的公共领域具有如下特点:其一,自律的基础不再是私有财产,因此自律不能

---

① [英]杰弗里·托马斯:《政治哲学导论》.顾肃、刘雪梅译,北京:中国人民大学出版社,2006,第352—353页。

② 《马克思恩格斯文集》(第3卷).北京:人民出版社,2009,第111—112页。

③ See Hannah Arendt, *The Human Condition* (The University of Chicago Press, 1958), p. 60.; Sheldon Wolin, *Politics and Vision: Continuity and Innovation in Western Political Thought* (Princeton University Press, 1961), pp. 130 – 131 and 360 – 361.

在私人领域中建立,它必须且只能建立在公共领域自身当中。其二,私人与其说将成为私人公众,不如说将成为公众的私人。其三,公共领域所调节的不再是资产阶级社会与国家之间的关系,而是有计划地将社会中出现的国家塑造成一个个人自由领域,以此保障公众自律。其四,非正式的人际关系第一次真正摆脱了社会劳动的强制,成为了一个私人领域(即家庭领域),不再是私人自律的源生地。据此,诚如有论者所概括的,马克思思想中的"公共领域"或"公共性"观念体现出了如下几方面的鲜明特征:第一,它不是一种形而上学原则,而是对现实资本主义的批判所产生的一种理想性取向。这一理想的最终目标是全人类的解放与共产主义的实现。第二,它不是一种具体的制度安排,而是具有"范导"作用的思想观念,这种观念本身也得接受现实社会生活的检验与修正。第三,它不是一种永恒有效的至善图景,而是与人类的创造性活动密切相关的特定社会生活规范。[1] 概言之,"马克思对资产阶级公共领域之悖论的超越是以对资本主义市民社会的基础即私有制的废除为前提的,即在马克思看来,只有在共产主义制度的基础上,公共领域才能实现其普遍准入原则,同时也消除了强制和统治,而且又保全了公共性"。[2] 就马克思而言,理想的公共性是最终实现了对私人领域(市民社会)和公共权力领域(政治国家)双重超越的共产主义社会。

小结

哲学的"批判性"是哲学的灵魂。[3] 但直到康德〔(1781)1966,第 xxiv 页〕宣布:"从各种意义上讲,我们的时代都是批判的时代,一切都必须服从它","批判"(Kritik)这个词才以其现代意义进入哲学辞典。"批判"一词在马克思那里一般是指对观点和论证的反驳,不是通过直率的外在攻击,而是通过内在的批评,以表明这些观点和论证中包含不自洽的论断或涉及不自洽的推论。[4] 对于马克思而言,批判仅仅是重建理论和构建一个公正社会之前必要的一步。批判思想的职责,是发现堆积在通向解放路上的障碍。如今,迫切需要加以检验的主要障碍,

---

① 参阅卞绍斌:《马克思的"社会"概念》.山东人民出版社,2010,第 141 页。
② 〔德〕哈贝马斯:《公共领域的结构转型》.曹卫东等译,上海:学林出版社,1999,第 146 页;参阅李佃来:《公共领域与生活世界——哈贝马斯市民社会理论研究》.北京:人民出版社,2006,第 128 页。
③ 高清海:《新世纪:"人性革命"时代》,高清海:《高清海哲学文存·续编》(第 2 卷).哈尔滨:黑龙江教育出版,2004,第 372 页。
④ 〔英〕杰弗里·托马斯:《政治哲学导论》.顾肃、刘雪梅译,北京:中国人民大学出版社,2006,第 325 页。

与——在将私人问题转换成公共问题，在将普遍的私人困扰拟结并聚集成比个体要素之和还要大的公共利益，在将"生活政治"的乌托邦重新集中化和私有化，以便它们能够再一次地开始具有"良好社会"和"正义社会"的理想模型时——正在增长的困难密切相关。① 因此，正如柄谷行人（Kojin Karatani）所认为的，马克思的"批判"与其说是对资本主义和古典经济学的批判，不如说更是要弄清楚资本的本能及其限界，进而发现其根底上人类交换行为中不可避免要遇到的困难。②

　　历史唯物主义首先表现出来的批判的特色在于，它不可分割地、不间断地包含了自我批判。马克思写道：无产阶级"经常自我批判，往往在前进中停下脚步，返回到仿佛已经完成的事情上去，以便重新开始把这些事情再做一遍；它们十分无情地嘲笑自己的初次行动的不彻底性、弱点和拙劣；它们把敌人打倒在地，好像只是为了要让敌人从土地里吸取新的力量并且更加强壮地在它们前面挺立起来"。③ 由此可见，马克思的理论就是一种社会批判理论，其主要的目标在于唤起群众的集体行动，引发社会变迁。这样一种"致力于了解世界的马克思主义理论始终以与力图改造世界的群众实践的日益统一为目标"。④ 其实，马克思学说的行动意涵正如《关于费尔巴哈的提纲》中的最后一条所宣称的：以往的"哲学家们只是用不同的方式**解释**世界，问题在于**改变**世界"。⑤ 这表明马克思学说最具特色之处恰好在于对现实社会有一种强烈的批判性及行动倾向，亦即理论的批判加上革命的行动。事实上，马克思在其早期的《〈黑格尔法哲学批判〉导言》以及《1844年经济学哲学手稿》等著作中就对资本主义社会作了一种哲学及道德上的批判。而其后期的《资本论》则主要是社会经济的分析，不过依然是以早期的批判为基础的。

　　如上所述，马克思的资本主义国家理论在当前相对有说服力的特征就在于：保证国家行为向资产阶级利益严重倾斜的那些机制的存在，是资本主义不可避免的特征。即使资产阶级的利益与广大劳动人民的利益之间的冲突并不像马克思所假设的那样严重，在资产阶级的利益和在资本主义条件下以令人满意的方式减

---

① ［英］齐格蒙特·鲍曼：《流动的现代性》. 欧阳景根译，上海：上海三联书店，2002，第78页。
② ［日］柄谷行人：《跨越性批判——康德与马克思》. 赵京华译，北京：中央编译出版社，2011，"日文版序言"，第2页。
③ 《马克思恩格斯文集》（第2卷）. 北京：人民出版社，2009，第474页。
④ ［英］佩里·安德森：《当代西方马克思主义》. 余文烈译，北京：东方出版社，1989，第8—9页。
⑤ 《马克思恩格斯文集》（第1卷）. 北京：人民出版社，2009，第502页。

轻生活负担的措施——适当减轻剥削、失业、经济机会上的劣势以及将少数人推向市民生活边缘的不平等的程度——之间,也会经常发生严重的冲突。基于以上认识,米勒(Richard W. Miller)将这种关于资本主义的普遍而有说服力的观点称之为"后马克思主义综合"(the post-Marxist synthesis)。① 罗尔斯亦曾指出,马克思对资本主义的批判是民主传统的一个重要部分,值得认真对待与研究。② 事实上,对马克思而言,不但其有关民主、需求、分配正义、自由和人类解放的理论对审慎商谈、理性判断和共识形成的总体社会框架作出了描绘,而且他还发展出了经济和政治理论来批判一切可能损害或歪曲交往行动的偏离——诸如拜物教、意识形态、异化的工场、扭曲了的自我发展、剥削的阶级结构、经济上的无效率和不公平、非理性的技术发展、共同体的瓦解以及公共领域的沦陷等等。③ 正如哈贝马斯所言:"马克思批判[资本主义社会]的目的就是要把制度框架的那种被动的适应也转变成主动的适应和控制社会的结构变化。因此,[他认为]迄今的一切历史的基本关系应该被扬弃,人类的自我形成应该实现:这就是史前史的终结。"④分析至此,可以这么说,马克思对资本主义社会进行批判的基础逻辑工具——异化理论、阶级理论、资本理论——正是围绕政治与经济、公共领域与私人领域这一对矛盾展开论说的:异化理论主要说明现代人表现为资产者与公民的二元分裂;阶级理论着力说明作为公共领域的上层建筑实际上是由代表私人领域的资产阶级所统治,因而市民社会是资产阶级社会;资本理论侧重说明现代社会的公共领域与私人领域表面上为资产阶级(资本家)所统治,而实际上是为抽象的资本所统治,这是由资本主义生产方式所决定的。⑤ 而这一分析理路与阐释逻辑恰是当前国内市民社会/公共领域研究者常常忽视的一个至关重要的问题。

作为历史唯物主义者的马克思,与资产阶级学者的不同之处,就在于他十分关注市民社会的历史局限性和革命不彻底性,以及如何超越市民社会,建构一个人类获得真正解放的社会。马克思所主张的人类的解放就是要把个人和公民统

① 理查德·W·米勒:《马克思的遗产》,载[美]罗伯特·L·西蒙主编:《社会政治哲学》.陈喜贵译,北京:中国人民大学出版社,2009,第156页。
② 转引萨缪尔·R·艾巴、耶和华·D·哈兰、翁·J·李:《约翰·罗尔斯:学术之路》(原载《哈佛哲学评论》,1994年,春季号),刘成付译,载[美]罗尔斯等:《政治自由主义:批评与辩护》.万俊人等译,广州:广东人民出版社,2003,第246页。
③ [美]麦肯锡:《马克思与古人:古典伦理学、社会正义和19世纪政治经济学》.王文扬译,上海:华东师范大学出版社,2011,第3页。
④ [德]哈贝马斯:《作为"意识形态"的技术与科学》.李黎、郭官义译,上海:学林出版社,1999,第74页。
⑤ 参阅王浩斌:《市民社会的乌托邦:马克思主义的社会历史哲学阐释》.南京:江苏人民出版社,2011,第48页。

一起来,把"私人"和"公(共)人"结合在一起,使社会成为"自由人的联合体"。自由人的联合体是公共领域发展的必然指涉。其实,根据马克思的理解,对资本主义的批判既包括对其剥削本质的批判,因而需要提出无产阶级(政治)解放的要求;也包含对商品拜物教和社会异化的批判,因而需要持有人类解放的向度。马克思也承认,资本主义制度在无产阶级斗争和其他反抗的压力下会进行自我改良,但是,这种改良存在着资本逻辑施加的结构限制。因此,我们必须对资本主义展开进一步的批判。也正是在这一意义上,我们可以说,对资本主义的批判仍然是一项未竟之任务。

第三节　公共领域与晚期资本主义批判

批判理论依赖于批判方法,马克思的批判研究方法是历史唯物主义辩证法。事实上,这也正是马克思批判理论的基石。[①] 具体就公共领域问题而言,马克思的"批判拆解了资产阶级公共领域所依靠的一切虚构。首先,显然不具备机会均等的社会前提;所谓机会均等是指每个人凭着自己的勤劳和机遇都能成为所有者,允许作为私人进入公共领域,并且获得财产和受到教育。马克思认为,公共领域有悖于其自身的普遍准入原则"[②]。通过吸收马克思自 19 世纪 50 年代以来对于公共领域的这一新的理解[③],哈贝马斯提出了私人领域、公共领域以及政治权力领域的区分。当然,他的这个区分主要是为建构他的批判理论体系和政治哲学体系服务的。正如哈贝马斯自己所陈述的,他于 1977 年开始写作《交往行为理论》的真正动机是:想厘清具体化批判、合理化批判是如何重构的,这种重构方法为福利社会妥协的崩溃和新(社会)运动中成长起来的潜在批判提供了理论解释,并且它没放弃现代性计划,不屈尊于后现代主义或反现代主义以及"强硬"的新保守主义或"狂热"的青年保守主义。[④] 所以说,当我们想总体性地把握哈贝马斯进行理论研究的内在动力时,就会发现他迫切"关注的是修复已经崩溃的现代性,

---

① 布莱斯·尼克松(Brice Nixon):《辩证法与文化政治经济学批判研究》,张韵译,载[瑞典]克里斯蒂安·福克斯(Christian Fuchs)、[加]文森特·莫斯可(Vincent Mosco)主编:《马克思归来》(下).上海:华东师范大学出版社,2016,第 749 页。

② [德]哈贝马斯:《公共领域的结构转型》.曹卫东等译,上海:学林出版社,1999 年,第 142 页。

③ 同上书,第 140—146 页。

④ 哈贝马斯、阿列克斯·荷内思、埃伯哈特·诺德勒-本特、阿诺·魏德曼:《理性辩证法》,载包亚明主编:《现代性的地平线》.李安东、段怀清译,上海:上海人民出版社,1997,第 56 页。

继续追求文化、社会和经济领域中的现代性可能，而人们能够在其中找到一种
共同生活的方式，自主与从属也进入真正的非对抗性关系，从而可以趾高气扬
地走进集体主义"。①

　　哈贝马斯是西方资本主义现代社会的内在批判者。哈贝马斯继承马克思的
立场，在他看来，马克思对于资本主义制度的揭露和批判切中要害，对于无产阶级
命运的同情和呐喊体现了学者的无私情怀和社会良知，对于未来美好社会的构想
和追求包含了人类实现彻底解放的伟大理想。马克思关于社会现代化的描述是
正确的，一方面，马克思把社会现代化描述为受市场调节的经济系统与行政统治
秩序的分化，另一方面则把社会现代化描述为从经济角度看是不可再生产的国家
机器的建立。作为税收国家的官僚机器依赖于非政治性的社会产品，同时在功能
上与经济系统保持着密切的联系。但哈贝马斯又认为，"我们不能只从阶级结构
改变的角度来理解决定整个现代性的这种进化步伐"。② 由于后来（特别是当代）
资本主义出现了马克思所没有预见到的重大变化，因而马克思的理论需要进一步
发展和完善。哈贝马斯勇敢地挑起这副重担，对"晚期资本主义"进行深入研究，
并将市民社会理解为文化与政治"公共领域"，由此展开对马克思主义历史唯物主
义的重建。

　　早期哈贝马斯以对公共领域的系统研究作为自己的理论切入点。在《结构转
型》中，哈贝马斯以历史的和批判的笔调考察了"资产阶级公共领域"在晚期资本
主义所面临的结构转型。尽管此时的批判理论的进路尚不能使哈贝马斯发现公
共领域对于现代民主的构成性意义，不过，随着《在事实与规范之间》一书的问世，
哈贝马斯已经能够在一种全新的、交往理性的层次来重新审视公共领域。哈贝马
斯敏锐地认识到现代社会特有的法律规范性的暴力（如警察暴力），现代社会试图
调节越来越多的公共和私人生活领域。他也意识到在变得规范的社会中，上层建
筑不断地延伸到个人、家庭、学校或文化关系中。在这个过程中，他隐约看到一些
消极面。③ 因此，哈贝马斯表现出一种愿望：制止社会整合服从经济和管理的要
求，阻止实际领域（学校、家庭、社会政治）转向一种可能导致机能障碍的原则。哈

---

① 哈贝马斯、阿列克斯·荷内思、埃伯哈特·诺德勒-本特、阿诺·魏德曼：《理性辩证法》，载包亚明主编：
《现代性的地平线》，李安东、段怀清译，上海：上海人民出版社，1997，第 75 页。
② 哈贝马斯：《生产力与交往——答克吕格问》，载［德］哈贝马斯：《哈贝马斯精粹》，曹卫东选译，南京：南京
大学出版社，2004，第 511 页。
③ ［法］达尼洛·马尔图切利：《现代性社会学：二十世纪的历程》，姜志辉译，南京：译林出版社，2007，第 271
页。

贝马斯所忧虑的是,对理性的拒斥将会导致理论和实践上的严重后果,因而他竭尽全力地维护着他所谓的现代性之尚未实现的民主潜力。对此,阿格尔(Ben Agger)甚至把哈贝马斯这一从广泛批判资本主义制度到聚焦于交往领域的转向称为"批判理论的爆裂"。① 在阿格尔看来,"哈贝马斯想恢复人们被资本主义意识形态否定了的推理能力,资本主义意识形态使人们如商品一样变成主导的政治与经济智慧的被动消费者"。② 当然,这种能力的恢复不会推翻现存的政治经济体系,而是加以改善,以使经济和行政体制不会像现在这样压制文化、社会和个性的"生活世界"。因此,哈贝马斯指出,人们不但应该对资本主义进行有成效的自我反省,而且要重新评估它的发展纲领。资本主义经济增长、生态摧毁、政治压迫和文化围剿正以令人绝望的负面方式紧紧地纠缠在一起。③ 于是,对市民社会/公共领域/生活世界的阐释与批判成了哈贝马斯批判晚期资本主义社会的切入点和重心。正是在前人思想的基础之上,哈贝马斯赋予公共领域以独特鲜活的现代性意义,并将公共领域视为解剖或批判晚期资本主义的一种理论范式。

一、公共领域与市民(公民)社会

公共领域概念和市民(公民)社会概念都具有流动性的特点,且学界对这两个概念亦存在着各种各样的、有时甚至是相互冲突的解释。④ 可事实上,公共领域概念(在理论和实践上)与市民(公民)社会概念之间有着密切的相互关联性。公共领域是市民社会不可分割的一部分,市民社会则为公共领域提供了制度化的基础。有论者指出,公共领域概念是市民社会概念的规范核心和任何民主概念的中心。⑤ 不过,尽管这两个概念有着密切的关联,但它们却有着不同的起源和内涵。根据雷的理解,公共领域的观念,源于这样一种(理想化的)认识,即这是古希腊城邦的政治传统,通过马基雅维利、卢梭传递到20世纪诸如阿伦特和哈贝马斯这样

---

① Ben Agger, *The discourse of domination: From the Frankfurt School to Postmodernism* (Evanston, Ill.: Northwestern University Press, 1992.), p.182.

② Ibid., p.183.

③ [德]尤尔根·哈贝马斯、米夏埃尔·哈勒:《作为未来的过去》.章国锋译,杭州:浙江人民出版社,2001,第85页。

④ 拉里·雷:《公民社会与公共领域》,载[英]凯特·纳什、阿兰·斯科特主编:《布莱克维尔政治社会学指南》.李雪、吴玉鑫、赵蔚译,杭州:浙江人民出版社,2007,第230页。

⑤ See Jean L. Cohen, American Civil Society, in CIVIL SOCIETY, DEMOCRACY, AND CIVIL RENEWAL55,59(Robert K. Fullinwider ed., 1999).

的理论家那里的结果。这一观念主张公共辩论、行动和理想化的(如果不是必要的话)面对面接触,它暗示了一个小规模的相对同质化社会的存在。与之形成对照的是,市民(公民)社会涉及的是更为复杂、有机的和有差异的秩序。不过,可以肯定的是,"市民(公民)社会"像"公共领域"一样,都起源于希腊和罗马的政治哲学(亚里士多德的《政治学》和西塞罗的《论公民》),但它与 18 世纪的政治哲学更为接近。① 卡尔霍恩(Criag Calhoun)也主张,我们应该分辨清楚"Public Sphere"与"Civil Society"这两个相连而不等同的观念。② 其实,关于公共领域与市民(公民)社会的关系,我们可以从科恩对市民(公民)社会的定义中看出来:"现代市民社会可以被等同于'法律性'(私法,市民、政治、社会方面的平等及权利),加上'多样性'(自主的、自我构建的志愿团体),再加上'公共性'(交流空间,公共参与,政治意愿和社会规范的生成、冲突、反思和清晰表达)。"③另有观点则指出,公共领域概念和市民社会概念经常是结合和重叠在一起的,差不多融为一体,其间没有明显的区别。不过,在艾森斯塔特(Shmuel Noah Eisenstadt)看来,这样的观点是成问题的。一方面,市民社会、公共领域和政治领域之间的关系,其可变性比此观点所暗指的要大得多;另一方面,与此密切相关,公共领域和市民社会不应该融为一体。基于此,艾森斯塔特表述了自己对公共领域概念的理解:"公共领域应该视为官方和私人之间的一个领域。它必须被视为这样一个领域:根据不属于统治阶层的那部分社会阶层的构成和力量,来扩大和缩小其范围。市民社会带来一个公共领域,但并不是每一个公共领域都带来一个像当代话语中所界定的、或像早期现代欧洲所产生的那样一种市民社会(不管有无经济或政治上的变化)。"④

哈贝马斯认为,公共领域概念是同自由主义的市民社会概念密切联系在一起的。⑤ 他说道:"'资产阶级公共领域'是一个具有划时代意义的范畴,不能把它和

---

① 参阅拉里·雷:《公民社会与公共领域》,载[英]凯特·纳什、阿兰·斯科特主编:《布莱克维尔政治社会学指南》.李雪、吴玉鑫、赵蕾译,杭州:浙江人民出版社,2007,第 230 页。

② 参阅梁元生:《史学的终结与最后的"中国通"——从现代美国思潮谈到近年来的中近史研究》,载陈平原、王守常、汪晖主编:《学人》(第五辑).南京:江苏人民出版社,1994,第 424—427 页。

③ Jean L. Cohen, *Class and Civil Society: The Limits of Marxian Critical Theory* (Amherst, MA: The University of Massachusetts Press, 1982), p.255.

④ [以色列]S. N. 艾森斯塔特:《反思现代性》.旷新年、王爱松译,北京:生活·读书·新知三联书店,2006,第 345—346 页。

⑤ 有学者认为,"'公共领域'之于哈贝马斯就如同'新教伦理'之于韦伯;它是一个社会哲学家的理想类型,而不是一个社会史家对现实的描述。"参见魏斐德:《市民社会和公共领域问题的论争》,载邓正来、[英]J. C. 亚历山大编:《国家与市民社会》.北京:中央编译出版社,1999,第 375 页。

源自欧洲中世纪的'市民社会'(Bürgerliche Gesellschaft)的独特发展历史隔离开来"。[①] 对哈贝马斯来说,这两对概念(即公共领域与私人领域、国家与市民社会——引者注)是相互渗透的。事实上,正是这两对概念的同时使用,赋予了哈贝马斯著作强大的分析力度。[②] 也正是在此意义上,哈贝马斯甚至把他对公共领域的分析视之为对"市民社会的重新发现"。[③] 根据已有文献,哈贝马斯所谓的"市民(公民)社会"是指随资本主义市场经济发展起来的独立于政治力量的"私人自治领域",其中包括公共领域和私人领域,前者所指的是由私人构成的、不受官方干预的公共沟通场所,如沙龙、社团、俱乐部、通信、出版、新闻、杂志等非官方机构。后者则指的是资本主义私人占有制下形成的市场体系。哈贝马斯将"市民(公民)社会"分解为"公共领域"和"经济"或"生活世界"和"经济"两个组成部分,进而建立起一种"国家-经济-公共领域"或"政治系统-经济系统-生活世界"的三分框架。哈贝马斯的公共领域与市民(公民)社会有着基本相似的活动范围,但是它们各自又行使着不同的功能。他既不赞同黑格尔对市民社会的自由主义理解,也不同意马克思关于市民社会具有对政治上层建筑产生决定性作用的"经济基础"地位的观点。在他看来,虽然市民(公民)社会的各种组织对政治问题高度敏感,但市民(公民)社会对政治的影响是间接、微弱的,并不能导致马克思所倡导的社会革命。但事实上,哈贝马斯的市民(公民)社会理论是建基于黑格尔和马克思的传统市民社会理论基础之上的。

根据哈贝马斯的观点(亦如第二章所论述的),(资产阶级)公共领域主要包括政治公共领域和文化公共领域(其中,哈贝马斯特别"偏爱"讨论前者)。虽然公共领域与市民(公民)社会主体都是公众,但前者的公众更多是批判者,而后者的公众则主要是劳动者和生产者。从某种意义上说,我们可以把公共领域当作市民(公民)社会的一个最亲密无间的伙伴,它帮助市民(公民)社会成为一个既可以自律又可以他律的关系结构。当然,公共领域与市民(公民)社会之间的关系并非是简单的线性关系。在市民(公民)社会与国家中也出现了反对公共领域批判的行为,如经济关系与市场规律通过对商品流通与社会劳动领域的控制改变私人的批判意识,而将之"逐渐转化为消费观念"。[④] 或者由市民(公民)社会或公共权力领域(社会福利国

---

① [德]哈贝马斯:《公共领域的结构转型》.曹卫东等译,上海:学林出版社,1999,"初版序言",第1页。
② 魏斐德:《市民社会和公共领域问题的论争》,载邓正来、[英]J. C. 亚历山大编:《国家与市民社会》.北京:中央编译出版社,1999,第375页。
③ [德]哈贝马斯:《公共领域的结构转型》.曹卫东等译,上海:学林出版社,1999,"1990年版序言"第29页。
④ 同上书,第188页。

家）"临时制造出来的和只是间歇动员起来的公共领域恰恰使公共关系的另一种公共性占据了统治地位，因此，这种组织本身越是逃避民主的公共性要求，它们也就越能成功地凌驾于非组织的公众头上"。① 正因如是，在埃伦伯格（John Ehrenberg）看来，作为霍克海默和阿多诺的学生，哈贝马斯对当代市民（公民）社会理论所作的重大贡献就开始于他关于"推理的公共领域"之兴起的历史描述。②

　　回顾历史，市民社会理论在 17、18 世纪带有激进的自由主义倾向性，并且提供了鼓吹民主主义革命的乌托邦式的言论。到了 19 世纪，一方面是空想社会主义者追求共同体的理想生活；另一方面，相信科学社会主义的马克思则要求废除国家，以消除资本主义市民社会的阶级矛盾。20 世纪初，葛兰西吸收了国家，并将"调节的社会"（regulated society）设定为理想的市民社会。到了现代，哈贝马斯将市民（公民）社会理论中所包含的自由主义传统和马克思主义传统两种乌托邦加以合并，重新提出了"市民（公民）社会的乌托邦视野"（the utopian horizon of a civil society）。③ 这样，哈贝马斯将公共领域的概念嵌入到潜在的商谈伦理学中，从而使市民（公民）社会与常规的语言实践一同出现。其实，公共领域的核心和组织载体是市民（公民）社会。公共领域起源于市民（公民）社会，但是却不能被化约为狭义的个人自利行为，因为公共领域的规则要求我们暂时将私人利益搁置，纯粹就公共事务进行论证。只有这样，公共领域才能监督国家权力的执行，避免统治者将个人偏好暗中转化为公共政策。至此，可以说，对"市民（公民）社会"的现代定义是由哈贝马斯和一些西方历史学家在 20 世纪晚期完成的。④

　　事实上，市民（公民）社会和国家都是我们生存的主要社会构成物。而早期哈贝马斯所理解的市民社会仍旧停留在马克思主义的典范之中，只是经济行为的总和。到了 20 世纪 80 年代中期，交往行为理论形成之前，哈贝马斯仍未能重新检讨市民（公民）社会的问题，而是转向处理更抽象层次的社会理论。随着《在事实与规范之间》一书的问世，他才回到了制度层面的关怀，提到了市民（公民）社会，并且与公共领域概念一并处理。哈贝马斯认为，"组成市民（公民）社会的是那些

① ［德］哈贝马斯：《公共领域的结构转型》. 曹卫东等译，上海：学林出版社，1999，第 244 页。
② John Ehrenberg, *Civil Society: The Critical History of an Idea* (New York and London: New York University Press, 1999), p.219.
③ ［韩］金成国：《理想的市民社会——自由主义市民社会论的再认识》，张勇志、高丹丹译，载《国外社会学》2003 年第 2—3 期，第 17 页。
④ 罗威廉：《晚清帝国的"市民社会"问题》(The Problem of "Civil Society" in Late Imperial China，原载 Modren China, Vol. 19, No.2, April, 1993)；载邓正来、［英］J. C. 亚历山大编：《国家与市民社会》. 北京：中央编译出版社，1999，"导论"，第 2 页，脚注(1)。

或多或少自发地出现的社团、组织和运动,它们对私人生活领域中形成共鸣的那些问题加以感受、选择、浓缩,并经过放大以后引入公共领域"。① 这就是说,市民(公民)社会的政治内涵构成了公共领域。市民(公民)社会就是政治沟通的领域,经由自由的意见交换,产生具有一定程度影响力的共识。在此,哈贝马斯所说的"市民(公民)社会"(Zivil Gesellschaft)"这个词与近代'市民社会'一词不同(黑格尔和马克思将'societas civilis'翻译成德文的'Bürgerliche Gesellschaft'一词),它不再包括控制劳动市场、资本市场和商品市场的经济领域"。② 它指的就是包括民主政治中公民所关注的公共领域。根据哈贝马斯的观点,这种市民社会模式源于古雅典关于民主话题的各种公开的辩论,发展于18世纪后期的英法两国,当时英法新生中产阶级随着报纸、咖啡馆、沙龙的发展以及"自由骑士"知识分子阶层的兴起而逐渐提出他们的政治呼声,并逐渐参与到政治生活中来。随着历史的发展,哈贝马斯的市民(公民)社会指的是人们以各种不同方式参与政治事务争论的一种模式。它的"核心机制是由非国家和非经济组织在自愿基础上组成的"③,这些自发性的组织或运动善于将私人领域遇到的社会问题过滤或传递到公共领域。换言之,市民(公民)社会的核心就是通过各类组织网络,将解决问题论述制度化,就是借助有组织的公共领域讨论达致解决方案。④

哈贝马斯还援引科恩和阿拉托的观点⑤,指出市民(公民)社会紧扣生活世界的私人领域,有别于国家、经济及其他功能系统,且具备如下四个特质:一是指多样性:家庭、非正式团体和自愿性社团,它们的多样性和自主性允许各种各样的生活形式;二是指公共性:各种文化建制和交往建制;三是指私人性:一个个人自我发展和道德选择的领域;四是指合法律性:为了把多样性、私人性和公共性至少同

---

① [德]哈贝马斯:《在事实与规范之间》. 童世骏译,北京:生活·读书·新知三联书店,2003,第454页。

② [德]哈贝马斯:《公共领域的结构转型》. 曹卫东等译,上海:学林出版社,1999,"1990年版序言",第29页。约翰·弗里德曼(John Friedmann)在探讨市民社会理论时认为,"略过其理论发展过程,简要地来看,'公民社会'的政治学含义有四种模式,即托克维尔式(Tocquevillean)、哈贝马斯式(Habermasian)、卡斯特式(Castellsian)及葛兰西式(Gramscian)。"换言之,目前通行的四种公民社会的模式,就是指托克维尔式的协会民主型公民社会,哈贝马斯式的公共领域型公民社会,卡斯特式的社会运动型公民社会,以及葛兰西式的霸权型公民社会。参见约翰·弗里德曼:《公民社会再认识:拉丁美洲与中国的经验》,项宏峰译,载刘明珍选编:《公民社会与治理转型——发展中国家的视角》. 北京:中央编译出版社,2008,第96,101页。

③ [德]哈贝马斯:《公共领域的结构转型》. 曹卫东等译,上海:学林出版社,1999,"1990年版序言",第29页。

④ [德]尤尔根·哈贝马斯:《在事实与规范之间》. 童世骏译,北京:生活·读书·新知三联书店,2003,第454页。

⑤ 同上书,第455页。哈贝马斯所引用科恩及阿拉托的原文来自 Jean L. Cohen & Andrew Arato, *Civil Society and Political Theory* (Cambridge: MA: MIT Press, 1992), p.346。

国家、也越来越同经济划分开来所必需的一般法律和基本权利。此四项特质确立了现代市民（公民）社会的制度性。值得注意的是，这种公民普遍参与的民主争论型的市民（公民）社会，其前提是已假定存在充分的言论和集会自由，即充分的言论和集会自由已成为确定的政治生活方式。因此，没有这种政治生活条件，哈贝马斯式的市民（公民）社会模式也难以适用。在《结构转型》的"1990 年版序言"中，哈贝马斯描述了市民（公民）社会与国家之间的较为现实可行的理想状态："公共领域将经济市民（Wirtschaftsbürger）变为国家公民（Staatsbürger），均衡了他们的利益，使他们的利益获得普遍有效性，于是，国家消解成为社会自我组织（Selbstorganisation）的媒介。只有在这个时候，公共领域才获得了政治功能。青年马克思称此为国家后退成为政治社会。自我组织以自由组织起来的社会成员间的公共交往为渠道。"①

　　哈贝马斯认为，资产阶级公共领域的批判性和理性精神来自市民（公民）社会的私人自律，而这种批判的公共性正是他在当前社会政治情势中所追求的目标。然而，这里的问题在于，哈贝马斯一方面肯定了批判的公共性，另一方面又揭示作为这种公共性根源的私人自律的内在矛盾。这里的问题在于，哈贝马斯一方面肯定了批评的公共性，另一方面又揭示了作为公共性根源的私人自律的内在矛盾。针对这一矛盾现象，基恩曾尖锐地指责道："哈贝马斯令人困惑地号召既恢复又废弃资产阶级公共领域理想。"②进而言之，如果承认以往的私人自律不仅内含张力而且不可恢复，那么哈贝马斯希望在当前的社会福利国家中取代原初的批判公共性的新的批判公共性会是一种怎样的情形呢？在进行批判时的新标准又会是什么呢？这些问题哈贝马斯未曾交待。③其实，在哈贝马斯的交往理性的理论中存有两个极：一个极是一组合法的洛克式或康德式自然法实践；另一个极是理论的，特别是社会运动的实际运用。这样，市民（公民）社会在哈贝马斯的理论中就成了交往行为的领域。哈贝马斯的商谈伦理学则提出一组标准以区分合法与非法习俗。只有这些理性的与普遍共识的标准才惟一有可能在我们大家居住的多元价值的现代相对性世界中达成共识。④因此，从新社会运动⑤的角度来看，交往行动

---

① ［德］哈贝马斯：《公共领域的结构转型》. 曹卫东等译，上海：学林出版社，1999，"1990 年版序言"，第 11 页。

② ［英］约翰·基恩：《公共生活与晚期资本主义》. 马音等译，北京：社会科学文献出版社，1999，第 111 页。

③ 参阅刘建成：《第三种模式：哈贝马斯的话语政治理论研究》. 北京：中国社会科学出版社，2007，第 256 页。

④ Adam B. Seligman, *The idea of civil society* (New York: The Free Press, 1992), pp. 189 - 190.

⑤ 有关新社会运动理论的论述，可参见笔者拙作：《哈贝马斯新社会运动理论述评》，载《太平洋学报》2012 年第 4 期，第 63—71 页。

与商谈理论,其本质是增加"社会资本"或社会信任,有可能使各种市民社团在现代多元化的、多种族的市民(公民)社会中和平相处,并积极参与市民(公民)社会生活。但是,有论者指出,哈贝马斯的商谈伦理不可能解决市民(公民)社会的矛盾,因为市民(公民)社会内部存在的悖论正是基于它的道德基础个人主义与共同性的矛盾之上。像在美国这样的西方国家中,个人在道德和经济上自主,个人赋有自然权利,这种自由主义—个人主义社会的前提和美国市民(公民)社会所包含的共同性立场之间必然存在冲突。[①] 就如黑格尔所认为的,市民社会是"一切人反对一切人的战争"。因此,在笔者看来,在资本主义市民(公民)社会中,这种矛盾和冲突就是体制性的、结构性的,是不可能克服的。不过,哈贝马斯强调市民(公民)社会对于政治过程的影响是并且也应该是间接的。[②] 这种间接性使它作为一种非国家的社会黏合剂而发挥作用[③];同样,它还有助于治疗因公民社团的同质化而对国家施加过多影响的病症。[④]

针对哈贝马斯的市民(公民)社会理论,里布(Ethan J. Leib)认为,哈贝马斯的话语理论模式(discourse-theoretic model)能帮助展示市民(公民)社会中组织的对话网络如何能够融入政治制度之中,以及它们作为一个对话的平台如何能够独立地进行无拘无束的谈话。在里布看来,市民(公民)社会是进行政治争论的良好场所,而且,尽管哈贝马斯有意淡化它的角色作用和影响政治的能力,但是他却为市民(公民)社会得到更广泛的运用奠定了基础。基于此,里布认为,市民(公民)社会应有一个更为广涵的定义。当然,对哈贝马斯关于商谈式公民网络的观点,以及市民(公民)社会的功能是作为"系统"与"生活世界"的桥梁的见识应保持完整。同时,里布强调自己关于市民(公民)社会的观点不同于哈贝马斯,因为他强调市民(公民)社会中的非商谈程序的必要性,却并不重视作为立法者的任何形而上的理性需要。[⑤] 弗里德曼(John Friedmann)分析指出,哈贝马斯的市民(公民)社会概念存在着大量值得进一步思考的问题:其一,有效权力分配造成巨大不平衡的结果问题。其二,对话模式是一种衡量实际效果的有效形式,但可能也正

① 朱世达主编:《美国市民社会研究》.北京:中国社会科学出版社,2005,第122页。

② [德]哈贝马斯:《在事实与规范之间》.童世骏译,北京:生活·读书·新知三联书店,2003,第460页。

③ See Michael J. Sandel, *Democracy's discontent: America in search of a public philosophy* (Cambridge, Mass. : Belknap Press of Harvard University Press, 1996); Robert D. Putnam, *Bowling alone: the collapse and revival of American community* (New York: Simon & Schuster, 2000).

④ [美]伊森·里布:《美国民主的未来:一个设立公众部门的方案》.朱昔群、李定文、余艳红译,北京:中央编译出版社,2009,第153页。

⑤ 同上书,第150页脚注说明,译文略有改动。

是由于这一原因，它被过度理想化了。其三，人们可以争论但不一定非依靠这种公开对话的方式不可。① 其实，哈贝马斯的市民（公民）社会理论观既批判了"全权主义的政府社会主义国家"的集权体制，也批判了公共领域在晚期资本主义社会中所发生的结构转型而导致的资本主义政治制度的合法性危机等现象。根据哈贝马斯的观点，自主的市民（公民）社会与完整的私人领域之间有着紧密联系，这一点对批判全权主义的政府社会主义（即集权社会主义）具有重要意义。他认为，集权社会是一个"全景式国家"（panoptic state），"在这里，无所不管的国家不仅直接控制了因科层主义而枯燥单调的公共领域，而且直接控制了这种公共领域的私人基础"。② 行政干预和持续监管瓦解了家庭、学校、社区和邻里中日常接触的交往结构，进而出现了诸如社会团结的毁坏、首创性和独立性的麻痹、社团网络的破碎、社会认同的解体以及自发公共交往的窒息等消极社会现象。可以这么说，哈贝马斯的交往行为理论确实提出了至今最完备的市民（公民）社会图像，在很大程度上超越了素朴自由主义的理解程度。但其严重的二元论框架却将限制更广泛而不带偏见的理解的可能性。正如梵纳（Robert Fine）所指出的，哈贝马斯的二元区分犯了双重谬误，即系统的物化与生活世界的个人化，无论是在哪一边，都是将结构与行为相互脱离。③

其实，亦如鲍曼提醒我们的，市民（公民）社会有其出色的倾向，也有不那么使人喜欢的倾向。在鲍曼看来，市民（公民）社会所推动的在政治与日常生活之间的令人满意的彼此隔绝，促进并推动了这两个极端之间的更为严重的互不干涉。这种分离产生了两个"不受欢迎的结果"："一个不受欢迎的结果是，国民不再对政治国家或国家政治感兴趣，他们也不再期待国家自上而下对他们进行审判或拯救，——因此，正如牙痛一去就不会再留意牙齿一样，他们没有理由去仔细考量公共之善的意义，更毋庸说去质疑、去争论或去积极探索。另一不受欢迎的结果是，这会促使国家认为，只要自由不受干涉，就不再有其他的公共之善，国家对其国民就无所亏欠——倘若有一些国民出于自私、短视、无能而在运用他们的自由时损害了全体国民，国家对此是不承担任何责任的。"④公民对政治的无兴趣与冷漠，

---

① 约翰·弗里德曼：《公民社会再认识：拉丁美洲与中国的经验》，项宏峰译，载刘明珍选编：《公民社会与治理转型——发展中国家的视角》，北京：中央编译出版社，2008，第 102 页。

② ［德］哈贝马斯：《在事实与规范之间》，童世骏译，北京：生活·读书·新知三联书店，2003，第 456 页。

③ Robert Fine, Civil Sciety Theory, Enlightenment and Critique, in Robert Fine and Shirin Rai (eds.), *Civil Society: Democratic Perspectives* (London: Frank Cass, 1997), p.13.

④ ［英］齐格蒙特·鲍曼：《寻找政治》，洪涛等译，上海：上海人民出版社，2006，第 145—146 页。

国家撤回了推动公共之善的义务,都是市民(公民)社会的令人不快而又正当的产物。那么,值得我们清醒地认识到的是,随着冷战的结束,市民(公民)社会已经开始走向私人化,走向新自由主义强调的市场资本主义,这种市场资本主义完全与不断增长的公司扩张和经济全球化相一致。地方的和自愿的组织(包括人人皆知的 NGOs)之间的紧密网络,被许多人吹嘘成走向民主化的关键一步,但结果表明,在其最深层的意义上,它不仅是反中央集权的,而且是反政治的。因此,市民(公民)社会的复兴是取代假设的、邪恶民族国家最可行的选择,这种普遍的观点只是一个神话。① 弗雷泽亦指出,"(经济的)市民社会与国家之间的彻底分离,不是公共领域良好运行的必要条件"。②

我们知道,对重建公共领域的追寻贯穿了哈贝马斯的整个学术生涯。正是在这一思想的主导下,哈贝马斯建构了自马克思以来最具现代性的市民(公民)社会理论,并激发了西方学界对国家与社会关系的新探讨。在马克思那里,市民社会是指资产阶级的社会,主要是指市场经济社会。根据马克思的观点,"市民社会包括各个个人在生产力发展的一定阶段上的一切物质交往。它包括该阶段的整个商业生活和工业生活……这一名称始终标志着直接从生产和交往中发展起来的社会组织"。③ 马克思关于市民社会具有交往特征的观点给予哈贝马斯极大启发。基于此,哈贝马斯在交往形式上将马克思的外在物质交往转化为内在的话语交往,这是哈贝马斯话语民主理论的核心观点。另外,葛兰西④关于市民社会的文化霸权理论则直接影响着哈贝马斯对市民(公民)社会内涵理解的转变。在早期作品中,哈贝马斯认为市民(公民)社会是随着市场经济的发展而形成的,并独立于政治国家的"私人自主领域";包括除马克思所言的生产和交换的经济领域外

① David Rieff, Civil Society and the Future of the Nation-State, *The Nation* (February22, 1999);[美]卡尔·博格斯:《政治的终结》.陈家刚译,北京:社会科学文献出版社,2001,第353—354页。
② Nancy Fraser, Rethinking the Public Sphere: A Contribution to the Critique of Actually Existing Democracy, in Craig Calhoun (ed.), *Habermas and the Public Sphere* (Cambridge, Mass.: MIT Press, 1992.), p.133.
③ 《马克思恩格斯文集》(第1卷).北京:人民出版社,2009,第582—583页。
④ 根据葛兰西(Antonio Gramsci)的观点,市民社会是以文化和意识形态为特征的共同体,它与政治社会一起共同为构成上层建筑的两个领域,"一个可称为'市民社会',即通常称作'民间的'各种社会组织的总和,另一个是'政治社会'或'国家'。这两个层面一方面对应统治集团通过社会行使的'领导权'职能,另一方面对应通过国家和'合法'政府所行使的'直接统治'或'管理'职能。这些职能都是有组织且相互关联的"。参见[意]安东尼奥·葛兰西:《狱中札记》.曹雷雨等译,北京:中国社会科学出版社,2000,第7页;译文略有改动。哈贝马斯自己曾承认,决定他哲学研究兴趣的两个杰出思想家就是海德格尔和葛兰西。参见哈贝马斯、佩里·安德森、彼得·杜依斯:《生活方式、道德和哲学家的任务》,载包亚明主编:《现代性的地平线》.李安东、段怀清译,上海:上海人民出版社,1997,第88页。

的那些独立于政治、经济领域的文化领域，如"包括教会、文化团体和学会，还包括了独立的传媒、运动和娱乐协会、辩论俱乐部、市民论坛和市民协会，此外还包括职业团体、政治党派、工会和其他组织等"。① 在后期著作中，哈贝马斯对市民（公民）社会概念的内涵进行了新的阐释："今天称为市民（公民）社会的，不再像在马克思和马克思主义那里包括根据私法构成的、通过劳动市场、资本市场和商品市场之导控的经济。相反，构成其建制核心的，是一些非政府的、非经济的联系和自愿联合，它们使公共领域的交往结构扎根于生活世界的社会成分之中。"② 至此，哈贝马斯所理解的市民（公民）社会已不包括经济领域，而仅指葛兰西意义上的文化市民社会领域。不过，从功能定位上而言，哈贝马斯的文化市民社会与葛兰西又有着差异。葛兰西的文化市民社会领域是上层建筑的重要组成部分，是国家意识形态的主阵地；而哈贝马斯的文化市民社会则是与国家政治领域相对应的领域，它起着维护社会权力合法性、监督国家政治权力实施的功能。在国家和社会之间关系的问题上，哈贝马斯倾向于自由主义这边，认为两者之间必须有所分离。但这种分离的目的却在于保障一个市民（公民）社会的独立性，即"这个原则的一般含义是指对一种社会自主性的法律保障，这种自主性也允许每个人——作为公民——有平等机会来利用其政治参与权利和交往权利"。③ 哈贝马斯把市民（公民）社会与市场经济区分开来，把市民（公民）社会当作是政府和市场之外的第三部门。哈贝马斯主张把经济领域从市民（公民）社会中分离出去，从而形成了国家-经济-社会的三元模式，并着重发展了公共领域这一概念。总的来说，哈贝马斯的市民（公民）社会理论有效地融合了古典市民社会理论和现代市民社会理论、欧陆唯理论传统市民社会理论与英美经验论传统市民社会理论、哲学市民社会理论与社会学市民社会理论的优长。简言之，他既保持古典市民社会理论的主体参与性，又保持现代市民社会理论的自组织性；他既重视欧陆市民社会理论规范和应然的层次，也重视英美市民社会理论事实和实然的层次；他既发挥哲学在市民社会理论中的思辨性作用，又发挥社会学在市民社会理论中的实证性作用。无怪乎人们把哈贝马斯视为现代市民（公民）社会理论的集大成者。④

---

① ［德］哈贝马斯：《公共领域的结构转型》，曹卫东等译，上海：学林出版社，1999，"1990 年版序言"，第 29 页。
② ［德］哈贝马斯：《在事实与规范之间》，童世骏译，北京：生活·读书·新知三联书店，2003，第 454 页。
③ 同上书，第 213 页。
④ 彭立群：《哈贝马斯公共领域理论探析》，载《安徽大学学报》2008 年第 2 期，第 139 页。

二、公共领域与生活世界的建构

哈贝马斯寻求的是改革(或改良主义),而不是革命。他对扩大民主的选择与其对社会领域进行彻底改革的考虑是一致的,这种改革依赖于商谈及民主的意见和意志的形成。这个社会领域就是他所说的通过交往而构成的"生活世界"。公共领域的结构转型设定了共同的生活世界,确立了统一性的规范,从而实现了范式的转换。随着范式的转换,公共领域的论辩也转变成生活世界中的交往行为,言说有效性的基础也由先验批判转移到普遍语用学。这样,从公共领域到生活世界,表明哈贝马斯的研究范围不断扩大,不仅只注意公共事务的争论,而且还关注所有日常生活的言说行为。公共领域本质上是生活世界的一部分,它出现在系统和生活世界之间,是生活世界私人领域的代表。哈贝马斯曾强调,"公共领域"与"交往行为"之间有着理路上的继承关系,换言之,交往行为理论是"公共领域"学说的逻辑重建。从公共领域到生活世界的观念的转变,标志着哈贝马斯理论发展过程中一种非常重要的概念转向。[①]

在现代西方哲学中,"生活世界"(Lebenswelt)最初作为一个批判的始基被引入现象学,历经拓展,从最初的一个科学批判概念演变为哈贝马斯社会批判理论的出发点。在这一演变过程中,它的批判意蕴代代相传。我们知道,生活世界概念是由以胡塞尔为发端的现象学传统创造出来的一个词,意指一种前阐释和前反思的背景,我们的日常生活是在这个背景之上展开的。关于生活世界概念的重塑,哈贝马斯是在比较社会学的相互对立的传统中展开的。就哈贝马斯而言,胡塞尔和舒茨的现象学路径过于关注符号再生产和符号意义的传统储存的传递问题,而较少关注人格化和社会化的动力机制。反之,米德则过于关注这些因素而忽略了生活世界对个体化生成过程所施加的约束作用,因为生活世界并不是仅仅为这种过程提供一种在意义上中立的储备。关于"生活世界"这一概念,哈贝马斯其实"在许多地方已对它作过阐述"。[②] 譬如,他在《理论与实践》和《认识与兴趣》中就开始关注"生活世界"这一概念,而在《交往行为理论》和《现代性的哲学话语》

---

① [美]博拉朵莉(Giovanna Borradori):《恐怖时代的哲学》.王志宏译,北京:华夏出版社,2005,第67页。

② [德]哈贝马斯:《后形而上学思想》.曹卫东、付德根译,南京:译林出版社,2001,第17页。具体参见[德]哈贝马斯:《交往行为理论》[*Theorie des kommunikativen Handelns* (Frankfurt am Main, 1981)],第2卷,第182—239;以及《现代性的哲学话语》[*Der philosophische Diskurs der Moderne* (Frankfurt am Main, 1985)],第376页及以下两页。

中，他更是用了相当大的篇幅来讨论"生活世界"的概念。此后，他在《后形而上学思想》中又一次明确地表述了胡塞尔"生活世界现象学"对他本人哲学的影响。哈贝马斯在生活世界理论的各种候选者中，以高度个人化的方式建构出一种话语，发展出一个多维度的模型，这个模型比以往的理论路径远为复杂和精妙。粗略地来说，哈贝马斯提出的生活世界的模型，"既是一个不容置疑的地平线或者说背景，任何形式的社会行动都要在此背景下获得其意义；也是符号性的结构化的意义、对情境的理解和解释的一份备选清单，它是社会行动者必须面对的可能的争议和问题的根源，同时也是可能的解决办法的资源储备"。[①]　由此看来，生活世界不是客观存在，而是一种视域、背景、地平线，人们可以此为视角来审视自身处境及其周遭境况。这样，哈贝马斯把"生活世界"概念作为"交往行为"的互补概念而引入[②]，因为"交往行为"植根于"生活世界"之中。[③]　哈贝马斯表述道："政治公共领域作为一种交往结构来谈论，它通过其市民社会基础[zivilgesellschaftliche Basis]而植根于生活世界之中。"[④]这就是说，（政治）公共领域不同于系统，它扎根于生活世界之中，保持着与"私人领域"、与每个人生活史的紧密联系。根据哈贝马斯的理解，"生活世界可以看作是交往行为付诸实现的前提条件，反之，生活世界又必须通过交往行为完成自身的再生产。但是，生活世界的符号结构与交往理性之间保持着一种内在的联系；行为者要想提出可以批判检验的有效性要求，并用一种'肯定'或'否定'的立场来回应这些要求，他们在日常生活当中就离不开交往理性"。[⑤]　在哈贝马斯看来，生活世界由个体的生活历史和主体间的生活方式共同构成。而我们生活历史的视野和我们出生时就置身其中的生活方式，构成了一个我们所熟悉的透明整体。"生活世界是对我们再熟悉不过的整个世界的基础加以追问的自然源头。"[⑥]在生活世界中，人们组成各种团体，并在这些团体中相互交流，这些交流涉及社会生活中的方方面面的问题。这些问题都是从生活世界中产生的，都是人们在生活中直接体验到的，并在公共领域的讨论中被放大，从而受到政治立法过程和政府行政部门的关注，也受到整个社会的关注。

---

① 马克斯·本斯基：《社会、道德和法律：尤根·哈贝马斯》，载[英]凯特·纳什、阿兰·斯科特主编：《布莱克维尔政治社会学指南》. 李雪、吴玉鑫、赵蕡译，杭州：浙江人民出版社，2007，第56页。
② [德]哈贝马斯：《后形而上学思想》. 曹卫东、付德根译，南京：译林出版社，2001，第75页。
③ 同上书，第73页。
④ [德]哈贝马斯：《在事实与规范之间》. 童世骏译，北京：生活·读书·新知三联书店，2003，第445页。
⑤ [德]哈贝马斯：《后民族结构》. 曹卫东译，上海：上海人民出版社，2002，第200页。
⑥ [德]哈贝马斯：《后形而上学思想》. 曹卫东、付德根译，南京：译林出版社，2001，第17页。

　　哈贝马斯把"生活世界"看作是一个由符号建构起来的视界,并且把现代社会文化的进化区分为物质再生产和符号再生产,由此形成了系统与生活方式中交往的二元论。根据哈贝马斯的理解,生活世界具有三个方面的功能,即知识更新、社会整合和个性社会化。这就是说,在生活世界中,人会同时涉及客观世界、社会世界和内在世界。在涉及客观世界的时候,人要使自己关于客观世界的知识得到不断更新;在涉及社会世界的时候,人要通过道德和法律的调整来进行社会的整合;在涉及内在世界的时候,人要通过内在情感的表达和交流来使人的个性社会化。由此看来,哈贝马斯的生活世界和布迪厄的"惯习"概念在某些方面有着相似性,如它们都探讨社会行动背后的共享的、想当然的前提预设,这些预设促使行动者得以解释他人的行动,或参与到公共的制度当中去。另外,生活世界也像惯习一样,作为一种背景,它从来没有完全为行动者所控制或了如指掌。生活世界是个社会共享的、结构的整体,它促成沟通实践和理性成果(包括知识生产的实践)之基础的形成。①哈贝马斯把生活世界作为"人类"的根据地,把它(即便是前科学的朴素形态)看成是给予整个人经验、对人类形成有不可替代作用的"共振板"。生活世界分成以小家庭制度为中心、由邻居关系及自由联合体构成的私人领域与以文化经营及出版(后来出现媒体)为中心构成的公共领域。

　　所以说,生活世界支撑交往行为,而交往行为则通过丰富共享知识而繁荣生活世界。生活世界就像一座防波堤,阻止社会的解体,抵制意义的分裂,防止行为冲突的爆发。就理解过程而言,生活世界构成语境,提供资源。生活世界构成一个视域,同时预先提供了文化自明性,使交往参与者在解读过程中获得一种共识的解释模式。②"人并不是想要彼此交往,而是必须相互交往。"③社会的许多基本功能必须通过交往行为来实现。假如父母要教育其子女,年轻一代要继承过去的知识,个体和群体要协调他们的行为,即要和平地生活而不付出沉重的武力代价,他们就必须通过交往行为来达到相互理解。交往行为与论证行为不同,论证是可能发生的即取决于前提的交往形式,是实践的海洋中的孤岛。而交往行为通常发生在一种共同的语言中,一个被语言先行解释的世界中,一种共同文化生活形式中,一种规范化的语境中,以及传统的继承和日常实践中,总而言之,发生在我们相互渗透、相互交织的生活世界中。所以,我们不能把交往行为同论证行为混同

---

① [美]詹姆斯·博曼:《社会科学的新哲学》.李霞、肖瑛等译,上海:上海人民出版社,2006,第215页。

② [德]哈贝马斯:《现代性的哲学话语》.曹卫东等译,南京:译林出版社,2004,第349页。

③ [德]尤尔根·哈贝马斯、米夏埃尔·哈勒:《作为未来的过去》.章国锋译,杭州:浙江人民出版社,2001,第112页。

起来。① 当然，在哈贝马斯的理论体系中，"生活世界"、"市民（公民）社会"和"公共领域"是三个关系密切、侧重点不同的概念。概言之，从哈贝马斯晚期思想来看，市民（公民）社会和公共领域最终都根植于生活世界的背景中，对应着生活世界中相对于私人部分的公共部分，即剔除了"经济系统"后的那部分（在其早期，哈贝马斯曾将经济系统包括在市民［公民］社会概念之中），或指位于行政系统与经济系统之间的领域；而市民（公民）社会则构成了公共领域的社会基础。在其政治哲学与法哲学中，哈贝马斯强调的主要是"政治公共领域"的作用。②

　　哈贝马斯用"生活世界"和"系统"这两个概念来解释现代社会的结构。他认为，现代社会病态的主因之一是社会系统对个人生活世界里的价值观、信念以及理想的逐渐侵蚀。哈贝马斯称此为"生活世界殖民化"（colonization of the lifeworld）。在此，他借鉴了马克思关于异化的生活世界的思想，这种异化被经济和政治子系统的分离和从属所扭曲。哈贝马斯认为，该问题是制度整合的导向机制仍然需要合法化，而生活世界可能缺乏这样做的能力，因为它是扭曲的。于是，哈贝马斯把他对现代性弊端的诊断确立在"生活世界殖民化"这个现象上。他说："生活世界的理性化使系统的复杂性的提高成为可能，这种理性化扩展得如此庞大，以至于那些被提出来的系统命令破除了生活世界中的理解力量，并使生活世界工具化。"③在哈贝马斯看来，现代社会已经分裂为系统和生活世界，分裂为按照目的理性组织起来的功能体系以及交往地构成的行动领域。因此，他认为，我们时代的决定性弊端就是系统的导控形式入侵了至今仍然未被扭曲的交往的日常实践的领域，从而导致了生活领域、生产领域和社会政治领域等各个领域的殖民化。事实上，哈贝马斯的"系统对生活世界的殖民化"这一命题具有多重理论渊源：它既与马克思的"异化"（alienation）理论有关；也与卢卡奇的"物化"（reification）思想有关；甚至可以说，它就是霍克海默和阿多诺之"工具理性批判"的重述。但从其最初出场的语境来看，却主要与韦伯关于"自由的丧失"和"意义的丧失"的著名时代诊断有关：哈贝马斯想以其交往行为理论来重建韦伯的上述命题，即既要否弃韦伯对现代性的悲观论调，又要纠偏他对目的合理性行为领域

① ［德］尤尔根·哈贝马斯、米夏埃尔·哈勒：《作为未来的过去》.章国锋译，杭州：浙江人民出版社，2001，第112页。

② 关于这三者之间的关系，特别是哈贝马斯市民社会概念变化的梳理，可参见李佃来：《公共领域与生活世界——哈贝马斯市民社会理论研究》.北京：人民出版社，2006，第266页以下。

③ J. Habermas, *The Theory of Communicative Action, Volume* **2**：*System and Lifeworld: A Critique of Functionalist Reason* (Translated by Thomas McCarthy, Boston: Beacon Press, 1987), p.155.

的排他性关注。① 而且,"生活世界殖民化"概念的重心已经从资本主义社会经济和阶级结构的批判转向了对社会和文化领域异化的批判。"生活世界殖民化"批判暗示着马克思主义经典理论的批判,人类解放应该由劳动解放的乌托邦转向交往关系合理化的乌托邦;人类解放的道德基础已经从被压迫阶级的解放转向人类交往关系的合理化。基于此,芬利森认为,"哈贝马斯关于生活世界殖民化的理论,为'现代社会到底出了什么毛病? 为什么?'这两个问题提供了创新的、深刻的、精妙的答案,同时又解释了失范、异化、社会分裂这些现代社会所承受的病痛的病理"。②

到底何谓"生活世界殖民化"? 根据哈贝马斯的理解,所谓生活世界的殖民化就是生活世界中的语言的交往媒介被货币和权力的媒介所取代。目的行动在这里取代了交往行动而成为人的行动的主要模式。换言之,生活世界殖民化是指原本属于私人领域和公共领域的非市场和非商品化的活动,被市场机制和科层化的权力侵蚀了。当生活世界不断地萎缩,当货币和权力代替话语成为人们之间的交往媒介的时候,生活世界的殖民化就发生了。而且,随着其版图的收缩,生活世界渐渐呈现形形色色的病状,哈贝马斯将之称为"社会病理"。概言之,生活世界殖民化导致的病理表现为:一是社会纽带的侵蚀(分裂);二是无助感的增加以及缺乏归属感(异化);三是共享意义和相互理解的减少(失范);四是由此导致的不愿为自身行为以及社会现象负责的心理(道德沦丧);五是社会秩序动荡和崩溃(社会动荡)。③ 这说明,社会病理并不仅限于个性结构,同样也涉及到意义的连续性和社会整合的动力。在此,哈贝马斯援引霍耐特的观点:"只有当交换关系和官僚管理侵犯到生活世界当中构成核心交往领域的私人领域和公共领域时,社会才会出现病兆。"④但从生活世界殖民化的具体表现来看,主要包括工具理性取代价值理性、系统权力与社会权力的非正常交往、社会矛盾日益加剧、政治统治合法性认同下降等。而生活世界殖民化的一个直接后果就是,金钱与权力不仅直接成为决定人们生活的两种资源而被争夺,而且还成为衡量人生的意义和价值的尺度,进而导致"自由的丧失"和"意义的丧失"。不过,是否真如哈贝马斯所指出的那样:

---

① 参阅孙国东:《合法律性与合道德性之间:哈贝马斯商谈合法化理论研究》.上海:复旦大学出版社,2012,第 18 页。

② [英]詹姆斯·戈登·芬利森:《哈贝马斯》.邵志军译,南京:译林出版社,2010,第 56 页。

③ [英]詹姆斯·戈登·芬利森:《哈贝马斯》.邵志军译,南京:译林出版社,2010,第 55 页。

④ 霍耐特编:《社会的病理》(*Pathologien des Sozialen*, Frankfurt am Main, 1994);[德]哈贝马斯:《后民族结构》.曹卫东译,上海:上海人民出版社,2002,第 201 页。

系统"殖民化"了先于它们而存在的"生活世界"，并使个人的决定都要从属于专业化知识？这在吉登斯看来，"事情并非如此。理由有两方面。一是现代制度并非只是简单地将它们自己嵌入进了'生活世界'，残存在后者中的遗产基本上还是依然故我。日常生活性质的变化也以辩证的相互作用形式影响着脱域机制。第二个原因是，在与（抽象）系统经常性地发生相互作用的过程中，非专业人士作为行动主体不断地再使用着专业技术知识"。①

　　哈贝马斯认为，"生活世界的殖民化"命题可以取代马克思的异化理论，保卫受威胁的生活世界成为交往行为理论的最主要诉求。不过，哈贝马斯自己亦承认对"异化"概念不很关心，因为这一概念"含混不清"。② 他指出，在资产阶级文化批评中，"异化"概念意味着一种人类学的，甚至是形而上学的灾难。在美国心理学中，"异化"几乎涵盖了所有异化形态，乃至一些非标准的行为。在青年马克思时期，这一概念清晰地涉及到被异化的劳动结构和商品生产条件下劳动过程的结构。因此，"当你想在社会理论中保留异化概念，你就不得不承认完全建立在生产过程之上的这个概念的定义现在已经变得太狭隘了"。③ 于是，哈贝马斯提出了一个独特性论点：当代社会理论中的异化概念将被一种更为抽象的方式所重构。这种方式将使其从对商品形式的分析转向对工具理性和功能合理性的批判。④ 他说道："我所宣扬的这一从生产到交往的转变当然意味着社会批判理论必须不再依赖于异化的表现主义模式的标准内容以及基本权力的重新调适。青年马克思从康德、席勒和黑格尔的美学著作中借用了这一模式。"⑤其实，自马克思以来，人们一直以"异化"（Entfremdung）为主题，对那些限定个体化过程和扭曲"处于自我之外的自我存在"（Ausserr-sich-bei-sich-Sein）结构的社会限制结构进行分析。⑥ 譬如，席勒（Friedrich Schiller）就把"异化现象看作是进步过程中不可避免的副作用，人类无法摆脱它而阔步向前"。⑦ 席勒批判资产阶级社会是"利己主义的制度"。他认为，"不仅物化的经济过程像一架精巧的钟表，使享受与劳动、手段与目的、努力与报酬彼此脱节；独立的国家机器也是像钟表一样机械地运

---

① ［英］安东尼·吉登斯：《现代性的后果》. 田禾译，南京：译林出版社，2000，第 122 页。译文略有改动。
② 哈贝马斯、佛洛登塞尔：《战后世界的思想与社会》，载包亚明主编：《现代性的地平线》. 李安东、段怀清译，上海：上海人民出版社，1997，第 13 页。
③ 同上书，第 13 页。
④ 同上书，第 13—14 页。
⑤ 同上书，第 171 页。
⑥ 参见［德］哈贝马斯：《合法化危机》. 刘北成、曹卫东译，上海：上海人民出版社，2000，第 167—168 页。
⑦ ［德］哈贝马斯：《现代性的哲学话语》. 曹卫东等译，南京：译林出版社，2004，第 54 页。

转,它使公民成为异己,并通过'划分等级'把公民视为统治对象而纳入冷漠的法则"。① 埃齐奥尼(Amitai Etzioni)则把"异化"解释为"世界对于行为者的不回应,迫使他屈从于他既不能理解又不能引导的力量"②,并从中区分出一种隐蔽的异化形式,即"非本真性"(Uneigentlichkeit)。在晚期资本主义社会里,异化现象正日益被非本真现象所取代。在哈贝马斯看来,"尽管埃齐奥尼在社会劳动系统中、在公共领域中、在集体关系中以及人格系统自身当中对此已经进行了探讨"③,但"我们还不知道如何解释这种非本真性"。④

如何使生活世界摆脱"被殖民化"的阴影?哈贝马斯将拯救的希望和力量寄托于对生活世界和交往理性的重建。他认为,"生活世界合理化的程度,取决于内在于交往行动的、以商谈形式释放出来的合理性潜力在多大程度上渗透并熔化生活世界"。⑤ 这样,哈贝马斯试图通过重建交往理性来实现商谈(话语)的民主、平等和自由,创造一种摈弃一切先决条件、取消一切现实差异(权力、财富、地位、受教育程度等等)的所谓"理想言说情境",从而使生活世界全面理性化,解决资本主义社会固有的矛盾,克服资本主义的危机。其实,自马克思要把"哲学现实化"以来,哲学的视阈就从"彼岸世界"转向"此岸世界",转向"生活世界";哲学的任务就从消解"神圣形象"的异化转为消解"非神圣形象"的异化,从对"天国的批判"转向对"尘世的批判",从对"神学的批判"转向"对政治的批判",从对"宗教的批判"转向"对法律的批判"。马克思要对现实的一切进行"无情的批判",而批判就是回归现实生活世界的理论表征。如果说面对合法性危机,哈贝马斯将拯救的希望和力量寄托于非政治化的公共领域的重建;那么面对生活世界的殖民化,他则把这种希望和力量寄托于对生活世界和交往理性的重建。⑥ 在这里,哈贝马斯交往行为理论的最高追求是要用"话语理性"取代"目的理性"和"手段理性"。交往行为理论的合理内涵在于,它指出了"官僚行政机制不但违背了通过市场来分散驾驭的经济过程的本来意义,而且毁灭了生活世界的交往理性——它摧毁了公共和私人领域内的相互理解关系的逻辑,在文化再生产、社会一体化,甚至社会化层面造成

---

① [德]哈贝马斯:《现代性的哲学话语》,曹卫东等译,南京:译林出版社,2004,第53页。
② 埃齐奥尼:《积极的社会》(*The Active Society*, New York, 1968),第618页;转引[德]哈贝马斯:《合法化危机》,刘北成、曹卫东译,上海:上海人民出版社,2000,第168页。
③ 同上书,第169页。
④ [德]哈贝马斯:《合法化危机》,刘北成、曹卫东译,上海:上海人民出版社,2000,第169页。
⑤ [德]哈贝马斯:《在事实与规范之间》,童世骏译,北京:生活·读书·新知三联书店,2003,第121页。
⑥ 李佃来:《公共领域与生活世界》,北京:人民出版社,2006,第276—277页。

了不可弥补的损失"。当然,"行政权力本身并不是什么坏的东西,它的存在应当说有某种事实上的必要性,因为,通过行政权力的行使,某些以别的方式无法履行的功能可以得到履行,在社会一体化方面可以起到别的手段无法替代的作用。但这种权力的行使决不能导致社会弊病的产生"。① 交往行为在下述三个方面对社会生活发挥着不可或缺的作用:第一,使意见沟通成为可能,继承、更新文化传统;第二,基于对普遍的利害关系的关心,进行当事人之间的"行为调整",创造出社会的联盟关系;第三,因个人在社会中成长,它成为达到人格同一性的"社会化"基础。②

这样,从公共领域到生活世界的观念的转变,标志着哈贝马斯理论发展过程中一种非常重要的概念转向,亦是他理论求索中的重要转折和对其以往思想的一次清算。在此,卡尔霍恩(Craig Calhoun)对哈贝马斯的这种理论转折和概念转向进行了较为精彩的回顾和点评。他指出,面对公共领域理论的困境,哈贝马斯转向了对交往行为的分析和对生活世界的建构,"这样,哈贝马斯继续从早期资产阶级的政治理论与实践中寻求恢复形式民主的规范理想,以及发展辨识社会方向的基础,依凭这一方向的指导,社会可以得到进步。更具体地来说,他继续关注福利国家资本主义的发展问题,福利国家资本主义制造了困境,而且破坏了通过乌托邦的集体行为得以展示的较早基础。然而,《结构转型》将把实践理性运用到政治之中的基础历史地定位在公共领域的特殊社会机构中,交往行为理论则将这些社会机构定位于超历史的、进化的交往能力或理性能力之中,这种交往能力或理性能力大体上把主体间性视为是交往的本质。公共领域仍然保持着一种理想,但它变成了交往行为进化的或然之物,而不是它的基础"。③

不过,在何明修先生看来,哈贝马斯的公共领域理论与生活世界理论虽然是不同时期的研究成果,但是两者却具有许多高度近似之处。原因在于,哈贝马斯都是在寻找一个历史上曾出现的短暂契机,重新发掘它的解放潜能,以对抗当下资本主义的非理性现实。④ 同时,何明修先生用下述对照表来简明地呈现公共领域理论与生活世界理论之异同:

---

① 〔德〕尤尔根·哈贝马斯、米夏埃尔·哈勒:《作为未来的过去》,章国锋译,杭州:浙江人民出版社,2001,第88页。

② 〔日〕中冈成文:《哈贝马斯:交往行为》,王屏译,石家庄:河北教育出版社,2001,第233页。

③ Craig Calhoun, Introduction: Habermas and the Public Sphere, in Craig Calhoun (ed.), *Habermas and the Public Sphere* (Cambridge, Mass.: MIT Press, 1992), pp.31-32.

④ 何明修:《沟通行动理论与市民社会》,载阮新邦、林端主编:《解读〈沟通行动论〉》,上海:上海人民出版社,2003,第208页。

	公共领域	生活世界
主要的行动类型	论理	沟通行动
行动的根据	主体理性	互为主体性理性
行动的目的	公共意见的形塑	达成彼此理解
外在的威胁	集权化国家与资本主义市场	权力与货币
可能的结果	再封建化	被殖民化

公共领域理论与生活世界理论之对照表（资料来源：何明修：《沟通行动理论与市民社会》，载阮新邦、林端主编：《解读〈沟通行动论〉》。上海：上海人民出版社，2003，第209页。略有修改。）

小结

马克思曾指出，"批判的武器当然不能代替武器的批判"，但理论的武器一旦为人民群众掌握，那么就会转化为武器的批判，革命的想法由此产生。① 与马克思不同，哈贝马斯并不认为理想与现实的中介是"人民群众"，因此，他并不主张人民通过革命而把一切推倒重来，在白纸上新建商议政治的理想蓝图；而主张改良主义才是唯一"既有实践上的可行性又有道德上的合理性"的道路。② 在哈贝马斯看来，马克思没能充分区分生活方式与生活世界的结构差异，前者经过现代化过程，已消失了；后者今天正受到交往基础结构的威胁。作为资本主义现代化的结果，瓦解的出现意味着传统生活方式的崩溃。随着现代社会的发展，这种崩溃是不可避免的。当然，这并不是说，人们应该有意识地去促成它，或者把它看成是道德上能够接受的事。③ 事实上，"作为马克思主义的传人④，哈贝马斯致力于把'解释世界'的工作和'改造世界'的工作结合起来。作为法兰克福社会批判理论

---

① 《马克思恩格斯文集》（第1卷）．北京：人民出版社，2009，第11页。

② 参见［德］哈贝马斯：《在事实与规范之间》．童世骏译，北京：生活·读书·新知三联书店，2003，第70页。

③ 哈贝马斯、阿列克斯·荷内思、埃伯哈特·诺德勒-本特、阿诺·魏德曼：《理性辩证法》，载包亚明主编：《现代性的地平线》．李安东、段怀清译，上海：上海人民出版社，1997，第72页。

④ 包亚明主编：《现代性的地平线——哈贝马斯访谈录》．李东安、段怀清译，上海：上海人民出版社，1997，第29页。哈贝马斯在1979年一次访谈中说道自己很乐意被称为"马克思主义者"。参见 J. Habermas, *Autonomy and solidarity*——*Interviews* ［Peter Dews (ed.), London, 1986］, p.78.——引者注。

的直接继承者,哈贝马斯把'批判世界'当作'解释世界'和'改造世界'之间的中介"。[①] 哈贝马斯认为,法兰克福学派的前辈们试图恢复隐含在马克思学说中的批判概念是正确的做法。不过,他并非毫无批判地取用马克思的学说。相反,他对马克思或明或暗的批评总是很犀利。伯恩斯坦曾评论道:"他的批评可说深具辩证性,即哈贝马斯从马克思的学说中抽取他认为合理的、重要的以及与批判先进工业社会相关的元素,而抛弃和揭露不再是正确的元素。"[②]基恩则认为,至少在最早的阐释中,哈贝马斯对马克思的批评是一种意识内的批评,即和马克思一样思考又反对马克思,试图比马克思自己更理解马克思。不过,这种意识内的批评却并不完全依靠仔细的分析和"同情地"阅读马克思的主要著作。[③] 但不管怎么说,作为法兰克福学派的学术健将,哈贝马斯在其前辈们的理论基础之上,毅然担当起了对资本主义进行批判的学术使命。所以说,"哈贝马斯不仅是马克思主义批判家,更是马克思主义的批判者,他对资本主义和自由主义一直怀有深深的忧惧"。[④] 事实上,哈贝马斯所从事的批判工作,包含有双重含义:第一,从左派思想家所理解的批判角度来说,这种批判是试图揭露现实社会的非正义;第二,从康德所理解的批判意义来说,这种批判是要探索从事批判活动的可能性及其条件。[⑤]

　　这样,哈贝马斯在 1963 年出版的论文集《理论与实践》[⑥]一书中提出,批判必须以某种方式置身于哲学与科学之间。按其自己的说法,哈贝马斯所有著作都贯穿着这样一条主线,即克服传统哲学中理论与实践的颠倒关系,在思想史上进行一次拨乱反正,重新把理论与实践有机结合起来。作为历史悠久的实践哲学的当代传人,哈贝马斯认为,亚里士多德的政治学的最大优点之一就在于强调实践优于理论。但遗憾的是,随着现代哲学的兴起,古典政治学所具有的实践性被社会

① 童世骏:《批判与实践——论哈贝马斯的批判理论》.北京:生活・读书・新知三联书店,2007,第98—99页。
② [美]理查德・J・伯恩斯坦:《社会政治理论的重构》.黄瑞祺译,南京:译林出版社,2008,第248页。
③ [英]约翰・基恩:《公共生活与晚期资本主义》.马音、刘利圭、丁耀琳译,北京:社会科学文献出版社,1999,第155页。
④ [英]詹姆斯・戈登・芬利森:《哈贝马斯》.邵志军译,南京:译林出版社,2010,第Ⅷ页。
⑤ [法]高宣扬:《当代政治哲学》(上卷).北京:人民出版社,2010,第412页。
⑥ 哈贝马斯后来(1971年)在为《理论与实践》写的"新版导论"中,对他自己60年代的研究工作进行了概要性的回顾。他认为,这一时期其研究工作主要是沿着三条路线来探讨"理论与实践"的关系问题:"①从晚期资本主义社会制度中科学、政治和公众舆论(Öffentlichen Meinung)的关系的经验方面;②从认识与兴趣的认识论方面;③从肩负批判使命的社会理论的方法论方面。"参见[德]哈贝马斯:《理论与实践》(第2版).郭官义、李黎译,北京:社会科学文献出版社,2010,第2页。

哲学所取代。而霍布斯则在他的政治学中采用了自然科学的认知模式,将自然科学的精确方法引入到社会科学中,进而从方法论上消除了自然科学与社会科学之间应有的差异,为后人进一步用自然科学规整社会科学打开了方便之门。于是,将实践(praxis)问题转化为技术(techne)问题的方法论后果便是把现代自然科学所追求的精密性带入社会研究领域。换言之,将生活世界与自然世界相等同致使社会理论中的实践维度发生萎缩,甚至彻底消失。通过对霍布斯之后的理论考察,哈贝马斯认为这一时期的哲学和科学大多都脱离实践,因此如今的研究任务是探索方法论,实现哲学、实践要素与方法论的有机结合。这样,哈贝马斯要求理论必须以实践为导向,解决现实问题,才能实现人的解放。这么说来,就方法论而言,哈贝马斯想要建立的是一种介于哲学与科学之间的"批判"方法。哈贝马斯的理论中"包含了一些试图将理论导向实践、将话语导向政治的观点"。①

哈贝马斯力图将批判理论改造为一种现代化理论。他把"合理性"概念作为批判社会理论的主要概念,用"交往理性"取代"工具理性",建立以"交往合理性"为核心的批判社会学。哈贝马斯同时继承了理性批判传统和资本主义社会批判传统,不过,他试图兼顾两个传统的积极遗产,又避免过激化的结论。他既批判资本主义现代化模式,又回避马克思的革命结论;既批判工具理性,又拒绝后现代主义。所以说,哈贝马斯采用的是一种批判性的、总体化的社会理论(这是某些后现代主义者在说明当前时代所回避的一种理论),颂扬早期资本主义的公共领域,指责它在当代社会中的衰落。他提出的"资产阶级公共领域"概念正是其据以批判当代资本主义社会的一种抽象批判标准。他曾说道:"公共性……所发挥的主要是评判功能。"②而公共领域的批判性则来自一个具有批判性特征的私人群体——具有批判性精神的公众,他(她)们通过各种批判的方式作用于国家政权(公共权力领域)和市民(公民)社会。在《结构转型》中,哈贝马斯既捍卫**公共领域的批判功能**,也**批判资产阶级公共领域**的内在矛盾(批判资产阶级公共领域的意识形态性)。自由、民主和人类解放与公共领域的实践理性原则联系在一起,但资产阶级公共领域的内在矛盾却导致其自我解体。资产阶级公共领域理想中包含着人类解放的基本愿望:在私人生活领域中,公民作为个人享有不受国家权力干扰的广泛自由;在公共领域中,个人作为公民通过理性的政治意志实现自我统治,

---

① [美]道格拉斯·凯尔纳、[美]斯蒂文·贝斯特:《后现代理论:批判性的质疑》.张志斌译,北京:中央编译出版社,1999,第 280 页。

② [德]哈贝马斯:《公共领域的结构转型》.曹卫东等译,上海:学林出版社,1999,第 2 页。

这样,社会成员就能自主控制自己的生活条件,不受外在权力强制。不过,哈贝马斯承认,资产阶级公共领域即使在自由资本主义时代也从来没有完全实现过,但作为一个法治国家理想,它具有解放的乌托邦潜能。同时,资产阶级公共领域具有一种控制的功能,它可以通过"公开的批评",阻止与公众原则不能相容的"见不得人"的意图付诸实施。此外,按照康德的观点,公共领域还应该有一种纲领性的功能,比如,允许哲学家充当"公众的法律教师",允许知识分子"自由和公开地谈论发动战争与缔结和平的原则",允许公民坚持他们的基本原则。①

根据第三章的论述我们可知,哈贝马斯的民主理论观念始终如一,即认为重要决策应该要在遵守规则的政治系统中根据特定程序来决定,特别是必须受到批判性的公共领域的控制。② 但通过上面所述我们却发现,哈贝马斯没有看到市民(公民)社会的二重性与市场经济中商品生产方式二重性之间的内在关联性,亦没有看到市民(公民)社会二重性的复杂结构,而把希望寄托在市民(公民)社会的公共领域上,试图通过重建公共领域来达至克服现代性问题。未能深入探讨商品生产方式的异化这一更深层次的问题,显然带有乌托邦的理想色彩。而且,哈贝马斯对人类进化持有既乐观而又悲观的暧昧看法:一方面借由批判反思之道德进展,使人类(特别是西方世界)达到史无前例的发展高峰,人类能够使自己变为自由自主,也能够控制自然与社会;但另一方面科学技术的高度发达,官僚势力的无孔不入、工具理性的空前发挥,却又使人类掉入可怕的梦魇中。③

同时,我们亦可发现,马克思和哈贝马斯各自对公共领域的探讨也存有差异。④ 首先,马克思和哈贝马斯对于公共领域中的主要部分的理解不一样。就马克思而言,公共领域更多的是一个权力斗争的领域。在这里,政治权力和经济权力延伸到话语领域,话语背后所存在着的权力支配着人的话语行为。虽然商谈具有一定的地位,但是却不是主导性的,而只有辅助性的作用。与之相反,哈贝马斯虽然也看到了政治经济力量在公共领域中的影响,但是他把公共领域理解为一种理想的自由个人的集合的领域。在这里,经济权力和政治权力被搁置起来,只有话语或者论

---

① 哈贝马斯:《论康德的永久和平观念》,载[德]哈贝马斯:《包容他者》. 曹卫东译,上海:上海人民出版社,2002,第 202 页。

② [德]汉斯·约阿斯(Hans Joas)、[德]沃尔夫冈·克诺伯(Wolfgang Knöbl):《社会理论二十讲》. 郑作彧译,上海:上海人民出版社,2021,第 371 页。

③ Steven Seidman, *Contested Knowledge: Social Theory in the Postmodern Era* (Malden, MA and Oxford: Blackwell, 1998), p.194.

④ 关于马克思的公共领域理论论述及其与哈贝马斯公共领域理论之间的差异分析,参阅王晓升教授出版的《历史唯物主义的当代重构》(2013 年)一书的第九章。

辩的说服力才能发挥作用。在马克思那里,公共领域主要是指工人阶级结合在一起而构成的领域。就马克思而言,工人阶级的结合,特别是全球范围内的结合具有巨大的力量。这是公共领域中的主要部分。一旦工人阶级能够在全球范围内发挥自己的力量,那么它就能够掌握政治经济权力,就能够建立真正平等和自由的制度。与之相反,哈贝马斯所强调的公共领域恰恰不是公民运动,而是公民对话。他把对话的领域理解为公共领域的主要部分。其次,马克思和哈贝马斯对于公共领域中的斗争形式和斗争的目的的理解不一样。马克思强调公共领域中的强制力量,而不是哈贝马斯所说的那种理性的力量。哈贝马斯的公共领域理论恰恰忽视了马克思所提出的这种权力因素。就马克思而言,斗争的目的主要是经济利益和政治权力,而不是理性共识。如果说为了达成理性的共识,人们主要通过商谈,那么为了获得政治权力或者经济利益,人们主要进行各种形式的政治斗争和经济斗争。这种斗争既包括街头运动,也包括暴力的抗争,其斗争的形式具有多样性,且暴力手段和和平手段都是利益斗争和权力斗争所采取的形式。但就哈贝马斯而言,现代工人运动的主要形式则是通过政党参与民主进程。因此,在这里,政治和经济利益的斗争主要表现为在公共领域中进行民主选举的斗争,并且在民主进程中用和平的权力转移代替暴力斗争。马克思本人虽然承认说理斗争,但是马克思主要强调暴力斗争。当然,他没有把暴力斗争作为政治和经济斗争的唯一手段。和平的手段是民主手段,用民主手段来解决政治权力和经济权力的斗争是现代社会解决政治、经济矛盾的主要方法。而民主手段中的一个重要因素是说理。从这个意义上来说,哈贝马斯的商议民主理论也具有一定的理论意义。正如凯尔纳和贝斯特所强调的,虽然哈贝马斯的准进化论式的、普遍的交往概念有些抽象,但像人权、平等、自由和民主这些历史地形成的普遍价值,对于争取解放的斗争来说,乃是非常宝贵的推论武器。[①] 而且,值得肯定的是,哈贝马斯对晚期资本主义社会的剖析,对合法性问题的论证,对马克思学说的重新阐释,最终都推动了马克思主义社会政治(尤其是国家理论)理论的发展。再次,马克思和哈贝马斯各自所选择的理论路径是不一样的。马克思是以社会生产力与生产关系为尺度来解剖人类社会历史,而哈贝马斯则是从公共领域的不同类型和变迁来解释历史,这无疑为我们进一步认识人类社会提供了一个新的视角。正是在此种意义上,我们才能正确理解哈贝马斯的公共领域理论及其不同寻常的历史与现实意义。

---

① [美]道格拉斯·凯尔纳、斯蒂文·贝斯特:《后现代理论——批判性的质疑》.张志斌译,北京:中央编译出版社,1999,第312页。

第五章

批评与回应：哈贝马斯公共领域理论效应及其限度

> 一种好的理论必须通过学习过程，而不是靠敌视理论来产生。——[德]尤尔根·哈贝马斯(Jürgen Habermas)：《作为未来的过去》

哈贝马斯在其长期的理论创建过程中呈现出一大特点，那就是同自己认真看待的批评者展开论战，并借此修缮自己的理论。正如霍尔斯特所言："哈贝马斯向来都是以自己的批评者作为自己理论的试金石，他区别于同时代的其他道德哲学家的恰当做法是，用有根有据的反对意见同批评者展开论战。"① 哈贝马斯自己也坦承道："当我从某人那儿学到某种东西时，我对他始终能保持一定程度的忠诚。我从不追随学术工业的风尚。"② 他善于把自己与主流理论和优秀的局外理论结合在一起，却并非终日靠权威和时尚来保护自己。其实，从哈贝马斯公共领域理论的形成和完善过程来看，论战对他的理论成长就具有极高价值。他说道："每一个作者都受惠于他的读者。……我从同行们的细致评论中获益良多。"③

《结构转型》出版后（特别是随着该书的英文版发行之后），引起学界广泛关注。对此书中的观点，学界褒奖有加，但也不乏各种批判的声音。譬如，特纳(Jonathan H. Turner)就认为，哈贝马斯的公共领域概念充满浪漫色彩。④ 在特纳看来，出于对第一代批判理论的浪漫冲动和乌托邦精神的矫正，哈贝马斯表现出自觉的理智态度和现实取向，但他总是以理想的交往方式和言说情境为标准，以"无限制的交往共同体"为理想。这在更大范围内引来浪漫化的批评："在他所有的著作中都有一种幼稚的浪漫主义；从他第一部讨论公共领域的著作直到最近

---

① [德]德特勒夫·霍斯特：《哈贝马斯》. 鲁路译，北京：中国人民大学出版社2010年版，第113页。
② 哈贝马斯、阿列克斯·荷内思、埃伯哈特·诺德勒-本特、阿诺·魏德曼：《理性辩证法》，载包亚明主编：《现代性的地平线》. 李安东、段怀清译，上海：上海人民出版社1997年版，第79页。
③ 哈贝马斯：《附录一：关于〈事实与价值〉——对卡多佐法学院会议文集的回应》，载[德]哈贝马斯：《后民族结构》. 曹卫东译，上海：上海人民出版社2002年版，第229页。
④ [美]乔纳森·H·特纳：《社会学理论的结构》. 吴曲辉等译，杭州：浙江人民出版社1987年版，第228页。

253

发表的著作,他使用一种完全人为的尺度——首先是无干扰的公共领域,然后是理想的谈话环境,最后是沟通行动的标准——来估价现代社会中什么是错的。"①奥斯维特则概括性地评述道:对《结构转型》的多数批评,"无论其从何角度,都对被哈贝马斯所理想化了的对资产阶级公众层面的解释表示热切关注。马克思主义者们从阶级观点出发指责其局限性,女权主义者从性别的角度批判它,而自由主义的保守派则反对强调一般意志的狂热观念和个人利益的重要性"。② 当然,学界对哈贝马斯的公共领域理论的批判性观点还很多,不过,在此本文仅选取女性主义、后马克思主义及左派、宗教及神学三种较具代表性的观点做一番讨论。

第一节　与女性主义之间的争辩

哈贝马斯曾在《在事实与规范之间》中指出,"从 19 世纪开始,一直到 20 世纪,资产阶级公共领域的普遍主义商谈就已经无法避免一种来自其内部的批判了"。③ 而女性主义就是这种"内部批判"的典型代表。他(她)们在基本认同哈贝马斯的公共领域理论的同时,也对哈贝马斯的公共领域理论提出了一些质疑,对哈贝马斯的商议民主模式心存疑虑,因为这种民主模式可能会以牺牲其他话语模式为代价来支持某种话语模式。将政治视为透明领域、将理性主义男性话语确立为霸权的单一话语模式,可能会忽视公共表达中的激情成分,以及公共表达的多样性和差异性的存在。④ 用哈贝马斯的话来说:"这些女性主义作者担心的是,被中立性原则的僵硬版本可能排除在讨论议程之外的,恰恰是那些根据传统观点被当作'私'事的那些问题。"⑤其中,公共与私人的严格二分一直是女性主义政治批判的焦点,主要针对的是公共领域与私人领域在理论和实践上的隔离和对立⑥,

---

① 乔纳森・H・特纳:《社会学理论的结构》.吴曲辉等译,杭州:浙江人民出版社 1987 年版,第 255 页。

② 〔英〕威廉姆・奥斯维特:《哈贝马斯》.沈亚生译,哈尔滨:黑龙江人民出版社 1999 年版,第 8 页。

③ 〔德〕哈贝马斯:《在事实与规范之间》.童世骏译,北京:生活・读书・新知三联书店 2003 年版,第 462 页。

④ 塞拉・本哈毕布:《走向审议式的民主合法性模式》,谈火生译,载谈火生编:《审议民主》.南京:江苏人民出版社 2007 年版,第 195—196 页。

⑤ 〔德〕哈贝马斯:《在事实与规范之间》.童世骏译,北京:生活・读书・新知三联书店 2003 年版,第 387 页。

⑥ Carole Pateman, *The Disorder of Women: Democracy, Feminism and Political Theory*, California: Stanford University Press1990, p.118.

可这种隔离和对立却与压迫女性的言论有关①。例如,西方传统中的许多二元对立——普遍/特殊、心灵/身体、男性/女性、理性/非理性、文明/自然。这样,女性主义挑战公域和私域的分界,提出"个人的就是政治的"(the personal is political)口号,试图打破公域与私域之间的僵化二分法,将私域(家庭)中的性别权力关系与劳动分工关系纳入政治的定义,成为政治理论讨论的范围与检验正义的标准,从而从性别视角重新定义和建构个人与公民的内涵,纠正传统政治理论中的性别盲点。但是,不同的女性主义流派对批判公/私领域的具体立场和观点有不同的看法。

一、女性主义与公域/私域

总体上来说,在西方学界,女性主义通常由以下几个阶段构成:19 世纪的自由主义女性主义、20 世纪上半叶的社会主义女性主义、20 世纪 60 年代以来的激进女性主义和后现代女性主义。

为什么女人不能更像男人? 自由主义女性主义作为女性主义最早的形态,其理论建构的目的具有鲜明的政治运动色彩:他们关注的焦点是"平等权利",即强调法律上和机会上的男女平等,要求女性在参加社会活动、接受教育、进入职业领域等方面享有与男性同等的权利。② 这些主题的核心诉求是"男女平等"。因此,这个时代的女性主义一般被称为"女权主义"。自由主义女性主义对于公/私领域的态度是希望女性能够走出私人领域,像男性一样在公共领域与男性展开公平竞争③。他(她)们倾向于捍卫私人领域的完整性,反对公共领域的干预,声称私人领域的社会不平等与公共领域的政治不平等、普选权和相关公民权问题无关④。

为什么女性不能更像无产者? 社会主义女性主义问题的讨论显然已经成为女性主义的一种延续性发展。他(她)们⑤不仅要求正式的法律保障男女机会平

---

① Iris Marion Young, *Justice and the Politics of Difference*, New Jersey: Princeton University Press1990, p.119.

② 例如玛丽·沃尔斯通克拉夫特的《女权辩护》(1790)中对于教育平等的探讨,以及约翰·斯图尔特·穆勒的《论妇女的屈从地位》(1869)和哈里雅特·泰勒的《妇女的选举权》中对于政治和经济平权的讨论,等等。

③ 李银河:《女性主义》.济南:山东人民出版社 2005 年版,第 39 页。

④ Carole Pateman, *The Disorder of Women: Democracy, Feminism and Political Theory*, California: Stanford University Press1990, p.119.

⑤ 例如萨拉·鲁迪克(Sara Ruddick)的《母性的思维》(*Maternal Thinking*, London: Verso1989)、让·贝斯克·爱尔斯坦(Jean Bethke Elshtain)的《公共的男人,私密的妇女》(*Public Man, Private Woman*, Princeton: Princeton University Press1981,也译为《公共的男人,私人的女人》),等等。

等,而且要求事实上的男女平等,这意味着对资本主义社会既成体制的改造,通过对整个社会的社会主义改造,实现真正的性别平等。与自由主义女性主义相比,社会主义女性主义的特点是强调对私人领域或家庭领域的批判:前者倾向于捍卫私人领域的完整性,反对公共干预,而后者则认为家庭对妇女来说仍然是一个封闭的场所;如果不改变妇女对家务工作的主要责任和她们在家庭领域中的从属地位的传统,妇女即使在公共领域获得与男子相同的教育和就业机会,仍然无法改变她们对男子的从属地位。为此,社会主义女性主义者主张家务劳动社会化,同时获得平等的教育和就业机会。而且,与自由主义女性主义相比,社会主义女性主义将男性的职能定义为生产,女性的职能定义为生殖,从而把女性的地位固定在私人领域,而公共领域仅限定于男性的领域。

　　"个人的即政治的。"激进女性主义挑战了自由主义女性主义和社会主义女性主义的理论预设。他(她)们承认公/私领域的划分,女性的活动领域主要是在私人领域。但是,他(她)们认为,不能把公共领域与私人领域的区别看作是自然的区别,仅仅被看作是由两种人类再生产的区别和由男女之间的生理差异决定的区别,把这种区别看作经济、文化条件的特定产物,看作一种社会建构,因此是可变的。在这种思想的影响下,20世纪70年代以来的女性主义者提出了一些新的要求,如重新组织就业,并为有孩子的夫妇提供更多的家长假期,向妇女和男子提供更多的半天工作职位,引入更灵活的就业模式,以便夫妇双方都可在照看孩子与从事工作之间分配时间。与此同时,激进女性主义还坚决反对私人领域不如公共领域重要的观点。

　　"人不是生而为女人,而是长成为女人。"这句话是波伏娃(Simone de Beauvoir)在《第二性》一书中提出的当代女性主义向性别研究转型的一个经典命题。① 这句话也是"社会性别"概念得以确立的理论基础。就这样,后现代主义女性主义通过对"社会性别"(gender)、"性"(sexuality)以及"女性/阴性"(feminine)的讨论,打破了以"性"(sex)为核心的女性主义问题域。他(她)们不再强调女性之为女性的特质,强调女性在行为上的角色,强调定义一个女人或一个男人的关键是其行为。② 不过,当英美女性主义者最初提到后现代主义女性主义时,他(她)们将其称之为"法国女性主义",因为它的许多代表人物要么是法国公民,要

---

① Simone de Beauvoir, *The Second Sex* (Trans. E. M. Parshley), New York: Vintage1973, p. 301.
② 例如露丝·伊丽格瑞(Luce Irigaray)关于"女人话"的论述,埃莱娜·西苏(Helene Cixous)对"阴性书写"的推崇以及朱莉亚·克里斯多娃(Juia Kristeva)将性别的认同过程与语言大他者之间关联起来的努力,等等。

么是生活在法国(尤其是巴黎)的女性。

我们知道,公共和私人作为概念范畴,关系着人类生活,构建着人类社会生活中各种各样的行为、目标和维度,并赋予它们秩序。① 可在诸如南茜・弗雷泽、艾莉丝・马瑞恩・杨和塞拉・本哈比等当代女性主义者看来,哈贝马斯对于公/私领域的划分含糊不清、自相矛盾。② 她们认为,哈贝马斯将资产阶级公共领域中排斥女性的问题主题化,显示出他理论中的"性别盲点"(gender-blindness)。事实上,也确如这些女性主义批评家所指出的,哈贝马斯需要解释西方现代性中许多现实的"特定性别"(gender-specific)特征。然而,在西方的现代性中,我们的社会团体(包括经济系统和政治管理系统,以及像家庭这样的生活世界)中存在的特定性别的现状,却只是部分地而不是全部地被大众在交往行为中对平等互惠的呼吁所阐明。③ 正是在这样的背景下,当代女性主义者分别批判了普遍化的他者和中立性(neutral)的观念,④并对哈贝马斯的公共领域概念/理论展开了同情式批判。

二、南茜・弗雷泽之重思

弗雷泽以"性别"为框架,对哈贝马斯的公共领域模型进行了犀利的批判。在弗雷泽来,哈贝马斯早期的公共领域理论和后期的交往行为理论都曾被女性主义哲学家批评为一种"性别盲视",甚至是一种"男性至上主义"的性别歧视和意识形态,⑤其理论忽视了"平等参与"问题。不过,弗雷泽同时也强调,哈贝马斯的公共领域理论原则上是一种重要的概念资源,如果可能的话,应该重建而不是抛弃。⑥ 在

---

① [美]让・爱尔斯坦:《公共的男人,私人的女人:社会和政治思想中的女性》.葛耘娜等译,北京:生活・读书・新知三联书店 2019 年版,第 8 页。

② 费奥伦查:《教会社群作为"话语伦理"的制度基础》,陈维纲编译,载张庆熊、林子淳编:《哈贝马斯的宗教观及其反思》.上海:三联书店 2011 年版,第 170 页。

③ 特雷西:《神学、批判社会理论和公共领域》,汪海、康心译,载张庆熊、林子淳编:《哈贝马斯的宗教观及其反思》.上海:上海三联书店 2011 年版,第 157 页。

④ 参见 I. M. Young, Impartiality and the Civic Public, and S. Benhabib, The Generalized and the Concrete Other, in Seyla Benhabib and Drucilla Cornell (eds.), *Feminism as Critique: essays on the politics of gender in late-capitalist societies* (Cambridge: Polity Press, 1987)。

⑤ Nancy Fraser, What's Critical About Critical Theory? The Case of Habermas and Gender? in Johanna Meehan (ed.), *Feminists Read Habermas: Gendering the Subject of Discourse*, (New York: Routledge1995), p.31, p.36; Nancy Fraser, Sex, Lies, and the Public Sphere: Some Reflections on the Confirmation of Clarence Thomas, *Critical Inquiry*, Vol.18, No.3(Spring, 1992), p.596.

⑥ Jostein Gripsrud, Hallvard Moe, Anders Molander and Graham Murdock (eds), *The Public Sphere* (*Vol.*)(Los Angeles/London/New Delhi/Singapore/Washington DC: SAGE, 2011), p.299.

《公共领域的跨国化:论后威斯特伐利亚世界中公众舆论的合法性与有效性》^①一文中,弗雷泽指陈自己对公共领域进行研究的总体目标是:"让近来正处于被去政治化危险之中的公共领域理论重新政治化。"^②

弗雷泽分析了哈贝马斯的《结构转型》一书。根据弗雷泽的分析,哈贝马斯在阐述公共领域时,至少依赖于六个"社会 – 理论前设"(social-theoretical presuppositions),它们认为政治空间的威斯特伐利亚式建构(即公共领域可以被概念化为与一个有边界的政治共同体及其一个主权领土国家共存)是不言而喻的。而这六个理论前设指的就是:其一,基于将公共领域与一种行使着对有领土边界主权的现代国家机器联系在一起,哈贝马斯假定公众舆论归属于威斯特伐利亚式国家,该国家在原则上能管理其居民们的事务并解决他们的问题。其二,基于将参与公共领域讨论者理解为是一个有边界的政治共同体的伙伴成员,哈贝马斯认为进入公共领域的成员就是民主的威斯特伐利亚式国家的全体公民。其三,基于将主要的公共领域讨论的传统主题定位于政治共同体的经济关系的恰当性组织之上,哈贝马斯假定公众所关注的基本焦点议题就是由威斯特伐利亚式国家所管控的国民经济。其四,基于将公共领域与现代传媒——此类传媒能跨距离交往,并能将空间上分隔开来的对话者集结到一个公共领域之中——联系在一起,哈贝马斯含蓄地假定存在一个由威斯特伐利亚式国家所管控的国家层面的交往构造。其五,基于承认公共领域讨论是可被完全理解的,公共交往是经由一种单一的、可共享的语言媒介进行的,哈贝马斯有效地假定,公共论辩是在一种国家语言中被操作的。其六,基于将公共领域的文化起源追溯到18、19世纪"印刷资本主义"的信件与小说,哈贝马斯认为公共领域的主体性结构是建立在极为相同的文学形式之上,这种文学形式也形塑了想象的国家共同体。^③ 弗雷泽通过上述六大"社会理论前提"得出两个论断:第一,《结构转型》中公共性概念有一个国家潜台词。第二,该书中关于公共领域的解释,预设了一个在国家层面受到影响的威斯特伐利亚式框架的变量。至于后来的《在事实与规范之间》一书,虽然在许多方

---

① Nancy Fraser, Transnationalizing the Public Sphere: On the Legitimacy and Efficacy of Public Opinion in a Post-Westphalian World, Theory, *Culture&Society*, 24(4)(2007): 7 – 30; 载 Jostein Gripsrud, Hallvard Moe, Anders Molander and Graham Murdock (eds), *The Public Sphere(Vol.)*(Los Angeles/London/New Delhi/Singapore/Washington DC: SAGE, 2011), pp.297-319。

② Jostein Gripsrud, Hallvard Moe, Anders Molander and Graham Murdock (eds), *The Public Sphere (Vol.)*(Los Angeles/London/New Delhi/Singapore/Washington DC: SAGE, 2011), p.299.

③ Jostein Gripsrud, Hallvard Moe, Anders Molander and Graham Murdock (eds), *The Public Sphere (Vol.)*(Los Angeles/London/New Delhi/Singapore/Washington DC: SAGE, 2011), pp.299-300.

面与《结构转型》有所不同,但它仍然将公众舆论视为一个主权领土国家,能够为全体公民的普遍利益驾驭国家经济;同时,它还认为公众舆论的形成是一个由国家媒体通过国家传播基础设施操纵的过程。这样,弗雷泽总结道:"因此,总体而言,批判理论中公共性争论包含了一个重大的盲点。从《结构转型》到《在事实与规范之间》,实际上所有的参与者,包括我在内,都将公共领域与领土国家联系在一起。"①

弗雷泽认为,公共领域是公众舆论形成的空间,是将公众舆论配置为政治力量的工具。而且,公共领域不仅是公众舆论形成的舞台;同时它们也是社会认同形成和表现的舞台。② 公共领域的公共性不仅旨在怀疑那些无法抗拒批判性审查的观点,以保证那些能够做到这一观点的合法性(即公众舆论规范化的合法性),而且旨在让官员保持责任感,确保国家行动表达全体公民的集体意志(即政治有效性)。这种对公共领域概念的理解是极为基本的。没有它们,公共领域概念将失去其批判的力量和政治意义。③ 弗雷泽通过这种方式,将政治理论与实践政策相结合,对哈贝马斯的公共领域理论进行了重新思考:即对现有民主制度的批判和公共领域模式的重塑。她不仅觉察到晚期资本主义社会中公共领域过于微弱的特征对具有实践力的公众舆论造成剥蚀,正如当前被称为"实际现存的社会主义"并不等同于社会主义一样;她还注意到被称作是"实际现存的民主"也并不等同于真实的民主。④ 基于此,弗雷泽认为,在民主进程中,必定存在某些制度,在这些制度里多元公众共同进行商议。只有在这样一种多样性"公民的"公共领域中,多元化公共理性才得以运用。由此,弗雷泽认为,哈贝马斯关于资产阶级公共领域的理想范型的构想不再适合作为晚期资本主义社会的民主批评工具。因为哈贝马斯的公共领域概念仅将公共领域限定为"弱公共领域"(weak publics),没有考虑到随着主权议会的出现而存在于国家中的公共领域形式,更没有考虑到其他公共领域形式。通过阐述一种由多元化公共领域构成的异质而散

---

① Jostein Gripsrud, Hallvard Moe, Anders Molander and Graham Murdock (eds), *The Public Sphere* (*Vol.*)(Los Angeles/London/New Delhi/Singapore/Washington DC: SAGE, 2011), p.304.

② Nancy Fraser, *Rethinking the Public Sphere: A Contribution to the Critique of Actually Existing Democracy*, in Craig Calhoun (ed.), *Habermas and the Public Sphere* (Cambridge, Mass.: MIT Press, 1992), p.125.

③ Jostein Gripsrud, Hallvard Moe, Anders Molander and Graham Murdock (eds), *The Public Sphere* (*Vol.* Ⅳ)(Los Angeles/London/New Delhi/Singapore/Washington DC: SAGE, 2011), pp.297 – 298.

④ Nancy Fraser, Rethinking the Public Sphere: A Contribution to the Critique of Actually Existing Democracy, in Craig Calhoun (ed.), *Habermas and the Public Sphere* (Cambridge, Mass.: MIT Press, 1992), p.137.

布的网络模式,弗雷泽认为,事实上,一旦我们放弃单一的、综合性的公共领域模式,我们就可知晓,诸如女性等被排斥群体的关怀是如何可能被接受的。这种多元、散布的公共领域网络可以容纳女性的愿望,为她们预留空间,使用她们自己的语言。因此,弗雷泽论称,减少阶层化社会的压抑,就得由这些"次属性"群体营造自己的公共领域,并使其繁盛,让自己的差异成为社会的主题,而不是被安置于社会的一角,乏人闻问。

其实,早期哈贝马斯主要强调资产阶级公共领域自由主义模式的独特性,主张资产阶级公共领域是唯一的公共舞台。与哈贝马斯不同,弗雷泽主张"平等、多样与多元之公共领域"模式,具而言之,诸如:国家内部的正式公共领域(听证会);政府管辖之外由大众传媒构成的公共领域;各种积极塑造公众舆论的次级组织("利益集团"、游说团体);各种反公共领域(女性主义者新闻媒体、黑人新闻媒体);在日常生活各场域(如工厂、餐馆、校园、街角、购物中心、私人家庭)中以及在人们暂时而集中地聚在一起讨论问题的场所中形成的非正式公共领域;等等。[1] 通过这种方式,弗雷泽利用重新解释的公共领域概念,倡导"一种另类的、后资产阶级的(postbourgeois)公共领域概念"[2]。这种后资产阶级公共领域概念让我们思考强公共领域和弱公共领域,以及各种混合形式的公共领域,从而使我们能够构想超越现有民主局限的民主的可能性。[3] 也就是说,这种模式不仅为渐进的舆论构建了空间,而且为社会认同和实际决策结构构建了空间。因此,为平等进入公共领域提供证据是证明政治角色中逐渐扩大的社会和经济平等的必要条件,只是在公司扩张的体制下,这种必要条件远非如此。而且,要保证真正的颠覆性开放,主要的社会生活领域(首先包括经济)必将以某种方式重新政治化。弗雷泽强调道:"一个完整的公共领域概念需要的不仅是对社会不平等的曝光,而且还要消除这些不平等。"[4]晚期资本主义的社会批判理论的任务是识别由社会不平等导致的个体的公共商讨领域的扭曲。

弗雷泽在分析分层社会(stratified societies)和平等多元文化社会(egalitarian multicultural societies)时认为,哈贝马斯对公共领域的理解太过柔弱,其作用仅限于

---

[1] See Nancy Fraser, Sex, Lies, and the Public Sphere: Some Reflections on the Confirmation of Clarence Thomas, *Critical Inquiry*, Vol. 18, No. 3(Spring, 1992), pp. 596 – 612.

[2] Nancy Fraser, Rethinking the Public Sphere: A Contribution to the Critique of Actually Existing Democracy, in Craig Calhoun (ed.), *Habermas and the Public Sphere* (Cambridge, Mass.: MIT Press, 1992), p. 112.

[3] Ibid., p. 136.

[4] Ibid., p. 136.

通过立法者来间接地影响公共政策,而且还预设了公共领域是一个实现和谐的场所,这掩盖了一个事实:在公共领域中,还存在着各种"次反公共领域"(subaltern counterpublics),它们常常积聚在各种社会运动之中,致力于反抗公共领域和正式的政治领域的主流力量。[①] 弗雷泽用"次反公共领域"的概念来描述由女性、工人、有色人种、男女同性恋者等从属社会群体构成的公共领域,表明它们是从属社会群体成员创造和传播反话语的类似话语的舞台。这些反话语反过来允许他们就其身份、利益和需要提出对抗性解释。不过,这些次反公共领域并非必然总是有益,在其中,有些次反公共领域显然具有反民主和反平等主义的性质,甚至那些怀有民主和平等主义目标的次反公共领域有时也会实践它们自己的非正式排斥和边缘化模式。这就是说,在分层社会中,次反公共领域具有双重性质:一方面,它具有退出或重组空间的功能;另一方面,它也是煽动性行为走向更大公共领域的基地和训练场所。[②] 然而,在弗雷泽看来,由于这些次公共领域的出现是对被主流公共领域排斥的一种回应,它们有助于扩大话语空间。"总之,次反公共领域的激增意味着话语论争的拓展。"[③]在一个平等多元文化社会中,公共生活不可能只存在于一个单一的、统合性的公共领域之中。平等多元文化的社会理想只有在假设有一个多元化的公共舞台,有着不同价值观和风格的群体可以参与其中时才有意义。

弗雷泽强调公共领域中的参与平等,认为参与意味着能够用自己的声音表达自己的观点,从而通过习俗和风格来建构和表达自己的文化认同。[④] 因为在社会平等的条件下,公共领域所具有的渗透性和开放性可以促进文化之间的交流(交往)。此外,公共领域的无界性和公共性使得人们可以参与多个公共领域,不同公共领域的成员可能部分重叠。总之,"参与平等理想在多元化公共领域中比在单一性的公共领域中能够得以更好地实现"。[⑤] 弗雷泽当然承认,哈贝马斯的公共领域理论确实具有一种"真正的批判潜能"。[⑥] 然而,只有从不同于哈贝马斯的角

① Nancy Fraser, *Justice Interruptus: Critical reflections on the "Postsocialist" Condition* (London: Routledge, 1997), p.81.

② Nancy Fraser, Rethinking the Public Sphere: A Contribution to the Critique of Actually Existing Democracy, in Craig Calhoun (ed.), *Habermas and the Public Sphere* (Cambridge, Mass.: MIT Press, 1992), p.124.

③ Ibid., pp.123 - 124.

④ Ibid., p.126.

⑤ Ibid., p.127.

⑥ Nancy Fraser, *Unruly Practices: Power, Discourse and Gender in Contemporary Social Theory* (Minneapolis: University of Minnesta Press, 1989), p.123.

度来理解弗雷泽所谓的"社会事务",才能充分发挥这种批判潜力。弗雷泽认为,社会事务领域不能等同于哈贝马斯定义的那种"传统的政治商谈公共领域"。① "社会事务"更多的是关于所有有问题的需求的商谈领域,原则上是一个贯穿了家庭、经济或国家的开放的行动空间。弗雷泽强调,社会事务争论必须涵盖"私人的"需求。基于此,弗雷泽宣称,"一种恰当的公共领域理论必需对当代晚期资本主义社会中公共领域的多样性,及其相互之间的关系做出理论阐释"。② 综上所述,弗雷泽对哈贝马斯早期的公共领域概念/构想进行了有力的批判。但是,在笔者看来,哈贝马斯的立场,尤其是他后来对民主理论的讨论,与弗雷泽的取向完全相互辉映,双方堪称一致。

三、艾莉丝·马瑞恩·杨之批判

I. M. 杨赞同哈贝马斯对晚期资本主义的解释和交往伦理的基本概念,但批评他所暗示的同质化的公共领域。I. M. 杨将弗雷泽对哈贝马斯理论的批判又向前推进了一步,将其运用到所有的商议民主理论身上。她批评该理论为公共讨论所设定的"商谈规范",因为这些规范"属于特定的文化,且常常是以权力的形式来进行操作,这就使得某些人的发言受到压制,或其价值受到了贬低"③。I. M. 杨试图拓展当代女性主义的议题,在理性、平等、公民权等位于当代道德和政治理论的核心地位的理想中,离析出固有的男性偏见。④ 她站在女性主义立场上,批判了商议民主模式所运用的中立性公共领域概念,反对商议民主理论将公共领域描述为追求共同善的场所。因为这会使那些追求共同善的弱势群体因不符合共同善的主流定义而放弃表达自己的体验。⑤

I. M. 杨分析指出,现代政治理论对公共与私人的区分表达了一种对同质化

---

① Nancy Fraser, *Unruly Practices: Power, Discourse and Gender in Contemporary Social Theory* (Minneapolis: University of Minnesta Press, 1989), p.156.

② Nancy Fraser, Sex, Lies, and the Public Sphere: Some Reflections on the Confirmation of Clarence Thomas, *Critical Inquiry*, Vol.18, No.3(Spring, 1992), p.612.

③ Iris Marion Young, Communication and the other: beyond deliberative democracy, in Seyla Benhabib (ed.), *Democracy and Difference: Contesting the Boundaries of the Political* (Princeton: Princeton University Press, 1996), p.123.

④ [美]艾丽丝·M. 杨:《正义与差异政治》. 李诚予等译,北京:中国政法大学出版社,2017,第7页。

⑤ Iris Marion Young, Communication and the other: beyond deliberative democracy, in Seyla Benhabib (ed.), *Democracy and Difference: Contesting the Boundaries of the Political* (Princeton: Princeton University Press, 1996), p.126.

的渴望,这种同质化排斥了许多人和团体,尤其是在文化上与身体、自然性和唯理性联系在一起的女性团体和激进团体。这一理论和实践中的公共观念与规范的现代理性概念是一致的。它描绘了人类存在之域,在那里,理性和普遍性被公民从他们特定的背景、需求和情感中抽象出来,得以表达。但是,对现代政治理论中的排斥性理念和同质化理念的考察表明,我们无法想象这种公共生活的复兴能够使启蒙思想复活。相反,我们需要转化公/私之分,这与理性-激情/欲望、普遍性-特殊性的对立无关。① 基于以上分析,I. M. 杨对"公共领域"概念进行了新的界定。她将公共领域称之为"整个社会的问题经过讨论、处理,最终影响到法律和公共政策⋯⋯的制定的一个过程"。② 在她看来,公共领域是人民与权力之间最主要的连接者。我们判断公共领域是否健康应根据它如何一方面作为反对意见和责任义务的空间,另一方面又作为影响政策的空间。在公共领域里政治人物提出议题,发布消息、观点和经过包装的言论,对行动和政策进行批评,并提出新的政策和实施方式。当这些议题、批评、形象和提议被广泛地讨论和传播,有时会带来政治和社会变革。③ 在此,I. M. 杨将公共领域视为一个包容多样性的场所,在这里,人们可以用不同的方式、从不同的背景以及旨趣表达自己的观点。她借助阿伦特的公共领域理论,指出"公共领域的确定性特征是多元主义"。在她看来,公共领域是由多个彼此相对陌生、相互联系不紧密、无法化约的多重历史和视角组成的。

I. M. 杨特别强调公共领域具有的公开性和包容性的特点。然而,"公开性"的概念要求其成员放下分歧,以揭示共同善,这破坏了"公开性"的真正含义,因为它的目的是将多种分歧变成一种分歧。对此,I. M. 杨引用迪施(Lisa Jane Disch)的观点论证道,公共领域的确定属性是特殊性:构成公共领域的多元视角无法化约为单一的公分母。对权威的决定性声明将这些视角简化为一个共同的分母,有效地诋毁其他行为者的声明,并结束公共讨论。意义并非内在于行动之中,但我们说,公共讨论是由公共领域的多元视角的解释性语境构成的,这赋予行动的多

---

① Iris Marion Young, Impartiality and the Civic Public: some implications of feminist critiques of moral and political theory, in Seyla Benhabib and Drucilla Cornell (eds.), *Feminism as Critique: essays on the politics of gender in late-capitalist societies* (Cambridge: Polity Press, 1987), p.73.

② Iris Marion Young, *Inclusion and democracy*, Oxford: Oxford University Press 2000, p.170.

③ Ibid., pp.173 - 174.

元性,从而使其成为真实存在。① 基于此,I. M. 杨指出,公共领域不是一种让人舒服的讨论空间,其中,人们具有共同语言、假设,以及看待问题的方式。其实,阿伦特就曾将公共领域看成是一种表面的空间,其中各种行为者面对其他人,接受一种多元视角的审视和判断。这样,I. M. 杨勾勒出了公共领域的特点:"就其公开性和包容性的意义而言,公共领域都是开放的;从原则上讲,真正的公共讨论对所有人开放。"②在此语境中,I. M. 杨特别强调,"公共讨论中多元社会视角"的存在有助于根据正当的正义要求设计话语。因为其他人不太可能认为"我想要这个"或"这项政策符合我的利益"是接受提议的充分理由。依靠对集体问题的不同视角向他人解释会促进讨论的参与者在公正的基础上形成自己的建议。③

在强调在公共领域中劝说他人的修辞技巧的重要性的同时,I. M. 杨还指出要接纳其他包容性的政治言论的不同形式。比如说,当遭受不公正伤害或压迫的人们在主流规范的交谈中缺乏抱怨不公的词汇时,就会产生根本的不公。问题是,一个受到伤害或压迫的群体如何从这种伤害所造成的完全沉默和排斥转向公开表达? I. M. 杨的策略是"讲故事"(storytelling)。因为讲故事是沉默不公正待遇和关于正义的政治辩论之间的重要桥梁。④ 另外,在颂扬公民参与普遍公共领域所拥有的美德时,公民共和主义者常常过分夸大两性差异。对由男性品格和公民权所支持的公共领域的颂扬,对其独立性、普遍性和非感性理性的颂扬,意味着在私人领域内建立一个家庭,在这个家庭中,情感上和生理上的需求必须受到限制。这么说来,公共领域的普遍性是以排除妇女为前提的。⑤ 因此,公共领域应是一个欢迎多元主义和多种形式的交往理性的场所,在这里,差异应受到肯定与关注,而不是排斥。进而言之,公众就是不同个人和集体经验、历史、义务、理想、利益和目标的集合。人们根据一套共同的程序面对面地讨论共同的问题。当这

① Sandra G. Harding, *Whose Science? Whose Knowledge? Thinking from Women's Lives*, Ithaca: Cornell University Press1991.; Ismay Barwell, *Knowing the Difference: Feminist Perspective in Epistemology*, London: Routledge 1994, pp.79 - 94;艾莉丝·马瑞恩·杨:《作为民主交往资源的差异》,载[美]詹姆斯·博曼、威廉·雷吉主编:《协商民主:论理性与政治》.陈家刚等译,北京:中央编译出版社 2006 年版,第 301 页。

② 艾莉丝·马瑞恩·杨:《作为民主交往资源的差异》,载[美]詹姆斯·博曼、威廉·雷吉主编:《协商民主:论理性与政治》.陈家刚等译,北京:中央编译出版社 2006 年版,第 301 页。

③ 同上书,第 302 页。

④ Iris Marion Young, *Inclusion and democracy* (Oxford: Oxford University Press, 2000), p.72.

⑤ Iris Marion Young, Polity and Group Difference: A Critique of the Ideal of Universal Citizenship, *Ethics*, Vol.99, No.2(Jan., 1989), pp.253 - 254.

一公众的成员与其他成员对话时,他们知道自己对其他人负有责任;让人家了解自己的观点使人家在表达自己的观点时要小心。这种多元的公众对话背景要求参与者以对其他成员负责的方式表达自己的观点。①

针对 I. M. 杨的上述观点,墨菲认为,I. M. 杨赞同公共生活重新政治化,但是这也没必要创造出某种公共领域来——在这个领域中,公民们把他们的特殊团体联盟和需求抛于脑后,为的是去讨论假设性的公共利益或共同善。其实,I. M. 杨在这里所提出取而代之的是要创设一种"异质的公共空间"(heterogeneous public),通过它,各种特殊的声音以及那些受压制或处于弱势地位的下层团体的立场都获得有效再现和被认可的机制。为了使这样一种构想得以可能,I. M. 杨寻求一种规范性的合理性观念,这种合理性并不装成是中立的和普遍的,而且它也不使合理性与情感和欲望相对立。当然,在 I. M. 杨看来,尽管哈贝马斯的交往伦理有其局限性,不过,这一合理性的构形还是可以从中受益匪浅的。可在墨菲看来,I. M. 杨的这一"以群体区分"的概念构思"仍然很成问题"②,I. M. 杨的论点事实上"可说是一种'利益群体多元论的哈贝马斯式版本',群体不为个人中心的私利而是为公正而斗争着,重点放在辩论和宣传上"。③ 本哈比却指出,I. M. 杨并未排斥公共领域的概念,I. M. 杨所排斥的是启蒙式的公共领域版本。在此,I. M. 杨建议用一种"异质的公共空间"概念来取代"市民的公共空间"(the Civic Public),提倡一系列制度化的措施,用以保障和巩固异质公共空间中团体代表权,④进而倡导一种所谓的"交往民主"(communicative democracy)。

虽然哈贝马斯没有直接回应 I. M. 杨对其理论中存在同质化倾向的批评,但他在回应埃莱(Geoffrey Eley)的批评观点的时候对此做了类似性交待。在埃莱看来,哈贝马斯对资产阶级公共领域的过度渲染导致了不正确的理想化,即夸大了以阅读为中介、以交往为核心的公共交往的合理性层面。⑤ 对此,哈贝马斯的回答是:"资产阶级公众的前提是,在共同阶级利益的基础上,彼此争斗的不同党

---

① Iris Marion Young, *Inclusion and democracy* (Oxford: Oxford University Press, 2000), p.25.
② [英]尚塔尔·墨菲:《政治的回归》.王恒、臧佩洪译,南京:江苏人民出版社 2008 年版,第 99 页。
③ [英]尚塔尔·墨菲:《女权主义、公民权及激进民主政治》(Feminism, citizenship and radical democratic politics),赵伶伶译,收录于朱迪斯·巴特勒、琼·斯科特主编:《女权主义的政治理论》(*Feminists theorize the political*, New York: Routledge, 1992);载[美]佩吉·麦克拉肯主编:《女权主义理论读本》.桂林:广西师范大学出版社 2007 年版,第 628 页。
④ Iris Marion Young, *Justice and the politics of difference* (Princeton, N.J.: Princeton University Press, 1990).
⑤ [德]哈贝马斯:《公共领域的结构转型》.曹卫东等译,上海:学林出版社 1999 年版,"1990 年版序言",第 2 页。

派至少在原则上能够达成共识。即便人们认为,资产阶级公众具有某种程度上的同质性,并以此为出发点,也不能错误地侈谈单数意义上的公众。随着我模式中观察距离的变化,资产阶级公众内部发生了分化,撇开这些不谈,如果人们**一开始**就考虑到相互角斗的种种公共领域,考虑到摈除于主导公共领域之外的交往过程具有的能动性,那么,情况就并非如此了。"①从这个意义上说,哈贝马斯应该同意 I. M. 杨的批评,因为他自己也承认资产阶级公共领域确实存在一定程度的同质化。不过,随着理论视阈的拓展,在汲取他人的合理观点的同时,哈贝马斯对自己的前期观点不断地进行修正(在本章第四节将对此展开具体论述)。

四、塞拉·本哈比之反思

本哈比称赞 I. M. 杨对哈贝马斯理论模式的批判具有说服力和穿透力。但本哈比也指出,I. M. 杨只看到了问题的一个方面。换言之,I. M. 杨在阐述自己的观点时照样留下问题:"保留公共领域并在民主理论中给予其一定地位的做法与她(即 I. M. 杨,引用者注)此前对中立的理性概念所做的更为激进的批评之间并不相容。"②在本哈比看来,哈贝马斯的公共领域理论忽视了女性主义的诉求和女性的利益,没有考虑到公共领域中的性别差异,将女性排斥在公共领域之外。当然,本哈比并不是简单地将哈贝马斯的理论贬斥为"性别盲视",而是通过承认他们共同关注的问题,并试图推进他们各自的理解,运用和重构有关公共领域理论的洞见。本哈比在《公共空间的模式》一文中将西方的公共领域概括为三种基本模式:一是所谓"竞争的"(agonistic)公共领域模式;二是所谓"合法的"(legalistic)公共领域模式;三是所谓"商谈的"(discursive)公共领域模式。这三种模式分别以阿伦特、阿克曼、哈贝马斯为代表。③ 其中,本哈比在讨论哈贝马斯的公共领域模式与强调公民美德的传统公共领域模式的区别时指出:"后者对现代市民社会的制度具有一种敌意的态度,比方它们敌视市场……它不适合于经济、法律政治以及

---

① [德]哈贝马斯:《公共领域的结构转型》. 曹卫东等译,上海:学林出版社 1999 年版,"1990 年版序言",第 2 页。

② 塞拉·本哈毕布:《走向审议式的民主合法性模式》,谈火生译,载谈火生编:《审议民主》. 南京:江苏人民出版社 2007 年版,第 201 页、第 202 页。译文略有改动。

③ Seyla Benhabib, Models of Public Space: Hannah Arendt, the Liberal Tradition, and Jürgen Habermas, in Craig Calhoun (eds.), *Habermas and the Public Sphere* (Cambridge, Mass: MIT Press, 1992), pp. 73－98.

市民生活和家庭生活等高度复杂、分化的现代社会。"①对于哈贝马斯的公共领域模式,本哈比表示赞赏,认为这种模式在现代社会中更加现实,能够与现代社会接轨。

　　与此同时,本哈比批评了哈贝马斯区分公共领域和私人领域的思想。在本哈比看来,哈贝马斯的商谈伦理模式是关于道德而不是价值的;是关于"普遍性的利益"而非"文化性解释的需求";是关于正义的问题而非"良好生活"的问题。② 相应的区分是公共道德与私人价值、公共正义与私人"良好生活"、公共利益与私人需求。正如本哈比所理解的那样,这样的区分是有问题的,因为它们只是自由社会契约论传统的产物,与现代资本主义社会不相符合。而且,将道德论证局限于正义问题是成问题的,因为正义问题和良好生活问题之间的逻辑区别是以社会学对公共领域和私人领域的划分为前提的,或者说,二者至少是勾连在一起的。因此,本哈比认为,一种合情合理的道德必须关注政治正义的问题。这样一来,按照逻辑划定,所有私有关系和个人生活领域——在男权社会中主要属于女性——必须从道德能力的范围中排除。然而,在哈贝马斯看来,本哈比的"这一观点并不正确。因为,有关正义问题和良好生活问题的逻辑划分,并不取决于对生活领域作社会学划分"。③ 哈贝马斯说道:"如果我们追问,什么对于所有人来讲都同样称其为善,那么,我们是在从道德角度使用实践理性;如果我们追问,什么对于我或我们来讲永远为善,那么,我们是从伦理角度运用实践理性。"④在此,哈贝马斯区分了正义与善、道德问题与伦理问题。从道德角度来看,什么是所有人都能要求得到的这样的正义论问题,原则上讲允许存在普遍有效性的答案;反之,伦理问题只能在具体生活、历史语境或特殊生活形式语境中,由理性加以解释。这样的自我领悟过程与道德论证之间的区别就在于其提问方式的不同,而并非其具有性别特殊性。

　　本哈比强调,就公域与私域的划界问题而言,她希望人们不要误解,凡是人类社会必须在公共领域和私人领域之间做出区分,总有一个领域是我们不愿与他人

---

① Seyla Benhabib, Models of Public Space: Hannah Arendt, the Liberal Tradition, and Jürgen Habermas, in Craig Calhoun (eds.), *Habermas and the Public Sphere* (Cambridge, Mass: MIT Press, 1992), p.86.

② Ibid., p.88.

③ 哈贝马斯:《内在超越与此岸超越》,载哈贝马斯:《哈贝马斯精粹》.曹卫东选译,南京:南京大学出版社2004年版,第458页。

④ 哈贝马斯:《内在超越与此岸超越》,载张庆熊、林子淳主编:《哈贝马斯的宗教观及其反思》.上海:上海三联书店2011年版,第191页。

分享的,我们希望受到保护,不受他人侵害。在这里,本哈比将自己的观点与自由主义理论家做了比较。她说道:"我与自由主义理论家的不同之处在于,他(她)似乎确信这些边界应当画在什么地方,而我总是对一种不经过真正公开的公共争辩的确定性的潜在政治含义保持深深的怀疑。"①于是,本哈比援引弗雷泽的术语强调指出②,在一种"次反公共领域"中,我们可以重新思考和商议公共与私人之间的界限,并质疑和修改之前的划分。然而,从社会文化的角度重新思考和划定公共与私人的界限是一回事,而将其落实到立法和政府管理中则是另一回事,这期间还有很长的路要走。③ 当有人站在自由主义的立场认为匆忙地划定这样的界限可能会侵蚀个体自由时,弗雷泽正确地指出,"制造舆论"的弱公共领域和"制定决策"的强公共领域之间存在差异,我们不能对这两个相似但截然不同的团体提出相同的要求。④ 制造舆论的团体(例如各种新社会运动)可以引导我们对私人关系、性关系和亲密关系等有争议的议题进行反思,但这并不意味着只有经过这样的公共商谈所产生的结果才应该获得普遍的立法,即使其结果非常地吸引人。

针对女性主义对哈贝马斯公共领域理论及商议民主模式的批评,本哈比指出这些批评存在一些模棱性。一方面,这种批评在原则上是按照最高的标准来要求民主制度,但在实践中则批评其在执行过程中的偏差和局限性;另一方面,女性主义批评的目标似乎是完全拒斥自由的公共理性观念和公正性理念。⑤ 因此,本哈比在比较罗尔斯的理论模式与商议民主模式时强调,商议民主模式具有以下独特性:首先,商议民主模式不仅没有限制公共对话的议程,而且鼓励讨论公共和私人之间的界限;其次,商议民主模式植根于公民社会的公共领域,更关注政治过程与"背景文化"的互动方式;最后,罗尔斯关注的是"最终的强制性政治权力",而商议民主模式关注的则是在不受限制的公共领域中形成意见的过程,这是非强制性

---

① 塞拉·本哈毕布:《自由主义的对话对推论合法性的批判理论》,应奇译,载应奇编:《自由主义中立性及其批评者》.南京:江苏人民出版社 2007 年版,第 316 页。

② Nancy Fraser, *Rethinking the Public Sphere: A Contribution to the Critique of Actually Existing Democracy*, in Craig Calhoun (ed.), *Habermas and the Public Sphere* (Cambridge, Mass.: MIT Press, 1992), p.123.

③ 塞拉·本哈毕布:《走向审议式的民主合法性模式》,谈火生译,载谈火生编:《审议民主》.南京:江苏人民出版社 2007 年版,第 203 页。

④ Nancy Fraser, *Rethinking the Public Sphere: A Contribution to the Critique of Actually Existing Democracy*, in Craig Calhoun (ed.), *Habermas and the Public Sphere*, Cambridge, Mass.: MIT Press1992, p.132ff.

⑤ 塞拉·本哈毕布:《走向审议式的民主合法性模式》,谈火生译,载谈火生编:《审议民主》.南京:江苏人民出版社 2007 年版,第 201—202 页。

的,也是终极性的。① 在本哈比看来,商议民主模式的关键是"公共领域"的观念,在这个观念中,公民、团体、社会运动和各种组织进行辩论、商谈和异议,直至形成意见。② 这样,当我们将公共领域设想为一种匿名的、多元复合的沟通和商谈媒介时,它就不需要同质化,也不需要压制差异。异质性、差异性和他性可以在构成晚期资本主义公共生活的各种各样的协会、网络和公民论坛中得到表达。③ 从这个角度来看,本哈比在评论哈贝马斯的公共领域概念(理论)时,既有批判性的观点,也有辩护性的观点。不过,正如台湾学者黄瑞祺和陈闵翔所评述的那样:"哈贝马斯的公共领域是一种规范性论,因此社会学者或女性主义者其实是犯了稻草人错误(意指批评错了重点)。"④

五、哈贝马斯之应答

哈贝马斯承认,女性主义的研究文献使我们更加清楚地意识到公共领域本身的男权性质。⑤ 这样,哈贝马斯在很大程度上接受女性主义在公共讨论中提出的上述批评。同时,他还从其商议民主理论的角度进一步解释和论证女性主义参与公共讨论这个现象本身。

哈贝马斯指出,20 世纪 70 年代以来,激进女性主义思潮的共同立场是:反福利国家的平等政治和自由主义的平等政治都有一个共同的假设,那就是,在一个由男性定义和主导的文化中,男女双方都能受益的权利可以在现有体制的框架内实现。⑥ 因此,对男女性别角色和社会地位进行文化诠释具有重要意义。也就是说,有关性别认同和性别关系的对立观点必须置于公共讨论之中。⑦ 这也就意味着,实现女性解放和性平等的关键,在于加强妇女在政治公共领域中的地位,从而促进她们参与只有可能澄清平等的有关方面的政治交往。⑧ 但哈贝马斯认为,

---

① 塞拉·本哈毕:《走向审议式的民主合法性模式》,谈火生译,载谈火生编:《审议民主》.南京:江苏人民出版社 2007 年版,第 197 页。

② 同上书,第 200 页。

③ 同上书,第 203 页。

④ 黄瑞祺、陈闵翔:《哈伯马斯的民主理论》.台北:允晨文化 2018 年版,第 77 页。

⑤ [德]哈贝马斯:《公共领域的结构转型》.曹卫东等译,上海:学林出版社 1999 年版,"1990 年版序言",第 7 页。

⑥ [德]哈贝马斯:《在事实与规范之间》.童世骏译,北京:生活·读书·新知三联书店 2003 年版,第 524 页。

⑦ 同上书,第 527 页。

⑧ 同上书,第 528 页。

实现男女平等或正义的关键是让他(她)们成为政治公共领域中具有同等发言权的参与者,而社会的文化自我理解、男女之间的关系、公共领域和私人领域的关系,以及男女应该在哪些方面实现真正的平等,都可以通过在这个公共领域的自由讨论得到澄清。特别是,有关妇女权益保护的法律涉及特定社会的伦理和道德问题,必须首先在公开讨论中澄清①,且只有在政治交往中,这一系列问题才能得到澄清。而政治交往的前提是:消除排斥,也就是说,当事人不能无缘无故地被排除在外;同时也要防止某些发言者和话题的特殊性,也就是说,防止不公平的情况发生。而且,应消除压制和操纵以及以非雄辩的手段施加的影响。②

针对女性主义批评的"公共领域排他性"问题,哈贝马斯将两种不同的情况区分开来——即女性与历史上没有独立地位的男性,并提出一个值得探讨的新问题:女性是否像工人、农民和"暴民"(Pöbel)(即"没有独立地位"的男性)那样被排除在资产阶级公共领域之外。③ 对于这个问题,哈贝马斯认为,这二者之间是不一样的。因为,与排除不享有平等权利的男性不同,排除妇女会影响公共领域的结构。④ 根据哈贝马斯的观点,这两个群体在历史上都被剥夺了平等参与政治意见和意愿形成的权利。因此,在阶级社会中,资产阶级民主自我理解的基本前提从一开始就陷于矛盾之中。随着历史的推演,到了 20 世纪,女性终于获得了公民平等权,有机会提高自己的社会地位;政治平等也使女性享有社会福利国家的待遇,但这一切并不能自动改变性别差异造成的歧视(Unterprivilegierung)。在这一时期,劳工运动和妇女权利运动得到了广泛的发展,都以普遍的公民权为目标。然而,与阶级斗争机制不同的是,性别关系的变化不仅涉及到经济体制,而且还涉及到私人领域的核心,即小家庭的内部空间。在哈贝马斯看来,政治公共领域并非偶然由男性主导。性别决定了政治公共领域的结构及其与私人领域的关系。从这个意义上说,排除女性对政治公共领域产生了建设性的影响。⑤ 在这里,哈贝马斯还引用了佩特曼(Carol Pateman)的观点进行论证,只是佩特曼对女性能否平等地进入政治公共领域持怀疑态度。佩特曼认为,就其结构而言,政治公共

---

① [德]哈贝马斯:《在事实与规范之间》.童世骏译,北京:生活·读书·新知三联书店 2003 年版,第 526 页。

② [德]哈贝马斯:《道德认知内涵的谱系学考察》,载[德]哈贝马斯:《包容他者》.曹卫东译,上海:上海人民出版社 2002 年版,第 20—21 页。

③ [德]哈贝马斯:《公共领域的结构转型》.曹卫东等译,上海:学林出版社 1999 年版,"1990 年版序言",第 7 页。

④ 同上书,"1990 年版序言"第 8 页。

⑤ 同上书,"1990 年版序言"第 8 页。

领域仍然具有私人领域的父权特征,后者缺乏公共主题。所以,哈贝马斯的结论是:无论是工人运动还是被工人运动排除在外的"他者",即女权运动,都可以加入资产阶级公共领域,表达自己的话语,以期从内部改变这些话语和公共领域本身的结构。资产阶级公共领域的普遍主义话语从一开始就包含了自我指涉的前提。①

第二节　与后马克思主义及左派之间的论辩

与上述女性主义的做法不同,墨菲没有在原有的传统公共领域和私人领域的基础上探索如何将问题公共化、政治化,而是直接解构了这种传统的二分法。这样,以前被视为非政治的各种主体立场所在的私人领域,现在成为冲突和对抗的渊薮。当然,墨菲并不认为自己解构了这种二元区分,而只是"以一种不同的方式被建构"罢了。② 但就根本意义上而言,从墨菲对激进民主的公民身份的建构中我们可以看到,隐含父权制的公共领域和私人领域二分法被她解构了。附带提及的是,由于这些批评所挑战的是哈贝马斯公共领域理论的基本假定,故在此我们将它们称为"外部的批评"③。

一、尚塔尔·墨菲之挑战

作为当代西方后马克思主义的代表人物,墨菲深受葛兰西、卡斯托里亚迪斯、雷佛特(Claude Lefort)、拉康、福柯以及德里达等人的思想的影响。在她和拉克劳(Ernesto Laclau)所合著的《领导权与社会主义策略:走向一种激进的民主政治》一书中,首次提出了"后马克思主义"(Post-Marxism)的概念,二人被称为后马

---

① [德]哈贝马斯:《公共领域的结构转型》.曹卫东等译,上海:学林出版社 1999 年版,"1990 年版序言",第 9 页。
② [英]尚塔尔·墨菲:《政治的回归》.王恒、臧佩洪译,南京:江苏人民出版社,2008,第 96—97 页。
③ 事实上,后结构主义者也对哈贝马斯的公共领域提出了根本性的、"外部的"批评。他们质疑知识是否能从权力中分离出来,并由此拒斥哈贝马斯理论中为其标准化提供理性根据的主张,他们[如福柯(1980)、利奥塔(1984)]将这一主张看作是不连贯的和危险的。在他们看来,所谓是"不连贯的",因为所有的知识形式——包括关于理想言说情境和交往行为的观念——都是权力的表达,并且不可避免地对那些将其视为事实的人施加一种征服效果。所谓是"危险的",因为它暗示了以人文主义和解放的名义所做的事情或多或少会免除一些(它本身的)压迫性效果。这样的风险是某种"理性"被激发出来,对它表面上声称要揭露和去除的征服形式加以否定和神秘化。在此,由于篇幅所限,有关后结构主义者们对哈贝马斯公共领域理论所作出的批判性观点就不具体展开。

克思主义的旗手。① 在《政治与激情》一文中,墨菲借用福山的名言("历史的终结")不无惋惜地感叹道:正在终结的不是历史,而是政治。② 通过援引皮特金(Hanna Fenichel Pitkin)观点,墨菲论述道:"政治生命的特征就是一个在歧见纷呈、主张抗衡和利益冲突的语境中不断地创立统一体——一种公共性——的问题。离开了相互抗衡的主张和利益之间的冲突,政治领域就没有了主题;就无需去做什么政治决策。"③因此,根据墨菲的观点,我们"应把政治理解为一种公共领域中的群体性参与行为,包括利益的冲突、冲突的化解、分层的暴露、对抗的爆发等等,而且,正如马基雅维利第一个认识到的:以这种方式才能获得自由"。④

墨菲主张对"政治的"(the political)和"政治"(politics)进行区分。在她看来,所谓"政治的"指的是所有人类社会所固有的对抗性维度,这种对抗性可能呈现为许多不同形式,并可能出现在各种社会关系中。而"政治"则是指人们试图使用的各种实践、话语和制度的集合,以建立某种秩序,使人们在总是存在潜在冲突——这是由于受到"政治的"方面的影响——的背景下和平共处,⑤正是基于这样的政治观,墨菲指出,"理性主义者渴望一种不受扭曲的理性交往,追求一种基于理性共识的社会统一性,这从根本上来讲是反政治的,因为它忽视了情感因素在政治学中的重要位置。政治学不能被贬低为理性,因为它恰恰指明了理性的局限性"。⑥ 于是,墨菲倡导一种"现代性的多元主义(pluralism of modernities)"观念和一种"竞争式的多元主义民主"模式。不过,与商议民主模式相反,墨菲所倡导的上述民主规划和模式有一个核心主张,那就是:民主的首要任务不是熄灭激情,也不是为了使理性的共识成为可能而将激情放逐到私人领域中去,而是要把各种激情动员起来,为促进民主规划服务。竞争式的对抗非但不会危及民主,相反,它

---

① 关于后马克思主义的一般性介绍可以参阅 Stuart Sim, *Post-Marxism: An Intellectual History* (Routledge, 2000)。

② Chantal Mouffe, Politics and Passion: A Stake of Democracy, An inaugural professorial lecture at the University of Westminster in May 2002.

③ Hanna Fenichel Pitkin, *Wittgenstein and Justice: On the Significance of Ludwig Wittgenstein for Social and Political Thought* (Berkeley, University of California Press, 1972), p. 215. 转引[英]尚塔尔·墨菲:《政治的回归》. 王恒、臧佩洪译,南京:江苏人民出版社,2008,第 58 页。

④ [英]尚塔尔·墨菲:《政治的回归》. 王恒、臧佩洪译,南京:江苏人民出版社,2008,第 67 页。

⑤ [英]尚塔尔·墨菲:《审议民主抑或竞争式的多元主义?》,霍伟岸译,载谈火生编:《审议民主》. 南京:江苏人民出版社,2007,第 359 页。

⑥ [英]尚塔尔·墨菲:《政治的回归》. 王恒、臧佩洪译,南京:江苏人民出版社,2008,第 133 页。

事实上正是民主存在的条件。① 事实就是,"现代民主的特质在于承认冲突并把冲突合法化,而且拒绝通过一种独裁主义的秩序来压制冲突"。②

在《民主的吊诡》一书中,墨菲对罗尔斯和哈贝马斯的民主理论进行了比较性的探讨。墨菲尖锐地指出,罗尔斯与哈贝马斯之间的共通之处不仅在于他们无法掌握政治性的敌对本质,而且在于他们无法理解自由主义与民主之间的构成性吊诡。这样,墨菲既没有被罗尔斯将自由与平等结合的尝试所说服,也不认同哈贝马斯所称的个人权利与人民主权之间具有"共源性"(co-originality)③的说法。在前面有关"政治的"与"政治"的概念区分的论述中,墨菲已经指出,"政治性"所意味的敌/友区分的真实可能性,根本无法透过公共领域与私人领域的区分或在公共领域理想言说情境中的理性论辩而完全消失,且自由与平等之间的张力也只能透过具有偶然性的领导权建构而取得暂时性的平衡与稳定。④ 在墨菲看来,不论是罗尔斯或哈贝马斯,都没有能力提出一个令人满意的解决"伴随着自由主义民主发端的自由与平等之相容性问题"的方案。因为他们二人最后都只是凸显了其中一方,而忽视了另外一方:在罗尔斯的例子中是自由主义,而在哈贝马斯那里则是民主。

墨菲分析指出,以哈贝马斯为代表的商议民主理论的主要目的是重新阐述公共领域的古典观念,并赋予其在民主规划中的核心地位。然而,由于哈贝马斯及其追随者倡导将理性和合理性论证而不是把利益和偏好的聚合看作政治的中心问题,故他们只是简单地从经济模式转移到道德模式。这种转移的实质是用另一种观念取代公共领域的市场驱动观念,即把政治问题构想为具有道德性质因而能够为理性所决定。这意味着他们把民主的公共领域等同于对规范的正当性要求的话语性拯救。⑤ 通过对自由主义思想的两个主要范式——即聚合模式(aggregative model)和商谈模式(deliberative model)——的批判性分析,墨菲指出,"民主的任务就是把'敌对(antiagonism)'转化为'抗争(agonism)'"。按照墨

① [英]尚塔尔·墨菲:《审议民主抑或竞争式的多元主义?》,霍伟岸译,载谈火生编:《审议民主》.南京:江苏人民出版社,2007,第359页;[英]尚塔尔·墨菲(Chantal Mouffe)《论政治的本性》.周凡译,南京:江苏人民出版社2016,第133页。
② [英]尚塔尔·墨菲:《审议民主抑或竞争式的多元主义?》,霍伟岸译,载谈火生编:《审议民主》.南京:江苏人民出版社,2007,第360页。
③ 在《在事实与规范之间》中,哈贝马斯清楚地表明,其民主程序理论的目标之一便在于凸显基本个人权利与人民主权之间的"同源共生"。
④ [英]尚塔尔·墨菲:《民主的吊诡》.林淑芬译,台北:巨流图书有限公司,2005,第XⅧ~XⅨ,译文稍有改动。
⑤ [英]尚塔尔·墨菲(Chantal Mouffe)《论政治的本性》.周凡译,南京:江苏人民出版社2016,第124页。

菲的理解,"对手"(the adversary)乃民主政治的一个关键范畴。我们应将互为对手的模式(adversarial model)看成民主的构成性要素,因为它容许民主政治把敌对转化为抗争。① 可一旦这样一种互为对手的构型(adversarial configuration)缺失的话,民主的出口就没有激情的奔涌,而多元主义的抗争性动力也将受到阻碍。② 所以说,只有当我们承认每一种共识都是作为临时性霸权的权宜性结果而存在、都是作为权力的稳定化而存在,并且认识到达成暂时共识的过程中总是包含着其他种排斥形式的时候,我们才开始以一种不同的方式来想象民主的公共领域的性质。③ 然而,在墨菲看来,哈贝马斯的理论模式却预设了一种消除了权力和对抗并可以在其中达成理性共识的公共领域的有效性。这么说来的话,哈贝马斯的理论观点具有反政治性性质。④

墨菲强调政治⑤可以无所不在,批评自由主义划分公私领域的不当,反对罗尔斯把公共领域弄成一个"没有争议、没有抗争"的领域,指责其"否定了政治、回避了政治"。而且,"罗尔斯认为多元主义只是在私人领域起作用的善的观念的多样性,与公共领域是完全分开的,在公共领域中,人们在受自身利益支配的基础上达成共识。这是一个完美的自由主义乌托邦"。⑥ 在墨菲看来,自由主义的基本策略是划分公共领域与私人领域,将所有争议性的哲学、道德、宗教问题放进私人领域,让各种信仰的支持者将这些事情当成私人事务处理;然后在公共领域中假"国家中立"之名,提倡某些仿佛不可质疑的政治价值,以之导引出政治社会资源的分配原则,并美其名为"重叠共识"。其实,正如当前关于堕胎的争论⑦所清楚地表明的那样,"多元主义并不意味着所有这些相互冲突的善的观念会和平共处而且不去干涉公共领域,公共和私人的边界也不是一旦给定就永远不变的,它是被建构的并且永远在变动的。而且,'私人'事务随时都有出现对抗并且随之而被政治化的可能性"。⑧ 因此,墨菲"拒斥对公共的抽象的普遍主义定义,并与被看成是特殊和差异领域的私人空间相对立"。⑨ 正如她援引欧克肖特(Michael

① [英]尚塔尔·墨菲(Chantal Mouffe)《论政治的本性》.周凡译,南京:江苏人民出版社2016,第17页。
② 同上书,第25页。
③ 同上书,第133页。
④ 同上书,第71页。
⑤ 墨菲把自己的政治构想描绘成"民主霍布斯主义(democratic Hobbesian)"。
⑥ [英]尚塔尔·墨菲:《政治的回归》.王恒、臧佩洪译,南京:江苏人民出版社,2008,第59页。
⑦ 这涉及到合理平衡的问题,主要讨论妇女是否有终止怀孕的正当合理的权利,可参见罗尔斯:《政治自由主义》.万俊人译,南京:译林出版社,2000,第258页,注释32。
⑧ [英]尚塔尔·墨菲:《政治的回归》.王恒、臧佩洪译,南京:江苏人民出版社,2008,第59页。
⑨ 同上书,第82页。

Oakeshott)的观点所指出的那样,在社会形态①中,"任何情形都是'私人'与'公共'的一种相遇,是那种去获取想象的和希望的满足之言行与实践这些言行时所必须考虑的市民性条件之间的磨合;而且,绝不会出现这样一种情形——在其中,上述二者的任一者可以排斥掉另一者"。②"尽管公私区别对维护个人自由一度起了中心作用,但它也是排除异己的强有力的原则。"③

墨菲认为,自由主义的这种理论策略令人无法苟同,因为:第一,公共的政治领域完全排除社会中真正具有争议性的问题,使冲突与不满被无情压制,剩下的只有个人利益的理性计算与互利交易,这是政治的窄化。第二,将政治活动限缩在"自由平等公民"的理性协商之上,完全漠视人类政治行动的集体特性及非理性特质。但是回避集体的激情,只会导致政治学无力处理诸如认同政治或法西斯主义所带来的挑战。第三,自由主义喜欢诉诸理性,但是合不合理的界定却只能由现存民主体制的霸权决定,这说明了国家中立只是一个幌子,而理性政治所追求的"重叠共识"更是自欺欺人的幻影。④ 在墨菲看来,"自由主义主张普遍的理性共识可通过不偏不倚的对话获得,自由的公共合理性能保证国家的公平,但这只有以否认存在于社会关系中无法缩减的对抗因素为代价才有可能,并且,这对维护民主制度有着灾难性的影响"。⑤ 基于此,墨菲宣称,为了使多元主义的理念激进化并由此深化民主革命,我们必须放弃理性主义、个人主义和普遍主义,因为这种自由的梦幻有一个重大缺陷:"一是它必然看不到政治在其冲突/决定的理论维度中所表现出来的特殊性;二是它不能看出对抗在社会生活中的建构作用。"⑥

---

① 欧克肖特的"社会形态"这一理念指的是"行动者由于机遇或环境的原因而被相互联系在一起,以此还组成一种特定类型的可认同的联合体。把他们联系在一起,并且还促使每个人把自己看成为社会分子那个纽带,并不是指投身于一个实体之中并去追求一种共同的实质性的目的或去促进一种共同利益,而是指彼此之间的忠诚与信赖"。换言之,它指的是一种依据规则而形成的形式关系,而不是一种依据共同行动而构成的实质性关系。参见 Michael Oakeshott, *On human conduct* (Oxford: Clarendon Press, 1975), p.201。

② Michael Oakeshott, *On human conduct* (Oxford: Clarendon Press, 1975), p.183;参见[英]尚塔尔·墨菲:《政治的回归》. 王恒、臧佩洪译,南京:江苏人民出版社,2008,第 82 页。

③ [英]尚塔尔·墨菲:《女权主义、公民权及激进民主政治》(Feminism, citizenship and radical democratic politics),赵伶伶译,收录于朱迪斯·巴特勒、琼·斯科特主编:《女权主义的政治理论》(*Feminists theorize the political*, New York: Routledge, 1992);载[美]佩吉·麦克拉肯主编:《女权主义理论读本》. 桂林:广西师范大学出版社,2007,第 624 页。

④ Chantal Mouffe, *The Return of the Political* (London: Verso, 1993), pp.48 - 52,139 - 143;参见江宜桦:《自由民主的理路》. 北京:新星出版社,2006,第 275 页。

⑤ [英]尚塔尔·墨菲:《政治的回归》. 王恒、臧佩洪译,南京:江苏人民出版社,2008,第 163 页。

⑥ 同上书,第 2 页。

政治总是以其复杂的形态存在着：不仅有"他们"的维度（建构对抗的方面），而且有"我们"的维度（结交朋友的方面）。墨菲所主张的"多元主义民主当然也需要一定程度的共识，但这种共识只与一些道德-政治原则有关。既然这些道德-政治原则只能存在于各种不同的、而且相互冲突的阐释之中，那么这样一种共识就必定是一种'冲突的共识'。这就是为什么多元主义民主需要为异议和表达异议的制度留出空间"。① 不过，遗憾的是，此处墨菲所谓的"冲突的共识"到底指的是什么却语焉不详。其实，理性共识具有相对程度的批判性，因为它可以指出许多社会不合理的现象，从而要求进一步的改革。不过，正如史密斯（Anna Marie Smith）在此提醒我们的，"为了避免产生对哈贝马斯最为常见的一些误读，我们应该强调这样一个事实：哈贝马斯的这一模式只是一种'规范性理想'。哈贝马斯自然没有说我们已经实现了这一理想，也没有说我们有必要或者有可能实现这一目标。相反，他的观点是，他制定了我们行动时最理想的道德判断，好像这一模式真的是美好生活成为可能的完美社会的模式，好像我们可以实现这一完美的目标。从某种意义上说，哈贝马斯是在要求我们运用这一理想社会图景诊断当代社会不能建构民主、自由和平等状况的缺失"。②

二、约翰·基恩之重释

作为英国最重要的政治思想家之一，基恩可以说是最早主张并详细论证"社会主义的市民（公民）社会"观念的左翼思想家。早在《公共生活与晚期资本主义》一书中，基恩就批判了两种观点：一种观点是把民主化等同于把国家权力扩展到国家以外的市民（公民）社会领域；另一种观点是把民主化等同于废除国家、在市民（公民）社会的公民之间建立自发协议。他认为，"通往社会主义的民主之路"只能是介于这样两个不可能性的极端之间。在随后出版的《民主与市民社会》一书中，基恩指出，"多元的民主公共领域的观念、市民社会与国家之间的区别，仍然是具有核心意义的"。③ 他反对哈贝马斯把经济领域排除在市民（公民）社会之外，

---

① ［英］尚塔尔·墨菲：《审议民主抑或竞争式的多元主义？》，霍伟岸译，载谈火生编：《审议民主》．南京：江苏人民出版社，2007，第 360 页。

② ［美］安娜·玛丽·史密斯（Anna Marie Smith）：《拉克劳与墨菲》．付琼译，南京：江苏人民出版社，2011，第 177—178 页。

③ John Keane, *Democracy and Civil Society: on the Predicaments of European Socialism, the Prospects for Democracy, and the Problem of Controlling Social and Political Power* (London/New York: Verso, 1988), viii.

认为这种观点一方面使市民(公民)社会处于经济上被动消极的地位,被剥夺了任何使它能捍卫或加强其力量的财产资源,另一方面使市民(公民)社会中的物质生活被贬低为仅仅是用于实现市民(公民)社会所追求之目标的手段,而没有任何内在的自由的价值。

在谈及研究"市民(公民)社会"课题的缘由时,基恩解说道:自己"是在各种不同情况下构思的,开始于恢复 20 世纪马克斯·韦伯时代流传下来的德国政治思想中公共领域观念的尝试性研究"。① 即他坚持从后韦伯观点出发来探讨公共领域,但此观点却并"不符合哈贝马斯学派关于理性讨论的理想类型"。② 在基恩看来,音乐、戏剧、体育、美术和舞蹈都是推动市民(公民)社会和公共生活进步的沟通方式。因此,抛开哲学偏见不谈,没有理由可以解释为什么人们理解不了他们20 世纪末期流行的填充物——MTV 年度颁奖的喧闹、与此类似的《里基莱克》演播时的鼎沸、电子游戏的超文本——作为合法权力冲突的潜在媒介。③ 基恩遗憾地宣称:"关于市民(公民)社会与'公共领域'之间关系的详细分析很少。这一点很可惜,而且亟待弥补,因为我们生活在一个交际空间结构急剧变化的时代。"④在基恩看来,如今构筑在国家基础上并受领土限制,靠广播、电视、报刊及书籍传达公共生活的旧统治正走向消亡。取而代之的只是各种各样的空间交流构成方式蓬勃发展,它们使得"公共领域必须统一"的传统思想以及为了某些"公共利益"而奋斗不息的市民组成共和国的相应观念过时了。基恩论述道:"公共生活今天正面临结构的转变,但不是像哈贝马斯在《公共领域的结构转型》中所定义的那样,而具有非常不同的意义,是一个由不同规模、彼此重叠而又网络化了的公共领域组成的、不断发展而且极为复杂的马赛克拼图。"⑤正是由于这种交流空间的结构性调整迫使我们改变对公共生活以及与民意、公共生活、公共利益等相关概念的理解。因此,"追溯它们的渊源绝对有必要,因为从历史角度理解这些概念会加深我们对它们的多重含义、实用性、总体趋势的了解,认识到在 20 世纪末已

---

① [英]约翰·基恩:《市民社会:旧形象,新观察》. 王令愉、魏国琳译,上海:上海远东出版社,2006,第 2 页。

② John Keane, Structural Transformations of the Public Sphere, *The Communication Review*, Vol.1(1), 1995, p.18.

③ Ibid., p.18.

④ [英]约翰·基恩:《市民社会:旧形象,新观察》. 王令愉、魏国琳译,上海:上海远东出版社,2006,第 145 页。

⑤ [英]约翰·基恩:《费城模式》,载[日]猪口孝、[英]爱德华·纽曼、[英]约翰·基恩编:《变动中的民主》. 林猛等译,长春:吉林人民出版社,1999,第 279 页。

大为改观的环境下使用'公共领域'等近代词语的政治陷阱。"①

随着公共生活发生结构性转变,原有的理论分析框架如何应对这些新情况成为基恩的理论关注点。就此,基恩曾写作了一篇与哈贝马斯《公共领域的结构转型》一书同名的长文②,同时对哈贝马斯的公共领域概念进行了修正。基恩给出了一个虽不精确但相对详细的概括:公共领域是两个或更多人之间空间关系的特殊形式,通常通过某种通信手段(如广播、电视、电话、卫星、传真、电子邮件等)相联系,在通讯中非暴力冲突爆发,会持续短暂或较长的一段时间,涉及到在互相影响的特定环境内,并(或)在冲突方所处的更广泛的社会和政治结构环境中运行的权力关系③。而且,公共领域是民主态度的精髓所在,公民可以参与关于谁在何时、以何种方式得到何物的辩论。它有助于确保任何人都不能私下"拥有"权力,无论是在国家内部还是在市民(公民)社会内部。④ 由此看来,这一表述扩展了公共领域的疆域:第一,承认了公共领域是一个关系体系,由各种形式的交往行为构成;第二,强调了公共领域是一个权力体系,包括市民(公民)社会的公共权力和国家公共权力的一部分;第三,肯定了公共领域对权力的规范化的作用,也就是说具有民主的内在使命。根据基恩的观点,当先前单独行动的两个以上的个人聚集在一起,讨论他们自己的相互作用及其已经和始终置身其中的更广泛的社会和政治权力关系时,公共领域便形成了。通过这种独立自主的结合,公共领域的成员将考虑其想要做什么,确定其将如何在一起生活,弄清楚在其所掌握的手段的估计限度内将如何能在可预见的未来集体行动。⑤ 所以说,公共领域是民主态度的精髓所在,这种精髓,艾柯(Umberto Eco)称它为"diffidenza",即一种对权力所持的经常性的、健康的怀疑态度。⑥ 而且,据此定义,基恩"冒着被误解的危险",把公共领域区分为三种理想类型:

其一是微观公共领域(micro-public Spheres)。它指的是在一个国家内部、不

① 〔英〕约翰·基恩:《市民社会:旧形象,新观察》.王令愉、魏国琳译,上海:上海远东出版社,2006,第145页。

② John Keane, Structural Transformations of the Public Sphere, *The Communication Review*, Vol.1(1), 1995.

③ Ibid., p.8.

④ 参见〔英〕约翰·基恩:《费城模式》,载〔日〕猪口孝、〔英〕爱德华·纽曼、〔英〕约翰·基恩编:《变动中的民主》.林猛等译,长春:吉林人民出版社,1999,第279页、280页。

⑤ 〔英〕约翰·基恩:《公共生活与晚期资本主义》.马音、刘利圭、丁耀琳译,北京:社会科学文献出版社,1999,"绪论"第3页。

⑥ 〔英〕约翰·基恩:《费城模式》,载〔日〕猪口孝、〔英〕爱德华·纽曼、〔英〕约翰·基恩编:《变动中的民主》.林猛等译,长春:吉林人民出版社,1999,第279页。

同地域和人群之间发生的各种交流和争论。这些争论涉及社会权力、政治权力和经济权力在人民中的分配,涉及到生活经验的交流、生活习惯的形成等。微观公共领域主要存在于咖啡馆、文学圈、市政会议等地方。在这样的公共领域中,市民(公民)社会的活动主要是一些潜在的小团体的共同努力,具体包括"小团体、组织、倡议、地方交往以及市民社会日常生活模式中由友谊构成的框架网络"。它们存在着数以十计、百计、千计的争论者,其相互作用通常发生在**次民族国家**的水平上。

其二是中观公共领域(meso-public spheres)。它指的是这样一些矛盾空间,其围绕着数百万人,让参与者远距离地去看、去听、去读、去体验。它们一般与主权国家共存亡,但它们也可能跨越自己的疆域而发展,以便影响邻国的听众(例如德语节目在澳大利亚制作并播出);它们的范围也可能受国家地区限制,例如西班牙的加泰罗尼亚和巴斯克等不讲卡斯蒂亚语的地区。哈贝马斯意义上的公共领域,无论是文学公共领域还是政治公共领域,主要指的都是这个公共领域。这是一个在民族国家范围内形成的公共领域。它们以像《纽约时报》《世界报》《时代》《环球邮报》这样有广泛销路的报纸,英国广播公司(BBC)、意大利广播电台(RAI)以及美国四大广播网[即哥伦比亚广播公司(CBS)、美国全国广播公司(NBC)、美国广播公司(ABC)、福克斯公司(Fox)]这样的电子媒介为中介,通常包括了成百万的人,其相互作用通常发生在**民族国家**的水平上。

其三是宏观公共领域(macro-public spheres)。它指的是跨越一个国家的界限,在全球范围内运作的公共领域,通常会聚集上亿甚至几十亿的人卷入各种在**超国家和全球**的权力水平上发生的争论。在现代世界,出现了一些跨国传媒,尤其是报纸和杂志,也出现了一批诸如国际新闻集团(News Corporation)、路透社、时代华纳、贝塔斯曼等跨国新闻和传媒公司。计算机通讯网络的迅猛发展是宏观公共领域的一个最新的说明,特别是随着现代互联网的出现,国际公共领域逐渐形成。同时,在卫星的帮助下,人们可以收看许多全球化的电视节目。某些国际性非政府组织,如绿色和平运动等,都具有全球化的宏观公共领域的特征。在全球化的公共领域中,人们自然也可以在全球范围内讨论人类共同关心的重大问题,比如环境问题、卫生问题、国际经济秩序问题、文化差别、不同价值观的问题、民族利益的问题等。各种利益团体和政治势力也利用国际媒体干预他国政治。[①]

基恩宣称,"教条式地坚持统一公共领域——'公众舆论'与'公共利益'在此

---

① 参阅王晓升:《"公共领域"概念辨析》,载《吉林大学社会科学学报》2011年第4期,第27页。

被界定——观点的公共生活理论是一个幻构；为了民主，这个理论现在就应该被抛弃"。① 基于此，基恩进一步分析指出，《结构转型》一书从来没有充分考虑到资产阶级的公共领域和未来的社会主义制度中独立自主的公共领域之间可能存在的协商与矛盾。根据基恩的理解，哈贝马斯理论中的这种弱点明显地与至少其他三个难点有联系并被强化。第一个难点是哈贝马斯似乎过分坚持自由资产阶级公共领域的自我形象，其结果是他倾向于夸大这种公共领域的内在一致性和一贯性。第二个难点是哈贝马斯关于资产阶级公共领域"再封建化"的论述过于接近阿多诺关于大众文化事业的论点，其结果正如尼基特（Oskar Negt，哈贝马斯的学生）所认为的，哈贝马斯没有分析当前重新坚持独立自主的公共生活的斗争可以利用晚期资本主义通讯手段受到限制的潜力（如果有的话）的方式。第三个难点是哈贝马斯始终表现出不愿意设想其他可供选择的或相反的公共领域的前景，尤其是这样的公共领域：它们具有历史意义的新颖之处就在于它们鼓励争论和作出关于需要的决定，并且试图在政治上调和不仅产生于正式的政治进程而且产生于家庭生活和资本主义生产等领域的各种具体利益。基于此，基恩认为，"这些弱点加在一起使哈贝马斯的论点产生了一种十足的两重性。至少在他的早期著作中，在一定程度上对资产阶级公共领域理想的怀念和关于形成新型独立自主的公共领域的可能性的极端悲观论调令人苦恼地同时并存。总之，哈贝马斯所开创的关于资产阶级公共领域的研究的前途因这种研究不公开地取决于其批判对象而受阻"。②

三、哈贝马斯之回应

由上可知，墨菲的后现代知识论及本体论只能将公私领域的划界变得弹性与流动性，却无法在根本上否定公共领域的存在，以及公共领域与政治（亦即集体抗争）的关联。就此而言，墨菲跟阿伦特在界定公私领域时所采取的途径，有异曲同工之妙。③ 事实上，哈贝马斯没有同意墨菲（和拉克劳）所倡导的反普遍主义的政治规划方案，而是提出了一套维护普遍性理论话语的政治规划方案，即所谓的"商

---

① John Keane, Structural Transformations of the Public Sphere, *The Communication Review*, Vol.1(1), 1995, p.20.
② ［英］约翰·基恩：《公共生活与晚期资本主义》. 马音、刘利圭、丁耀琳译，北京：社会科学文献出版社，1999，第111页。
③ 江宜桦：《自由民主的理路》. 北京：新星出版社，2006，第280页。

议民主"政治规划方案。如果把墨菲所主张的"激进民主"政治规划方案与哈贝马斯的"商议民主"政治规划方案进行比较,我们可以发现,现代主义与后现代主义理论取向之间的冲突与对立,在方法论上有着明显的体现。概言之,这二者之间的对立的焦点主要体现在以下几个方面:第一,墨菲认为,冲突与对抗是当代政治的本质,没有冲突与对抗就没有政治;而哈贝马斯则认为,对话与商谈是当代政治的本质,是当代政治的核心因素。第二,墨菲认为,"激进民主"政治规划的主要任务是建构"政治认同",通过政治认同拓展民主斗争的空间;而哈贝马斯则认为,"商议民主"政治规划的主要任务是生产"政治共识",通过面对面的对话与商谈达成"共识"是当代民主发展的新方向,可以弥补代议制民主的缺陷与不足。第三,墨菲认为,民主是一个过程,而不是一系列程序;而哈贝马斯则认为,民主是一套程序,而不是一种体制(regime)。第四,如何在实践中获得政治认同?怎样构造政治共同体?墨菲的回答是"回到霸权斗争",通过霸权斗争联接多元的民主话语,建构政治认同;而哈贝马斯则强调,政治共同体的构造应通过政治共识来获得,在社会公共领域开展"交往行动"(它是构造政治共识的必由途径)。此外,墨菲还强调指出,激进民主事业有这样一个优势:"它让我们能够理解权力关系得以建构的多种方式,帮助我们揭露各种普世主义伪装下和寻求理性的真本质的宣称里所隐藏的各种排除异己的行为。"①其实,将墨菲(和拉克劳)的理论谋划与哈贝马斯相比拟,我们可以发现,她(他)们都认为现代性是"一项未竟的事业",认为现代性具有解放性的一面,仍有许多积极的成就与价值有待拯救和发展。只是墨菲(和拉克劳)比哈贝马斯更严厉地批判了启蒙运动的普遍主义和理性主义,更加积极地倾向于用后结构主义和后现代主义理论来重建现代政治。在政治实践策略上,哈贝马斯对资本主义采取的策略是改良主义的;与之类似,墨菲(和拉克劳)也主张采取一种改良主义道路来实现社会主义,主张一种反对资本主义而亲社会主义的政治。

　　根据第三章中的论述,我们知道,哈贝马斯主张在"真实性、真诚性、正当性"三大有效性要求的基础上达成话语共识,重建交往理性,将交往有效性要求和规范恪守的要求提升到社会伦理原则的高度。就哈贝马斯话语伦理学的主张而言,话语的共识必须满足以下条件,即每一个具有语言和行为能力的主体在自愿放弃

---

① [英]尚塔尔·墨菲:《女权主义、公民权及激进民主政治》(Feminism, citizenship and radical democratic politics),赵伶伶译,收录于朱迪斯·巴特勒、琼·斯科特主编:《女权主义的政治理论》(Feminists theorize the political, New York: Routledge, 1992);载[美]佩吉·麦克拉肯主编:《女权主义理论读本》.桂林:广西师范大学出版社,2007,第630页。

使用权力和暴力的前提下,自由平等地参与话语的论证,并且在此过程中,每个人都必须怀着追求真理、服从真理的动机和愿望。不仅如此,通过话语共识建立起来的规则还必须被所有人遵守,每个人都必须对其实施的后果承担责任。而且,真正的共识绝不会否定差异,取消多元性,但在多元的价值领域中,话语论证的形式规则应在主体间达成合理的一致,并将这一前提引入语言交往。这样,它以逻辑合理性为基础的话语规则的统一为基础,旨在保证论证的有效性要求在形式和程序上的实现。① 换言之,平等主体之间按照有效性要求达成的共识,强调的是一种程序和规则的合理性。它所反对的恰恰是社会压抑,所追求的恰恰是对这种压抑的否定和摒弃,所试图寻找的恰恰是一条将人从社会压抑中解放出来的道路。这就是说,只要交往参与者没有建立起相互承认的关系,没有接受对方的视角,没有以他者的眼光来审视自己的传统、相互学习、取长补短,那么,就不可能有基于信念的共识。② 而"要想就某事达成共识,参与者不仅要理解他们在表述过程中所使用的命题的意义,而且相互之间在没有旁观者的语言共同体中要同时承担起言语者和听众的角色。……这就是说,一个言语者要想通过行动把信息传送给一个听众——在面前有众多潜在在场者时——就必须学会完全从他对手的角度观察和理解问题,就像听众在他那里接受了这一视角一样"。③ 任何一种共识都取决于第二人称的"肯定"立场或"否定"立场,所以他们必须互相学习。而相互承认的交往自由和交往义务是一些对称的关系,这些关系揭示了戴维森(Donald Davidson)所说的"宽容原则"(principle of chrity)和伽达默尔所说的"视界融合",也就是解释学的期待,即:最初看起来不可通约的一切原则上都是可以沟通的。④ 其实,无论来自何种文化背景,所有的参与者都会自觉地充分认识到,交往的参与者之间的关系如果不对等,基于洞见的共识就不可能。换言之,参与者应当建立一种互相认同、互换视角的关系,愿意从他者的角度审视自己的文化传统,从而相互学习,互通有无。⑤

---

① 参见章国锋:《哈贝马斯访谈录》,载《外国文学评论》2000 年第 1 期,第 29 页。

② 哈贝马斯:《论人权的合法性》,载[德]哈贝马斯:《后民族结构》.曹卫东译,上海:上海人民出版社,2002,第 148 页。

③ 哈贝马斯:《康德之后的形而上学》,载[德]哈贝马斯:《后形而上学思想》.曹卫东、付德根译,南京:译林出版社,2001,第 24 页。

④ 哈贝马斯:《现代性的概念——两个传统的回顾》,载[德]哈贝马斯:《后民族结构》.曹卫东译,上海:上海人民出版社,2002,第 199 页。

⑤ 哈贝马斯:《再论理论与实践》,薛巍等译,载许纪霖、刘擎主编:《丽娃河畔论思想:华东师范大学思与文讲座演讲录》.上海:华东师范大学出版社,2004,第 12 页。

　　虽然共识的产生依赖于交往程序，但共识的道德质量在某些情况下并不能依靠对话来达至完美。应当说，共识本身的道德质量往往取决于行为主体对自身文化传统及生活史的反思性的考察，通过行为规则的比较，深刻领悟不同主体和不同生活共同体之间最具竞争性和生命力的价值。在这里，"共识这一概念低估了这样一个事实，即共识常常是通过把强者的意志强加到弱者身上来达成的"。① 凯尔纳和贝斯特就指出，哈贝马斯的理性共识观点确实具有片面性。因此，他们反对哈贝马斯的普遍主义式的准基础主义（试图在语言的潜能中寻找交往理性的基础），而主张一个折中的方案，即"在某些情况下，形成歧见、挑战霸权观点、维护差异乃是最好的选择，而在另一些情况下，则有必要去达成共识，以便促进某种政治或伦理目标的实现"。② 换言之，交往同时包含着两个向度，且这两个方面具有同等的重要性。所以说，哈贝马斯的这一话语伦理思想面临的"最大问题是：通过交谈的运作所产生的共识的公正性具有相对性的特点，在某种条件下未必能够经得起历史的检验"。③ 基于此，童世骏教授也认为，哈贝马斯的共识论有其不足之处，即哈贝马斯不大容易接受"基于不同理由的共识"，他希望交往过程最后实现一个"基于同样理由的共识"。后来，在罗尔斯的影响下，哈贝马斯逐渐接受了这种共识背后的不同理由，但总的来说，相对而言，他仍然难以接纳这种多元性。④ 其实，哈贝马斯也曾将"共识"区分为两种类型：其一是关于事实的共识（consensus about facts）；其二则是关于价值的共识（consensus about values）。⑤ 这个区别十分重要，其重要性在于，如果我们只是对重叠共识（overlapping consensus）做出一种近乎因果性的解释，即只是去寻找一个现实的背景来理解为什么在这种背景下会出现这样一种重叠共识，那么就会出现一个问题：对客观趋势过于被动与顺从。在此，我们之所以强调重叠共识观念，正是因为在这样一个全球化、同质化趋势十分强烈的时代，我们实际上需要承认"多样性"。这样，重叠共识的关键点就不是"consensus"（共识），而是"overlapping"

---

① ［美］道格拉斯·凯尔纳、斯蒂文·贝斯特：《后现代理论——批判性的质疑》. 张志斌译，北京：中央编译出版社，1999，第311页。
② 同上书，第311页。
③ 甘绍平：《感受哈贝马斯》，载中国社会科学院哲学研究所编：《哈贝马斯在华讲演集》. 北京：人民出版社，2002，第207页。
④ 李泽厚、童世骏：《关于"体用"、"超越"和"重叠共识"等的对话》，载《哲学分析》2012年（第3卷）第1期，第169页。
⑤ ［美］莱斯利·A. 豪：《哈贝马斯》. 陈志刚译，北京：中华书局，2002，第35页。

（重叠），也就是基于不同理由的共识。①

　　但总的说来，诚如批判者所言，合理（或理性）共识之达成确实具有不现实性。哈贝马斯意义上的共识依然是一种出于共同接受的同样理由的合理（或理性）共识，而不是一种出于不同理由的合理（或理性）共识，因而不能容纳多元的世界观或不同视角。德雷泽克就认为，"在一个多元社会里，共识是难以达到的、不必要的，也是不受欢迎的"。② 当然，这一观点在我们看来依然是值得商榷的。而博曼对哈贝马斯的批判则有一定道理。在他看来，"多元的一致"这一标准足够推动民主过程中的持续合作，它意味着，可能并非所有公民都同意，但如果所有的公民可以看到能够公平、公开地予以修正和商议，那么他们将持续合作，合作就是持续进行的公共商谈中的持续参与。③ 其实，共识乃一规范性的理想状态，现实中的安排虽然未能实现这种状态，但可以将之作为发展取向。不过，在如今这种多元化和复杂化的时代，哈贝马斯意义上的公共商谈之实现毕竟是不现实的，更何况哈贝马斯还要求经公共商谈凝聚成"单一的一致"或"强的理性共识"。④

　　从上述基恩对哈贝马斯的公共领域理论的批判中，我们则可以发现，一方面，基恩对哈贝马斯的理论价值表示肯定，认为"在过去几十年里，哈贝马斯对社会主义公共生活理论作出了最令人感兴趣和最富于雄心的贡献"⑤，尤其在讲德语的社会主义传统中，对社会主义公共生活理论发展"惟一最有决定性意义的贡献毫无疑问是于尔根·哈贝马斯所作出的"。⑥ 但另一方面，基恩又指出，"哈贝马斯为新型公共生活所作的辩护与抽象的和形式上的重建理论模式——越来越成为他的研究的指南——是矛盾的"⑦，在他看来，哈贝马斯的普遍语用学理论"具有自我瘫痪的矛盾特征。这种理论不能实现它自己要求的政治诺言，所以需要自身

---

① 李泽厚、童世骏：《关于"体用"、"超越"和"重叠共识"等的对话》，载《哲学分析》2012年（第3卷）第1期，第169页。
② ［澳］约翰·S.德雷泽克：《协商民主及其超越：自由与批判的视角》.丁开杰等译，北京：中央编译出版社，2006，第160—161页。
③ James Bohman, Plurism, and the Constitutional State: On Habermas's Faktizität und Geltung, *Law &Society Review*, Vol.28, No.4,1994, p.925.
④ 肖小芳：《道德与法律——哈特、德沃金与哈贝马斯对法律正当性的三种论证模式》.北京：光明日报出版社，2011，第247页。
⑤ ［英］约翰·基恩：《公共生活与晚期资本主义》.马音、刘利圭、丁耀琳译，北京：社会科学文献出版社，1999，第180页。
⑥ 同上书，第191页。
⑦ 同上书，第181页。

的超越——趋向独立自主的公共生活的理论"①;而且,哈贝马斯的交往行为理论也"不能对当代争取独立自主的公共生活的斗争的实质性方面提出许多见解"。这样的话,也就产生了"哈贝马斯为公共生活辩护时的累赘"。② 基于此,基恩宣称,在独立自主的公共领域的政治领域中,经常像狂欢节似的经验不能被描述为毫无乐趣的牺牲。从神话、幻想和辩论的嬉笑怒骂中繁荣起来的公共生活增进了说服和被说服以及通过言语和行动的共同活动的欢快(或者沮丧)。社会主义公共生活不一定是循序渐进地演变的积累结果,也不一定是晚期资本主义社会及其机制的非政治化的和平地"决定性地否定"的积累结果。民主的公共生活的历史性出现不能被描述为一个主要是一致的过程。"为公共生活而斗争,正如它的许多辩护者已经理解的,与渴望一个真正不同的政治秩序是同义的;这种斗争在某些方面是要求激进地(区别于温和地决定的)否定现实。"③

此外,左翼学者尼基特和克鲁奇(Alexander Kluge)对商品拜物教和异化劳动进行了进一步的批判,并试图建立一种针对资产阶级公共领域的无产阶级公共领域。同时,他们也对哈贝马斯的公共领域理论进行了批评,认为哈贝马斯的思想对无产阶级公共领域前途的改善缺乏敏感。④ 在他们于 1972 年合著的《公共领域和经验——对市民阶级公共领域和无产阶级公共领域的结构分析》一书中,尼基特和克鲁奇全面提出了"无产阶级公共领域"这一范畴,其新颖之处在于它用人的实践经验来衡量和区分不同类型的公共领域。根据尼基特和克鲁奇的观点,"无产阶级公共领域"概念除了具有一般的历史哲学作用外,还有两个重要的意义:一方面,在政治意识和政治组织方面,他们批判了阶级意识和政党的抽象概念,指出"无产阶级公共领域"是这些因素的有机组成;另一方面,它还涉及法西斯主义历史经验的总结。他俩指出,工人运动之所以失败,原因就在于未能有效地占领市民阶级公共领域和建设"无产阶级公共领域"。⑤ 在尼基特和克鲁奇看来,独立自主的公共领域通常是在以战争、投降和反革命为标志的充满危机的历史阶段发展和兴旺起来的。⑥ 而就"独立自主的公共领域"问题而言,基恩对此作了进

---

① [英]约翰·基恩:《公共生活与晚期资本主义》.马音、刘利圭、丁耀琳译,北京:社会科学文献出版社,1999,第 194 页。
② 同上书,第 175 页。
③ 同上书,第 233 页。
④ [英]威廉姆·奥斯维特:《哈贝马斯》.沈亚生译,哈尔滨:黑龙江人民出版社,1999,第 9 页。
⑤ 曹卫东:《权力的他者》.上海:上海教育出版社,2004,第 38—39 页。
⑥ [英]约翰·基恩:《公共生活与晚期资本主义》.马音、刘利圭、丁耀琳译,北京:社会科学文献出版社,1999,第 1 页。

一步的说明①。根据基恩的观点,这一"独立自主的公共领域"观念有几个值得注意和强调的方面:第一,独立自主的公共领域形成于官僚机构自相矛盾的运转方式中,它是一种没有时间限制的"人之境况"(阿伦特和皮特金语)的表现形式,是人类仅因其身处互相交往之中而体验到的、具有丰富意义的人之境况的基本环节的表现形式。第二,独立自主的公共领域与由广泛使用的、与"内部"(即私人的内心感情领域)形成对比的"外部"含义所规定的非个人的和外表的生活空间不一样,它也不同于塞耐特在其《公共人的衰落》一书中所提出的私人/公众的"地理"模式的超政治的和辩解的涵义。第三,独立自主的公共领域不应与新自由主义公共领域相混淆,后者认为公共领域是由官僚国家机构(政府当局)建立起来的领域,其职能是调整和监督公共的标准,公众应该按照这些标准安静地和被动地生活。② 第四,正像哈贝马斯和其他人所阐释的,公共领域往往表现出狂欢性和充满着矛盾性,所以很难通过健全的言论形成一种不被欺骗的舆论共识。当然,有关基恩提出的"社会主义市民(公民)社会""社会主义公共生活"以及"独立自主的公共领域"等概念,以及尼基特与克鲁奇提出的"无产阶级公共领域"范畴能否成立,我们需要作进一步研究,不过,这些概念无疑大大拓宽了马克思主义国家理论和哈贝马斯公共领域理论的研究框架。

第三节　与宗教及神学之间的论争

根据霍克海姆在《启蒙辩证法》中的说法,批判理论就是一种隐蔽的神学,是世俗化的犹太一神论。③ 有不少学者已经注意到法兰克福学派的犹太思想背景,宣称批判哲学就是一种"戴着面具的神学",批判理论中关于抗议现存体制、相信跃出现存状态的乌托邦精神,都可以视为犹太-基督教末世论救赎学说的非神学表达。④ 自20世纪80年代以来,西方宗教神学界对哈贝马斯的理论兴趣可谓一

---

① [英]约翰·基恩:《公共生活与晚期资本主义》.马音、刘利圭、丁耀琳译,北京:社会科学文献出版社,1999,第23页脚注说明。

② 托马斯·内格尔:《公共生活的冷酷无情》,载斯图尔特·汉普夏尔主编:《公共的和私人的道德》.坎布里奇,1978,第75—91页。

③ 黄璇:《霍克海默批判理论思想简评》,《国外社会科学》2018年第2期,第124页。

④ 包利民:《至善与时间:现代性价值辩证法》.杭州:浙江大学出版社,2018,第249页。

路飙升，各式各样的态度相继登场，或欢呼，或愤然，或接受，或拒斥。① 哈贝马斯关于现代社会中"生活世界"与"系统"相区分，以及生活世界由于"金钱化"或"货币化"（monetarization）和"科层化"或"官僚化"（bureaucratization）遭受了"殖民化"之理论解析，更是引发西方神学家的极大关注，其交往行为理论和公共领域理论甚至在一些神学家——德国政治神学家梅茨（Johann B. Metz）、德国希望神学家莫尔特曼（Jürgen Moltman）、美国基础神学家费奥伦查、美国系统神学家特雷西、荷兰天主教神学家谢列贝克斯（Edward Schillebeeckx）以及德国神学家波伊克特（Helmut Peukert）等——的著述中已得至延展，进而不断激活宗教神学的自身资源。② 哈贝马斯本人在积极回应神学家们的诘问与批判之中，对其公共领域理论做了自我修补，其思想发生了一种"宗教神学式转向"③或者说"后世俗化论转向"④，并进一步阐发了公共领域的后世俗概念，阐释了信仰与理性之间的交互关系，积极倡导宗教重返公共生活。

一、公共领域之超验话语

当代西方神学家们依然相信一个健康的公共领域离不开神学的直接和间接的支持资源。但究竟怎么看待宗教的公共角色？ 如何处理信仰与公共世界的关

---

① 曹卫东：《哈贝马斯：从否定到肯定》，载张庆熊、林子淳编：《哈贝马斯的宗教观及其反思》. 上海：上海三联书店，2011，第 215 页。

② 杨慧林：《意义：当代神学的公共性问题》. 北京：北京大学出版社，2013，第 161 页。

③ 有关哈贝马斯思想的这一转变，详情可参阅郁喆隽的《哈贝马斯的宗教转向及其局限》，载张庆熊、林子淳编：《哈贝马斯与汉语神学》. 香港：香港道风书社 2007 年版，第 207—232 页。不过，吴军博士则主张，我们应从修辞学的层面上使用"宗教转向"这个说法。在此，笔者认同吴军博士的如下判断，即：哈贝马斯主要不是在研究宗教，而是在和宗教进行对话。宗教对于他来说，不是研究的对象而是一个对话的伙伴。哈氏思想的根本旨趣是想从一种你-我的第二人称的视角出发来和宗教与神学进行对话。吴军：《后世俗社会中的宗教和话语型公共领域——论哈贝马斯有关宗教的思想及其实践与政治维度》（复旦大学 2014 年度博士论文），第 9 页。在此，笔者试图从"公共领域中的宗教"这一话题入手，对哈贝马斯的"宗教转向"做一探讨。关于宗教与公共领域二者关系问题的论述，参见笔者拙作：《宗教介入公共领域的若干问题探析》（载《云南社会科学》2012 年第 6 期）（此文写作曾得到了旷三平教授的细心指导，在此向旷老师表示诚挚的谢意！）至于应如何看待哈氏的这一"宗教转向"，笔者认同国外学者史密斯（Black Smith）的观点，即"我们最好这样理解哈贝马斯的宗教转向：它是哈贝马斯克服其哲学计划根基处的一个难以克服的矛盾的又一次尝试"。详见 Black Smith, "Why Jürgen Habermas Disappeared?", in *Foreign Policy*, February7, 2021. https://foreignpolicy.com/2021/02/07/why-jurgen-habermas-disappeared/。

④ ［日］冈本裕一朗：《生命中不可不想之事：哲学将改变我们的生活》. 杜黎明译，北京：中国友谊出版社，2021，第 163 页。

系及理性与信仰的关系问题？作为一个世俗主义者,哈贝马斯在这些问题上与西方宗教神学家们进行了理论辩论。不过,无论是哈贝马斯对宗教功能、教会在公民社会中的作用的描述,还是他的思想进路,都受到了当代西方神学家费奥伦查和特雷西等人的多方面质疑。他们明确指出,哈贝马斯对宗教和教会的理解,以及对公民社会本身的有关描述,都受到现代思考所具有的典型偏见的影响。他要么忽略了、要么只是严重曲解了宗教现象和审美现象及其各自的沟通过程。①

费奥伦查曾宣称,关于宗教象征及其使用,哈贝马斯的理解不仅模糊而且笼统。无论是教会在现代的转型,还是教会对公共商谈的参与,哈贝马斯都未能清楚地加以感知。在《教会社群作为"话语伦理"的制度基础》一文中,费奥伦查从检讨哈贝马斯交往理论对于政治神学的意义及其局限性入手,指认哈贝马斯的社会理论虽为沟通政治神学和政治实践提供了恰当的背景理论框架,但其现代性理论却没能考虑到宗教和神学在现代社会中已发生的如下三大根本性转化②:一是宗教信仰越来越独立于宇宙论世界观;二是宗教信仰是基于个人信念而不是权威;三是宗教信仰所蕴含的人类学和伦理内容得到阐释。这三大转化进而凸显出复杂多元社会中宗教和神学的三个新特性:一是神学与神话-宇宙论世界观的"脱钩",传统宗教信仰所依赖的宇宙论假定已被弃置;二是神学不再依赖特定的权威,而依赖作为主体的人自身,并由此关注宗教的形式结构和普遍的人类学特征;三是宗教信仰的伦理维度变得日益重要。③

费奥伦查认为,哈贝马斯的交往行为理论未能彻底分析现代社会中宗教的上述变化,这种忽视可以解释哈贝马斯关于公共领域与私人领域理论的缺陷。④ 不过,这种信仰生活的转变将启蒙运动的批判原则带入宗教和神学的思考中。这为费奥伦查的论题——即教会作为解释共同体(interpretative communities)进入现代多元社会的公共话语领域,且能为这一领域的生存发展发挥难以替代的作用——奠定了基础。在费奥伦查看来,哈贝马斯将宗教信仰等同于依赖传统权威形式的过时世界观。这样,宗教就封闭于公共讨论和批评,以宗教信念为基础的道德主张自然与公共讨论和理性论辩格格不入。其结果是,宗教信仰在今天成了

---

① [德]卫弥夏(Michael Welker):《多元主义中的教会》.瞿旭彤译,北京:中国社会科学出版社,2010,第15—16页。

② 参见费奥伦查:《教会社群作为"话语伦理"的制度基础》,陈维纲编译,载张庆熊、林子淳编:《哈贝马斯的宗教观及其反思》.上海:上海三联书店,2011,第166页。

③ 同上书,第168—169页。

④ 同上书,第170页。

个人的主观选择,这就不可能为公共领域提供所需的集体原则。[1] 费奥伦查分析指出,"在一个日益贫乏、不断被系统所殖民化的生活世界里,宗教社群所起的不仅仅是规范传统的解释共同体的作用。它们更重要的功能是为社会中自我的形成和发展提供制度基础"。[2] 也就是说,宗教传统有其实质性的潜在规范内容,作为解释共同体的教会能为伦理问题的公共讨论提供一种制度基础。在这里,费奥伦查对教会做出了自己的界定,即教会就是一种解释共同体或解释学公共领域。通过与哈贝马斯的理论论争,费奥伦查明确指出,"哈贝马斯对教会作为一种共同体所具有的公共制度特征的否定,是大有问题的,也值得我们认真思考"。[3]

如何解决哈贝马斯的这一理论缺陷? 费奥伦查发展了一种"公共善的弱观念",试图通过这种"无法清晰把握之'善'"来弥补现实政治的"贫瘠",并将基督教"关于善的道德理想和乌托邦愿景"与关于"正义"的公共话语关联起来[4],进而发展出一种自我反思的重构型政治神学。在《基础神学:耶稣与教会》一书中,费奥伦查指出,在当今分化的现代社会里,教会的政治职责和使命至少包括两个方面:一是在社会正义和社会计划方面起一种批评和倡导的作用;二是形成个人性质的社群。[5] 这是教会的基础性自我理解的一项基本功能。至于社会和政治参与是否与教会的宗教本质相一致,不单要看这种行为是否有意义,或是否蕴含着终极关怀,而且要看它能否与教会在认识耶稣及其生活实践过程中所揭示的意义相一致。[6] 在此,费奥伦查借鉴哈贝马斯的商谈伦理学和交往行为理论,对教会的性质和社会角色进行了新的阐释,将"理性与公共领域之间的关系"看作"哈贝马斯交往理性观念的根本"。在费奥伦查看来,通过交往行为理论和商谈伦理学,哈贝马斯已经将康德那种单一的反思性道德主体,置换为一个道德话语中的主体群。由此,任何政治诉求和伦理诉求的合法性都不能依赖于宗教权威、神谕和神秘启

---

[1] 费奥伦查:《教会社群作为"话语伦理"的制度基础》,陈维纲编译,载张庆熊、林子淳编:《哈贝马斯的宗教观及其反思》。上海:上海三联书店,2011,第168页。

[2] 同上书,第172页。

[3] Francis S. Fiorenza, The Church as a Community of interpretation: Political Theology between Discourse Ethics and Hermeneutical Reconstruction, in Don S. Browning&Francis S. Fiorenza, (eds.), *Habermas, Modernity, and Public Theology* (New York: Crossroad1992), p.86.

[4] Francis Schüssler Fiorenza, Introduction: A Critical Reception for a Practical Public Theology, in Don S. Browning and Francis Schüssler Fiorenza (eds.), *Habermas, Modernity, and Public Theology* (New York: Crossroad1992), p.11.

[5] [美]费奥伦查(Francis schussler fiorenza):《基础神学:耶稣与教会》. 刘锋译,香港:道风书社,2013,第310页。

[6] 同上书,2013,第296页。

示,而必然转向更开放的话语;另一方面,这也不可避免地导致对宗教传统的重述。①

与费奥伦查的理论重心(侧重于对哈贝马斯公共领域理论的批判性运用)略有差异,特雷西(侧重于对哈贝马斯公共领域理论的重新阐释)十分关注神学对公共制度和公共议题的参与,强调神学公共性的阐述,并就批判理论、公共领域和神学家的关系展开讨论。首先,特雷西肯定了哈贝马斯公共领域理论的理论贡献,认为哈贝马斯谦虚而有说服力地捍卫了理性和现代性的概念,使其理论具有交往性的特点,摆脱沦为一种"铁笼"的必然。但同时他又批判地指出,哈贝马斯排斥宗教-神话的话语体系参与公共领域的做法是自相矛盾的,②哈贝马斯"对现代性中的宗教思想和行为相对缺乏关注",而且"在认知层面,哈贝马斯将现代认知世界严格界定为三个自主领域(科学的、伦理的和审美的)似乎忽视了宗教的有效言说,而这甚至连康德——如果不是韦伯的话——都会感到困惑"。③ 这样,在特雷西看来,哈贝马斯对宗教问题角色的沉默态度是有点奇怪的④,而且,哈贝马斯拒绝宗教神学参与公共领域的主张是不合理的。

特雷西分析指出,无论是就宗教还是艺术而言,哈贝马斯都没有认识到宗教象征所具有的公共特征的含义。可如若没有对这些象征及其功能的认识,是不可能搞清楚理性在我们生活世界中的踪迹,也不能进行沟通。特雷西承认,哈贝马斯的理论"对任何一个关注公共领域的神学家来说,都是一个充满希望的理论"⑤,其批判社会理论为神学参与公共领域中的对话提供了方法论的基础。这样,特雷西在肯定哈贝马斯理论的有益价值后,又密切关注文化、宗教和神学中的多元主义问题,认为神学本身就是一种"向交谈与对话敞开的交往活动"⑥。于是,特雷西致力于发展一种"普遍"的公共神学,以回应人类在现代多元社会和公

---

① Francis Schüssler Fiorenza, Introduction: A Critical Reception for a Practical Public Theology, see Don S. Browning and Francis Schüssler Fiorenza (eds.), *Habermas, Modernity, and Public Theology* (New York: Crossroad1992), pp. 4 - 5.

② 特雷西:《神学、批判社会理论和公共领域》,汪海、康心译,载张庆熊、林子淳编:《哈贝马斯的宗教观及其反思》.上海:上海三联书店,2011,第 146 页。

③ 同上书,第 158 页。

④ 同上书,2011,第 159 页。

⑤ 特雷西:《神学、批判社会理论和公共领域》(Theology, Critical Social Theory, and the Public Realm),汪海、康心译,载张庆熊、林子淳编:《哈贝马斯的宗教观及其反思》.上海:上海三联书店,2011,第 145 页。

⑥ Francis Schüssler Fiorenza, Introduction: A Critical Reception for a Practical Public Theology, in Don S. Browning and Francis Schüssler Fiorenza (eds.), *Habermas, Modernity, and Public Theology* (New York: Crossroad1992), p.5.

共领域所面临的挑战。为了捍卫神学的公共特征，在《类比的想象：基督宗教神学与多元主义文化》一书中，特雷西区分了三类公共空间/共同体，即教会(信仰共同体)、社会(组成政治社会的团体)和学界(由广大知识界团体培植的学术学科和协会)，并对这三个公共空间做出了社会学描述，且宣称神学的公共性必然来自这三个公共空间。其中，以教会为例，特雷西主张，复杂多元社会中的教会绝不能退隐到最终将被证明是私人的多元主义概念中，而必须以丰富的多元文化主义的关键资源在公共领域中展现出来。教会作为解释共同体，与其他扎根在世俗传统中的解释共同体相互竞争。同时，特雷西还详细分析了神学和神学家在学界中的角色以及教会、学界、社会三者之间的关系。他明确指出："当神学忠实于它自身的内在要求即公共性时，它将有助于学界和社会的公共价值。没有对公共性的要求，即没有对标准、证据、理由和学科地位的要求的话，将没有严肃的学术神学。"[1]由此说来，神学总是公共的，而不是私人的。神学不是私人的启示或私人的真理，而是属于公共领域。而且，在这样的公共领域中，神学宣称既可以被修正也可能原则上使所有人受益。

我们知道，哈贝马斯关于"公共领域"的看法是：公共领域最好被描述为一套交流信息和观点(即表达肯定或否定观点)的网络，在这个过程中，信息流会被过滤和处理，以聚合成关于某个话题的特定公共观点。所谓公共领域，指的就是由这些交往行为创造出来的社交空间。[2] 可在后工业化和世俗化的西方民主国家里，已大量出现削弱公共领域的社会学事实。那么，面对一个受损的公共领域，神学应该做些什么呢？对此，特雷西首先对"公共领域"概念做出如下重释："公共领域就是被共享的理性的空间，在这里，所有参与者不管彼此有什么特殊差异，都可以坐下来商讨任一宣称——只要这一宣称按照理性是可被维护的"；这一"公共领域(作为某种具有启发性的想象)对于任何一个现代民主社会来说都是不可或缺的"。[3] 与此同时，特雷西强调指出，加强对公共领域概念的理解应从两个方面入手：一方面，要澄清理性的本质，维护公共领域的公共性本质；另一方面，要厘清在像我们这样的社会以及发达工业化和后工业化的西方民主国家里，那些已经开始

---

[1] David Tracy, *The Analogical Imagination: Christian Theology and the Culture of Pluralism*, New York: Crossroad1981, p.21.

[2] 威廉·斯多拉：《并非每种神学都是公共神学：公共领域中的神学》，载江丕盛、杨思言、梁媛媛编：《宗教价值与公共领域：公共宗教的中西文化对话》．北京：中国社会科学出版社，2008，第61页。

[3] 特雷西：《神学、批判社会理论和公共领域》，汪海、康心译，载张庆熊、林子淳编：《哈贝马斯的宗教观及其反思》．上海：上海三联书店，2011，第142页。

削弱公共领域的社会学事实。[①]

　　与费奥伦查一样,特雷西在这里也阐述了理性与公共领域的关系。根据特雷西的观点,在面对使宗教仅仅成为典型的私人生活的持续压力时,"公共领域应该是一个理性讨论的场所"。[②] 公共领域的理念是与理智的理念相关联的。这种理性的运用能够使人们彼此交谈,不必通过争斗而达成一致。公共领域就是被共享的理性空间。为了更好地理解公共领域的这一定义,特雷西进一步阐明了理性的概念。他首先提醒我们,从实证主义和现代意识哲学的双重失败中,不应该得出如下两方面的教训:一是对理性的哲学阐释,除非以一种纯粹语境化或纯粹审美化的方式,否则是不可能找到出路和解脱的。二是现代性的逻辑已经证明,按照某种必然性,只会有工具理性的胜利,结果是导致韦伯所谓的"铁笼"或者卢卡奇所说的"文化的彻底物化"。[③] 不过,在特雷西看来,即使在现代性中,理性也没有萎缩成工具理性。但特雷西还是提醒我们,单纯的工具理性会不可避免地通过破坏理性本身的解放性和交往性而破坏现代性中的任何真正的公共领域。

　　特雷西通过解释学研究进一步指出,在我们的社会中所发现的公共领域的问题,只能通过说明经济与管理系统以及生活世界如何在所有主要制度和规训中通过现代性实现合理化来解决。这就是说,解决社会公共领域的问题,需要用系统-生活世界的分析框架来说明其在现代性中的合理化过程。为了实现这一目标,对话和论辩是这一思想方法的生命。这样,一方面,特雷西赞同哈贝马斯的观点,认为只有捍卫交往理性,才能从哲学上解决现代性问题;另一方面,与哈贝马斯相反,他指出,要分析交往理性,对话(dialogue)而不是论辩(argument)是最具包容性的范畴[④],即对话比论辩更有利于交往理性研究。正如柏拉图所了解的,对话包括了所有必不可少的论辩,这也正是亚里士多德和哈贝马斯所渴望的。而且,和适当的论辩一样,对话同样需要符合交往功能的一般标准。不过,也正如柏拉图在他中期和晚期的对话录中最终看到的,对话超越了辩证的论辩,向同等的理

[①] 特雷西:《神学、批判社会理论和公共领域》,汪海、康心译,载张庆熊、林子淳编:《哈贝马斯的宗教观及其反思》.上海:上海三联书店,2011,第 147 页。

[②] Roger Trigg, *Religion in Public Life: Must Faith Be Privatized?* (New York: Oxford University Press 2007), p.5.

[③] 特雷西:《神学、批判社会理论和公共领域》,汪海、康心译,载张庆熊、林子淳编:《哈贝马斯的宗教观及其反思》.上海:上海三联书店,2011,第 146 页。

[④] 同上书,第 145 页。

性领域敞开,这个理性领域包括了内含于所有经典神话和象征中的真、善、美的开放可能性。[①]

跟特雷西一样,波伊克特在其《科学、行动和基础神学:走向一门交往行动的神学》一书中,对哈贝马斯在其《交往行为理论》一书中有关宗教的功能主义的片面描写做出了批判。波伊克特认为,即使在传统社会中,成熟的宗教,其功能也并不仅仅在于为国家统治提供合法性证明。用波伊克特的话来说:"就其发生和性质而言,成熟宗教是对现代社会发展基本趋势的反叛,力求重建人与人之间或人与现实之间的交往方式。"[②]波伊克特的理论旨趣是试图从哈贝马斯的交往行为理论发展出一门基础神学(a fundamental theology),重建神学宣称中的"理性核心"。为此,他询问道,在交往行为理论中发展起来的理性概念,如果要保持一致和连贯,是否最终就不能有神学的维度? 该如何处理理性与神圣性之间的关系? 该如何应对高雅文化中控制权力不断上升? 针对这些设问,波伊克特的解决方案是,构建一门真正意义上的基础神学,它能够且必须发展为这样一种理论:它是关于在记忆团结(anamnestic solidarity)中接近死亡的交往行动,以及关于所经历和揭示的现实的一种理论。另外,美国历史社会学家扎莱特从神学角度对哈贝马斯的"公共领域"概念亦进行了批判。[③] 扎莱特指出,尽管哈贝马斯在《结构转型》一书中运用了丰富的资料揭示了公共领域在英国的兴起,并对英国公共领域的形成进行了精辟的分析,但由于哈贝马斯仍然被马克思思想所束缚,没能更全面地分析英国公共领域产生的影响因素,因而存在着重要的遗漏。由于受马克思思想的影响,哈贝马斯更多地侧重于公共领域产生中的经济因素和力量,而忽略了同样发挥作用的宗教、科学和出版等因素。扎莱特论述道:"除了正文和一个较长的脚注中偶尔提及外,哈贝马斯的阐述忽略了宗教在公共领域形成时的重要作用,而在这个形成公共领域的时代,宗教话语不是唯一也是一个人们用来界定和讨论公共领域问题的占主导地位的工具。"[④]

[①] 特雷西:《神学、批判社会理论和公共领域》,汪海、康心译,载张庆熊、林子淳编:《哈贝马斯的宗教观及其反思》,上海:上海三联书店,2011,第 164 页。译文稍有改动。

[②] 转引哈贝马斯:《内在超越与此岸超越》,曹卫东译,载张庆熊、林子淳编:《哈贝马斯的宗教观及其反思》,上海:上海三联书店,2011,第 185 页。

[③] 参见 David Zaret, Religion, Science, and Printing in the Public Spheres in Seventeenth-Century England, in Craig Calhoun (ed.), *Habermas and the Public Sphere* (Cambridge, Mass.: MIT Press 1992), pp.224 – 227。

[④] David Zaret, Religion, Science, and Printing in the public spheres in Seventeenth-Century England, in Craig Calhoun (ed.), *Habermas and the Public Sphere* (Cambridge MA: MIT Press1992), p.213.

通过对英国历史的分析,扎莱特认为,在英国资产阶级革命的萌芽和高涨过程中,宗教始终在公共生活中占据着一定的地位。也就是说,宗教在英国现代化过程中并非无所事事,而是大有作为。其中,新教在其内部形成了一种宗教公共领域。这种宗教公共领域为现代公共领域的兴起提供了思想基础,培养了现代公共领域所需要的思维方式和批判性、理性的思维习惯。宗教和公共领域之间有着天然的内在关联。至于哈贝马斯在当时对宗教的否定,那并不是无意识的行为,而是"别有用心",即为了建立一种纯粹的乌托邦式的理想类型。① 可是,2017 年10 月 7 日,十名来自欧洲各国的保守派学者(如 Robert Spaemann)发布了一份连署声明《一个我们能够信靠的欧洲》(A Europe We Can Believe In),此声明中的第 24 条主张:"我们必须坚持,宗教渴望适存于宗教的领域,而非政治的领域,更不用说官僚行政领域。为了恢复我们政治和历史的能动性,欧洲公共生活的再世俗化是势在必行的。"哈贝马斯的亲炙弟子娜丰(Cristina Lafont)更是质疑宗教信仰本身足以为自由民主中的正当理由提供稳定性。在娜丰看来,如果宗教不可避免地介入民主的公共领域,那么宗教就不可能成为我们采取政策的终极依据。②

或许,诚如德国神学家卫尔克(Michael Welker)所指出的那样,上述神学家的批判难以反驳,但他们的建构性意见需要进一步澄清如下一些问题:这些建议是否受到无根基的、由愿望而产生的思考的左右? 这些陈述是否是教会与神学虚幻的自我推荐? 这里所表达的对现存教会的期望是否过高? 教会应如何使公民社会的沟通过程变得更为清晰,并为这些过程的发展提供导向?③ 况且,即使上述批判是恰如其分的,这些神学批判者本身也难以给出他们自己论证的出发点,即真正神学的基础。④ 事实上,大多学者已然抛弃了哈贝马斯的经验主义的断言(哈贝马斯原本坚持说,公共领域是一个历史性的阶段,而不是一种评判所有交往的工具),而将公共领域作为理想标准来判断当代社会现存的交往结构。不过,根据泰勒的指认,哈贝马斯有关宗教话语的立场其实已经有了很大转变,甚至承认宗教话语的"潜能使宗教言语成为可能的真理性内容的一种值得认真

---

① 转引自曹卫东:《哈贝马斯:从否定到肯定》,载张庆熊、林子淳编:《哈贝马斯的宗教观及其反思》.上海:上海三联书店,2011,第 224 页。
② Volker Kaul, Religion, right and the public sphere, *Philosophy and Social Criticism* 2017, Vol. 43(4 -5), p.380.
③ [德]卫弥夏(Michael Welker):《多元主义中的教会》.瞿旭彤译,北京:中国社会科学出版社,2010,第 19页。
④ 同上书,第 3 页。

对待的中介"。① 但可以说,正是上述的质疑、批评以及辩论推动了哈贝马斯后期思想的转变,即所谓的"宗教神学式转向"。

二、哈贝马斯之宗教神学式转向

西方神学家们批评哈贝马斯的公共领域理论排斥"宗教群体",哈贝马斯也曾自嘲是宗教盲,可实际上他从一开始就深入并富有创造性地对宗教展开过研究,思考过宗教在我们时代的意义。正如门迭塔(Eduardo Mendieta)所评述的:"哈贝马斯确实是一位世俗主义者,但他绝非反对宗教的德国式哲学家。"②纵观哈贝马斯的整个思想,哈贝马斯在早期阐述资产阶级公共领域的形成和发展时,并没有谈到宗教公共领域及其作用,也没有提及宗教与公共领域之间的关系。但在关于宗教以及宗教价值在西欧的"后世俗"社会中所扮演的角色的讨论中,哈贝马斯却成为令人瞩目的参与者。特别是在面对神学界"这股新的研究势头,哈贝马斯一改以前的沉默,开始直面神学问题,亮明自己的宗教观念和神学立场,公开答复来自神学界的批判声音,同神学家之间建立起了批判性、论证性和建设性的对话关系"。③ 哈贝马斯积极投入到与关心宗教问题的哲学家、神学家、宗教学家和政治思想家的讨论中去,从思想方式、交往机制、公共领域和文明形态等诸多方面深入反思了当代宗教问题的由来和应该如何处理的方式④,进而分别从哲学层面思考了"理性和信仰"的关系问题,从社会学层面阐释了"后世俗化"问题,以及从政治学层面论述了"宗教多元主义条件下的社会团结如何可能"的问题,且与一些国际知名学者及宗教神学家展开激烈讨论、发表演讲、出版学术著作。

在阐述当今哲学向宗教的转变之时,荷兰宗教哲学家德·弗瑞斯(Hent de Vries)曾引用了这样一个对宗教的代表性定义:"'穿着谎言外衣的真理'(叔本华),'伪装成神学的人类学'(费尔巴哈),'意识形态和虚假意识'(马克思),'儿童期父亲形象'(弗洛伊德),'被没有诗学或音乐才能的形而上学家们混淆得无意义

---

① 查尔斯·泰勒:《为什么我们需要在根本上重新界定世俗主义》,韩升译,载洪涛主编:《复旦政治哲学评论》(第 6 辑).上海:上海人民出版社,2015,第 65 页。
② Eduardo Mendieta, Introduction, in J. Habermas, *Religion and Rationality* (Cambridge: MIT, 2002), p.24.
③ 曹卫东:《哈贝马斯:从否定到肯定》,载张庆熊、林子淳编:《哈贝马斯的宗教观及其反思》.上海:上海三联书店,2011,第 214 页。
④ 张庆熊:《哈贝马斯〈在自然主义与宗教之间〉中译本书评》,载徐以骅、张庆熊主编:《基督教学术》(第十一辑).上海:上海三联书店,2014,第 119 页。

的情感表达'(卡尔纳普),一个'范畴错误'(赖尔),一种'生活形式'(维特根斯坦),等等。"①对于德·弗瑞斯来说,事情的赤裸事实是,在现代世俗化过程中,无论是宗教还是神学都顽固地保持着一个创伤。在这里,通过承认宗教和创伤体验之间的相似性,德·弗里斯提出的这种"新宗教哲学"开始于语言清空(emptying of language)和确定性丧失之痛的那一刻。②何如看待宗教?哈贝马斯认为,首先,宗教是一种历史-社会制度。当它被这样理解时,它就不再有一个不变的、稳定的和确定的形式。这种宗教形式趋于完善和嬗变,我们对宗教的理解也在不断变化。事实上,哈贝马斯认为宗教与社会生活直接相关。其次,宗教是一种批判的工具。这种批判改变了人与环境之间的关系。在巴赫拉姆(Masoumeh Bahram)看来,哈贝马斯对宗教的这种态度与历史上的宗教并不矛盾,因为所有亚伯拉罕诸教的历史都表明他们反对和批评现状。第三,宗教可以看作是一种世界观,是生活世界的一部分。哈贝马斯认为,每一种宗教最初都是一种"世界观"或"综合教义",也就是说,宗教声称有权将一种生命形式构建为一个整体。在这种世界观中,生活世界中任何生动的运动都被追踪、解释、提取、检测和调整。在哈贝马斯看来,宗教是生活世界的一个组成部分,并认为宗教及其维度构成了社会进化的一个组成部分。这种社会进化并没有将宗教排除在公共领域之外,而是将其呈现为一种批判性话语,为与独立性、合法性和合法性相关的观点的成长提供了良好的背景。最后,宗教是一种共同语言。宗教是一种用于相互理解的主体间性的语言,即宗教的语言不仅要属于"特殊的人",而且要属于"平民"。不像科学、哲学、艺术和文学的语言——它们都是排外的——宗教语言应是为所有人所理解的。换句话说,宗教是一种普遍可理解的语言,它已经产生或开创了合理化的过程。③

针对其公共领域理论在神学界受到的批判,哈贝马斯在《内在超越与此岸超越》一文中作出了认真回应。在着力澄清当前神学家和哲学家对现代性进行自我批判式评估时所讨论的一些前提之后,哈贝马斯着重试图理解神学话语的现状及其真理-价值要求。在这一学术互动过程中,哈贝马斯肯定了批判神学(Kritische

① Hent de Vries, *Philosophy and the Turn to Religion* (Baltimore and London: John Hopkins University Press, 1999), pp. 2 - 3.
② [美]克莱顿·克罗齐特(Clayton Crockett)、[美]杰弗里·W. 罗宾斯(Jeffery W. Robbins):《哲学、政治与地球:新唯物主义》,管月飞译,芜湖:安徽师范大学出版社,2019,第 52 页。
③ Masoumeh Bahram, Haberma, Religion, and Public Life, *Journal of Contemporary Religion* 2013, Vol. 28, No. 3, p.362.

Theologie)的积极作用,认为"批判神学所揭示的这种实践的自我理解方法,既能协助我们表达最良好的道德直观,又不中断与世俗语言和文化之间的联系"。① 在此文中,哈贝马斯一一回应了上述神学家的批评观点。首先,哈贝马斯针对费奥伦查的异议做出了回应。在哈贝马斯看来,费奥伦查的"基础神学"②为政治神学提供了一个"极好的范例"③,至于这一范例之所以引起他的兴趣,主要原因在于,当神学论点被广泛地推广到其他邻近的话语时,内外视角自觉自愿地交织在一起。④ 接着,哈贝马斯进一步阐述了费奥伦查基础神学的核心要义(如"作为解释共同体的教会"观点、"现代性中宗教与神学的三个面向的转换"以及"解释学辩证法")。根据费奥伦查的说法,哈贝马斯指出,一神论传统所使用的语言,具有一种尚未得到充分发挥的语义学潜能,已被证明在其分化和有效范围中占主导地位,无论是作为解释世界和构成身份认同的力量,还是作为创新的力量。⑤

　　在谈到特雷西的观点时,哈贝马斯首先将特雷西视为自己"神学话语中的伙伴"⑥。然而,在理论观点上,哈贝马斯坦承:"我也比较同情特雷西替在美国盛行的'公共神学'提出的'相互关联法'(correlational methods)。"⑦通过对公共领域的困境和现代"相关互惠神学"的特性的担忧,特雷西竭力建构一种公共神学。公共神学旨在把哲学和社会理论对现代性所作的解释,与基督教传统从神学角度所作的解释,置于相互批判的关系中,即在它们之间建立一种争论关系。在《内在超越与此岸超越》一文中,哈贝马斯用了较大的篇幅对特雷西的神学思想作出了勾勒。根据哈贝马斯的陈述,特雷西在构建其公共神学体系中,阐明了理性概念,根据这一概念,我们能够找到对策;明确反对或然性的观点,这种观点未能澄清现代化的吊诡意义,反而把现代化仅仅当作是以主体为中心的理性的片面贯彻,张扬为总体性的沦落史;探讨了语用主义,根据语用主义观点得出结论,替作为科学工

① 哈贝马斯:《内在超越与此岸超越》,曹卫东译,载张庆熊、林子淳编:《哈贝马斯的宗教观及其反思》.上海:上海三联书店,2011,第176页。
② Francis Schüssler Fiorenza, *Foundational Theology: Jesus and the Church* (New York: Cross Road, 1984)(中译本:费奥伦查:《基础神学:耶稣与教会》.刘锋译,香港:道风书社,2003)。
③ 哈贝马斯:《内在超越与此岸超越》,曹卫东译,载张庆熊、林子淳编:《哈贝马斯的宗教观及其反思》.上海:上海三联书店,2011,第176页。
④ 同上书,第177页。
⑤ 同上书,第177页。
⑥ 同上书,第184页。
⑦ 同上书,第177页。

作而绝非信仰末枝的神学事务辩解；[①]强调指出一旦毫无保留地接受科学论证的神学，必将面临一大问题，即什么是"方法论上的无神论"？[②] 对演化论原理提出保留态度，不愿选择彻底的解神话的道路，而是选择一种护教式论证的间接方法，进而将走内在批判道路的世俗对手赶进死胡同；[③]等等。其中，针对特雷西一再批评他不重视美学的表现力，哈贝马斯的陈词是："其实，我在《交往行为理论》中，至少已经暗示了这点，并在回应威尔姆（Albrecht Wellmer）[④]和西尔（Martin Seel）[⑤]文章的同时对此作了修正。"[⑥]哈贝马斯分析指出，尽管先知言语和自律艺术二者都内在地具有阐释世界的力量，但他依旧怀疑，宗教符号和审美符号真的能合为一体。因此，他肯定特雷西提出的不是宗教美学观。[⑦] 特别是，在论述解神话的道路问题上，哈贝马斯区分了三种类型，即"新教道路""启蒙式天主教"道路以及"方法论上的无神论"。前两条道路都无法彻底完成解神话的任务，只有哈贝马斯所称谓的第三条道路（即"方法论上的无神论"）才能通向类似于实验的解神话纲领。"因为，无需任何先决条件，通过贯彻这条纲领，就足以澄清单纯依靠论证对宗教话语所作的神学解释，也就是说，绝非宗教科学的解释，是否就这样允许参与到科学讨论中，以使宗教的语言游戏继续保持孤芳自赏，或者干脆土崩瓦解。"[⑧]

　　哈贝马斯正是在与西方宗教神学家互动（有关对波伊克特等学者观点的回应，考虑到篇幅问题，在此就不再阐述。）的过程中，对自己的理论进行了修正。哈贝马斯承认其重视交往和沟通的思想源自宗教。他说道："我对语言以及寻求相互理解的交往行为的概念化，都得到了基督宗教传统的滋养。"[⑨]不过，他也承认自己当年将现代性中的宗教发展归因于韦伯所说的"信仰权力的私有化"有点草率，且对这个问题提供肯定性答案也为时过早，即"宗教世界图景瓦解之后，宗教

---

① 哈贝马斯：《内在超越与此岸超越》，曹卫东译，载张庆熊、林子淳编：《哈贝马斯的宗教观及其反思》. 上海：上海三联书店，2011，第 178 页。

② 同上书，第 181 页。

③ 同上书，第 184 页。

④ 威尔姆（Albrecht Wellmer，又译为维尔默或韦尔默，引者注）：《真理、表象、和解——阿多诺对现代性的审美拯救》（Wahrheit, Schein, Versöhnung. Adornos ästhetische Rettung der Modernität）。

⑤ 西尔（Martin Seel，又译为泽尔，乃法兰克福学派第三代代表成员，《二歧化的艺术》Die Kunst der Entzweiung; Frakkfurt am Main: Suhramp, 1986）。

⑥ 哈贝马斯：《内在超越与此岸超越》，曹卫东译，载张庆熊、林子淳编：《哈贝马斯的宗教观及其反思》. 上海：上海三联书店，2011，第 189 页。

⑦ 同上书，第 189 页。

⑧ 同上书，第 183 页。

⑨ J. Habermas, *Religion and Rationality*, Cambridge: MIT, 2002, p.160.

的真值是否只有普遍主义责任伦理学的世俗基本原理能够将其保存下来,换言之,通过提供良好理由,并根据认识来接受它们"。① 通过反思,哈贝马斯宣称:"只要宗教语言仍然具有鼓动力,即具有永不枯竭的语义学内涵,从而使哲学语言丧失或暂时丧失表达能力,并期待翻译成论证性话语,那么,哲学哪怕是以后形而上学形态出现,同样既不能取代宗教,也不能排斥宗教。"② 在哈贝马斯看来,哲学既无法取代宗教,也无法拒绝宗教。而就理性的出现和理性公共领域的发展而言,宗教与二者都有关联。③ 借用波伊克特的说法就是:交往理性本身就是指向超越性的上帝,交往理性不仅是属于人的无限交往群体,而且具有神学上的超越性。④

如今,哈贝马斯不再坚守严格区分宗教在私人领域和公共领域的功能,也未完全禁止宗教在公共领域的声音,而是意图探究公共领域中的宗教话语。同时,他还主动跟宗教神学界人士互动。2004 年,他与时任枢机主教的基督教神学家拉辛格(Joseph Ratzinger)展开对话,次年以合著的形式出版了题为《世俗化的辩证法:理性与宗教》(2005)一书;同年,哈贝马斯将 11 篇有关宗教的论文结集出版了题为《在自然主义与宗教之间》(2005)一书;作为与拉辛格对话的延续,哈贝马斯于 2007 年在慕尼黑神学院与几位神学家和哲学家进行了一场学术对话。这些演讲后来被收录入《对于缺失的意识:后世俗时代的信念与理性》(2008)一书之中。特别是随着世界宗教复魅运动的悄然兴起,更是激发哈贝马斯对宗教的公共角色展开重新思考,反思理性与信仰的辩证关系(哈贝马斯认为,理性与信仰绝不是非此即彼的关系,而需从更宽广的角度来重新审视二者的关系),寻求理性与信仰之间的对话与合作,提倡宗教合理融入公共领域。

大约 100 年前,德国社会学家韦伯提出近代西方历史是一个理性化的过程,他用"世界的祛魅"来表述这一历史时期的特征。近代以来,西方形成了独立于宗教权威的世俗国家,资本主义经济渗透到社会的方方面面。而且,在启蒙思想的影响下,各种宗教偏见逐渐被消除,近代科学得以发展。到了 20 世纪,将西方近现代历史看作"世俗化的时代"的观点逐渐盛行。例如,美国社会学家伯格(Peter

---

① 哈贝马斯:《内在超越与此岸超越》,曹卫东译,载张庆熊、林子淳编:《哈贝马斯的宗教观及其反思》.上海:上海三联书店,2011,第 185 页。译文略有改动。

② 同上书,第 185 页。

③ 爱德华多·门迭塔(Eduardo Mendieta):《理性化、现代化和世俗化》,载[美]芭芭拉·福尔特纳(Barbara Fultner)编:《哈贝马斯:关键概念》.赵超译,重庆:重庆大学出版社,2016,第 278 页。

④ Helmut Peukert, *Wissenschaftstheories, Handlungstheories, fundamentale Theologie* (Frankfurt am Main, 1978), s.227.

L. Berger)将"世俗化"定义为社会与文化等诸多领域从宗教制度或其象征的支配下脱离开来的过程,主张现代化"必然"导致宗教的衰退,不论是在社会层面上还是在个人心灵的层面上。现代社会就是这样的世俗化的时代。按照伯格的分析,世俗化曾经是并且未来也会是一件好事,因为它废除了那种"落后""迷信""反动"的宗教现象。然而,进入 21 世纪后,这种世俗化的趋势在世界范围内开始逆转。在南美洲和非洲,信仰宗教的人在不断增多。即使在欧洲,信仰基督教的人口比例在减少,但是信仰伊斯兰教的人口反而在增加。而在美国,主流教派的新教徒在减少,而信奉原教旨主义的福音派则呈现出增加的趋势。与此同时,具有宗教灵性的作者亦正在增加。例如,宗教学教授米尔班克(John Millbank)试图解释神学如何引导我们"超越世俗理性";在《上帝之语》(*The Language of God*,2006)一书中,遗传学家柯林斯(Francis S. Collins)描述了自己从无神论者到"皈依基督教"的心路历程;在《上帝的宇宙》(*God's Universe*,2006)一书中,天文学教授金格里奇(Owen Gingerich)则解释了自己如何被说服,并开始相信"在宇宙之内和之上存在一个全知的创造者"。在这种社会背景下,德国社会学家贝克(Ulrich Beck)明确地断言:21 世纪初呈现出来的宗教回归现象打破了至 20 世纪70 年代为止持续了 200 多年的"世俗化理论"这一社会理念的进程。① 标志着这一变化进程的,就是 2001 年 9 月 11 日发生的美国"9·11 事件"。

　　世界正在经历"祛魅",还是"复魅"? 是否真的呈现出"世俗化理论的终结"?"后世俗化"(post-secular)这个词到底是什么意思? 如何表述"后世俗化社会"中正在进行的"世俗化过程"? "后世俗化"一词是一种空洞的矛盾修辞法,还是一种真正的辩证法? 在一个后世俗化社会世俗意识如何生存? 如何理解"后世俗化社会的世俗化"以及"宗教复兴"现象? 针对这些复杂的问题,哈贝马斯进行了认真的思考。在《在自然主义与宗教之间》一书中,哈贝马斯探讨了他所谓的"后世俗化世界"。在哈贝马斯看来,古代的宗教原则已被取代,但随着宗教日益被用于政治目的,意识形态上的对立在全球范围内产生了破坏公民凝聚力的威胁。经过一番思考,哈贝马斯提出了一个被认为是最具原创性的主张,那就是:虽然世俗主义者和宗教信徒之间的分歧"永远不能在认知层面上解决",但宗教的合理性远超出无神论者的想象,而世俗主义者有责任接受这一事实。后来,哈贝马斯利用弗里

---

① 〔德〕乌尔利希·贝克:《自己的上帝:宗教的和平能力与潜在暴力》. 李荣荣译,上海:上海译文出版社,2016,第 18 页。

施(Max Frisch)的悼念仪式事件①,将其作为《对于缺失的意识:后世俗时代的信念与理性》一书的讨论基础。在书中,他将轴心时代到现代的思想发展进行了梳理,认为由于"世俗知识与天启知识之间的鸿沟无法弥合",宗教传统已经(或者说到2008年时)"耗尽了能量"。这一事实必然意味着宗教传统更多地建立在理性基础上,而非世俗批评者的许可上。在这里,哈贝马斯比以往更为有力地总结说,我们现在缺失的东西就是"团结"(Solidarität)。现代世界鼓励人们撤回私人领域,可这一领域却大多"尴尬而棘手"。

在《信仰与知识——"德国书业和平奖"致辞》②一文中,哈贝马斯首次将当今社会称为"后世俗化社会"(post-säkulare Gesellschaft)。他援引洪堡大学社会学教授埃德尔(Klaus Eder)的"后世俗化社会"概念来刻画如下看似矛盾的现象:一方面,人们的主观意识仍然认同世俗化;另一方面,宗教符号与议题也不断出现在公共领域。当代人对宗教问题的认知与社会现实存在很大的不对称。③ 作为"世俗化的辩证法"的结果,哈贝马斯将现代社会定位为"后世俗化社会",寻求理性与宗教的和解。在《世俗化的辩证法》一文中,哈贝马斯阐述了他所理解的"后世俗化社会"。一开始,他将讨论的范围限定在欧洲福利国家或加拿大、澳大利亚和新西兰等国。在这些地区,人们仍然觉得他们"生活在一个世俗化的社会"。但哈贝马斯对这种意识提出了质疑,强调对"后世俗化社会"的理解可以从两个角度来把握。哈贝马斯认为,在一个后世俗化的社会中,一方面,我们可以从(社会学层面)观察者的角度回答为什么宗教在公共领域仍然有影响力,为什么"宗教将在全球消亡"的信念正在失去影响力。另一方面,我们可以从(规范性层面)参与者的角度回答以下问题:作为一个后世俗化社会的成员,我们如何理解彼此? 面对文化和世界观的多元化,民族国家框架下的公民应该对彼此有什么样的期待? 如何共处?④ 在此基础上,哈贝马斯指出,"后世俗化社会"的特征是:"必须适应宗教团体在一个不断世俗化的环境中继续存在。"⑤换言之,"后世俗化社会"并不是指世俗化之后的社会形态,更多的是指世俗化没有如期实现的吊诡状态。"后世俗化社会"的概念意味着当代人的"意识转变":虽然有人认为宗教会继续世俗化,但宗

---

① 1991年4月9日,哈贝马斯在苏黎世圣彼得教堂参加了瑞士作家、剧作家马克斯·弗里施(Max Frisch)的悼念仪式。
② 本文原载于德国《法兰克福汇报》2001年10月15日第9版。
③ 张庆熊、郁喆隽:《哈贝马斯对当今世界焦点问题的反思》.上海:上海三联书店,2021,第76页。
④ 张庆熊、林子淳编:《哈贝马斯的宗教观及其反思》.上海:上海三联书店,2011,第54页。
⑤ 同上书,第50页。

教会继续存在,并在公共领域发挥重要作用。①

    在以上对后世俗化社会概念的阐述的基础上,哈贝马斯对后世俗化民主社会中的公共空间进行了乐观的描述。他认为,在后世俗化的民主社会中,宗教公民有权以自己的原则和信念参与公共话语。在这里,哈贝马斯似乎比罗尔斯更为宽容,他认为罗尔斯关于将"私人理性"翻译为"公共理性"的禁令对个人自由的限制仍然要求过于苛刻,且不平等,因为它对信教公民的要求比对世俗公民的要求要高。哈贝马斯以他所谓的公共领域的"后世俗概念"的名义,回顾了政治自由主义的批判性论点。他认为,在民主的公共领域,宗教不再被迫仅仅作为私人信条而存在,而是作为政治意见和意愿形成的全面参与者而存在。当代政治哲学家乌尔比纳蒂(Nadia Urbinati)对哈贝马斯关于宗教的公共角色的观点进行了批判性分析。在乌尔比纳蒂看来,哈贝马斯的后世俗公共领域理论存在弱点,充满悖论。一方面,哈贝马斯的理论以忽视经验的特殊性(如非宗教多元主义民主)为代价获得规范性或先验性地位;另一方面,它提升了宗教在民主社会的公共领域中确实发挥作用的理论现实。② 在此基础上,乌尔比纳蒂进一步指出,哈贝马斯的公共领域的后世俗概念建立在一个未经检验的假设之上,这个假设具有高度的语境性和不可推广性。他的理论是对西方社会中最世俗主义的理想化或理论上的反思。换言之,哈贝马斯的后世俗主义预设了宗教多元主义是一个存在的并被接受的事实(理性多元主义)。③ 他强调多元主义是宗教在公共领域安全存在的基本条件。与之类似,乌尔比纳蒂认为,在一个民主社会中,公共领域的世俗化并不意味着将宗教话语排除在公共领域之外。④

    哈贝马斯认为,如果宗教本身能够现代化(即如果它接受多元主义,接受理性反思论证的挑战,承认宪政民主),那么它就可以进入公共领域。过去政治文化所依靠的传统势力,通常对法律系统发展构成挑战,但同时这些因素又能增进公民社会的活力。其中,宗教在增强公民社会的活力过程中扮演着一种重要的角色:一方面,民主法治国家要在复杂的公共讨论中达成共识,可以通过宗教的意识形态功能来达到目的;另一方面,由于民主宪法是国家权力机关的世俗化,不可能对信仰社会领域开放,因而宗教的作用不能得到充分的发挥。这种两难境地很好地

---

① 张庆熊、郁喆隽:《哈贝马斯对当今世界焦点问题的反思》.上海:上海三联书店,2021,第94页。

② Nadia Urbinati, Läicité in Reverse: Mono-Religious Democracies and the Issue of Religion in the Public Sphere, *Constellations*, Volume 17, Number1, 2010, p.10.

③ Ibid., 2010, p.10.

④ Ibid., p.9.

说明了宗教在公共领域中的重要意义。一个民主法治国家内在地既包含世俗化需求，也包含宗教化的需求。① 然而，到目前为止，关于宗教在国家和公共领域中应该和能够扮演何种政治角色的辩论中，各方都竭力地宣称他们对宪法的忠诚，但这种声明在多大程度上是正当的仍有待探究。在此语境下，哈贝马斯追问道：自由宪法要求的政教分离对宗教传统和共同体在塑造公民社会和政治公共领域中公民的政治观念和公民意愿方面的作用意味着什么？根据修正主义者的观点，这条界线应该延伸到哪里？如今那些反对古典自由主义划界观的人所认为的，是否仅是一种针对多元化社会的有限的世俗主义理解、一种使中立性国家观与亲宗教观（religionsfreundliche）相容的措施，还是它或多或少悄悄地从根本上改变了自由主义的运作方式？他们是否已经进入了现代性另一种自我理解的范畴？② 循此思路，我们还可继续追问：在现代社会条件下，宗教是否注定要从公民的心灵中消失，失去其公共意义？面对世俗化进程中出现的"伦理缺位"③，人们是否要放弃政教分离原则？政教分离是否必然导致伦理的缺失？如何解决政教分离与伦理缺失的困境？如何解决现代社会道德意识的培养与宗教冲突的问题？④，等等。

　　针对上述问题，哈贝马斯在保持政教分离的基本框架下，提出了"宗教融入公共领域"的思想。在哈贝马斯看来，如果将宗教融入公共领域，信教公民、世俗公民以及有不同信仰的公民之间将会有良性的沟通和互动。宗教造福人生、造福社会的价值观念将得到充分发掘。这样的话，三个群体之间在信仰上的生死冲突，将在国民的社会交往层面上得到缓解，而在认知层面上又可继续不受限制。⑤ 其中，信教公民必须对其他宗教及其世界观、世俗知识的内在逻辑和科学专家对知识的社会制度化垄断以及世俗理性在政治舞台上享有同等优先权等观念形成一种认识态度。⑥ 在知识世俗化、国家权力中立化和宗教自由得到保障的条件下，

---

① 曹卫东：《语言、交往与哲学——哈贝马斯〈哲学文集〉评述》，《哲学动态》2009 年第 6 期，第 22 页。
② 哈贝马斯：《公共领域里的宗教：宗教公民与世俗公民的"公共理性运用"的诸认知预设》，吴勇立译，载张庆熊、林子淳编：《哈贝马斯的宗教观及其反思》，上海：上海三联书店，2011，第 23 页。
③ 万俊人教授曾提出了"现代化的道德脱臼"概念。在他看来，"道德怀疑主义"不仅在经济领域普遍存在，而且在公共领域也有显现。比如官员贪污受贿、媒体有赏新闻、医生不给钱不看病、司法人员不秉公执法、教师侮辱殴打学生，等等突破社会"伦理底线"的现象。但"公共领域的'底线伦理'被突破，会让公众失去安全感，激化社会矛盾"。参见万俊人：《现代性的伦理话语》，哈尔滨：黑龙江人民出版社，2002，第 399 页、第 414—415 页。
④ 张庆熊：《现代化过程中的伦理缺位和发挥宗教的积极作用——评哈贝马斯处理政教关系的新构想》，载张庆熊、林子淳编：《哈贝马斯的宗教观及其反思》，上海：上海三联书店，2011，第 429 页。
⑤ 哈贝马斯：《公共领域里的宗教：宗教公民与世俗公民的"公共理性运用"的诸认知预设》，吴勇立译，载张庆熊、林子淳编：《哈贝马斯的宗教观及其反思》，上海：上海三联书店，2011，第 24 页。
⑥ 同上书，第 39 页。

宗教必须放弃垄断解释权和建构全部生活形态的主张。而公民社会和公共领域的世俗公民则应该平等对待他们的宗教同胞。这么一来,他们就会把对方视为公民同伴而不是所谓的"怪物"。反之,倘若宗教不融入公共领域,信教公民的合理诉求就会得不到表达,宗教对社会和生活的积极作用也就不能有效发挥。用哈贝马斯的话来说,当世俗公民将其他信教公民排除在当代现代人的圈子之外,认为他们应该像濒危物种一样受到保护时,这么做恰恰是对基于理性个人的世界中平等权利的成员资格的本质的损害。①

基于上述认识,哈贝马斯主张,通过营造一种机制,使宗教融入公共领域,参与理性讨论,使信教公民与世俗公民进行互补性(komplementäre)学习。世俗公民可以学习信教公民的道德意识和道德行为,信教公民则可以学习用公共可以理解和理性的方式表达对生活和社会的关心。用哈贝马斯的话来说,只有当信教公民和世俗公民经历一些互补性的学习过程后,民主的国民习俗(哈贝马斯提出的解释)对所有公民而言才能担当得起。② 此外,如果(宗教)信仰要在一个多元社会中找到自己的位置,它需要从三个方面进行反思,即:①以一种理性的方式将自己与相互竞争的宗教联系起来;②把关于此在世界的知识的决定权交给制度化的科学;③人权道德的平等假设应与宗教法相协调。③ 如果没有这些"反思的推动力"(Reflexionsschub),一神论将在现代社会中释放出其巨大的破坏性力量。④ 为此,哈贝马斯援引费奥伦查的观点,认为宗教团体在世俗政治社会中扮演着越来越重要的解释共同体的角色⑤:"宗教团体可以就有关论题发表言论来对公众意见及意志的形成产生影响——无论这些言论是令人信服的还是有失体面的"⑥,在一个全面世俗化的社会中,宗教团体仍然对政治意见和政治意志的形成做出了相应的贡献。当然,在宪政国家和一种民主制国民伦理的规范性前提

---

① 哈贝马斯:《宗教、法律和政治——论文化多元的世界社会中的政治正义》,任俊、谢宝贵译,载张庆熊、林子淳编:《哈贝马斯的宗教观及其反思》。上海:上海三联书店,2011,第76页或第41页。

② 哈贝马斯:《公共领域里的宗教:宗教公民与世俗公民的"公共理性运用"的诸认知预设》,吴勇立译,载张庆熊、林子淳编:《哈贝马斯的宗教观及其反思》。上海:上海三联书店,2011,第42页。

③ 〔德〕哈贝马斯:《"政治性":政治神学可疑遗产的合理意义》,郁喆隽译,载复旦大学当代国外马克思主义研究中心编:《当代国外马克思主义评论》。北京:人民出版社,2012,第342页。

④ 郁喆隽:《哈贝马斯的"宗教转向"及其局限》,载张庆熊、林子淳编:《哈贝马斯的宗教观及其反思》。上海:上海三联书店,2011,第273页。

⑤ See Francis S. Fiorenza, The Church as a Community of interpretation: Political Theology between Discourse Ethics and Hermeneutical Reconstruction, in Don S. Browning&Francis S. Fiorenza (eds.), *Habermas, Modernity, and Public Theology* (New York: Crossroad, 1992), pp.66-91.

⑥ 哈贝马斯:《世俗化的辩证法》,李菲菲译,载张庆熊、林子淳编:《哈贝马斯的宗教观及其反思》。上海:上海三联书店,2011,第53页。

下，如果一方面期待所有公民不排除这些宗教贡献的可能认知内容，另一方面又要注重世俗理由的优先性和翻译方面的制度性保留条款，那么让种种宗教表达进入政治公共领域就没有意义了。^① 因此，哈贝马斯和泰勒一样，强调伦理理解对文化共同体成员生活的内在意义。他不仅要求宗教信徒努力把其想在公共领域表达的意见翻译成世俗的语言，而且希望世俗公民努力参与把相关宗教语言翻译成公众可以理解的语言^②，发挥其重要贡献。同时，宗教不仅为特定人群提供情感资源，还可能包含普遍认知内容。哲学在这里所能做的，就是试图提供一种对认识论内容的世俗翻译、对深植于宗教信仰中的人类自我理解的翻译，这样的话，信徒、不同信仰者以及世俗公民都能更好地彼此理解。^③ 这样，随着哈贝马斯思想的不断发展，他认识到交往理性与宗教并不是相互对立、相互排斥的，交往理性的解放旨趣离不开犹太-基督教传统的语义学内涵。不仅如此，宗教神学思想中所包含的丰富而不可替代的语义学内涵也成为现代社会可资利用的资源。用哈贝马斯的话来说："只要宗教传统还在被转变为有理据的话语，它的世俗的真理内容还在被释放出来，那么还有谁能否认它依然具有加密的语义潜能，包含一种富有启发的力量呢？"^④

在西方传统中，公共和私人的观念显然已成为政治理论的基础之一，二者之间的关系是当代许多学科激烈争论的主题。其中，新实用主义哲学大师罗蒂（Richard Rorty）就明确主张在公共与私人之间做出更广范围的划分，用以区分宗教与政治，反对宗教介入公共领域。在《宗教是对话的阻断者》一文中，罗蒂甚至将在公共领域中使用宗教的话语方式视之为"品位不高"（bad taste）^⑤。罗蒂认为，在不伤害彼此的前提下，确保我们既拥有私人生活的多样性，又拥有共同目标的统一性，关键在于区分公共生活和私人生活。在罗蒂看来，传统形而上学和基督教神学长期以来一直在合力提供一种单一的世界观，试图将公共领域与私人领域整合在一起。罗蒂指出，这样的观点带来的最终结果是以一致性的名义否定了

---

① 哈贝马斯：《公共领域里的宗教：宗教公民与世俗公民的"公共理性运用"的诸认知预设》，吴勇立译，载张庆熊、林子淳编：《哈贝马斯的宗教观及其反思》。上海：上海三联书店，2011，第 41 页。

② J. Habermas, Joseph Ratzinger, *Dialektik Der Saekularisierung: Ueber Vernunft und Religion* (Herder, Freiburg, Basel, Wien, 2005), s. 36.

③ J. Habermas, Faith and Knowledge, in J. Habermas, *The Future of Human Nature* (Cambridge, UK: Polity, 2003), p. 114.

④ 哈贝马斯：《在自然主义和宗教之间》（导论），郁喆隽译，载张庆熊、林子淳编：《哈贝马斯的宗教观及其反思》。上海：上海三联书店，2011，第 6 页。

⑤ Richard Rorty, "Religion As Conversasion-Stopper", In Richard Rorty, *Philosophy and Social Hope* (Penguin Publishing, 1999), p. 168f.

多样性。罗蒂论述道："政治与关于终极问题的信念是可分离的。公民在终极意义问题上的共同信念对民主社会而言无关紧要……典型的有神论者和典型的无神论者所共有的道德能力对于公民道德来说已足够了。"①在这里，罗蒂分析了"宗教私人化"问题。他指出，宗教在私人生活中确实扮演着重要的角色，至少对一些人来说是这样。但与此同时，他又认为，我们只需要"把宗教私人化，把宗教视为与社会秩序无关而只关乎个人完善（而且可能为个人完善所必不可少）"。②按罗蒂的说法，将宗教私人化可并非是对它的轻视："我们的家庭生活或爱的生活是私人的、非政治的，而又重要的。我们无神论者写的诗就像我们的宗教朋友的祈祷，都是私人的、非政治的，而又重要的……对个人完善的探求……在一个多元的社会里并非不重要，但它与公共政策无关。"③在罗蒂看来，宗教的私人化（禁止它进入公共领域）与政治的公共化（禁止它进入私人生活）是成败与共的，它们同样重要。与罗蒂的观点相似，奥迪（Robert Audi）也提出宗教中立于政治的观点："在一个自由和民主的社会中，教会作为组织化的公民，毫无疑问，有义务不去支持公职竞选人或敦促通过法律或公共政策以限制人的行为。"④美国当代著名神学家侯活士（Stanley Hauerwas）反对宗教获得公共领域中的地位和权力，他甚至欢迎从政治权威中去除宗教的支持，因为这样一来，宗教就有可能恢复其本质，并以其纯粹和独特的面貌警示和启发公共领域。

我们知道，一个与公私观念密切相关的更为古老而又常新的重要问题——即政治与宗教之间的适当关系是什么———一直在引发理论辩论。例如，哥伦比亚大学法学教授格林纳瓦特（Kent Greenawalt）曾指出，在美国，人们还在激烈地争论如下一些问题："政府与宗教组织应该保持怎样密切的关系？政府可以倡导宗教传统和实践吗？政府可以帮助那些以促进共同的善为目的的宗教组织的活动吗？什么时候应当限制宗教表达和崇拜仪式？什么时候具有强烈宗教异议的人士应被免于日常法规的制约？"⑤格林纳瓦特在此探讨的问题实际上涉及到另一个更

---

① Richard Rorty, *Objectivity, Relativism and Truth: Philosophical Papers* (Cambridge: Cambridge University Press, 1990), p.175.

② Ibid., p.175.

③ Richard Rorty, Religion as Conversation-Stopper, *Common Knowledge* 3, No.1(1994), p.2.

④ Robert Audi, Liberal Democracy and the Place of Religion in Politics, in Robert Audi and Nicholas P. Wolterstorff, *Religion in the Public Square: The Place of Religious Convictions in Political Debate* (New York, Lanham: Rowman & Little field Publishers, 1997), p.40.

⑤ Kent Greenawalt, Religious Convition and Political Choice: Some Futher Thoughts, *DePaul Law Review* 39(1990), p.1039. 转引黄勇：《宗教之善与政治之公正：超越自由主义-社群主义之争》. 黄启祥译，桂林：广西师范大学出版社，2016，第8页。

具体的问题,那就是教会与国家之间的关系问题①,这一问题也是上述神学家们密切关注的一个核心问题。那么,如何把握教会与国家之间的关系呢?② 一些人支持政教分离。在这些人看来,政教分离"必须要求我们对于在公共场合发表宗教观点的方式予以特别约束······因此,如果人们要想不被指责为将宗教不适当地带进公共领域,他们必须注意描述其政治目标的方式"。③ 另有一些人不同意政教分离。那些信仰宗教或同情宗教的法学理论家或政治哲学家就持这种观点。④ 还有些人既赞同政教分离又不赞同宗教信念是私人性的。这些人常常将注意力转向(与政治国家观念相对的)公民社会观念。出于既保持"宗教的公共角色",又保持政教分离,基督教神学家霍伦巴哈(David Hollenbach)极力主张我们应把注意力从政治国家转向公民社会。在霍伦巴哈看来,尽管宗教信仰不能进入政策和立法的公共领域(至少不能直接进入),但是应该允许宗教信仰在培育公民社会中的道德群体方面发挥公共作用。⑤ 最后,还有一些人认为教会-国家问题本身就是错误的,因而需要消解而不是解答。例如,岳德(John Howard Yoder)就认为,当我们将教会与国家或者基督与世界放在一起的时候,即使我们坚持美国基督教伦理学家尼布尔(Reinhold Niebuhr)的主张,用前者来改造后者,我们也已经把"那种内在的本体论的尊贵赋予世界了,而无论新约还是历史都未允诺世界这个权利"。⑥ 哈贝马斯则指出,有必要重申政教分离的原则,但也要对它进行修正,尤其是国家与教会的分离要求在两者之间有一个过滤器,这个过滤器只从事"翻译"工作,也就是通过这个过滤器,公共领域中的不同意见的贡献可以转化为国家机构的行动纲领。⑦

让我们回到罗蒂的观点,他认为,我们只有划分开作为公共领域的政治与作

---

① 详情参阅[美]肯特·格里纳沃尔特(Kent Greenawalt):《宗教与美国宪法:自由活动与公正》. 程迈译,北京:中国民主法制出版社 2013 年版。

② 以下论述借鉴了香港中文大学哲学系黄勇教授的观点。详见黄勇:《宗教之善与政治之公正:超越自由主义-社群主义之争》. 黄启祥译,桂林:广西师范大学出版社,2016,第 7—13 页。

③ William P. Marshall, The Other Side of Religion, *Hastings Law Journal* 44(1993), p.861.

④ 详情参阅[美]斯蒂芬·L.卡特(Stephen L. Carter):《怀疑的文化》. 陈定家等译,北京:中国青年出版社 2012 年版或 Stephen L. Carter, *The Culture of Disbelief: How American Law and Politics Trivialize Religions Devotion* (New York: Basic Books, 1993)。

⑤ David Hollenbach, Contexts of the Political Role of Religion: Civil Society and Culture, *San Diego Law Review* 30(1993), pp.883 – 884.

⑥ John Howard Yoder, *The Royal Priesthood: Essays Ecclesiological and Ecumenical*, Grand Rapids, Mich.: Eerdmans Publishing Company, 1994, p.62.

⑦ 哈贝马斯:《世俗化的辩证法》,李菲菲译,载张庆熊、林子淳编:《哈贝马斯的宗教观及其反思》. 上海:上海三联书店,2011,第 63 页。

为私人领域的宗教,使二者有各自不同的活动领域,宗教多元与政治团结才有可能。但正如黄勇教授所评述的那样,划分公共领域与私人领域固然重要,但是同样重要的是,要看到这并不是我们区分宗教与政治的最好方式。不仅政治影响我们的私人生活,宗教也影响我们的公共生活。① 亦如包利民教授所说的,参与公共领域的讨论可以迫使神学和教会民主化,反思他们的神学预设,并更好地提高自己。② 而耶鲁大学神学家沃尔特斯多夫(Nicholas P. Wolterstorff)则认为,一个真正有活力的公共领域应当允许各种价值体系都贡献他们自己的深度视角。但是,为了避免宗教可能带有的独断色彩,各种宗教在参与公共讨论时应该注意遵守公共礼貌(civility)。③ 如今,宗教神学家与哈贝马斯之间的理论争辩,以及哈贝马斯有关"宗教融入公共领域"的新构想已经引发我国宗教学界的密切关注。李向平教授指出,在现代公民社会的建构与要求之中,宗教的神学思想、宗教的信仰及其实践,已经对应着现代社会而逐步成为了一种公共需求。④ 张庆熊教授提出,我们须"理性地对待宗教在公共领域中的力量"。⑤ 不少学者对诸如"公共领域的宗教意蕴"⑥、"宗教在公共领域中的角色"⑦以及"宗教介入公共领域的若干问题"⑧也展开了持续的探讨。学者们试图延用哈贝马斯的公共领域理论来思考中国宗教的实际地位和现状,只是由于这一问题的复杂性,致使对其认识仍处于颇为值得进一步深入思考的状态。⑨ 在此,我们不得不接续高师宁研究员10多年前的一个提问:宗教到底该"如何回到社会公共空间之中?"⑩这应该是未来理论研究中的一个值得继续探讨的问题。

综上所述,在笔者看来,现代社会可以包容宗教,宗教与交往理性可以和平相

① 黄勇:《宗教之善与政治之公正:超越自由主义-社群主义之争》.黄启祥译,桂林:广西师范大学出版社,2016,第213页。
② 包利民:《至善与时间:现代性价值辩证法》.杭州:浙江大学出版社,2018,第226页。
③ Robert Audi and Nicholas P. Wolterstorff, *Religion in the Public Square: The Place of Religious Convictions in Political Debate*, New York, Lanham: Rowman & Little field Publishers, 1997.
④ 李向平:《当代中国基督教公共价值观的表达路径——宗教信仰公共性及其认同的视角》,载李灵、李向平主编:《基督教与社会公共领域》.上海:上海人民出版社,2012,第25页。
⑤ 张庆熊:《理性地对待宗教在公共领域中的力量——评述哈贝马斯对"政治神学"的批判》,《马克思主义与现实》2013年第9期。
⑥ 铁省林:《哈贝马斯公共领域的宗教意蕴——一种基于诠释学立场的解读》,《山东大学学报(哲学社会科学版)》2008年第1期。
⑦ 关启文:《宗教在公共领域的角色——哈贝马斯的后世俗反思》,《安徽大学学报(哲学社会科学版)》2011年第3期。
⑧ 曾特清:《宗教介入公共领域的若干问题探析》,《云南社会科学》2012年第6期。
⑨ 王晓朝:《论区分宗教活动领域的三个界限》,《河北学刊》2010年第3期,第21页。
⑩ 高师宁:《试论宗教的多元、对话与和谐》,《湖南师范大学社会科学学报》2009年第4期,第16页。

处、平等对话,宗教应该在公共领域中发挥应有的积极作用。事实上,"宗教/世俗理性的区分并不是公共/非公共理性区分的直接映射"。① 因此,为了实现合作共赢,社会迫切需要在信仰与知识之间展开对话。正是在此意义上,张庆熊教授认为哈贝马斯的宗教融入公共领域的构想具有重要的启示意义。② 当然,由于哈贝马斯囿于交往理性,他最终能否解决公共领域中的宗教问题并不确定,但他对"公共领域中的宗教"问题的理解和"宗教融入公共领域"的构想,对中国现代性问题的讨论仍然具有启发意义和镜鉴作用。只是宗教团体中的任何公共角色都必须避免通过宗教寻求对社会、理智和政治生活的霸权式控制。对信仰的公共角色的思考应该在对世界宗教和文化多样性的深刻认识的大背景下进行。③

第四节　哈贝马斯公共领域理论价值及其限度

　　除了接受女性主义的批评之外,哈贝马斯在反驳批评者说他把"未来理想化"的观点时④,亦坦承自己在《结构转型》中把"过去理想化",对此,他一直内疚。⑤ 正因如是,哈贝马斯对其公共领域理论进行了修正,最具体的、全面的表述则体现在《结构转型》一书的"1990 年版序言",⑥以及后来的理论著作中。

一、哈贝马斯公共领域理论之修正

　　首先,哈贝马斯承认,当年他在讨论公共领域的结构转型时,其理论兴趣点

---

① 劳伦斯·B. 索罗姆:《建构一种公共理性的理想》,陈肖生译,载谭安奎编:《公共理性》. 杭州:浙江大学出版社,2011,第 26 页。
② 参见张庆熊:《宗教多元·理性沟通·体制保障———对"宗教共同体"相关问题的质疑》,载《学术月刊》2011 年第 4 期,第 12 页。
③ David Hollenbach, *The Global Face of Public Life* (Washington D.C.: Georgetown Universuty Press, 2003), pp. 4 - 6.
④ 在这种普遍性的批评观点看来,社会事物并非像哈贝马斯所设想的那样简单,包括像沟通这样的过程,其实际过程远比他所想象的要来得复杂、更具矛盾性;哈贝马斯的交往模式的构想呈现为一种在社会真空中进行的状态,那里没有侵害,没有欺诈,没有强权,没有暴力,甚至也没有利益冲突;等等。
⑤ 哈贝马斯:《内在超越与此岸超越》,曹卫东译,载张庆熊、林子淳编:《哈贝马斯的宗教观及其反思》. 上海三联书店,2011,第 193 页。
⑥ 这一序言的英文版后来刊载于 Craig Calhoun 主编的 *Habermas and the Public Sphere* (Cambridge, Mass.: MIT Press, 1992)这一会议论文集中:J. Habermas, Further Reflection on the Public Sphere, pp. 421 - 461。

是关注"西方社会趋向社会福利国家和有组织的资本主义这一复杂发展过程的反作用。"这些反作用涉及如下三个层面：其一，私人领域与私人自律的社会基础；其二，公共领域的结构以及公众的组成和行为；其三，大众民主自身的合法化过程。那么，从这三个角度来看，在《结构转型》的第五至第七章的论述中，还确实"存在着一些欠缺之处"。① 为此，哈贝马斯对其公共领域理论进行了"三点修正"：

第一，对私人领域和私人自律的社会基础进行了重释。在哈贝马斯看来，现代早期的市民（公民）社会是按照职业来划分社会地位的。根据其自我理解，商品流通和社会劳动领域以及不再具有生产功能的庄园和家庭，都可以不加区分地划归"市民（公民）社会"私人领域，它们的结构相同。这样，私人财产所有者在生产过程中的地位和个人爱好空间就构成了私人自律的基础，在小家庭的内在领域中，私人自律似乎有其心理阴影。但是，随着城市化、官僚化、企业集中化以及社会消费化等趋势的发展，不仅由家庭、邻里关系和社交等非正式关系界定的私人领域发生了分化，而且不同社会阶层的生活领域也发生了改变。特别是随着平等公民权的普及，大众的私人自律不能再像私人一样把社会基础建立在私人财产所有权上。没有财产的大众（无产者）不能再依靠参与以私法形式组织起来的商品和资本的流通过程来获得私人生活的社会条件。大众的私人自律地位现在依赖于社会福利国家的保障。但哈贝马斯承认他当时的观点却是：只有当民主控制扩展到整个经济过程中时，上述情形才有可能。好在哈贝马斯已意识到，盲目坚持自由主义法治国家的教义，已不能适用于变化的社会语境。功能分化的社会摆脱了整体论的社会观念。现代市场经济制度不能任意地从金钱转向管理权和民主意志形成，因为这样做势必威胁到经济制度的运作。② 基于以上认识，哈贝马斯否定了原先的看法——即认为重建私人自律并回归批判的公共性的方法之一是将民主控制扩展到整个经济过程。也就是说，新的私人自律的出现取决于真正的宪政及公民的参与。

第二，对公众行为变化的估算进行了修正。哈贝马斯概括地描述了丧失权力的公共领域的结构转型，指出在对丧失权力的公共领域进行现实描述和分析时，不应将各种视角混为一用，也不能滥用实证方法去消抹重要差异。为此，哈

① 参见［德］哈贝马斯：《公共领域的结构转型》.曹卫东等译，上海：学林出版社，1999，"1990年版序言"，第12页。
② 同上书，"1990年版序言"，第12—15页。

贝马斯区分了两种不同的功能:一是交往过程的批判功能。交往过程具有自我
调控、弱势机制承载、横向延伸、包容性以及或多或少以话语形式存在的特征。
二是指组织对消费者、选民和当事人的决定的影响,这些组织干预大众传媒的
公共领域,以激发购买力、忠诚度和福利行为。那么,为什么要修改曾经对公众
行为所做的这些论断呢? 哈贝马斯认为,这主要有三大原因:一是当时关于选
举行为的社会学研究刚刚起步(至少在德国是这样),而哈贝马斯的原始经验却
得自于最初的选举运动,它以民意测验的结果为基础,根据市场策略进行运作。
此外,哈贝马斯当时对电视这类媒介的认识也还不够深入,对它的掌握也只是
二手经验(当时,电视在前联邦德国还没有站稳脚跟,只能从美国才可了解到电
视)。二是当时阿多诺的大众文化理论在理论界产生了强烈影响,而对"学生运
动"的实证研究结果又使人灰心丧气,致使人们低估正规的学校教育。三是当
时存在一种受人瞩目的"政治文化"。然而,公民文化、价值转型等研究尚未广
泛涵盖与文化自明性紧密相联的政治精神,从历史角度来看,大众反应的潜能
正植根于政治精神。这样,哈贝马斯认识到,在阿多诺观点的影响下,大众的抗
议能力和批判潜能被不恰当地、过度消极地判断,他们只是被认为是被动的受
众,可以被某些机制和媒体操纵。[①]

　　第三,对《结构转型》的最后一章(第七章)的论证进行了重思。哈贝马斯承
认,当时他在写作最后一章时,是想将如下两条线索结合起来:一是有关自由主义
公共领域瓦解的实证判断。二是激进民主在补偿和履行国家和社会的重叠功能
方面的规范性视角,这些重叠功能在客观上似乎发生在行动者之外。哈贝马斯强
调道:"如果我们承认公共交往的原初过程和丧失了权力后的过程之间的区别,如
果我们要理解社会福利国家大众民主中实际存在的合法性形式,那么,我们就必
须同时考虑到这两个层面。"[②]基于这一认识,哈贝马斯提出了一种由大众传媒
所控制的竞争模式,并对非公众舆论与准公众舆论进行了区分。但二者在何种
程度上以批判的公共性为中介呢? 现在,哈贝马斯意识到,他原本寄予希望的
组织和政党内部批判的公共性,并没有深入探讨如何才能获得这种公共性,这
导致他无法回答如何克服多元利益的不可调和冲突的问题。其实,组织和政党
内部批判的公共性依赖于人们日常交往的实践活动,其蕴藏着理性潜能。因

[①] [德]哈贝马斯:《公共领域的结构转型》,曹卫东等译,上海:学林出版社,1999,"1990 年版序言",第 15—
　　17 页。
[②] 同上书,"1990 年版序言",第 18 页。

此,哈贝马斯上述三方面的理论观点修正的最后落脚点是,怎样形成和形成怎样的共识,而破解这一问题的途径是通过宪政和民主以及主体的日常交往实践活动。①

其次,关于"公共领域的结构转型"是否对当代民主理论有所贡献的问题,哈贝马斯承认没能通过当时所掌握的理论方法来解决它。就当时情况而言,他还需付出进一步努力,才能建构起理论框架,重述这一问题并给出答案。于是,哈贝马斯对其理论框架进行了一些尝试性改变:

第一,哈贝马斯主张把社会批判理论的规范基础建筑得更深一些。哈贝马斯认为,交往行为理论应当挖掘出日常交往实践本身蕴藏着的理性潜能。这样,交往行为理论也为社会科学的重建铺平了道路。社会科学明确了一个广泛的文化和社会合理化的过程,并将其追溯到现代社会的开始。因此,人们不再需要在每个时代所特有的公共领域结构中去寻求规范潜能。② 不过,哈贝马斯对这种理性潜能在大众传媒和电子传媒时代的实现、在当代西方社会的民主化进程的作用,则表现出尽管谨慎但却乐观的期待。③

第二,哈贝马斯主张改变研究公共领域结构转型的民主理论视角。哈贝马斯承认,在他对公共领域的结构转型的分析中,当时他坚持了一种有关社会和社会自我组织的总体性概念,但这一概念已不再可靠。在功能日益分化的复杂社会,再将社会视之为联合体的假设缺乏说服力,尤其是有关社会整体(社会化的个人和广泛组织的成员都属于社会整体)的总体论概念对市场操纵下的经济系统和权力操纵下的行政系统不起任何作用。因此,哈贝马斯发展出一个"系统-生活世界"的二元社会概念(这一社会概念最终对民主概念具有决定性的影响),并指出经济系统和行政系统是完全整合的行为领域。这些领域不能再以民主的方式从内部改变,即以一种政治整合的方式,而是应当在不同的社会整合资源之间建立新的权力平衡,而不是在国家权力之间。其目的不再是"消解"资本主义经济制度和官僚统治体制,而是民主地阻挡系统对生活世界的殖民化。④ 这充分显露出哈贝马斯孜孜以求社会批判理论的规范基础的心路历程。

第三,在后传统社会的多元性事实背景下,哈贝马斯强调"政治公共领域"

---

① [德]哈贝马斯:《公共领域的结构转型》.曹卫东等译,上海:学林出版社,1999,"1990 年版序言",第17—19 页。
② 同上书,"1990 年版序言",第20 页。
③ 同上书,"1990 年版序言",第32—33 页。
④ 同上书,"1990 年版序言",第20—21 页。

作为交往条件(在这些条件下,公民公众能够以话语方式形成意见和意愿)的总体性已成为规范民主理论的基本概念。这样,哈贝马斯阐明了一种商谈伦理学,论述了公共论辩和商谈是合理意愿形成的适当媒介之成因。哈贝马斯认为,商谈伦理学不仅要求从论辩所必要的实际前提所包含的规范性要素中获取普遍的道德准则,而且该准则本身与实现规范有效性要求的话语方式密切相关。因为只要所有可能的当事人都在论辩中扮演参与者的角色,那么他(她)们是否同意就会限制规范的有效性。这样,当涉及到政治问题的道德内核时,对这些问题的解释就依赖于公共论辩的实践机制。而商谈必须以交换意见为基础。它能否达成公平的妥协将主要取决于商谈程序的条件,这必须受到道德判断的裁决。如果这些商谈希望得出合理的结果,那么在不同形式的论辩和商谈中,交往的前提必须得到满足。哈贝马斯认为,商谈理论的优势在于它能够明确交往的前提条件。这样,商谈理论才有可能将规范思考与实证研究有机地结合起来。①

　　后来,在《现代性的哲学话语》《在事实与规范之间》等文本中,哈贝马斯继续密集地讨论公共领域问题,并结合福利国家的法律范式对其公共领域思想进行新的阐释,通过重构公共领域及其政治功能来重建政治合法性。具体言之,一方面,哈贝马斯将公共领域隐喻为一种"共振板"(sounding board)。从这个意义上说,公共领域最基本的政治功能在于:不仅要捕捉社会问题,还要放大它们,即"不仅察觉和辨认出问题,而且令人信服地、富有影响地使问题成为讨论议题,提供解决问题的建议,并且造成一定声势,使得议会组织接过这些问题并加以处理"。② 至此,哈贝马斯对公共领域的功能与作用看得更透彻了。"共振板"的隐喻体现了以下三方面的内蕴:其一,意味着那些必须由政治系统解决而不能在其他地方解决的问题,在公共领域中讨论,并与公众产生共鸣;其二,意味着当公民在公共领域中进行沟通时,他们有可能就共同关心的问题达成共识或者理解,即公共领域有可能接近"理想言说情境";其三,意味着在公共领域中讨论的问题可以在议会中产生共鸣,促进议会商谈的进行。③ 总之,公共领域是政治系统所要解决的问题的共振板,是社会的预警系统(warning system)、社会问题的感受器(sensor)、防

① 德]哈贝马斯:《公共领域的结构转型》.曹卫东等译,上海:学林出版社,1999,"1990 年版序言",第23—25 页。
② ［德]哈贝马斯:《在事实与规范之间》.童世骏译,北京:生活·读书·新知三联书店,2003,第445 页。
③ 马剑银:《从生活世界到公共领域:哈贝马斯公民社会理论的话语基础》,载《中国非营利评论》2011 年第1 期,第139 页。

止国家对私人领域侵犯的隔离带以及向政治系统传达公民要求的传感器。当然,公共领域在履行这些功能时,必须遵循理性交往和话语协商的基本原则,即要求参与商谈者坚持"平等交往、关注世俗、公开讨论"的公共精神,理性的反思、监督、批判现行政治系统,以公共事务为主题,自由对话、公开讨论,提出各种公共意见,形成公众舆论,为政治系统提供坚实的民意基础和解决问题的参考性方案。①

另一方面,哈贝马斯将公共领域视为一种"建构性空间"(umbauten Raumes)②。"建构性空间"是一种建筑学的隐喻,意指"论坛""舞台"和"竞技场"等等。作为集会、活动、展示等公共性基础结构,哈贝马斯以这种隐喻来表达公共领域的开放性、非建制性与多元性的特征。同时,这样的空间是虚拟的,参与者不必在场。哈贝马斯论述道:"公共领域与这种亲身到场的联系越松,公共领域越是扩展到散布各处的读者、听众或观众的通过传媒中介的虚拟性在场,把简单互动的空间结构扩展为公共领域的过程所包含的那种抽象化,就越是明显。"③这样的话,公共领域"要能够履行其察觉全社会问题并把它作为议题提出来的功能,它就必须是在**潜在的相关者**(potentiell Betroffenen)的交往情境之中形成的"。④ 当然,公共领域发挥作用的前提仍然需要以公共领域和私人领域的二分法为基础,两者需要相互联系。只有这样才能确保私人领域的私密性和公共领域的公共性,并"将议题之流从一个领域传输到另一个领域",进而使"人们在生活史中感受其共鸣的那些社会问题,经过私人方式处理以后,成为公共领域的新鲜而有活力的成分"。⑤ 所以说,作为国家与社会之间的中介机构,公共领域在政治系统中一方面与生活世界的私人部分相关,另一方面又与功能分化的行动系统相关,是高度复杂网络的代表,在建制化的政治意志与非建制化的公众舆论之间架起了理解的桥梁。

这样,通过阐述公共领域理论的三点修正和"公共领域"的两个隐喻,哈贝马斯扩展了公共领域的意义,进而在《后民族结构》和《包容他者》等作品中将其理论拓展到了"欧洲公共领域""全球/世界公共领域"等范式(关于这部分的理论探讨,

---

① 参阅傅永军:《启蒙、批判诠释与宗教伦理》. 济南:山东大学出版社,2009,第 103 页。
② 雷吉(William Rehg)在英文版中将"umbauten Raumes"(Habermas, 1992a:437)表述为"structured spaces"(1996:361);童世骏在中文版中将其译为"围墙内空间"(2003:447);马剑银则将其译为"变动性空间"(2011:139)。在此,笔者认同 William Rehg 的观点,将其理解为"建构性空间"。
③ [德]哈贝马斯:《在事实与规范之间》. 童世骏译,北京:生活·读书·新知三联书店,2003,第 445 页。
④ 同上书,第 451 页。
⑤ 同上书,第 453 页。

笔者将在第六章进行论述，此处暂不赘述）。其实，在反思自己的理论缺失时，哈贝马斯就坦承："我有关从政治公众到私人公众，从'文化批判的公众到文化消费的公众'这一发展线索的论断过于简略。当时，我过分消极地判断了大众的抵制能力和批判潜能。"①至于当时哈贝马斯为何会产生"过分消极"的态度，其原因就在于没有看到生活世界公共交往中所蕴藏的理性潜能。在"乌托邦能量耗竭"②的时代里，民主的解放潜能不可能是通过去打碎一个国家机器代之以另一种更高级的政治形态，而应要求公民在复杂、多元、宏大的社会结构中，通过公共交往，获得新的身份认同，调整旧的体制空间，以"民主自强"（empowerment，它是话语身份建构的条件）的不竭动力维护交往理性，为体制运作的权威奠定合理性基础。③　不过，从严格意义上来说，哈贝马斯的这种修正并没有触及他的研究主旨。他陈述道："尽管如此，我依旧坚持我研究的主旨。根据社会福利国家大众民主的规范的自我理解，只有当它认真对待具有政治功能的公共领域的要求时，才可以说它延续了自由主义法治国家的原则。"④埃德加就认为，虽然哈贝马斯修正了他关于公共领域的观点，并指出他对于公共领域的被侵蚀并不是那么悲观，但他在《结构转型》中表现出来的忧虑，是哈贝马斯终生都在回应的一些忧虑。⑤　而罗莱（Gérard Raulet）甚至指责性地说道："尽管做过一些修正或增添了若干细节，但哈贝马斯的立场，即使是他在《法学与民主》（Droit et démocratie，《在事实与规范之间》的法文版——引者注）中的立场，也总是防御性的。尽管他的态度不断缓和，但他的立场却继续在强调一种理想化的理解共同体。同样，尽管他倾向于越来越关注社会互动的现实，但他却无法真正地理解它们。"⑥

---

① ［德］哈贝马斯：《公共领域的结构转型》．曹卫东等译，上海：学林出版社，1999，"1990 年版序言"，第 17 页。

② 哈贝马斯在 20 世纪 80 年代初期的一篇文章中觉察到了"乌托邦能量的耗竭"，这种耗竭是同"建立在社会劳动基础上的社会的范式向建立在社会交往基础上的社会范式转换"密切联系的。参见 J. Habermas, The New Obscurity: The Crisis of the Welfare State and the Exhaustion of Utopian Energies, in Shierry Weber Nichelsen(ed. And trans.), *The New Conservatism: Cultural Criticism and the Historians' Debate* (Cambridge, MA: MIT Press, 1989), p.68。

③ 参阅徐贲：《知识分子——我的思想和我们的行动》．上海：华东师范大学出版社，2005，第 14—15 页。

④ ［德］哈贝马斯：《公共领域的结构转型》．曹卫东等译，上海：学林出版社，1999，"1990 年版序言"，第 19 页。

⑤ ［英］安德鲁·埃德加：《哈贝马斯：关键概念》．杨礼银、朱松峰译，南京：江苏人民出版社，2009，第 146 页。

⑥ 热拉尔·罗莱：《"法兰克福学派"的批判理论——从新马克思主义到"后马克思主义"》，乐启良译，载［法］雅克·比岱、厄斯塔什·库维拉基斯：《当代马克思辞典》．许国艳等译，北京：社会科学文献出版社，2011，第 167 页。

二、哈贝马斯公共领域理论之价值

我们知道,哈贝马斯①在理论上追随亚里士多德、卢梭、杰斐逊、密尔,以及杜威等理论家,他们始终坚持动态的公共领域在人类发展和社会进步中的核心地位。以公开交流思想、高度的政治和知识宽容、信任和相互依存的环境为特征的民主领域,将提供认识批判性内省、广泛的社会认同,以及民主的自主活动的基础。用卢梭的话来说,它将确立社会中自由的本质。而哈贝马斯所阐发的交往行为理论和商谈伦理学,其目的就是探索公共领域中的论证问题。因此,"我们可以把他逾五十年来的工作看作是试图阐述一种统一性,这种统一性使听取来自不同文化的多元声音成为可能,而不是仅仅把这些声音作为彼此不能理解的一堆杂乱的声响"。②

一方面,作为著名的社会批判理论家,哈贝马斯与法兰克福学派的其他成员一样,对现代性持批判态度。他的公共领域理论更多地表现为对现代性的理性批判精神。正如特雷西所评述的:"作为批判的理论,哈贝马斯的理论强调(以诠释学、语言哲学以及实用主义)人类的行为本质上是相互影响和交往性的,从而也是反思的,通过这一强调,该理论质疑了实证主义和经验主义。作为社会的理论,哈贝马斯的理论要求从社会学角度检验所有文化理论,借此它质疑了所有纯粹的文化主义和理想主义的研究模式(包括许多形式的诠释学和公共神学)。因此作为批判的社会理论,我们社会里任何关于公共领域的本质的理论,都一定是——用哈贝马斯的话说——'重建的':也即,一个人可以从哲学角度,为一种关于理性的理论辩护,并将此哲学理论与一种重建的、实践的、可检验的社会学假说(关于现代性作为现代性的本质的假说)相联系,但他已经在社会系统(目标理性)和社会行为(交往理性)的生活世界这二者明显的理性化过程中被体制化(institutionalized)了。"③哈

---

① 哈贝马斯整个思想的统一性与连续性已经由 Specter 的精彩研究揭示出来。参见 Matthew G. Specter, Legility and Legitimacy: Jürgen Habermas's Reconstruction of German Plotitical Thought, Ph. D. Dissertation, Department of History Duke University, 2005。Specter 的这篇博士论文经过与哈贝马斯本人和哈贝马斯法律理论小组(Habermas's legal theory group)成员 Ingerborg Maus、Klaus Günther 等,以及哈贝马斯著名研究者 David Rasmussen 等进行讨论而形成,揭示了哈贝马斯从学术生涯一开始直至晚期的法律与政治思想与德国战后宪政进程间的互动。

② Nicholas Adams, *Habermas and Theology* (Cambridge University Press, 2006), p.1.

③ 特雷西:《神学、批判社会理论和公共领域》,汪海、康心译,载张庆熊、林子淳编:《哈贝马斯的宗教观及其反思》.上海:上海三联书店,2011,第 151 页。

贝马斯"在自己的理论中不折不扣地贯彻自康德以来作为德国先验哲学之原点的'求真原则'，换言之，实践他自己所倡导的真实性、真诚性的要求。"①而且，相对于老法兰克福学派对理性的蔑视，哈贝马斯逐渐放弃对社会的否定性批判，继承康德哲学对人的尊重，颂扬现代化与启蒙运动，颂扬人类解放与自由，更加关注生活质量、生态问题、个人发展，强调关护、尊重、保障个人权益的人道主义原则以及民主、自由等人类宝贵的精神财富仍然是当代人努力的方向，提倡公平参与社会决策的机会，努力消除社会冲突，维护社会秩序。

亦如比岱（Jacques Bidet）所言的，哈贝马斯"虽一步步偏离了马克思主义的传统，却仍令马克思主义的传承者们为之信服"。② "如果真的要以严重的'损耗'为代价，哈贝马斯无疑以最坚决的方式承担了马克思主义'百科全书式'的计划：使政治规划深植于统一了哲学化人类学和社会科学的一体化概念之中。哈贝马斯比传统意义上马克思主义的做法更清楚地阐明了正在发展的政治民主思潮的诉求，而他所做的又远不止是这些。正如我们在（哈贝马斯）同葛兰西派传统、卢卡奇派传统、马尔库塞或盎格鲁-撒克逊传统［特别是《新左派评论（New Left review）所代表的这一传统］逐渐展开的对话中所觉察到的，他对于法律、道德和伦理的精心区分，本质上引发了在马克思主义中，（特别是由于国家、民族、人类等概念的缺乏而）未曾显露或仅仅是慢慢显露的问题。他所提出的理论重组，倾向于这样的观念：沟通是作为承受三方面需求（真实性、准确性与主体性）的一种经验，这样的理论重组可以被理解为或被重新当作共产主义的论据本身。"③

另一方面，哈贝马斯通过对公共领域的政治干预的规范性阐释，建构了一种批判的政治哲学。他的理论贡献在于从政治与文化的视角批判资产阶级意识形态向公共领域的渗透，指出在晚期资本主义条件下，公共领域的崩溃及其民主功能的丧失导致了政治的"合法化危机"。哈贝马斯理论的特质是："劳动对抗资本的阶级斗争被大众民主、话语互动等多元形式的权力抗争所取代；马克思主义的阶级政治被以差异认同为特征的激进民主政治所取代；无产阶级消灭经济剥削和政治压迫，建立平等、公正、自由的社会主义社会的理想目标被以争取真正的自由和解放的民主社会的目标所取代。但"无论是对公共领域的历史性分析，还是对

---

① 甘绍平：《感受哈贝马斯》，载中国社会科学院哲学研究所编：《哈贝马斯在华讲演集》. 北京：人民出版社，2002，第203页。

② 雅克·比岱：《马克思影响下的哈贝马斯》，王迪、王斐译，载［法］雅克·比岱、厄斯塔什·库维拉基斯：《当代马克思辞典》. 许国艳等译，北京：社会科学文献出版社，2011，第495页。

③ 同上书，第511页。

生活世界的现世性建构,哈贝马斯最终都指陈出一种批判性哲学话语,都将理论矛头指向了个性的丧失、文化的颠覆、合法性的缺损、民主力量的式微以及生活世界的殖民化等名目繁多的资本主义矛盾与危机。反过来说,为了深入地把握和剖析这些矛盾,有力地省察和批判这些危机,并求得一条克服这些矛盾和危机之路,哈贝马斯最先找到了'公共领域'这把重锤、这杆利锥,既以此作为准秤去衡量和评断,又以此作为武器去批判和改造。"①这样,哈贝马斯使"公共领域"彻底概念化,并形成了一种基于市民(公民)社会话语的公共领域理论范式和话语体系,开辟了公共领域理论研究的新视野,并显示出诸多理论价值:第一,哈贝马斯的公共领域理论纠正了以往市民(公民)社会理论的行为主义倾向,凸显了话语在人类活动中的重要作用。第二,哈贝马斯的公共领域理论纠正了以往市民(公民)社会理论过分强调经济生产力的倾向,突出了文化生产力在人类进化中的重要地位。第三,哈贝马斯的公共领域理论还表现出了对市民(公民)社会理论非凡的综合能力。② 总之,哈贝马斯的公共领域理论不断反思、批判和建构现代性理想的实现方式和程度,它敦促公共权力意识到自己的边界,以各种形式唤起不同的民族和地域认同感,甚至为弱势群体提供反映自身诉求的渠道,成为社会的良心和智囊。哈贝马斯公共领域理论的核心诉求是通过话语交往来揭示公共(性)问题,从而维护文化在人类生活中的重要地位。③

三、哈贝马斯公共领域理论之限度

尽管哈贝马斯对公共领域问题的研究最为全面,并为寻求超越自由主义和共和主义局限的新途径作出了理论努力,但由于其研究具有先验性和建构性的特点而缺乏社会基础性的分析。同时,由于他主要探讨的是资产阶级公共领域及其转型问题,对平民的和不同社会制度等类型的公共领域以及公共领域的哲学普适性等问题的研究则显得缺乏和不足。④ 因此,哈贝马斯的公共领域理论仍有一些值得探讨的理论空间和理论局限性。

首先,哈贝马斯所采取的重建政治合法性的途径和摆脱"生活世界殖民化"的

---

① 李佃来:《公共领域与生活世界——哈贝马斯市民社会理论研究》.北京:人民出版社,2006,第15页。
② 参阅彭立群:《哈贝马斯公共领域理论探析》,载《安徽大学学报(哲学社会科学版)》2008年第5期,第139页。
③ 彭立群:《哈贝马斯公共领域理论探析》,载《安徽大学学报(哲学社会科学版)》2008年第5期,第140页。
④ 杨仁忠:《公共领域论》.北京:人民出版社,2009,第21页。

方案因缺乏社会根基而难以落实，表现出一种浓重的乌托邦色彩。诚如勃伦克霍尔斯特（Hauke Brunkhorst）所指出的，哈贝马斯的方案"归根到底不过是一个善良愿望，表达了一种'善良意志'而已。这种善良意志带有康德'绝对命令'的先验色彩，所以永远只能停留在'应该的范畴'（Soll-Kategorie），而不可能转化为'存在的范畴'（Ist-Kategorie）"。[①] 另有论者则诘问道："以大众传媒为重心的公共领域充斥着意识形态的洗脑话语，飞舞着铺天盖地的广告诱饵，泛滥着传播八卦趣闻的小道消息和宣泄情欲的污言秽语，它又为健康的商谈、理性的沟通和良性的互动留下多少空间？在经济系统和政治系统的双重宰制下，生活世界是否能够实现交往理性的翻身与反转？这即便可能，生活世界是否自身又会蜕变为一个由规训打造成的权力魔阵？"[②] 所以说，在资本主义民主范围内，以公共领域的讨论来确定国家的行为规则的这一良善愿望缺乏可行性。哈贝马斯自己也承认："如果说过去报刊业只是传播和扩散私人公众的批判的媒介，那么现在这种批判反过来从一开始就是大众传媒的产物。"[③] 而且，哈贝马斯理论的一个主要困难在于他把其理论定位为诊断性的而非治疗性的。他的理论试图确认危机的根源，并揭示面对危机的途径，但其本身并不是解放的手段。[④] 不过从解放的目的来说，同样追求人的解放的哈贝马斯似乎与马克思是一致的。但马克思想要实现的是有现实根基的共产主义，而哈贝马斯想要建立的则是一个以语言实践为支撑的交往的公共领域，在这个公共领域中可以实现人类的解放。从前文的论述中可知，在如何重建资本主义公共领域的问题上，哈贝马斯由于种种原因并没有找到切实可行的解决方案，只是提出了重建的方向：一方面，哈贝马斯发现了交往在公众舆论形成和重建中的作用，认为在社会福利国家的大众民主条件下，由公共领域所控制的正式交往领域与非正式交往领域"通过**批判的公共性**作为中介联系起来，才会产生严格意义上的公众舆论"。[⑤] 另一方面，哈贝马斯认为在资本主义由自由主义法治国向社会福利法治国转变的今天，"社会福利国家大众民主的宪法也要求国

---

① 豪克·勃伦克霍尔斯特：《交往理性与报复的权力》，载《社科文献汇编》杂志，法兰克福1983年第8、9合辑，第29页；转引[德]尤尔根·哈贝马斯、米夏埃尔·哈勒：《作为未来的过去》．章国锋译．杭州：浙江大学出版社，2001，第193页。

② 参见高鸿钧等：《商谈法哲学与民主法治国——〈在事实与规范之间〉阅读》．北京：清华大学出版社，2007，导言第17页。

③ [德]哈贝马斯：《公共领域的结构转型》．曹卫东等译，上海：学林出版社，1999，第225页。

④ See Jane Braaten, *Habermas' critical theory of society* (Albany: State University of New York Press, 1991).

⑤ [德]哈贝马斯：《公共领域的结构转型》．曹卫东等译，上海：学林出版社，1999，第294页。

家机构的活动公开化,从而使舆论和意志的持续形成过程至少能够在保障自由,矫正权力和统治方面起到积极作用"。[①] 正如孙承叔教授所指出的,哈贝马斯在建构公共领域理论时,其"用心不可谓不良苦,构想不可谓不精细,然而仔细想来,又带有浓厚的空想性质"。[②] 而且,由于哈贝马斯的基本立场是改良主义的,他对现存的政治和经济体制采取了非批判的态度,即在保存现有资本主义经济制度和官僚统治体制的前提下,"以民主的方式阻挡生活世界的殖民化"。然而,通过对话、商谈与沟通以及精神或文化的力量来解决当代最尖锐的物质和政治冲突几乎是不可能的。因此,从理论角度看,哈贝马斯对晚期资本主义社会现状的观察和批判独树一帜,这拓展了社会批评理论的解释视域。然而,他所建构的交往理性的前提和预实现的社会理想的条件是如何可能的? 当然,我们不得不为哈贝马斯对未来社会的精心描绘所表现出的热忱所感动,但同时我们也不得不存疑他是否走上的是一条在幻想的彼岸超越资本主义制度的理想之路。这不得不说是一种批判锋芒的钝化。况且哈贝马斯所倡导的理解的同化模型的最终标准依旧是西方的,主体间共享的视域也是西方独有的启蒙运动的理想。而正是这一固着于启蒙的理想使他的理论规划染上了他本人极力批判的乌托邦色彩。哈贝马斯通过精心建构"交往理论"以图挽救(资产阶级)公共领域的历史命运,实际上,这可以说是 18 世纪浪漫主义在新的历史条件下的复活。它是一种新乌托邦主义,正如卡尔·施米特(Carl Schmitt)所指出的:"自由讨论在德国浪漫派中间变成了永恒的交谈,在黑格尔的哲学体系中,它是来自各种肯定和否定的永远向着新的综合的意识自我发展。"[③]黑格尔所说的各个等级之间的商谈理论正是这种思想的体现。[④] 而哈贝马斯的理论不过是这样一种古典信念——辩论取代暴力(la discussion substituée à la force)——的现代表达:人们相信,权力和暴力本身就是一种恶。洛克将之称为"兽行",只有公开性和辩论方能克服这种恶。[⑤] 而且,如果我们从马克思主义的立场来加以考察,还会发现哈贝马斯所谓的交往行动在现实中将受到经济基础的制约。这就是说,在资本主义社会,理论的交往是不存在的,完全公平与公正的民主商议也是不可能的,因为资本主义的经济权

---

① [德]哈贝马斯:《公共领域的结构转型》.曹卫东等译,上海:学林出版社,1999,第 242 页。

② 孙承叔:《公共领域与权力的合法性基础——西方马克思主义基础理论研究》,载《学术月刊》2012 年第 6 期,第 51 页。

③ [德]卡尔·施米特:《政治的浪漫派 当今议会制的思想史状况》.冯克利、刘锋译,上海:上海人民出版社,2004,第 197 页。

④ 同上书,第 197 页。

⑤ 同上书,第 199 页。

力决定了话语霸权,资本主义社会中的弱势群体,其自身的利益很难得到有效的保障,而且他们也往往缺乏利益的真正代言人。换言之,由于社会政治、经济地位以及文化资本的巨大差别,很难保证自由讨论和公共协商是一种公平的"交往"。

其次,哈贝马斯所表述的理论存有模糊性,致使其理论对世界现实的解释力存在局限。概言之,他有时候批评历史的、具体的资产阶级个人及其社会领域,有时候又不加解释地把批评对象理想化,至少是"怀旧地理想化",然后将这种怀旧的理想形象作为一个规范性形象,评价现在、规划未来,为"理想交往"搭建一个普遍性的平台。① 安德森和杜瓦斯就曾指出,哈贝马斯在《结构转型》中所得出的结论包含着一种含混:哈贝马斯对发达资本主义国家公共领域中的"结构转型"的分析,其总体朝向是极度悲观的——对堕落退化了的公众生活作了令人难以忘怀的刻画描述,其中自由民主的实质,在公民投票操作和个人化的冷漠混合中,作为公民分化了的集体精神状态被取消替代了;哈贝马斯尽管试图通过政党、志愿者协会组织以及其中媒介的民主化来唤起"公共领域复兴"的可能性,但却没有给这一希望的出现提供足够的支撑。② 这样,哈贝马斯理论表述的模糊性也就使得其商议政治理论对世界现实的解释力存有局限性,因为商议政治理论完全建基于纯粹的形式理性之上。哈贝马斯把"语言"确立为政治理性的最后基础,企图通过一个不需要诉诸任何主体的民主程序来实现其生活世界合理化的政治理想。应该说,哈贝马斯对语言功能的强调有其积极意义,但试图借助语言来重建生活世界和公共领域[市民(公民)社会]总是给人一种如履薄冰的感觉,语言恐怕难以承受如此之重。而把民主乃至人类解放的希望寄托在语言之上,其实离相对主义的深渊只有一步之遥。而且,就哈贝马斯的交往理性理论而言,问题不仅在于理论的模糊性,而且在于理论上的弥合无法弥补现实生活中的分裂。现代社会的问题不在于缺乏制度化的支持,而在于系统的高度抽象化,这种抽象化吞噬了人的日常生活世界中的伦理和自由。问题不在于交往理性行动能否产生合理性的制度,而在于现代社会的合理化体制不断地将交往行动转化为机械的社会合作行动。所以,系统与生活世界的互动不能产生理想化的交往性的言说世界,社会系统也不可能最终被人类生活世界的交往理性所支配。反之,更有可能的是,由货币和权力支撑

---

① 张旭东:《经济理性时代的价值空洞(下)》,载《马克思主义与现实》2011 年第 2 期,第 109 页。
② 哈贝马斯、佩里·安德森、彼得·杜瓦斯:《一种哲学-政治的侧面描述》,载包亚明主编:《现代性的地平线》,李安东、段怀清译,上海:上海人民出版社,1997,第 172 页。

的现代性社会系统最终将支配人类生活的世界和人的命运。此外,哈贝马斯的"理性共识"理论仍然呈现出循环论证的趋势。他认为真理的判准有赖于理性的共识,而共识的达成则有赖于理性的讨论,但理性的讨论又是追求真理的惟一途径。当然,由于哈贝马斯将真理的判准与批判的动力(critical impulse)作了辩证的结合,所以,理性观念中隐含的循环论证趋向极容易在沟通、批判与实践中草草越过而引不起应有的注意。①

再次,哈贝马斯所主张的以"系统-生活世界"范式取代马克思"经济基础-上层建筑"范式,在表现其新颖性的同时却反映其思想的社会根基性的缺乏。哈贝马斯从系统与生活世界的区分出发,重新解读马克思在资本主义社会中的物化现象,并将其解读为系统对生活世界的入侵。这实际上是用经济的根源来解释社会文化危机,这在一定程度上表明哈贝马斯接受了马克思关于经济基础决定上层建筑的基本思想。但同时他又背离了马克思的经济基础决定上层建筑的思想,在哈贝马斯看来,马克思用来分析社会的劳动范式有着不可克服的局限性,因为马克思在很大程度上忽视了符号互动结构和文化传统的作用。这样,哈贝马斯提出了生活世界范式来取代马克思的劳动范式,并主张通过人的内在的活动,即学习、思考、对话、商谈、辩论等主观因素来分析社会结构,参与当代社会生活进程,从而促进社会的发展。事实上,正如马克思所分析的,生产交往才是一切交往的基础,语言符号所中介的交往方式归根结底也必须从人们的生产方式来解释,经济基础具有决定性的基础作用,语言符号所中介的文化交往方式最终还是由生产劳动方式所决定。所以说,哈贝马斯强调社会文化等因素的社会分析范式,由于缺少对社会分析的经济基础维度而缺失了评价社会的现实根据,忽视了严峻的社会现实问题,表现出了脱离社会现实的主观乌托邦主义。同时,哈贝马斯关于公共领域理论的批判思想,错误地对马克思基于劳动的生产力和生产关系以及基于这一相互关系所形成的阶级冲突理论进行了全面的"历史唯物主义重建",彻底放弃了马克

① 陈晓林:《学术巨人与理性困境——韦伯、巴柏、哈伯玛斯》,台北:时报出版公司,1987,第265页。那么,作为真理的常规原则的一种理想言说情境,它到底在多大程度上是一种循环论证的言说? 如果真理被界定为言说者在一个理想言说情境中能够实现的含义,那么这种情境的存在又怎样才能得到确认? 哈贝马斯对此的回答是:"理想言说情境"模式对于普遍的及无法避免的交流预设而言,它是一个具体的术语。这种预设对可以言说和行动的主体而言,必须利用他(她)所希望的任何实践严肃地参与到论辩中去。为了回答此问题,哈贝马斯还重复了如下事实:"即有关论辩的普遍预设的直觉知识是与目的真理和道德真理的预先理解联系在一起的。"参见哈贝马斯、佩里·安德森、彼得·杜瓦斯:《一种哲学-政治的侧面描述》,载包亚明主编:《现代性的地平线》,李安东等译,上海:上海人民出版社,1997,第156—157页。

思主义的阶级和阶级斗争学说,这是对马克思主义的历史唯物主义基础的损毁。事实上,生活世界的殖民化并不是独立于阶级和社会生活的。恰恰相反,正是资本主义的雇佣劳动制度扩大了阶级之间的收入差距,激化了无产阶级和资产阶级之间的矛盾,并通过经济系统使生活世界殖民化。当今西方社会结构的确发生了新的变化,但在政治系统方面,资本主义国家在本质上仍然是资产阶级统治的,剥削和不平等仍然存在,只是这种现象更加隐蔽。而社会福利政策的实施只是缓和无产阶级反抗的一种手段,并不能真正改变政治系统对生活世界的宰制。因此,政治的强制归根结底是生活世界强制的结果,劳动的异化、非理性仍然是一切异化、非理性的根源。因此,马克思既没有被时代超越,也没有被哈贝马斯超越。正是哈贝马斯的理论局限性遮蔽了其公共领域思想的耀眼光辉。①

当然,话说回来,从《结构转型》一书来看,哈贝马斯对资本主义发展阶段的区分、对国家与社会互动关系的明确以及对政党意识与民众意愿的分析,的确都具有浓厚的马克思主义色彩。如果我们把这一时期哈贝马斯思想中的马克思主义色彩淡化掉或抹杀掉,显然有失公允。不过,在方法论上,哈贝马斯对马克思主义的理解过于规范和抽象。因为马克思主义方法论的突出之处在于"意识形态批判"(内在批判)与"社会批判"(外在批判)的紧密结合。马克思主义作为一种批判,是一种集意识形态批判和社会批判于一体的总体性批判。而哈贝马斯在分析自由主义理想型的"资产阶级公共领域"时,他比较强调"资产阶级公共领域"的意识形态因素,这导致了他对"资产阶级公共领域"的实践因素的忽视或轻视,也就是说,"资产阶级公共领域"的乌托邦内涵被弃之一边。这导致哈贝马斯所分析的"资产阶级公共领域"概念具有很强的非历史性和理想化的特征,使他对资本主义的批判只能限于规范层面,未能达到预期的历史高度和社会深度。② 而且,哈贝马斯在抽象地讨论系统与生活世界之间的冲突时,将现代性危机理解为社会结构层面在生活世界与系统之间的横向摩擦,忽视了社会阶级关系不平衡和权力结构的纵向冲突。这样,哈贝马斯的解释因其过于关心"上层建筑问题"而不是彻底的唯物主义。他试图用交往理性来克服生活世界的殖民化的愿景实际上是高度的理想主义(唯心主义),归根结底只是一种意识形态的批判。虽然他批判资本主义社会中"日常生活的殖民化",但他从未提出任何激进的解决方案,而是左右逢源。

---

① 参阅杨仁忠:《公共领域论》.北京:人民出版社,2009,第185—186页。
② 参阅曹卫东:《权力的他者》.上海:上海教育出版社,2004,第43页。

这符合德国在新自由主义时期的意识形态需求。[①] 恰因如是,如今哈贝马斯已然成为德国的官方哲学家。[②] 不过,哈贝马斯亦承认,他与传统马克思主义分析的真正区别在于,他坚信,即使运用古典政治经济学批判,我们今天也无法做出准确的经济预言:预言一个自主的、能自我再造的经济体制。[③] 而纯经济分析不能作为准确预言的基础。我们需要的是功能上与马克思主义理论完全相等的理论。正如麦肯锡所指出的,由于对马克思劳动概念的错误解读,因为把劳动跟交往行动相区分,把政治经济学跟哲学相分离,并通过建立一个新康德主义的先验论证(它使这些其他二分对立更加恶化),哈贝马斯发展出了一套脱离现代现实历史制度的社会理论。[④] 这样,哈贝马斯本人在理论上从更可靠的新康德主义先验论的基础上重构道德普遍论的优先考虑,他对交往行动与劳动的抽象的、去历史化的并置,他对科学和技术理性的不加质疑的态度,以及他对政治经济学和马克思价值理论的排斥,所有这些使他远离了历史唯物主义的立场。[⑤]

① 李乾坤:《价值形式、国家衍生与批判理论:德国新马克思阅读运动研究》.北京:北京师范大学出版社,2021,第 277 页。

② [法]阿兰·巴迪欧(Alanin Badiou)、(斯洛文)斯拉沃热·齐泽克(Slavoj Žižek):《当下的哲学》.蓝江、吴冠军译,北京:中央编译出版社,2017,第 41 页。

③ 哈贝马斯、安吉罗·波拉斐:《保守主义和资本主义危机》,载包亚明主编:《现代性的地平线》.李安东、段怀清译,上海:上海人民出版社,1997,第 32 页。

④ [美]麦肯锡:《马克思与古人:古典伦理学、社会正义和 19 世纪政治经济学》.王文扬译,上海:华东师范大学出版社,2011,第 375 页。

⑤ 同上书,第 373 页。

第六章

拓展与延用:公共领域全球化及理论本土化

民主也许是在民族国家的背景下产生的,但是随着跨国过程的重要性日益增强——欧洲一体化是特别重要的进展——我们必须重新思考整个民主合法化和公共领域的问题。——[英]杰拉德·德兰蒂(Gerard Delanty):《现代性与后现代性》

通过前面的论述,我们知道,最初哈贝马斯将"公共领域"这一范畴仅用于国家内部状况的分析。然而,如今在全球化背景之下,我们是否能够把一种基于资产阶级社会的公共领域学说进行拓展呢? 它是否能够为全球正义提供一种值得期待的可能性呢?[①] 对此,弗雷泽认为,近年来,一方面由于后冷战地缘政治的不稳定,另一方面由于与"全球化"相联的跨国现象的日益突显,在一个跨国框架内重新思考公共领域理论,已变得既可能又必要。[②] 但如果真如弗雷泽所说,就将有一个问题让哈贝马斯思虑,即民主意见和民主意志的形成过程会不会在民族国家之外依然具有约束力?[③] 或者说,能否在范围辽阔的公民社会和政治公共领域内部形成一种全球性的强制协作的意识?[④] 对此,哈贝马斯并未延续《结构转型》中那种民族国家内部资产阶级公共领域的规范模型的建构,而仅仅是提出一些大致的导向性思考,以求将传统公共领域加以"拓展",使其范围拓展至"世界"的视野之下。[⑤]

① 参阅艾四林、王贵贤、马超:《民主、正义与全球化》.北京:北京大学出版社,2010,第 1 页。
② Nancy Fraser, Transnationalizing the Public Sphere: On the Legitimacy and Efficacy of Public Opinion in a Post-Westphalian World, in Jostein Gripsrud, Hallvard Moe, Anders Molander and Graham Murdock (eds.), *The Public Sphere* [Vol. Ⅳ] (Los Angeles/London/New Delhi/Singapore/Washington DC: SAGE, 2011), p.298.此文原载 *Theory, Culture&Society*, 24(4)(2007)。
③ 哈贝马斯:《欧洲民族国家——关于主权和公民资格的过去与未来》,载[德]哈贝马斯:《包容他者》.曹卫东译,上海:上海人民出版社,2002,第 147 页。
④ 哈贝马斯:《灾难与教训——短暂的 20 世纪:回顾与诊断》,载[德]哈贝马斯:《后民族结构》.曹卫东译,上海:上海人民出版社,2002,第 66—67 页。
⑤ 艾四林、王贵贤、马超:《民主、正义与全球化——哈贝马斯政治哲学研究》.北京:北京大学出版社,2010,第 27 页。

第一节　理论拓展：公共领域全球化

哈贝马斯在对其公共领域理论进行拓展的时候，对民族国家在全球化浪潮中的功能转变曾做过详细论述。那么，在接下来的篇章中，我们首先对哈贝马斯的"全球化"观以及全球化背景下民族国家的功能嬗变做一番探究。

一、民族国家与全球化

乌思怀特曾指出，关于全球化的明确讨论并不是多么久远的事情。尽管全球化理论的一些基本原理早在古典马克思主义、麦克卢汉 20 世纪 60 年代提出的全世界将因电子媒体发展成"地球村"的概念以及 20 世纪 70 年代华勒斯坦（Immanuel Wallerstein）关于资本主义世界体系的新马克思主义分析中被提到，可直到 20 世纪 80 年代后期"全球化"概念才被真正使用，有关它的多数早期研究成果［例如埃布罗（Martin Albrow）、费瑟斯通（Mike Featherstone）、吉登斯 Anthony Giddens）、斯克莱尔（Leslie Sklair）、赫尔德（David Held），还有罗伯森（Roland Robertson）等人的研究］始于 20 世纪 90 年代。[①] 贝克（Ulrich Beck）也指出，在 20 世纪 80 年代，后现代主义理论家们告别了所有"大叙事"（Grand Récits）（利奥塔语）；到 20 世纪 90 年代末，争论集中到了"全球化"这个无论如何也避不开的新的谜语和咒语上。[②] 普林茨（Alois Prinz）与贝克（Hanno Beck）则模仿《共产党宣言》的句式告白：一个幽灵——全球化幽灵，在欧洲徘徊。[③] 在史赛克（Robin Stryker）看来，"全球化"已成了我们这个时代最时髦与"嘀嘀作响的字眼"[④]。赫尔德也认为，虽然"全球化"概念在使用中缺乏明确的定义，但全球化已经成为我们时代的"热门话题（Big Idea）"。[⑤] 在

---

① 威廉·乌思怀特：《社会的未来》. 沈晖、田蓉译，杭州：浙江大学出版社，2011，第 50 页。

② 乌尔利希·贝克：《全球化时代民主怎样才是可行的？——导论》，载［德］乌尔利希·贝克、哈贝马斯等：《全球化与政治》. 王学东、柴方国等译，北京：中央编译出版社，2000，第 2 页。

③ ［德］阿洛伊斯·普林茨、汉诺·贝克：《全球化的政治经济学》，参见［德］乌尔利希·贝克：《全球政治与全球治理——政治领域的全球化》. 张世鹏译，北京：中国国际广播出版社，2004，第 131 页。

④ R. Stryker, Globalization and the Welfare State, *International Journal of Sociology and Social Policy*, 18(2,3,4),1998, pp. 1 - 2.

⑤ ［英］D. 赫尔德、［美］J. 罗西瑙：《国将不国：西方著名学者论全球化与国家主权》. 俞可平等译，南昌：江西人民出版社，2004，第 313 页。

赫尔德看来,全球化既不是一个单一的条件,也不是一个直线的过程,最好把它看成是一个涉及经济、政治、技术、军事、法律、文化和环境等不同活动和相互作用的范围的多维现象。[1] 吉登斯则强调指出,"全球化"这个术语可能不是一个特别具有吸引力或者华丽的辞藻。但是,任何一个想要理解我们将来的人绝对不能忽视它。[2] 而且,事实上,"我们这个时代最大的挑战就是全球化"。[3]

其实,"全球化"(Globalization)概念在不同文化与不同语境中,其意涵存有差异。譬如,在法国,这个词就是 mondialisation;在西班牙和拉丁美洲,这个词是 Globalizacion;德国人却念作 Globalisierung。1977 年,列斐伏尔(Henri Lefebvre)对"全球化"概念做出一个略显冗长的界定,他写道:"全球化是由哲学家首先以预言的方式或几乎是空想的方式提出的(马丁·海德格尔),其后由哲学家更具体地提出(科斯塔斯·阿克谢罗斯),今天,全球化在从日常生活到战略空间的实践中都有所显露。全球化概念代替了**总体性**和**全球性**这些哲学概念。世界层面上升至视界,被注意到,但自我感觉不佳。世界层面时而模糊不清,时而明显,从定义上说是全面的,它不仅仅是经济层面,也不只是社会学层面的:不只是人口层面的,也不是作为方向标准的传统历史性。世界层面意味着对分裂的批判,特别是如果这些分裂曾风靡一时并且是时务之需。"[4] 罗伯森(Roland Robertson)认为,全球化作为一个概念,既指对世界的压缩(compression),也是指对世界整体意识的增强。[5] 换言之,全球化指不断增长的具体的全球相互依赖的事实和全球整体的意识。吉登斯进一步深化了全球化概念,他把"全球化"界定为"世界范围内的社会关系的强化",其结果导致本地事务与国际事务的相互作用。而且,全球化是"一个辩证的过程":"地域性变革与跨越时-空的社会联系的横向延伸一样,都恰好是全球化的组成部分。"[6] 而在贝克看来,全球化不仅意味着(经济的)国际化、集约化、跨界一体化和网络化,它还在更大程度上开辟了一幅不以地区、民族国家和领土界定的所谓"立体式"的社会空间

① [英]戴维·赫尔德:《民主的模式》.燕继荣等译,北京:中央编译出版社,2004,第426页。
② [英]安东尼·吉登斯:《失控的世界——全球化如何重塑我们的生活》.周红云译,南昌:江西人民出版社,2001,第2页。
③ [德]吕迪格·福格特:《国内政治终结了吗?——全球化标记的政治与法律》,原载德国《议会周报副刊·政治与现代史》1998年第29/30期;转引[德]乌尔利希·贝克:《全球政治与全球治理——政治领域的全球化》.张世鹏译,北京:中国国际广播出版社,2004,第94页。
④ Henri Lefebvre [1977],p.133;参见[希腊]米歇尔·瓦卡卢斯基:《后现代资本主义:社会学批判纲要》.贺慧玲、马胜利译,北京:社会科学文献出版社,2012,第176—177页。
⑤ [美]罗兰·罗伯森《全球化:社会理论和全球文化》.梁光严译,上海:上海人民出版社,2000,第11页。
⑥ [英]安东尼·吉登斯:《现代性的后果》.田禾译,南京:译林出版社,2000,第56—57页。

图景。①

哈贝马斯则认为，所谓"全球化"无非就是"一种'国际性的'交换体系，其中各个民族国家是主要的行动者，它们立足于各自的国民经济，并通过外贸关系相互竞争"。② 他强调道："我所说的'全球化'，主要是一个过程，而不是一种终结状态。它表明，交往关系和交换关系超越了国家的界限，变得更加紧密"③；"'全球化'一词表达的是一种动态的图景"。④ 世界范围内的交往（主要是通过电子传媒）超越了自然语言和特殊符码（主要是货币和法律）的限制。由于"交往"在这里有双重含义，全球化产生了两种相反的趋势，一方面是行动者意识不断增强，另一方面则是系统、网络（比如市场）和组织机构的发展、扩张和交织。不过，尽管系统和网络的发展使信息和沟通多元化，但它并没有创造出政治公共领域赖以产生的条件，因为它没有拓展主体间的世界，也没有通过话语将一些重要的思想、主题等联系起来。⑤ 此外，"哈贝马斯还将经济全球化称之为"世界经济体系的结构转型"。⑥

哈贝马斯简要地描述了全球化的发展进程：在 19 世纪，铁路、蒸汽机船和电报加快了人流、物流和信息的交换；今天，卫星技术、航天技术以及数字通信等进一步扩大和加强了网络。这里，"网络"成了一个关键词，不管此处说的是货物和人员的运输途径，或是商品、资本和货币的流通途径，还是信息的电子传输和加工，人、技术以及自然之间的循环关系。不同的时序表明，全球化趋势已经出现在了不同的层面上。比如，全球市场以及大众消费、大众交往和大众旅游等，使得大众文化的标准化产品传播到了世界的每一个角落。同样的消费品、同样的消费方式、同样的电影、同样的电视节目和同样的流行音乐，传遍了全世界；同样的波普时尚、技术时尚以及牛仔时尚打动了远方的年轻人，并塑造了他们的心性结构；同

---

① 乌尔利希·贝克：《全球化时代民主怎样才是可行的？——导论》，载［德］乌尔利希·贝克、哈贝马斯等：《全球化与政治》. 王学东，柴方国等译，北京：中央编译出版社，2000，第 14 页。

② ［德］乌尔利希·贝克、哈贝马斯等：《全球化与政治》. 王学东，柴方国等译，北京：中央编译出版社，2000，第 75—76 页。

③ 哈贝马斯：《后民族结构与民主的未来》，载［德］哈贝马斯：《后民族结构》. 曹卫东译，上海：上海人民出版社，2002，第 78 页。

④ 同上书，第 79 页。

⑤ 哈贝马斯：《欧洲民族国家——关于主权和公民资格的过去与未来》，载［德］哈贝马斯：《包容他者》. 曹卫东译，上海：上海人民出版社，2002，第 140 页。

⑥ 哈贝马斯：《灾难与教训——短暂的 20 世纪：回顾与诊断》，载［德］哈贝马斯：《后民族结构》. 曹卫东译，上海：上海人民出版社，2002，第 62—63 页。

样的语言,比如标准化的英语,成为不同方言之间沟通的媒介。① 如今,无论在非洲、亚洲还是拉丁美洲,市场迫使所有的商人、投资者和消费者追求利益的最大化和得失的平衡;体育迫使所有的运动员进行体能极限的竞争;科学系统迫使所有的研究者尽快发现和发表新成果。行政的官僚化,大众教育的组织化,生活方式的城市化,保健的供给,以及从总体上说一个高度流动的、日益个体化的社会的基础领域对人口的渐次容纳,也遵循着这些"系统的逻辑"。② 随着系统的相互依赖增强以及功能系统的全球性扩张引发了许多不受控制的外部事态,对整合的需求已经在全球性的层面上产生,而一个日益密集的国际组织和体系的网络充其量也只能不完全且不均衡地满足这个需要。③ 其中,特别是生态风险和军事风险的全球化,迫使我们面对无法在民族国家范围内通过迄今普遍采用的主权国家间达成协议的形式来解决问题。④

在这种全球化的背景下,哈贝马斯界定了国家的现代概念。他从历史的角度对民族国家的类型和特征进行了归纳,认为现代民族国家(Nationalstaat)是法国大革命和美国革命的产物,既是官僚国家,又是税收国家;不仅具有一定的疆域,更具有具体的民主制度安排——尽管这种民主制度可能是不成熟的,甚至是假冒的;既有民族特征,也不排除多民族共存的状态;最突出的一点在于民族国家中的文化认同与种族认同。哈贝马斯进一步肯定了民族国家所发挥的历史功绩:"这种国家形式为资本主义经济体系确保了在全世界扩展的疆域条件。也就是说,民族国家为一种受法治国限制的行政建立了基础性条件,为个体行动和集体行动的不受国家干预的空间提供了保障。"⑤事实上,民族国家的形成包括民族建构(nation building)和国家形成(state forming)两个要素,两者互相影响、彼此依赖,但仍具有明显的差异。就民族层面的建构而言,它主要包括:消除国内民族歧视,化解国内民族仇恨,追求国内民族平等,加强国内民族团结,建立国内民族的

① 哈贝马斯:《后民族结构与民主的未来》,载[德]哈贝马斯:《后民族结构》.曹卫东译,上海:上海人民出版社,2002,第87页。
② 哈贝马斯:《宗教、法律和政治——论文化多元的世界社会中的政治正义》,任俊、谢宝贵译,载张庆熊、林子淳编:《哈贝马斯的宗教观及其反思》.上海:上海三联书店,2011,第68页。
③ See Stephan Leibfried and Michael Zürn (eds.), *Transformation of the State* (Cambridge: Cambridge University Press, 2005.); Achim Hurrelmann, Leeibfried, Kerstin Martens and Peter Mayer (eds.), *Transforming the Golden-Age Nation State* (Hampshire: Palgrave Macmillan, 2007.).
④ 哈贝马斯:《欧洲民族国家——关于主权和公民资格的过去与未来》,载[德]哈贝马斯:《包容他者》.曹卫东译,上海:上海人民出版社,2002,第126页。
⑤ [德]哈贝马斯:《在事实与规范之间》.童世骏译,北京:生活·读书·新知三联书店,2003,第656页。

混合、通婚、同化、融合以及民族自尊心自信心,重建与创新民族文化,提升民族品质等等。这一方面的建构政策主要是为了满足国家内部各个族裔之间的权利要求。它需要更多内在的文化积淀。至于国家层面的建构则主要包括:维护国家主权与领土完整,追求民族身份(national-identity 又译为"民族认同"),建立国家民主政体,进行国家内部政治整合,促进国家政治、经济、社会、教育和文化等各方面的现代化等等。国家层面的建构有时亦被称为狭义的"国家建设"(state-building)。所以说,国家的形成主要取决于外在环境,尤其是与其他国家或国家集团的关系,即国家的成立需要得到外在的认同,一旦这一关系确定,一个国家的架构就基本形成。

当今世界,资本与商品、信息与图像、污染与人员的跨境流动比以往任何时候都更容易,世界金融市场一体化,工业生产跨国化,所有这些都从上到下侵蚀民族国家的主权,并对它们构成挑战;而次民族群体则复苏过来要求独立或者自治。因此,政治要想维持下去,就必须采取跨国甚至全球的形式。① 尤其是自 20 世纪60 年代末开始,民族国家的制度化形式越来越受到全球化的冲击。"全球化意味着非民族国家化。民族国家及其政府失去行动力量和塑造力量。"②全球化具有解构民族国家的根本功能,其基本形式是通过全球交往关系来超越国家认同。基于此,哈贝马斯归纳出了全球化过程对民族国家所带来的四个方面的影响,即直接影响了管理国家法律安全和管理效率、地域国家的主权、民族国家的集体认同以及民族国家的民主合法性。在他看来,全球化最严重的后果是削弱了民族国家的能力,也就是"剥夺了康德所说的自由国家联盟主体的独立基础"。于是,他进一步追问:全球化过程是否削弱了民族国家的能力? 如果属实,又是哪些全球化过程在削弱民族国家的能力? 一个民族社会的民主的自我控制能力在何种程度受到了影响? 民族层面上出现的缺失,在跨国层面上是否可以找到功能等价物?等等。针对这些问题,哈贝马斯深入地分析了全球化对传统民族国家所带来的多方面的挑战。他认为,全球化对民族国家的影响主要表现在以下几个方面:

首先,全球化侵蚀了国内民主的必要条件,主要表现为全球经济竞争带来的社会福利政策的削减。经济全球化的发展破坏了福利国家实现的社会妥协这一局面,福利国家曾经抑制住的危机趋势又重新抬头,社会发展的代价不再能够被

① [美]迈克尔·桑德尔:《民主的不满》.曾纪茂译,南京:江苏人民出版社,2008,第 395、402 页。
② 乌尔利希·贝克:《全球化时代民主怎样才是可行的? ——导论》,载[德]乌尔利希·贝克、哈贝马斯等:《全球化与政治》.王学东,柴方国等译,北京:中央编译出版社,2000,第 25 页。

限制在可以容忍的程度上了。从 20 世纪 80 年代开始,福利国家就大规模地让位于新自由主义经济。国内政策逐渐失去了对生产条件的控制,因此也失去了对作为税收基础的利润和收入的控制。与此同时,随着企业在全球背景下做出投资决策,政府的影响力逐渐减弱。由于社会福利水平的急剧下降,进入社会保障体系的门槛日益提高,导致贫富两极分化严重,失业率不断攀升,越来越多的穷人被抛向社会边缘,广泛参与政治的前提受到极大破坏。

其次,全球化的进程削弱了民族国家的合法性。全球化尤其是经济全球化大大地削弱了民族国家的管理能力和效率。如上所述,民族国家既不能刺激经济增长,也不能一如既往地实施社会福利政策,从而无法获得社会大众的认可与支持。税收的减少却最终导致政府对国家的管理能力降低,从而使得民族国家政府在管理能力上的合法性受到民众的质疑。同时,全球化带来的跨国效应,使得局限于一定地域的国家对这些效应的管理亦无能为力。正如哈贝马斯所论证的,全球化"大大压缩了民族国家作为行为者所享有的活动空间,以致民族国家的选择权十分有限,根本无法缓解跨国市场流通所带来的不受欢迎的社会后果和政治后果"。[1] 全球化引起了国家与国际政治、经济与法律制度、观念理念以及游戏规则的一系列变化。各种金融和贸易的全球化活动、超越国家主权的人权、超越国家管辖的司法、跨国犯罪以及全球恐怖主义,正在挑战旧时代民族国家的边界和一国内部民主与法治的局限性,并使人们"日益清晰地认识到社会的局限性、风险共同性和集体命运的相关性"。[2] 在全球化的压力下,欧洲民族国家已出现了控制能力下降、决策合法性匮乏、调控和组织不力等严重问题。正如杰索普(Bob Jessop)所描述的那样,在全球化时代,国家组织和政治发生了新的变化:一是国家的非国家化。民族国家机构正逐渐空心化,其权力不断被超国家制度剥夺,或转移给地区或地方层次以及一些正在出现的权力网络,国家能力在超国家的、国家的、次国家的以及跨地方的层次上进行重建。二是政治制度的去官方化。如果说非国家化涉及到民族国家活动领土的分散,那么去官方化则包含公共-私人划分的重新绘制、任务的重新分配、组织和任务之间关系的重新连接。三是政策规制的国际化。国家内部行动的国际背景已经扩展到包括超地域的或跨国的因素和过程,对于国内政策来说,它们在策略上正变得越来越重要。这样,在熊彼特主义竞争国家中,民族国家自主性的丧失使得超国家合作、协调和次国家空间的复

---

① [德]哈贝马斯:《后民族结构》,曹卫东译,上海:上海人民出版社,2002,第 62—63 页。
② 同上书,第 66 页。

活成为必要,民族国家的传统地位不断受到挑战。①

其实,全球化是一种多维度、多层次的变迁趋势,涉及经济、政治、社会、教育、文化、军事等等领域,它是一个跨学科的主题。早在《共产党宣言》中,马克思和恩格斯就科学地指出:"资产阶级,由于开拓了世界市场,使一切国家的生产和消费都成为世界性的了。……新的工业的建立已经成为一切文明民族的生命攸关的问题;这些工业所加工的,已经不是本地的原料,而是来自极其遥远的地区的原料;它们的产品不仅供本国消费,而且同时供世界各地消费。旧的、靠本国产品来满足的需要,被新的、要靠极其遥远的国家和地带的产品来满足的需要所代替了。过去那种地方的和民族的自给自足和闭关自守状态,被各民族的各方面的互相往来和各方面的互相依赖所代替了。物质的生产是如此,精神的生产也是如此。各民族的精神产品成了公共的财产。民族的片面性和局限性日益成为不可能,于是由许多种民族的和地方的文学形成了一种世界的文学。"②在此,马克思、恩格斯对全球化趋势做出了精辟的描述与阐释。其实,全球化首先是经济的一体化,其系指资本、技术、劳动力、商品等跨越国家疆界的流动。而经济生活的全球化对人类的政治生活产生了深刻的影响。它极大地改变了统治和治理的主体、结构、方法、过程和意义,使传统的民族国家、国家主权、政府体制和政治过程发生了变化,特别是对 17 世纪中叶以后形成的威斯特伐利亚主权国家体系(Westphalian System)提出了严峻挑战。奈斯比特(John Naisbitt)就指出,全球化的悖论其实质在于,人类越具有全球化、普遍化的特征,人类越呈现一种"部落"(tribal)行为。这削弱了国家的传统角色和功能:"现在,有了电子革命,无论代议制民主还是规模经济都显得过时。现在,每个人都可以实现一种有效的直接的民主。"③在全球化进程加速进行的条件下,民族国家变得"对生活的大问题来说太小,对生活的小问题来说又太大"。④ 这表明国家在处理全球性或跨国性的问题时,常觉得力所未逮,而在处理地方性或社区性问题时,却感到鞭长莫及。当然,在全球化时代,国家并不会消失(像大前研一等人所主张的),但她的角色和权力却已受到较大的限制。

对此,赫尔德将全球化对现代民族国家的深刻影响归结为如下五个方面的分

① Bob Jessop, *The Future of Capitalist State* (Cambridge: Polity Press, 2002), p.195 - 201;参阅郁建兴:《马克思国家理论与现时代》,上海:东方出版社,2007,第 18—19 页。

② 《马克思恩格斯文集》(第 2 卷),北京:人民出版社,2009,第 35 页。

③ John Naisbitt, *Global paradox: the bigger the world economy, the more powerful its smallest players* (New York: Avon Books, 1995), p.47.

④ Daniel Bell, The World and the United States in 2013, *Daedalus*, Vol.116, No.3, Summer, 1987, p.116.

离(five disjunctures):第一,民族集体自决的观念不再局限于民族国家的边界。就其活动和动力而言,许多决定政治利益和政治结果性质的最根本的经济、社会、文化和环境力量与过程,现在已经超越了单一政权的范围与影响。第二,我们不能再把有效政治权力的核心等同于国家政府和民族国家,民族国家和国家政府受限于地区和全球范围的复杂政治权力网络。第三,尽管许多国家的权力高度集中,但权力往往体现和包含在不断变化的新政治权威形式中。国家主权并没有崩溃,但这种权力的本质——国家治理的实际能力——正在改变其形式。第四,培育和加强公共产品越来越需要协调一致的多边行动。同时,跨国问题的解决往往需要在国内进行重大调整。由于政治权威的分散和治理层次的增长,国家政治的语境发生了变化。第五,国内事务与外交事务、国内政治问题与国外政治问题之间的界限不再泾渭分明。在政策的几乎所有主要方面,处于区域和全球流动过程中的国家政治共同体都参与了密集的跨国协调和规划。[①] 概言之,如今,"主权国家"遭到了两方面的围攻。在国内事务方面,特别是在国家和公民社会的交界处,它面临着严重的离心倾向,面临着国际化倾向。在外交事务方面,国家的宏观决策更加受制于跨国的框架。更多的行政决策要受到处在像国际货币基金组织、联合国和欧洲经济共同体这样的军事协定和政府间的组织内的成员国以及跨国公司的投资决策的限制,甚至会被它们给取消。[②] 达伦多夫(Ralf Dahrendorf)勋爵甚至将全球化对民族国家所造成的影响描述为"一幅阴暗的图画":全球化剥夺了代议制民主迄今为止一直发挥作用的家园,即民族国家的经济基础;全球化破坏了民主话语在其中发展的公民社会的团结;全球化以孤立的个人之间无成效的沟通取代了民主制度。[③] 总之,与大多数全球化理论家不同,哈贝马斯认为,全球化并不必然威胁到民主生活的根本本质。

二、正在兴起的欧洲公共领域?

既然在经济全球化的大潮中,民族国家面临着严峻的挑战甚至威胁,那么由此也就出现了一些新的问题,如经济动力与民主过程怎样才能重新达到一个均衡

---

① 戴维·赫尔德:《世界主义:观念、现实与不足》,朱艳辉译,载[英]D.赫尔德、[美]J.罗西瑙:《国将不国:西方著名学者论全球化与国家主权》.俞可平等译,南昌:江西人民出版社,2004,第315—317页。

② [英]约翰·基恩:《媒体与民主》.邵继红、刘士军译,北京:社会科学文献出版社,2003,第125页。

③ 拉尔夫·达伦多夫:《论全球化》,载[德]乌尔利希·贝克、哈贝马斯等:《全球化与政治》.王学东、柴方国等译,北京:中央编译出版社,2000,第213页。

的状态？如何破解全球化背景下民族国家的两难困境？针对这些新问题，西方学者以欧盟进程为个案进行了研究。其中，许多学者将欧洲治理民主化的希望放到了欧洲公共领域的培育之上，并就欧盟在其加强自身民主合法性上进行了许多理论性与实践性的探索。譬如，增加欧盟各机构的透明性，增设欧洲督导专员（ombudsman）这一职务以受理、调查及报告针对有关联盟各机构、实体或独立机构之管理不善的申诉；增强欧洲议会这个惟一直选机构在欧洲决策过程中的影响力，等等。不过，就目前而言，大量的欧盟层面的决策和立法在确定颁布之前并未经过一个公共的讨论阶段；即使有所讨论，那也大多是一种分裂的或局限于成员国家范围内的方式进行。这样，一些自上而下的制度化改革并未能解决欧盟治理的"民主赤字"（democratic deficit）[①]问题。因此，与这种自上而下的民主机制相比，现在越来越多的学者主张培育一种自下而上的、发自于欧洲市民（公民）社会内部的政治公共领域，以期激发欧洲公民的参与热情，以便更为有效地解决欧洲民主赤字问题。其中，一些学者从实证维度考察目前欧洲公共领域的发展状况，并作出或积极或消极之评价；另一些学者则从规范维度研究政治公共领域对欧洲民主化进程的意义，以及一种新的超越民族国家的欧洲公共领域在概念上的不同内涵。

作为欧洲一体化运动的坚定支持者，哈贝马斯探讨了欧洲一体化和欧盟民主化问题，并提出了他的所谓"后民族民主"（Postnationale Demokratie）思想。[②] 哈贝马斯的理想是，欧盟能够超越目前的"政府间组织"和单纯的经济货币联盟的性质，最终发展成为一个欧洲联邦国家。他把欧洲一体化看作是一种可取的事业，并认为这一事业是资产阶级革命在新的历史条件下的继续。不过，欧洲一体化的进程使民主和资本主义之间的紧张关系以一种不同的方式表现了出来，这不仅是因为迄今为止民主进程一直在国家边界内运作，政治公共领域是以民族为单位的，而且还因为"欧洲公民"概念——其内涵是"对欧洲共同利益的责任感"——能否存在是不确定的。[③] 在哈贝马斯看来，欧盟的紧迫任务，或欧盟的最终成功，关键取决于能否创立一种欧洲全体公民都能积极参与的政治文化，并形成统一的欧洲公共领域。从欧洲一体化的进程可以看出，民主治理与政治公共领域相关联。

---

① Leonard 把欧盟民主赤字归纳为三点相互关联的理由：首先，欧盟机构脱离人们的日常生活。其次，欧盟决策者优先考虑的不是大多数选举人的利益。第三，欧盟的利益分配在成员国中并不均衡，大多数直接利益给了少数民族团体、日益萧条的行业和欠发达地区。See M. Leonard, *Rediscovering Europe* (London: Semos, 1998).

② 详情参见哈贝马斯：《后民族结构与民主的未来》，载［德］哈贝马斯：《后民族结构》. 曹卫东译，上海：上海人民出版社，2002，第70—132页。

③ 应奇：《从自由主义到后自由主义》. 北京：生活·读书·新知三联书店，2003，第190—191页。

然而,"要想克服民主不足的缺陷,就必须建立一个与民主过程步调一致的欧洲公共领域"。① 这样,哈贝马斯把公共领域概念运用到了欧洲一体化分析中,创造了"欧洲公共领域"(the European public sphere)这一新的范畴。这一概念是为构建一个欧洲联邦模式而提出的,它主要针对欧盟的"民主赤字"或"民主合法性匮乏"(南茜·弗雷泽语)和欧洲公民身份问题。简言之,"欧洲公共领域"概念是欧洲公共知识分子将公共领域的民族国家边界延伸至超国家的欧盟边界,用于分析欧盟内部民主状况的新词,其意指一个欧盟普通民众可以通过大众传媒或其他集体行动,自由参与欧洲议题讨论,形成公众舆论,从而影响欧盟决策的空间。它既不是制度,也不是组织,很难确定它的外部边界②,因为它总是开放和渗透的,所以它最好被理解为是"一个关于内容、观点,也就是**意见**的交往网络"。③ 经由这样的欧洲范围的交往网络,最终形成公众舆论或观点,进而影响欧盟的决策过程。因此,欧洲公共领域的讨论不是国家之间的谈判和利益妥协,而是欧洲公民跨国界的平等对话、意见交换和讨论。作为一种交流和讨论的网络,它为欧洲"后民族民主"的发展提供了一个跨国交流的空间。具体而言,欧洲公共领域包括四个方面:一是指作为基础的"欧洲公民身份"(European citizenship);二是指作为交流中介的"欧洲大众传媒"(European mass media);三是指作为交往规则的"商议民主"(deliberative democracy);四是指影响欧盟实际决策过程的"欧洲政党体系"(European party system)。这四个方面相互影响,形成一个互动的网络。④

在讨论欧盟民主化时,哈贝马斯分析指出,我们可以把欧盟民主化所需要的功能条件理解为一个复杂而又相对集中的发展过程的出发点。在此,哈贝马斯提到三个主要功能条件,它们指的是:一是必须有一个欧洲公民社会;二要建立欧洲范围内的政治公共领域;三要创造一种所有欧盟公民都能参与的政治文化⑤。具

---

① 哈贝马斯:《欧洲是否需要一部宪法?》,载[德]哈贝马斯:《后民族结构》.曹卫东译,上海:上海人民出版社,2002,第158—159页。

② 由于议题和参与者在不断地变化,因此公共领域的边界非常模糊,一般来说可以通过讨论的具体议题和讨论的媒介来确定公共领域的性质和特征。参见 Marianne Van De Steeg, Does a public sphere exist in the European Union? An analysis of the content of the debate on the Haider case, *European Journal of Political Research*, Vol.45, No.4, Jun.2006, p.611。

③ [德]尤尔根·哈贝马斯:《在事实和规范之间》.童世骏译,北京:生活·读书·新知三联书店,2003,第446页。

④ Marianne Van De Steeg, Does a public sphere exist in the European Union? An analysis of the content of the debate on the Haider case, *European Journal of Political Research*, Vol.45, No.4, Jun.2006, p.611.

⑤ 哈贝马斯:《欧洲是否需要一部宪法?》,载[德]哈贝马斯:《后民族结构》.曹卫东译,上海:上海人民出版社,2002,第157—158页。

体言之,要实现欧盟民主化,我们首先需要一部宪法,因为宪法具有催化作用。立宪过程本身就是一种特殊的跨国交往手段,具有实现其承诺的潜力。一部欧洲宪法不仅将阐明潜在的权力转移,而且还将促进新的权力结构的形成。[①] 在复杂多元的社会中,民主合法化的基础在于制度话语过程和制度决策过程与非正式的意见形成过程(依靠的是大众传媒)在公共交往层面的互动。[②] 遗憾的是,就目前而言,这些意见和意志形成的公共交往层面只能在民族国家内部形成。"但我们不能认为,只要把这些国内的公共领域放大,就可以弥补欧洲公共领域的亏缺。只有当各国交往过程都保持开放的时候,欧洲公共领域才有可能出现。"其实,"欧洲范围内的政治公共领域,一方面要依靠公民社会行为者的积极配合,另一方面又需要融入一种共同的政治文化"。[③] 因为欧洲的生活方式对于建立欧洲政治公共领域具有基础性的作用。其中,"文化精英和大众传媒可能有重要作用"。[④] 就此而言,有论者就指出,在欧洲政策的形成过程中,大众传媒至少发挥四项至关重要的功能:其一是"合法性功能"(legitimation function)。在缺乏直接沟通平台的地方,欧洲政治参与者、事件和政策都必须通过大众传媒达致透明化,而且只有通过公共论坛才能获得(或未能获得)公众共鸣的合法性。其二是回应性功能(responsiveness function)。由于民意投票带有片面性——它只是对公众舆论提供即时的、计划好的和非商谈的获知途径——欧洲政策制定者必须依靠大众传媒这一沟通渠道获取公民愿望及其关注点的信息。其三是责任性功能(accountability function)。与之相反,公众只能在很小的限度内亲自向遥远的欧洲机构和复杂的多层级政策进行建议,因此需要欧洲在大众传媒上透明化。其四是参与性功能(participation function)。公民参与欧洲政策过程通常也要求利用大众传媒的途径。虽然少数掌握丰富资源和组织良好的参与者能够直接承当欧洲政策制定者(比如,"院外活动集团"),但是通过非政府组织、市民倡议和社会运动,公民参与的大多数形式只能由他们能调动大众传媒上的曝光率、认同度和合法性来间接地影响政策制定者。[⑤]

---

① 哈贝马斯:《欧洲是否需要一部宪法?》,载[德]哈贝马斯:《后民族结构》.曹卫东译,上海:上海人民出版社,2002,第158页。

② 同上书,第159页。

③ 同上书,第159页。

④ [德]哈贝马斯:《在事实与规范之间》.童世骏译,北京:生活·读书·新知三联书店,2003,第672页。

⑤ Ruud Koopmans and Jessica Erbe, Towards a European Public Sphere? Vertical and Horizontal Dimensions of Europeanised Political Communication, Discussion Paper SPIV 2003 – 403, Wissenschaftszentrum Berlin für Sozialforschung (WZB), pp.1-2.

　　这样，除了注重大众传媒在欧洲公共领域构建过程中的重要作用外，哈贝马斯还强调指出，在欧洲联邦化的进程中，最重要的工作是捍卫欧洲的生活方式。根据他的理解，欧洲生活方式的核心内涵既包括物质生活条件，也包括受教育和休闲的机会，还包括社会活动空间。其中，社会活动空间尤为重要，因为只有有了这个空间，私人自治才具备使用价值，民主参与才有可能。按照哈贝马斯的理解，现代民主制度的基础不是基于共同语言、出身、血缘和地域等的种族认同，而是一种开放的交往关系和由此而形成的政治文化。简言之，就是一种"政治公共领域"。如果欧洲有这样一种"政治公共领域"，它就可以建立起一种以"民族多元性中的同一性"为特征的跨国民族认同。[①]　于是，哈贝马斯断言，我们显然可以作出这样的类推，即下一轮迈向后民族社会的一体化浪潮成功的关键不在于某个"欧洲民族"的实质，而是在于建立起欧洲政治公共领域的交往网络：它植根于共同的政治文化，基于市民（公民）社会，包括许多不同的利益集团、非政府组织、公民运动等；具体表现为各个政党都可以自觉遵守欧盟机构的决策，在议会党团团结的基础上形成新的欧洲政党体系。[②]　哈贝马斯论述道："从规范角度来看，如果不能在共同的政治文化背景下形成一种欧洲范围内的公共领域，一个由不同利益集团、非政府组织、公民运动等组成的公民社会，一个欧洲意义上的政党体系——一句话，如果没有一种超越国家公共领域的交往关系，就不可能有民主意义上的欧洲联邦国家。"[③]但哈贝马斯不无遗憾地指出，"在超国界操作层面上，具有法和行政手段的大范围欧洲内部市场就要建立了，而力量非常有限的欧洲议会从各成员国的政治公共领域的角度来看，可能还将难以觉察到它的存在。迄今为止那些发挥作用的政治性公民权还没有超出民族国家的范围"。[④]　而且，"成员国的欧共体政策某种程度上还没有成为对有关合法性问题的争论对象。各民族国家的公共领域在文化上还相互分隔着。也就是说，在它们所根植的情境中，政治问题还只在各自民族史的背景下才有意义"。[⑤]　由此看来，哈贝马斯对欧洲公共领域的发

[①] 笔者认同曹卫东的理解，此处可窥见哈贝马斯关于"多元声音中的理性同一性"理性观的内蕴。但不管哈贝马斯多么强调和突出差异性和多元性，最终都旨归于同一性，因而难免会夹杂着普遍主义和中心主义的成分。参见曹卫东：《曹卫东讲哈贝马斯》.北京：北京大学出版社，2005，第107—108页。
[②] 哈贝马斯：《论包容——关于民族、法治国家与民主之间的关系》，载［德］哈贝马斯：《包容他者》.曹卫东译，上海：上海人民出版社，2002，第176页。
[③] 哈贝马斯：《欧洲是否需要一部宪法？——答迪特·格林》，载［德］哈贝马斯：《包容他者》.曹卫东译，上海：上海人民出版社，2002，第186页。
[④] ［德］尤尔根·哈贝马斯：《在事实和规范之间》.童世骏译，北京：生活·读书·新知三联书店，2003，第667页。
[⑤] 同上书，第672页。

展状况依然持一定程度的悲观态度。但哈贝马斯又认为,2003 年 2 月 15 日爆发的全欧反伊拉克战争的大游行则"堪称二次世界大战以来规模最大的一次,象征着一个欧洲公共领域的诞生,日后必将留名青史"。① 从某种意义上说,这反映了哈贝马斯在理解欧洲公共领域的进展时的矛盾心理。

哈贝马斯关于欧洲公共领域的论述引起了学界的关注。罗蒂对哈贝马斯(以及与德里达)关于"一个欧洲公共领域的诞生"之观点作出了反应。在罗蒂看来,如果事情果真如此的话,"那么这将改变所有人对于政治上可行性的限制之认知。这种在理想上的自我重新定位一旦升高,就将获得全世界的响应,而且是从美国、中国到俄国与巴西。"②而博曼则认为,由于不同的语言和大众传媒的限制,欧洲公共领域不可能是统一的,而是由不同的公众组成的公共领域,在其中,不同语种的公共领域就共同的问题进行讨论,并且其他公共领域协商过程的结果可以通过居间的翻译而跨越语言和文化的边界。③ 埃里克森试图(Erik Oddvar Eriksen)倡导一个更厚实的(thicker)的"公共领域"概念,并将公共领域区分为三个层次:首要性大众公共领域(overarching general public sphere),跨国性特定公共领域(transnational segmented publics)以及强公共领域(strong publics)。根据埃里克森的理解,首要性大众公共领域指的就是市民(公民)社会的交往空间,出于恰当的权利基础,所有的公民都可以自由、平等地,以理性为导向地参与这一公共领域内的交往活动。跨国性特定公共领域是指由那些对某些议题、问题以及解决方案有着共同兴趣的行动者所构成的政策网络。强公共领域指的则是在国家决策中心专事于集体意志形成的合法性的制度化的、受调节的论辩机构,比如议会。④ 通过这

---

① 哈贝马斯、德里达:《论欧洲的复兴》,载[德]伽达默尔、哈贝马斯等:《赫尔墨斯的口误:从话语政治到诗学交往》. 曹卫东编译,南京:译林出版社,2009,第 93 页;亦可参见哈贝马斯、德里达:《2 月 15 日,欧洲人民的团结:以核心欧洲为起点,缔结共同外交政策》,载[德]尤尔根·哈贝马斯、[法]雅克·德里达等人:《旧欧洲·新欧洲·核心欧洲》. 丹尼尔·李维、马克斯·潘斯基、约翰·托尔佩编,邓伯宸译,北京:中央编译出版社,2010,第 24 页。针对这一事件,南茜·弗雷泽则认为,这次反战游行,动员了一个反对美国人侵伊拉克的跨国公众舆论的巨型团体组织。尽管舆论的这种流露不能成为更为有力的或更为清楚的,但是,由于它缺乏一个有能力遏制乔治布什的受众,所以从某种意义上说,它仍然是无力的,体现的是"政治有效性的匮乏"。参见[美]南茜·弗雷泽:《正义的尺度——全球化世界中政治空间的再认识》. 欧阳英译,上海:上海人民出版社,2009,第 179 页。

② 理查德·罗蒂:《选择羞辱,还是选择团结?》,载[德]尤尔根·哈贝马斯、[法]雅克·德里达等人:《旧欧洲·新欧洲·核心欧洲》. 丹尼尔·李维、马克斯·潘斯基、约翰·托尔佩编,邓伯宸译,北京:中央编译出版社,2010,第 61 页。

③ 詹姆斯·博曼:《实现一种作为探究模式的审议民主:实用主义、社会事实和规范理论》,袁贺译,载谈火生编:《审议民主》. 南京:江苏人民出版社,2007,第 102 页。

④ Erik Oddvar Eriksen, An Emerging European Public Sphere, *European Journal of Social Theory* 8(3), 2005, p.349.

三个层面，埃里克森进一步对欧洲公共领域进行考察。在他看来，就（首要性）大众公共领域而言，欧洲已经出现了很多新兴的、跨国的媒体空间，如报纸、电视节目和专业杂志，甚至很多以欧洲民众为受众的专业网站。这些媒体为欧洲民众们就他们所共同关注的议题展开相互间的交流和讨论提供了越来越有效的途径。甚至已经出现了欧盟范围内的公共讨论，如2000年发生在奥地利的"海德事件"（Haider affair）①就是一个很好的例证。而就（跨国性）特定公共领域以及强公共领域的发展情况而言，也已出现诸如跨欧洲的利益团体和政府游说团体，以及立法和咨询权力不断增强的欧洲议会。基于此，埃里克森认为，三个层面的公共领域发展都证明欧洲公共领域正在兴起。② 在《正在形成的欧洲公共领域？理论的澄清与经验的论据》③一文中，欧洲建构主义学者里塞（Thomas Risse）对哈贝马斯的观点表示认同，反驳关于欧洲事务的辩论将分裂欧洲的观点，分析在欧洲层面培育一个充满活力、健康的公共领域的可能性，并为此提出一些政策建议。其实，按照哈贝马斯的观点，公共领域的公众商讨和沟通可以加强决策和民主。因此，在《一个欧洲人的共同体？跨国认同和公共领域》一书中，里塞赞同公共领域可以自下而上加强民主的观点，指出"跨国共同体的沟通交流"是更好的政治共同体的构成部分，特别强调大众传媒在公共领域中的作用，并认为"欧洲化的公共领域的出现在欧洲政策的政治化中踏出了第一步。这对欧洲民主是个好消息"。④

但在沙尔普夫（Fritz W. Scharpf）看来，欧洲的民主赤字是现实存在的，它不可能在短期内通过简单的体制改革来克服。它"缺乏欧洲的政治基础设施。迄今为止还没有欧洲的新闻媒体，没有欧洲范围的关于欧洲的政治抉择的公开讨论，没有欧洲的政党，没有欧洲范围的为占据领导职位而展开的竞争"。⑤ 特伦茨（Hans-Jörg Trenz）对目前欧洲公共领域的状况也作出了消极的评价。在对欧洲

① 2000年，由海德（Jörg Haider）所领导的带有纳粹性质的极右政党自由党与人民党组成奥地利的联合政府。这一事件在奥地利以及整个欧洲引起了民众的愤怒。当时，欧盟的其他14个成员国的首脑决定停止与奥地利政府的一切合作，因为该事件被认为突破了自1945年以来欧洲各政党不能与极右政党组成联合政府的禁区。2000年底，海德在重重压力之下被迫辞去党内职务。

② Erik Oddvar Eriksen, Conceptualizing European Public Sphere: General, Segmented and Strong Publics, ARENA Working Paper 3/04, Centre for European Studies, University of Oslo. pp. 15 - 23.

③ Thomas Risse, An Emerging European Public Sphere? Theoretical Clarifications and Empirical Indicators, Paper presented to the Annual Meeting of the European Union Studies Association(EUSA) Nasgville TN, March27 - 30,2003.

④ Thomas Risse, A Community of Europeans? Transnational Identities and Public Spheres(Ithaca: Cornell University Press, 2010), p.232.

⑤ 弗里茨·沙尔普夫：《跨国政治中的民主》，载[德]乌尔利希·贝克，哈贝马斯等：《全球化与政治》. 王学东、柴方国等译，北京：中央编译出版社，2000，第131页。

公共领域进行考察后,特伦茨评价道:"在欧洲共同市场内部,新闻内容在很大程度上还是局限于国家边界内部,并没有真正的欧洲报纸或电视台出现。至于目前所出现的一些跨国性欧洲报纸如《财经时报》(Financial Times),却带有很强的精英色彩。此外,就成员国新闻业的欧洲化而言,也很少有证据显示发生在欧洲内的新闻和论辩正在向成员国的媒体渗透。"①这就是说,只要欧盟范围内的公民不像在国内那样享有参与政治、选举具有真正执行权的代表的现实政治权利,欧洲公共领域的前景就很渺茫。而在政治参与权缺失的情况下,公民对欧盟信息的寻求动机较弱,因为这些信息从属于政治参与。新闻媒介压制发表此类信息,也就不足为奇了。欧盟政治活动家也没有动力通过媒体吸引公民,因为他们不像国内政治家那样依赖公民的支持。这种兴趣的缺乏反过来又强化新闻媒介不愿讨论欧洲事务的意愿。因此,这种政治参与的形式和结构通常限制了更欧洲化的媒介传播的出现,导致在欧洲层面缺失一个"传播共同体"。诸如此类的论断都认为,在欧洲或欧盟内缺乏集体认同和欧洲民众,几乎不可能实现一个真正民主的欧洲政体,也不可能出现一个欧洲公共领域。

综上所述,尽管经验研究结果表明欧洲公共领域已经出现,但与运转良好的国内公共领域相比,目前欧洲公共领域仍处于发展的初级阶段,其成长乃至成熟必将是一个渐进的、长期的过程。它所发挥的主题化议题、形成意见并影响欧盟决策的功能还非常有限;在欧洲一体化进程中,仍然缺乏欧盟民主,缺乏欧洲公众,缺乏共同的欧洲认同感,缺乏具有欧洲视野的大众传媒。但就欧洲公共领域的未来发展而言,它依赖于各类媒体的支持,依赖于民众的积极参与,亦依赖于公共知识分子的引导。其中尤显重要的也许是,应该致力于在欧洲权力机构的民主化、欧洲公共领域的培育,以及欧洲联合的长远目标之间建立起良性的循环。

三、公共领域全球化:一种可能的路径?

弗雷泽曾指出,随着全球化意识的增强和后冷战地缘政治的不稳定,许多人注意到,经常影响他们生活的社会进程已经超越了领土边界。因此,诸如"跨国公共领域"(transnational public spheres)、"散居海外者公共领域"(diasporic public

---

① Hans-Jörg Trenz, In Search of the European Public Sphere: Between Normative Overstretch and Empirical Disenchantment, ARENA Working Paper, No. 12, June 2008, Centre for European Studies, University of Oslo, p. 9.

spheres)和"全球公共领域"(the global public sphere)之类的表述方式近来显著地出现在理论与实践讨论中，也就毫不令人惊奇的了。^① 在哈贝马斯看来，从涂尔干、韦伯到帕森斯的传统社会理论都指出，现代社会意识状况中具有越来越多的反思性。但在对已变得可选择的传统的不断修正中，多元文化陷入了解释学的矛盾之中。现有的制度面临道德合法化的压力，使合法性制度越来越依赖于民主程序的论证过程和规范确立。而个体在决策选择多样化的困境中，也必须保持高度抽象的自我认同稳定性。^② 然而，如果没有作为世界公民的强烈政治自我意识，没有相应的全球公民社会和世界舆论机构，世界主义民主(即使带有种种制度乌托邦主义)将只会是一种(必要的)理念。^③ 因此，哈贝马斯强调："关键问题在于，能否在共生于广阔地域的各政治实体的市民社会和政治舆论中，形成世界性的强制互助的意识。只有借助于公民要求大力转变对内政策的观念压力，具有全球行动能力的行动者的自我意识才会发生改变，才会日益把自己视为一个只能相互合作和相互兼顾利益的共同体的成员。"^④在这一点上，哈贝马斯明确指出了公共领域的全球化趋势。

哈贝马斯分析指出，要想在国际层面来形塑政治上的团结还需要如下的前设条件：即一个全球公共领域"必须扎根在自由的政治文化语境当中，并且必须由市民社会这样一个自由联合体来具体承担。此外还必须渗透到私人生活领域的社会经验当中，以便被加工成为公共议题"。^⑤ 他论证道："今天已经证明，康德对一种世界范围内的公共领域的预言是非常敏锐的。因为，这种世界公共领域只有在全球交往系统形成之后才会显示出来。"^⑥哈贝马斯自信地预言，随着政治交往的

---

① Nancy Fraser, Transnationalizing the Public Sphere: On the Legitimacy and Efficacy of Public Opinion in a Post-Westphalian World, in Jostein Gripsrud, Hallvard Moe, Anders Molander and Graham Murdock (eds.), *The Public Sphere*〔Vol. Ⅳ〕(Los Angeles/London/New Delhi/Singapore/Washington DC: SAGE, 2011), pp.304 – 305.

② 哈贝马斯:《交往行为理论》(第2卷).莱茵河畔法兰克福,1981,第212—213页;哈贝马斯:《超越民族国家——论经济全球化的后果问题》,载[德]乌尔利希·贝克、哈贝马斯等:《全球化与政治》.王学东、柴方国等译,北京:中央编译出版社,2000,第89页.

③ 乌尔利希·贝克:《全球化时代民主怎样才是可行的?——导论》,载[德]乌尔利希·贝克、哈贝马斯等:《全球化与政治》.王学东、柴方国等译,北京:中央编译出版社,2000,第33页.

④ 哈贝马斯:《超越民族国家——论经济全球化的后果问题》,载[德]乌尔利希·贝克、哈贝马斯等:《全球化与政治》.王学东、柴方国等译,北京:中央编译出版社,2000,第82—83页.

⑤ 哈贝马斯:《欧洲是否需要一部宪法?——答迪特·格林》,载[德]哈贝马斯:《包容他者》.曹卫东译,上海:上海人民出版社,2002,第186页.

⑥ 哈贝马斯:《论康德的永久和平观念》,载[德]哈贝马斯:《包容他者》.曹卫东译,上海:上海人民出版社,2002,第203页.

全球化,二百多年前康德曾在法国大革命的情境中所梦想的世界公民的理想正将成为现实。"世界公民状态不再是一种纯粹的幻想,即使我们离它还相距甚远。国家公民身份(Staatsbuügerschaft)和世界公民身份(Weltbürgerschaft)构成一个连续统,这个连续统现在至少已经显出轮廓来了。"①全球交往系统的形成使得世界公共领域显示出来,越南战争和海湾战争真正引发了人们对全球公共领域的关注。联合国举行了围绕全球生态问题的里约热内卢会议、人口增长问题的开罗会议、贫困问题的哥本哈根会议以及气候问题的柏林会议等一系列会议,可以看作是通过民族国家公共领域结构所传达出来的一些积极尝试,即:在世界公共领域中,专门提出一些非常重要的问题,并呼吁世界舆论,至少向各国政府施加一些政治压力。哈贝马斯写道:"既然大地上各个民族之间普遍已占上风的共同性现在已经到了这样的地步,以致在地球上的一个地方侵犯权利就会在所有的地方都被感觉到;所以,世界公民权利的观念就不是什么幻想的或夸诞的权利表现方式,而是为公开的一般人类权利,并且也是为永久和平而对国家权利与国际权利的不成文法典所作的一项必要的补充。惟有在这种条件(即一种有效的世界公共领域——哈贝马斯注)之下,我们才可以自诩为在不断地趋近于永久和平。"②如今,交往的全球化和一种以电子大众传媒为基础的"世界舆论"正在形成。这种公众舆论通过公开曝光和批评,阻止不符合公众准则的企图得逞。不过,哈贝马斯对此提出了两方面的忧虑:其一,它首先指涉一种矛盾现象。一方面全球行为者的认识水平、批判意识不断增强,而另一方面系统、网络及相关组织机构的发展并未创造出产生政治公共领域的条件,因为它没有扩大行为者主体间的世界,也没有通过话语把一些重要观点、主题等联系起来,电子传媒以图像、声音和虚假现实瓦解了话语交往的正常存在。其二,虽然电子传媒已经跨越了国界,但仍然难以摆脱某些国家和政府的操控和影响。③ 因此,哈贝马斯宣称,目前,"可以说还没有什么全球性的公共领域,甚至连欧洲范围内必要的公共领域也还谈不上。但是,一种新型的组织形式,即非政府组织,比如,绿色和平组织或国际大赦组织等,对于建立和动员超民族的公共领域发挥了核心作用,它们至少表明,有

---

① [德]哈贝马斯:《在事实与规范之间》.童世骏译,北京:生活·读书·新知三联书店,2003,第 680 页。

② 参阅维尔默(Albrecht Wellmer)和霍耐特(Axel Honneth)的文章,载布鲁姆利克(M. Brumlik)、布隆克霍斯特(H. Brunkhorst)编:《共同体与公正》(*Gemeinschaft und Gerechtigkeit*)Frankfurt am Main,1993,第 173 页及以下诸页、第 260 页及以下诸页;转引哈贝马斯:《论康德的永久和平观念》,载[德]哈贝马斯:《包容他者》.曹卫东译,上海:上海人民出版社,2002,第 203 页。

③ 彭霄:《全球化、民族国家与世界公民社会——哈贝马斯国际政治思想述评》,载《欧洲研究》2004 年第 1 期,第 59 页。

些行为者越来越发挥舆论的作用,他们仿佛来自一个国际市民社会,并与国家相对抗"。①

　　哈贝马斯认为,在全球化的冲击下,整个世界自觉或不自觉地形成了一个风险共同体。人们要想在这个风险共同体中同舟共济,就需要开动脑筋,发挥想象力和创造力,建立新型的跨民族管理体制。具体言之,就是创建一种"没有世界政府的世界内政"(Weltinnenpolitik ohne Weltregierung),它的基础是建立在社会运动和非政府组织基础上的全球公民社会。根据哈贝马斯的设想,在未来的"世界公民社会"中,"无暴力的共同生活将使个人的自我实现和自主成为可能。这种自主……建筑在团结和正义之上……宽容和相互理解成为人们的思维和行为的根本动机。……在一种共同性中自由地、真诚地生活"。② 最终建构起一个消除一切歧视和苦难,包容一切边缘群体并互相尊重的全球道德共同体。当然,哈贝马斯也清醒地意识到,世界公民间互助的约束力明显弱于一二百年来各民族国家发展起来的国家公民间互助,欧洲统一进程的瓶颈所缺失的正是世界公民间互助意识的培育。情势正如达伦多夫所言:"只要公民社会仍然局限在民族的边界之内,它就必然与排他的态度、措施和规则相结合,而排他的态度、措施和规则是违背公民地位和建立在它的基础之上的社会本身的原则的。只有当所有的人都享有平等的公民权利,建立公民社会的历史任务才算完成。"③不过,哈贝马斯坚信,未来在民族国家"消亡"后,人类将团结成一个"世界公民社会",建构一种"没有世界政府的世界内政";世界必将朝着民主、自由、公正的方向发展,最终建立起一种"无统治的、民主、公正、和谐的"社会秩序,从而逐步实现人的自由和解放。哈贝马斯断言,"民族国家"将在总体上"消亡",人类最终将通过集合为一个"世界公民社会"而获得解放,这显得既大胆而又匆忙。而且,这也充分说明他所构想的"世界公民社会"是建筑在西方的价值观和当代资本主义的物质技术水平上的,其思想核心仍是西方的议会制民主和人权至上主义,可这不足以证明民族国家正在或即将失去其存在的现实基础与合理性。

　　哈贝马斯的上述观点引起了广泛的关注,I. M. 杨就认为,"同样是那个周末,

---

① 哈贝马斯:《论康德的永久和平观念》,载[德]哈贝马斯:《包容他者》.曹卫东译,上海:上海人民出版社,2002,第 204 页。

② 哈贝马斯:《追加的革命》(*Die nachholende Revolution*, Frankfurt am Main: Suhrkamp, 1990),第 198 页;转引章国锋:《未来世界向何处去?——哈贝马斯论海湾战争对全球化的影响》,载《马克思主义与现实》2001 年第 6 期,第 41 页。

③ [英]拉尔夫·达仁道夫:《现代社会冲突:自由政治随感》.林荣远译,北京:中国社会科学出版社,2000,第 66 页。

在其他各大洲也有群众示威——悉尼、东京……莫斯科,以及数百个其他城市,甚至包括美国在内。……这些举世同步的示威是世界社会论坛①2003年1月在巴西波尔图·阿雷格里港(Porto Alegre)举行第三次会议时所决定的计划。因此,这些举世同步的示威不如说是象征着一个全球公共领域的出现"。② I. M. 杨还强调,2003年2月15日那个周末所象征的全球公共领域,之前就已经存在,并持续地存在着。③ 基恩对全球公共领域也持乐观态度。他说道:"有一些公共领域是全球性的。在全球性公共领域中,好几百万人可以目睹争端的调停,这些争端集中在谁得到什么,何时得到以及如何得到。"④基恩进一步指出,全球公共领域的术语在这里被当作理想类型,这些全球公共领域是全球公民社会中的一些场所,其中权力斗争在透明地发动并被见证,而其方式并非暴力或战争,它们是讲述出来的、想象中的而且处于全球公民社会之中的非暴力空间。而且,全球公共领域仍然是受问题驱动的,它在呈现结果方面更为有效,而不是去探究行动者的意图和事件的结构性原因。进而言之,全球公共领域具有一些有趣的影响⑤:第一,全球公共领域发挥着在家庭范围之外的临时歇脚点的作用,在它之中,植根于地方自然环境的人们越来越经常地远游,甚至不需要离开家,延伸了的感觉就可以让他们感觉到"第二个家"。第二,全球公共领域具有一种政治影响。特别是在重大媒体事件期间,在虚拟的紧张状态中,公共领域加强了受众那种生命易逝、结果未卜的共同感受。全球公共领域可以明确一个观点,即"和更为地方性的公民社会

① 南茜·弗雷泽就十分赞赏"世界社会论坛"(World Social Forum, WSF)构建团结的策略,并分析了使"世界社会论坛"团结得以出现的各因素:一是种族文化的宗派主义的明显放弃与文化多元主义的明确确认;二是政治交往(一个"论坛")的一个共享语境与实践,这种政治交往产生了一种让人回忆起"建构性爱国主义"的交往性的、有基础的团结,但是这种团结却不是聚焦在一个有边界的政治组织之上的;三是一个编织松散的、有组织的模式,它减轻了世界社会论坛成员对强权的霸权化的害怕;四是一个统摄性的解释视野,它允许参与者将他们的斗争定位在新自由主义全球化资本主义的框架内,同时设想了一个共同的敌人。因此,在弗雷泽看来,从总体上说,尽管它们都是有缺陷的,但是,世界社会论坛提出了一种团结的模式,这种模式能够聚集一些力量并回避其他模式的一些弱点。她坚信,在没有想将一个有缺陷的、真实世界的机构理想化的情况下,这种团结模式能够为解决跨国福利与再分配问题而坚守某种承诺。参见[美]南茜·弗雷泽:《正义的尺度——全球化世界中政治空间的再认识》,欧阳英译,上海:上海人民出版社,2009,第176页。
② 艾莉斯·马瑞恩·杨:《全球民主的去中心化》,载[德]尤尔根·哈贝马斯、[法]雅克·德里达等人:《旧欧洲·新欧洲·核心欧洲》,丹尼尔·李维、马克斯·潘斯基、约翰·托尔佩编,邓伯宸译,北京:中央编译出版社,2010,第181页。
③ 同上书,第186页。
④ John Keane, Structural Transformations of the Public Sphere, *The Communication Review*, 1995, Vol. 1(1):1—22;参见[英]约翰·基恩:《全球公民社会?》,李勇刚译,北京:中国人民大学出版社,2012,第209页。
⑤ 参见[英]约翰·基恩:《全球公民社会?》,李勇刚译,北京:中国人民大学出版社,2012,第210—216页。

一样,'全球公民社会'没有'集体意见',它充满了网络、流动、分裂和摩擦,它并不能单独干任何事情,仅仅是构成它的个人、群体行动、组织和网络在行动和互动"。全球公共领域能够加重一种认识,即"全球公民社会是一项未竟的工程,也是永远受到威胁的工程"。① 第三,全球公共领域能够探查全球公民社会自身重要组织的权力。对于全球化的总体进程和民主化政府而言,公民社会的多元声音具有至关重要的检查和平衡作用,然而发出这些声音的社会组织自己却有可能不怎么民主。全球公共领域可以有助于揭露这些组织的不法行为,还能有助于质疑一些非营利跨国非政府组织更为可疑的做法。第四,全球公共领域能够确保没有人在地方和全球层次上垄断权力。从公民社会内部和外部的各个地方,全球公共领域倾向于监督权力的实施。正是由于这种倾向,当全球公共领域正常发挥作用的时候,它们把一些问题提上了政治日程,比如代表权、责任和合法性。总之,全球公共领域不是娱乐或表演的领地,而是政治的舞台:在它们那想象的边界内,权力冲突和矛盾在千万双眼睛和耳朵面前爆发并展开。②

对哈贝马斯公共领域理论进行反思之后,弗雷泽指出,"从公众舆论构成要素的每一个方面来看,公共领域已是日益跨国或后国家的"。③ 于是,她进一步追问:人们需要何种变化(制度的、经济的、文化的和交往的)才能构想当前情况下跨国公共领域的真正批判性的、民主化的作用呢?公共领域应该在何处限制至高无上的权力?谁是特定公共场域的相关成员?人们应使用何种语言以及通过何种媒介来进行交往?针对这些问题,弗雷泽承认它们已"彻底地超越了现有的研究范围",她"将不会假装设法在此回答它们"④。但弗雷泽的提问方式却为我们进一步研究哈贝马斯公共领域理论拓展了视域:公共领域的跨国化。只是"跨国化并不仅仅是将公共领域的概念从国家的边界'扩展'开去,而是——作为一个事实的结果使得公共领域与民族国家之间'自然'的连接逐渐消失——消除公共领域过去在国家边界之内的内在同一性(internal homogeneity)"。⑤ 但根据斯普里查(Slavko Splichal)的指认,公众舆论的国际扩张至少自 19 世纪晚期就已发生,且

---

① 参见[英]约翰·基恩:《全球公民社会?》,李勇刚译,北京:中国人民大学出版社,2012,第213页。

② [英]约翰·基恩:《全球公民社会?》,李勇刚译,北京:中国人民大学出版社,2012,第209页。

③ Nancy Fraser, Transnationalizing the Public Sphere: On the Legitimacy and Efficacy of Public Opinion in a Post-Westphalian World, in Jostein Gripsrud, Hallvard Moe, Anders Molander and Graham Murdock (eds), *The Public Sphere* [Vol. Ⅳ] (Los Angeles/London/New Delhi/Singapore/Washington DC: SAGE, 2011), p.309.

④ Ibid., p.310.

⑤ 斯拉夫科·斯普里查:《全球治理与公共领域的跨国化》,载《新闻大学》2012年第5期,第81页。

在某种程度上，从其最初就包含着"全球化"的萌芽。①

但博曼则宣称，世界性的公共领域尚不存在，原因在于，全球性的机构是国际性的，但还不是世界性的，这些机构建立的基础是民族国家及其代表的利益商讨，它们对民主输入的开放性是非常有限的。在这样的元制度之中，公民并非主权者——国家才是主权者。② 为此，博曼勾画了一个比较清晰的替代性理论框架，即全球公共领域一旦形成，需具备三个前提性条件，它们是：首先，需要具有全球传播能力、拥有高速传播技术能力的大众媒体的存在。其次，需要多样化的跨国和本地公共领域和准公共领域的出现，可以组织它们自己的受众群体和自己的公共性准则。最后，需要形成公民社会的必要组织和机构以支持和实现公共领域的多样化。③ 斯巴克斯（Colin Sparks）对全球公共领域这一概念亦持怀疑态度，认为所谓的全球公共领域并不存在，因为人们对媒介全球化的程度有许多常见的误解，主流媒体机构最显著的特点还是在特定国家中运作。但在定义全球公共领域时，斯巴克斯则强调它所具备的两个基本原则：第一，"普遍性"，即世界上所有公民的近距离接触权利必须得到保障。第二，"平等性"，即世界上的所有公民都有不受限制的机会参与讨论。④ 从这两个假设出发，斯巴克斯检验了包括卫星电视、报纸等在内的传统媒体是否能够作为全球公共领域的载体。他指出，媒体受其内容产制、精英特质以及专业意识形态等的限制，即使将触角向外延伸，仍被局限在民族国家内部，或者必须适应不同国情，接受各国政府监管，因此都称不上是全球公共领域的沟通媒介或载体。此外，克拉克（Angela M. Crack）在继承哈贝马斯公共领域理论中对规范性和政治性问题的关注的同时，系统地分析了跨国公共领域这一扩展性的公众形成的前提条件。克拉克认为，跨国公共领域的产生需要三大类结构性先决条件，它们是：跨国传播的能力（通过新媒体）、公共权力部门的变革（多个全球治理机构是公共领域对话的指向目标）以及相互具有亲和性的跨国社区或跨国网络（与国内公共领域不同的是，跨国公共领域的产生只能以相

---

① 斯拉夫科·斯普里查：《全球治理与公共领域的跨国化》，载《新闻大学》2012 年第 5 期，第 82—83 页。

② ［美］詹姆斯·博曼：《公共协商：多元主义、复杂性与民主》. 黄相怀译，北京：中央编译出版社，2006，第 194 页。

③ James Bohman(1998), The globalization of the public sphere: Cosmopolitan publicity and the problem of cultural pluralism, *Philosophy & Social Criticism*, 24(2-3): p.201.

④ ［英］科林·斯巴克斯：《全球化、发展与大众传播》. 刘舸、常怡如译，北京：社会科学文献出版社，2009，第 98 页。

互间的亲和性为基础,而无法依靠共同的地理位置和国家公民属性)。① 与此同时,克拉克还从六大方面——即:公共领域的可替代历史、社会平等与民主、单一的公共领域模型、个人利益与公共领域、有潜力的新媒体、传统公共领域理论的国家中心论——对哈贝马斯的公共领域理论进行了批判性分析。② 通过对哈贝马斯公共领域理论上述六个层面的评估,克拉克将其运用到跨国公共领域问题研究上,指出哈氏理论所具有的有益指导在于:第一,多元公共领域模式相比单一公共领域模式来说更为适宜;第二,有关不平等权力关系如何影响进入和参与公共领域的问题值得严肃、认真地对待;第三,历史证明传统的“公-私”二元的父权制区分具有压迫性、排他性及无效性;第四,学界需要研究以互联网为代表的信息通讯技术可能存在的解放性影响力;最后,我们需要重新评估传统公共领域理论所潜存的“国家中心论”特性。在此,克拉克强调,若想将公共领域理论拓展至国际层面,就必须全部遵循以上五条原则。③

事实上,全球或跨国公共领域表面上似乎生机勃勃,但因为国家主权并没有消退,“全球公民社会”的兴起也没有消除民族国家意识对公民的影响,世界各地不同立场的公民和群体对统一议题的讨论并不交叉且往往是非理性的,跨国论坛又只是一个容纳着全球参与者声音的嘈杂广场,诸如此类的因素也就制约和消解着全球公共领域的形塑。综上所述,不管从理性规范性视角,还是从历史特殊性角度来看,我们都不难看出,哈贝马斯关于欧洲公共领域和全球公共领域的构想的可能性依然悬而未决,全球化背景下公共领域“拓展”以及民主政治“重建”工作依然任重道远。难怪哈贝马斯自己也不得不感慨“无人愿意追随乌托邦”。④ 总之,哈贝马斯逐渐认识到,随着科技的发展,新出现的电子传媒对公共领域的发展提供了极大的可能性,由此对公共领域的发展表示出了一定的乐观性。纸媒、电子媒体和网络传媒的发展,不仅增强了公共领域的影响力,扩大了公共领域的影响范围,而且改变了公共领域本身。最重要的一点是,公共领域逐渐开拓了一个跨越国家的新空间。在全球化进程中,它占据了一个跨越国家的新的公共领

---

① 〔英〕安吉拉·克拉克(Angela M. Crack):《全球传播与跨国公共空间》,金然译,杭州:浙江大学出版社,2015,第74页。

② 同上书,33—43页。

③ 同上书,第51—52页。

④ 哈贝马斯:《超越民族国家?——论经济全球化的后果问题》,载〔德〕贝克、哈贝马斯编:《全球化与政治》,曹卫东译,北京:中央编译出版社,2000,第81页;参阅艾四林、王贵贤、马超:《民主、正义与全球化——哈贝马斯政治哲学研究》,北京:北京大学出版社,2010,第27页。

域——从传统的国际间非正式组织到全球网络自由交流空间,都支持着这个空间。据哈贝马斯的观点,一种超越民族国家的公共领域和全球化的国家属性,以不可遏制的方式出现了。这么说来,哈贝马斯为我们打开了一个全球化公民身份的视角。它接替了"国际"的概念,挑战即将到来的时代。①

<h2>第二节　理论延用:公共领域理论本土化</h2>

早在《结构转型》一书的"初版序言"中,哈贝马斯曾强调指出其对"资产阶级公共领域"的研究是在具体的历史语境中展开的。至于"公共领域"概念能否使用于其他文化语境的问题,当时他持有一种审慎的态度。他说:"'资产阶级公共领域'是一个具有划时代意义的范畴,不能把它和源自欧洲中世纪的'市民社会'的独特发展历史隔离开来,使之成为一种理想类型,随意应用到具有相似形态的历史语境当中。"②不过,近些年来,哈贝马斯的公共领域/市民(公民)社会理论,在西方汉学界却被尝试应用于晚清与民国初年精英与民众政治化过程的研讨,③国

---

① 雅克·比岱:《马克思影响下的哈贝马斯》,王迪、王斐译,载[法]雅克·比岱、厄斯塔什·库维拉基斯:《当代马克思辞典》.许国艳等译,北京:社会科学文献出版社,2011,第512页。

② [德]哈贝马斯:《公共领域的结构转型》.曹卫东等译,上海:学林出版社,1999,"初版序言",第1页。

③ 有关这场争论的文献,可参见:(1)罗威廉:《晚清帝国的"市民社会"问题》(The Problem of "Civil Society" in Late Imperial China,原载 Modren China,Vol.19,No.2,April,1993;后载邓正来、[英]J.C.亚历山大编:《国家与市民社会:一种社会理论的研究路径》.北京:中央编译出版社,1999,第401—419页;又载黄宗智主编:《中国研究的范式问题讨论》.北京:社会科学文献出版社,2003,第172—195页;再载邓正来:《国家与社会:中国市民社会研究》.北京:北京大学出版社,2008,第254—271页。)(2)魏斐德:《市民社会和公共领域问题的论争——西方人对当代中国政治文化的思考》(The Civil Society and Public Sphere Debate: Western Reflection on Chinese Political Culture,原载 Modren China,Vol.19,No.2,April,1993;后载邓正来、[英]J.C.亚历山大编:《国家与市民社会:一种社会理论的研究路径》.北京:中央编译出版社,1999,第371—400页;又载黄宗智主编:《中国研究的范式问题讨论》.北京:社会科学文献出版社,2003,第139—171页。)(3)黄宗智:《中国的"公共领域"与"市民社会"?——国家与社会间的第三域》("Public Sphere"/"Civil Society" in China?原载 Modren China,Vol.19,No.2,April,1993;后载邓正来、[英]J.C.亚历山大编:《国家与市民社会:一种社会理论的研究路径》.北京:中央编译出版社,1999,第420—443页;又载黄宗智主编:《中国研究的范式问题讨论》.北京:社会科学文献出版社,2003,第260—285页。)(4)罗威廉:《当代中国的公共领域》(The Public Sphere in Modern China,载 Modren China,Vol.16,No.3,July,1990.)(5)孔飞力:《公民社会与体制的发展》,李孝悌、沈松侨译,载台北《近代中国史研究通讯》第13期。(6)杜赞奇(Prasenjit Duara):《中国近代史上的国家与公民社会》,刘永涛译,载汪熙、魏斐德主编:《中国现代化问题——一个多方位的历史探索》.上海:复旦大学出版社,1994,第363—390页。(7)魏斐德:《清末与近代中国的公民社会》,谢毅译,载汪熙、魏斐德主编:《中国现代化问题——一个多方位的历史探索》.上海:复旦大学出版社,1994,第23—57页。(8)德里克(Arif Dirlik):《当代中国的市民社会与公共领域》,邓正来译,载《中国社会科学季刊》(香港),1993年第4期(8月号),第18—22页;等等。

内也有不少学者对哈贝马斯公共领域理论在中国的适用性问题展开探讨,并引发不少论争。

一、公共领域理论与"近代中国研究"

在西方汉学界中,公共领域和市民(公民)社会理论一直被用来分析明清以来的中国社会,其中比较著名的研究者有:斯克帕(Robert K. Schoppa,中文名为萧邦齐)、罗威廉(William T. Rowe)、兰金(Mary B. Rankin,中文名为冉玫烁)、斯特朗(David Strand,中文名为史大卫)、魏斐德(Frederic Wakeman)、黄宗智(Philip C. C. Huang)和孔飞力(Philip Kuhn)等。概言之,在这些西方汉学家中,斯克帕是第一个用"市民(公)民社会"理论来研究地方精英角色变迁与基层组织的互动关系的人。① 罗威廉从近代中国城市史视角对汉口城市史(1796 年至 1895 年)进行了个案研究。在其两卷本的个案研究中,罗威廉指出,中国关于官僚管理机构之外的"公"的认识已在历史上得到了充分的发展,或许比西方的类似概念都发展得更充分②,而且"汉口绅商的自我组织形成了一个非个人化的'公共领域'"。③ 而兰金则通过研究 19 世纪末 20 世纪初浙江的士大夫与政治变迁间的关系,着重辨析了汉语中"公"的意涵,将它看作除官僚制度和私人活动之外的中国"公共空间"。④ 在《人力车北京——二十年代的市民与政治》一书中,斯特朗研究了 20 世纪 20 年代北京的公共领域的扩展。根据斯特朗的观点,当时社会重视士绅主导的公共空间("公")的传统,这强化了公众舆论作为广泛扩展的讨论和辩论领域的现代观念。而且,在民国初期,来自各条阵线的人都扩大了政治讨论与政治参与的机会,诸如以茶馆、浴室、公园、街头和餐馆等为代表的新的政治论坛则促成了中国历史上前所未有的公共领域兴起。⑤

国内一些研究中国近代史的学者也认为,自明清以来,中国在日常地方性事

---

① Robert K. Schoppa, *Chinese Elites and Political Change: Zhejiang Province in the Early Twentieth Century* (Cambridge, MA: Harvard University Press, 1982).

② William T. Rowe, The Public Sphere in Modern China, *Modern China*, Vol. 16, No. 3, July, 1990, p. 326.

③ William T. Rowe, *Hankow: Commerce and Society in a Chinese City, 1796 – 1889* (Stanford, CA: Stanford University Press, 1984); William T. Rowe, *Hankow: Conflictand Community in a Chinese City, 1796 – 1895* (Stanford, CA: Stanford University Press, 1989).

④ Mary B. Rankin, *Elite Activism and Political Transformation in China: Zhejiang Province, 1865 – 1911* (Stanford, CA: Stanford University Press, 1986).

⑤ David Strand, *Rickshaw Beijing: City People and Politics in the 1920s China* (Berkeley, CA: University of California Press, 1989), p. 168.

务之中出现了一个类似于欧洲经验的"公共领域",国家与社会处于对立状态,而权力格局则向有利于地方精英自治的方向发展。譬如,王笛先生对晚清长江上游地区公共领域的发展进行了深入的研究①。李长莉研究员对晚清上海公共领域的演变进行了探究。根据李长莉研究员的观点,晚清上海公领域一直伴随着商业化和城市化而发生较大的变化,主要特征是在个人私领域与社会领域、朝廷公领域之间出现了较为广阔的中间层公共领域,如经济方面的行业组织、生活方面的公共场所以及文化方面的公共舆论媒体等,它们成为既超越于个人又与个人直接相连的公共领域。② 许纪霖教授运用公共领域的概念分析了清末中国在政治权力之外建构公共讨论空间的问题。许纪霖教授分析指出,以 1896 年梁启超在上海主持《时务报》(《时务报》的诞生可被视为中国公共领域出现的标志性事件。)开始,随着各种具有时论功能的报纸、杂志以及知识分子社团、沙龙的涌现,20 世纪上半叶的中国拥有了一个类似欧洲那样的生产公共舆论的公共领域,甚至可以这么说:"近代上海的历史,也是一部中国公共领域的兴衰史。"③马敏教授和朱英教授在研究近代商会后指出,当时中国的结社程度足以说明"市民(公民)社会"的雏形已然存在,商会等新式社团可以在许多方面与哈贝马斯所揭示的欧洲资产阶级公共领域初现时相提并论。④

　　纵览这场学术论战,虽然焦点集中在经验(实证)层面,但在其背后却蕴含着一个更深层次的理论(规范)问题:即"哈贝马斯的公共领域理论,是从欧洲的历史中抽象出来的,它既是一个经验的理想类型(ideal type),又是一个诉诸于现实批判的乌托邦解放模式,这样的分析架构是否可以作跨文化的运用,同样适用于中国? 换而言之,在现代性的历史过程之中,公共领域只是欧洲的一个特殊经验,还是有可能成为跨文化的普遍性模式?"⑤与罗威廉、兰金执著于在近代中国结构内部寻找"政治词汇"的类比与国家让渡权力的痕迹有所不同,黄宗智先生认为,哈贝马斯的"公共领域"与"市民(公民)社会"等概念"就其被运用于分析中国时的用

① 王笛:《晚清长江上游地区公共领域的发展》,载《历史研究》1996 年第 1 期。
② 李长莉:《公私领域及私观念的近代演变——以晚清上海为例》,载刘泽华、张荣明等:《公私观念与中国社会》.北京:中国人民大学出版社,2003,第 232 页。
③ 许纪霖:《近代中国的公共领域:形态、功能与自我理解——以上海为例》,载《史林》2003 年第 2 期;参见许纪霖:《启蒙如何起死回生:现代中国知识分子的思想困境》.北京:北京大学出版社,2011,第 103 页。
④ 马敏:《官商之间:社会剧变中的近代绅商》.武汉:华中师范大学出版社,2003 年版;朱英:《转型时期的社会与国家——以近代中国商会为主体的历史透视》.武汉:华中师范大学出版社,1997 年版。
⑤ 许纪霖:《近代中国的公共领域:形态、功能与自我理解——以上海为例》,载《史林》2003 年第 2 期;参见许纪霖:《启蒙如何起死回生:现代中国知识分子的思想困境》.北京:北京大学出版社,2011,第 75 页。

法而言,预设了一种国家与社会之间的二元对立",而这种"二元对立是从那种并不适合于中国的近现代西方经验里抽象出来的一种理想构造",以此来理解中国问题并不适合。黄宗智先生主张,应当超越"国家/社会"的二元模式而采用一种三分模式,即"在国家与社会之间存在着一个第三空间,而国家与社会又都参与其中",由此提出了"第三领域"(third realm)的概念。根据黄宗智先生的观点,"第三领域"概念可以用来描述中国社会政治的特定发展,因为"与公共领域/市民社会模式的图式相反,中国实际的社会政治变迁从未真正地来自对针对国家的社会自主性的持续追求,而是来自国家与社会在第三领域中的关系的作用"。当然,黄宗智先生自己也坦承,在理论上,这种所谓"第三领域"的新解释模式,在理论上仍受到哈贝马斯公共领域理论的启发,在经验上则首先来自其自己对清代"民事法律制度"的研究。① 魏斐德宣称道:"像黄宗智一样,我发现了将哈贝马斯的概念应用于中国之尝试的不恰当性,因为尽管自 1900 年以来公共空间一直在不断扩大,但这仍不足以使人们毫不踌躇地肯定对抗国家的公民权力。相反,国家的强制权力也在持续地扩大,而绝大多数中国公民看来主要是按照义务和依附而不是权利和责任来理解社会存在的。"②在高德胜教授看来,如果说西方资本主义国家的问题是公共领域的萎缩与结构转型,那么中国就是公共领域的"未诞生"。③ 他从教育发展的层面批判性地指出,在我们国家,学校基本上没有公共领域的特征,它们过去是政府的附属机构,但现在已经直接演变成政府意志和私人利益的混合物。杨念群教授则指出,"许多运用'市民社会'理论研究中国问题的学者都已经意识到,更为谨慎地辨析中西语境的差异是把研究导向深入的关键"。④ 他不但认为,"市民社会"与"公共领域"应用于近代中国研究,是"由西方学者根据西方经验的框架来解释中国历史发展进程的一次尝试","预示着西方汉学界学术话语正经历着又一次深刻的转型",而且还进一步提出如下系列问题,诸如:"市民阶级公共领域"与"市民社会"两个概念是否仅仅为西方近代经验的一种概括? 中国近代社会的历史状况究竟如何? 以"市民社会"理论研究中国问题的学者面临着怎样

---

① 参阅黄宗智:《中国的"公共领域"与"市民社会"? ——国家与社会间的第三域》,载黄宗智主编:《中国研究的范式问题讨论》,北京:社会科学文献出版社,2003,第 268、270 页。

② 魏斐德:《市民社会和公共领域问题的论争——西方人对当代中国政治文化的思考》,载黄宗智主编:《中国研究的范式问题讨论》,北京:社会科学文献出版社,2003,第 165 页。

③ 高德胜:《"解放"的剥夺——论教育如何面对个体的膨胀与公共人的衰落》,载《教育研究与实验》2011年第 1 期,第 18 页。

④ 杨念群:《近代中国研究中的"市民社会"——方法及限度》,载杨念群:《杨念群自选集》,桂林:广西师范大学出版社,2000,第 108 页。

的两难？当代中国大陆的"市民社会"研究的背景与关怀是什么？等等。而这一切显然表明，杨念群教授的真正意图是借着评析近代中国研究中的"市民社会"论，从历史资源与史证角度，尝试着质疑所谓公共领域、市民社会在中国的可能性。[①] 因此，杨念群教授宣称，"中国'市民社会'理论的建构仍需从历史个案的研究中寻求验证和资源，研究的对象领域也不应局限于框架的构设与问题的提出上，而应在具体事例的考察中完善其总体命题的论证"。[②]

通过对杨念群教授观点的评论，毛丹教授指出，关于近代中国的"市民社会"研究，由于范式的生硬，使得有关研究不可能比柯文（Paul A. Cohen）、费正清（John King Fairbank）等人的已有研究进展更贴近中国近代社会；由于要把近代中国更加复杂的情况纳入到西方化的国家与社会的二元对立之类的论述框架，而迫使所谓的"市民社会"范式本身不能不发生变形，至少是其核心内涵变得与哈贝马斯的理论相去甚远。[③] 基于此，毛丹教授得出结论："'市民社会'作为叙述范式显然是不适宜于描述近代中国社会的，至于这种不适宜是否意味着市民社会在中国仍然缺乏历史资源，至于是否可紧紧抓住中西'社会'的形似而实不同为切入点，去更深入地理解中国社会，这些问题且留予各家去思虑。"[④]基恩（Michael Keane）则建议，在中国语境中可将"市民（公民）社会"这个词用来描述"政府和社会日益有所区别"，但不能因此而以为"利益集团对（政府）的文化或传媒决策具有什么真正的影响"。真正的市民（公民）社会不能以偶尔出现的公开批评来衡量。真正的市民（公民）社会表现为"公民们可以运用思想的力量，利用集体的活动，并且归根结底通过投票来影响（政府）决策。而中国并不是这种情况"。[⑤] 市民（公民）社会或公共领域的本质意义在于其对政府权力的抵抗能力。可这一点恰恰在人们过分强调中国市场自由对政治自由影响的时候常被忽视掉："当'市民（公民）社会'运用到中国的时候，它被用来指经济商机，而不是抵制政府，甚至与宪政程序、公民理念或者法制都不再有关系。"[⑥]

---

① 毛丹：《评论：追究"市民社会"的历史资源》，载张静主编：《国家与社会》. 杭州：浙江人民出版社，1998，第215页。

② 杨念群：《近代中国研究中的"市民社会"——方法及限度》，载杨念群：《杨念群自选集》. 桂林：广西师范大学出版社，2000，第110页。

③ 毛丹：《评论：追究"市民社会"的历史资源》，载张静主编：《国家与社会》. 杭州：浙江人民出版社，1998，第218页。

④ 同上书，第221页。

⑤ Michael Keane, Broadcasting Policy, Creative Compliance and the Myth of Civil Society in China, *Media, Culture and Society* 23:6(November 2001), p.783.

⑥ Ibid., p.785.

总的来说,从上述的论争我们可以看出,目前学界对哈贝马斯公共领域理论在中国语境中的挪用或延用,主要呈现出如下三种观点:

第一种就是所谓的"否定派"观点,认为中国不存在公共领域的历史传统和土壤,中国是一个传统的中央集权国家,家国完全一体,没有任何可能的市民(公民)社会与公共领域的生长机制。公共领域理论只是西方语境中一种特殊的话语范式,主要针对西方社会。它不适合分析中国的社会和发展道路,中国也不具备产生公共领域的现实社会和文化条件。更有学者直接指出,在现实条件下建构起来的"公共领域"都是"伪公共领域"。其论证理由:一是公共领域的形成离不开市民阶级/公民对公共权力的批判,这种批判精神建立在市民阶级/公民对人性的自我理解或私人自律的基础上。中国进入阶级社会以来,统治者实行的多是专制统治,并没有形成真正意义上的公共领域。而且,考察中国的政治传统,中国从来没有明确划分公共领域与私人领域的实践和观念,国家和社会没有完全分离,而是整合在一起。尤其是在几千年儒家传统文化的影响下,中国人缺乏公共领域所必需的批判精神。[1] 二是在中国历史上,政治和经济一直以两种突出的力量影响着传媒管理制度的变革。政府对传媒实行绝对的领导,传媒的作用被限制在一个非常狭窄的领域。有论者就指出,如果说西方公共领域的焦点是公民个体形成的公众舆论的批判意义,那么中国的中心则主要是以一种常设性社群形式存在的公共治理活动。[2]

第二种就是所谓的"肯定派"观点,认为中国历史上存在着公共领域。中国文化和社会条件的特殊性并不意味着中国不能构建起公共领域。随着全球化、信息化和现代化的推动,随着社会主义市场经济的建立和社会生活的深远变化,公共领域不可避免地会发生。豪威尔(Jude Howell)就认为,中国学者在 20 世纪 90 年代末期提出的"非营利部门"概念,反映的就与兰金(1993 年)所描述的晚清时

---

[1] 约翰·弗里德曼(John Friedmann)就认为,在中国,不仅公共领域被党-政体制所取代,公共领域得以发展的制度性前提条件尚不存在,而且这些基本制度条件在中国近期的发展中也难以看到出现的迹象。弗里德曼从儒家文化传统的特征入手,指出儒家传统所形成的公众与个人领域的概念是理解中国情况的基本立足点。在深受儒家传统影响的东方文化中,个人总是被置于建立在家庭宗法关系基础上的各种社会关系网络中。根据他的分析,在中国这样的社会政治制度内,家庭不仅仅是一个人成功的私人领域,而且也是赋予个人权利、义务、责任和社会地位的公共领域。在儒家学说看来,这种政治社会制度下的个人领域和公共领域是和谐共生的,并不是彼此独立并相互冲突的两个领域。中国的这种情况与哈贝马斯的理想型公共领域模式不相符。参见约翰·弗里德曼:《公民社会再认识:拉丁美洲与中国的经验》,项宏峰译,载刘明珍选编:《公民社会与治理转型——发展中国家的视角》.北京:中央编译出版社,2008,第 105—108 页。

[2] 何珊君:《法与非政治公共领域》.济南:山东人民出版社,2007,第 38 页。

期的一种公共领域相类似。在豪威尔看来,这种公共领域回避政治社会和政治,从社会下层发表见解,支持个人权利、利益,支持扩大公民对公共事务的参与范围,这是一种去政治化的市民社会。① 不过,豪威尔最后却指出,"中国目前的公共领域中'公共'一词仍具争议性"②。邓正来、景跃进等学者也考察了明清以来中国公共领域的发展,对中国的文化传统进行了深入挖掘。其他学者也通过对中国公共领域形态(如商会、学会、报刊等)的研究,进行了大量的实证分析。他们认为中国具有建构公共领域的历史传统与现实土壤,即在中国建构公共领域不仅是可能的,而且也是现实的。

第三种就是所谓的"折中派"观点,认为西方资产阶级公共领域概念的历史特征太强,难以真正适用于中国,而更加适用于中国的应该是"第三领域"。不过,这一"第三领域"概念的使用亦引起了较大的反响。根据黄宗智先生的理解,公共领域概念本身具有二重性:公共领域占据着两种不同的区域——一方面是国家、公共领域、社会三分,公共领域是国家与社会之间充满张力的区域;另一方面,根据国家与社会的二元对立,公共领域仅仅成为市民(公民)社会反对专制国家的民主进程的扩展。哈贝马斯关注的显然落在后一种类型上。① 学界支持者认为这一理论更加理论化地道出了中国明清社会"公共领域"的特征,能够在更广的范围内解释中国社会的特征。但也有一些反对者则批评黄宗智先生同样犯了"从西方近代历史经验中抽象出来的理念去理解中国现实"的错误,认为中国传统社会根本

---

① 朱迪·豪威尔:《中国社会边缘群体的组织化与公民社会的发展》,王新颖译,载刘明珍选编:《公民社会与治理转型——发展中国家的视角》.北京:中央编译出版社,2008,第151页。在这里,豪威尔进一步描述了中国公共领域的现状。他指出,在当代中国,去政治化的公共领域与政治化的公共领域同时存在,相互制约。去政治化的公共领域与慈善事业、服务和公共产品相关;而政治化的公共领域与自由民主的、以提升个人权利、监督国家权力和批判传统为基础的自由民主的市民社会形态产生更密切的共鸣。只是政治化的公共领域的出现是偶然的、脆弱的、新生的。参见朱迪·豪威尔:《中国社会边缘群体的组织化与公民社会的发展》,王新颖译,载刘明珍选编:《公民社会与治理转型——发展中国家的视角》.北京:中央编译出版社,2008,第151页。

② 朱迪·豪威尔:《中国社会边缘群体的组织化与公民社会的发展》,王新颖译,载刘明珍选编:《公民社会与治理转型——发展中国家的视角》.北京:中央编译出版社,2008,第151页。在豪威尔看来,学者们运用社群主义、市民(公民)社会和公共领域的理论和概念,试图把握中国政府和社会之间关系的快速变革,这极大地丰富了当代中国政府和社会之间关系、社团生活方面的研究。但是,他们的研究也凸显了他们在描述、解释日益复杂和变化的社会现实时所具有的局限性。参见朱迪·豪威尔:《中国社会边缘群体的组织化与公民社会的发展》,王新颖译,载刘明珍选编:《公民社会与治理转型——发展中国家的视角》.北京:中央编译出版社,2008,第152页。

① 黄宗智:《中国的"公共领域"与"市民社会"——国家与社会间的第三领域》,载黄宗智主编:《中国研究的范式问题讨论》.北京:社会科学文献出版社,2003,第264页。

就不存在国家与社会截然对立的二元,第三领域又从何谈起?^①其实,"第三领域"概念并没有根本区别于"公共领域"概念的地方,尤其是二者在范畴上表现出高度重合,仅在价值观念上有所相异,"第三领域"可以被表述为"价值中立的公共领域"。

诚如艾尔曼(Benjamin A. Elman)所解释的那样,"将'公共领域'引入中国近代历史研究,之所以引起较大歧义,部分缘由就在于忽略了西方'公共'概念和中国有关'公'的说词之间的距离,这使得中国帝国晚期已有'公共领域'的说法显得摆错了时代"。^②的确,把中国的"公"的概念看成中国版本的公共领域,不无过度曲解之嫌。韦勒(Robert P. Weller)就评论道:"当公与官被对立起来的时候,它仍然免不了这样的含义,即精英是代表国家行事的,他们即使(还)不是官的世界的一部分,但他们与官拥有一致的价值与目标。在国家与社会的区分不是非常明显的情况下,公不可能具有同欧洲的'公共性'相同的意义。"^③亦如小滨正子所提醒我们的,"在讨论中国历史上是否曾经存在'市民社会'、'公共领域'时,必须明确这些概念是从早期西欧近代史的经验中得出的。而要求在历史背景与西欧差别很大的中国出现同样性质的事物,原本就是不可能的事"。^④景天魁研究员也承认,在将哈贝马斯的"公共领域"概念用来分析中国社会的转型和发展之时,确实会遇到一些困难:"一方面,中国社会历来公私界限不够分明,国家和社会的关系也不同于西方;另一方面,中国现在正在向市场经济转型,个人的自主性正在增强。"^⑤基于此,他向哈贝马斯请教了这样一个问题:在中国语境中,"'公共领域'(市民社会)是可用于分析和批判中国社会的概念,还是也可作为社会实践的目标模式?"^⑥对此,哈贝马斯的回答是:"我对今日中国的形势不熟悉,由于你们国家中经济和国家的关系不同,我完全能想象将西方模式直接'应用'到中国的任何一

① 梁治平批判性地指出,当黄宗智"把那些复杂的关系实体化为所谓'第三领域'的时候,他犯了与其他人所犯的差不多同样的错误。他抛弃了社会与国家的二元模式,但却不加批判地接受了同样的社会与国家的概念。换句话说,他的'社会/第三领域/国家'的三分模式,是以(与二元论者)同样的关于'社会'和'国家'的假设为前提的,据此假设,'社会'与'国家'乃是相对峙的不同质的实体。这个未经反省的预设不但决定了构想中的'第三领域'的性质和特征,而且使得研究者过分夸大了所谓'正式的'法律与'非正式的'法律之间的差别和对立"。参见梁治平:《习惯法、社会与国家》,载张静主编:《国家与社会》.杭州:浙江人民出版社,1998,第81页。
② 参见艾尔曼:《中国文化史的新方向:一些有待讨论的意见——代中文版序》,载[美]艾尔曼:《经学、政治和宗族》.赵刚译,南京:江苏人民出版社,1998,第1—20页。
③ Robert P. Weller, *Alternate Civilities: Democracy and Culture in China and Taiwan* (Boulder, CO: Westview, 1999), p.27.
④ [日]小滨正子:《近代上海的公共性与国家》.葛涛译,上海:上海古籍出版社,2003,第6页。
⑤ 哈贝马斯:《关于公共领域问题的答问》.梁光严译,载《社会学研究》1999年第3期,第35页。
⑥ 同上文,第35页。

種嘗試所遇到的困難。不過我確實認為，經濟的進一步自由化和政治體制的進一步民主化，將最終促進而且也需要民主形式的輿論必須植根於其中的、我們稱之為政治公共領域和聯系網絡的某種等價物。"①據此，我們可以這么說，哈貝馬斯——盡管早期的哈貝馬斯對他的公共領域理論模式在其他文化語境中的適用問題持審慎態度②——對中國公共領域的發展前景還是持樂觀態度的。然而，一旦我們對上述語段作樂觀式的解讀，那么就值得進一步研究如下問題：有沒有真正意義上的中國本土式公共領域理論的建構呢？ 如何對哈貝馬斯公共領域理論進行挪用與移植呢？

二、網絡公共領域：一種本土化理論范式？

一種理論在一個國家的實現程度，總是取決于這個理論在多大程度上滿足這個國家的需要程度。③ 的確，當我們在借鑒哈貝馬斯的公共領域理論來研究中國的公共領域以及市民（公民）社會的時候，必須根據中國的現實需求，結合中國國情來建構本土化的公共領域理論范式。而且，必須時刻注意薩義德（Edward W. Said）多年以前對研究中國問題的西方學者所提出的警告。薩義德提醒學者們，在西方的中國問題研究中也許會有這樣一種冒險的做法：即用西方對中國的看法代替中國的現實，用西方學者提出的所謂東方主義（Orientalism）代替實際的東方。④ 亦如章開沅教授所告誡我們的那樣，西方學者對于"市民社會"、"公共領域"的討論，確實可以促使我們從一些空泛化的研究格局中解脫出來。但"如果我們不花大力氣作這種扎扎實實的研究，卻單純跟在西方學者的后面，從概念到概念地爭論中國有無'市民社會'、'公眾領域'，那就是舍本而逐末，從土教條主義轉向洋教條主義"。⑤

從歷史的角度來看，中國社會確實不存在現代政治哲學所特別關注的公共領域，也缺失形成市民（公民）社會和民主自治所需的社會基因、制度基因和文化基因，但這并不意味著中國社會與公共領域以及市民（公民）社會決然無緣。特別

---

① 哈貝馬斯：《關于公共領域問題的答問》，梁光嚴譯，載《社會學研究》1999年第3期，第35頁。

② 參見本節開篇引文。

③《馬克思恩格斯文集》（第1卷）.北京：人民出版社，2009，第12頁。

④ See Edward W. Said, *Orientalism* (New York: Random House, 1979).

⑤ 馬敏：《官商之間：社會劇變中的近代紳商》.武漢：華中師范大學出版社，2003，"序"，第2頁。

356

是在改革开放与经济发展的大背景下,中国社会公共领域形成的条件已经成熟。① 在中国,公共领域的研究与市民(公民)社会理论的重新发现和引进是同时进行的。市民(公民)社会从学术理论到客观社会形态的发展,带来东西方理论相对程度的融合和互动。对西方市民(公民)社会和公共领域的研究不仅为我们提供了一种新的政治、经济和社会的分析视角,而且从现实意义上也满足了中国社会发展和政治民主化的需要。正如曹卫东教授所指出的:或许,中国这个世界上最大的现代化进程之中的空间,对哈贝马斯的公共领域概念不仅是前所未有的挑战,更是一个意想不到的"新大陆"。② 有论者就认为,哈贝马斯的公共领域理论不仅促进了中国史学和社会学的发展,而且为中国实际的公共领域的出现作出了贡献。同时,这一理论还促使世界各国学者尤其是中国学者从公共领域角度关注中国现代化的进程与现代化路径。③ 这样,随着研究的逐步深入,学者们普遍认同哈贝马斯关于公共领域理论的概念和研究路径对中国相关问题研究具有借鉴和指导意义,此类主题进而演变为研究中国社会历史脉络中独特的国家-社会关系框架下如何运用这一理论资源的问题。④

　　在分析全球化问题时,哈贝马斯曾谈到对网络公共领域的理解。那么,哈贝马斯又是如何论述 20 世纪 90 年代中期飞速发展的互联网等尖端交往形态的呢?我们知道,哈贝马斯迄今尚未提供对互联网的全面分析。不过,在哈贝马斯看来,

---

① 有论者曾就中国改革时期的公共领域发展状况作了如下评述:"撇开中国传统社会有无公共领域之争暂且不言,即使有,其空间必狭小,其密度必稀薄,但是与中国社会的现代转型相伴而生的不争事实是,公共领域与私人领域的分离以及公共领域的勃然生长。"参见赵红全:《论我国公共领域的现代生长》,载《理论与改革》2004 年第 3 期。而关于当前中国的公共领域生长的背景和特征,有论者认为,它是在现代化、信息化与全球化的背景下生长起来的,其特征可概括为如下六点:①公域与私域的界限日渐明晰化,二者之间分开的可能性增强;②公共权力结构进一步分化重组;③公共权力的活动受到了更多的制度化规约;④舆论力量在现代传媒的推动下对公共权力的监督和影响空前明显,这标志着社会力量对公共领域压力的增强;⑤主流意识形态领域受社会世俗化影响日深,受多元化社会思潮冲击的程度加剧;⑥全球化对我国的公共领域产生了一定影响,我国公共领域的国际性关注度得到提高。参见刘伟:《当前我国公共领域的特征分析》,载高航、杨松主编:《新世纪的公共管理》.北京:中国商业出版社,2001,第 96—103 页。

② 曹卫东:《权力的他者》.上海:上海教育出版社,2004,第 39 页。

③ 彭立群:《哈贝马斯公共领域理论探析》,载《安徽大学学报》2008 年第 2 期,第 140 页。

④ 黄月琴:《"公共领域"概念在中国传媒研究中的运用》,载《湖北大学学报》(哲学社会科学版)2009 年第 6 期,第 106 页。关于公共领域理论的本土化问题,有论者认为,目前我国学界对公共话语网络的研究(特别是许纪霖教授对近代公共知识分子的研究)就同费孝通《中国绅士》、余英时《中国知识分子的边缘化》等研究相呼应,具有浓厚的公共领域研究的本土色彩。至于史大卫、卜正民、邓若华、裴宜理、章清、方平、李仁渊等学者的研究则多集中对地域士绅和精英的话语网络进行考察,系实证性研究。参见宋晓琛:《"公共领域/公共性"问题之本土研究与演变》,载《中国中外文艺理论研究(2011 年卷)》2011 年 6 月 20 日,第 271 页。

"由因特网制造的公共领域像地球村落一样,划分为彼此不同的诸多领域"。在这里,哈贝马斯借用麦克卢汉(Marshall McLuhan)的"地球村"概念将互联网与公共领域关联起来。但目前尚不清楚的是:"公共意识是否还能调控已经彻底分化的各种关系,或者,已经独立的各个系统是否会切断由政治交往建立起来的各种关系?"[①]在《后民族结构》一书中,哈贝马斯又指出,"因特网是一种新型的家用电器,它和我们的日常生活习惯产生了强烈的冲突;因特网会对人的心性结构产生怎样的后果,现在还难以估价"。[②] 至此,我们发现,哈贝马斯在他的公共领域理论体系的文献中,对因特网(公共领域的新机制)的论述确实不多。而根据他已有的论述,我们可以发现,哈贝马斯在对待互联网这种新媒体的态度不是很明朗。不过,这却给我们对公共领域的进一步研究留下了更大空间。事实上,随着计算机文化的繁荣,超真实的胜利的确被强化了,个体生活在因特网的"虚拟交流"之中,有计算机上的"性"、有虚拟商业街中的商品、可以去探险的虚拟环境,并且以计算机空间相互作用的新形式来构建自己的性别和身份。一句话,媒体和计算机文化正在产生新的体验和交往领域。[③] 特别是在"网络人人化、人人网络化"所塑造出的想象的"网络共同体"的基础上,虚拟社群、网络社会、电子民主、虚拟政治、网络权力(即谁在控制这个网络)、网络(虚拟)公共领域[④],乃至虚拟国家、网络主权等之类的社会政治概念都应运而生,这说明互联网更需要认真审视它是一个什么样的公共世界。

达尔贝格(Lincoln Dahlberg)就是一位使用哈贝马斯理论去评估互联网作用的学者。他试图把线上行为与公共领域的规范模式进行比较,进而分析这种言论空间和行为在多大程度上可称为"公共领域"。同时,为了在哈贝马斯式的意义上真正地创造商谈式公共领域,达尔贝格萃取电子民主框架所必须满足的六个要件,即:首先,摆脱国家与经济权力而自治:话语必须建立在关注公民作为公众的基础上,而不是被强有力的大媒体或政治精英所操纵。其次,推理而不是断言:商谈涉及规范立场上的互惠批判,该批判具有支撑性的理由而不是教条式的断言。

---

① [德]哈贝马斯:《包容他者》.曹卫东译,上海:上海人民出版社,2002,第141页。
② [德]哈贝马斯:《后民族结构》.曹卫东译,上海:上海人民出版社,2002,第54页。
③ [美]斯蒂芬·贝斯特、[美]道格拉斯·凯尔纳:《后现代转向》.陈刚等译,南京:南京大学出版社,2002,第138页。
④ 所谓虚拟公共领域,是指由宽带上网、地面拨号上网、专线上网以及卫星传送网络等所提供的迅捷传送信息的技术支持,以各种虚拟空间的创建与虚拟社群的集聚为前提,向虚拟社群中所有参与者开放的、以各参与者相互之间自由讨论各种共同话题为主要内容的情感沟通、思想交流、精神交往的虚拟平台与公共场域。虚拟公共领域具有真实性和虚拟性的双重特性。参见杨嵘均:《论虚拟公共领域对公民政治意识与政治心理的影响及其对政治生活的形塑》,载《政治学研究》2011年第4期,第104—105页。

第三,扮演理想的角色:参与者必须试图从他者视角来理解争论,这要求持有不同观点的对话者承诺恭敬地互相听取意见。第四,自反性:参与者必须批判性地反思他们的文化价值、设想、利益和更广泛的社会背景,以及在大的社会环境中他们已有观点的影响。第五,真诚:每个参与者必须做出真诚的努力以使人们知晓所有的信息——包括真实动机、利益、需求和渴望——有关某个特定问题所需考虑的东西。最后,无层次的融入与平等:每一个正在讨论议题的人,尽可能地在参与商谈中权利平等。① 基于此,达尔贝格认为,互联网作为一种传播媒介的诞生,为相对自发、灵活和自治的公共辩论提供了多样化的场所。在观察网络论坛的协商特征时,达尔贝格甚至将互联网上的民主话语区分为三类,即:一为社团式(其强调互联网增强或者降低公有价值的可能性);二为自由的个人主义式(其重视互联网对坚持个人自治和自由的作用);三为协商式(其将互联网看作延伸公共领域中理性批判性话语的一种方式)。本科勒(Yochai Benkler)则描述并赞美了"网络化的公共领域"。② 在网络化的公共领域会有多种声音,所见所闻皆取决于事物如何在相关网站中浮现出来。本科勒是在社交媒体成为如今模样之前完成他的著作的,但其论述依然适用于当下的状况。跟其他许多人一样,本科勒坚称,网络化的公共领域可以在根本上避免碎片化和极化的风险:一种共同的话语依然存在,并以公共领域的形式产生共享关切和公共知识。斯皮内洛(Richard Spinelo)也认为,"声称互联网将变革交流方式,可能是假设性的;但毫无疑问的是,这种传播技术具有增强个人权力和巩固民主进程的能力"。③

如今,在中国网络社会中亦已出现并呈现出新的发展趋势,比如以政府上网为标志展开的电子政务、以人大代表政协委员与选民沟通为标志展开的电子民主、以民间力量自发组织开展社会运动为标志展开的电子动员等等,都是互联网时代政治生态中出现的新形式。互联网作为一项参政议政的工具显现出越来越重要的作用。奈斯比特夫妇就认为,网络已成为自下而上参政和构建(中国式)纵

---

① See Lincoln Dahlberg, Extending the Public Sphere through Cyberspace: The Case of Minnesota E-democracy, *First Monday*, Vol. 6, No. 3 - 5 March 2001; Lincoln Dahlberg, The Internet and Democratic Discourse: Exploring the Prospects of Online Deliberative Forums Extending the Public Sphere, *Information, Communication & Society*, Vol.4, Issue4, 2001.

② Yochai Benkler, *The Wealth of Networks: How Social Production Transforms Markets and Freedom* (New Haven, CT: Yale University Press, 2006), pp.241 - 261.

③ [美]理查德·斯皮内洛:《铁笼,还是乌托邦? ——网络空间的道德与法律》.李伦等译,北京:北京大学出版社,2007,第1页。

向民主的完美工具。[①] 2008 年 6 月与网民进行在线聊天的时候,胡锦涛同志就讲道:"互联网已经成为各种思想和信息的发源地、公众意见的汇集地,因此我们必须充分了解新媒体所产生的社会影响。"在中国每年一度的"两会"新闻报道中,现已出现了政务微博、媒体微博等新媒体形式。2013 年"两会"期间,腾讯微博还创新打造"两会发布厅"形式,整合腾讯微博内的两会代表委员、政务微博集群、合作媒体官博、意见领袖、上会等五维信息通路,形成具有新媒体特色的微博集成发布和互动模式。习近平同志强调指出,"互联网让世界变成了'鸡犬之声相闻'的地球村,相隔万里的人们不再'老死不相往来'。可以说,世界因互联网而更多彩,生活因互联网而更丰富"。[②] 而如今出现在人们生活世界中的五花八门的网络事件,更是令人们感受到互联网的技术力量、社会力量和政治能量。所有这些新发展趋势确实为各种社会力量提供了新的公民参与渠道和博弈空间。不过,值得深究的问题是,互联网是否有助于理想公共领域的实现? 网络是如何聚集和表达民意的? 网络表达的特点是什么? 对中国社会有何意义? 网络言论是否构成一个网络(虚拟)公共领域? 网络(虚拟)公共领域研究成为理论热点,它是否就是公共领域理论本土化的典型范式? 诸如此类的问题也就成了我国学者进行研究的应有之题。

综合现有文献,大部分研究者认为,互联网的出现与发展是我国现代公共领域生育、兴起与重构的契机。尤其是随着信息化、电子化、数字化时代的来临,互联网提供的技术可及性、开放讨论平台以及强大的内部搜索、超链接手段,为网络(虚拟)社会中公众诉求的表达和公众舆论的形成提供了新的媒介,并致使 20 世纪的公共话语发生了本质性的巨大变化。据泰自学(Tai Zixue)的观点,自从其出现以来,互联网一直被视为一股革命性力量,它可以改变现存社会关系,培育全新社会关系。互联网作为一种去中心化、交互性的人类交流平台,需要人们从全新的视角来把握其本质,进而理解网络空间的新功能。[③] 从目前中国互联网的发展状况来看,2022 年 CNNIC 发布的第 49 次《中国互联网络发展状况统计报告》显示,截至 2021 年 12 月,我国网民规模达到 10.32 亿,较 2020 年 12 月增长 4296 万,互联网普及率达 73.0%。其中手机是上网的最主要设备,网民使用手

① [美]约翰·奈斯比特、[德]多丽丝·奈斯比特:《中国大趋势:新社会的八大支柱》. 魏平译,北京:中华工商联合出版社,2009,第 99 页。
② 2015 年 12 月 16 日,习近平出席第二届世界互联网大会开幕式并发表主旨演讲。
③ Tai Zixue, *The Internet in China: Cyberspace and Civil Society* (New Youk: Routledge, 2006), p.205.

机上网的比例达 99.7％;另外网民中使用台式电脑、笔记本电脑、电视和平板电脑上网的比例分别为 35.0％、33.0％、28.1％和 27.4％。尤其值得指出的是我国 60 岁及以上老年网民规模达 1.19 亿,互联网普及率达 43.2％。老年群体与其他年龄群体共享信息化发展成果。[①] 目前,我国网民数量已经处于绝对高位,网民增长和普及率进入了比较平稳的时期。智能手机等终端设备的普及、无线网络升级等因素进一步推动了移动互联网用户数量的快速增长。[②] 这么说来,尽管中国互联网诞生较晚[③],但总体发展很快。互联网已经成为不折不扣的大众媒介,它似乎具有构建网络(虚拟)公共领域的潜能。不过,目前学界对网络公共领域的认识尚未形成一致性意见,理论观点纷呈。概言之,主要呈现出如下几派观点:

一是"乐观派"观点。根据胡泳博士理解,互联网是一种建基于数字技术的"共有媒体",它将制作者/销售者/消费者整合于一体、消解传统的信息中介。共有媒体形成媒体公共空间。而在这个媒体公共空间中的"众声喧哗"则使得公私领域的区分充满了"流动性和多变性"。问题是,在中国这样一个公共领域并不发达的国家,能否形成网络公共领域? 对此问题,胡泳博士一方面对现状持比较谨慎的判断,另一方面则对未来持比较乐观的期待。[④] 另有学者则对具体的网络论坛和网络公共事件进行了案例研究,试图发掘网络论坛和网络公共事件对公共领域的建构意义。如郑智斌教授就认为,互联网将直接构成当下公共领域的一部分。与此同时,纷繁复杂的网络事件热潮则成为互联网公共领域与网络舆论的浓重底色,这是国人试图迈进公民社会的一种象征。[⑤] 互联网已然成为民间政治活动和非官方舆论活跃的极其重要的载体,并在政治传播、政治形塑、政治动员、政治议程设置与公民个体的政治表达、参与等诸方面,表现出比制度化传统媒体更

---

① 论文初稿完成时的统计数据是:2013 年 CNNIC 发布的第 31 次《中国互联网络发展状况统计报告》显示,截至 2012 年 12 月底,我国网民规模达到 5.64 亿,全年共计新增网民 5090 万人。互联网普及率为 42.1％,较 2011 年底提升 3.8％。我国微博用户规模为 3.09 亿,较 2011 年底增长了 5873 万,网民中的微博用户比例达到 54.7％。手机微博用户规模 2.02 亿,占所有微博用户的 65.6％,接近总体人数三分之二。

② 参见 CNNIC:第 31 次《中国互联网络发展状况统计报告》,http://www.cnnic.net.cn, 2013 - 01 - 15, 14:00。

③ 中国互联网的发展始于 20 世纪 80 年代中期。1994 年 4 月 20 日,中国教育科研网(NCFC)与美国的 NCFnet 直接联网,首次实现与互联网的全功能连接,标志着中国互联网的正式开始。

④ 参阅胡泳:《众声喧哗:网络时代的个人表达与公共讨论》.桂林:广西师范大学出版社,2008,第 331、334 页。

⑤ 郑智斌:《众妙之门:中国互联网事件研究》.北京:中国传媒大学出版社,2012,第 247 页。

为充分而强大的功能,对现实的政府管理、政治体制、政治过程和政治文化发展起到越来越重要的推动作用。彭立群博士亦认为,尽管网络舆论并不能决定所有网络事件的最终结果,但话语的力量正在崛起,公共领域正在以一种新的活动方式作用于处在转型期的中国社会。虽然网络的声音不完全是理性与公允的,但网络的成熟和国民心理的成熟都是可以预见的,因此我们有理由对数字化公共领域抱有坚定的信心。[①]

二是"悲观派"观点。根据郭小安博士的观点,目前网络空间还存在一些与"理想的公共领域"相背离的元素:如网络的匿名身份很难保证理性与共识;虚拟信息交往当中的"多身份拟剧场"效应对公共领域的建构有着大的破坏作用;网络主体的结构性缺陷妨碍公共领域的形成;以网络为依托的公共空间容易造成"公共领域的私人化和私人领域的公共化"恶果。因此,虽然互联网初步具有构建公共领域的条件,其发展亦强烈地影响着公共领域的概念。但这离理想的公共领域还有较长的路要走。网络空间尚未趋近哈贝马斯理想中公共领域,它还未能成为一个可以真正探讨共同政策议题并进一步影响政策的公共领域。[②] 黄月琴博士则从传播学视角批判性地指出,目前中国传媒研究热衷于从传播技术和传播形态的角度探讨中国互联网公共领域的建构意义,声称能够重建哈贝马斯所说的被消解的公共领域。这种研究的根本动机是将互联网视为与传统媒介绝然异质的管道,并将中国公共领域的实现寄托于斯,其研究立场是将西方"公共领域"的分析范畴"脸谱化""去历史化""去政治化"地简单套用于中国现实,进而陷入一种所谓"中国也有"的情结,其理论后果是回避了公共领域理论蕴含的国家-社会相互构建的核心问题,偏离了哈贝马斯提出的国家-社会关系分析路径,从而在本质上架空了公共领域理论,削弱了公共领域概念对中国传媒现实的解释力。[③] 郭彦森教授甚至指出,在网络公共领域的理论研究中,目前学界存在着如下几方面的"哈贝马斯依赖"现象:其一,始终以哈贝马斯公共领域的"理想模型"为依据,臆断网络公共领域的本质特征,把网络公共领域理想化,无法解释网络公共领域中相互矛盾的现象。其二,总是以哈贝马斯对公共领域的解释为参照,类推网络公共领域的意涵,把网络公共领域抽象化,缺乏对其在现实生活中所指对象和内外部边界的正确认识。其三,过度沿袭哈贝马斯公共领域理论的"批判"及"抗争"视角,不

---

① 彭立群:《公共领域与宽容》.北京:社会科学文献出版社,2008,第 252 页。
② 参见郭小安:《网络民主的可能及限度》.北京:中国社会科学出版社,2011,第 243—246 页。
③ 黄月琴:《"公共领域"概念在中国传媒研究中的运用》,载《湖北大学学报》(哲学社会科学版)2009 年第 6 期,第 109 页。

能意识到网络公共领域的局限性,不适夸大其政治功能,缺乏对党和政府积极为网民政治参与搭建网络平台、现实生活中邀请网民共商大计等所作的努力及价值的现实解释力。[①]

三是"中立派"观点。根据杨嵘均博士的看法,一方面,虽然网络(虚拟)公共领域的兴起和发展在现实社会公共领域中具有无可比拟的优势,但它也离不开现实世界中国家主权、政治权力与政治权威的掣肘与制约,也由于无法摆脱资本对其发展壮大的胁迫与渗透,政治发展和政治民主化进程肯定不会像乐观主义者所表述的那样一帆风顺。另一方面,虽然网络(虚拟)公共领域有它的缺陷和不足,还不成熟,但从长远来看,政治发展和政治民主化进程肯定不会像悲观主义者所陈述的那样步履维艰。网络(虚拟)公共领域发展必然会对政治权威、政治合法性、政治意识、政治文化、政治心理、政治参与与政治沟通、政策制定、权力监督等各个方面产生或推进或阻碍的影响。[②] 台湾学者杨意菁一方面认为网络扮演了公共领域的角色,为公共领域的形态提供了多元空间;但另一方面又认为网络议题和讨论形式并不具有代表性和理性反思性,只能称之为"另类公共领域"(alternative public spheres)。[③]

综上所述,尽管学界目前对公共领域理论本土化研究状况的评论观点纷呈,但在笔者看来,如下判断还是比较中肯的:在近二十余年的公共领域/公共性本土化研究中,关于"公共领域/公共性"这一概念是否适应中国语境一直存在疑问,但通过学界同仁们的共同努力,相关各个学科的本土研究皆有重要的溯源梳理和深度推进,尤其是近年来,随着公共事件、公共话语、公共知识分子、意见领袖等概念频繁被提及和关注,关于国内公共领域/公共性的讨论是否有价值的质疑显然不再是问题。在现有研究中,关于公共/私人关系的争论为中国公共领域讨论的边界提供了理论参考;关于公共性、公众舆论网络、公共话语实践和公共知识分子的研究在近代思想史中已呈现出大量实证性的研究;近年来关于网络(虚拟)公共领域与文艺公共性的讨论蓬勃发展,为公共领域的批判性实践提供了一个视

---

① 郭彦森:《网络公共领域研究中的"哈贝马斯依赖"现象评析》,载《郑州大学学报(哲学社会科学版)》2012年第 7 期,第 15 页。

② 杨嵘均:《论虚拟公共领域对公民政治意识与政治心理的影响及其对政治生活的形塑》,载《政治学研究》2011 年第 4 期,第 110 页。

③ 杨意菁:《网络民意的公共意涵:公众、公共领域与沟通审议》,载台湾《中华传播学刊》2008 年第 12 期,第152 页。

角。① 尤其是,当前学界对"绿色公共领域"的研究,正成为凸显中国特色公共领域研究的一个很好的视角。比如,王莉丽教授在其专著中专门探讨了绿色媒体,并致力于为民意表达开辟一片绿色空间(绿色公共舆论空间),这暗合了哈贝马斯的观点。② 杨国斌先生等人对"中国环境话语的公共领域"(即绿色公共领域)进行了研究,描述了中国绿色公共领域的主要特点,呼吁中国绿色公共领域的培育理应得到特殊关注,对影响其产生的重要因素做出了分析,对绿色公共领域的功能进行了探索,并强调指出中国绿色公共领域出现的一个重要指标是绿色话语的扩散。同时,作者们还结合 2003 年度因怒江欲建造大坝而引发的抵制运动,总结性地指出绿色公共领域不是一个同质的实体,而是由多重角色、多样媒体和多种话语构成的。只是关于绿色公共领域概念的确切界定,作者们并未详述。③ 而徐迎春博士则"将绿色公共领域看作一个围绕自然环境为公共议题的绿色话语空间,是关于环境议题的政治型公共领域,遵循学术界已有的对公共领域诸要素及运作机制的各项特征及原则"。④ 在汲取哈贝马斯公共领域理论养分的基础上,徐迎春通过澄清与界定三个比较容易混淆公共领域的方面,进一步阐释了中国绿色公共领域的特征与要素。⑤ 她还强调指出,网络绿色公共领域的形成与发展过程离不开几大里程碑式的"绿色"公共事件。其中,"怒江建坝之争"表明了中国网络绿色公共领域基本**成型**,"圆明园铺设防渗膜事件"及厦门集体"散步"事件等推动了公众参与下的绿色公共领域不断**发展**,而"南京法桐保卫战"则显现了网络绿色公共领域的**成熟**。⑥ 所有这些本土化研究显然已从碎片式突围研究进入互相交织对话网络共同推动的纵深拓展。

---

① 宋晓琛:《"公共领域/公共性"问题之本土研究与演变》,载《中国中外文艺理论研究(2011 年卷)》2011 年 6 月 20 日,第 273 页。

② 王莉丽:《绿媒体:中国环保传播研究》.北京:清华大学出版社 2005 年版。

③ 杨国斌(Guobin Yang)、克雷格·卡尔霍恩(Craig Calhoun):《媒体、公民社会与绿色公共领域的兴起》,(荷兰)皮特·何(Peter Ho)、[美]瑞志·安德蒙(Richard Louis Edmonds)主编:《嵌入式行动主义在中国:社会运动的机遇与约束》.李婵娟译,北京:社会科学文献出版社 2012,第 90—118 页。

④ 徐迎春:《绿色关系网:环境传播和中国绿色公共领域》.北京:中国社会科学出版社,2014,第 41—42 页。

⑤ 同上书,第 43—47 页。

⑥ 同上书,第 129—136 页。

数字化转型中的公共空间与民主构想

> 人类是一种哲学动物（就算人类自己都没有意识到这件事）。人类在把哲学当作反思而提出哲学之前，就已经在提出哲学问题了。人类也是一种诗意的动物，因为人类会在**想象**中回答这些哲学问题。——［法］卡斯托里亚迪斯（Cornelius Castoriadis）:《想象的社会制度》

在本书第三章第四节（对"公共领域的权力结构"进行了探讨）的结尾之处，笔者曾就新技术发展对公共领域产生的作用及影响作出过初略性分析。接下来，笔者继续围绕哈贝马斯有关公共领域的数字化问题的最新论述，对数字化转型中公共领域发生的新一轮结构转型及其对民主政治的影响做一探析。

第一节　数字化转型及其民主新趋向

历史唯物主义提醒我们：在技术层面上发生的事最终会影响到社会体制层面的全面质变。自20世纪70年代以来，信息通信技术（ICTs）的大发展改变了我们与自己、与他人以及与世界的关系，改变了人类社会的生产生活方式，彻底地影响了"人类的境况"（阿伦特语），进而呈现出一种所谓的"数字化转型"（digital transformation）。特别是在政治领域，ICTs的变革性影响尤为突出，其转型动摇了已确立的参考框架，影响到公共空间、政治本身以及制定政策的社会预期。[①] 数字化转型的社会过程形成于ICTs的展开部署和摄取[②]，其本质是"在数据＋算法定义的世界中，以数据的自动流动化解复杂系统的不确定性，优化资源

---

① ［英］卢恰诺·弗洛里迪（Luciano Floridi）编:《在线生活宣言：超连接时代的人类》.成素梅等译,上海：上海译文出版社,2018,第51页。

② 同上书,第53页。

配置效率,构建企业新型竞争优势"①,其核心要素是:意识+平台+工具+组织。② 概言之,在弗洛里迪(Luciano Floridi)看来,数字化转型至少在四个方面撼动了现有的参考框架,它们指的是:一是虚在与实在的区分变得模糊(虚-实);二是人类、机器和自然界的区分变得模糊(人-器);三是当它涉及信息时,从匮乏逆转为过剩(缺-盈);四是从以实体为主导转向以互动为主导(一-多)。③ 确如弗洛里迪所言,数字化转型充当着巨型加速器,使这些曾经有效的区分变得日渐模糊。不过,另有观点则认为ICTs积极地促进了自由,理由是ICTs的普及所产生的工具与服务让公民能够参与到决策过程中,从而促进了民主,进而使人类社会向"自由而全面的发展"(马克思语)的美好状态迈进了一大步。那么,我们应该如何审视当前人类社会的数字化转型? 如何理解数字化转型中公共领域的新结构变化?"在线生活"的"人类境况"究竟会是怎样的? 笔者试图对这些问题做进一步的分析。

一、数字化时代公共领域的新结构转型

今天,我们生活在一个所谓的"数据时代"(the data time)④、"算法时代"(the algorithmic era)⑤或"人工智能时代"(the age of artificial intelligence)⑥。在《我们的未来:数字社会乌托邦》一书的开篇,普雷希特(Richard David Precht)模仿马克思、恩格斯在《共产党宣言》中的句式写道:"一个幽灵,一个数字化的幽灵在全球化的社会徘徊。全世界都在注视着这个幽灵,一方面满怀喜悦和希望,另一方面充满恐惧和担忧。"⑦的确,(高新)科技的发展呈现出两面性。但毫无疑问的是,科技的进步是人类历史上唯一不可逆转的进步。自20世纪90年代初以来,

---

① 安筱鹏:《数字化的8个关键问题》,信息社会50人论坛编:《预见:中国信息社会的下一个十年》.北京:中国工信出版集团,2022,第65页。
② 同上书,第66页。
③ [英]卢恰诺·弗洛里迪(Luciano Floridi)编:《在线生活宣言:超连接时代的人类》.成素梅等译,上海:上海译文出版社,2018,第54页。
④ [意大利]科西莫·亚卡托(Cosimo Accoto):《数据时代:可编程未来的哲学指南》.何道宽译,北京:中国大百科全书出版社 2021。
⑤ [美]凯斯·桑斯坦:《标签:社交媒体时代的众声喧哗》.陈颀等译,北京:中国民主法制出版社,2021,第8页。
⑥ [美]托斯(Kalman Toth):《人工智能时代》.赵俐译,北京:人民邮电出版社 2017。
⑦ [德]理查德·大卫·普雷希特(Richard David Precht):《我们的未来:数字社会乌托邦》.张冬译,北京:商务印书馆,2022,第3页。

以计算机、光电、AI、微电子、网络技术、大数据、软件、区块链为代表的数字技术框定和加速了整个人类社会的发展,其所带来的现象堪称每个人都无法回避的时代规定性。特别是 2020 年以来,以"数字战疫"为标志,全人类进入一个全面数字化转型的新阶段,国家、地区、城市、产业、企业甚至个人都将经历数字化转型的洗礼和磨炼。[①] 社会生产生活迈入数字时代;消费、社交网络、文化娱乐、公共服务等都在经历快速数字化的过程。随之,公共空间、社交互动都有了新的含义。

根据第一章第一节中笔者对"中国文化传统下的'公'与'私'"的历史梳理,我们知道,在古代中国,封建意识形态让公共性几乎没有生存的空间。直到 20 世纪初,经过短暂的发展和长期的沉寂,我国公共生活在 20 世纪 90 年代逐渐开放了言论自由,借助媒体进行的公共讨论越来越活跃,公共生活前所未有地发展起来。这一系列的变化让人印象深刻:公共领域已经成为现代国家政治生活中的一个独特领域,公共性作为一种批判性力量对公共权力及作为其维护意志的意识形态具有批判功能。[②] 仅就网络技术而言,互联网以速度消解了空间轴的距离,以广度稀释了时间轴的沉淀,形成了新的社交场所,孕育了新的社交方式。我国的网络公共领域是一种典型的后发"现代化",其培育和发展肩负了本国公民社会构建的期待,也是国家主导下公民社会构建的本土实验。同时,新媒体总是能获得人们无限的想象。特别是在我国当下,这种想象似乎被赋予了额外的期望与希望。这种想象植根于互联网内在的民主结构,它有五个独特的特点,即:数字化性(digitality)、集聚性(convergency)、互动性(interactivity)、超文本性(hypertextuality)和虚拟性(virtuality)[③]。进而言之,互联网似可为人们提供对公共领域诸多新的想象范型,比如"另类公共领域"(alternative public sphere)[④]、"官方公共领域"(official public sphere)[⑤]、"虚拟公共领域"(virtual public sphere)[⑥]及"弱公共领

---

① 张新红:《序言 下一个十年的主题是数字化转型》,信息社会 50 人论坛编:《预见:中国信息社会的下一个十年》.北京:中国工信出版集团,2022,第Ⅷ页。

② 邓莉:《公共性与意识形态的关系》,载于王明初主编:《马克思主义中国化研究》(2011 年卷).北京:中国社会科学出版社,2011,第 22 页。

③ Chen Guo-Ming, The Impact of New Media on Intercultural Communication: In Global Context, *China Media Research*, 2012(8): pp. 1 - 10.

④ Liu Shih-Diing & Lou Lai-Chu, The Internet as Macau's Alternative Public Sphere, *Xinwenxue Yanjiu*, 2009(102): 253 - 293.

⑤ K. Jakubowicz, Musical Chairs? The Three Public Sphere, In: Peter Dahlgren & Colin Sparks (Eds.), *Communication and Citizenship: Journalism and the Public Sphere* (London: Routledge, 1991): pp. 155 - 175.

⑥ Z. Papacharissi, The Virtual Sphere: The Internet as a Public Sphere, *New Media & Society*, 2002 (4): pp. 9 - 27.

域"(weak public sphere)①等等观念。

网络是数字化生存的演出舞台。数字技术的发展会导致公共领域的数字化转型。问题是,作为经典公共领域理论大师,哈贝马斯如何看待数字技术对公共领域的影响? 我们如何把握这种转型? 我们知道,哈贝马斯在早期并没有对互联网技术的发展进行专门研究和系统阐述,而只是在其后期的学术生涯中对这一问题进行了一些探讨。比如,在《媒介社会中的政治传播:民主仍然具有认知维度吗? 规范理论对经验研究的影响》一文中,哈贝马斯明确表示,他并不相信自由的在线讨论能够酝酿出宏观商议,而只是相信组织性动员能够带来民主裨益。哈贝马斯论述道:在自由主义制度下,"遍布世界各地的数以百万计的'聊天室'和全球互联的'议题公众'(issue publics)的出现,反而使庞大的公众变得支离破碎;在公共空间中,无论其规模如何,公众总是会在同样的时间关注同样的议题。这些公众在虚拟空间中分解为大量偶发性的零散团体,被特殊利益凝聚在一起"。② 在此,我们可以引用阿帕杜莱(Arjun Appadurai)的观点,结合当前科学技术的新发展,从哈贝马斯上述论断作如下三个方面(个体层面、民族国家层面、世界层面)的理解。第一,互联网和社交媒体的普及,以及基于网络的宣传、动员、身份建构和寻找同类的可能性,已经造成了一种危险的幻觉,即无论我们是谁或我们想要什么,我们都可以找到朋友、盟友、同伴、同仁、合作者以及皈依者。第二,任何民族国家试图维护经济主权的努力都是不可持续的。第三,人权意识形态在世界范围内的传播,赋予了异乡人、外国人和移民在世界上几乎每一个国家追求最低生存权的权利,尽管他们走到哪里都不受欢迎,必须面对苛刻的入境条件。③ 这亦如鲍曼所描述的那样,新的交流沟通媒介使得信息的生产、传播与处理变成一件不费吹灰之力的事情,也使得人们难以抵挡它的诱惑,而利用新的交流沟通媒体来传播信息与展开行动。④

最近,德国的学术杂志《利维坦》(*LEVIATHAN*,Sonderband 37/2021)出版了一份题为《公共领域的新结构转型》(Martin Seeliger,Sebastian Sevignani

① N. Fraser, Rethinking the Public Sphere: A Contribution to the Critique of Actually Existing Democracy, In: C. Calhoun (Eds.), *Habermas and the Public Sphere* (Cambridge, MA: MIT Press, 1992): pp.109 – 142.

② J. Habermas(2009b), Political communication in media society: Does democracy still have an epistemic dimension? In: J. Habermas, *Eourope: The faltering project*,(Cambridge: Polity, 2009), p.157 脚注。

③ 阿尔君·阿帕杜莱(Arjun Appadurai):《民主的疲劳》,[德]海因里希·盖瑟尔伯格(Heinrich Geiselberger)编:《我们时代的精神状况》.孙柏等译,上海:上海人民出版社 2018 年版,第 22—23 页。

④ [英]齐格蒙特·鲍曼:《怀旧的乌托邦》.姚伟译,北京:中国人民大学出版社,2018,第 45 页。

[Hrsg.],*Ein neuer Strukturwandel der Öffentlichkeit*?)的特刊,此刊包括 10 余篇论文,它们分别从商业化、全球化和数字化三个视角,对哈氏《结构转型》出版近 60 年后的西方发达工业国家的公共领域所发生的新结构转型展开了讨论。在特刊的最后部分,哈贝马斯写作了一篇题为《关于政治公共领域新一轮结构转型的思考和假说》的文章①,以此回应特刊中的一些观点及自己的相关新思考。根据段醒宇等人的译介,在这次的文章中,哈贝马斯并非直接对新型公共领域进行研究,而是试图在相关研究的基础上展开反思和对话,重点是处理在数字化、新媒体兴起的背景下新一轮公共领域结构转型及其对民主政治的冲击,系统地展现出自己对新型公共领域的看法。根据哈贝马斯在该文中的阐述,关于公共领域的数字化,一方面没有改变造成身份张力的社会结构,另一方面模糊了公民对这种张力的自觉理解。文章中,哈贝马斯将社交媒体称谓为一种"半私人、半公共的半吊子公共领域",即一种"半公共性"(Halböffentlichkeit)。在这种公共领域中,传统公共领域通过有意识地将其与私人领域分离而努力坚守的包容性消失了。

在概要地重构了整个商谈民主的框架、边界条件以及公共领域在其中的位置之后,哈贝马斯将其重构工作推进到公共领域内部的结构。从商议政治的角度看,媒体系统对于政治公共领域的意义产生相互竞争的公众舆论。对此,早在《媒体、市场和消费者:作为政治公共领域支柱的优质媒体》②一文中,哈贝马斯就主张以创新性的方式为优质媒体提供补贴和公共财政,以确保"深度的媒体民主"(deep media democracy)。在哈贝马斯看来,深度媒体民主之所以如此重要,是因为它构成了中介化的宏观商议(mediated macro deliberation)得以蓬勃发展的温床。据此,哈贝马斯先给出了一个一般的评价公共领域对于商议政治的意义的模型,它包括"输入""输出"和"吞吐量"三个环节。第一个环节,即从输入环节来看,公众舆论的质量依赖于各个利益集团或者市民社会中的行动者对于议题的负责人的拣选,以保证舆论的相关性。第二个环节,即从输出环节来看,舆论的质量依赖于它能唤起大众的注意。第三个环节,即最关键的是所谓的吞吐量,即大众媒体具有这样的功能,将所有的交往领域的噪声浓缩为与政治相关而有效的舆论。这三个环节的良性运行必将促进深度媒体民主的发展。然而,今天如要重新思考

---

① 此处的分析充分借鉴和吸收了段醒宇等人对哈贝马斯一文的译介,后续的论述就不再一一注释出处,在此谨向三位译介者表示衷心感谢!详见段醒宇、林靖宇、颜月皓编译:《什么是新型公共领域? 哈贝马斯 2021 年最新文章给出了判断》,2021 - 11 - 29 21:38;www.aisoutu.com/a/1152。

② J. Habermas(2009a), Media, markets and consumers: The quality press as the backbone of the political public sphere, In: J. Habermas, *Eourope: The faltering project* (Cambridge: Polity, 2009): pp.131 - 7.

公共领域的话，一个核心问题就是：数字化怎样改变了这种引导大众交往的媒体系统？新媒体的发展及新一轮公共领域结构转型究竟如何影响了舆论质量？

为了更好地分析这种影响，哈贝马斯探讨了新媒体的革命性特征。他认为，新媒体并不是简单地对原有媒介的延伸，它就像印刷术的发明一样，是传媒发展史上的一个飞跃。哈贝马斯本人既没有把大众媒体或网络媒体看作沟通交流的场域，探讨其商议性程度，也没有研究它们之于社会学习过程的意义。他满足于将媒体视为公民和正式政治机构中意见和意志形成过程的宏观背景。哈贝马斯在新时代的媒体中看到的最重要的特征就是，它们（如美国的 Twitter 和 Facebook、中国的微博和微信）为用户提供了无限的连接可能性，也就是说，与其说它们是一种媒介，不如说是一个可以与任何受众进行交流的"平台"（platform）：这些平台不再是传统媒体那样的内容生产者，所以它们不是传统意义上的媒体。比较而言，报纸和电视广播可谓受众媒介，因为商议是在受众面前进行，受众大多只限于收听、观看或阅读。而博客、推特或者脸书则是参与式媒介，旨在激活用户作为言说者和听众的双重角色。对于受众媒介来说，商议质量是根据受众所接收到的产品来评估的；而对于参与式媒介来说，评估的是参与者自身交往行为的商议表现。今天，我们不再是信息的被动接受者和消费者，而是主动发送者和生产者。我们不再满足于被动地消费信息，而是希望能够主动地生产信息、完成交流。在传统媒体中，我们可以明确地划分作者和受众，而新媒体或数字媒体则取消了两者的区分，让任何两个人随时都可以联系起来，彼此交流。可这种经新媒体而呈现出来的"数字交流更多是极大地腐蚀了'我们'这一团体。它摧毁了公共空间，加剧了人类的个体化"。① 表面上"平等"和"不受限制"的两大特征，使得新媒体下的交往方式无法发挥出新媒体的解放潜能。相反，它使交往碎片化，并形成一个自我爆发或圈地自萌的小圈子。用哈贝马斯的话来说，数字平台不仅仅能促成可以被主体间相互确认的自我世界，它也为竞争性公共领域的认知边界提供了偏执的交往孤岛。亦如国内学者所描述的，随着图像时代的来临，随着数字媒体在人们日常阅读生活中的支配地位的凸显，不仅私人领域与公共领域之间的界限逐渐模糊，独立自主的私人领域也逐渐被公共领域侵占，而且人们在公共领域的交往方式也发生了根本转变，交往行为受到政治权力型公共领域的深度支配，导致生活世界日趋"殖民化"。公共领域的私人化与私人领域的公

---

① ［德］韩炳哲（Byung-Chul Han）：《在群中：数字媒体时代的大众心理学》. 程巍译，北京：中信出版集团股份有限公司，2019，第 70 页。

共化,文学领域的政治化与政治领域的修饰化,构成了媒介在公共领域的扩张和言语交往行为错位的明显症候。[①]

该如何分析这一现象呢?在将政治公共领域的失落追溯到资本主义民主的深层危机中之时,哈贝马斯主张,仅仅从技术层面分析这些数字平台是不够的,还得回到经济层面来进行探究。众所周知,以 GAFA(Google·Amazon·Facebook·Apple)为代表的互联网巨头是股市上的大公司,所遵从的依旧是资本增值的律令,其利润来源于数据的增值:将其用作广告投放的目的,或者直接当成商品。以往的传统媒体也接广告,在《结构转型》一书中哈贝马斯也曾以广告为切入点来讨论文化消费,但是如今的新媒体/流媒体(streaming media)的广告投放大量依赖于个性化的算法。这种所谓"个性化"的信息会导致社会的两极分化。通过向人们提供反映他们观点的内容,并且屏蔽那些不同见解的人,这种过滤机制使公共领域变得越来越不活跃。这意味着社交媒体将生活世界更进一步地商业化。另外,《结构转型》中还曾论述,文化消费可能会削弱公共领域的批判性,使其变为一种表演与展示。这一趋势在哈贝马斯看来如今进一步加强了,人们极力追求"展示价值"[②]的最大化,传统媒体的任务从塑造公民的观点变为吸引消费者的注意。哈贝马斯认为,在一种注意力的经济学的裹挟下,媒体的娱乐化、情绪化和个人化的色彩都进一步加强了。其结果是去政治化。就此意义而言,数字媒体就是一种情感体验式的媒体,数字化交流有助于实现精准的情感传输。由此看来,新的传播媒体没有给想象插上翅膀,相反,它们造成的信息密集,尤其是视觉信息的密集,压抑了想象力。在这样一种自发而碎片化的公共领域中将会出现一种趋势,即每个人对于自己的解释和立场的不断自我和相互确证。在这种环境下,政治公共领域不可避免地发生转型,公共与私人领域的边界将被重新调整。至于数字化的影响,哈贝马斯注意到硅谷的建立,亦即数字网络的商业化使用,是与新自由主义资本主义的经济方案在全球范围的铺开重合的。信息在全球范围借助数字网络无阻碍的流动,恰恰是新自由主义鼓吹的理想市场的镜像。概言之,公共领域的数字化转型对现代社会中的观念传播、论辩方式、观点形成方式以及身份表达方式确实产生了深远的影响,而且,它还影响了公民身份的操演和民

① 张郑波:《媒介交往行为现象学》.成都:四川大学出版社,2021,第132页。
② 根据韩炳哲的解释,展示价值是当今资本主义得以实现的标志,其不能从马克思的使用价值和交换价值的对立中得到体现。它不是使用价值,因为它脱离了效用范围。它也不是交换价值,因为它不反映任何劳动力。它存在仅仅是因为它产生的关注。[德]韩炳哲(Byung-Chul Han)《透明社会》.吴琼译,北京:中信出版集团,2019,第16页。

主制度的运行。①

　　总的来看,在文章中,哈贝马斯紧跟时代脉搏,鲐背之年还依然勤耕不辍,给我们带来了许多新观点、新论断、新阐述,不断深化其自创的经典公共领域理论。不过,在此我们可以转换一下视角,参考希尔德布兰特(Mireille Hildebrandt)在《公众在线生活:呼吁设计出法律保护》一文中关于"智能环境中的公众及其问题"的探论,来延伸一下相关主题的讨论。在该文中,希尔德布兰特直接延用杜威的术语(即《公众及其问题》的书名),并结合公共领域观念来探究智能环境是否和如何生产一种阿伦特所指称的"诞生性"的。希尔德布兰特认同阿伦特对公共领域与私人领域的理解,主张为补偿舆论的暴虐,我们需要一定程度的"不透明性"来重构自我,远离把我们变成顺从的臣民的社会压力。至于智能环境中的公共领域,希尔德布兰特设问道:"如何以提供一种可持续的公共表达的方式,即一种赋予自我的不透明性和包括需要自我表达、认同表现以及慷慨的遗忘、删除和重新发明自己的机会在内的一系列显露这样一种方式,来设计我们的在线生活呢?"①在希尔德布兰特看来,在线生活中的公共表现无处不在,且呈现多样性。因此,"为了在超连接时代强化和培育公共领域,亟需根据充斥着信心和惊奇的多元性和诞生性的视角,来平衡充斥着恐惧和寻找控制的全知-全能的乌托邦。这种平衡产生了这样一个空间:其中,恐惧和风险被信任开始、共享的理智和实践智慧所补偿"。② 随着传播媒介的数字化转型,我们可以看到,杜威的"公众问题"正在经历着一种转变。由于今天的信息通信技术,甚至有可能出版"我的日报"(the Daily Me),即桑斯坦的一个缺乏社会凝聚力的碎片化社会的幽灵般的幻想。③ 每个人都在线上发布他们特制的报纸这种可能性就是桑斯坦所担忧的噩梦。实证研究亦显示,在许多成熟的(西方)民主国家中,媒体使用正在从高质量的日报和

---

① Bernard Enjolras&Kari Steen-Johnsen, The Digital Transformation of the Political Public Sphere: a Sociological Perspective, In Fredrik Engelstad, Häkon Larsen, Jon Rogstad, Kari Steen-Johnsen (eds.), *Institutional Change in the Public Sphere: Views on the Nordic Model* (Warsaw: De Gruyter Open, 2017), p.115.

① 米瑞尔・希尔德布兰特(Mireille Hildebrandt):《公众在线生活:呼吁设计出法律保护》,[英]卢恰诺・弗洛里迪(Luciano Floridi)编:《在线生活宣言:超连接时代的人类》.成素梅等译,上海:上海译文出版社,2018,第 243 页。

② 妮科尔・德万德雷(Nicole Dewandre):《反思超连接时代的人类境况——为什么自由不是关于主权而是关于开始?》,[英]卢恰诺・弗洛里迪(Luciano Floridi)编:《在线生活宣言:超连接时代的人类》.成素梅等译,上海:上海译文出版社,2018,第 179 页。

③ [美]凯斯・桑斯坦:《标签:社交媒体时代的众声喧哗》.陈顾等译,北京:中国民主法制出版社,2021,第 81 页。

周报转向社交媒体引发的政治信息个性化菜单,中介化商议交流的前景似乎很暗淡。不过,可以或者应该更积极地说,我们需要拓展商议想象力,让高质量新闻业的分析性与线上和社交媒体推动的包容性交流协同起来。①

二、数字技术与民主政治的未来图景

马克思和恩格斯都认为,民主是政治组织可能采取的最高形式。当今世界主要的资本主义国家是典型的政党政治。随着数字技术的快速发展,西方民主体制下的政党竞争呈现出诸多阴暗面,如"金主政治""贿选投机""政治陷害""党争混乱"等,甚至出现"政治僵局"与"政治衰败"。② 西式民主的光环日渐暗淡,有关民主衰微的叙事业已呈现出多元化。如有论者指控西方商议民主模式过于理想化,认为它一开始就建立于错误的判断之上。克劳奇(Colin Crouch)甚至提出"后民主"(post-democracy)概念,将自由主义民主描绘为一种后民主理论的悲观想象。朗西埃(Jacques Rancière)则干脆将我们所生活的时代称之谓"后民主"的时代。他认为在当代被拿来作为民主模型的共识性实践恰恰是以构成民主之活力内核的东西的消失为前提的。在重新描述公共领域的最近结构转变时,人们甚至很容易以个别倾向或行为为依据,尤其是以"后真相"(post-truth)概念,这实际上重新使有关"非理性大众"的偏见得以尽情表达。事实上,随着西方式民主面临持续的挑战,它的公共领域越来越四分五裂。问题是,西方普遍对民主本身感到厌倦的具体逻辑和背景是什么? 在克劳奇看来,西方民主的惨淡状态是由以下事实造成的:对全球经济和金融系统的不受控制的监管几乎没有给代议制民主留下任何决策空间,而闭门作出的政治决定正导致公民的挫败感与日俱增。③ 而在朗西埃看来,所谓的"后民主是一种治理实践,一种'人民之后(after the demos)的民主理论合法性,这种民主消除了人民的出场、误算和论辩,由此,它可归结为国家机器之间的单一作用以及各种社会能量、利益的结合"。④ 还有论者则指出,西方商议民主没有对社会的多样性做到公正,因为它假定了事实上并不存在、也不可能存

---

① [德]哈特穆特·韦斯勒(Hartmut Wessler)《哈贝马斯论媒介》.闫文捷译,北京:中国传媒大学出版社,2022,第102页。

② [美]弗朗西斯·福山(Francis Fukuyama):《政治秩序与政治衰败:从工业革命到民主全球化》.毛俊杰译,桂林:广西师范大学出版社2015。

③ Colin Crouch, *Post-democracy* (Malden, MA: Polity, c2004).

④ Jacques Rancière, *Disagreement* (Minneapolis: University of Minnesota Press, 1991), p.102.

在的一个统一体、一个"我们"。①

如前所述,近年来,数字技术的幂数式发展和应用,将人类带入数字化时代,引发了大数据、云计算、物联网、脑科学、传感器网络等现代科技革命,推动了产业结构、医疗教育、公共服务、交通运输、文化娱乐等现代社会变革。一方面,以ICTs为代表的数字技术推动了公共领域的壮大。② 另一方面,在数字化时代,ICTs的发展又助推了一种"我们正在经历的政治凋亡(apoptosis)的过程:国家越来越发展成为一个信息社会,但在这么做时,它却逐渐地使自己越来越不是那种主要的信息的能动者"。③ 且这些变化带来一些新情状。概言之:第一,在权力方面,ICTs使数据和对数据的处理/控制权"民主化"。第二,在空间方面,ICTs使人类的体验"去疆域化"。第三,在组织方面,ICTs使政治的拓扑结构流动化。④ 特别是随着互联网的发展,传统民主机构(如议会、投票等)往往会发生很大的转型。与之对应的新社会景观的一般体系结构便不再是分等级的:既不是环型的,也不是星型的,而是网状的。作为民主的基础的一般模式,不再是像古希腊那样具有机构(如 agora)的集中民主,也不是基于具有议会、投票、宪法等现代时期的立法机构的代议制民主。而是对应于一种新的民主形式,即加纳夏(Jean-Gabriel Ganascia)所谓的"网格民主"(grid democracy),因为它的结构反映了网格计算的体系结构,即一种网状拓扑结构和一种分布式的和不受地方限制的决策过程。⑤

如此说来,与曾经的希腊民主和现代民主相比,互联网带来的民主被想象为"数字民主"(digital democracy)⑥、"虚拟民主"(virtual democracy)⑦、"电子民主"(electronic democracy)⑧及"网络民主"(cyber democracy)⑨等一系列概念。只是

① Byung-Chul Han, *Digitale Rationalität und das Ende des kommunikativen Handelns* (Berlin: Matthes&Seitz, 2013), p.10.

② 阿肯·冯(Archon Fung)、霍莱·吉尔曼(Hollie Russon Gilman)、詹妮弗·斯卡巴特(Jennifer Shkabatur):《互联网+政治的六种模型》,《国外理论动态》2017 年第 9 期,第 102—104 页。

③ 〔英〕卢恰诺·弗洛里迪(Luciano Floridi)编:《在线生活宣言:超连接时代的人类》.成素梅等译,上海:上海译文出版社,2018,第 68 页。

④ 同上书,第 68—70 页。

⑤ 同上书,第 88 页。

⑥ Lawrence K. Grossman, *The electronic republic: reshaping democracy in the information age* (New York: Viking, 1995).

⑦ Pippa Norris(1999), Virtual Democracy, *Press/Politics*, 3, 1−4.

⑧ Rachel K. Gibson, Andrea Römmele and Stephen J. Ward, *Electronic Democracy: Mobilisation, Organisation, and Participation via New ICTs* (London: Routledge, 2004).

⑨ Mark Poster, Cyber Democracy: The Internet and the Public Sphere, In D. Holmes (Eds.), *Virtual Politics: Identity and Community in Cyberspace* (pp.212−228)(London: Sage, 1998).

这些概念无不暗示,在网络传播技术与民主政治之间存在着毋庸置疑的积极联系。有学者甚至认为,互联网带来的民主在互动和自治方面更优于世俗民主。① 不过,在如今的互联网研究中,多少存在着一条公认的线索:在线交流场所孕育了所谓的"第三空间",即由共享和亲密的群体意识所塑造的场所,它既不是强烈意义上的个人私有的场所,也不是大规模意义上的公共场所。② 的确,在数字网络领域内,我们有退入到私人的、亲密的和可控领域内的可能。有证据表明,从发短信到网络通话,从脸书到即时通信,所有这些新的数字通信手段,正被用来强化人们的最密切和最亲密的关系。与常见的公众话语相反,人们并没有极大地拓展他们的社交网络,也没有花费大量时间与未知的数字伙伴交流。③ 亦如纳赫特韦(Oliver Nachtwey)所分析指出的,互联网的回音室效应和过滤泡效应似乎加剧了怨憎。当然,将这些社交媒体——字面意义上的——视为怨憎的引发缘由而不仅仅是形成动力,未免过于短见。让计算机算法为此背黑锅,亦无异于让收音机对戈培尔负责。④

事实上,当前大数据和人工智能技术的迅猛发展,为民主政治带来机遇与挑战。这一主题已经引发全球的广泛关注与学术探讨。⑤ 就以区块链(blockchain)为例,区块链技术是智能革命的核心之一。问题是,区块链拯救民主,还是毁灭民主? 近年来,评论家们一直在这个问题上争论不休。对一些人来说,这项技术有望恢复多数人的统治,并在此过程中恢复民主治理,呈现一种民主新范式——"区块链民主"(blockchain democracy)。⑥ 对这些观察家来说,区块链是"终极民主工具"⑦,是"加强政治责任感"的技术。⑧ 但对另一些人来说,区块链技术对民主原

---

① Lin Zhongxuan, Internet, "Rivers and Lakes": Locating Chinese Alternative Public Sphere, *Chinese Studies*, 2014(3): p.145.

② 查尔斯·埃斯(Charles Ess):《〈在线生活宣言〉:哲学背景、媒体使用和民主与平等的未来》,[英]卢恰诺·弗洛里迪(Luciano Floridi)编:《在线生活宣言:超连接时代的人类》.成素梅等译,上海:上海译文出版社,2018,第 128 页。

③ 同上书,第 155 页。

④ 奥利弗·纳赫特韦(Oliver Nachtwey):《去文明化——论西方民主的衰退趋势》,[德]海因里希·盖瑟尔伯格(Heinrich Geiselberger)编:《我们时代的精神状况》.孙柏等译,上海:上海人民出版社 2018 年版,第 207—208 页。

⑤ Dirk Helbing (ed.), *Toward Digital Enlightenment: Essays on the Dark and Light Sides of the Digital Revolution* (Cham, Switzerland: Springer, 2019), pp.73–98.

⑥ William Magnuson, *Blockchain Democracy: Technology, Law and the Rule of the Crowd* (Cambridge: Cambridge University Press, 2020). 此书中译为《区块链与大众之治》(2021)。

⑦ Josh Zerlan, Bitcoin as the Ultimate Democratic Tool, Wired(April 2014).

⑧ Usman W. Chohan, Blockchain Enhancing Political Accountability? Sierra Leone2018 Case, SSRN Working Paper(March29, 2018).

则构成可怕的威胁。它是一条"通往威权主义的道路"①,"超级避税天堂"②,也是"极端主义组织的福音"。③ 可是,在马格努森(William Magnuson)看来,上述说法大多言过其实。事实上,区块链变革政治进程的潜力还未能实现。不过,如果我们想让民主在科技时代发挥作用,我们需要的就不仅仅是以往时代的民主外衣,如宪法、选举和立法机构,我们还需要一种本身包含民主规范的技术,而这正是区块链的目的。④ 其实,区块链是一场从2014年开始的技术革命,其本身源自对市场和民主政治的不信任,它为解决民主问题提供了潜力。20世纪90年代和21世纪初的政治精英们都担心在任政治家和企业家高管的腐败问题。他们寻求技术的庇护,承诺将权力归还人民手中。⑤

在此,仅以西方式民主中的选举投票为例,对区块链民主做一简要说明。我们知道,选举投票是实现民主的基本途径,但目前的投票系统一直被投票舞弊所困扰。而区块链技术则是解决投票系统中舞弊问题的有效解决方案。具体而言,由区块链驱动的投票运行如下:第一步,选举投票前,用户将区块链上的合法身份和用户名发送给身份验证者。在被批准后,用户将收到他唯一的选票。验证者不一定是政府。核查的任务可以由矿工来承担,他们有正直行事的动机。通过使用同态加密,验证过程可以直接在加密的数据上运行,而不会泄露用户的身份。第二步,在选举期间,用户完成他的投票,并将其发送到基于区块链的投票箱。每个用户都使用不同的设备作为投票的入口,所以入侵单个设备对投票结果的影响很小。第三步,选举结束后,每个用户都可以审核投票结果,因为每个用户都可以访问区块链上的开放数据。此外,其他选民不会知道用户的决定,因为用户在投票时使用区块链上的伪名称。⑥ 对此,威廉姆斯(Stephen P. Williams)甚至归纳出了区块链中在线投票的九大潜在优势,它们是指:一是可消除多次投票的风险;二是可杜绝投票中的作弊行为;三是可杜绝计票出错的现象;四是投票变得轻而易

---

① Ian Bogost, Cryptocurrency Might Be a Path to Authoritarianism, ATLANTIC, May30, 2017.

② Omri Marian, Are Cryptocurrencies Super Tax Havens?, 112MICH. L. REV. FIRST IMPRESSIONS38 (2013).

③ Craig Timberg, Bitcoin's Boom Is a Boon for Extremist Groups, WASH. POST, Dec. 26, 2017.

④ [美]威廉·马格努森(William Magnuson):《区块链与大众之治》.高奇琦等译,上海:上海人民出版社,2021,第291页。

⑤ 同上书,第281页。

⑥ Renming Qi, Chen Feng, Zheng Liu and Nezih Mrad, Blockchain-Powered Internet of Things, E-Governance and E-Democracy, In T. M. Vinod Kumar (ed.), *E-Democracy for Smart Cities, Advances in 21st Century*, Singapore: Springer, 2017, p.518.

举;五是身份识别精准无误;六是弃权票将匿名投出;七是安全有保障;八是投票审计简单易行;九是投票结果可立即出炉。[①] 如今,很多基于区块链的投票项目已经启动了,比如 DemocracyOS[②]、Democracy Earth Foundation[③]、Flux[④]、Agora[⑤]、Innovote[⑥]、Ballotchain[⑦]、Voatz[⑧]、Polys[⑨]、United Vote[⑩]、DAO (Decentralized Autonomous Organization)[⑪]、Follow My Vote[⑫];等等。[⑬]

在威廉姆斯看来,区块链民主化的确是一个诱人的想法,但是在美国这样的国家要想实施这项技术还是存在相当的困难。事实上,"民主更有可能发端于地方政界、董事会、大学委员会及其他更容易适应变化的地方,然后蔓延至全国政界,使选举失误和选民压制成为过去"。[⑭] 在此,我们的确需要谨防将区块链的民主后果做过度浪漫化的错误。但亦如国内学者高奇琦教授所认为的那样,区块链技术与民主的发展趋势总体上是相一致的,特别是在中国这样的社会主义国家中将更能凸显二者之间的良性互动。智能技术与区块链技术相结合,将在民主的全过程实践发展中产生十分重要的影响。[⑮] 按照马克思主义的经典判断,民主政治的上层建筑从根本上说是由物质生产的经济基础所决定的。科学技术作为"第一生产力",对民主的实现形式有着深刻的历史规定。目前,区块链 2.0 的主要表现形式是智能合约,在智能合约的基础上,整个社会的契约程度可以进一步提高,从而对未来民主的运行产生深远的影响。[⑯] 特别是在今天,中国市场活跃,用户数量极其庞大,为大数据的产生和智能技术的社会应用提供了广阔的空间。因此,

---

① 〔美〕斯蒂芬·P.威廉姆斯(Stephen P. Williams):《区块链浪潮:加密启蒙运动的开始与互联网的终结》.葛琳译,杭州:浙江大学出版社,2021,第 181—182 页。

② DemocracyOS: http://democracyos.org/.

③ Democracy Earth Foundation: https://www.democracy.earth/.

④ Flux: https://voteflflux.org/.

⑤ Agora: https://agora.vote/.

⑥ Innovote: http://inno.vote/.

⑦ Ballotchain: http://www.reply.com/en/content/ballotchain.

⑧ Voatz: https://voatz.com/.

⑨ Polys: https://polys.me/.

⑩ United Vote: https://united.vote/.

⑪ DAO(Decentralized Autonomous Organization):https://www.ethereum.org/dao.

⑫ Follow My Vote: https://followmyvote.com/.

⑬ Alexander Braun, Blockchain—The Savior of Democracy?, Denise Feldner (ed.), *Redesigning Organizations: Concepts for the Connected Society* (Cham: Springer, 2020), p.248.

⑭ 〔美〕斯蒂芬·P.威廉姆斯(Stephen P. Williams):《区块链浪潮:加密启蒙运动的开始与互联网的终结》.葛琳译,杭州:浙江大学出版社,2021,第 182 页。

⑮ 高奇琦等:《人工智能治理与区块链革命》.上海:上海人民出版社,2020,第 298 页。

⑯ 同上书,第 296 页。

智能技术的发展可以为全过程人民民主的发展提供广阔的前景和坚实的技术支撑。正如托夫勒(Alvin Toffler)所断言的:"利用先进的计算机、人造卫星、电话、有线电视、投票技术以及其他工具,一个受过教育的公民,在历史上第一次能够开始作出自己的许多政治决定。"①

从民主实践而言,与西方式民主危机相较,中国特色社会主义用中国共产党领导下的全过程人民民主已为人类政治领域的千古难题(即如何建立真正代表人民根本利益的国家权力)的解决提供了成功的中国方案。② 特别在智能文明背景下,新的民主模式可以朝着全过程人民民主的方向发展,从而弥补西方代议制民主的固有缺陷,真正推动民主政治向着更全面、更实质性的方向发展。③ 马克思曾认为,社会主义最符合民主的形式。民主,从字面意义上来理解就是人民(demos)的统治。而所谓"人民的统治"的独特贡献应是充分考虑到所有人的需求。然而不幸的是,资本主义民主却倾向于成为"为了自身利益的个人统治"。④ 但随着信息革命向智能文明阶段的迈进,全过程人民民主的实践却迎来了新的前景和空间。正如习近平同志所强调指出的:"我国全过程人民民主实现了过程民主和成果民主、程序民主和实质民主、直接民主和间接民主、人民民主和国家意志相统一,是全链条、全方位、全覆盖的民主,是最广泛、最真实、最管用的社会主义民主。"⑤根据这一权威论断我们可知,全过程人民民主的核心实质在于其"全过程性",基本问题是将民主原则融入政治实践的全过程、将民主程序内化到制度建设的全过程、将民主权利普惠到公民个人和全体人民。⑥ 由此可见,中国共产党领导下的"全过程人民民主"是人类民主政治的新形态,是高质量的人民民主,是对西方式的"一次性民主""消费式民主"的超越。当然,我们还需进一步深入研究全过程人民民主的理论、制度和重要性,从全球比较和智能文明的视野中深入认识全过程人民民主的制度优势。⑦ 为此,让笔者借用史密斯(Anna Marie Smith)的一句话来描述我们未来的民主努力:"不完美的民主总比更不完美的民主值得我们珍视,因为民主的程度越深,自由的程度也随之越深,民主程度

---

① 〔美〕阿尔文·托夫勒:《第三次浪潮》. 朱志焱等译,北京:新华出版社,1996,第476—477页。
② 鲁品越:《全过程民主:人类民主政治的新形态》,《马克思主义研究》2021年第1期。
③ 高奇琦等:《人工智能治理与区块链革命》. 上海:上海人民出版社,2020,第290页。
④ 〔美〕菲利普·克莱顿、贾斯廷·海因泽克:《有机马克思主义:生态灾难与资本主义的替代选择》. 孟献丽等译,北京:人民出版社,2015,第132页。
⑤ 习近平:《在中央人大工作会议上的讲话(2021年10月13日)》,《求是》2022年第5期,第4—13页。
⑥ 高奇琦等:《人工智能治理与区块链革命》. 上海:上海人民出版社,2020,第291页。
⑦ 同上书,第295页。

的提升总是为将来更大幅度的民主化创造着有利的条件。"①

第二节　公共领域理论研究的三条互补性路径

在对哈贝马斯公共领域理论进行系统梳理和探索的基础上，结合时代的变迁和新技术的发展，笔者认为有三条互补性的研究路径，可以进一步利用和拓展哈贝马斯一生所关注的公共空间和民主构想，构建"实在性"与"虚拟性"相结合、"空间性"与"时间性"相结合以及"理性"与"情感性"相结合的"公共领域的新辩证法"。

路径一：在关注公共领域的实在性层面的同时，探寻公共领域的数字化/虚拟化，实现"实在性"与"虚拟性"相统一

据我们所知，在《关于政治公共领域新一轮结构转型的思考和假说》一文中，哈贝马斯认为，公共领域的数字化并没有改变公民身份与市民身份之间紧张关系的社会结构，而是模糊了公民对于这种紧张关系的自觉理解。然而，在社交媒体中，传统公共领域通过有意识地将其与私人领域分离而努力坚守的包容性已经消失。② 该如何理解公共领域的数字化？哈贝马斯的文章中并没有对"公共领域的数字化"概念做出清晰界定。其实，早在哈贝马斯的文章之先，另有学者克里凯特（Robin Celikates）曾在《数字化：公共领域的另一个结构性转型？》③一文中对"公共领域的数字化"以及公共领域的"数字行动主义"（digital activism）等问题进行了探讨。在该文中，克里凯特对公共领域的数字化意指什么做出了明确界定。按照克里凯特的理解，所谓"公共领域的数字化指的是一个更普遍的趋势，即一般的互联网、Web2.0 和特殊的社会化媒体成为产生公共性的工具、参与超越公共领域的传统（语言、文化、空间等）限制的公开辩论的工具、传播信息的工具、组织动

---

① ［美］安娜·玛丽·史密斯（Anna Marie Smith）：《拉克劳与墨菲》. 付琼译，南京：江苏人民出版社 2011 年版，第 46 页。

② 段醒宇、林靖宇、颜月皓编译：《什么是新型公共领域？哈贝马斯 2021 年最新文章给出了判断》，2021-11-29 21:38；www.aisoutu.com/a/1152。

③ 罗宾·克里凯特（Robin Celikates）：《数字化：公共领域的另一个结构性转型？》，陈永盛译，谢地坤、朱葆伟、汉斯·菲格（Hans Feger）主编：《东西方哲学年鉴·2016》. 北京：中国社会科学出版社，2017，第 16—32 页。

员和筹款的工具、维持运转和协调集体政治行动的工具,这些作用都日益突出"。① 这是一个重要的趋势,它已经使得如何组织公开辩论和政治行动发生了显著的变化。不过,克里凯特在此也提醒我们,此处所讲的"数字化不应被理解为一个均匀的、单向的过程,即正在改变一个连贯的和先前非数字的公共领域的过程,而应被作为一个复杂的、多层次的过程,即转换和产生各种不同公众的过程,这些公众以复杂的数字与非数字划分的方式相互联系和相互交叉"。② 紧接着,作者回到其文章的标题:"数字化的进程——数字化公共领域和数字化竞争的兴起——真的等同于公共领域的一个新的结构转型吗?"围绕着这一问题,克里凯特做出了肯定式的回答,其原因在于"数字化不仅显著地改变了传统的公共领域及其媒体运作的方式——从调查性新闻业到娱乐业,而且更重要的是,虽然它无法逃避非数字化公共话语的所有限制和扭曲,也产生了一些属于它自己的限制和扭曲,但是可以说它也产生了一种新型公共领域。在这种公共领域中,进入、参与和互动以及它们的政治影响,被不断地重新定义和重新商定"。③ 基于这样的分析,克里凯特做出一个经验性的论断,即公共领域的结构转型不单纯是展现在我们背后的一个统一的和客观的、或预定的过程。相反,它是一个涉及多个场所和领域的、本质上开放的社会进程和政治进程,其形式和结果基本上是有争议的,并且部分政治斗争是发生在公共领域中的,这不亚于它们在这样争论的过程中从事并生成公共领域。④ 然而,在韩炳哲(Byung-Chul Han)看来,商议民主理论似乎已经错失了"数字化转向"(digital turn)。⑤ 推特、脸书以及其他社交媒介带来的是"去政治化"的效果。而互联网带来的是一种"个性化",这种"个性化"带来的是我们曾经熟悉的公共领域的无止境的碎片化、离散化和离心化。用帕里泽(Eli Pariser)的话来说:"一个被算法分类和操纵的公共领域,本质上是零碎的,并且排

---

① 罗宾·克里凯特(Robin Celikates):《数字化:公共领域的另一个结构性转型?》,陈永盛译,谢地坤、朱葆伟、汉斯·菲格(Hans Feger)主编《东西方哲学年鉴·2016》.北京:中国社会科学出版社,2017,第 27 页。

② 罗宾·克里凯特(Robin Celikates):《数字化:公共领域的另一个结构性转型?》,陈永盛译,谢地坤、朱葆伟、汉斯·菲格(Hans Feger)主编《东西方哲学年鉴·2016》.北京:中国社会科学出版社,2017,第 30 页。

③ 同上书,第 32 页。

④ 同上书,第 32 页。

⑤ Byung-Chul Han, *Digitale Rationalität und das Ende des kommunikativen Handelns* (Berlin: Matthes&Seitz, 2013).;韩炳哲:《在群中:数字媒体时代的大众心理学》.程巍译,北京:中信出版集团,2019,第 66 页。

斥对话。"①我们困陷在"过滤泡"(the filter bubble)之中而未曾留意到底是谁在为我们将这个世界预先分门别类、预先对其做出解释。② 在此过程当中,公共领域变成了一个展示空间。它距离"共同行动空间"越来越远了。③ 那么,到底该如何反思数字化转型中的公共空间? 信息革命及智能革命是如何重塑政治合法性的模式和民主进程的? 应该如何全面理解公共领域的数字化? 我们是否正在面对一个"虚构的公众"却没有对此加以辨别的有效手段? 是否应该容忍"公共理性的虚构使用"? 针对诸如此类的问题,在笔者看来,我们在继续关注公共领域实在性(客观物质性)层面研究的同时,应加强对公共领域数字化(虚拟性)的研究,实现"实体性"与"虚拟性"的有机结合,从而推动未来公共领域理论的研究。

路径二:在注重公共领域的空间性的同时,探究公共领域的时间性,实现"空间性"与"时间性"相统一

受哈贝马斯理论启发的拓展分析的第二种可能性在于,从原来偏重公共领域概念的空间性转向公共领域概念的时间性探究。一般认为,哈贝马斯的公共领域理论主要以实体性公共空间为原型。不过,根据哈桑(Robert Hassan)的分析,哈贝马斯也适时地看到了公共领域在时间上的可能性:"过去印刷时代的常识:**公共领域需要有它自己的时间**。除非'会话'(阅读、书写、讨论)有着自己'自然的'时间节奏,允许它逐步完成创造并维持其自身的进程,否则公共领域无法运作。"④在此,哈桑围绕舍基(Clay Shirky)对社交媒体和公共领域问题所做的尝试性的时间分析展开进一步的探讨。舍基是著名的互联网思想家,却同样对公共领域感兴趣。在题为《社交媒体的政治力量:技术、公共领域和政治变革》⑤一文中,舍基试图抓住今天在媒介、学术和政治圈子中被广泛讨论的一些越来越重要的问题。例如,互联网及其应用,如脸书、推特、手机短信等,是否构成了一种新型的

---

① [美]伊莱·帕里泽(Eli Pariser):《过滤泡:互联网对我们的隐秘操纵》.方师师等译,北京:中国人民大学出版社,2020,第 120 页。
② 瑞吉娜·克莱德(Regina Kreide):《沟通权力与公共领域:为协商政治模式一辩》,杨顺利译,谢地坤、朱葆伟、汉斯·菲格(Hans Feger)主编《东西方哲学年鉴·2016》.北京:中国社会科学出版社,2017,第 134 页。
③ [德]韩炳哲:《透明社会》.吴琼译,北京:中信出版集团,2019,第 59 页。
④ [澳]罗伯特·哈桑(Robert Hassan):《注意力分散时代:高速网络经济中的阅读、书写与政治》.张宁译,上海:复旦大学出版社,2020,第 177 页。
⑤ Clay Shirky, The Political Power of Social Media: Technology, the Public Sphere, and Political Change, *Foreign Affair* 90, No.1(2011):28-41.

"自下而上"的政治的基础？信息传播技术是否带来了对媒介集团及其议程、对常被认为脱离草根阶层的政治精英的激进挑战？在文章的开篇，舍基回顾了几个广为传播的媒体建构自己虚拟公共领域的著名案例，它们分别是：第一个案例是指菲律宾原第 13 任总统、该国的"短信息一代"的埃斯特拉达（Joseph Ejercito Estrada）将自己的被迫下台归咎于虚拟公共领域的出现；第二个指的是 2010 年高度疑似受到操控的伊朗大选，这激怒了该国大量的普通年轻网民，他们在网上组织起来，走上街头抗议数日，极大动摇了公众对当局政权的信任；第三个则是指舍基在《人人时代》（2008）一书中曾提及的白俄罗斯和泰国的"快闪"案例。接着，舍基梳理了经验证据，据此意识到我们还不具备迅速得出确定结论的基础，给出了一个哈桑称之为"模棱两可"的陈述："对于最近为回答'数字工具是否推动民主'而做的量化努力，最稳妥的概括是：这些数字工具可能在短期内会带来伤害，但从长期看会有所助益。在那些公共领域已经对政府行动形成限制的国家，它们会产生最为巨大的影响。"[1]在此，哈桑捕捉到了舍基有关公共领域的时间性之维的理论洞见。哈桑分析道："舍基所做的'长期/短期'的二分，使得话题获得了时间维度，并使这一特定的当下政治问题有可能获得其亟须的时间方面的洞见。舍基说道，公共领域要有效运行，必须发展起一个新的视角，以避免新自由主义只注意短期效益的倾向，投入必需的时间，以实现特定的政治目标。"[2]但同时哈桑却遗憾地指出，舍基的文章并没有就时间性问题继续延展下去。根据哈桑的分析，所谓"长期"政治的议题本应在公共领域的民主框架内被审慎地追问与思考。民主是缓慢的，如舍基所说，我们需要与它"长期"合作；且"民主并非一蹴而就，需要成长的时间"。[3] 只是如今在我们所处的网络化情境中，舍基及哈贝马斯所希望看到的会话的公共领域并不存在，或者说只存在于想象之中。"时间景观"被资本的经济诉求所操控，而旨在围绕政治目标构建叙事的"会话"，则完全没有时间发展起来。[4] 尤其是越来越多的人越来越没有时间弄清楚他们所处的政治形态是怎样的，更极少有人能从"时间化"的角度思考民主。而在分析我们这个世界（即

① Clay Shirky, The Political Power of Social Media: Technology, the Public Sphere, and Political Change, *Foreign Affair* 90, No.1(2011), p.30.
② ［澳］罗伯特·哈桑(Robert Hassan)：《注意力分散时代：高速网络经济中的阅读、书写与政治》.张宁译，上海：复旦大学出版社,2020,第 177 页。
③ ［法］埃里克·达舍(Eric Dacheux)等：《公共空间》.刘昶等译，北京：中国传媒大学出版社,2022,第 30 页。
④ ［澳］罗伯特·哈桑(Robert Hassan)：《注意力分散时代：高速网络经济中的阅读、书写与政治》.张宁译，上海：复旦大学出版社,2020,第 177 页。

一个网络化的、线下空间不断萎缩的世界）之时，公共领域仍然是核心的阐释框架。只是随着数字技术的发展，加之对时间维度的忽视，当下的理论无法有效分析计算机化和加速化对交流实践所产生的双重影响，并进而无法确认慢性注意力分散和信息过载所带来的政治后果。因此，遵照哈桑的倡议，现在要想进一步推动公共领域的理论发展，不仅需要认真思考技术变革如何才能构建更为卓越的交流方式，还需要认真分析公共领域的"空间"和**公共领域的时间**。[①] 哈桑说得没错，从时间的角度思考，"公共领域"这一术语给了我们提示，倘若能像我们理解空间一样理解时间，将会在公共领域中打开一个基础性的全新视角。为此，哈桑给我们描绘了公共领域时间化所将呈现出的政治新愿景："一个时间化的公共领域最令人激动的影响是它将会催生一种全新的政治。良好运行的公共领域意味着在观点意见和政治远景上会存在差异，新的政治团体和政党可以通过公共领域合法地传播他们的不同观点。最终，时间化的和多样性的公共领域会在更为广泛的社会政治与市民结构中，形成**全新的保守主义**的基础。"[②]这将是一个"时间觉醒时代"，也将是"一个多元化的、与时间节律相协调的保守主义社会"。但究竟该如何去实践这样一种全新的政治公共领域愿景？对于这个问题，哈桑在此并未详述。在笔者看来，我们可以循着哈贝马斯、舍基和哈桑的理论步伐，在注重公共领域的空间性的同时，进一步探究公共领域的时间性，实现"空间性"与"时间性"的有机结合，从而推动公共领域理论新的发展。

路径三：在强调公共领域的理性面向的同时，将商议锚定在情感当中[③]，实现"理性"与"情感性"的统一

墨菲曾批判哈贝马斯的公共领域理论忽视了激情和情感对民主话语的益处。[④] I. M. 杨更是提议在公共商议中纳入其他沟通形式，如致意、修辞和讲故事，因为它们"在缺乏重要的共享理解的情况下，通过提供跨越差异的表达方式，对论

---

① ［澳］罗伯特·哈桑（Robert Hassan）：《注意力分散时代：高速网络经济中的阅读、书写与政治》. 张宁译，上海：复旦大学出版社，2020，第 175 页。

② 此标题援引自哈桑。详见［澳］罗伯特·哈桑（Robert Hassan）：《注意力分散时代：高速网络经济中的阅读、书写与政治》. 张宁译，上海：复旦大学出版社，2020，第 185 页。

③ ［德］哈特穆特·韦斯勒（Hartmut Wessler）《哈贝马斯论媒介》. 闫文捷译，北京：中国传媒大学出版社，2022，第 152 页。

④ Mouffe, Deliberative democracy or agonistic pluralism? *Social Research*，66(3)，1999，p. 755 脚注。

点进行了补充"。^① 由此看来,尽管商议民主范式特别重视在文明和相互尊重的讨论中基于事实展开论证,但这并不意味着激情的、充满情感的公共表达不具备正当性,完全排除在话语之外。事实上,哈贝马斯对情绪在中介化公共讨论中的作用曾做出过零散评论。哈贝马斯承认,只要这些替代性的沟通形式最终能够转化为可批评的立场,展现出相对于政治中心的全面的说服力,它们对商议话语就不无益处。^② 正如内布罗(Michael A. Neblo)所正确地指出的:"……断言哈贝马斯的话语理论没有为情绪留出空间,甚至它们只扮演边缘角色,这显然是错误的。无论人们如何看待哈贝马斯表述的最终的充分性,他都为情感在其理论体系中设计了一个重大且绝对必要的角色。"^③亦如韦斯勒(Hartmut Wessler)所认为的:"哈贝马斯并未将公共辩论概念化为理想言语情境中离身的、自我抽象的言语。相反,他的作品允许对公共讨论所蕴含的情绪进行更系统的研究,特别是将分析的注意力引向道德分歧的情况,将其作为情绪投入的来源。"^④恰是这些批评与论争催生了关于公共领域的情感/情绪之维的理论探究。素有"互联网女王"之誉的帕帕查里西(Zizi Papacharissi)提出了"情感公众"(affective publics)的概念,这一概念已成为近年来对"反公众"(counterpublics)解释作为商议制度要素的一个突出替代性方案。根据帕帕查里西的理解,所谓情感公众是指"通过情感表达而被动员、连结或去连结的网络化公共形态"。^⑤ 其重要案例包括各种类型的"标签运动"(hashtag movement)如"阿拉伯之春"运动(使用标签♯Egypt)和"占领华尔街"抗议活动(使用标签♯Ows)中的推特行动,以及它们在世界其他地区的衍生品。这样的情感公众被观点、事实或两者混合的情感性表述所驱动,这些表述反过来又产生出无所不在、源源不断的信息流,从而进一步连接民主与非民主政体中的表述并使之多元化。^⑥ 不过,情感公众既有可能是进步的,也有可能是保守

---

① I. M. Young, Communication and the other: Beyond deliberative democracy, In: S. Benhabib (ed.), *Democracy and difference: Contesting the boundaries of the political* (Princeton, N. J.: Princeton University Pree, 1996), p.129.

② J. Habermas, *Between facts and norms: Contributions to a discourse theory of law and democracy* (Cambridge, MA: MIT Press, 1996), p.381.

③ Michael A. Neblo(2003), Impassioned democracy: The role of emotion in deliberative theory, *American Political Science Review*, vol.114(3), p.926, August 2020.

④ [德]哈特穆特·韦斯勒(Hartmut Wessler)《哈贝马斯论媒介》. 闫文捷译,北京:中国传媒大学出版社,2022,第145页。

⑤ Zizi Papacharissi, *Affective publics: sentiment, technology, and politics* (Oxford: Oxford University Press, 2015), p.125.

⑥ Ibid., p.129.

的，他们在政治光谱的左右两翼都可以很激进。简言之，帕帕查里西的"情感公众理论"主要由如下三个核心命题组成：其一、互联网时代的公众是一个情感共同体；其二、互联网尤其是社交媒体的技术支持是"情感公众"形成的重要动力；其三、互联网环境下的情感共享并不局限于群体内部，它还与更大的社会语境和制度环境相互作用，因此具有激进化的潜能。① 此外，在《情感公众：情绪，技术和政治》一书中，帕帕查里西还阐述了情绪与理性之间所具有的互补与共存关系。她说道："用典型的斯宾诺莎式术语来说，逻辑有助于解读情绪，而情绪赋予逻辑意义。"②实际上，正是这二者之间的互补与共存有助于将情感公众的概念与网络化公共领域中公民参与的商议观重新联系起来。③ 因此，我们需要拓展商议想象力，让高质量的数据技术、智能技术的分析性与线上和社交媒体推动的包容性交流协同起来。诸如同情（与怜悯、体谅以及共情式关怀有关）、感激（与欣赏有关）和敬畏（与钦佩、灵感和提升有关）④这样的自我超越的情绪必将在新近出现的商议视角下对情感的概念化中占据一席之地。⑤ 为此，我们必须努力挖掘哈贝马斯公共领域理论中的情绪根源，并系统地探讨理性如何在中介化公共讨论中扎根于情绪并得到情绪的补充。正如韦斯勒提示我们的那样，无论是消极的道德情绪，还是积极的自我超越情绪，都是揭示真正中介化讨论的情感基础的首要研究对象。⑥ 基于以上认识，在笔者看来，我们应该在强调公共领域的理性面向的同时，将商议锚定在情感当中，实现"理性"与"情感性"的有机结合，从而推动公共领域理论的纵深发展。

---

① 常江：《互联网、技术可供性与情感公众》，《青年记者》2019(9)第 92 页。

② Zizi Papacharissi, *Affective publics: sentiment, technology, and politics* (Oxford: Oxford University Press, 2015), p.134.

③ ［德］哈特穆特·韦斯勒(Hartmut Wessler)《哈贝马斯论媒介》. 闫文捷译，北京：中国传媒大学出版社，2022，第 137 页。

④ 参阅 J. Habermas, A genealogical analysis of the cognitive content of morality, In: J. Habermas, *The inclusion of the other: Studies in political theory* (Cambridge, MA: MIT Press, 1998), p.4 脚注。

⑤ ［德］哈特穆特·韦斯勒(Hartmut Wessler)《哈贝马斯论媒介》. 闫文捷译，北京：中国传媒大学出版社，2022，第 140 页。

⑥ 同上书，第 152 页。

附录一：
理性·公共性·公共领域

如果人类是不朽的并且他们的理性如天使般完美，那么即使是最深层次的问题也可认为是可通过认真的公共论辩来解决。但我们的生命必然是有限的，并且我们的理性也并非完美。——［美］劳伦斯·B. 索罗姆（Lawrence B. Solum）：《建构一种公共理性的理想》

    作为公认的"公共领域"哲学家①，哈贝马斯认为，公共领域是检验政治代表自身权力旨趣抑或选民旨趣即人民旨趣的试金石。② 在哈贝马斯看来，公共领域是神秘政治消亡的标志。自从政治不得不在公共领域中予以自我辩护，政治家就再不能无节制地纵容自己的私欲与权力欲了。公共领域理论虽然是一种乌托邦，但与毫无根据的幻想不同，它是一种蕴涵着希望的乌托邦③，其核心精神是对现实中不合理、反理性的东西进行批判，这种批判建立在一种替代性方案的基础上。④ 它深深地扎根于社会现实和政治现实之中——只是这种社会现实和政治现实，有的是我们经历的，有的是我们尚未经历的。

    在追忆青年往事时，哈贝马斯指认，当年他读到霍克海姆和阿多诺的著作并获悉他们的遭遇时才 16 岁，那时候他的心境是这样的：人们已经从纳粹的恐怖中解放出来，但大家必须在被压抑的恐惧中生活和做事。从那时起，他到处寻找使人们聚在一起而不失去各自的差异、使大家联合起来而不使大家一体化、使陌生人之间具有共同性而不使他者失去他性的原因。⑤ 基于这样的社会氛围，哈贝马

---

① ［德］尤尔根·哈贝马斯、［法］雅克·德里达等人：《旧欧洲·新欧洲·核心欧洲》. 丹尼尔·李维、马克斯·潘斯基、约翰·托尔佩编，邓伯宸译，北京：中央编译出版社，2010，第 2 页。

② ［德］德特勒夫·霍斯特：《哈贝马斯》. 鲁路译，北京：中国人民大学出版社，2010，第 13 页。

③ 在哈贝马斯的语境中，"乌托邦"就是指"理想""理想主义"，而"理想"主要是指"有关自由的理想即实现自由的理想"。在哈贝马斯看来，人们总是为了某种理想才起来进行斗争的，才奋发对现行的社会制度加以革命的。真正的革命者总是理想主义者。

④ 参见章国锋：《哈贝马斯访谈录》，载《外国文学评论》2000 年第 1 期，第 28 页；亦可参见［德］尤尔根·哈贝马斯、米夏埃尔·哈勒：《作为未来的过去》. 章国锋译，杭州：浙江人民出版社，2001，第 122—123 页。

⑤ ［德］尤尔根·哈贝马斯、米夏埃尔·哈勒：《作为未来的过去》. 章国锋译，杭州：浙江人民出版社，2001，第 119—120 页。

斯坚信道:"只有继续启蒙才能克服启蒙带来的弊病。我丝毫不赞同一种绝对的理性批判,这种批判只能毁掉理性本身。然而,这并不是说我盲目地崇拜理性,而是相反,我以为,我们应该理性地审视我们所具有的理性并看到它的界限。我们不能像扔掉一件旧外套一样抛弃受康德思想主导的这种现代性的基本特征。它已经融化在我们的血肉中。"①于是,哈贝马斯提议,我们不必在理性的建议和非理性的乌托邦思想之间做出选择。乌托邦思想既不会破坏也不会贬低真正的改革。事实上,情况恰恰相反:实际的改革依赖于乌托邦式的梦想——或者至少,乌托邦理想推动着不断增长的进步。② 纵观历史,乌托邦思想在社会发展中发挥了非常好的作用。它不仅吸引了知识分子,激发了欧洲工人运动,而且在现代世界历史上留下了不可磨灭的印记。在萨特看来,每个人都生活在希望之中,整个人类也是如此。如果乌托邦这块绿洲不见了,将会出现的是一片平庸不堪和绝望无迹的荒漠。所以说,乌托邦就是人类脱离动物状态以后一种催人向上的力量,它在某种程度上使人更像人。当然,不以理性为基础的乌托邦是空洞的,正如没有乌托邦抱负的理性是可悲的。③ 正如哈贝马斯自己所承认的那样:如果说我保留了一点点乌托邦的想法,那完全是因为我相信,民主——以及关于如何最好地实现民主的公开辩论——能够解开当今世界看似无法解决的问题的戈尔迪之结。我不确定我们会成功,甚至也不知道我们能否成功,可正因为我们不知道,我们才必须努力尝试。④ 哈贝马斯认为,现代社会并没有耗尽理性乌托邦的内在能量,而是形式和内容发生了变化。因此,他对自己的理论立场做了如下澄清:即使我的理论有点理想主义,它也不是一个忽视我们每天每时每刻面对的现实的孤独理论家捏造出来的理想。相反,我依赖于我们实践中固有的规范性内涵,没有它,我们将无法继续前进,因为语言及其理想化的要求,是维持和整合社会文化生活形式的基础。⑤

哈贝马斯认为,真正的理想社会并不是束缚于所谓的"主体性范式"的"生产

---

① [德]尤尔根·哈贝马斯、米夏埃尔·哈勒:《作为未来的过去》. 章国锋译,杭州:浙江人民出版社,2001,第 95 页。
② [美]拉塞尔·雅各比:《不完美的图景:反乌托邦时代的乌托邦思想》. 姚建彬译,北京:新星出版社,2007,第 1—2 页。
③ [美]理查德·沃林:《文化批评的观念:法兰克福学派、存在主义和后结构主义》. 张国清译,北京:商务印书馆,2001,第 88 页。
④ [德]尤尔根·哈贝马斯、米夏埃尔·哈勒:《作为未来的过去》. 章国锋译,杭州:浙江人民出版社,2001,第 97 页。
⑤ 同上书,第 104 页。

者社会的乌托邦"——在马克思那里被设想为一个建基于系统调节的必然王国基础之上的自由王国,而是经历所谓的"主体间性范式"转换洗礼的"交往共同体的乌托邦"。这种乌托邦的特点是,它不仅以客观的历史规律为基础,而且没有具体的生活方式作为内容:它不是关于人们未来将如何生活的具体谋划,而只是关于人们将如何决定自己未来生活的抽象设想。① 也就是说,未来的社会不再是劳动的共同体,而是交往的共同体。这种交往共同体之所以令人向往,并不是因为它与某种特定的生活方式有关,而是因为它与共同体成员决定其生活方式的程序有关。换言之,交往共同体的乌托邦内涵被简化为一种不可损害的主体间性形式,其规范是日常交往实践和话语意志形成的必要条件和一般条件。这些条件可能会使话语的参与者处于这样一种境地,即根据他们自己的需要和见解,从其直觉动机出发,实现一种更加美好也更少危险的生活。② 所以说,无论如何,世界乌托邦的理性道路永远是人类的希望。正如哈贝马斯所指出的那样,乌托邦理想体现了对一个与现实完全不同的未来的向往,并提供了开拓未来的精神动力。③ 正是这种乌托邦理想(精神),为我们探索当今世界看似无法解决的问题提供了理论指引。

哈贝马斯在时代诊断中提出的社会病理学,即系统限制了广泛的日常交往理性,具有一种独特的理性特质。④ 坚持理性,是哈贝马斯的启蒙原则。⑤ 他甚至将自己也比喻为受到马克思主义启蒙的康德式的理性的鼹鼠。⑥ 马克思说过:"理性向来就存在,只是不总具有理性的形式。"⑦作为理想主义者,哈贝马斯时刻期盼理性的光辉。概览其作品史,我们会发现哈贝马斯关于理性概念的认识有一个

① J. Habermas, *The New Conservatism: Cultural Criticism and the Historian's Debate* (edited and translated by Shierry Weber Nicholsen, Cambridge, Mass. : MIT Press, 1992), p.69.
② J. Habermas, The New Obscurity: the Crisis of the Welfare State and the Exhaustion of Utopian Energies, *Philosophy and Social Criticism*, No.2,1986, p.17.参见哈贝马斯:《新的非了然性——福利国家的危机与乌托邦力量的穷竭》,曹卫东译,载[德]伽达默尔、哈贝马斯等:《赫尔墨斯的口误:从话语政治到诗学交往》.曹卫东编译,南京:译林出版社,2009,第 76—77 页。
③ 章国锋:《哈贝马斯访谈录》,载[德]尤尔根·哈贝马斯、米夏埃尔·哈勒:《作为未来的过去》.章国锋译,杭州:浙江人民出版社,2001,第 122 页。
④ [德]汉斯·约阿斯(Hans Joas)、[德]沃尔夫冈·克诺伯(Wolfgang Knöbl):《社会理论二十讲》.郑作彧译,上海:上海人民出版社,2021,第 475 页。
⑤ 包利民:《至善与时间:现代性价值辩证法》.杭州:浙江大学出版社,2018,第 251 页。
⑥ "鼹鼠"又译"田鼠",马克思在 1852 年出版的《路易·波拿巴的雾月十八日》中把自己比喻为革命的"老田鼠",坚定不移地挖掘资本主义社会的地基,直到其倒塌为止。此处马克思援引的是莎士比亚《哈姆雷特》第 1 幕第 5 场的台词:"掘得好,老田鼠!",参见《马克思恩格斯选集》(第 1 卷).北京:人民出版社,1995,第 675 页。
⑦ 马克思:《致阿尔诺德·卢格》(1843 年 9 月),《马克思恩格斯文集》(第 10 卷).北京:人民出版社,2009,第 8 页。

不断深化和完善的过程。如在《结构转型》(1962 年)中,哈贝马斯在探讨"资产阶级公共领域"的规范性内涵时,主要是直接依循康德的"启蒙理性"为论证的基本预设,此时他尚未对这一理性概念做深入的爬梳与修正。后来,在《认识与兴趣》(1968 年)中,哈贝马斯主要从概念史的角度对理性概念进行了认识论讨论,并试图将由"工具理性"概念埋藏掩盖下的更大的理性概念挖掘出来,以解救并更新理性主义的传统香火,这已为后来哈贝马斯对于工具理性的批判以及交往理性概念的提出奠下部分基础。而在《合法化危机》(1973 年)中,哈贝马斯开始采取"系统"与"生活世界"二分模式,以取代之前《结构转型》中的社会演化观点,但此时由于完整的"交往理性"概念还未发展完全,所以其论证尚缺乏内在的一致性与系统性。此后在《交往行为理论》(1981 年)中,哈贝马斯通过对"合理性"概念的界定,系统地阐述了交往行为,并具体分析了交往行为中所体现的理性,即交往理性。这样,在构建了以交往理性为核心的理性观之后,他的交往理性思想被不断地运用。由此也可以看出,哈贝马斯的理性观遵循着这样一个逻辑进程:探索→建构→运用。

哈贝马斯承认,海德格尔是清理西方理性主义基础的理性批判的关键人物。不过,在他对海德格尔思想的态度上,哈贝马斯认为海德格尔是一种新宗教的倡议者:倡导将理性消溶于原始的存在经验,消溶于对存在本身的神秘拥抱[1],而且这种理性批判的目的只是为了重建形而上学。康德、黑格尔和马克思的理性的辩证自我批评试图厘清西方理性主义的局限性,而海德格尔则坚持一种关联性的理性批评,指出自我遮蔽的主体理性的虚妄自负。海德格尔式的理性批判似乎想从内部揭示无根基、抽象的自我认识的局部起源背景,打破理性的偶像,从而重建一种新的平静状态。[2] 可在哈贝马斯看来,我们必须返回到黑格尔在耶拿时期所放弃的选择,即回到一种交往理性的观念,从而以不同的方式思考启蒙辩证法。[3] 于是,哈贝马斯提出了自己的主张:以社会化的个体在日常的交往实践中使用日常语言来实现相互理解为前提,重建一种事实上应该存在的状态。在这种交际中,人们必须从特定的语用学规范出发,才能实现交往的理性。[4] 这就是说,

---

① [美]道格拉斯·凯尔纳、[美]斯蒂文·贝斯特:《后现代理论:批判性的质疑》.张志斌译,北京:中央编译出版社,1999,第 314 页。

② 哈贝马斯:《超越民族国家——论经济全球化的后果问题》,载[德]乌尔利希·贝克、哈贝马斯等:《全球化与政治》.王学东、柴方国等译,北京:中央编译出版社,2000,第 85 页。

③ [德]哈贝马斯:《现代性的哲学话语》.曹卫东等译,南京:译林出版社,2004,第 86 页。

④ [德]尤尔根·哈贝马斯、米夏埃尔·哈勒:《作为未来的过去》.章国锋译,杭州:浙江人民出版社,2001,第 103 页。

重建交往理性的唯一途径是在生活世界和公共生活中实现符合交往理性的"话语意志"的平等和自由:无论话语活动参与者的社会政治地位如何,在不允许使用权力和暴力的前提下,每个人都应该享有平等的话语权。

在《交往行为理论》"导论"中,哈贝马斯强调指出:"理性(Vernunft)仍然是哲学的基本主题。"①在2004年11月的"京都奖"获奖感言中,哈贝马斯也承认,"公共领域"、"话语"和"理性"这三个概念在他的学术研究和政治生活中占据主导地位。② 由此可知,"理性"是哈贝马斯一生关注的主要问题之一,理性也是民主公共领域概念的特征之一。在其著作的铺陈中,哈贝马斯非常仔细地交代:为什么**理性**的论据会对参与讨论的人产生一种特殊的强制力,以及比较好的论据为什么,以及如何带来共识并协调行动(而且以好的论据来协调行动,显然比其他像是通过暴力或通过市场来进行协调的形式来得更好)。③ 对此,哈贝马斯区分了不同类型的理性,划分出了工具理性、策略理性和交往理性,特别是把近代理性概念转换成一种关系性的观念,把"理性"变为与相互关系保持不可避免的关联的"交往理性"。"所谓合乎理性,并不是指现实的人的理性达到了现实性,而是指抽象概念的各个环节达到了现实性。"④这就是说,理性既不在某一个主体之中,不在某个人的行为之中,也不在另一个主体的行为之中,而是在多种行为的关系中,在那种能依据另一行为的意义而确定这一行为的内涵的关系中。哈贝马斯解释道:"我是在非常基础的、准人类学的水平上提出交往合理性概念的,它包括了关于目的论行为的认识工具的要素。换言之,已包括了交往的典型。"⑤那么,到底何谓交往理性呢? 哈贝马斯认为,它包含三个层面的内蕴:第一,认识主体与事件(事实)世界的关系;第二,在行为社会世界中,在互动中的实践主体与其他主体之间的关系;第三,一个成熟而痛苦的主体(费尔巴哈意义上的)与其自身的内在本质、自身的主体性、他者的主体性的关系。当我们从参与者的角度分析交往过程时,就会出现这三个层面。⑥ 进而言之,"交往理性既不是像建构世界但本身没有世

---

① J. Habermas, *The Theory of Communicative Action, Volume 1:Reason and Rationalization of Society* (Translated by Thomas McCarthy. Boston: Beacon Press, 1984), p.1.参阅[德]哈贝马斯:《交往行为理论》(第一卷).曹卫东译,上海:上海人民出版社,2004,第1页。
② [德]哈贝马斯:《公共空间和政治公共领域》,符佳佳译,载《哲学动态》2009年第6期,第6页。
③ [德]汉斯·约阿斯(Hans Joas)、[德]沃尔夫冈·克诺伯(Wolfgang Knöbl):《社会理论二十讲》.郑作彧译,上海:上海人民出版社,2021,第191页。
④ 马克思:《黑格尔法哲学批判》,《马克思恩格斯全集》(第1卷).北京:人民出版社,1956,第278页。
⑤ 哈贝马斯、佩里·安德森、彼得·杜依斯:《生活方式、道德和哲学家的任务》,载包亚明主编:《现代性的地平线》.李安东、段怀清译,上海:上海人民出版社,1997,第105页。
⑥ 哈贝马斯、阿列克斯·荷内思、埃伯哈特·诺德勒-本特、阿诺·魏德曼:《理性辩证法》,载包亚(转下页)

界（weltlos）的主体能动性那样抽象，也没有把为了调节绝对的历史精神而建立起来的历史扭曲为循环而封闭的目的论"。① 因此，哈贝马斯坚信，交往理性虽然具有纯粹的程序主义特征，不受一切宗教和形而上学的假设，但依然直接进入社会生活的过程，具体途径在于：理解是协调行为的一种机制。交往行为网络依托生活世界的资源，同时又构成具体生活方式的再生产媒介。② 由此可见，交往理性不同于意识哲学的理性概念，它不预设主客二元对立的结构，而是预设主体间对称的理解关系。意识哲学的理性概念在结构上具有排他性、单维性和绝对性。与之相反，交往理性概念则具有包容性、多维性和可错性。那么，从交往理性的概念出发，现代性不一定是理性自我否定的辩证法。③

哈贝马斯的现代性构想建立在对理性的重新阐释之上。在他看来，理性被理解为透明的和无人操纵的交往的可能性，它能够治疗现代化的各种疑难杂症。理性不再是一种让自我封闭的主体支配自然的技艺，而是未经扭曲的交往的结果。它不是局限于目的-手段格局的目的理性，也不是独白式的、诉诸个人良心的价值理性，而是一个更广阔、更基本的交往理性。哈贝马斯的这一"交往理性"概念，具体而言，具有如下显著的特征：其一，交往理性是一种对话理性（dialogical rationality）。韦伯所谓的目的理性与价值理性都是一种独白式的理性（monological rationality），一种是基于个人计算的目的理性，一种是诉诸个人良心的价值理性。相反地，在交往行为中，所有的主张、确认、假定、预设都必须采取内省的形式，也就是说，它们必须发展成相互的期待，因此也必须互为主体。制度化的理性商谈可以说是一种对话设计，它可以促进群体共同意志的合理形成，从而控制行政设计与技术设计的发展。因此，交往理性可以通过理性商谈的制度化使工具理性制度化。其二，交往理性是一种反复的辩证理性。当有效性要求受到严重质疑，交往行为无法进行时，行为者可以进行理性商谈。在商谈过程中，为达成共识，需对被质疑的有效性要求进行反复地辩驳或支持。相对地，目的理性和价值理性早已确定，无需反复辩论。④

（接上页）明主编：《现代性的地平线》，李安东、段怀清译，上海：上海人民出版社，1997，第 57 页；哈贝马斯：《我和法兰克福学派——哈贝马斯同联邦德国〈美学和交往〉杂志编辑的谈话》，载［德］哈贝马斯：《哈贝马斯精粹》，曹卫东选译，南京：南京大学出版社，2004，第 501 页。

① ［德］哈贝马斯：《后形而上学思想》，曹卫东、付德根译，南京：译林出版社，2001，第 165 页。
② ［德］哈贝马斯：《现代性的哲学话语》，曹卫东等译，南京：译林出版社，2004，第 368 页。
③ 俞吾金等：《现代性现象学：与西方马克思主义者的对话》，上海：上海社会科学院出版社，2002，第 92 页。
④ 参阅黄瑞琪：《社会理论与社会世界》，北京：北京大学出版社，2005，第 196—197 页。

哈贝马斯认为,在资本主义现代化的过程中理性具有"在发展的同时又被扭曲"的双重性。凯尔纳与贝斯特曾评述道:"启蒙和理性提供了一份既具有进步的一面同时又具有倒退的一面的双重遗产:对哈贝马斯来说,民主、文化分化以及批判理性等都是进步的,而工具理性向所有生活领域的扩张则是破坏性的。"①如果不注意到这个现实,一并地对理性进行批判,不但不能克服异化状态,连近代人类解放的业绩也抛弃了,最终变成政治所不能允许的反动行为。而矫正理性的欠缺与暴力性的潜在力不是来源于"理性的他者"②,它只能是期待理性自身。哈贝马斯承认,交往理性概念中还留存着先验表象的阴影。由于交往行为的理想前提不能设定为具体理解行为的未来理想状态,因此必须对这一概念抱持充分的怀疑态度③。交往理性的确像一叶摇摆不定的小舟,但它不会淹没在偶然性的海洋中,虽然"克服"偶然性的唯一途径就是在大海中颠簸。④ 由此看来,在哈贝马斯的理论中,交往理性概念和《启蒙辩证法》中的工具理性概念一样,具有同样关键的地位。正如霍克海默和阿多诺从控制自然的理性形式提出导向现实危机的历史过程的发展机制一样,哈贝马斯从交往行为的理性潜力中提出这一机制。

其实,哈贝马斯的交往理性概念内涵丰富,而且更加实际。作为术语,它的社会性程度更高,主观性程度更少;它是一个宽泛的"更为深度的"(thicker)理性概念。⑤ 瓦尔登菲尔茨(Bernhard Waldenfels)就曾用一个具有典型德国政治特征的术语将哈贝马斯的哲学形象地比喻为"理性的联盟系统",即在康德所说的知情意三大领域的语言行为中,都存在着理性。在这里,"各种理性形式的艰难合作取代了某一个包罗万象的理性。各式各样的东西在这个理性大联盟中找到一席之地:语言实用学、论证学、行为理论、系统理论、批判理论、解释学,其中还有生活世界的现象学"。⑥ 一般而言,早期哈贝马斯对理性的解释与康德是很相近的,都解释

① 〔美〕道格拉斯·凯尔纳、〔美〕斯蒂文·贝斯特:《后现代理论:批判性的质疑》.张志斌译,北京:中央编译出版社,1999,第310页。
② 贝梅兄弟的著作《理性的他者》(1983年)。这里所谓的理性的他者,是指从康德理性范畴中排除掉的自然、身体、创造力、欲望、感情等。
③ 维尔默(Albrecht Wellmer):《论现代性与后现代性的辩证关系:阿多诺之后的理性批判》(*Zur Dialektik von Moderne und Postmoderne. Vernunftkritik nach Adorno*),Frankfurt am Main,1985.;〔德〕哈贝马斯:《后形而上学思想》.曹卫东、付德根译,南京:译林出版社,2001,第167页。
④ 〔德〕哈贝马斯:《后形而上学思想》.曹卫东、付德根译,南京:译林出版社,2001,第167页。
⑤ 〔美〕詹姆斯·博曼:《社会科学的新哲学》.李霞、肖瑛等译,上海:上海人民出版社,2006,第93~94页。
⑥ 瓦尔登菲尔茨:《世界的理性化——一个方案。对哈贝马斯交往行为理论的批判性思考》,载《在生活世界的网中》,第94页;转引倪梁康:《现象学及其效应:胡塞尔与当代德国哲学》.北京:生活·读书·新知三联书店,1994,第340页。

为一种自主的能力。① 但后来的"理性"概念就不再具有康德、黑格尔传统意义上的理性内涵了。哈贝马斯此时所理解的"理性"概念实际上已经与黑格尔传统意义上的"理性"——这也是胡塞尔或阿多诺、霍克海默所理解的"理性"——大相径庭了。从他所运用的术语上也可以看出,哈贝马斯较少地使用打上康德、黑格尔烙印的德文"理性(Vernunft)"这个词,而更多地使用来自拉丁文的"理性(Rationalität)"概念;因为前者明显带有客观的"理性理念"的含义,而后者则仅仅意味着一种主观的"合符理智"。瓦尔登菲尔茨指出,在哈贝马斯那里,"Vernunft的力量已经被削弱成为一种 Rationalität 的特性"。② "理性"并不是要诉诸真理目的,即狭义上的传达真理。相反,理性应当揭示游弋在康德三大批判中的理性的统一性:即道德实践观与审美判断的理论理性的统一性。③ 这样,所谓"理性的",无非是指那些拥有知识并且拥有体现着知识的符号性的表述的个人。其实,从最宽泛的意义讲,"理性"是指我们可以了解、可以接受的说法。当我们对某个人所做的某件事或某个现象本身进行了解,并且在了解之后觉得可以接受,则这件事或这个现象对我们就是合理的。如果政治领域中的互动各方,都能努力以他方可以了解、可以接受的方式推出自己的主张,则大家就是在做一件讲理的事,而每个人都是理性的人。反之,如果有任何一方明明无法提出别人可以接受的理由,却以强迫、威吓或诉诸权威的方式达成自己的目的,那就是不合理、不讲理、不理性的行为。④ 因此,理性不应被片面地理解为"工具理性",它包含着追求人生目的、意义和价值的维度。哈贝马斯所倡导的"交往理性",是为了敞开理性的这一维度,克服工具理性的局限,提升理性的境界,使不同文化区域的人们在基本道德观念等问题上形成一定的共识。理性既不是已完成的东西,也不是表现在自然或历史中的客观目的论,更不是纯粹的主观能力。⑤ 而且,没有理性可以存在于真空当中。罗尔斯就认为,"只要我们是理性的,我们就会创造出公共世界的框架……没有一个确定的公共世界,理性的[理念]就会成为空中楼阁,而我们就可能在很大程度上诉求于合理性的[理念],尽管理性总是约束着人对人像狼一样相

---

① [英]克里斯·桑希尔(Chris Thornhill):《德国政治哲学:法的形而上学》.陈江进译,北京:人民出版社,2009,第 522 页。
② 哈贝马斯:《交往行为理论》(第一卷).法兰克福/美茵,1981,第 25 页;参阅倪梁康:《现象学及其效应:胡塞尔与当代德国哲学》.北京:生活·读书·新知三联书店,1994,第 345 页。
③ 哈贝马斯、阿列克斯·荷内思、埃伯哈特·诺德勒-本特、阿诺·魏德曼:《理性辩证法》,载包亚明主编:《现代性的地平线》.李安东、段怀清译,上海:上海人民出版社,1997,第 48 页。
④ 江宜桦:《自由民主的理路》.北京:新星出版社,2006,第 286 页。
⑤ [德]哈贝马斯:《现代性的哲学话语》.曹卫东等译,南京:译林出版社,2004,第 63 页脚注说明。

互厮杀(拉丁语'foro interno')的现象(用霍布斯的话说)"。① 在此,罗尔斯提出了一个很好的命题,即实践理性建构公共世界或公共领域。如果没有实践理性,人们就不能合作,也不能相互规定。理性法则定义了公共世界的框架或边界,从而形成了公共世界或公共领域。

由上可知,位于哈贝马斯思考核心的是这样一个理念:理性在根本上不是工具性的,而是交往性的(communicative)。在哈贝马斯看来,理性的运用在于以理由为基础的思考或行动,而我们假定这些理由是其他人(在适当理想的商谈条件下)也会承认的。我们正是通过语言及其三种独特的功能——描述事实、援用规则以及表达精神状态——来运用这种(理性)能力。因此,成为理性的,就包括这样的假定:一个人对其所做的事实陈述之真实性要具备理由,对其援用的规则或规范之正确性要具备理由,对其自我表达的努力之诚实性或真诚性要具备理由。② 拉莫尔就说:"在一般的哲学根据上,我们今天对于理性的最好理解可能是沿着哈贝马斯给出的后形而上学描述的:有限的、可错的、以达成主体间同意为取向的以及与程序的合理性联系在一起的。"③这种理性观念也正是拉莫尔所乐于共享的。亦如麦加菲(Noëlle McAfee)所指出的,在哈贝马斯的商议民主理想中,理性的运作形式是沟通式的,它内在于话语实践之中。尽管哈贝马斯的交往行为理论在很大程度上建立在美国实用主义的自我、真理和行动概念之上,但最终却更接近于启蒙时期的理性概念,强调理性的普遍性和不偏不倚,而且,到了本哈比手中,更进一步地强调理性视角的可逆性。④ 其实,哈贝马斯提出并一直在捍卫一个主张,即人类要摆脱不必要的控制就必须以交往本身的基本结构作为基础。他认为理性——通常被认为是一个现代主义的或启蒙运动的概念——意味着任何从事活动或作为陈述的人都可以充分捍卫(或批评)他的行动或陈述。同时,哈贝马斯的理性也是解放的,它要求对话的参与者本质上是平等的(反对表面上的平等)。不平等的交往是矛盾的;不平等的主体间的交流不是被命令就是被默许。那驱使我们走向一个更加解放的平等社会的不是无产阶级、第三世界、有色人种、学生或者其他任何革命性转变的代理力量,而是交往本身。真实的交往是人类进

① [美]约翰·罗尔斯:《政治自由主义》.万俊人译,南京:译林出版社,2000,第56页。
② [美]查尔斯·拉莫尔:《现代性的教训》.刘擎、应奇译,北京:东方出版社,2010,第210页。
③ 同上书,第235页。
④ Noëlle McAfee, *Habermas, Kristeva, and citizenship* (Ithaca, N. Y.: Cornell University Press, 2000), chapter1.;诺埃里·麦加菲:《民主审议的三种模式》,谈火生译,载谈火生编:《审议民主》.南京:江苏人民出版社,2007,第54页。

步的终极点。真实的交流会走向理性,"因为某件事情只有在得到两个以上的人的认可时,才是理性的"。① 而"相互理解是建立在语言交流上面的。顺着这条道,才能理解交往合理性的概念"。② 在此意义上,麦卡锡做出了如下中肯的评论:对立于今日各种形式的后现代主义的反现代性态度,以及此类态度对于启蒙的现代性计划全盘弃绝的姿态,哈贝马斯则展现一种对于启蒙主义的启蒙式质疑,其对于西方理性主义提出一种理性批判,仔细评估启蒙进步观的得与失,并且试图借由一种新的理性概念批判护卫现代理性,哈贝马斯在某种意义上成为"最后一位伟大的理性主义者"。③

不过,在哈贝马斯看来,理性的自相矛盾已陷得很深——从启蒙的辩证法角度看——霍克海默和阿多诺(还有波洛克的国家资本主义理论)发现,政治制度、所有的社会制度和日常实践,都没留下任何理性的蛛丝马迹。就他们而言,理性变成了字面上的乌托邦:它失去了自身的身份,并接受了所有否定辩证法的问题。④ 哈贝马斯曾非常明确地指出:20 世纪 60 年代以来,西方社会处于日益尴尬的境地,西方理性主义的遗产并非无可非议。建立在社会福利国家妥协基础上的稳定的内在关系(可能在联邦德国尤其令人印象深刻),越来越需要额外的社会心理和文化成本;超级大国之间的紧张关系虽然暂时缓和,但从未完全消除。⑤ 当然,他亦承认,西方理性主义的优点就在于与自己的传统保持距离,不断拓宽自己狭隘的视野。⑥ 其实,彻底的理性主义潜在地是历史乐观主义、历史终结论、历史浪漫主义的同义词,其最大不足就在于以具有同质的规定性的词语来思考由异质的元素构成的事件,因此,不可避免的是,它会把西方社会的理想与关于人的本质的规定的思想看作是惟一合理的,不管它在表面上在多大程度上看到了世界文化的不均质形态。⑦ 伯恩斯坦就指出,我们需要抛弃过分的"理性主义",这种理性

① A. Giddens, *The consequences of modernity* (Stanford, CA: Stanford University Press1990), p.229.
② 哈贝马斯、阿列克斯·荷内思、埃伯哈特·诺德勒-本特、阿诺·魏德曼:《理性辩证法》,载包亚明主编:《现代性的地平线》.李安东、段怀清译,上海:上海人民出版社,1997,第 47 页。
③ Thomas McCarthy, Translator's Introduction, in J. Habermas, *The Theory of Communicative Action, Volume1:Reason and Rationalization of Society* (Translated by Thomas McCarthy, Boston: Beacon Press, 1984),Ⅴ-Ⅵ.
④ 哈贝马斯、阿列克斯·荷内思、埃伯哈特·诺德勒-本特、阿诺·魏德曼:《理性辩证法》,载包亚明主编:《现代性的地平线》.李安东、段怀清译,上海:上海人民出版社,1997,第 50 页。
⑤ [德]哈贝马斯:《交往行为理论》(第一卷 行为合理性与社会合理性).曹卫东译,上海:上海人民出版社,2004,"第一版序言",第 5 页。
⑥ 哈贝马斯:《论人权的文化间性——假想的问题与现实的问题》,载[德]伽达默尔、[德]哈贝马斯等:《赫尔墨斯的口误:从话语政治到诗学交往》.曹卫东编译,南京:译林出版社,2009,第 80 页。
⑦ [美]博拉朵莉:《恐怖时代的哲学》.王志宏译,北京:华夏出版社,2005,"代译序",第 7 页。

主义渗透于当今的大部分政治理论。启蒙运动的糟糕遗产正是这种理性主义。① 因此,哈贝马斯主张:"西方的理性主义应该返回自身,反思并克服自己的盲目性,以便向别的文化类型开放,与它们展开对话,看看自己从其他文化的传统中能学到什么。通过一种建筑在平等对话基础上的文化间的相遇和交往,我们也能发现我们自身传统中的缺陷和弊病。"② 而且,我们一定要小心,不要将婴儿连同洗澡水一起倒掉,然后再翱翔于非理性主义的天空之中。③ 换言之,人们不应该无视理性化之肯定的方面,在倾倒已经飘满肮脏泡沫的洗澡水的时候,不应该把法国大革命的启蒙性和激励性这个孩子一起泼了出去。④ 因此,哈贝马斯反对任何非理性的东西,正如他拒绝求助于一种本能的或浪漫主义的理性(如马尔库塞的),或者拒绝求助于一种美学的理性(如阿多诺的)。在哈贝马斯的理论模式中,理性作为理性只是通过最佳论证的说服力来发挥作用。哈贝马斯想要拓展对理性的理解,使理性不再是为无限高举的主体服务,而是成为众多主体之间沟通的桥梁。启蒙运动对理性的追求应该只是一个起点,而不是终点;它既不是对理性的不信任,也不是对理性的盲目追求。然而,这里的问题之关键则在于,单单倚靠理性本身如何可能把理性建构成主体间的沟通桥梁? 如果理性的界限只能被理性所识别,它们会陷入自我矛盾吗? 有限理性如何看待理性本身的局限性? 怎么可能运用理性本身在盲目追求理性的乐观主义和对理性失望的悲观主义之间找到平衡呢? 而且,自尼采以来,我们对理性的自我循环有了更多的认识,这个循环的本质的确令人困惑。我们怎样才能以理性之名尊奉理性并为理性辩护呢?⑤ 诸如此类的设问凸显出哈贝马斯理论的最大矛盾之所在。他坚持彻底的理性立场,却不断发觉理性的极限,并期待理性自我调整。

也正因如是,哈贝马斯的理性观遭到了罗蒂的批判。罗蒂拒绝"'理性的'启蒙思想",认为哈贝马斯的"理性的公共性/公共领域"概念是一个"彻头彻尾的民

---

① 伯恩斯坦:《罗蒂的激发灵感的自由主义》,载[美]查尔斯·吉尼翁、大卫·希利主编:《理查德·罗蒂》.朱新民译,上海:复旦大学出版社,2011,第147页。吉登斯也谈到过"启蒙运动和崇尚理性之间的密切关系"。参见[英]安东尼·吉登斯:《现代性的后果》.田禾译,南京:译林出版社,2000,第35页。

② [德]尤尔根·哈贝马斯、米夏埃尔·哈勒:《作为未来的过去》.章国锋译,杭州:浙江人民出版社,2001,第96页。

③ 哈贝马斯、安吉罗·波拉斐:《保守主义和资本主义危机》,载包亚明主编:《现代性的地平线》.李安东、段怀清译,上海:上海人民出版社,1997,第37页。

④ [德]曼弗雷德·弗兰克:《理解的界限——利奥塔和哈贝马斯的精神对话》.先刚译,北京:华夏出版社,2003,第7—8页。

⑤ [英]安东尼·吉登斯:《现代性的后果》.田禾译,南京:译林出版社,2000,第43页。

族中心主义的"概念。① 他论述道："哈贝马斯采取的手法与塞拉斯如出一辙：两位哲学家都试图将理性解释为社会规范的内在化，而非人类自我与生俱来的一部分。"②在罗蒂看来，理性不是超越语境的，而是受语境约束的。他论述道："随着时间的流逝，旧的结构解体了，新的结构产生了。理性将被看作是辩证的、受语境约束的，而不是数学的、与永恒协调的。"③罗蒂把理性当成一种美德。他说："我们把理性仅仅当作就可能事情展开讨论，倾听另一方意见，尝试达成和平共识意愿的另一个名称。它不是透过表象直达科学实在或道德实在之固有本质的机能的名称。对我们来说，成为理性的，也就是成为对话的，而不是成为愿意服从的。"④就理性概念而言，罗蒂和哈贝马斯有两个重要的不同之处：一方面，哈贝马斯强调，自由交往形成的意见聚合是理性的，因而具有普遍有效性。但罗蒂则认为，自由交往所达成的共识只是偶然的，其中并不存在普遍的理性约束。如果存在约束，那么这种"约束"仅仅是交往双方所关注的具体的实践目标。另一方面，哈贝马斯认为，存在一种"理想言说情境"，在这种情境中，交往参与者在交往活动中不被扭曲或支配。但罗蒂则认为，"理想言说情境"不需要预设理性的基础，而只需要一些外在的制度性条件，如说服而非强制，言论自由的立法，一个富裕、休闲、安全的宽容社会。⑤

其实，哈贝马斯的理论贡献在于他提出并研究了广泛的以交往导向的理性观。按照赵汀阳研究员的评论："哈贝马斯的贡献是，他把康德的实践理性进一步发展为'交往理性'，把'独白式'理性变成了'对话式'理性，把主体性的理性变成了主体间的理性，由此'他人'才真正具有意义。"⑥不过，哈贝马斯对于理性沟通似乎寄望过高，而对于理性本身的局限和非理性因素的作用似乎估计不够。正如哈贝马斯自己所承认的那样，他的"理想言谈情境"只是一种规范性的模型，难以在现实中完全落实。公共领域的讨论在空间上和时间上都可以是无限的，然而被感受到的社会问题亟待解决，这个时候是民主程序来确定讨论的社会边界和时间边界；公共领域的共识总是相对的，分歧在所难免，这个时候只有民主程序才能够

① ［美］查尔斯・吉尼翁、大卫・希利主编：《理查德・罗蒂》.朱新民译，上海：复旦大学出版社，2011，第12页。
② ［美］理查德・罗蒂：《偶然性、反讽与团结》.徐文瑞译，北京：商务印书馆，2003，第119页。
③ ［美］理查德・罗蒂：《后形而上学希望》.张国清译，上海：上海译文出版社，2003，第124页。
④ 同上书，第124页。
⑤ 董山民：《罗蒂政治道德哲学批判》.北京：社会科学文献出版社，2012，第172页。
⑥ 赵汀阳：《每个人的政治》.北京：社会科学文献出版社，2010，第35页。

保证公平妥协的协商谈判,最终通过"少数服从多数的原则",使问题得到合作解决。因此,根据哈贝马斯的观点,如果在以自由主义文化为背景的多元文化社会中,在自愿联盟的基础上,形成一种具有完美的**交往结构**,使**公共领域**良好运作,从而实现和促进自我理解的**话语**的话,那么实现平等主体权利的**民主进程**也可以保障不同种族及其文化生活方式相互之间平等共存。① 在政治舆论和政治意志形成的过程中,在政治运作的实践、议会机构的日常工作直至基本法的组织形式中,都应当贯彻一种"存在的理性"。② 只要充满活力的公共领域包含各种领域和公众,让草率的观点受到批判;只要制度能为公开审视事实提供便利,保障代表制度的包容性;只要大众传媒不近视,那么,基于空洞的言辞的提案和候选人就难以得逞。使理性具有公共性会"荡涤"理性,并通过公共检验而过滤关于冲突问题的公共商谈的输入。③ **理性的公共性**取决于它的目标受众(intended audience)。公民必须在政治上被平等对待的公民(受众)面前共同商谈。这些受众给具有**公共性的理性**设置了某些限制。它们(这些限制)必须以这样的方式进行交流:即任何其他公民都能站在自己的立场上理解它们、接受它们、自由地对它们作出反应。④

---

① [德]哈贝马斯:《民主法治国家的承认斗争》,曹卫东译,载汪晖、陈燕谷编:《文化与公共性》.北京:生活·读书·新知三联书店,1998,第357页。黑体字为笔者所加,以表强调。

② [德]尤尔根·哈贝马斯、米夏埃尔·哈勒:《作为未来的过去》.章国锋译,杭州:浙江人民出版社,2001,第111页。

③ 转引[美]詹姆斯·博曼:《公共协商:多元主义、复杂性与民主》.黄相怀译,北京:中央编译出版社,2006,第88页。

④ Samuel Freeman, Contractualism, moral motivation, and practical reason, *Journal of Philosophy* 88 (1991), pp.281-303.转引[美]詹姆斯·博曼:《公共协商:多元主义、复杂性与民主》.黄相怀译,北京:中央编译出版社,2006,第23—24页。黑体字为笔者所加,以表强调。

附录二：

哈贝马斯的公共领域理论研究现状概述

哲学的唯一目标就是治愈人类，为灵魂减压，排解它的忧虑和激情，卸去痛苦的重负。——［法］吉勒·利波维茨基(Gilles Lipovetsky)：《轻文明》

由于哈贝马斯的理论在当代西方学界所产生的影响，各国研究哈贝马斯的热潮兴起，对其学术思想的研究俨然成为了一门"显学"（不过，也有学者认为，对哈贝马斯的研究已有降温趋势），且有关哈贝马斯研究的成果蔚为壮观。[①] "有不少学科纷纷以哈贝马斯的理论来作借鉴和研究方法，其中如有生态学(Ecology)[②]、性别研究(Gender Study)[③]、传播学(Journalism)[④]，甚至教育理论[⑤]等"[⑥]，并涌现

[①] 详情参见［德］哈贝马斯：《后民族结构》. 曹卫东译，上海：上海人民出版社，2002，第273—380页。［附录二：哈贝马斯研究文献(1959—1981)］。

[②] 例如有：Roger S. Gottlieb (ed.), *The Ecological Community: Environmental Challenges for Philosophy, Politics, and Morality* (New York: Routledge, 1997.《生态的社群：对哲学、政治及道德的环境挑战》)。

[③] 例如有：Pauline Johnson (ed.), *Feminism as Radical Humanism* (Boulder, Colo. : Westview Press, 1994.《女性主义作为激进的人文主义》); Nancy Tuana&Rosemarie Tong (eds.), *Feminism and Philosophy: Essential Readings in Theory, Reinterpretation, and Application* (Boulder, Colo. : Westview Press, 1995.《女性主义与哲学：理论、再解释与应用的基本阅读》); Johanna Meeham (ed.), *Feminists Read Habermas: Gendering the Subject of Discourse* (New York: Routledge, 1995.《女性主义者读哈贝马斯：性别化言说主题》); Marie Fleming, *Emancipation and Illusion: Rationality and Gender in Habermas's Theory of Modernity* (University Park: Pennsylvania State University Press, 1997.《解放与假象：哈贝马斯的现代性理论中之理性和性别》)。

[④] 例如有：Everette E. Dennis&Robert W. Snyder (eds.), *Media and Democracy* (New Brunswick, N. J. : Transaction Publishers, 1998.《媒体与民主》); Meenakshi G. Durham&Douglas M. Kellner (eds.), *Media and Cultural Studies* (Malden, Mass. : Blackwell Publishers, 2001.《媒体与文化研究》)。

[⑤] 例如有：Robert B. Young, *A Critical Theory of Education: Habermas and Our Children's Future* (New York: Teachers College Press, 1990.《一个教育的批判理论：哈贝马斯与我们子女的未来》); Robert Muffoletto&Nancy N. Knupfer (eds.), *Computers in Education: Social, Political, and Historical Perspectives* (Cresskill, N. J. : Hampton Press, 1993.《计算机在教育之中：社会、政治及历史的向度》)。

[⑥] 李骏康：《从沟通行动理论到宗教对话》，载张庆熊、林子淳编：《哈贝马斯的宗教观及其反思》. 上海：上海三联书店，2011，第241页。

出一批哈贝马斯问题研究专家,如:哥尔岑(René Gortzen)[1]、麦卡锡(Thomas McCarthy)[2]、赫尔德(David Held)[3]、拉斯姆森(David M. Rasmussen)[4]等等。

我国学界自 20 世纪 70 年代末接触哈贝马斯,到哈贝马斯于 2001 年 4 月 16 日至 29 日成功访华,国内对哈贝马斯思想的研究逐渐升温,许多学者从不同的角度对哈贝马斯学术理论的主题进行了探讨,几乎涵盖了哈贝马斯理论的各个方面。[5] 而在众多中国学者的研究著作中,具有代表性的主要有:薛华的《哈贝马斯的商谈伦理学》(1988)及《黑格尔、哈贝马斯与自由意识》(2008)、高宣扬的《哈伯玛斯论》(1991)、陈学明的《哈贝马斯的"晚期资本主义论"述评》(1993)、罗晓南的《哈伯玛斯对历史唯物论的重建》(1993)、欧力同的《哈贝马斯的"批判理论"》(1997)、余灵灵的《哈贝马斯传》(1997)、傅永军等的《批判的意义——马尔库塞、哈贝马斯文化与意识形态批判理论研究》(1997)、阮新邦的《批判诠释与知识重建——哈伯玛斯视野下的社会研究》(1999)、艾四林的《哈贝马斯》(1999)、汪行福的《走出时代的困境——哈贝马斯对现代性的反思》(2000)与《通向话语民主之路——与哈贝马斯对话》(2002)、章国锋的《关于一个公正世界的"乌托邦"设想——解读哈贝马斯〈交往行为理论〉》(2001)、俞吾金的《现代性现象学——与西

① René Gortzen, *Jürgen Habermas Eine Bibliographie Seiner Schriften und der Sekundarliteratur, 1952—1981*(Frankfurt am Main: Suhrkamp, 1982.《哈贝马斯著述及其第二手资料:1952—1981》)。

② Thomas McCarthy, *The Critical Theory of Jürgen Habermas* (Cambridge Mass, 1978.《哈贝马斯的批判理论》);Thomas McCarthy, *Rationality and Relativism: Habermas Overcoming of Hermeneutics*, 1982(《论合理性与相对主义——哈贝马斯对诠释学的征服》);Thomas McCarthy, Reflections on Rationalization in The Theory of Communicative Action in *Praxis International*, No. 4, 1984(《交往行为理论中对于合理化的反思》);Thomas McCarthy, Complexity and Democracy, or the Seducement of Systems Theory, in *New German Critics*, No. 35, 1985(《复杂性与民主制——体系理论的诱惑》)。

③ David Held, *Introduction to Critical Theory, Horkheimer to Habermas* (London, 1980.《批判性理论导言——从霍克海默到哈贝马斯》);D. Held and J. B. Thompson, *Habermas, Critical Debates* (Cambridge Mass, 1982.《围绕哈贝马斯的评论》);D. Held and others, *States and Societies* (Oxford, 1983.《国家与社会》);D. Held and L. Simon, Habermas Theory of Crisis in Late Capitalism, in *Radical Philosophers News Journal*, No. 6, 1976(《哈贝马斯关于晚期资本主义的危机理论》)。

④ David M. Rasmussen, *Reading Habermas* (Oxford, UK; Cambridge, MA, USA: Blackwell, 1990.《理解哈贝马斯》);David M Rasmussen and James Swindal, *Jürgen Habermas* (London: SAGE, 2002.《哈贝马斯传》);David M. Rasmussen, *Handbook of critical theory* (Oxford, UK; Cambridge, Mass.: Blackwell Publishers, 1996.《批判理论手册》)。

⑤ 通过王铁军、张新京整理的《哈贝马斯在中国》(出版物目录),我们可知至当时为止国内对哈贝马斯研究的基本情况,而这两位研究者可以说是国内第一个对哈贝马斯研究作文献上的梳理的(具体情形参见中国社会科学院哲学研究所编:《哈贝马斯在华讲演集》,人民出版社 2002 年版,第 221—234 页);后来的徐军在《哈贝马斯意识形态理论和国际人权理论研究综述》一文中就当时国内对哈贝马斯意识形态以及国际人权方面的研究进行了简要的介绍(具体内容参见徐军:《哈贝马斯意识形态理论和国际人权理论研究综述》,载《学术月刊》2002 年第 7 期)。

方马克思主义者的对话》(2002)、郑召利的《哈贝马斯的交往行为理论——兼论与
马克思学说的相互关联》(2002)、龚群的《道德乌托邦的重构——哈贝马斯交往伦
理思想研究》(2003)、曹卫东的《权力的他者》(2004)及《曹卫东讲哈贝马斯》
(2005)、陈炳辉的《西方马克思主义的国家理论》(2004)、韩红的《交往的合理化与
现代性的重建——哈贝马斯交往行动理论的深层解读》(2005)、贺翠香的《劳动·
交往·实践——论哈贝马斯对历史唯物论的重建》(2005)、王晓升的《哈贝马斯的
现代性社会理论》(2006)及《商谈道德与商议民主——哈贝马斯政治伦理思想研
究》(2009)、李佃来的《公共领域与生活世界——哈贝马斯市民社会理论研究》
(2006)、童世骏的《批判与实践：论哈贝马斯的批判理论》(2007)、高鸿钧等的《商
谈法哲学与民主法治国——〈在事实与规范之间〉阅读》(2007)、杨艳霞的《刑法解
释的理论与方法——以哈贝马斯的沟通行动理论为视角》(2007)、刘建成的《第三
种模式——哈贝马斯的话语政治理论研究》(2007)、张向东的《理性生活方式的重
建——哈贝马斯政治哲学研究》(2007)、郑晓松的《技术与合理化——哈贝马斯技
术哲学研究》(2007)、夏宏的《从批判走向建构：哈贝马斯法哲学研究》(2007)、张
庆熊等的《哈贝马斯与汉语神学》(2007)及《哈贝马斯的宗教观及其反思》(2011)、
李淑梅等的《哈贝马斯以兴趣为导向的认识论》(2007)、季乃礼的《哈贝马斯政治
思想研究》(2007)、陈勋武的《哈贝马斯评传》(2008)、刘钢的《哈贝马斯与现代哲
学的基本问题》(2008)、铁省林的《哈贝马斯宗教哲学思想研究》(2009)、任岳鹏的
《哈贝马斯：协商对话的法律》(2009)、胡军良的《哈贝马斯对话伦理学研究》
(2010)、杨淑静的《重建启蒙理性——哈贝马斯现代性难题的伦理学解决方案》
(2010)、陈文曲的《民事诉讼当事人陈述理论重构——以哈贝马斯的交往理性为
视角》(2010)、郑永流的《商谈的再思——哈贝马斯〈在事实与规范之间〉导读》
(2010)、马珂的《后民族主义的认同建构及其启示——争论中的哈贝马斯国际政
治理念》(2010)、黄瑞祺主编的《沟通、批判和实践——哈伯马斯八十论集》
(2010)、艾四林等的《民主、正义与全球化——哈贝马斯政治哲学研究》(2010)、肖
小芳的《道德与法律——哈特、德沃金与哈贝马斯对法律正当性的三种论证模式》
(2011)、陈伟的《事实与规范的辩证法——哈贝马斯法哲学研究》[(2011)、张翠的
《民主理论的批判与重建——哈贝马斯政治哲学思想研究》(2011)、孙国东的《合
法律性与合道德性之间——哈贝马斯商谈合法化理论研究》(2012)、陈志刚的《现
代性批判及其对话——马克思与韦伯、福柯、哈贝马斯等思想的比较》(2012)、张
扬金的《权利观与权力观重塑——哈贝马斯协商民主思想研究》(2012)、陈志刚的
《现代性批判及其对话：马克思与韦伯、福柯、哈贝马斯等思想的比较》(2012)、刘

中起的《理性主义的范式转换及其当代价值：哈贝马斯交往行为理论研究》(2013)、冯琼的《哈贝马斯的公民理论研究》(2014)、田润锋的《哈贝马斯理性观研究》(2014)、陆洲的《论哈贝马斯程序主义法范式及其中国意义》(2014)、陆玉胜的《商谈、法律和社会公正：哈贝马斯法哲学研究》(2014)、吴苑华的《重建历史唯物主义研究：以哈贝马斯的理论为切入点》(2014)、刘钢的《真理的话语理论基础：从达米特、布兰顿到哈贝马斯》(2015)、沈江平的《历史唯物主义·现代性·哈贝马斯的重建论》(2015)、彭国华的《重构合理的生活世界：哈贝马斯的现代性理论研究》(2015)、高玉平的《道德客观性的证明：哈贝马斯规范伦理学研究》(2015)、张雯雯的《哈贝马斯的交往行为理论与历史唯物主义》(2016)、于林龙的《意义理论与生活世界：哈贝马斯语言哲学思想研究》(2016)、沈云都与杨琼珍的《生活在他者中间：哈贝马斯道德哲学的人类学视域研究》(2016)、刘晗的《从巴赫金到哈贝马斯：20世纪西方话语理论研究》(2017)、宫瑜的《交往理性与道德共识：哈贝马斯话语伦理学研究》(2017)、罗红兵的《哈贝马斯科学观研究》(2018)、滕松艳的《哈贝马斯科技意识形态理论研究》(2018)、吴兴明与卢迎伏的《哈贝马斯〈现代性的哲学话语〉研究》(2018)、褚国建的《通过商谈的法律正当化：哈贝马斯法律理论的初步研究》(2018)、刘光斌的《社会道德秩序的三种模式研究：福柯、哈贝马斯与霍耐特》(2018)及《哈贝马斯的政治权力与法律互动关系研究》(2021)、邹益民的《现代法律与政治中的多元价值冲突：从韦伯到哈贝马斯的考察》(2018)、张云龙的《哈贝马斯对话政治理论研究》(2020)、汪尧翀的《规范的限度：哈贝马斯"美学"的缺场与重构》(2020)、杨丽的《重建法的规范性基础：哈贝马斯法哲学思想探源》(2021)、王益珑的《哈贝马斯的交往共同体思想研究》(2021)以及张庆熊与郁喆隽的《哈贝马斯对当今世界焦点问题的反思》(2021)，等等。这些作品分别从哈贝马斯理论的某一方面出发，或关注他的社会批判理论，或关注他的商谈伦理学，或关注他的现代性理论，或关注他的法哲学，或关注他与马克思学说的关联，或关注他的政治哲学。应该说这些著作在他们的研究领域都取得了相当成就，具有一定的理论深度。

但正如曹卫东教授所指出的：我们对哈贝马斯的热衷是"掐头去尾"。其中，所谓"掐头"，是指对其早期学术思想的不过重视，特别是对其教授论文《结构转型》没有做详细介绍和深入研究。[①] 其实，在这本书中，哈贝马斯系统地描述了"资产阶级公共领域"(bourgeois public sphere)的一个理想范型。然而，这本书在

---

① 曹卫东：《从"公私分明"到"大公无私"》，载《读书》1998年第6期，第87页。

当时并没有得到学术界的重视。直到 1989 年苏联和东欧出现了严重的政治纷争、社会动荡和民族冲突（哈贝马斯称之为"追补革命"），人们才深刻认识到公共领域理论的学术价值和实践意义。于是，一场关于"公"与"私"的大讨论在世界范围内展开。1999 年，随着《结构转型》的汉译，公共领域理论立即引起了中国知识界的广泛关注。这本书也被称为"第一部在汉语学界产生重大影响并被广泛运用于各个学科的哈贝马斯著作"。出于"对政治倒退的担忧"，并为了挖掘资产阶级民主的潜力，重建现代民主，哈贝马斯研究了公共领域问题，著有了《结构转型》一书。在这部"论述欧洲民主发展的社会史著作"①中，哈贝马斯探讨了资产阶级公共领域的产生、社会结构、政治功能、组织原则以及功能和结构的转型。通过对这些问题的讨论，哈贝马斯考察了国家与社会、政治与经济、公共领域与私人领域、公共领域与民主、公共领域与政治权力、公共领域与合法性以及公共领域与私法等一系列问题。其核心问题是资本主义社会民主制下私人利益与公众利益及其观点的相互渗透和相互关系。正如哈贝马斯自己所一再讲过的，第二次世界大战后的西德社会比西欧的任何国家更敏感地体验到"现代社会"中所包含的"双重社会政治因素"：一方面是传统的特别是康德主义的因素，另一方面则是韦伯和马克思相混杂的因素。依据第一个因素，现代资本主义民主制和法制国家的复兴，有赖于日益高涨的公众热情；但依据第二个因素，在经济与历史发展必然性的重压下，法制国家无非是"工具化的功用性"的表现。哈贝马斯正是在这一思想的指导下完成《结构转型》的。在这里，哈贝马斯对现代社会民主制和自由所持的矛盾态度已显露端倪。②

《结构转型》是哈贝马斯建构自己的理论学说的第一部著作。在他看来，这本书既是他进入学术公共世界的良好开端，也是他建构自己学术空间和理论立场的开山之作，更是他交往行为理论的萌芽之作③，反映了他的批判理论的最初思考和理论兴趣所在，并且"标志着哈贝马斯精神成长期的结束"④，"寄托了哈贝马斯通过公共领域复兴带来解放的希望"。⑤ 在这本书中，哈贝马斯继承了法兰克福学派的批判精神，对资产阶级公共领域的本质、功能及其发展历史进行了批判性

---

① ［英］安德鲁·埃德加：《哈贝马斯：关键概念》，杨礼银、朱松峰译，南京：江苏人民出版社，2009，第 43 页。
② ［法］高宣扬：《当代政治哲学》，北京：人民出版社，2010，第 266—267 页。
③ 曹卫东：《权力的他者》，上海：上海教育出版社，2004，第 35—36 页；曹卫东：《哈贝马斯：从否定到肯定》，载张庆熊、林子淳编：《哈贝马斯的宗教观及其反思》，上海：上海三联书店，2011，第 221 页。
④ ［英］詹姆斯·戈登·芬利森：《哈贝马斯》，邵志军译，南京：译林出版社，2010，第 15 页。
⑤ 同上书，第 57 页。

考察,试图在批判资产阶级公共领域的基础上构建一个民主法制的现代公共领域。特纳认为,《结构转型》一书的重要性在于:"它确立了哈贝马斯作为批判理论家的地位。批判理论的全部关键要素都出现在这部书中——认为随着资本主义和国家科层化的发展,自由的程度日益下降;而国家建立并控制社会生活的权力则日益膨胀。解决这些问题的出路在于振兴公共领域。"① 而就哈贝马斯书中对批判理论最初范式的坚守而言,芬利森分析指出,这主要表现在以下几个方面:首先,这本书是一个跨学科的产品,融合了历史学、社会学、文学和哲学等学科的深刻见解。其次,它试图指出现代社会的进步和理性方面,并将它们与反动和非理性因素区分开来。第三,像阿多诺和霍克海姆一样,哈贝马斯采用了所谓的**内在批判**的方法。② 根据曹卫东教授的看法,《结构转型》一书之所以重要,是由于哈贝马斯在其中不仅建立了自己独特的跨学科的内部批评模式,而且找到了批判现代社会的一种契机,即作为一种理想型的"公共领域",它使他能够建构起自己的社会化模式,即社会交往模式。③ 此书的政治哲学意义则在于,历史的失误需要通过现实的解放实践来克服,理性只有在公共使用中才能发挥其历史建构和现实批判的作用。④ 在洪镰德先生看来,《结构转型》一书的出版,为哈贝马斯此后数十年的学术论著奠定了基调。哈贝马斯"这本书的结论虽然令人沮丧,但却为哈氏其后四十余年的奋斗提供批判的政治社会学之向导"。⑤ 陈勋武博士认为,《结构转型》一书的哲学重要性可从以下几方面来理解:第一,在该书中,哈贝马斯试验和发展了其独特的跨学科的内在批判这一方法论模式;第二,在该书中,哈贝马斯不但找到了批判现代社会的一个突破点,而且找到了合理化与合理性具体地体现在具体的历史文化中的承载者:公共领域;第三,哈贝马斯的公共领域结构的合理转型的思想是其后来更加成熟的关于人类交往理性的概念与思想的前奏。基于以上几层意义,陈勋武博士强调指出:"在一定意义上说,哈贝马斯的公共领域结构的合理转型的思想和关于社会交往的理论与交往理性为人类理性的体裁者的思想的建立,构成他的重建人类理性概念的一部完整的二重曲。"⑥ 中冈成文认

① [美]乔纳森·H·特纳:《社会学理论的结构》.吴曲辉等译,杭州:浙江人民出版社,1987,第228页。
② [英]詹姆斯·戈登·芬利森:《哈贝马斯》.邵志军译,南京:译林出版社,2010,第8页。
③ 曹卫东:《交往理性与诗学话语》.天津:天津社会科学出版社,2001,第94—95页;曹卫东:《权力的他者》.上海:上海教育出版社,2004,第35—36页。
④ 曹卫东:《曹卫东讲哈贝马斯》.北京:北京大学出版社,2005,第5页;曹卫东:《他者的话语》.北京:北京大学出版社,2010,第124—125页。
⑤ 洪镰德:《当代政治社会学》.台北:五南图书出版股份有限公司,2006,第258—259页。
⑥ 陈勋武:《哈贝马斯评传》.广州:中山大学出版社,2008,第67—68页。

为,哈贝马斯在《结构转型》中所作的分析"不仅仅只是挖掘过去的事实,他写此书时也在冷眼看现实的德国。也就是说,他试图提出在战后德国所谓的社会国家体制下,有关民主主义的论战将如何打开突破口这个现实的问题"。① 麦卡锡则断言,没有哪一本著作像《结构转型》那样,成功地将如此广泛的研究熔于一炉,具有如此统一的风格、比较的睿智和理论的力度,因此,《结构转型》至今仍是一个难以企及的典范。② 在单世联教授看来,作为哈贝马斯第一部主要著作,《结构转型》一书在批判理论史上,有着承先启后的意义。就"承先"而言,哈贝马斯秉承法兰克福学派的批判立场,从历史的溯源中重提经典批判理论的基本主题:随着资本主义和国家科层制的发展,自由的程度日益下降,而国家建立并控制社会生活的权力却日益膨胀。《结构转型》可以认为是霍克海默和阿多诺的《启蒙辩证法》的重写。就"启后"而言,哈贝马斯认为,解决这些问题的出路在于通过政治体制的改革来振兴公共领域,使舆论富有活力,使公众广泛参与决策过程,进而使社会权力和政治权力合理化。他改变了经典批判理论的方向,使之避免卢卡奇、霍克海默、阿多诺的思辨的主观性的老路。③

事实上,我们可以将《结构转型》"看作是对资本主义现代性从早期形式向晚期形式转变的剖析"。④ 根据凯尔纳和贝斯特的观点,该书的前半部分描述了哈贝马斯所谓的"资产阶级公共领域"的兴起。公共领域的兴起提供了一个介于国家和私人领域之间的区域,人们可以自由而理性地进行探究和讨论。哈贝马斯对18世纪文学俱乐部、沙龙、报纸与政治刊物、政治辩论和政治参与制度的兴起进行了详尽的描绘与分析。由此哈贝马斯为我们提供了早期现代性的积极写照,它呈现为一个理性和合理辩论在某种程度上被用于自由民主的公共领域,在那里,个人可以参与对他们的共同利益和公共关怀的批判性讨论。⑤ 在这样一个时代,个人与公民、普通人与城市中的自由人的职能相互重叠,个人既能发展自己的能力,又能通过其在公共领域中的活动影响其社会和政治秩序。"这种分析提供了

① [日]中冈成文:《哈贝马斯:交往行为》.王屏译,石家庄:河北教育出版社,2001,第37页。
② J. Habermas, *The Structural Transformation of the Public Sphere: An Inquiry into a Category of Bourgeois Society* (Introduction by Thomas McCarthy, translated by Thomas Burger, Cambridge Mass.: MIT Press, 1989).
③ 单世联:《哈贝马斯现代性理论述论》,载包亚明主编:《现代性与空间的生产》.上海:上海教育出版社,2003,第115页。
④ [美]道格拉斯·凯尔纳、[美]斯蒂文·贝斯特:《后现代理论:批判性的质疑》.张志斌译,北京:中央编译出版社,1999,第303页。
⑤ 同上书,第303—304页。

哈贝马斯后来为何极力推崇商议民主、交往行为以及理性共识的历史原因,所有这些理论旨趣均起始于早期资产阶级的公共领域。"①而书的后半部分则分析了在晚期现代性中公共领域的衰落。

与第一代批判理论家把资本主义的发展过程划分为企业资本主义、市场资本主义和国家垄断资本主义三个阶段相一致,哈贝马斯通过分析指出,在资本主义社会发展后期,国家和私人(营)企业取代了公共领域的关键职能,公共领域蜕化为统治领域。同时,他探讨了国家和公共官僚机构对经济领域和私人领域的渗透过程,并追溯了新闻媒体、广告、公共关系和企业对文化的控制等现象的兴起过程。因此,"从某种意义上说,哈贝马斯实际上是以更具经验性和历史性的分析,重复了早期法兰克福学派对文化工具的分析,以及对资本主义国家和媒体如何越来越多地控制了当代生活之各个领域的分析"。② 从这一点来看,学界不可小觑该书的三大优势:其一,它注重于任何公共领域都不可缺少的物质基础。其二,它聚焦于大众公共传播的制度和实践之间以及民主政治的制度和实践之间的持久联系。其三,它避免了"自由市场/国家控制"这种简单的二分法,这种二分法在欧洲和美国的媒体政策研究中占主导地位。③ 总之,《结构转型》一书自1989年的英译版问世之后,在英美学界受到了极大重视,在政治学、文学批评、政治社会学、沟通与传播学、法学以及女性主义社会学领域都引起热烈的讨论,也受到许多来自后现代观点的批判。在本斯基(Max Pensky)看来,《结构转型》一书以忧郁的调子结尾,没有为在当代社会如何抵制公共领域的衰落提供积极的建议。④ 基恩则认为《结构转型》是一部充满感情矛盾的作品,"在一定程度上对资产阶级公共领域理想的怀念和关于形成新型独立自主的公共领域的可能性的极端悲观论调令人苦恼地同时并存"。⑤ 不过,在笔者看来,这些相关讨论多数都忽略了哈贝马斯理论的发展性,只是将《结构转型》从哈贝马斯整个庞大作品史里割裂出来单独讨论,却未处理哈贝马斯自己后来对此一议题的扩充与修正观点。

虽然距离《结构转型》出版已经整整60年了,哈贝马斯的理论旨趣亦几经变

---

① [美]道格拉斯·凯尔纳、[美]斯蒂文·贝斯特:《后现代理论:批判性的质疑》.张志斌译,北京:中央编译出版社,1999,第304页。

② 同上书,第305页。

③ Nicholas Garnham, The Media and the Public Sprere, in Craig Calhoun (ed.), *Habermas and the Public Sphere* (Cambridge, Mass.: MIT Press, 1992), pp.360 - 361.

④ 马克斯·本斯基:《社会、道德和法律:尤根·哈贝马斯》,载[英]凯特·纳什、阿兰·斯科特主编:《布莱克维尔政治社会学指南》.李雪、吴玉鑫、赵蔚译,杭州:浙江人民出版社,2007,第52页。

⑤ [英]约翰·基恩:《公共生活与晚期资本主义》.马音等译,北京:社会科学文献出版社,1999,第111页。

动,公共领域的理论结构也发生了不少变化①,但公共领域问题却一直是哈贝马斯或显或隐的中心问题之一,乃至在20世纪90年代出版的一部专门探讨民主与法制问题的著作《在事实与规范之间》里,他再一次回到了这个问题上。② 哈贝马斯曾公开宣称,公共领域问题是他的两大主要理论动机之一。③ 由是观之,20世纪60年代,哈贝马斯探讨了西方公共领域的演变,此后又探讨了交往行为理论和市民(公民)社会理论。这些实际上都是他的民主理论的要素,直到后来提出的商议民主理论,进一步集中在政治体制的问题上。 如今,公共领域问题是国内外学界一个重要的学术热点问题,不同的学者从不同的视角(如哲学、人类学、社会学、政治学、公共管理学、法学、历史学、经济学、文学、传播学等等)对公共领域问题进行了研究和阐述,构成了当代思想界一道亮丽的风景。

概略性地来说,在现代西方学界,对公共领域进行的已有研究成果中表现出如下情状:①从综合的、社会学和人类学的视角来研究公共领域理论,其代表人物有哈贝马斯、图海纳、梅鲁西以及塞耐特等;②从政治(哲学)学的视角来研究公共领域理论,其代表人物有阿伦特、罗尔斯、奥克肖特、雅诺茨基以及博格斯等;③从公共管理学及其理性选择理论视角来研究公共领域理论,其代表人物有阿罗、奥尔森等;④从国家与社会之间关系的视角来研究市民(公民)社会(或公共领域)理论,其代表人物有基恩、泰勒、科恩与阿雷托等等。 在这些思想家中,哈贝马斯无疑是公共领域思想阐释者中最为杰出、最有影响的一位思想家。麦卡锡曾在《结构转型》英译本的序言中列举了对哈贝马斯的公共领域理论感兴趣的不同学科的学者:女性主义理论家、政治学家、文学批评家、比较历史社会学家、政治社会学家、交往和媒体研究者、法学家。④ 当然,哈贝马斯的公共领域思想并不仅限于《结构转型》这本著作,我们甚至可以说,他的整个学术生涯都是以公共领域(公共性)思想为中心而展开的。尼科尔森(Shierry Weber Nicholsen)就曾说"哈贝马

---

① 参见哈贝马斯:《公共领域的结构转型》.曹卫东等译,上海:学林出版社,1999,"1990年版序言"。

② 芬利森曾认为,"尽管哈贝马斯思想非常复杂,过去五十年知识界和政界又经历了风云变化,哈贝马斯的学术观点和政治观点还是保持了高度的连贯性"。参见詹姆斯·戈登·芬利森:《哈贝马斯》.邵志军译,南京:译林出版社,2010,第Ⅷ页。

③ 参见哈贝马斯:《公共空间与政治公共领域——我的两个思想主题的生活历史根源》,载《哲学动态》2009年第6期。哈贝马斯在一次访谈中还说计划"再写一部类似于《公共领域的结构转型》的书",参见哈贝马斯、阿列克斯·荷内思、埃伯哈特·诺德勒-本特、阿诺·魏德曼:《理性辩证法》,载包亚明主编:《现代性的地平线》.李安东、段怀清译,上海:上海人民出版社,1997,第81页。

④ J. Habermas, *The Structural Transformation of the Public Sphere: An Inquiry into a Category of Bourgeois Society* (Translated by Thomas Burger, Cambridge Mass: MIT Press, 1989), xxiii.

斯的政治哲学作品是为公共领域而作"的。①

　　作为一位尚健在的西方学术巨擘,哈贝马斯的思想还处在完善之中,所以,笔者在对他的公共领域理论②进行专题性研究的过程中,力图阐释清楚哈贝马斯思

---

① Shierry Weber Nicholsen, Translator's Preface, in J. Habermas, *The New Conservatism* (Edited and translated by Shierry Weber Nicholsen; Introduction by Richard Wolin, Cambridge Mass: MIT Press, 1989).

② 粗略地梳理,与哈贝马斯公共领域理论相关的原始文献主要体现在如下作品中:(1)《公共领域的结构转型》〔*Strukturwandel der Öffenlichkeit. Untersuchungen zu einer Kategorie der BuergerlichenGesellschaft* (Luchterhand, 1962); *The Structural Transformation of the Public Sphere: An Inquiry into a Category of Bourgeois Society* (Translated by Thomas Burger, Cambridge, Massachusetts: MIT Press, 1989)〕;(2)《公共领域》〔The Public Sphere: An Encyclopedia Article (1964), By Sara Lennox and Frank Lennox(tr), *New German Critique*, 3(1974):49 – 55〕;(3)《政治科学化与公众舆论》〔The Scientization of Politics and Public Opinion, 1964, Excerpted from *Toward a Rational Society* (Cambridge: Polity Press1987), pp.62 – 86 (German text 1969 Suhrkamp Verlag, Frankfurt am Main)〕;(4)《交往行为理论》(第二卷中有关"生活世界"主题的论述)〔*Theorie des kommunikativen Handelns, band Ⅱ, Zur Kritik der funktionalistischen Vernunft*, Frankfurt am Main: Suhrkamp Verlag, 1981; *The Theory of Communicative Action, Volume 2:System and Lifeworld: A Critique of Functionalist Reason* (Translated by Thomas McCarthy. Boston: Beacon Press, 1987)〕;(5)《现代性的哲学话语》(有关"生活世界"和"自主的公共领域"主题的论述)〔*Der philosophische Diskurs der Moderne*, Frankfurt am Main: Suhrkamp Verlag, 1985; *The Philosophical Discourse of Modernity: TwelveLectures*, (Translated by Frederick Lawrence, Cambridge: Polity Press, 1987)〕;(6)《在事实与规范之间:关于法律和民主法治国的商谈理论》(第七、八章中的相关论述)〔*Faktizität und Geltung: Beiträge zur Diskurstheorie des Rechts und des demokratischen Rechtsstaats*, Frankfurt am Main: Suhrkamp Verlag, 1992; By William Rehg(tr), *Between Facta and Norms: Contributions to a Discourse Theory of Law and Democracy*, Cambridge, Massachusetts: MIT Press, 1996〕;(7)《进一步反思公共领域》〔Further Reflections on the Public Sphere, in Craig Calhoun (ed.), *Habermas and the Public Sphere* (Cambridge, Massachusetts and London: MIT Press, 1992), pp.421 – 461;另参见《公共领域的结构转型》1990 年德文版序言〕;(8)《三种规范性民主模式》〔Three Normative Models of Democracy, *Constellations*, 1(1)(1994):1 – 10;该文最初收入纪念费切尔(Iring Fetscher)的文集:蒙克勒(H.Münkler)编《论自由的可能性》(Die Chancen der Freiheit, München1992;后载哈贝马斯:《包容他者》(*Die Einbeziehung des Anderen: studien zur politischen Theorie*, Frankfurt am Main: Suhrkamp Verlag 1996; *The Inclusion of the Other: Studies in Political Theory*, Translated and edited by Ciaran Cronin, Pablo De Greif. Cambridge: MIT Press, 1998.〕;(9)《媒介社会中的政治交往》〔Political Communication in Media Society: Does Democracy Still Enjoy an Epistemic Dimension? The Impact of Normative Theory on Empirical Research, *Communication Theory*, 16(4)(2006):411 – 426〕;(10)《公共领域中的宗教》〔Religion in the Public Sphere: cognitive presuppositions for the "public use of reason" by religious and secular citizens, Translated by Jeremy Gaines, *European Journal of Philosophy*, 14(1)(2006):1 – 25;原载《在自然主义与宗教之间》(*Zwischen Naturalismus und Religion*, Surkamp Verlag, Frankfurt am Main, 2005;2008 年 Ciaran Cronin 翻译为英文版)〕;(11)《关于公共领域问题的答问》,载《社会学研究》1999 年第 3 期;(12)《公共空间与政治公共领域——我的两个思想主题的生活历史根源》〔Public space and political public sphere: the biographical roots of two motifs in my thought,符佳佳译,载《哲学动态》2009 年第 6 期,第 5—10 页;本文是哈贝马斯于 2004 年 11 月 11 日荣膺日本"京都奖"的答谢词,原载《在自然主义与宗教之间》(Zwischen Naturalismus und Religion, Frankfurt am Main: Surkamp Verlag, 2005:15 – 26)〕;等等。

想发展的连续性，将他的公共领域理论置放于其整个学术思想体系之中，置放于与诸如阿伦特、泰勒、基恩以及墨菲等当代思想家的对话语境中，力求全景式地还原哈贝马斯的公共领域思想，揭示其公共领域理论中所蕴含的理论价值及其局限。我们知道，具有强烈的现实关怀是哈贝马斯思想的显著特色和一贯风格。作为介入型和论战型学者①的哈贝马斯总是为理性的公共运用辩护，并且以自己的批评者作为自己理论的试金石，他区别于同时代的其他思想家的恰当做法是，用有根有据的反对意见同批评者展开论战。因此对于那些极为重要的批评，特别是那些引向对哈贝马斯本人观点做出原则性修正的批评，笔者将给予充分的注意，并展开详细的论述。当然，由于哈贝马斯是一位体系建构者，颇有黑格尔之遗风，其整个理论体系庞大，内容十分丰富，且由于"哈贝马斯的工作已经突破了任何一门既成学科的边界"②。这样，要想在一篇博士毕业论文中全面地、清晰地、准确地解析哈贝马斯的整个思想，对笔者而言，确实难于胜任了。正因如是，笔者只能尝试选取哈贝马斯思想中实践旨趣甚丰的公共领域理论来做一番规范性的、批判性的探究。

20世纪80年代末90年代初，国际社会发生了深远变化。东欧剧变与苏联解体使人们从强国家、弱社会、轻个人的中央集权的政府迷梦中惊醒，国家对经济活动和社会生活的干预最终导致生活世界的殖民化，西方社会民主的逐渐衰落和公民权利的剥夺，呼唤着公共领域的重建。顺应时代发展的需要，公共领域问题成为人们关注的焦点，在西方形成了一股研究的浪潮，并出现了专门的研究团队，一时间可谓百花齐放、百家争鸣。这在客观上促推了公共领域问题的深入讨论和研究，构成了公共领域问题研究的国际学术背景。

在当代中国，公共领域问题也激起了学界各学科如火如荼地讨论与研究，激发了很多知识分子的兴趣。③ 不过，总体而言，我国学者对哈贝马斯公共领域理

---

① 哈贝马斯不但对产生过重大影响的先辈哲学家和社会学家如黑格尔、马克思、尼采、韦伯、海德格尔、阿多诺等提出了尖锐的批评，而且与当代几乎所有著名的理论家如伽达默尔、福柯、德里达、利奥塔、布尔迪厄、卢曼以及罗尔斯等都发生过激烈论战，被誉为当代人文与社会科学领域内最出色的雄辩家。尤其值得重视的有：与波普尔（Karl Popper）、伽达默尔（Hans-Georg Gadamer）之间的方法论之争；与福柯（Michel Foucault）的现代性之争；与亨利希（Dieter Henrich）的形而上学之争；与诺尔特（Ernst Nolte）等的历史学之争、与卢曼（Niklas Luhmann）的社会理论之争；与罗尔斯（John Rawls）的公共领域的规范性基础之争；与斯洛特迪杰克（Peter Sloterdijk）的基因技术之争；以及与格林（Dieter Grinn）就"欧洲是否需要一部宪法"的问题之争等。哈贝马斯在同其他理论家的辩论中，一步步地发展了自己的理论。
② ［美］希拉里·普特南：《事实与价值二分法的崩溃》，应奇译，北京：东方出版社，2006年，第140页。
③ 哈贝马斯最初被介绍到中国是在1979年，之后国内一些刊物（如中央党校的《理论动态》）和其他专业杂志陆续发表了介绍哈贝马斯的文章。学者许纪霖将这一时期的新思潮描述为"正统马列主义 （转下页）

论的研究大多集中在他的著作《结构转型》上。20 世纪 90 年代以来，国内出现了一批学者通过译介和评述国外市民（公民）社会理论来探讨公共领域问题，他们主要包括邓正来、汪晖、许纪霖、王绍光、张汝伦、曹卫东、王晓升、王新生、傅永军等人，他们分别从不同方面对公共领域及其中国意义进行了译介和探讨。近年来，国内学界对哈贝马斯公共领域理论的研究取得了一些新的成果①，它们是：

　　著作类有：①李佃来的《公共领域与生活世界——哈贝马斯市民社会理论研究》(2006)。作者主要从市民社会的角度来探讨哈贝马斯的公共领域思想，对哈贝马斯思想中有关"公共领域——生活世界——社会批判——市民社会——政治哲学——现代性"等主题之间的内在统一性进行探究，对前、后时期哈贝马斯的市民社会概念和公共领域概念进行辨析，对哈贝马斯市民社会理论的价值与限度进行述评。但作者对哈贝马斯公共领域中的多元主义问题关注不够，对哈贝马斯的批评者的探讨也相对简略了些，对晚近的哈贝马斯公共领域思想也涉及得不多。②何珊君的《法与非政治公共领域》(2007)。作者从社会学的视角，在宏观、微观两个层面上对法与非政治公共领域的交互关系进行探讨，强调从治理意义上来理解公共领域（以区别于哈贝马斯的批判意义上的公共领域），首次提出所谓的"非

（接上页）世界的一场马丁·路德式'新教改革'"。参见黄乐嫣：《哈贝马斯在中国：理论作为一种催化剂》，载《中国期刊》2007 年第 57 期，第 62 页。进入 20 世纪 80 年代，"个人—国家"二元关系成为了当时学术界主要的批判模式。这个时期，市民社会理论正好满足了研究者们建构新的政治社会关系的需求。随后"个人—国家"模式被"市民社会—国家"模式所取代。但是因为市民社会本身的复杂性，当代知识分子对"社会"和"民主"具有不同的"想象"。有学者认为市民社会是以市场经济为基础的，依靠的是契约关系，国家权力不能够随意干涉市民社会的经济运作，他们主张"市民社会独立于国家"的社会观。持这种市民社会理解的学者受到的是哈耶克为代表自由主义理论家的影响，认为市场社会具有"自发调节"的和谐秩序。这主要是聚集在《公共论丛》的一批学者，当时所论述的主题大多集中在对于"市场/政府干预多与少"的问题上。而以王绍光、张汝伦以及汪晖为代表的学者们则质疑市场经济意义下的"市民社会"的批判力，强调公民政治参与的重要性。参见成庆：《国家与社会的再想象：关于市民社会的论争》，载《启蒙的自我瓦解：1990 年代以来中国思想文化界重大论争研究》（吉林出版集团 2007 年版）。另外，张静也提醒我们，西方政治社会学研究中的"国家与社会"分析模式的"分立样式在不同社会中差异很大，基本上，它是基于中国以外的经验现实提炼的问题。因此，当它运用于中国分析的时候，一方面带来了以往观察中所忽略的面向，另一方面，由于把不同社会的问题意识及知识运用到对中国秩序的分析上，它的优势和局限因此而同在。"参见张静主编：《国家与社会》（浙江人民出版社 1998 年版，"编者的话"第 2 页）。因此，可以这么说，在当代中国学术界对市民社会（公共领域）的论述，在某种意义上还是比较混乱的，即在借用西方市民社会和公共领域理论的过程中，公共领域或市民社会理论中的一些基本的紧张关系没有获得充分地澄清。

① 说明：此处只罗列与哈贝马斯公共领域理论的研究具有高相关度的著作，至于带有"公共领域"这一篇名的中文作品还有不少，限于篇幅，不再赘述。

政治公共领域"概念，①并将整个社会结构划分为政治公共领域、非政治公共领域与私人领域三个组成部分。但正如作者自己所承认的，他的研究还只是架构起一个在法与非政治公共领域互动关系中探索中国社会结构变迁的理论大纲，书中的每一个专题以及每一专题项下的子项目都可进行专项研究，以此而言，这自然影响作者研究的理论深度，对哈贝马斯的公共领域理论也就停留在"为我所用"的研究旨趣之上。③彭立群的《公共领域与宽容》（2008）。作者对公共领域与宽容的关系进行界定与梳理，回顾近代中国公共领域的发展历程，研究当代中国公共领域的发展趋势，提出以宽容精神构建当代中国公共领域的愿景。但作者的主旨是从中国文化传统的视角出发对"宽容"理念展开探究，其意图是借鉴哈贝马斯的公共领域理论来讨论当代中国公共领域的问题。因此，不管从著作的篇幅，还是从其侧重点来看，作者对哈贝马斯的公共领域理论的全景式把握都是有所欠缺的（但该作者在其他的单篇论文中对哈贝马斯的公共领域有过进一步的研究）。④杨忠仁的《公共领域论》（2009）。作者将公共领域作为一个独立主题来研究，从宏观维度对"公共领域"概念展开描述性意蕴、分析性意蕴和价值性意蕴的三维分析，对其予以政治哲学的界定；系统地探讨公共领域的外在结构、现实形态、运行机制及其价值性特征；从政治哲学层面挖掘并论证西方语境下公共领域的宪政民主功能，试图把公共领域从市民社会话语中离析出来作为一个独立的理论范式，予以学理建构性的专题讨论，以便形成一个属于公共领域自身的理论话语系统，以此推进对公共领域问题的研究。但作者对中国公共领域问题的研究还比较简单，关于马克思主义公共领域理论的文本研究也还不够全面和深入，尤其对哈贝马斯公共领域理论的整体把握还不够系统。⑤杨礼银的《哈贝马斯的话语民主理论研究：以公共领域为视点》（2013）。此书由作者的同名博士论文（北京师范大学2006年度）修改而成。作者从哲学视角对哈贝马斯话语民主理论和公共领域理论进行了研究，进行了公共领域类型学分析，将公共领域区分为四大类，即作为政治行动的公共领域、作为社会舆论的公共领域、作为经济活动的公共领域和作为意识形态的公共领域，并探讨多元社会中现代民主何以可能等系列问题。⑥孙要良的《哈贝马斯政治哲学中的合法性思想研究：以公共领域为视角》（2013）。此书

① "非政治公共领域"概念的内涵特征是：以组织或有公众意识的常设社群形式存在，在组织和社群内的成员组成方面以及组织与社群外部之间关系方面遵守契约性规则，以自愿为前提、以自治为基础，它是人们为了某些公共或公益目的，自愿组织起来，不受国家权力支配的独立、自律的社会领域，是处于国家与市场之间的社会中间领域，是独立的社会权力的发源地（该书：第31页）。非政治公共领域具备几个特征：非政治性、公共性、契约性与独立性、合法性、开放性、非营利性（该书：第25—28页）。

着重考察哈贝马斯对合法性概念的规定,将哈贝马斯合法性理论放在马克思唯物史观的视野中予以评判,认为现代中国合法性依次经历革命合法性、绩效合法性和民主合法性,指出要建立真正意义上的民主合法性必须大力培育中国公共领域并参与世界公共领域的建构。⑦董晓丽的《哈贝马斯政治公共领域思想研究》(2014)。此书作者在梳理政治公共领域思想历史逻辑的基础上,遵循哈贝马斯事实与规范相结合的独特学术研究方法,对哈贝马斯的政治公共领域思想的规范基础,思想图式及历史镜像展开研究,对哈氏理论进行批判性考察。⑧王江涛的《哈贝马斯公共领域思想研究》(2015)。此书由作者的同名博士论文(华东师范大学2009年度)修改而成。作者从史学视角和一种多元主义的视角对哈贝马斯公共领域思想进行研究,采取思想史的研究方法,将哈贝马斯的公共领域思想分为三个阶段,并对哈贝马斯所构建的具有普遍主义特征的公共领域思想进行研究。⑨黄皖毅的《哈贝马斯视域中的公共性研究》(2018)。此书通过对哈贝马斯前期(以"公共领域"为中心)与后期(以"生活世界"为中心)的公共性思想的比较,分析公共领域何以可能的问题,指出哈氏前期、后期公共性思想之间具有一种话语贯通与逻辑关联。此外,作者在强调哈贝马斯的公共性思想的理论价值的同时,还指出哈氏思想的当代性。

此外,近年来学界又不断涌现出不少以"公共领域"为主题、从不同学科、基于不同视角来展开研究的好作品。比如,罗坤瑾的《从虚拟幻象到现实图景:网络舆论与公共领域的构建》(2012);李灵与李向平主编的《基督教与社会公共领域》(2012);杨仁忠的《公共领域理论与和谐社会构建》(2013);刘君的《谁的话语空间?:电影与公共领域的建构》(2013);徐迎春的《绿色关系网:环境传播和中国绿色公共领域》(2014);黄汇的《版权法上的公共领域研究》(2014);熊威的《网络公共领域研究》(2016);展江的《守望公共领域》(2016);胡晓的《寻找公共领域的意义世界:中国网络政治的一个剖面》(2017);王小娟的《电视综艺节目的平民公共领域建设研究:以当代中国电视真人秀为例》(2017);罗亮的《网络空间的民主生活实践:民主视野下的网络公共领域及其治理研究》(2017);王晶的《虚拟公共领域中的科学传播话语体系建构:以信息通信技术为例》(2019);邵春霞的《从网民到公民:在公共领域中培育公民文化》(2020);等等。

博士论文有:①王彦章的博士论文《公共领域的审美经验》(山东大学2007年度)。作者从文学视角把公共领域理论应用于审美经验研究,通过梳理西方公共领域的阐释谱系和中国公共领域的本土理论资源,对公共领域的概念进行界定,并遵循阿伦特与哈贝马斯的研究路径,对公共领域历史类型及其历史演变进行梳理和分析。②董皓的博士论文《多元视角下的著作权法公共领域问题研究》(中国政法大学 2008 年度)。作者从法学视角对著作权法公共领域问题展开研究，以多元的视角界定著作权法上的"公共领域"，将其区分为"规范意义上的公共领域"和"事实意义上的公共领域"，对中国著作权法背景下的"多重公共领域图景"进行描述，讨论"多重公共领域"的存在对立法和司法的影响。③方曙光的博士论文《网络公共领域及其二重建构——对一个网络事件的分析》(上海大学 2009 年度)。作者从社会学视角对公共领域理论的现代发展进行研究，围绕"网络公共领域的产生与建构及其对现代公共领域及公民社会建构的影响"这一主题展开，通过对"周老虎"事件的缘起、产生、发展、结果等的叙事与分析，探讨网络公共领域的形成促使公民与政府之间能够通过网络实现直接的互动、建构，从而形成现实社会层面的公民通过各种社会组织与政府产生间接互动及通过网络(网络公共领域)与政府产生直接互动的二元社会结构(该文称之为"影子社会结构")。④苏蕾的博士论文《从强公共性到弱公共性——我国媒体评论公共性话语建构》(华中科技大学 2010 年度)。作者从新闻学视角把哈贝马斯公共性/公共领域理论应用于媒体评论研究，探讨了公众舆论与媒体评论的关系，运用哈贝马斯的强弱公共性理论对文人论政与网络评论的公共性进行了分析，从哈贝马斯批判的公共性和操纵的公共性理论出发对党报评论和都市报评论公共性进行了探析。此外，有关"公共领域"的研究和讨论的单篇期刊论文，则确实不少，此处不遑枚举。① 难怪有学者感叹道：如今，"公共领域"概念几乎成了一个"俗见"或"陈词滥调"。②

台湾学界对公共领域问题的研究成果也不少，例如，①江宜桦先生的《公共领域中的理性沟通的可能性》③一文。作者指出现代公共领域的特征是建立在价值

---

① 近年来研究"公共领域"问题的文章之数量已经达到了相当可观的程度。笔者于 2023 年 12 月 31 日在"中国期刊全文数据库"(CNKI 网)中以"篇名"检索"公共领域"，相关记录有 2861 条；以"主题"检索"公共领域"，相关记录则有 16202 条。研究者们从不同角度对公共领域进行探讨，有的从哈贝马斯的公共领域理论出发，对公共领域理论问题进行梳理与阐释；有的则对市民社会、国家及公共领域问题展开探讨；还有的对公共政策与公共领域的相关问题进行应用性研究；等等。(检索时间截止至 2023 年 12 月 31 日 8:00)不过，纵览 1989—2003 年出版的有关哈贝马斯的专著和论文就会发现，论述"交往行为理论"以及哈贝马斯与法兰克福学派关系的内容占据了主流。参见[德]苏娜(Nora Sausmikat)：《本土化视角下的哈贝马斯——从中国政治改革论争看法兰克福学派的影响》，载[德]阿梅龙、[德]狄安涅、刘森林主编：《法兰克福学派在中国》社会科学文献出版社 2011 年版，第 152 页。

② Rodney Benson, Shaping the Public Sphere: Habermas and Beyond, *Springer Science+Business Media*, LLC, 15 July 2009：175 - 197.

③ 此文载于江宜桦：《自由民主的理路》。台北：联经出版社，2001 年版；收录入许纪霖主编：《公共性与公共知识分子》。南京：江苏人民出版社，2003，第 171—191 页；又载江宜桦：《自由民主的理路》。北京：新星出版社，2006，第 304—319 页。

多元化的基础上的,并提出了公共领域研究中值得进一步探讨的几个问题:第一,为什么公共领域的互动者经常出现不理性拒绝沟通的情形?为什么即使进行理性沟通,人们也不一定获得共识?第二,理性沟通与公共领域是否有必然的联系?公共领域在本质上是否是一个支撑理性互动的领域?第三,我们应该如何看待公共领域的分歧现象?"公共"的基础是什么?此文篇幅不长,但作者基本上看到了现代公共领域最根本的问题。②李丁赞、吴乃德、吴介民、陈弱水、夏春祥、钱永祥、顾忠华著的《公共领域在台湾:困境与契机》(台湾桂冠图书股份有限公司2004年版)。该书从政治学、社会学、历史学、人类学、哲学和传播学的角度来分析台湾地区的公共领域的理论与现实问题。作者们以哈贝马斯的概念典范为依托,其问题意识正表现在书名的副标题上:一是"困境"——为什么台湾在市民社会逐渐兴起后,公共领域却迟迟无法诞生?二是"契机"——在不利的现实条件下,公共领域能不能在台湾发展起来?有哪些可行方案?作者们通过对"公共领域在台湾"这一问题所存在的"困境"与"契机"的分析,尝试调校"困境"与"契机"两者的音阶并寻求(或不如说创造)新的和谐①。③黄俊杰、江宜桦主编的《公私领域新探:东亚与西方观点之比较》(国立台湾大学出版社中心2005年版)。该书以1998年以来各阶段的研究成果为基础,以东亚为研究样本,以儒家经典为研究核心,以文化为研究背景,既有宏观的中西文化交流,又有聚焦东亚文化的互动,以及在经典背景下与价值理念的变迁及其展望中进行探讨。作者们认为,近20年来,国内外政治哲学界及思想史学界对"公私领域"问题兴起一股研究的热潮。不论是着眼于历史上"公共"/"私人""公"/"私"概念起源的探究,还是致力于近代政治经济社会变迁对"公共领域"造成的影响,这些研究极大地提高了学术界对"公/私领域"问题的理解。但作者们也注意到在这一波"公私领域"研究热潮中,大部分的理论架构或问题意识仍旧是以西方当代哲学家的论述为依归,而少见非西方世界基于本身历史经验所发展出来的诠释观点。鉴于此,作者们(主要来自台湾大学东亚文明研究中心与日本公共哲学共働研究所)决定携手合作,为促进东亚地区的"公私领域"研究做出贡献,以催生出自东亚观点、具备东亚特色的"公共哲学"思考。

除了前已提及的欧美学界中如阿伦特、哈贝马斯、图海纳、梅鲁西、桑内特、罗尔斯、奥克肖特、雅诺茨基、阿罗、奥尔森、基恩、泰勒、科恩、阿雷托、汤普森、亚历

---

① 毛荣福:《规范与现实的不合拍——评〈公共领域在台湾:困境与契机〉》,载《新闻学研究》2008年第94期,第193—210页。

山大等学者分别从不同角度和层面对公共领域问题进行过研究之外，一些海外汉学家如斯克帕、斯特朗、罗威廉、兰金、孔复礼、魏斐德、王国斌、黄宗智等人也从中国意义方面对公共领域进行了探讨。特别是 1989 年《结构转型》英文版[1]出现迄今，形成了一股哈贝马斯研究的"公共领域产业"(Public Sphere industry)现象，使得哈贝马斯几乎等同公共领域的代名词。[2] 有关公共领域问题的研究可以说成为西方学界一个重要的学术生长点，不断涌现出新的学术成果。基恩[3]曾归纳性地指出，关于"公共领域"观念以及相关概念(诸如"公众舆论""公共生活"以及"共同善")的创造、提炼和推广，历史上出现过三个连续性的历史阶段[4]：

第一阶段：最初，公共领域概念的现代意义与欧洲近代反对专制政体的斗争相联系。"公众""公德""公众舆论"等口号是支持"新闻自由"和其他共享自由的武器。"公众"这一提法被用来反对独断专行、滥用权力，把自己的利益凌驾于国家之上的君主和法庭。在 17、18 世纪期间，"公共领域"的规范性理想——即人们在政权庇护下发扬个性——是中产阶级共和政治的中心话题。共和主义者(如联邦党人[commonwealthmen])通过公民言论自由的权利以及捍卫法治、多党政府、自由加入或脱离"政党"与"派别"(尤其是加剧国内矛盾以及增强君主、大臣、野心勃勃的富人们的"个人"欲望的"政党"与"派别")的制度手段，力图对现有政体进行彻底改革。

第二阶段：随着现代资本主义权力和经济活力的增长，公共领域理想大抵被用来批判被认为需要保护的经过合理计算利润和亏损的国内生活中商品生产与消费的垄断现象。基恩在其《公共生活与晚期资本主义》(1984 年)一书中就探讨了 20 世纪德国政治思想日益密切的关系，特别是韦伯去世后，用以确定和保护反对有组织的资本主义日益膨胀的权力、反对宣称机构和其他依赖所谓"公众舆论"，使其服从于自身需要的专门机构的公共领域。基恩还列举了许多公共领域研究的例子。譬如，滕尼斯(Ferdinand Tönnies)的《公众舆论的批判》(1922 年)、

---

[1] J. Habermas, *The structural transformation of the public sphere: an inquiry into a category of bourgeois society* (Translated by Thomas Burger, Cambridge, Mass: MIT Press1989).

[2] 黄瑞祺、陈闵翔：《哈伯马斯的民主理论》.台北：允晨文化 2018 年版，第 65 页.根据黄瑞祺和陈闵翔的文献梳理，以哈贝马斯与公共领域做书名的至少有：Holub(1991)；Crossley and Roberts(2004)；Goode (2005)；Johnson(2006)；Christian J. Emden and David Midgley(2012)。

[3] John Keane, Structural Transformations of the Public Sphere, *The Communication Review*, Vol. 1(1), 1995, pp. 1 - 22.

[4] John Keane, Structural Transformations of the Public Sphere, *The Communication Review*, Vol. 1(1), 1995, p. 1.

雅斯贝尔斯(Karl Jaspers)的《哲学是为每个人的》(1960年)、阿伦特的《积极的生活》(1960年)以及哈贝马斯的《结构转型》(1962)。

第三阶段:前面两个阶段确定并保护公共领域,分别强调了现代以领土界定对臣民不负责的独特国家权力,以及被有组织的资本主义市场支配的重商利己主义问题。在第三阶段,即使使用"公共领域"这一概念的最新说法,也还是强调上面两个有着现代社会特征的问题。公共领域理想与大众传播机构相联系,被认为与公共生活有着亲和性,而且是它继续存在于国家组织中的消费资本主义时代的最有效保证。这一时期,在创立、提炼和推广公共领域理论方面最富有创见、最有影响的是"威斯敏斯特学派"的加纳姆(Nicholas Garnham)以及斯坎内尔(Paddy Scannell)等研究人员。其中,加纳姆主张"大众传播模式"①,认为它能调节和平衡国家与民众的权力,因为它既不受政治权力最大化的约束,也不受利润最大化的约束。但加纳姆也承认现行的大众传播并未完全实现哈贝马斯理论的、由日趋成熟的民众形成的公共领域理想。②

事实上,西方学界从不同学科、不同视角出发,对哈贝马斯的公共领域理论进行了研究,并已出版了相当多的成果,这为笔者对哈贝马斯的公共领域理论进行进一步研究提供了宝贵资源。限于篇幅,在此只列举与笔者写作内容有高度相关性的几本文献:①卡尔霍恩主编的《哈贝马斯与公共领域》[Craig Calhoun (ed.), *Habermas and the Public Sphere* (Cambridge, Mass.: MIT Press, 1992)]。该论文集收集了多位(不同学科领域)学者对哈贝马斯公共领域理论的修正与批评,哈贝马斯对各种批评意见作出了回应。②密汉主编的《从女性主义视角理解哈贝马斯:对话语主题的性别考察》[Johanna Meehan (ed.), *Feminists Read Habermas: Gendering the Subject of Discourse* (New York and London: Routledge, 1995)]。该论文集主要反映了当代西方女性主义思想家对哈贝马斯的公共领域思想所展开的批判和论争。③格里普斯鲁德等人主编的《公共领域》(四卷本)[Jostein Gripsrud, Hallvard Moe, Anders Molander and Graham Murdock (eds), *The Public Sphere*(Vol. Ⅰ、Ⅱ、Ⅲ、Ⅳ)(Los Angeles/London/New Delhi/Singapore/Washington DC: SAGE, 2011)]。该丛书涵括"发掘公共领域""政治公共领域""文化公共领域"以及"公共领域的未来"四大主题,搜集整

① 详情参见 Nicholas Garnham and Fred Inglis, *Capitalism and communication: global culture and the economics of information* (London; Newbury Park: Sage Publications, 1990).
② John Keane, Structural Transformations of the Public Sphere, *The Communication Review*, Vol.1(1), 1995:pp.1-4.

理了自 1774 年至 2009 年以来西方思想家们有关公共领域问题的文献。其他的英文文献还很多，此处不一一列举。

就日本学界对公共领域问题的研究而言，我们可以从 20 世纪 60 年代后期的"日本马克思主义市民社会学派"[其代表人物如内田義彦（Yoshihiko Uchida，1913～）、平田清明（Kiyoaki Hirata，1922～）、广松涉（Hiromatsu Wataru，1933～1994）、望月清司（Mochizuki Seiji，1929～）等人]的工作和思想成果①来进行了解。其中，内田義彦与平田清明是在新葛兰西理论意义上使用"市民社会"这一概念的。根据基恩的观点，他俩对市民社会的探讨，"突出了三个论题"：首先，在日本这个背景下，重点要铲除过分依赖欧洲社会科学观念和方法的恶习，这些观念和方法愚笨，而且与个人日常生活关系也不大。其次，用市民社会观念深刻分析日本资本主义的独特性。日本马克思主义市民社会学派开创性地发展了一个后来被称为"亚洲价值讨论"的早期说法。第三，有人认为，过分膨胀的国家权力，在国家高于一切而市民社会软弱无力的苏联模式中已走到了危机边缘。② 望月清司的理论特点是区分"市民社会"和"资产阶级社会"两个概念，强调市民社会的内在必然性和积极意义，并将马克思对历史的描述概括为"共同体→市民社会→社会主义"这样一个三段式过程。他还将马克思的历史理论表述为一种"建立在市民社会批判认识基础上的世界史"或"市民社会的历史理论"。由此可见，望月清司对马克思历史理论的阐释中，市民社会的概念被赋予特别重要的地位。③ 广松涉则主要从马克思出发，围绕社会权利对国家和市民社会进行探讨，但亦已涵盖了哈贝马斯的讨论。20 世纪 90 年代，日本学术界掀起一股"公共哲学"（public philosophy）的研究热潮，呈现出一种堪称前沿哲学探索的学术运动。其代表人物有佐佐木毅（Sasaki Takeshi）、金泰昌（Kim Tea-Chang）等。十余年来，他们几乎每个月都在京都、大阪、神户、东京等地举办学术论坛，邀请日本各地乃至欧美、中国、韩国等国家各领域的著名学者参加会议，开展广泛的学术对话，取得丰硕的研究成果。他们的会议论文被整理成书，由东京大学出版会以《公共哲学》为丛书名出版。综上所述，我们可以说，"公共领域"研究确已成为一门"显学"。

---

① 这方面的主要著作包括内田義彦的《社会科学所表现的日本资本主义形象》（东京，1967）以及平田清明的两本著作《市民社会和社会主义》（东京，1969）和《政治经济与历史哲学》（东京，1971）。
② 参阅[英]约翰·基恩：《市民社会：旧形象，新观察》. 王令愉、魏国琳译，上海：上海远东出版社，2006，第10—11 页。
③ 参见[日]望月清司：《马克思历史理论研究》. 韩立新译，北京：北京师范大学出版社，2009。

不过，国内外学者研究哈贝马斯公共领域思想的成果尽管已连篇累牍，但大都相对宽泛，主要遵循"为我所用"原则，或以争鸣的方式对哈贝马斯的某个核心观点作出批判性研究，以致缺乏能从总体上把握、客观上评价哈贝马斯公共领域理论的研究作品。况且哈贝马斯公共领域理论的结构及其思想脉络比较复杂，致思理路比较独特，在思想史上对公共领域思想的历史传承又具有很大的转变。因此，对哈贝马斯的公共领域理论进行系统性、专题性的研究就尤显必要了。

参考文献

一、中文译著

1. 《马克思恩格斯文集》(第1—10卷)[M].北京：人民出版社2009年版。
2. 《马克思恩格斯全集》(第1卷)[M].北京：人民出版社1956年版。
3. 《马克思恩格斯全集》(第3卷)[M].北京：人民出版社1960年版。
4. 《马克思恩格斯全集》(第7卷)[M].北京：人民出版社1959年版。
5. 《马克思恩格斯全集》(第40卷)[M].北京：人民出版社1982年版。
6. 《马克思恩格斯选集》(第1卷)[M].北京：人民出版社1972年版。
7. 《列宁选集》(第3卷)[M].北京：人民出版社1972年版。
8. [古希腊]亚里士多德：《政治学》[M].吴寿彭译，北京：商务印书馆2009年版。
9. [古希腊]亚里士多德：《雅典政制》[M].日知、力野译，北京：商务印书馆1959年版。
10. [古罗马]西塞罗：《论共和国　论法律》[M].王焕生译，北京：中国政法大学出版社1997年版。
11. [古罗马]西塞罗：《国家篇　法律篇》[M].沈叔平、苏力译，北京：商务印书馆1999年版。
12. [英]洛克：《政府论》[M].叶启芳、瞿菊农译，北京：商务印书馆,1964年版。
13. [英]洛克：《论宗教宽容：致友人的一封信》[M].吴云贵译，北京：商务印书馆1982年版。
14. [英]洛克：《教育漫话》[M].傅任敢译，北京：人民教育出版社1957年版。
15. [法]卢梭：《社会契约论》[M].何兆武译，北京：商务印书馆1980年版。
16. [法]卢梭：《论人类不平等的起源与基础》[M].李常山译，北京：商务印书馆1962年版。
17. [法]托克维尔：《旧制度与大革命》[M].冯棠译，北京：商务印书馆1992

年版。

18. [法]托克维尔:《论美国的民主》[M]. 董果良译,北京:商务印书馆 2009年版。

19. [法]孟德斯鸠:《论法的精神》[M]. 张雁深译,北京:商务印书馆 1963 年版。

20. [法]孟德斯鸠:《罗马盛衰原因论》[M]. 婉玲译,北京:商务印书馆 1984年版。

21. [意]马基雅维利:《君主论》[M]. 潘汉典译,北京:商务印书馆 1985 年版。

22. [意]马基雅维利:《佛罗伦萨史:从最早时期到豪华者洛伦佐逝世》[M]. 李活译,北京:商务印书馆 1996 年版。

23. [英]约翰·密尔:《论自由》[M]. 许宝骙译,北京:商务印书馆 2009 年版。

24. [德]康德:《纯粹理性批判》[M]. 邓晓芒译,北京:人民出版社,2004 年版。

25. [德]康德:《法的形而上学原理——权利的科学》[M]. 沈叔平译,北京:商务印书馆 2002 年版。

26. [德]康德:《道德形而上学原理》[M]. 苗力田译,上海:上海人民出版社 2002年版。

27. [德]康德:《永久和平论》[M]. 何兆武译,上海:上海世纪出版集团 2005年版。

28. [德]黑格尔:《法哲学原理:或自然法和国家学纲要》[M]. 范扬、张企泰译,北京:商务印书馆 2009 年版。

29. [德]马克斯·韦伯:《学术与政治》[M]. 冯克利译,北京:三联书店 1998年版。

30. [意]安东尼奥·葛兰西:《狱中札记》[M]. 曹雷雨等译,北京:中国社会科学出版社 2000 年版。

31. [德]马克斯·霍克海默、西奥多·阿道尔诺:《启蒙辩证法:哲学断片》[M]. 渠敬东、曹卫东译,上海:上海人民出版社 2006 年版。

32. [美]汉娜·阿伦特:《人的条件》[M]. 竺乾威等译,上海:上海人民出版社 1999 年版。

33. [美]汉娜·阿伦特:《论革命》[M]. 陈周旺译,南京:译林出版社 2007 年版。

34. [美]汉娜·阿伦特:《马克思与西方政治思想传统》[M]. 孙传钊译,南京:江苏人民出版社 2007 年版。

35. [德]哈贝马斯:《交往与社会进化》[M]. 张博树译,重庆:重庆出版社 1989年版。

36. [德]哈贝马斯:《交往行动理论》(第一卷:行动的合理性和社会合理化)[M]. 洪佩郁、蔺菁译,重庆:重庆出版社 1994 年版。

37. [德]哈贝马斯:《交往行动理论》(第二卷:论功能主义理性批判)[M]. 洪佩郁、蔺菁译,重庆:重庆出版社 1994 年版。

38. [德]哈贝马斯:《交往行为理论:行为合理性与社会合理性》[M]. 曹卫东译,

上海：世纪出版集团，上海人民出版社 2004 年版。

39. ［德］哈贝马斯：《通向理解之路：哈贝马斯论交往》［M］. 陈学明等编，昆明：云南人民出版社 1998 年版。

40. ［德］哈贝马斯：《公共领域的结构转型：论资产阶级社会的一个范畴》［M］. 曹卫东等译，上海：学林出版社 1999 年版。

41. ［德］哈贝马斯：《认识与兴趣》［M］. 郭官义、李黎译，上海：学林出版社 1999 年版。

42. ［德］哈贝马斯：《作为"意识形态"的技术与科学》［M］. 李黎、郭官义译，上海：学林出版社 1999 年版。

43. ［德］哈贝马斯：《重建历史唯物主义》［M］. 郭官义译，北京：社会科学文献出版社 2000 年版。

44. ［德］哈贝马斯：《合法化危机》［M］. 刘北成、曹卫东译，上海：上海人民出版社 2000 年版。

45. ［德］哈贝马斯：《后形而上学思想》［M］. 曹卫东、付德根译，南京：译林出版社 2001 年版。

46. ［德］哈贝马斯等：《作为未来的过去：与著名哲学家哈贝马斯对话》［M］. 章国锋译，杭州：浙江人民出版社 2001 年版。

47. ［德］哈贝马斯：《包容他者》［M］. 曹卫东译，上海：上海人民出版社 2002 年版。

48. ［德］哈贝马斯：《后民族结构》［M］. 曹卫东译，上海：上海人民出版社，2002 年版。

49. ［德］哈贝马斯：《哈贝马斯在华讲演集》［M］. 中国社会科学院哲学研究所编，北京：人民出版社 2002 年版。

50. ［德］哈贝马斯：《在事实与规范之间：关于法律和民主法治国的商谈理论》［M］. 童世骏译，北京：三联书店 2003 年版。

51. ［德］哈贝马斯：《现代性的哲学话语》［M］. 曹卫东等译，南京：译林出版社 2004 年版。

52. ［德］哈贝马斯：《哈贝马斯精粹》［M］. 曹卫东选译，南京：南京大学出版社 2004 年版。

53. ［德］哈贝马斯：《对话伦理学与真理的问题》［M］. 沈清楷译，北京：中国人民大学出版社 2005 年版。

54. ［德］伽达默尔、哈贝马斯等：《赫尔墨斯的口误：从话语政治到诗学交往》［M］. 曹卫东译，南京：译林出版社 2009 年版。

55. ［德］哈贝马斯：《理论与实践》［M］. 郭官义、李黎译，北京：社会科学文献出版社 2010 年版。

56. ［德］尤尔根·哈贝马斯等：《旧欧洲·新欧洲·核心欧洲》［M］. 丹尼尔·李维、马克斯·潘斯基、约翰·托尔佩编，北京：中央编译出版社 2010 年版。

57. ［德］尤尔根·哈贝马斯：《关于欧洲宪法的思考》［M］. 伍慧萍等译，上海：上海人民出版社 2013 年版。

58. [德]尤尔根·哈贝马斯:《对于缺失的意识:一场与哈贝马斯的讨论》[M].北京:商务印书馆 2013 年版。

59. [德]尤尔根·哈贝马斯:《在自然主义与宗教之间》[M].郁喆隽译,上海:上海人民出版社 2013 年版。

60. [德]尤尔根·哈贝马斯:《欧盟的危机:关于欧洲宪法的思考》[M].伍慧萍等译,上海:上海人民出版社 2019 年版。

61. [德]尤尔根·哈贝马斯:《分裂的西方》[M].郁喆隽译,上海:上海译文出版社有限公司 2019 年版。

62. [德]阿梅龙、[德]狄安涅、刘森林主编:《法兰克福学派在中国》[M].北京:社会科学文献出版社 2011 年版。

63. [德]曼弗雷德·弗兰克:《理解的界限——利奥塔和哈贝马斯的精神对话》[M].先刚译,北京:华夏出版社 2003 年版。

64. [德]乌尔利希·贝克、哈贝马斯等:《全球化与政治》[M].王学东、柴方国等译,北京:中央编译出版社 2000 年版。

65. [德]卡尔·施米特:《政治的浪漫派 当今议会制的思想史状况》[M].冯克利、刘锋译,上海:上海人民出版社 2004 年版。

66. [德]卡尔·洛维特:《从黑格尔到尼采:19 世纪思维中的革命性决裂》[M].李秋零译,北京:三联书店 2006 年版。

67. [德]康保锐:《市场与国家之间的发展政策:公民社会组织的可能性与界限》[M].隋学礼译,北京:中国人民大学出版社 2009 年版。

68. [德]阿克塞尔·霍耐特:《分裂的社会世界:社会哲学文集》[M].王晓升译,北京:社会科学文献出版社 2011 年版。

69. [美]约翰·罗尔斯:《正义论》[M].何怀宏等译,北京:中国社会科学出版社 1988 年版。

70. [美]约翰·罗尔斯:《政治自由主义:批评与辩护》[M].万俊人译,广州:广东人民出版社 2003 年版。

71. [美]约翰·罗尔斯:《政治自由主义》[M].万俊人译,南京:译林出版社,2000 年版。

72. [美]理查德·罗蒂:《后形而上学希望》[M].张国清译,上海:上海译文出版社 2003 年版。

73. [美]理查德·罗蒂:《偶然性、反讽与团结》[M].徐文瑞译,北京:商务印书馆 2003 年版。

74. [美]查尔斯·吉尼翁、大卫·希利主编:《理查德·罗蒂》[M].朱新民译,上海:复旦大学出版社 2011 年版。

75. [美]威廉·A·盖尔斯敦:《自由多元主义的实践》[M].佟德志、庞金友、苏宝俊译,南京:江苏人民出版社 2010 年版。

76. ［美］乔纳森·H·特纳:《社会学理论的结构》[M].吴曲辉等译,杭州:浙江人民出版社 1987 年版。

77. ［英］威廉姆·奥斯维特:《哈贝马斯》[M].沈亚生译,哈尔滨:黑龙江人民出版社 1999 年版。

78. ［德］得特勒夫·霍尔斯特:《哈贝马斯传》[M].章国锋译,上海:东方出版中心 2000 年版。

79. ［德］德特勒夫·霍斯特:《哈贝马斯》[M].鲁路译,北京:中国人民大学出版社 2010 年版。

80. ［美］莱斯利·A·豪:《哈贝马斯》[M].陈志刚译,北京:中华书局 2002 年版。

81. ［英］詹姆斯·戈登·芬利森:《哈贝马斯》[M].邵志军译,南京:译林出版社 2010 年版。

82. ［英］安德鲁·埃德加:《哈贝马斯:关键概念》[M].杨礼银、朱松峰译,南京:江苏人民出版社 2009 年版。

83. ［美］马修·德夫林:《哈贝马斯、现代性与法》[M].高鸿钧译,北京:清华大学出版社 2008 年版。

84. ［美］芭芭拉·福尔特纳编:《哈贝马斯:关键概念》[M].赵超译,重庆:重庆大学出版社 2016 年版。

85. ［德］斯蒂芬·穆勒-多姆:《于尔根·哈贝马斯》[M].刘风译,北京:社会科学文献出版社 2019 年版。

86. ［德］罗尔夫·魏格豪斯:《法兰克福学派:历史、理论及政治影响》[M].孟登迎、赵文、刘凯译,上海:上海人民出版社 2010 年版。

87. ［英］迈克尔·H·莱斯诺夫:《二十世纪的政治哲学家》[M].北京:商务印书馆 2001 年版。

88. ［英］凯特·纳什、阿兰·斯科特主编:《布莱克维尔政治社会学指南》[M].李雪、吴玉鑫、赵蔚译,杭州:浙江人民出版社 2007 年版。

89. ［法］居伊·珀蒂德芒热:《20 世纪的哲学与哲学家》[M].刘成福等译,南京:江苏教育出版社 2007 年版。

90. ［法］高宣扬:《当代政治哲学》[M].北京:人民出版社 2010 年版。

91. ［法］高宣扬:《哈伯玛斯论》[M].台北:远流出版事业股份有限公司 1991 年版。

92. ［法］弗雷德里克·巴尔比耶、卡特琳娜·贝尔托·拉维尼尔:《从狄德罗到因特网:法国传媒史》[M].施婉丽、徐艳、俞佳乐译,上海:上海人民出版社 2009 年版。

93. ［法］居伊·德波:《景观社会评论》[M].梁虹译,桂林:广西师范大学出版社 2007 年版。

94. ［法］塞奇·莫斯科维奇:《群氓的时代》[M].许列民等译,南京:江苏人民出版社 2003 年版。

95. ［法］汤姆·洛克莫尔:《哈贝马斯:历史唯物主义的重建》[M]. 孟丹译,北京:北京师范大学出版社 2009 年版。

96. ［法］雅克·比岱、厄斯塔什·库维拉基斯:《当代马克思辞典》[M]. 许国艳等译,北京:社会科学文献出版社 2011 年版。

97. ［法］达尼洛·马尔图切利:《现代性社会学:二十世纪的历程》[M]. 姜志辉译,南京:译林出版社 2007 年版。

98. ［美］谢尔登·S·沃林:《政治与构想:西方政治思想的延续和创新》[M]. 辛亨复译,上海:上海人民出版社 2009 年版。

99. ［美］托马斯·麦卡锡:《哈贝马斯的批判理论》[M]. 王江涛译,上海:华东师范大学出版社 2010 年版。

100. ［美］查尔斯·拉莫尔:《现代性的教训》[M]. 刘擎、应奇译,北京:东方出版社 2010 年版。

101. ［美］拉塞尔·雅各比:《不完美的图景:反乌托邦时代的乌托邦思想》[M]. 姚建彬译,北京:新星出版社 2007 年版。

102. ［美］理查德·斯皮内洛:《铁笼,还是乌托邦?——网络空间的道德与法律》[M]. 李伦等译,北京:北京大学出版社 2007 年版。

103. ［美］斯蒂芬·贝斯特、［美］道格拉斯·凯尔纳:《后现代转向》[M]. 陈刚等译,南京:南京大学出版社 2002 年版。

104. ［美］道格拉斯·凯尔纳、［美］斯蒂文·贝斯特:《后现代理论:批判性的质疑》[M]. 张志斌译,北京:中央编译出版社 1999 年版。

105. ［美］罗伯特·L·西蒙主编:《社会政治哲学》[M]. 陈喜贵译,北京:中国人民大学出版社 2009 年版。

106. ［美］詹姆斯·博曼:《公共协商:多元主义、复杂性与民主》[M]. 黄相怀译,北京:中央编译出版社 2006 年版。

107. ［美］詹姆斯·博曼、威廉·雷吉主编:《协商民主:论理性与政治》[M]. 陈家刚等译,北京:中央编译出版社 2006 年版。

108. ［美］詹姆斯·博曼:《社会科学的新哲学》[M]. 李霞、肖瑛等译,上海:上海人民出版社 2006 年版。

109. ［美］塞拉·本哈比伯主编:《民主与差异:挑战政治的边界》[M]. 黄相怀、严海兵译,北京:中央编译出版社 2009 年版。

110. ［南非］毛里西奥·帕瑟林·登特里维斯主编:《作为公共协商的民主:新的视角》[M]. 王英津等译,北京:中央编译出版社 2006 年版。

111. ［爱尔兰］玛丽亚·巴格拉米安、［爱尔兰］埃克拉克塔·英格拉姆编:《多元论:差异性哲学和政治学》[M]. 张峰译,重庆:重庆出版社 2010 年版。

112. ［澳大利亚］约翰·S·德雷泽克:《协商民主及其超越:自由与批判的视角》[M]. 丁开杰等译,北京:中央编译出版社 2006 年版。

113. ［澳大利亚］柯文·M·布朗、苏珊·珂尼、布雷恩·特纳、约翰·K·普林斯:《福利的措辞:不确定性、选择和志愿结社》[M].王小章、范晓光译,杭州:浙江大学出版社 2010 年版。

114.[澳大利亚]何包钢:《协商民主:理论、方法和实践》[M].北京:中国社会科学出版社 2008 年版。

115.[美]南茜·弗雷泽:《正义的中断——对"后社会主义"状况的批判性反思》[M].于海青译,上海:上海人民出版社 2009 年版。

116.[美]南茜·弗雷泽:《正义的尺度——全球化世界中政治空间的再认识》[M].欧阳英译,上海:上海人民出版社 2009 年版。

117.[美]伊森·里布:《美国民主的未来:一个设立公众部门的方案》[M].朱昔群、李定文、余艳红译,北京:中央编译出版社 2009 年版。

118.[美]汤姆·洛克摩尔:《在康德的唤醒下》[M].徐向东译,北京:北京大学出版社 2010 年版。

119.[美]T.帕森斯:《现代社会的结构与过程》[M].北京:光明日报出版社 1988 年版。

120.[美]斯蒂芬·埃里克·布隆纳:《重申启蒙:论一种积极参与的政治》[M].殷杲译,南京:江苏人民出版社 2006 年版。

121.[美]艾伦·沃尔夫:《合法性的限度——当代资本主义的政治矛盾》[M].沈汉等译,北京:商务印书馆 2005 年版。

122.[美]博拉朵莉:《恐怖时代的哲学》[M].王志宏译,北京:华夏出版社 2005 年版。

123.[美]卡尔·博格斯:《政治的终结》[M].陈家刚译,北京:社会科学文献出版社 2001 年版。

124.[美]理查德·桑内特:《公共人的衰落》[M].李继宏译,上海:上海译文出版社 2008 年版。

125.[美]罗伯特·A·达尔:《多元主义民主的困境——自治与控制》[M].周军华译,长春:吉林人民出版社 2011 年版。

126.[美]迈克尔·桑德尔:《民主的不满》[M].曾纪茂译,南京:江苏人民出版社 2008 年版。

127.[美]戴维·赫尔德:《民主的模式》[M].燕继荣等译,北京:中央编译出版社 2004 年版。

128.[美]查尔斯·蒂利:《民主》[M].魏洪钟译,上海:上海人民出版社 2009 年版。

129.[美]G.E.麦肯锡:《马克思与古人:古典伦理学、社会正义和 19 世纪政治经济学》[M].王文扬译,上海:华东师范大学出版社 2011 年版。

130.[美]乔恩·埃尔斯特:《理解马克思》[M].何怀远等译,北京:中国人民大学出版社 2008 年版。

131.[美]阿米·古特曼、丹尼斯·汤普森:《民主与分歧》[M].杨立峰、葛水林、应奇译,北京:东方出版社 2007 年版。

132. [美]大卫·理斯曼等:《孤独的人群》[M]. 王崑、朱虹译,南京:南京大学出版社 2002 年版。

133. [美]凯斯·桑斯坦:《网络共和国:网络社会中的民主问题》[M]. 黄维明译,上海:上海人民出版社 2003 年版。

134. [美]刘易斯·科塞:《理念人:一项社会学的考察》[M]. 郭方等译,北京:中央编译出版社 2001 年版。

135. [美]艾米丽亚·基尔·梅森:《法国沙龙女人》[M]. 郭小言译,北京:中国社会科学出版社 2003 年版。

136. [美]佩吉·麦克拉肯主编:《女权主义理论读本》[M]. 桂林:广西师范大学出版社 2007 年版。

137. [美]沃尔特·李普曼:《公众舆论》[M]. 阎克文、江红译,上海:上海人民出版社,2006 年版。

138. [美]理查德·J·伯恩斯坦:《社会政治理论的重构》[M]. 黄瑞祺译,南京:译林出版社 2008 年版。

139. [美]理查德·J·伯恩斯坦:《超越客观主义与相对主义》[M]. 郭小平等译,北京:光明日报出版社 1992 年版。

140. [美]查尔斯·J·福克斯、休·T·米勒:《后现代公共行政——话语指向》[M]. 楚艳红等译,北京:中国人民大学出版社 2002 年版。

141. [美]乔治·弗雷德里克森:《公共行政的精神》[M]. 张成福等译,北京:中国人民大学出版社 2003 年版。

142. [美]罗伯特·考克斯:《假如自然不沉默:环境传播与公共领域》[M]. 纪莉译,北京:北京大学出版社 2016 年版。

143. [美]克雷格·卡尔霍恩:《激进主义探源:传统、公共领域与 19 世纪初的社会运动》[M]. 甘会斌等译,北京:北京大学出版社 2016 年版。

144. [美]安娜·玛丽·史密斯:《拉克劳与墨菲》[M]. 付琼译,南京:江苏人民出版社 2011 年版。

145. [加拿大]查尔斯·泰勒:《现代性之隐忧》[M]. 陈炼译,北京:中央编译出版社 2001 年版。

146. [加拿大]查尔斯·泰勒:《现代性中的社会想象:市场经济、公共领域、人民主权》[M]. 李尚远译,香港:商周出版 2008 年版。

147. [加拿大]威尔·金里卡:《当代政治哲学》[M]. 刘莘译,上海:三联书店 2004 年版。

148. [加拿大]威尔·金里卡:《多元文化公民权:一种有关少数族群权利的自由主义理论》[M]. 杨立峰译,上海:上海世纪出版集团 2009 年版。

149. [加拿大]威尔·金里卡:《自由主义、社群与文化》[M]. 应奇、葛水林译,上海:上海译文出版社 2005 年版。

150. [以色列]S. N. 艾森斯塔特:《反思现代性》[M]. 旷新年、王爱松译,北京:三联书店 2006 年版。

151. [西班牙]奥尔特加·加塞特:《大众的反叛》[M]. 刘训练、佟德志译,长春:吉林人民出版社 2004 年版。

152. [意大利]诺伯特·波比奥:《民主与独裁:国家权力的性质和限度》[M]. 梁晓君译,长春:吉林人民出版社 2011 年版。

153. [俄罗斯]弗拉季斯拉夫·伊诺泽姆采夫主编:《民主与现代化——有关 21 世纪挑战的争论》[M]. 徐向梅等译,北京:中央编译出版社 2011 年版。

154. [希腊]米歇尔·瓦卡卢利斯:《后现代资本主义:社会学批判纲要》[M]. 贺慧玲、马胜利译,北京:社会科学文献出版社 2012 年版。

155. [日]柄谷行人:《跨越性批判——康德与马克思》[M]. 赵京华译,北京:中央编译出版社 2011 年版。

156. [日]城塚登:《青年马克思的思想:社会主义思想的创立》[M]. 肖晶晶等译,北京:求实出版社 1988 年版。

157. [日]中冈成文:《哈贝马斯:交往行为》[M]. 王屏译,石家庄:河北教育出版社 2001 年版。

158. [日]佐佐木毅、(韩)金泰昌主编:《公共哲学》丛书(第 1~10 卷)[M]. 北京:人民出版社 2009 年版。

159. [日]川崎修:《阿伦特——公共性的复权》[M]. 斯日译,石家庄:河北教育出版社 2002 年版。

160. [日]沟口雄三:《中国的公与私·公私》[M]. 郑静译,北京:三联书店,2011 年版。

161. [英]安德鲁·甘布尔:《政治和命运》[M]. 胡晓进、罗珊珍等译,南京:江苏人民出版社 2007 年版。

162. [英]齐格蒙特·鲍曼:《寻找政治》[M]. 洪涛、周顺、郭台辉译,上海:上海人民出版社 2006 年版。

163. [英]齐格蒙特·鲍曼:《流动的现代性》[M]. 欧阳景根译,上海:上海三联书店 2002 年版。

164. [英]齐格蒙特·鲍曼:《被围困的社会》[M]. 郇建立译,南京:江苏人民出版社 2005 年版。

165. [英]尚塔尔·墨菲:《民主的吊诡》[M]. 林淑芬译,台北:巨流图书有限公司 2005 年版。

166. [英]尚塔尔·墨菲:《政治的回归》[M]. 王恒、臧佩洪译,南京:江苏人民出版社 2008 年版。

167. [英]威廉·乌思怀特:《社会的未来》[M]. 沈晖、田蓉译,杭州:浙江大学出版社 2011 年版。

168. [英]阿米·古特曼等:《结社:理论与实践》[M]. 吴玉章、毕小青等译,北京:

三联书店 2006 年版。

169. [英]约翰·基恩:《公共生活与晚期资本主义》[M]. 马音、刘利圭、丁耀琳译,北京:社会科学文献出版社 1999 年版。

170. [日]猪口孝、[英]爱德华·纽曼、[英]约翰·基恩编:《变动中的民主》[M]. 林猛等译,长春:吉林人民出版社 1999 年版。

171. [英]约翰·基恩:《媒体与民主》[M]. 邰继红、刘士军译,北京:社会科学文献出版社 2003 年版。

172. [英]约翰·基恩:《市民社会:旧形象,新观察》[M]. 王令愉、魏国琳译,上海:上海远东出版社 2006 年版。

173. [英]约翰·基恩:《全球公民社会?》[M]. 李勇刚译,北京:中国人民大学出版社 2012 年版。

174. [英]伯纳德·威廉斯:《道德运气》[M]. 徐向东译,上海:上海译文出版社 2007 年版。

175. [英]拉尔夫·达仁道夫:《现代社会冲突:自由政治随感》[M]. 林荣远译,北京:中国社会科学出版社 2000 年版。

176. [英]迈克尔·曼:《社会权力的来源》(第二卷)[M]. 陈海宏等译,上海:上海人民出版社 2007 年版。

177. [英]迈克尔·曼:《社会权力的来源》(第一卷)[M]. 刘北成、李少军译,上海:上海人民出版社 2007 年版。

178. [英]杰弗里·托马斯:《政治哲学导论》[M]. 顾肃、刘雪梅译,北京:中国人民大学出版社 2006 年版。

179. [英]雷蒙德·威廉斯:《关键词——文化与社会的词汇》[M]. 刘建基译,北京:三联书店 2005 年版。

180. [英]佩里·安德森:《当代西方马克思主义》[M]. 余文烈译,北京:东方出版社 1989 年版。

181. [英]拉尔夫·密里本德:《资本主义社会的国家》[M]. 沈汉、陈祖洲、蔡玲译,北京:商务印书馆 1997 年版。

182. [英]罗伯特·伯尔基:《马克思主义的起源》[M]. 伍庆、王文扬译,上海:华东师范大学出版社 2007 年版。

183. [英]安东尼·吉登斯:《现代性的后果》[M]. 田禾译,南京:译林出版社 2000 年版。

184. [英]安东尼·吉登斯:《失控的世界——全球化如何重塑我们的生活》[M]. 周红云译,南昌:江西人民出版社 2001 年版。

185. [英]安东尼·吉登斯:《超越左与右——积极政治的未来》[M]. 李惠斌等译,北京:社会科学文献出版社 2003 年版。

186. [英]基思·福克斯:《政治社会学:批评性的介绍》[M]. 陈崎、狄喜梅、肖咏梅译,北京:华夏出版社 2008 年版。

187. ［英］雷蒙·盖斯:《批评理论的理念:哈贝马斯及法兰克福学派》[M].汤云等译,北京:商务印书馆 2018 年版。

188. ［瑞典］克里斯蒂安·福克斯、(加)文森特·莫斯可主编:《马克思归来》(上、下)[M].上海:华东师范大学出版社 2016/2017 年版。

189. ［英］克里斯蒂安·福克斯:《交往批判理论:互联网时代重读卢卡奇、阿多诺、马尔库塞、霍耐特和哈贝马斯》[M].王锦刚译北京:中国传媒大学出版社 2019 年版。

190. ［英］克里斯多夫·巴尔梅:《剧场公共领域》[M].白斐岚译,台北:书林出版有限公司 2019 年版。

191. ［德］哈特穆特·韦斯勒:《哈贝马斯论媒介》[M].闫文捷译,北京:中国传媒大学出版社 2021 年版。

192. ［德］汉斯·约阿斯、［德］沃尔夫冈·克诺伯:《社会理论二十讲》[M].郑作彧译,上海:上海人民出版社 2021 年版。

193. ［英］卢恰诺·弗洛里迪编:《在线生活宣言:超连接时代的人类》[M].成素梅等译,上海:上海译文出版社有限公司 2018 年版。

194. ［法］阿兰·巴迪欧、［斯洛文］斯拉沃热·齐泽克:《当下的哲学》[M].蓝江、吴冠军译,北京:中央编译出版社 2017 年版。

195. ［美］威廉·马格努森:《区块链与大众之治》[M].高奇琦等译,上海:上海人民出版社 2021 年版。

二、中文著作

1. ［台湾］陈晓林:《学术巨人与理性困境——韦伯、巴柏、哈伯玛斯》[M].台北:时报出版公司 1987 年版。

2. ［台湾］李英明:《哈伯马斯》[M].台北:东大图书股份有限公司 1992 年版。

3. ［台湾］张锦华:《公共领域、多文化主义与传播研究》[M].台北:正中书局 1997 年版。

4. ［台湾］曾庆豹:《哈伯玛斯》[M].台北:生智文化事业有限公司 1999 年版。

5. ［台湾］彭芸:《新媒介与政治:理论与实证》[M].台北:五南图书出版股份有限公司 2001 年版。

6. ［台湾］李丁讚、吴乃德、吴介民、陈弱水、夏春祥、钱永祥、顾忠华:《公共领域在台湾:困境与契机》[M].台北:桂冠图书股份有限公司 2004 年版。

7. ［台湾］黄俊杰、江宜桦主编:《公私领域新探:东亚与西方观点之比较》[M].台北:台湾大学出版社中心 2005 年版。

8. ［台湾］黄瑞祺:《社会理论与社会世界》[M].北京:北京大学出版社 2005 年版。

9. ［台湾］江宜桦:《自由民主的理论》[M].北京:新星出版社 2006 年版。

10. ［台湾］黄瑞祺：《批判社会学》[M]. 台北：三民书局，2007 年版。

11. ［台湾］魏宏晋：《民意与舆论：解构与反思》[M]. 台北：台湾商务印书馆，2008 年版。

12. ［台湾］黄瑞祺主编：《沟通、批判和实践：哈伯马斯八十论集》[M]. 台北：允晨文化实业股份有限公司 2010 年版。

13. ［台湾］林立：《哈伯玛斯的法律哲学》[M]. 台北：新学林出版股份有限公司 2016 年版。

14. ［台湾］黄瑞祺：《欧美历史唯物主义新论：柯亨、艾尔斯特和哈伯马斯论历史唯物主义》[M]. 台北：允晨文化实业股份有限公司 2016 年版。

15. ［台湾］黄瑞祺、陈闵翔：《哈伯马斯的民主理论》[M]. 台北：允晨文化实业股份有限公司 2018 年版。

16. ［台湾］林远泽：《从赫德到米德：迈向沟通共同体的德国古典语言哲学思路》[M]. 新北：联经出版事业股份有限公司 2019 年版。

17. 江天骥主编：《法兰克福学派——批判的社会理论》[M]. 上海：上海人民出版社 1981 年版。

18. 薛华：《哈贝马斯的商谈伦理学》[M]. 沈阳：辽宁教育出版社 1988 年版。

19. 陈学明：《哈贝马斯的"晚期资本主义"论述评》[M]. 重庆：重庆出版社 1993 年版。

20. 倪梁康：《现象学及其效应：胡塞尔与当代德国哲学》[M]. 北京：三联书店 1994 年版。

21. 包亚明主编：《现代性的地平线》[M]. 李安东、段怀清译，上海：上海人民出版社 1997 年版。

22. 余灵灵：《哈贝马斯传》[M]. 石家庄：河北人民出版社 1998 年版。

23. 艾四林：《哈贝马斯》[M]. 长沙：湖南教育出版社 1999 年版。

24. 陈勋武：《哈贝马斯评传》[M]. 广州：中山大学出版社 2008 年版。

25. 陈学明、王凤才：《西方马克思主义前沿问题二十讲》[M]. 上海：复旦大学出版社 2008 年版。

26. 张廷国：《重建经验世界：胡塞尔晚期思想研究》[M]. 武汉：华中科技大学出版社 2003 年版。

27. 俞吾金等：《现代性现象学：与西方马克思主义者的对话》[M]. 上海：上海社会科学院出版社 2002 年版。

28. 俞吾金：《从康德到马克思——千年之交的哲学沉思》[M]. 桂林：广西师范大学出版社 2004 年版。

29. 曹卫东：《交往理性与诗学话语》[M]. 天津：天津社会科学出版社 2001 年版。

30. 曹卫东：《权力的他者》[M]. 北京：北京大学出版社 2004 年版。

31. 曹卫东：《曹卫东讲哈贝马斯》[M]. 北京：北京大学出版社 2005 年版。

32. 曹卫东：《思想的他者》[M]. 北京：北京大学出版社 2006 年版。

33. 曹卫东：《他者的话语》[M]．北京：北京大学出版社 2010 年版。

34. 章国锋：《关于一个公正世界的"乌托邦"设想：解读哈贝马斯〈交往行为理论〉》[M]．济南：山东人民出版社 2001 年版。

35. 汪行福：《走出时代的困境：哈贝马斯对现代性的反思》[M]．上海：上海社会科学院出版社 2000 年版。

36. 汪行福：《通向话语民主之路：与哈贝马斯对话》[M]．成都：四川人民出版社 2002 年版。

37. 龚群：《道德乌托邦的重构：哈贝马斯伦理思想研究》[M]．北京：商务印书馆 2003 年版。

38. 阮新邦、林端：《解读〈沟通行动论〉》[M]．上海：上海人民出版社 2003 年版。

39. 王凤才：《批判与重建：法兰克福学派文明论》[M]．北京：社会科学文献出版社 2004 年版。

40. 韩红：《交往的合理化与现代性的重建——哈贝马斯交往行动理论的深层解读》[M]．北京：人民出版社 2005 年版。

41. 王晓升：《哈贝马斯的现代性社会理论》[M]．北京：社会科学文献出版社 2006 年版。

42. 王晓升：《商谈道德与商议民主——哈贝马斯政治伦理思想研究》[M]．北京：社会科学文献出版社 2009 年版。

43. 王晓升：《为个性自由而斗争——法兰克福学派社会历史理论评述》[M]．北京：社会科学文献出版社 2009 年版。

44. 王晓升：《历史唯物主义的当代重构》[M]．北京：社会科学文献出版社 2013 年版。

45. 王晓升：《走出现代性的困境：法兰克福学派现代性批判理论研究》[M]．南京：江苏人民出版社 2021 年版。

46. 童世骏：《批判与实践：论哈贝马斯的批判理论》[M]．北京：三联书店 2007 年版。

47. 李淑梅、马俊峰：《哈贝马斯以兴趣为导向的认识论》[M]．北京：中国社会科学出版社 2007 年版。

48. 张向东：《理性生活方式的重建：哈贝马斯政治哲学研究》[M]．北京：中国社会科学出版社 2007 年版。

49. 郑晓松：《技术与合理化：哈贝马斯技术哲学研究》[M]．济南：齐鲁书社 2007 年版。

50. 刘建成：《第三种模式：哈贝马斯的话语政治理论研究》[M]．北京：中国社会科学出版社 2007 年版。

51. 季乃礼：《哈贝马斯政治思想研究》[M]．天津：天津人民出版社 2007 年版。

52. 高鸿钧等：《商谈法哲学与民主法治国——〈在事实与规范之间〉阅读》[M]．北京：清华大学出版社 2007 年版。

53. 夏宏:《从批判走向建构——哈贝马斯法哲学研究》[M]. 武汉:湖北人民出版社 2007 年版。

54. 铁省林:《哈贝马斯宗教哲学思想研究》[M]. 济南:山东大学出版社 2009 年版。

55. 傅永军:《启蒙、批判诠释与宗教伦理》[M]. 济南:山东大学出版社 2009 年版。

56. 艾四林、王贵贤、马　超:《民主、正义与全球化》[M]. 北京:北京大学出版社 2010 年版。

57. 李佃来:《公共领域与生活世界——哈贝马斯市民社会理论研究》[M]. 北京:人民出版社 2006 年版。

58. 何珊君:《法与非政治公共领域》[M]. 济南:山东人民出版社 2007 年版。

59. 彭立群:《公共领域与宽容》[M]. 北京:社会科学文献出版社 2008 年版。

60. 杨仁忠:《公共领域论》[M]. 北京:人民出版社 2009 年版。

61. 杨淑静:《重建启蒙理性:哈贝马斯现代性难题的伦理学解决方案》[M]. 北京:中国社会科学出版社 2010 年版。

62. 肖小芳:《道德与法律——哈特、德沃金与哈贝马斯对法律正当性的三种论证模式》[M]. 北京:光明日报出版社 2011 年版。

63. 孙国东:《合法律性与合道德性之间:哈贝马斯商谈合法化理论研究》[M]. 上海:复旦大学出版社 2012 年版。

64. 张扬金:《权利观与权力观重塑:哈贝马斯协商民主思想研究》[M]. 北京:中国社会科学出版社 2012 年版。

65. 杨礼银:《哈贝马斯的话语民主论研究:以公共领域为视点》[M]. 北京:中国社会科学出版社 2013 年版。

66. 孙要良:《哈贝马斯政治哲学中的合法性思想研究:以公共领域为视角》[M]. 北京:中共中央党校出版社 2013 年版。

67. 董晓丽:《哈贝马斯政治公共领域思想研究》[M]. 沈阳:辽宁人民出版社 2014 年版。

68. 王江涛:《哈贝马斯公共领域思想研究》[M]. 北京:中国社会科学出版社 2015 年版。

69. 黄皖毅:《哈贝马斯视域中的公共性研究》[M]. 北京:红旗出版社 2018 年版。

70. 邓正来、[英]J. C. 亚历山大编:《国家与市民社会》[M]. 北京:中央编译出版社 1999 年版。

71. 邓正来主编《国家与市民社会:中国视角》[M]. 上海:上海格致出版社、上海人民出版社 2011 年版。

72. 汪晖、陈燕谷编:《文化与公共性》[M]. 北京:三联书店 1998 年版。

73. 郭湛编:《社会公共性研究》[M]. 北京:人民出版社 2009 年版。

74. 黄宗智编:《中国研究的范式问题讨论》[M]. 北京:社会科学文献出版社 2003 年版。

75. 马俊峰:《价值论的视野》[M].武汉:武汉大学出版社 2010 年版。

76. 李灵、李向平主编:《基督教与社会公共领域》[M].上海:上海人民出版社 2012 年版。

77. 杨仁忠:《公共领域理论与和谐社会构建》[M].北京:社会科学文献出版社 2013 年版。

78. 徐迎春:《绿色关系网:环境传播和中国绿色公共领域》[M].北京:中国社会科学出版社 2014 年版。

79. 马长山:《公共领域兴起与法治变革》[M].北京:人民出版社 2016 年版。

80. 熊威:《网络公共领域研究》[M].北京:中国政法大学出版社 2016 年版。

81. 展江:《守望公共领域》[M].北京:新星出版社 2016 年版。

82. 胡晓:《寻找公共领域的意义世界:中国网络政治的一个剖面》[M].北京:中国政法大学出版社 2017 年版。

83. 邵春霞:《从网民到公民:在公共领域中培育公民文化》[M].上海:格致出版社 2020 年版。

84. 贺来:《边界意识和人的解放》[M].上海:上海人民出版社 2007 年版。

85. 付文忠:《新社会运动与国外马克思主义思潮:后马克思主义研究》[M].济南:山东大学出版社 2009 年版。

86. 谭安奎编:《公共性二十讲》[M].天津:天津人民出版社 2008 年版。

87. 许纪霖编:《公共性与公共知识分子》[M].南京:江苏人民出版社 2003 年版。

88. 许纪霖编:《公共性与公民观》[M].南京:江苏人民出版社 2006 年版。

89. 许纪霖编:《公共空间中的知识分子》[M].南京:江苏人民出版社 2007 年版。

90. 孔繁斌:《公共性的再生产:多中心治理的合作机制建构》[M].南京:江苏人民出版社 2012 年版。

91. 卞绍斌:《马克思的"社会"概念》[M].济南:山东人民出版社 2010 年版。

92. 赵剑英、陈晏清主编:《马克思主义政治哲学:阐释与创新》[M].北京:社会科学文献出版社 2007 年版。

93. 郁建兴:《马克思国家理论与现时代》[M].上海:东方出版社 2007 年版。

94. 王浩斌:《市民社会的乌托邦:马克思主义的社会历史哲学阐释》[M].南京:江苏人民出版社 2011 年版。

95. 旷三平:《马克思"社会存在论"及其当代价值——一种存在论视阈下的哲学阐释》[M].南昌:江西人民出版社 2007 年版。

96. 赵汀阳:《每个人的政治》[M].北京:社会科学文献出版社 2010 年版。

97. 刘森林:《实践的逻辑》[M].北京:社会科学文献出版社 2009 年版。

98. 刘同舫:《马克思人类解放理论的演进逻辑》[M].北京:人民出版社 2011 年版。

99. 徐长福:《马克思主义研究的学术化探索》[M].北京:社会科学文献出版社 2010 年版。

100. 刘军宁编:《民主与民主化》[M].北京:商务印书馆1999年版。

101. 谈火生编:《审议民主》[M].南京:江苏人民出版社2007年版。

102. 谈火生:《民主审议与政治合法性》[M].北京:法律出版社2007年版。

103. 陈家刚主编:《协商民主与政治发展》[M].北京:社会科学文献出版社2011年版。

104. 姚大志:《何谓正义:当代西方政治哲学研究》[M].北京:人民出版社2007年版。

105. 江丕盛、杨思言、梁媛媛编:《宗教价值与公共领域:公共宗教的中西文化对话》[M].北京:中国社会科学出版社2008年版。

106. 张庆熊、林子淳编:《哈贝马斯的宗教观及其反思》[M].上海:上海三联书店2011年版。

107. 胡泳:《众声喧哗:网络时代的个人表达与公共讨论》[M].桂林:广西师范大学出版社2008年版。

108. 胡潇:《媒介认识论》[M].北京:人民出版社2012年版。

109. 欧阳英:《在社会学与政治哲学之间——当代政治哲学研究的新路径》[M].北京:中国社会科学出版社2011年版。

110. 叶汝贤:《叶汝贤自选集》[M].北京:社会科学文献出版2009年版。

111. 高清海:《高清海哲学文存·续编》[M].哈尔滨:黑龙江教育出版2004年版。

112. 万俊人:《现代性的伦理话语》[M].哈尔滨:黑龙江人民出版社2002年版。

113. 徐俊忠:《道德理想的解构与重建:自由、人权与价值观念研究》[M].广州:广东人民出版社1996年版。

114. 陈嘉明:《现代性与后现代性十五讲》[M].北京:北京大学出版社2006年版。

115. 应奇:《从自由主义到后自由主义》[M].北京:三联书店2003年版。

116. 应奇编:《自由主义中立性及其批评者》[M].南京:江苏人民出版社2007年版。

117. 张静主编:《国家与社会》[M].杭州:浙江人民出版社1998年版。

118. 杨念群:《杨念群自选集》[M].桂林:广西师范大学出版社2000年版。

119. 苏国勋主编:《社会理论》(第2辑)[M].北京:社会科学文献出版社2006年版。

120. 马长山:《国家、市民社会与法治》[M].北京:商务印书馆2002年版。

121. 王新生:《市民社会论》[M].南宁:广西人民出版社2003年版。

122. 袁祖社:《权力与自由:市民社会的人学考察》[M].北京:中国社会科学出版社2003年版。

123. 朱世达编:《美国市民社会研究》[M].北京:中国社会科学出版社2005年版。

124. 秦国荣:《市民社会与法的内在逻辑——马克思的思想及其时代意义》[M].
北京:社会科学文献出版社 2006 年版。

125. 刘明珍选编:《公民社会与治理转型——发展中国家的视角》[M]. 北京:中
央编译出版社 2008 年版。

126. 刘泽华、张荣明等:《公私观念与中国社会》[M]. 北京:中国人民大学出版社
2003 年版。

127. 韩水法、黄燎宇编:《从市民社会到公民社会:理解"市民-公民"概念的维度》
[M]. 北京:北京大学出版社 2011 年版。

128. 朱英:《转型时期的社会与国家——以近代中国商会为主体的历史透视》
[M]. 武汉:华中师范大学出版社 1997 年版。

129. 马敏:《官商之间:社会剧变中的近代绅商》[M]. 武汉:华中师范大学出版社
2003 年版。

130. 郁建兴等:《民间商会与地方政府:基于浙江省温州市的研究》[M]. 北京:经
济科学出版 2006 年版。

131. 毛丹等:《中国农村公共领域的生长:政治社会学视野里的村民自治诸问题》
[M]. 北京:中国社会科学出版社 2006 年版。

132. 俞可平等:《中国公民社会的兴起与治理的变迁》[M]. 北京:社会科学文献
出版社 2002 年版。

133. 李卫:《咖啡的故事》[M]. 天津:百花文艺出版社 2004 年版。

134. 程世寿:《公共舆论学》[M]. 武汉:华中科技大学出版社 2003 年版。

135. 刘建明、纪忠慧、王莉丽:《舆论学概论》[M]. 北京:中国传媒大学出版社
2009 年版。

136. 董山民:《罗蒂政治道德哲学批判》[M]. 北京:社会科学文献出版社 2012
年版。

137. 李银河:《女性主义》[M]. 济南:山东人民出版社 2005 年版。

138. 郭小安:《网络民主的可能及限度》[M]. 北京:中国社会科学出版社 2011
年版。

139. 郑智斌:《众妙之门:中国互联网事件研究》[M]. 北京:中国传媒大学出版社
2012 年版。

140. 张国清:《智慧与正义》[M]. 杭州::浙江大学出版社 2012 年版。

141. 张庆熊、郁喆隽:《哈贝马斯对当今世界焦点问题的反思》[M]. 上海:上海三
联书店 2021 年版。

142. 谢地坤、朱葆伟、(德)汉斯·菲格主编:《东西方哲学年鉴》(2016)[M]. 北
京:中国社会科学出版社 2017 年版。

143. 包利民:《至善与时间:现代性价值辩证法》[M]. 杭州:浙江大学出版社 2018
年版。

144. 高奇琦等:《人工智能治理与区块链革命》[M]. 上海:上海人民出版社 2020

年版。

三、中文论文

（一）学位论文：

1. 王彦章：《公共领域的审美经验》[D].（指导教师：陈炎教授）（博士学位论文），山东大学，2007 年 5 月（1－192 页）。

2. 董皓：《多元视角下的著作权法公共领域问题研究》[D].（指导教师：张楚教授）（博士学位论文），中国政法大学，2008 年 4 月（1－186 页）。

3. 方曙光：《网络公共领域及其二重建构——对一个网络事件的分析》[D].（指导教师：邓伟志教授）（博士学位论文），上海大学，2009 年 6 月（1－186 页）。

4. 苏蕾：《从强公共性到弱公共性——我国媒体评论公共性话语建构》[D].（指导教师：赵振宇教授）（博士学位论文），华中科技大学，2010 年 5 月（1－185 页）。

（二）期刊论文：

1. 习近平：《在中央人大工作会议上的讲话（2021 年 10 月 13 日）》，《求是》2022 年第 5 期。

2. 曹卫东：《从"公私分明"到"大公无私"》，载《读书》1998 年第 6 期。

3. 曹卫东：《走进公共领域》，载《读书》1999 年第 2 期。

4. 曹卫东：《哈贝马斯在汉语世界的历史效果——以〈公共领域的结构转型〉为例》，载《现代哲学》2005 年第 1 期。

5. 王晓升：《在"公私分明"与"大公无私"之间——评哈贝马斯关于公共领域的理论》，载《中共浙江省委党校学报》2009 年第 3 期。

6. 王晓升：《"公共领域"概念辨析》，载《吉林大学社会科学学报》2011 年第 4 期。

7. 王晓升：《强意识形态、弱意识形态与理性共识——从哈贝马斯公共领域理论看意识形态斗争策略》，载《学术研究》2011 年第 4 期。

8. 赵光锐：《欧洲大众传媒领域一体化运动评析——从哈贝马斯"公共领域"的视角》，载《湖北社会科学》2005 年第 12 期。

9. 莫茜：《哈贝马斯的公共领域理论与协商民主》，载《马克思主义与现实》2006 年第 6 期。

10. 张晓溪：《公共领域的异化：哈贝马斯视域中的"公共性"危机》，载《学术交流》2006 年第 12 期。

11. 杨东东：《公共性观念的价值——哈贝马斯公共性思想的功能分析》，载《山东社会科学》2007 年第 1 期。

12. 彭立群：《哈贝马斯公共领域理论探析》，载《安徽大学学报（哲学社会科学版)》2008 年第 5 期。

13. 陈勇：《咖啡馆与近代早期英国的公共领域——哈贝马斯话题的历史管窥》，载《浙江学刊》2008 年第 6 期。

14. 陈勤奋：《哈贝马斯的"公共领域"理论及其特点》，载《厦门大学学报(哲学社会科学版)》2009 年第 1 期。

15. 孙磊：《规范与权利视角下的公共性——论哈贝马斯公共性理论的局限》，载《南京社会科学》2010 年第 8 期。

16. 关启文：《宗教在公共领域的角色——哈贝马斯的后世俗反思》，载《安徽大学学报(哲学社会科学版)》2011 年第 3 期。

17. 包利民：《哈贝马斯：交往理性与宗教》，载《社会科学战线》2003 年第 3 期。

18. 马剑银：《从生活世界到公共领域：哈贝马斯公民社会理论的话语基础》，载《中国非营利评论》2011 年第 1 期。

19. 韩升：《哈贝马斯：公共领域的现代转型及其启示》，载《社会科学战线》2011 年第 5 期。

20. 周琳：《中国史视野中的"公共领域"》，载《史学集刊》2009 年第 5 期。

21. 张伟：《中国大陆哈贝马斯政治法律思想研究文献综述：1978—2008》，载《清华法治论衡》2009 年第 2 期。

22. 叶汝贤：《每个人的自由发展是一切人的自由发展的条件——〈共产党宣言〉关于未来社会的核心命题》，载《中国社会科学》2006 年第 3 期。

23. 郁建兴：《马克思的"自由人的联合体"思想新译》，载《政治学研究》2002 年第 2 期。

24. 王小章：《从韦伯的"价值中立"到哈贝马斯的"交往理性"》，载《哲学研究》2008 年第 6 期。

25. 盛晓明：《哈贝马斯的重构理论及其方法》，载《哲学研究》1999 年第 10 期。

26. 童世骏：《"学习"与"批判"——为哈贝马斯诞辰 80 周年而作》，载《哲学动态》2009 年第 6 期。

27. 王新生：《现代公共领域及其特性——查尔斯·泰勒的公共领域概念评析》，载《江海学刊》2008 年第 4 期。

28. 王新生：《现代公共领域：市民社会的次生性层级》，载《教学与研究》2007 年第 4 期。

29. 邓莉：《公共性问题：研究现状与路径选择》，载《哲学动态》2010 年第 7 期。

30. 盛晓明：《从公共性到主体间性——哈贝马斯的普遍语用学转向》，载《浙江学刊》1999 年第 5 期。

四、英文著作

1. J. Habermas, *The Theory of Communicative Action, Volume1: Reason*

and Rationalization of Society （Translated by Thomas McCarthy），Boston: Beacon Press, 1984.

2. J. Habermas, *The Theory of Communicative Action, Volume2: System and Lifeworld: A Critique of Functionalist Reason* (Translated by Thomas McCarthy)，Boston: Beacon Press, 1987.

3. J. Habermas, *The structural transformation of the public sphere: an inquiry into a category of bourgeois society* （Translated by Thomas Burger），Cambridge, Mass.: MIT Press, 1989.

4. J. Habermas, *Between Facts and Norms: Contributions to a Discourse Theory of Law and Democracy* （Translated by William Rehg），Cambridge, Mass.: MIT Press, 1996.

5. J. Habermas, *On the Pragmatics of Communication* (Edited by Maeve Cooke)，Cambridge, Mass.: MIT Press, 1998.

6. J. Habermas, *Religion and Rationality: Essays on Reason, God, and Modernity* (Edited and with an Introduction by Eduardo Mendiet、a)，Oxford: Polity Press, 2002.

7. J. Habermas, *The Future of Human Nature*, Oxford: Polity Press, 2003.

8. J. Habermas, *Truth and Justification* (Edited and translated by Barbara Fultner)，Cambridge, Mass.: MIT Press, 2003.

9. J. Habermas, *Time of Transitions* (Translated by Ciaran Cronin and Max Pensky)，Cambridge and Malden: Polity Press, 2006.

10. J. Habermas, *Europe: The Faltering Project* （Translated by Ciaran Cronin），Cambridge; Malden, MA: Polity, 2009.

11. J. Habermas(et al)，*An Awareness of What Is Missing: Faith and Reason in a Post-Secular Age*(Translated by Ciaran Cronin)，Cambridge; Malden, Mass: Polity Press, 2010.

12. Thomas McCarthy, *The Critical Theory of Jürgen Habermas*, Cambridge: MIT Press, 1978.

13. Thomas McCarthy, *Ideals and Illusions: On Reconstruction and Deconstruction in Contemporary Critical Theory*, Cambridge: MIT Press, 1991.

14. Stephen K. White, *The Recent Work of Jürgen Habermas: Reason, Justice, and Modernity*, New York: Cambridge University Press, 1988.

15. Stephen K. White, *The Cambridge Companion to Habermas*, New York: Cambridge University Press, 1995.

16. Maeve Cooke, *Language and Reason: A Study of Habermas's Pragmatics*, Cambridge: MIT Press, 1994.

17. Maurizio Passerin D'Entrves and Seyla Benhabib (eds.), *Habermas and the unfinished project of modernity: critical essays on The philosophical discourse of modernity*, Cambridge, UK: Polity Press, 1996.

18. Michel Rosenfeld &Andrew Arato (eds), *Habermas on Law and Democracy: Critical Exchanges*, Berkeley: University of California Press, 1998.

19. Pieter Duvenage, *Habermas and aesthetics: the limits of communicative reason*, Cambridge, UK: Polity Press Malden, MA: Distributed in the USA by Blackwell Pub., 2003.

20. Albrecht Wellmer, *The Persistence of Modernity: Essays on Aesthetics, Ethic, and Postmodernism*, Cambridge, Mass.: MIT Press, 1991.

21. James L. Marsh, *Unjust Legality: A Critical of Habermas's Philosophy of Law*, Rownan & Littlefield Publishers, 2001.

22. Lewis Edwin Hahn, *Perspectives on Habermas*, Illinois: Open Court Publishing Company, 2000.

23. William Rehg, *Insight and Solidarity: A Study in the Discourse Ethics of Jürgen Habermas*, London: University of California Press, 1994.

24. Erik Oddvar Eriksen&Jarle Weigard, *Understanding Habermas: Communicative Action and Deliberative Democracy*, London; New York: Continuum, 2003.

25. René von Schomberg&Kenneth Baynes (eds.), *Discourse and Democracy: Essays on Habermas's Between Facts and Norms*, State University of New York Press, 2002.

26. Lasse Thomassen, *Deconstructing Habermas*, Routledge: Taylor&Francis Group, 2008.

27. Robert C Holub, *Jürgen Habermas: Critic in the Public Sphere*, Routledge Press, 1991.

28. Craig Calhoun (ed.), *Habermas and the Public Sphere*, Cambridge, Mass.: MIT Press, 1992.

29. Oskar Negt and Alexander Kluge, *Public sphere and experience: toward an analysis of the bourgeois and proletarian public sphere* (Foreword by Miriam Hansen; Translated by Peter Labanyi, Jamie Owen Daniel, and Assenka), Minneapolis: University of Minnesota Press, 1993.

30. Adriana Hernández, *Pedagogy, Democracy, and Feminism: Rethinking the Public Sphere*, Albany, New York: State University of New York Press, 1997.

31. Nick Crossley&John Michael Roberts (eds), *After Habermas: New*

perspectives on the public sphere, Oxford; Malden, MA: BlackwellPublishing: Sociological Review, 2004.

32. Luke Goode, *Jürgen Habermas: Democracy and the Public Sphere*, Pluto Press, 2005.

33. Rajeev Bhargava&Helmut Reifeld (eds), *Civil society, public sphere and citizenship: dialogues and perceptions*, New Delhi, Thousand Oaks London: SAGE Publications, 2005.

34. Alan McKee, *The Public Sphere: An Introduction*, Combridge University Press, 2005.

35. Pauline Johnson, *Habermas: rescuing the public sphere*, London; New York: Routledge, 2006.

36. Francis Macdonald Cornford, *The Republic of Plato*, New York: Oxford University Press, 1963.

37. Hannah Arendt, *Men in Dark Times*, London: Johnathan Cape, 1970.

38. Michael Pusey, *Jürgen Habermas*, London: Routledge, 1987.

39. Ronald F. Thiemann, *Religion in Public Life: A Dilemma for Democracy*, Washington D.C.: Georgetown University Press, 1996.

40. Elizabeth Frazer and Nicola Lacey, *The politics of community: a feminist critique of the liberal-communitarian debate*, Toronto; Buffalo: University of Toronto Press, 1993.

41. Raymond Geuss, *Public Goods, Private Goods*, Princeton, N. J.: Princeton University Press, 2001.

42. David Hollenbach, *The Global Face of Public Faith*, Washington D. C.: Georgetown University Press, 2003.

43. Michael Warner, *The Letters of the Republic: Publication and the Public Sphere in Eighteenth-Century America*, Cambridge: Harvard University Press, 1990.

44. William Johnson Everett, *Religion, Federalism, and the Struggle for Public Life*, New York: Oxford University Press, 1997.

45. David L. Colclasure, *Habermas and Literary Rationality*, New York: Routledge, Taylor&Francis Group, 2010.

46. Fred Rush (ed.), *The Cambridge Campanion to Critical Theory*, Cambridge: Cambridge University Press, 2004.

47. Seyla Benhabib and Drucilla Cornell (eds.), *Feminism as Critique: essays on the politics of gender in late-capitalist societies*, Cambridge: Polity Press, 1987.

48. Seyla Benhabib, *Critique, Norm, and Utopia: A Study of the Foundations*

of Critical theory, New York: Columbia University Press, 1986.

49. Johanna Meehan (ed.), *Feminists Read Habermas: Gendering the Subject of Discourse*, New York: Routledge, 1995.

50. Carole Pateman, *The Disorder of Women: Democracy, Feminism and Political Theory*, Stanford, California: Stanford University Press, 1990.

51. Iris Marion Young, *Justice and the Politics of Difference*, Princeton, New Jersey: Princeton University Press, 1990.

52. Iris Marion Young, *Inclusion and democracy*, Oxford: Oxford University Press, 2000.

53. Iris Marion Young, *Justice and the politics of difference*, Princeton, N. J.: Princeton University Press, 1990.

54. Don S. Browning and Francis Schüssler Fiorenza (eds.), *Habermas, Modernity, and Public Theology*, New York: Crossroad, 1992.

55. David Hollenbach, *The Global Face of Public Life*, Washington D. C.: Georgetown Universuty Press, 2003.

56. Nicholas Adams, *Habermas and Theology*, Cambridge University Press, 2006.

57. Bob Jessop, *The Future of Capitalist State*, Cambridge: Polity Press, 2002.

58. Thomas Risse, *A Community of Europeans? Transnational Identities and Public Spheres*, Ithaca: Cornell University Press, 2010.

59. Edward Said, *Orientalism*, New York: Random House, 1979.

60. J. L. Cohen&A. Arato, *Civil Society and Political Theory*, Cambridge: MIT Press, 1994.

61. Angela M. Crack, *Global communication and transnational public spheres*, New Youk: Palgrave Macmillan, 2008.

62. Anna Triandafyllidou, *The European Public Sphere and the Media*, Palgrave Macmillan, 2009.

63. Jostein Gripsrud, Hallvard Moe, Anders Molander and Graham Murdock (eds.), *The Public Sphere[Vol. Ⅰ,Ⅱ,Ⅲ,Ⅳ]*, Los Angeles/London/New Delhi/Singapore/Washington DC: SAGE, 2011.

64. Niccolò Machiavelli, *Discourses On Livy* (Translated by Harvey Claflin Mansfield and Nathan Tarcov), Chicago and London: The University of Chicago Press, 1996.

65. John Dewey, *The Public and Its Problem*, Denver: Alan Swallow, 1954.

66. Norman K. Denzin&Yvonna S. Lincoln (eds.), *The Sage handbook of qualitative research* (3rd ed.), Thousand Oaks, CA: Sage Publications

Ltd., 2005.

67. Tai Zixue, *The Internet in China: Cyberspace and Civil Society*, New Youk: Routledge, 2006.

68. Pieter Duvenage, *Habermas and aesthetics: the limits of communicative reason*, Cambridge: Polity Press, 2003.

69. William Outhwaite, Habermas: a critical introduction, Cambrisge: Polity Press, c2009.

70. Anna Triandafyllidou and Ruth Wodak, *The European public sphere and the media: Europe in crisis*, Basingstoke: Palgrave Macmillan, 2009.

71. Susan G. Cumings, *Imagination and the public sphere*, Newcastle: Cambridge Scholars, 2012.

72. Fredrik Engelstad, Jon Rogstad and Kari Steen-Johnsen, *Institutional change in the public sphere: views on the Nordic model*, Warsaw: De Gruyter Open, 2017.

73. Ruedi Widmer and Ines Kleesattel, *Scripted culture: digitalization and the cultural public sphere*, Zurich: Diaphanes, 2018.

74. Cristina Lafont, Hauke Brunkhorst and Regina Kreide (eds.): *The Habermas Handbook*, Columbia University Press, 2018.

75. Gwen Bouvier and Judith E. Rosenbaum, Twitter, the public sphere, and the nature of online deliberation, Cham: Palgrave Macmillan, 2020.

76. Geoff Boucher, *Habermas And Literature: The Public Sphere And The Social Imaginary*, Bloomsbury Academic, 2020.

77. Nancy Fraser, *Unruly Practices: Power, Discourse and Gender in Contemporary Social Theory*, Minneapolis: University of Minnesta Press, 1989.

78. Cornelius Castoriadis, *The Imaginary Institution of Society*, Cambridge: Polity, 1987.

五、英文论文

1. J. Habermas, Sara Lennox, Frank Lennox, The Public Sphere: An Encyclopedia Article (1964), *New German Critique*, No. 3 (Autumn, 1974):49 – 55.

2. J. Habermas, New Social Movements, *Telos*, 49(1981):33 – 37.

3. J. Habermas, Civil DisobedienceLitmus Test for the Democratic Constitutional State, *Berkeley Journal of Sociology*, 30(1985):95 – 116.

4. J. Habermas, Morality, Society and Ethics: An Interview with Torben

Hviid Nielsen, *Acta Sociologica*, Vol. 33. No. 2(1990):93 – 114.

5. J. Habermas, Constitutional Democracy: A Paradoxical Union of Contradictory Principles? *Political Theory*, Vol. 29. No. 6 (Dec. 2001): 766 – 781.

6. Nancy Fraser, Sex, Lies, and the Public Sphere: Some Reflections on the Confirmation of Clarence Thomas, *Critical Inquiry*, Vol. 18, No. 3 (Spring, 1992):595 – 612.

7. Rodney Benson, Shaping the Public Sphere: Habermas and Beyond, Published online: 15 July 2009, *Springer Science + Business Media*, LLC 2009:175 – 197.

8. Craig Calhoun, Constitutional Patriotism and the Public Sphere: Interests, Identity, and Solidarity in the Integration of Europe, Published online:14 November 2006, *Springer Science + Business Media*, LLC 2006:257 – 280.

9. Juha Koivisto&Esa Valiverronen, The Resurgence of the Critical Theories of Public Sphere, *Journal of Communication Inquiry* 20:2(Fall 1996):18 – 36.

10. Adam B. Seligman, Between Public and Private, *Society*, March/April 1998:28 – 36.

11. Pauline Johnson, Habermas's Search for the Public Sphere, *European Journal of Social Theory* 2001, Vol. 4, No. 2(2001):215 – 236.

12. Andrej Pinter, Public Sphere and History: Historians' Response to Habermas on the "Worth" of the Past, *Journal of Communication Inquiry*, Vol. 28, No. 3(2004):217 – 232.

13. John S. Brady, No contest? Assessing the agonistic critiques of Jürgen Habermas's theory of the public sphere, *Philosophy Social Criticism*, Vol. 30, No. 3(2004):331 – 354.

14. John Durham Peters, Distrust of representation: Habermas on the public sphere, *Media Culture Society*, Vol. 15(1993):541 – 571.

15. Peter Hohendahl&Patricia Russian, Jürgen Habermas: "The Public Sphere" (1964), *New German Critique*, No. 3(Autumn, 1974):45 – 48.

16. Myra Marx Ferree, William A. Gamson, Jürgen Gerhards, Dieter Rucht, Four Models of the Public Sphere in Modern Democracies, *Theory and Society*, Vol. 31, No. 3(2002):289 – 324.

17. Peter Uwe Hohendahl, Recasting the Public Sphere, *October*, Vol. 73 (Summer, 1995):27 – 54.

18. Lincoln Dahlberg, The Habermasian Public Sphere: Taking Difference Seriously? *Theory and Society*, Vol. 34, No. 2(Apr. , 2005):111 – 136.

19. John Keane, Structural Transformations of the Public Sphere, *The*

Communication Review, Vol. 1, No. 1(1995):1 - 22.

20. John B. Thompson, The Theory of the Public Sphere, *Theory Culture Society*, Vol. 10(1993):173 - 189.

21. Michel Wieviorka, *After New Social Movements Social Movement*, Studies, Vol. 4, No. 1(May, 2005):1 - 19.

22. Dana R. Villa, Postmodernism and the Public Sphere, *The American Political Science Review*, Vol. 86, No. 3(Sep., 1992):712 - 721.

23. Evan Charney, Political Liberalism, Deliberative Democracy, and the Public Sphere, *The American Political Science Review*, Vol. 92, No. 1(Mar., 1998):97 - 110.

24. Mustafa Emirbayer&Mimi Sheller, Publics in History, *Theory and Society*, Vol. 28, No. 1(Feb., 1999):145 - 197.

25. John A. Guidry&Mark Q. Sawyer, Contentious Pluralism: The Public Sphere and Democracy, *Perspectives on Politics*, Vol. 1, No. 2 (Jun., 2003):273 - 289.

26. James Bohman, Citizenship and Norms of Publicity: Wide Public Reason in Cosmopolitan Societies, *Political Theory*, Vol. 27, No. 2(Apr., 1999): 176 - 202.

27. James Bohman, Review: Complexity, Pluralism, and the Constitutional State: On Habermas's Faktizität und Geltung, *Law & Society Review*, Vol. 28, No. 4(1994):897 - 930.

28. Marianne Van De Steeg, Does a public sphere exist in the European Union? An analysis of the content of the debate on the Haider case, *European Jounal of Political Research*, Vol. 45, No. 4(Jun., 2006):609 - 634.

29. Erik Oddvar Eriksen, An Emerging European Public Sphere, *European Journal of Social Theory*, Vol. 8, No. 3(August, 2005):341 - 363.

30. Lincoln Dahlberg, The Internet and Democratic Discourse: Exploring the Prospects of Online Deliberative Forums Extending the Public Sphere, *Information, Communicatio& Society*, Vol. 4, Issue4, 2001:615 - 633.

31. Jr. Kenneth H. Tucker, From the imaginary to subjectivation: Castoriadis and Touraine on the performative public sphere, *Thesis Eleven*, No. 83 (November, 2005):42 - 60.

32. Chantal Mouffe, Politics and Passion: A Stake of Democracy, An inaugural professorial lecture at the University of Westminster in May 2002.

33. Ruud Koopmans and Jessica Erbe, Towards a European Public Sphere? Vertical and Horizontal Dimensions of Europeanised Political Communication, Discussion Paper SPIV 2003 - 403, Wissenschaftszentrum

Berlin für Sozialforschung (WZB).

34. Erik Oddvar Eriksen, Conceptualizing European Public Sphere: General, Segmented and Strong Publics, ARENA Working Paper 3/04, Centre for European Studies, University of Oslo.

35. Thomas Risse, An Emerging European Public Sphere? Theoretical Clarifications and Empirical Indicators, Paper presented to the Annual Meeting of the European Union Studies Association(EUSA)Nasgville TN, March27 - 30, 2003.

36. Hans-Jörg Trenz, In Search of the European Public Sphere: Between Normative Overstretch and Empirical Disenchantment, ARENA Working Paper, No. 12, June 2008, Centre for European Studies, University of Oslo.

后记

本书是在我的博士论文的基础上修改而成的。2010 年 9 月，我有幸考入中山大学马克思主义哲学与中国现代化研究所，师从王晓升教授攻读博士学位。回首在中山大学的三年时光和岁月，总结起来就是：我的每一步成长，都离不开马哲所全体老师的精心指引与倾心扶携，都离不开所有同学、朋友及亲人们的无私关爱与帮助。所以，在此我要向所有关心我、鼓励我、帮助我的人道一声诚挚的谢意！

首先，感谢我的博士生导师王晓升教授三年来对我的悉心指导和谆谆教诲。论文从选题、构思、资料收集、写作大纲的敲定到最后的顺利完成，都倾注了恩师的大量心血。导师的无私关爱和耐心教诲令我一生难忘，铭记在心；导师的严谨学风、广博知识和高尚人格让我受益终生。

其次，感谢马哲所刘森林教授、徐俊忠教授、徐长福教授、旷三平教授、马天俊教授、吴重庆教授等诸位老师对我的辛勤培育和热情指导。老师们课堂上所展示出来的令人赞叹的睿智观点、强劲的思辨能力以及独具创新力的理论著作给予我莫大的启发与教导。感谢黄晓平老师三年来的热情帮助与辛勤劳动。

再次，感谢我的硕士生导师李培超教授。这些年来，无论是在学习上、工作上，还是在生活上，李老师一直不断地鼓舞与教导我，让我十分感动和无限感激。与此同时，感谢在百忙之中参加我论文评阅和答辩的各位专家学者（如胡潇教授、吴育林教授等），你们的建树性意见为我修改论文使之更臻完善提供营养和动力源泉；感谢同窗好友林福山、吴朝阳、郭奕鹏、李丽丽、杨显平、曹咏萍、袁丽，同乡学友彭本利（中山大学法学博士）、李绍元（暨南大学新闻学博士）以及同门益友雷雯师姐、赵传珍师姐和勾瑞波师兄，跟你们的交往和互学使我受益匪浅。

最后，感谢年迈的双亲（只是父亲于 2016 年永远地离开了我们），你们一直默默地关爱、支持我,是我成长的源动力;感谢辛劳的岳父母,你们无私地为我料理家务、照顾小孩,是我进步的助推力;感谢妻子和儿子,你俩是我前进的永动力。

俗话说:"十年磨一剑"。可本书从最初的构思到后来的成形再到现在的出版,其时间跨度算起来至少十年有余(早在 2008 年,我曾发表过一篇有关"公共利益"主题的学术论文)。在书稿即将付梓之际,我想再简短陈述几句。我们知道,哈贝马斯虽然年事已高,但仍笔耕不辍,故研究者要想全部地、系统地理解和阐述哈氏思想,理应紧追其所论述的最新观点。这样想来,我觉得不应急于出版自己的书稿(当时也总觉得自己写出的东西还不能令自己、更不用说令他人满意)。加之在对书稿进行修改的同时,我先后尝试着去申报 2018 年度浙江省哲学社会科学规划后期资助项目和 2018 年国家社科基金后期资助项目。非常幸运的是,两个项目都先后成功立项,这为我进一步修改书稿创造了良好条件。借此,感谢匿名评审专家,尤其感谢复旦大学王凤才教授(其实我跟王老师之前从未谋面,但先生却欣然应允做我申报项目的推荐专家)对吾辈后学的奖掖。

在本书出版的过程中,衷心感谢我硕士时期的同学、广西师范大学政治与公共管理学院陈默教授,经其引荐认识了上海三联书店编辑中心副主任郑秀艳博士,非常感谢郑博士工作上的严谨与高效。同时,感谢我所在单位杭州医学院科研处和马克思主义学院的相关领导以及我原单位中共金华市委党校的相关领导对我科研工作的支持和帮助。另外,恳请广大读者和学界同仁对书中的瑕疵与纰漏之处给予批评与指正。

图书在版编目（CIP）数据

重返公共生活世界：哈贝马斯公共领域理论研究/曾特清
著. —上海：上海三联书店，2024.4
ISBN 978 - 7 - 5426 - 8494 - 3

Ⅰ.①重…　Ⅱ.①曾…　Ⅲ.①哈贝马斯（Habermas，Jurgen
1929 -　）—政治哲学—研究　Ⅳ.①B516.59②D095.165

中国国家版本馆 CIP 数据核字（2024）第 087551 号

重返公共生活世界：哈贝马斯公共领域理论研究

著　　者 / 曾特清

责任编辑 / 郑秀艳
装帧设计 / 一本好书
监　　制 / 姚　军
责任校对 / 王凌霄

出版发行 / 上海三联书店
　　　　　（200041）中国上海市静安区威海路 755 号 30 楼
邮　　箱 / sdxsanlian@sina.com
联系电话 / 编辑部：021 - 22895517
　　　　　发行部：021 - 22895559
印　　刷 / 上海颛辉印刷厂有限公司

版　　次 / 2024 年 4 月第 1 版
印　　次 / 2024 年 4 月第 1 次印刷
开　　本 / 710 mm×1000 mm　1/16
字　　数 / 500 千字
印　　张 / 28.5
书　　号 / ISBN 978 - 7 - 5426 - 8494 - 3/B·900
定　　价 / 118.00 元

敬启读者，如发现本书有印装质量问题，请与印刷厂联系 021 - 56152633